Breve historia del saber

D0651011

Charles Van Doren
Breve historia del saber
La cultura al alcance de todos

Traducción de Claudia Casanova

Título original: *History of Knowledge*

© Charles Van Doren, 1991
© por la traducción, Claudia Casanova, 2006
© Editorial Planeta, S. A., 2009
   Avinguda Diagonal, 662, 6.ª planta. 08034 Barcelona (España)

Diseño de la cubierta: Lucrecia Demaestri / Departamento de Diseño,
   División Editorial del Grupo Planeta
Ilustración de la cubierta: © Profimedia.CZ s.r.o. / Alamy
Ilustraciones del interior: IGDA, Archivo de Editorial Planeta, Pixtal /
   Age Fotostock, Chris Hellier-Corbis, Hulton-Deutsch Collection /
   Corbis, Corbis-Cover, M. Freeman-Getty Images
Primera edición en Colección Booket: mayo de 2009

Depósito legal: B. 13.038-2009
ISBN: 978-84-08-08662-8
Composición: Pacmer, S. A.
Impresión y encuadernación: Liberdúplex, S. L.
Printed in Spain - Impreso en España

Índice

A Gerry, Liz, Sally y John

Agradecimientos

Este libro es el resultado de una vida entera dedicada a la lectura, a la reflexión y al intercambio de ideas. Su semilla se sembró hace cincuenta años, cuando yo estudiaba en el St. John's College y Scott Buchanan, Jacob Klein y Richard Scofield me abrieron las puertas del mundo de las ideas.

Mi primer encuentro con la literatura sobre la historia del mundo tuvo lugar hace treinta años, cuando escribí *The Idea of Progress* (Praeger, 1967). Mi mentor en aquellos tiempos —como en la actualidad— fue Mortimer J. Adler. Él y yo hemos debatido muchas veces a lo largo de los años la mayoría de los temas que se tratan en este libro y no puedo dejar de agradecerle sus abundantes y útiles sugerencias sobre la bibliografía que debía consultar. Coincidimos en muchas cuestiones y diferimos en otras. En varios puntos, este libro refleja sus ideas sin citarlo y por ello quiero darle aquí el crédito que se merece.

Los estudiantes de la historia del saber le deben mucho a los trabajos de F. J. Teggart y G. H. Hildebrand, cuya cuidadosa selección de lecturas clásicas, *The Idea of Progress* (University of California Press, 1949), sigue siendo una guía muy útil para manejarse entre los logros de los últimos tres milenios.

En lo que se refiere a interpretaciones más generales de esta literatura, estoy en deuda con muchos historiadores de la filosofía, de Ibn Khaldun a Oswald Spengler, de Arnold J. Toynbee a Fernand Braudel. Este último, en concreto, me enseñó a prestar mucha atención a los pequeños detalles de la vida cotidiana, que tanto nos dicen sobre cómo vivía la gente en realidad, a pesar de lo que ellos mismos dijeran o escribieran.

En cuanto a la historia de la ciencia, debo mucho a varias obras de James Burke (especialmente *Connections*, Little Brown, 1978), Herbert Butterfield (especialmente *The Origins of Modern Science*, Macmillan, 1951) y Erwin Schrödinger (especialmente *Nature and the Greeks*, Cambridge, 1954).

Entre los antropólogos, he aprendido mucho de Bronislaw Malinowski, Claude Lévi-Strauss y Lord Raglan, autor de *The Hero* (Vintage, 1956). Robert L. Heilbroner, autor de *The Worldly Historians* (Simon & Schuster, 1953, 1986), me ayudó a comprender y a utilizar correctamente una serie de obras sobre economía.

Cada vez que releo *Understanding Media* (McGraw-Hill, 1965), de Marshall McLuhan, me vuelve a impresionar su perspicacia y lo acertado de sus predicciones.

No hay ningún libro reciente sobre la experiencia global de la modernidad que me parezca más serio y provocador que *All That Is Solid Melts Into Air* (Simon & Schuster, 1982), de Marshall Berman. No conozco personalmente a su autor, pero me he embarcado en muchas conversaciones silenciosas con el profesor Berman durante mis vigilias nocturnas.

Fue mi hermano, John Van Doren, quien me dio a conocer el libro de Berman; fue él también quien me hizo leer por primera vez, hace ya muchos años, la impecable y lírica historia del mundo de John Masefield, «Cargamentos». Le doy las gracias por estas recomendaciones, entre muchas otras; por sus inteligentes comentarios sobre partes de este manuscrito, y por las muchas conversaciones que hemos mantenido a lo largo de cinco décadas, durante las cuales sin duda yo he recibido de él mucho más de lo que le he dado.

Estoy agradecido, desde luego, a todos mis amigos y a los alumnos de mi seminario durante los últimos seis años, que durante conversaciones más o menos formales y más o menos acaloradas, me dieron muchas ideas y me ayudaron a comprender cuestiones que me confundían o irritaban. En aquellos momentos, ellos no podían imaginarse que estaban ayudándome, ni yo tampoco puedo ahora enumerar de forma más precisa lo que les debo.

Mis veinte años como editor de la Enciclopedia Británica me enseñaron mucho sobre muchas cosas. Con el tiempo desarrollé un gran respeto no sólo hacia mis colegas, sino también por la obra que crean. Rara vez ha pasado un día sin que haya consultado en la Británica algún asunto, importante o no. Soy perfectamente consciente de que los editores de la Británica se han enfrentado durante más de dos siglos a la misma tarea que yo tomé sobre mis hombros, es decir, a la confección de una historia del saber de la raza humana. Ellos, por supuesto, desarrollaron ese proyecto de una forma muy diferente a la que ahora he emprendido yo.

Con gran placer reconozco aquí otras tres deudas que he contraído. La primera es con Patrick Gunkel, el inventor de la ideonomía y amigo mío desde hace veinte años. En cientos de largas charlas a lo largo de los años, Pat me ha hecho entender que existe una historia del futuro, además de una historia del pasado. He usado desvergonzadamente algunas de sus ideas, entre ellas la idea de los ordenadores compañeros (OC). Lo más valioso que me ha enseñado es que el futuro tiene una entidad real y que incluso puede que sea más inteligible que el pasado. Huelga decir que lo más difícil de entender es, por supuesto, el presente.

Le debo mucho a mis editores, Hillel Black y Donald J. Davidson, que insistieron despiadadamente en que fuera claro y exigieron que escribiera, reescribiera y volviera a reescribir el manuscrito hasta que quedaron convencidos de que el texto decía lo que yo quería decir desde un principio. Si el libro tiene algún mérito, ellos merecen buena parte del crédito. Los errores que contenga esta obra, en cambio, son sólo responsabilidad mía.

Mi esposa, Geraldine, leyó cada página del manuscrito dos veces y me hizo miles de sugerencias, la mayoría de las cuales acepté. Más importante aún, me permitió jugar con algunas ideas, proponiéndole tesis que la indignaron, encantaron o divirtieron. Sin su ayuda, este libro no existiría.

Cornwall, Connecticut, agosto de 1990

Del autor al lector

La voluminosa literatura que trata sobre la idea del progreso humano es decididamente de lo más variada. Aunque algunos de estos textos son obras impresionantes e incluso brillantes, muchos de ellos son superficiales, quizá incluso ridículos, por su insistencia (especialmente cuando tratan el siglo XIX) en la tranquilizadora perspectiva de que cada día que pasa nos hacemos mejores en todos los sentidos.

Esta insensatez se manifiesta especialmente cuando se tratan temas como el progreso económico, político y moral o el progreso en el arte. De hecho, es complicado argumentar de forma convincente que la humanidad ha experimentado a lo largo de toda su historia una mejora constante en la forma de gobierno de sus países, en la conducta estándar habitual de los seres humanos o en la producción de grandes obras de arte.

De vez en cuando parece haber una mejora mensurable en esas áreas. En otras ocasiones parece que sucede todo lo contrario. Así pues, debe considerarse infundada la ferviente fe de algunos escritores como Auguste Comte (1798-1857) en la inevitabilidad del progreso en todos los campos de la experiencia humana. Ya no podemos aceptar inocentemente la idea de progreso, por mucho que en algún momento creyéramos en ella.

Progreso en el conocimiento

El progreso en el conocimiento humano es una cuestión bien distinta. Sobre él sí es posible defender racionalmente que el progreso es el estado natural de las cosas. «No sólo todo indivi-

21

duo progresa con cada día que pasa —escribió el filósofo, matemático y místico francés Blaise Pascal (1623-1662)—, sino que también la humanidad en conjunto progresa constantemente [...] en proporción al envejecimiento del universo.» La esencia del hombre como ser racional, como diría un historiador posterior, consiste en que desarrolle su potencial construyendo a partir de la experiencia acumulada por las generaciones pasadas.

En nuestras vidas aumentamos progresivamente nuestro conocimiento con cada día y año que pasa, porque siempre recordamos al menos algo de lo que hemos aprendido anteriormente, y vamos añadiendo nuevos conocimientos a esa base. Del mismo modo, como especie, nuestra memoria colectiva retiene, al menos, algo de conocimiento del pasado y aumentamos ese patrimonio con cada nuevo descubrimiento que realizamos.

La memoria de una persona acaba fallando y, al final, todos hemos de morir, pero la memoria de la especie es eterna o, como mínimo, es de esperar que perdure mientras los seres humanos continúen escribiendo libros y leyéndolos o —lo que cada vez es más común— almacenen su saber en otro tipo de soportes para uso de generaciones futuras.

El ritmo al que crece la totalidad del conocimiento humano difiere según la era en la que nos hallemos; a veces se trata de un incremento muy rápido (como, por ejemplo, sucede actualmente o como sucedió en el siglo V a. J.C.), mientras que en otros momentos el avance es muy lento (como, por ejemplo, durante la Edad Oscura). No obstante, se trata de un proceso que nunca se detiene y que, probablemente, no se detendrá jamás mientras exista el hombre.

Tipos de progreso en el conocimiento

El conocimiento, que se expande y se acumula de la manera que acabamos de ver, es de varios tipos. Hoy sabemos mucho más sobre cómo funciona la naturaleza de lo que sabíamos hace un siglo o hace mil años, y es de esperar que dentro de cien años sabremos todavía más cosas sobre los procesos naturales. En algunos campos, como el de los conocimientos prácticos o el de la tecnología, es muy sencillo entender y aceptar la idea de que el conocimiento progresa constantemente, pues cada día podemos ver cómo las aplicaciones prácticas de esos conocimientos mejoran nuestra vida. En estas áreas, por lo que podemos entrever del futuro, tenemos motivos sobrados para confiar en que el avance del conocimiento no se detendrá.

En lo que se refiere a otros tipos de conocimiento, puede que se haya producido un progreso. Por ejemplo, mientras los historiadores gocen de libertad para escribir sobre el pasado y los lectores, de libertad para leer sus libros (lo que no siempre sucede, como nos recuerda el historiador romano Tácito), no olvidaremos las ideas sobre el gobierno justo que propusieron y defendieron las revoluciones del siglo XVIII en Inglaterra, Estados Unidos y Francia. Eso no quiere decir que un gobierno mejor sea algo inevitable; puede llegar un día en que miremos con nostalgia aquellos días felices en que la democracia florecía en el mundo. Pero incluso entonces, sabremos más sobre gobierno de lo que sabíamos antes, aunque ese conocimiento no se traduzca en aplicaciones prácticas.

De igual modo, los resplandecientes ejemplos de Sócrates, de Jesús, de san Francisco de Asís y del doctor Martin Luther King, Jr., por nombrar sólo unos pocos, no se perderán mientras podamos leer o recordar de cualquier otro modo la historia de sus vidas y comprender cómo con su ejemplo nos alientan a intentar vivir como ellos lo hicieron. El poseer este conocimiento no nos hará necesariamente mejores personas, pero gracias a ello sabremos más sobre el grado de excelencia al que llegó y puede llegar el ser humano.

Historia universal

El progreso en el conocimiento fue dolorosamente lento en los tiempos en los que la memoria común de la especie se transmitía sólo a través de las tradiciones orales. Por ejemplo, algún hombre o mujer primitivo descubrió hace mucho que ese gran y peligroso enemigo de la especie, el fuego, podía controlarse y convertirse en un medio para hacer que la vida fuera mejor. Como no existía ningún sistema de comunicación organizado, debieron ser necesarias varias generaciones de humanos para que este conocimiento se extendiera por todo el mundo. La invención de la escritura cambió todo eso e hizo que fuera mucho más rápido acceder a un cuerpo de conocimiento esencialmente disponible para todos los seres humanos y construir nuevos conocimientos a partir de él. Hoy, los sistemas para almacenar y recuperar el conocimiento acumulado de la raza humana, como los ordenadores, son ellos mismos objeto de progresivos esfuerzos para su mejora.

En este orden de cosas, la historia de la humanidad viene a ser la historia del progreso y desarrollo del conocimiento humano. La historia universal, al menos, que trata no tanto de los hechos protagonizados por individuos o naciones sino de los logros y fracasos de la especie como un todo, no es otra cosa que un largo relato que explica cómo ha crecido y cambiado el conocimiento de la humanidad a lo largo de los siglos.

La historia universal, concebida como la historia del conocimiento, no es una mera cronología de descubrimientos e inventos. Muchos de ellos, quizá la mayoría, valen, en último término, bastante poco. Lo que es, y debe ser, es la historia, contada desde el punto de vista más amplio y general, de los conocimientos nuevos y significativos que la humanidad ha adquirido en cada época y ha añadido a su cada vez mayor bagaje. Es también la historia de cómo, en ciertos momentos, el conocimiento, más que crecer, ha cambiado, y cómo en otras ocasiones se han abandonado o perdido por completo elementos muy importantes del conjunto del saber humano porque a una determinada época le parecieron carentes de todo valor.

La caída del Imperio romano, por ejemplo, fue un cataclismo casi universal que trajo miseria y sufrimiento a prácticamente todas las tierras de Europa. A pesar de ello, o quizá precisamente por ello, en los siglos siguientes aparecieron nuevos tipos de conocimiento. Aunque la mayor parte de ese conocimiento no ha perdurado, sigue siendo un ejemplo de una forma de vivir muy determinada que hemos decidido descartar, pero a la que es posible que optemos por regresar algún día. Y cuando el conocimiento griego y romano, que había sido olvidado, fue redescubierto durante el Renacimiento, generó una energía y un impulso que ayudaron a forjar el mundo en el que hoy vivimos.

En el siglo XVII, por poner otro ejemplo, hubo muchas más guerras y conquistas de lo habitual, tanto en Oriente como en Occidente, así como un gran número de invenciones y descubrimientos relativamente menores que hicieron que los humanos pudiéramos llevar una vida mucho más cómoda. Sin embargo, todo ello palidece y se torna insignificante frente al gran descubrimiento de esa época: el método científico, que fue clave para que se produjeran los enormes avances en el conocimiento que han tenido lugar durante los últimos tres siglos.

Por último, la «explosión de conocimiento» que vivimos en la actualidad es un fenómeno imposible de definir si nos atenemos meramente a cada trozo y fragmento de conocimiento que se ha ido generando en nuestros días. Pero el siglo XX dio a luz a una serie de importantes avances en el conocimiento que probablemente influirán (no necesariamente para bien) en la forma en que vivirán los humanos durante las próximas generaciones. La mayoría de estos avances se construyeron partiendo del conocimiento recibido del pasado y es precisamente eso lo que los hace tan significativos. Son, pues, parte de la historia universal.

Estos grandes avances, cambios y, quizá, pérdidas temporales de conocimiento son los protagonistas de este libro. Es una historia general que narra cómo el hombre ha ido aprendiendo cosas sobre el mundo en que vive y sobre sí mismo y cómo, en ocasiones, no ha conseguido entender una, otra o ambas cosas. Puesto que esa acumulación de saber muestra pautas reconocibles a lo largo de los siglos, el libro también intenta hacer una previsión del futuro progreso en el conocimiento. Cuanto mejor veamos cómo ha cambiado y crecido el conocimiento en el pasado, particularmente en el pasado reciente, con más exactitud podremos predecir los posibles cambios que ocurrirán en el futuro o, al menos, en el futuro cercano.

El futuro más lejano, un siglo o más en adelante, es otra cuestión. Sólo se puede tratar de adivinar lo que sucederá. Ofreceré algunas teorías que creo plausibles en el último capítulo.

El hombre primitivo

Hay animales que tienen ventajas físicas respecto a los seres humanos: ven, oyen y huelen mejor, corren más rápido, sus mordiscos son más dañinos... Ni los animales ni las plantas necesitan casas en las que vivir, ni escuelas en las que se les enseñe lo que deben saber para sobrevivir en un mundo hostil. El hombre, despojado de sus adornos, es un mono desnudo que tirita cuando hace frío, padece el acoso del hambre y la sed, tiene miedo y se siente solo.

Pero cuenta con el saber. Con él ha conquistado la Tierra. El resto del universo aguarda su llegada con, sospecho, inquietud.

Es muy difícil entrar dentro de la mente de otra persona y comprenderla, aunque se trate de alguien a quien conozcas muy bien, alguien con quien vives o trabajas, alguien a quien ves cada día. Es todavía más difícil penetrar y comprender la mente de una pareja de monos desnudos, la primera mujer y el primer hombre, que puede que vivieran hace nada menos que un cuarto de millón de años. No obstante, vale la pena intentarlo, aunque sea valiéndonos de nuestra imaginación.

Nuestros ancestros debieron ser físicamente bastante parecidos a nosotros. El macho debía de ser pequeño, la hembra todavía más pequeña, ambos por debajo del metro y medio de altura. Imagínatelos de pie frente a ti. Imagínate mirarles a los ojos. ¿Qué es lo que verías? ¿Qué verían ellos en ti?

Dejemos a un lado el miedo que probablemente tendrías y que, sin duda, ellos sentirían también.

Supongamos que los tres podéis superar ese miedo; imagina que podéis llegar a conoceros. No asumas que podrías hablar con ellos; puede que no tuvieran un lenguaje tal como hoy lo entendemos. Aun así, podían comunicarse los unos con los otros, como puedes ver con claridad al observarles. Mírales mientras hacen cosas, y deja que te observen. Puede que de ese modo te hagas una idea de lo que saben.

Si te los imaginas de pie frente a ti, si te los imaginas moviéndose, gesticulando, comunicándose; cazando o recolectando su comida, preparándola, comiéndosela; limpiándose; cubriéndose contra el frío; acariciándose el uno al otro y haciendo el amor... conforme imaginas todo esto, deberás concluir que nuestros antepasados sabían muchas cosas.

Esas criaturas, por fuerza, deben saber algo de lo que tú sabes. Pero por fuerza tienen que saber cosas que tú ignoras, a menos que seas un consumado experto en técnicas de supervivencia. Al llegar a esta conclusión, te darás cuenta de que buena parte de las cosas que sabes, las sabes exactamente de la misma forma que ellos las sabrían. Más aún, la mayor parte de lo que sabes es como lo que ellos saben.

Conocimiento circunstancial

Saben dónde están lo suficientemente bien como para moverse en su entorno y sobrevivir; y aunque no tengan nombres para los lugares que conocen, como Plaza Mayor o Madrid, deben reconocer indicadores en ambos lugares y su memoria les permite orientarse y saber dónde están en todo momento. También saben que existen otros seres aparte de ellos mismos y deben de haber inventado también una serie de signos o indicadores para ellos.

De hecho, si te detienes a pensarlo, poseen innumerables conocimientos de este tipo: una ardilla tiene su madriguera en ese árbol; los tigres vienen a beber a esta fuente por la noche, pero es seguro beber allí por las mañanas; las piedras de ese arroyo son muy buenas para hacer puntas de flechas. Todos conocemos muchísimas cosas de este tipo. Forman la mayor parte de nuestros recuerdos y ocupan la mayor parte de nuestra mente.

Ese mismo tipo de cosas son lo que ocupa la mayoría —y quizá toda— de la memoria y la mente de los animales. Los animales saben dónde están; les cuesta mucho perderse: todos hemos oído muchas historias sobre animales que supieron regresar a su hogar atravesando un territorio desconocido. Mi perro conoce muchas cosas de su entorno. Sabe qué hombres y vehículos son seguros y cuáles no, dónde es probable que aparezcan marmotas o venados, sabe que en el desayuno siempre le caen una o dos tostadas con mantequilla y mermelada. Mi gato también acumula muchos conocimientos circunstanciales y estoy seguro de que los pájaros de mi jardín, los zorros que cruzan nuestro jardín por la noche y los ratones que habitan en los establos saben muchísimo sobre el mundo que les rodea. Sin duda, el conocimiento de los ratones, probablemente el del gato y quizá también el del perro es exclusivamente circunstancial.

Conocimiento general

Existe otro tipo de saber que nosotros poseemos y que los animales desconocen. Nosotros sabemos que el sol sale por la mañana, cruza el cielo y se pone por la tarde; sabemos que el sol realiza este recorrido todos los días, incluso cuando las nubes lo ocultan por completo, y sabemos que lo hará siempre mientras exista el mundo. Sabemos que el invierno sigue al verano y el verano al invierno. Sabemos que todos los seres vivos nacen y, tarde o temprano, están destinados a morir. En pocas palabras, conocemos las causas de las cosas o, al menos, de algunas cosas.

Este tipo de datos son conocimientos generales, que enunciamos en un lenguaje distinto del que usamos para transmitir nuestros conocimientos circunstanciales.

UNA ARDILLA TIENE SU MADRIGUERA EN ESE ÁRBOL.

TODOS LOS SERES VIVOS NACEN Y ESTÁN DESTINADOS
A MORIR.

¡Cuán diferentes, en su magnitud y en su belleza, son esas afirmaciones! La primera, que habitualmente carece de importancia, la tendrá si estamos hambrientos y queremos saber dónde encontrar nueces. Pero para que cobre relevancia necesita de esa determinada circunstancia particular. La segunda es majestuosa y cierta en todo momento y en todo lugar.

He dicho que los animales no poseen conocimientos generales —o conceptos, según se les prefiera llamar— y nosotros sí.

En algunos casos no estoy tan seguro de ello, como, por ejemplo, con mi perro. Pero aunque albergue mis dudas, no puedo demostrar que posee ese tipo de conocimientos, pues no puede hablar y decírmelo. Es sólo un animal mudo —todos los animales son mudos— y por ello nunca sabemos a ciencia cierta qué es lo que les pasa por la cabeza, sólo podemos deducirlo a partir de su conducta.

No es complicado deducir que poseen muchos conocimientos circunstanciales, pero no podemos afirmar que posean conocimientos generales. Hemos dado por supuesto que no podríamos hablar con nuestra imaginaria pareja de monos desnudos. Según hemos dicho, sólo podríamos observarles y ver qué hacen. Contemplándoles, ¿podemos averiguar si saben que el sol sale cada día por la mañana y se pone por la tarde? ¿Saben que todos los seres vivos nacen y han de morir? ¿Saben las causas de algunas cosas?

Si resulta que no es así, es por una razón muy sencilla: hemos retrocedido demasiado en el tiempo. Hagamos avanzar el reloj muy rápidamente. Tarde o temprano nos encontraremos con hombres primitivos que conocen de las dos formas en que nosotros conocemos, que son completamente humanos porque adquieren conocimiento de la misma forma en que lo hacemos nosotros.

Puede que sigan desnudos, puede que nos tengan miedo, puede que traten de huir de nosotros o, alternativamente, que intenten matarnos. Pero son como nosotros en lo único que es de verdad esencial. Y muy pronto serán capaces de hablar y decírnoslo.

No podemos saber a ciencia cierta cuándo la humanidad dio ese trascendental paso en su forma de adquirir conocimientos. Quizá pasó hace un millón de años, quizá hace sólo diez mil. También es un misterio cómo sucedió. Lo importante es que pasó y que los seres humanos empezaron a conocer de esta nueva manera, que les distinguía de los animales, y fueron conscientes del cambio. Así comenzó la gran historia que se narra en este libro.

Conocimiento seguro

En su mayor parte, nuestro conocimiento circunstancial es seguro. Cuando queremos saber dónde nos encontramos, por ejemplo, puede que acertemos o nos equivoquemos, pero si acertamos, valga la redundancia, es seguro que estamos en lo cierto. Si estamos en la Plaza Mayor y decimos que estamos en la Plaza Mayor, no cabe duda de que así es.

Nuestro conocimiento general sobre cómo funciona la naturaleza o sobre la forma como se comportan los seres humanos es siempre, hasta cierto punto, dudoso. Incluso en hechos tan palpables como que el sol sale cada mañana comprendemos que, en el mejor de los casos, estamos hablando de una altísima probabilidad de que así sea, pero no tenemos la certeza absoluta. Sabemos que algo podría pasarle a la Tierra o al Sol que hiciera que no saliera mañana, aunque, por supuesto, si de verdad un día el sol no saliera, lo más probable es que nosotros ya no estuviéramos aquí para verlo.

Hay dos tipos de conocimiento general que se caracterizan por su certeza o seguridad. Uno es nuestro conocimiento de proposiciones evidentes. El otro es la fe.

No existen muchas proposiciones evidentes; algunos filósofos afirman que no hay ninguna. No hace falta que nos metamos en una disputa filosófica para comprender lo que queremos decir aquí. Tomemos como ejemplo esta proposición general.

UN TODO FINITO ES MAYOR QUE CUALQUIERA
DE SUS PARTES.

Cuando comprendemos lo que significa «todo finito», «parte» y «mayor», vemos que se trata de una proposición que es cierta sin ninguna duda.

Otra proposición evidente es:

UNA COSA NO PUEDE ESTAR Y NO ESTAR AL MISMO TIEMPO
EN EL MISMO LUGAR.

De nuevo, si comprendemos el significado de los términos, la proposición es indudablemente cierta.

Thomas Jefferson dijo que la proposición general con la que empezó la Declaración de Independencia de Estados Unidos, es decir, que todos los hombres son creados iguales, era evidente. Aunque la mayoría acepta que es verdad, muchos disputan que se trate en realidad de una proposición evidente. De hecho, no hay muchas proposiciones aparte de las dos que he mencionado que sean universalmente aceptadas como evidentes.

Muchas proposiciones matemáticas son evidentemente ciertas si aceptamos los supuestos en los que se basan. Si definimos «dos», «más» e «igual a» de cierta manera (aunque no es fácil hacerlo), entonces «dos más dos igual a cuatro» es ciertamente verdad. Lo mismo vale para la proposición que afirma que «la suma de los ángulos de un triángulo es igual a dos ángulos rectos» y para otras afirmaciones matemáticas más complicadas. Pero el mundo de las matemáticas no es el mundo real; la certeza que encontramos en él está ahí porque nosotros la hemos introducido, de modo que no debe sorprendernos que todo encaje, pues hemos diseñado las matemáticas precisamente para eso. La certeza de las proposiciones evidentes es inherente a la naturaleza de las cosas. Pero sólo existen unas pocas de esas proposiciones.

La fe también es un conocimiento seguro; es un conocimiento que nos revela Dios. Si la revelación es directa, como lo fue, según Moisés, en su caso, entonces no hay duda al respecto. Para algunos resulta más difícil que para otros aceptar con total convicción una revelación de segunda mano. Se dice, de hecho, que nadie puede aceptar tal revelación sin la ayuda de Dios, sin su gracia. Según afirma esta corriente de pensamiento, no importa lo mucho que uno se esfuerce, ya que no se puede tener fe —que consiste en la absoluta certeza de que Dios existe, por ejemplo— sin la gracia de Dios. Si usted pregunta: ¿Cómo puedo saber si he recibido la gracia de Dios?, la respuesta es: Si sabe con certeza que Dios existe, entonces la ha recibido; si no, no.

A pesar de que esta forma de pensar parece basarse en un razonamiento circular, le basta a muchísima gente. En cualquier caso, hay muchos cuya fe les indica no sólo que Dios existe, sino que otras proposiciones que son consecuencia de ello también son ciertas: que Dios hizo el mundo, que Dios gobierna el mundo, que Dios ama a la humanidad y que todo sucede para bien. Todas éstas son, incuestionablemente, proposiciones sobre el mundo real, igual que la afirmación de que el sol sale cada mañana y se pone cada tarde.

La fe no es una adquisición reciente de los seres humanos. Parece muy probable que nuestra pareja imaginaria ya supiera, o creyera en algunas cosas con la misma tenaz certeza que caracteriza a los creyentes de hoy en día.

Suponiendo que supieran que el sol sale y se pone cada día, puede que también supieran —o creyeran incluso con mayor certeza— que el sol no saldría si dejaban de complacerle. Puede que creyeran con la misma certeza que los nacimientos, al menos los nacimientos humanos, no sucedían a menos que otro dios estuviera satisfecho o fuera apaciguado, y que la muerte, finalmente, llegaba sólo a aquellos que no complacían a los dioses.

En otras palabras, puede que estuvieran convencidos, sin la menor sombra de duda, de que comprendían el mundo porque comprendían a los dioses. El mundo, por lo tanto, por la relación que mantenían con él y la que mantenían con los dioses, tenía que ser lo que creían que era.

La noción de que el mundo debe ser lo que creemos que es porque creemos que es así ha sido fuente de mucho consuelo para miles de millones de personas, quizá también para nuestra pareja de antepasados desnudos. No obstante, ha sido también fuente de desazón para otros. El motivo es que hace mucho tiempo (nadie sabe exactamente cuánto) los seres humanos decidieron que sus sistemas de conocimiento y de fe eran tan fundamentales para el sentido de sus vidas que debían matar a otros seres humanos sólo porque sus sistemas de conocimiento y de fe eran distintos. Éste es uno de los motivos, entre muchos otros, por los cuales el conocimiento no siempre lleva a la felicidad.

Conocimiento y felicidad

Los animales no parecen infelices, al menos no del modo en que lo son los humanos. Como Walt Whitman escribió en «Canción de mí mismo»:

> Creo que podría volver y vivir con los animales,
> son tan plácidos e independientes...
> Ninguno de ellos es respetable o infeliz en toda la tierra.

Muchos seres humanos son infelices por lo que saben o por lo que desconocen. La ignorancia es una bendición sólo mientras es total; tan pronto como uno se da cuenta de que es un ignorante desea dejar de serlo. Es la famosa curiosidad la que mató al gato. En el caso de la humanidad, se trata de un sentimiento profundo y esencial.

El deseo de saber, cuando comprendes que no sabes, es universal y probablemente irresistible. Fue la tentación original de la humanidad, y no hay mujer ni hombre, y en especial ningún niño, que pueda luchar contra él mucho tiempo. Pero es un deseo, como dijo Shakespeare, que más crece cuanto más se alimenta. Es imposible saciar la sed de conocimiento. Y cuanto más inteligente eres, más sed tienes.

El conocimiento circunstancial no provoca esa sed insaciable, pues se limita a hechos concretos. La fe, que va más allá de la comprensión, sí que sacia esa sed. En consecuencia, la única cura conocida desde tiempos inmemoriales para la enfermedad del deseo insaciable de conocimiento ha sido la fe, la gracia de Dios.

Puede que nuestros antepasados lejanos tuvieran un equivalente primitivo de la fe. Millones de nuestros antepasados más recientes lo tenían, o decían tenerlo. Pero ¿hay muchos seres humanos, hoy en día, que se sientan cómodos con el conocimiento que poseen, que no aspiren a más? ¿Acaso no se ha convertido la enfermedad insaciable del conocimiento en una epidemia que afecta a todos los pueblos de la Tierra?

Panorámica de la obra

Este libro se divide en quince capítulos. El primero, «La sabiduría de la antigüedad», empieza al mismo tiempo que la historia escrita, alrededor del año 3000 a. J.C., y describe los elementos más significativos del conocimiento general compartidos por las gentes de los antiguos imperios, desde el egipcio al azteca y el inca. Esencialmente, este capítulo trata de lo que la humanidad conocía antes de la explosión del pensamiento griego que se produjo en el siglo VI a. J.C. El capítulo dos, «La explosión griega», describe ese acontecimiento histórico y muestra cómo lo que sabían los griegos ha influido en todo el progreso posterior del conocimiento.

La civilización griega fue absorbida y adaptada por el Imperio romano, que contempló mucho del saber griego con suspicacia. Sin embargo, los romanos se aseguraron de que los elementos más importantes del saber griego pervivieran, aunque muchos de ellos no les gustasen. En el capítulo 3, «¿Qué sabían los romanos?», revelaremos que los romanos también hicieron aportaciones importantes al conocimiento, algunas de las cuales establecieron los cimientos sobre los que se ha edificado el edificio del saber actual.

El Imperio romano cayó frente a las hordas bárbaras en el siglo V d. J.C. Los capítulos 4 y 5, «Luz en la Edad Oscura» y «La Edad Media: El gran experimento», describen el mundo que sucedió al Imperio. La vida cambió mucho y con ella cambió también el conocimiento. Veremos cómo durante los mil años que siguieron a la caída de Roma, la humanidad llevó a cabo un grandioso experimento sobre la forma en que se debía gobernar a los hombres. Fue un experimento que fracasó, pero del que podemos sacar valiosas lecciones para el futuro.

El capítulo 6, «¿Qué renació en el Renacimiento?», describe los cambios en el conocimiento que se produjeron con el redescubrimiento de la civilización clásica después de muchos siglos de olvido. También muestra cómo el esfuerzo por comprender el mundo antiguo y por incorporar ese conocimiento recién reencontrado a la cultura de la Edad Media desgarró esa cultura y lanzó a la humanidad en un tumultuoso viaje que la ha llevado hasta el presente.

Alrededor de 1500 d. J.C., la historia universal, la historia del progreso en el conocimiento, entró en una nueva fase. A la especie humana le había llevado cien mil años alcanzar una población de cuatrocientos millones de personas, cifra a la que llegó en 1500. La población humana, sin embargo, se elevará en una cifra similar o superior entre 1995 y 2000. El capítulo 7, «Europa se expande», trata de explicar este extraordinario cambio. Se pone especial énfasis en el gran logro de Colón, que heredó un mundo dividido y nos legó un mundo que ya había avanzado mucho en la ruta que conduce a la unidad que experimentamos hoy en día, unidad que será todavía más completa en el futuro.

El progreso humano es mucho más que meramente el progreso del conocimiento del hombre occidental. Sin embargo, durante el período comprendido entre 1550 y alrededor de 1700, Occidente inventó un método de adquirir conocimiento que pronto se aplicaría en todos los rincones de la Tierra. Hay otros tipos de conocimiento además del conocimiento científico, como el capítulo 8, «La invención del método científico», deja claro, pero ninguno de ellos, ni en la actualidad ni en el futuro previsible, tiene la potencia, el prestigio y el valor que posee el conocimiento científico. La ciencia se ha convertido en la actividad más característica de los humanos y en una herramienta indispensable para la supervivencia de los miles de millones de seres humanos que habitamos el planeta.

Los *Principia* de Newton fueron publicados en 1687 e infundieron en la era posterior la noción de que el mundo estaba regido por principios mecánicos. Esta idea llevó a grandes logros, entre ellos la revolución industrial, pero fue otro tipo de revolución la que caracterizó de verdad el siglo XVIII. El capítulo 9, «La era de las revoluciones», explica sucesivamente la gloriosa revolución de 1688 (en Inglaterra), la revolución de Estados Unidos de 1776 y la Revolución francesa de 1789, mostrando cómo a través de ellas se descubrieron ideas radicalmente nuevas sobre cómo mejorar el gobierno, lo que condujo a ampliar el conocimiento sobre el mejor modo de convivencia y, en último —o casi último— término, llevó al sistema democrático que disfrutamos en la actualidad en muchos países del mundo.

El capítulo 10, «El siglo XIX: Preludio a la modernidad», cubre los turbulentos cien años que transcurrieron entre 1815, la batalla de Waterloo, y 1914, el inicio de la Gran Guerra. El capítulo muestra cómo un cambio total en las instituciones sociales y económicas, provocado principalmente por la revolución industrial pero también, al menos en parte, por las revoluciones políticas del siglo anterior, allanó el camino para el mundo nuevo y fundamentalmente distinto en el que vivimos hoy. Los elementos de este cambio se encuentran todos en el pensamiento del siglo XIX, a pesar de que su plasmación concreta tuviera a menudo que esperar al siglo XX.

El capítulo 11, «El mundo en 1914», describe el escenario en que se produce el nacimiento de este nuevo mundo, que es el que conocemos hoy en día. Para esa fecha, casi cualquier cosa que pudiera pasar en cualquier rincón del mundo afectaba al resto del planeta, así que no es sorprendente que la guerra que comenzó ese año se calificara como una guerra mundial. Pero ¿por qué la guerra tuvo que destruir la civilización anterior para que pudiera surgir la nueva? Las razones se encuentran en la misma naturaleza no sólo del conocimiento, sino de la propia especie humana.

El capítulo 12, «El triunfo de la democracia»; el capítulo 13, «Ciencia y tecnología», y el capítulo 14, «Arte y medios de comunicación», tratan sobre el siglo XX. Juntos, estos tres capítulos analizan los grandes avances que se han producido en el conocimiento y, sólo de forma secundaria, los acontecimientos que han ocurrido en los tres cuartos de siglo transcurridos desde la primera guerra mundial. Mucha gente ha presenciado personalmente estos cambios. Quizá no hay nadie que esté vivo, y me incluyo a mí mismo, que pueda tener una perspectiva imparcial sobre este espléndido, cruel y creativo siglo. Pero la mayoría de los lectores sabrán ver la importancia del surgimiento del nuevo conocimiento que se describe y le concederán su debida valía.

El capítulo 15, el último, se titula «Los próximos cien años». Describe muchos cambios en el conocimiento humano y, especialmente, en los usos de ese conocimiento que creo probable que ocurran antes del año 2100. El capítulo trata también de algunas cosas que podrían haber ocurrido antes de esa fecha, aunque no estoy de ningún modo seguro de mis afirmaciones. Si ocurren, estarán entre los acontecimientos más importantes de la historia del conocimiento humano o, lo que es lo mismo, de la historia de la humanidad.

1. La sabiduría de la antigüedad

Para cuando empezó la historia escrita, hace unos cincuenta siglos, la humanidad ya sabía mucho más que nuestros antepasados primitivos.

Los seres humanos en diversas partes del mundo habían descubierto no sólo cómo usar las pieles de animales y pájaros para vestirse, sino también cómo tejer lana, algodón y lino para hacer telas. Habían descubierto no sólo cómo cazar y pescar para comer, sino también cómo cultivar cereales y hacer pan —con y sin levadura— y también cómo preparar pasteles de arroz. Habían aprendido a plantar semillas en los terrenos agrestes y a limpiar, arar, irrigar y fertilizar el suelo. Sabían no sólo cómo convertir cuevas y otros refugios naturales en casas, sino también cómo construirlas —y cómo construir estructuras con función monumental— usando madera, piedra, ladrillos y otros materiales, algunos naturales y otros creados por el hombre. Habían aprendido también a hacer y reproducir estatuas y otras obras de arte, y a extraer mineral de la tierra, fundirlo y crear nuevos metales combinando los existentes en la naturaleza.

Buena parte del ingenio de la humanidad se dedicó a inventar nuevas formas de matar y torturar a otros seres humanos, y la amenaza del dolor o de la muerte se consideraba la mejor, y a veces la única, forma de gobernar a un gran número de personas. En muchas partes del mundo, en Egipto, en Mesopotamia, en Persia, en la India o en China, se formaron o estaban en proceso de formarse imperios que gobernarían grandes extensiones de territorio y tendrían millones de súbditos. Estos imperios ofrecieron a sus pueblos un sistema de leyes o, lo que es lo mismo, una cierta medida de paz y seguridad contra la violencia de sus semejantes. Pero estos imperios no protegían a sus súbditos contra sus propios dirigentes, que gobernaban a través de la violencia y la astucia, y cuya voluntad tenía un poder absoluto.

En casi todas partes, los sacerdotes, cuyo trabajo era interpretar la igualmente absoluta y despótica voluntad de los dioses, se unieron a los dirigentes seculares para mantener sometido al pueblo. Los gobernados se sometían porque no tenían otra opción. Probablemente, ni tan sólo imaginaban una alternativa. No existía un sólo lugar en el mundo en el que la gente creyera que podía gobernarse a sí misma y no se concebía que hubiera una alternativa a dominar o ser dominado.

En todas partes, en definitiva, existía un estado constante de guerra, entre los pueblos y entre el dirigente y su propio pueblo. En todas partes, como escribió Tucídices, los fuertes hacían lo que les placía y los débiles sufrían lo que tenían que sufrir. El único árbitro era la fuerza. La justicia y lo correcto eran siempre y en todas partes sólo lo que le convenía que fueran al más fuerte.

Aun así, la raza humana prosperó y se multiplicó. Competía por el dominio del planeta con animales más grandes y se entregó a la tarea de librar al planeta de los que consideraba «enemigos»: el tigre con dientes de sable, el mamut y docenas de otras especies. Llegados al segundo milenio antes de la era cristiana, la mayoría de los animales de mayor tamaño habían sido exterminados, domesticados o convertidos en «ganado» o «piezas de caza». En otras palabras, se los utilizaba para el placer, el trabajo o como comida.

En un pequeño rincón del mundo surgió una raza de hombres que se llamaban a sí mismos judíos y proclamaban una historia nueva sobre cómo había sido creado el mundo. Al principio, decía esa gente, el único Dios había creado un paraíso del que el hombre, por su culpa (o, más bien, por culpa de la mujer), había sido expulsado. En adelante, le había dicho Dios al hombre, tendría que trabajar para sobrevivir. Pero puesto que Dios amaba al hombre, le dio la Tierra y todo lo que contenía para su sustento y supervivencia. La explotación de los reinos animal y vegetal estaba, pues, sancionada por decreto divino.

De nuevo no se trataba de otra cosa que de la aplicación d
la ley del más fuerte, en la que la justicia se entendía como el interés del más poderoso. Y puesto que se trataba de una ley divina, era también correcta y justa.

Egipto

Los primeros imperios surgieron en los grandes valles fluviales
de África y Asia. Egipto, que creía haber nacido del Nilo, fue
probablemente el primero de todos. Se organizó y unificó aproximadamente entre el 3100 y el 2900 a. J.C., y perduró como Estado semiindependiente durante unos tres mil años, hasta que
los romanos lo conquistaron en el 30 a. J.C.

La notable y singular supervivencia de Egipto durante tres
milenios se debe en parte a que, dado su aislamiento geográfico,
el país carecía de competidores. Estaba rodeado por tres lados
por desiertos prácticamente impenetrables, así que las invasiones, cuando se producían, solían llegar a través del istmo de Suez.
Esa estrecha franja de tierra era muy fácil de defender.

Pero otros imperios también estaban aislados y no duraron
mucho. Los egipcios tenían un secreto, que no olvidaron en treinta siglos. Temían y odiaban los cambios, y los evitaban siempre
que era posible.

El Estado egipcio carecía de mucho de lo que hoy en día
consideramos necesario para el gobierno, pero funcionaba bien.
Y ningún otro pueblo ha seguido tan fielmente la regla que dice
que si no está estropeado, no trates de arreglarlo. Una vez establecieron un reino y una economía basada en la agricultura y hecha posible por las inundaciones anuales del Nilo, los dirigentes
de Egipto, junto con el pueblo que gobernaban, se dedicaron
con entusiasmo a evitar cuidadosamente cualquier tipo de progreso. Y lo cierto es que consiguieron progresar muy poco en
tres mil años.

Como todos los imperios de la antigüedad, Egipto estaba organizado jerárquicamente. Los dioses estaban en la cúspide de
la jerarquía; bajo ellos venía la gran asamblea de los muertos.

En la base de la jerarquía estaba la humanidad entera, con lo que se quería decir, básicamente, los propios egipcios.

El faraón ocupaba un puesto singular y poderoso, pues se situaba entre la humanidad y los muertos que había sobre ella (y, claro, también entre la humanidad y los dioses que estaban sobre los muertos). En esta jerarquía de seres, el emperador era el único ser individual, el único eslabón entre el mundo humano vivo y el mundo de los espíritus.

El faraón era humano, pero también era algo más que humano, no tanto por su persona sino en virtud de su papel en la jerarquía cósmica. Se le temía, adoraba y obedecía porque no hacerlo significaba ponerlo todo en tela de juicio, incluso la regularidad de las inundaciones del río —de las que dependía la vida de la comunidad— y el *ma'at*, el «orden social». En una sociedad tan conservadora y tradicional como la egipcia, el orden social era fundamental.

La agricultura egipcia era eficiente y productiva, en buena parte por los sedimentos fértiles que el gran río depositaba en las tierras cada año. En consecuencia, no hacía falta que todo el mundo se dedicara a cultivar la tierra y solía existir un excedente de mano de obra. Según la interpretación egipcia del orden social, nadie debía permanecer ocioso, así que ese excedente se empleó en llevar a cabo inmensos proyectos monumentales. La construcción de las grandes pirámides durante el lapso de cuatrocientos años que transcurrió entre el 2700 y el 2300 a.J.C. sería un reto incluso para la arquitectura moderna y, sin embargo, los egipcios no tenían siquiera herramientas de metal con las que trabajar la piedra (sus cuchillos y cinceles estaban hechos de obsidiana, una piedra volcánica negra). Por sobrecogedores que fueran los problemas físicos que planteaba el proyecto, los desafíos económicos fueron aún más terribles. Y parece que el ejército de obreros, que en su mayor parte no eran esclavos, trabajó de buen grado.

¿Por qué los egipcios eran tan conservadores y tradicionales? ¿Por qué era el orden social tan importante para ellos que justificaba que se sacrificara cualquier esperanza de cambio o progreso? ¿Era porque el río del que había nacido la sociedad permanecía inalterable en su curso? ¿Era quizá un hábito que los egipcios adquirieron en algún momento temprano de su historia y del que luego no supieron librarse? ¿O es que había algo en el carácter egipcio que llevó a este notable pueblo a escoger la vía de la inmutabilidad hacia la inmortalidad que todos los hombres anhelan?

Es difícil, si no imposible, responder a estas preguntas. Un hecho debe subrayarse: el antiguo Egipto, como correspondía a su extremado conservadurismo, parecía enamorado de la muerte. Los hombres no vivían sino para morir y empleaban sus vidas y fortunas en prepararse para la muerte. No obstante, tenían un concepto de la muerte distinto del nuestro, pues la veían como una especie de fantasmagórica y etérea inmortalidad. Los muertos estaban por todas partes, en el aire, en el suelo, en las aguas del Nilo. Su presencia le daba cierto consuelo a este antiguo pueblo del río.

Quizá esto no responde a la pregunta de por qué los egipcios eran como eran. Quizá baste decir que incluso hoy muchos individuos adoptan la actitud egipcia hacia la vida, prefiriendo el *status quo* antes que cualquier cambio, incluso si se demuestra que el cambio supondría una mejora. En otras palabras, los egipcios actuaban de una forma que no es ajena al ser humano. Lo único sorprendente es que absolutamente todos ellos se comportaran de la misma manera.

Es importante también que comprendamos la sabiduría de su postura. El cambio por mor del cambio es un principio de mérito dudoso. Si la vida es aceptable tal como está, ¿por qué cambiarla? Desde el punto de vista de los tiranos, esa regla es todavía más importante. Cualquier cambio, para un tirano, es a peor. Así pues, los egipcios descubrieron un secreto que tendría gran importancia para todos los tiranos de los siglos venideros. Y los tiranos de nuestra propia época no lo han olvidado.

India

Los diez siglos que siguieron al 2500 a. J.C. vieron el auge y la caída de una antigua cultura de valle fluvial localizada en el río

Indo, que hoy fluye en el oeste de Pakistán. En un área considerablemente mayor que el actual Pakistán crecieron dos grandes ciudades, Mohenjo-daro y Harappa, cada una habitada por más de cincuenta mil personas, y numerosos otros asentamientos menores. En su momento de mayor esplendor, alrededor del 2000 a. J.C., la civilización del valle del Indo cubría una extensión mayor que Egipto o Mesopotamia, lo que la convirtió en el imperio más grande que el mundo había visto hasta entonces.

Mohenjo-daro llegó abruptamente a su fin a mediados del segundo milenio, al parecer víctima de un ataque de invasores arios que dejaron cientos de muertos en las calles abandonadas. Más al sur, la civilización sobrevivió y probablemente se mezcló poco a poco con las posteriores culturas del centro y oeste de la India.

Se sabe muy poco sobre la organización social de la cultura del valle del Indo, pero todas las culturas que descienden de ella muestran un principio de organización jerárquica que conocemos como sistema de castas. Durante muchos siglos ha sido una herramienta muy poderosa que ha servido para controlar a una enorme población dentro de la cual existen enormes diferencias de riqueza, poder y privilegios.

En la India moderna hay miles de castas, pero se dividen en sólo cuatro grupos principales, una división que se remonta a antes del nacimiento de Cristo. En la cúspide de la jerarquía se encuentran los brahmanes (sacerdotes), luego los barones o guerreros, luego los comunes o mercaderes y finalmente los sudras (artesanos y trabajadores). Como tal, el sistema no difiere mucho del de otras sociedades jerárquicas de la antigüedad. Lo que hace especial al sistema de castas es su poderoso mecanismo de retroalimentación. Uno no sólo nace un sudra, sino que también se convierte en un sudra por la ocupación que escoge, limitada a los sudras y que sólo los sudras pueden escoger. Todo el mundo se «contamina» por el trabajo que hace, por su dieta, por sus costumbres; y puesto que la «contaminación» es inevitable, todo el mundo la acepta.

Es una verdad universal que aquellos que están en lo más bajo de la jerarquía social son siempre mayoría y, en el pasado, a menudo una inmensa mayoría. Sus vidas eran peores, más brutales y notablemente más cortas que las de sus contemporáneos más afortunados. ¿Por qué, entonces, la mayoría consentía en seguir sufriendo privaciones? Puede que la minoría en la cúspide tuviera prácticamente el monopolio de la fuerza, pero la fuerza por sí sola no basta para responder a esta pregunta. Un sistema de diferenciación social tiene que fundamentarse en algo que todos, y no sólo unos cuantos, compartan. La aceptación universal del sistema de castas es lo que asegura la supervivencia del sistema social.

Es fácil culpar a los indios por vivir sometidos a un sistema de castas mientras que nosotros no lo hacemos. Sin embargo, nuestras clases sociales guardan muchas afinidades con las castas de la India. Los miembros de la clase más baja a menudo sienten que es justo que pertenezcan a ella, y lo mismo sucede con los de las clases más altas. Los miembros de cualquiera de las clases se sienten incómodos cuando se encuentran en compañía de personas de otra clase. Hay ciertos trabajos que las personas de clase alta simplemente no hacen y lo mismo sucede con las clases bajas. Las diferentes clases comen también alimentos distintos preparados de forma distinta. Tienen también costumbres familiares distintas, cortejan a sus parejas de diferente forma, etc.

Puede que las antiguas culturas del subcontinente indio fueran las primeras en descubrir este poderoso medio de mantener el orden social. Pero no fueron, ni mucho menos, las únicas en utilizar este principio una vez descubierto. Hoy en día goza de gran vigor. Las diferencias entre clases sociales son el archienemigo de la gran idea de la igualdad social. Y son también mucho más antiguas.

China

Los asentamientos humanos en lo que hoy es China se remontan a hace más de trescientos cincuenta mil años. La primera dinastía de la que sobreviven materiales históricos, los Shang, gobernó buena parte de la China moderna entre 1750 y 1111 a. J.C.

En este último año, los Zhou, un pueblo que era súbdito de los Shang, les derrotó e instauró una dinastía que perduró hasta el 255 a. J.C. Siguió una época de convulsiones, que concluyó con la primera verdadera unificación de China, en el año 221 a. J.C.

Quienes lo lograron fueron los Qin, uno de cuatro o cinco pueblos distintos pero emparentados muy estrechamente que habitaban la zona. Su rey tomó el nombre de Shi Huangdi: «primer emperador soberano». Sus dominios definieron lo que iba a ser China en adelante. En épocas posteriores, China ha poseído otros territorios, pero las posesiones de Shi Huangdi siguen siendo el núcleo indivisible de lo que es propiamente China.

El nuevo emperador se dispuso de inmediato a asegurar lo que había ganado. Su primer gran proyecto consistió en construir una red de carreteras. El segundo fue conectar y reforzar las murallas que protegían la frontera norte. Cientos de miles de hombres trabajaron en lo que probablemente sea el mayor proyecto de construcción jamás emprendido. Completaron en algo más de diez años una muralla que se extendía a lo largo de unos dos mil quinientos kilómetros desde el golfo de Chihli hasta el Tíbet. Durante dos milenios, en la imaginación de los chinos, la Gran Muralla fue la frontera entre la civilización y la barbarie.

El cambio más importante de los realizados por Shi Huangdi tuvo que ver con la organización social. Abolió de un plumazo el régimen feudal que había dado forma a la sociedad china durante un milenio y lo sustituyó por una compleja burocracia estatal basada en principios confucianos.

Confucio nació en el 551 a. J.C. y murió en el año 479. Miembro de una familia noble pero venida a menos, quedó huérfano y creció en la pobreza. Aunque fue autodidacta, se hizo famoso como el hombre más culto de su tiempo. A pesar de este logro y de sus otros muchos méritos, no pudo obtener un puesto en el que desarrollar sus talentos. Por ello, reunió a un grupo de discípulos y empezó a enseñarles. Acabó siendo el profesor más famoso de la historia de China y uno de los hombres más influyentes de todos los tiempos.

La doctrina confuciana es complicada y ha cambiado mucho a lo largo de los siglos. Un principio fundamental, sin embargo, permanece inalterable: toda eminencia debe basarse única y exclusivamente en el mérito. La habilidad y la excelencia moral, según Confucio, y no el nacimiento, es lo que hace a un hombre adecuado para el liderazgo. Y el mérito se conseguía estudiando (en siglos posteriores, cuando el confucianismo se convirtió en la doctrina estatal, se consiguió precisamente estudiando los textos confucianos).

Shi Huangdi era seguidor de las enseñanzas de Confucio y basó su recién creada administración en el principio confuciano de la excelencia moral. Se suponía que se entraba en la administración sólo por méritos propios, excepto en los puestos más altos, que estaban reservados para la familia del emperador. Era algo que estaba muy lejos del feudalismo al que la nueva burocracia había reemplazado, pues en aquél el poder se conseguía por derecho de nacimiento o por la fuerza militar.

Los señores feudales no se rindieron sin luchar. Cierto número de intelectuales se opusieron a la abolición del viejo sistema. Shi Huangdi no toleraba la disidencia. Cuatrocientos sesenta intelectuales críticos fueron torturados y luego quemados vivos. El hecho causó una enorme conmoción, pues hasta entonces los intelectuales habían estado a salvo de la ira de los tiranos chinos. Incluso mayor conmoción causó la orden del emperador de que todos los libros que no trataran sobre derecho, horticultura y medicina natural fueran quemados. Sólo ese extraño trío de materias quedó a salvo. Todos los demás tipos de saber eran peligrosos y se prohibieron las especulaciones en cualquier otro campo del conocimiento.

Shi Huangdi ansiaba la inmortalidad más que ninguna otra cosa. Toda divinidad que pudiera ayudarle de cualquier modo era venerada, a cargo del Estado, y los mensajeros del emperador recorrieron todo el imperio en busca de un supuesto elixir de la vida. No encontraron ninguno, y el emperador falleció sólo doce años después de haber fundado su Estado.

El imperio se vino abajo tras la muerte de Shi Huangdi, pero la semilla de la unidad ya se había plantado. Resultó que las innovaciones de Shi Huangdi fueron cruciales para gobernar una nación tan grande como China que, en aquellos tiempos, entre los años 200 a. J.C. y 200 d. J.C., era la mayor y más poblada del mundo. Entre estas innovaciones se contaron el establecimiento y mantenimiento de una burocracia basada más o menos en el mérito (identificando el mérito con el conocimiento); el cuidadoso control de la economía, llevado a cabo mediante titánicos proyectos de obras públicas que emplearon todo el excedente de mano de obra; y la idea de que la mayor parte del conocimiento es peligroso.

Los chinos nunca han olvidado esos tres preceptos. El actual régimen comunista los respeta por completo, dos mil años después de Shi Huangdi. Pero otros tiranos han adoptado, a lo largo de la historia, esos mismos principios y también lo han hecho algunos regímenes democráticos. Hasta hace muy poco, para entrar en el servicio diplomático británico había que saber griego y latín y ser capaz de traducir textos clásicos en esas lenguas a una prosa elegante en inglés. Se daba por supuesto que si un hombre podía aprender bien griego y latín, podría aprender igual de bien cualquier otra cosa, incluyendo la diplomacia.

Los principales regímenes totalitarios de nuestra época han embarcado a sus pueblos en grandes obras públicas, en parte por la gloria del régimen y en parte para que nadie sufriera, o disfrutara, la agitación que produce el desempleo. Y todos los tiranos de la historia han tratado de aislar a su pueblo de todo tipo de conocimiento, excepto el más práctico. Un populacho culto y bien informado siempre buscará la libertad y la justicia, precisamente las únicas cosas que los tiranos no pueden permitirse darle.

Mesopotamia

Los primeros ejemplos de escritura china datan de la dinastía Shang (s. XVIII-XVII a. J.C.). Hacia el año 1400 a. J.C., el chino escrito contaba con más de dos mil quinientos caracteres, la mayoría de los cuales todavía son legibles para un hablante actual. El conjunto de caracteres se fijó, en su forma actual, durante el período Qin (el reinado de Shi Huangdi, del 221 al 206 a. J.C.).

El chino escrito es el precursor del japonés escrito y del coreano, aunque las lenguas son completamente distintas. La escritura china es, pues, muy antigua y ha tenido una enorme influencia.

Y, sin embargo, no es la más antigua del mundo. El honor de ser los primeros en descubrir la escritura corresponde a los sumerios, que vivieron en la baja Mesopotamia (actual sur de Iraq) durante el cuarto y tercer milenio antes de Cristo. El Tigris y el Éufrates, los dos grandes ríos de Asia Occidental, se originan en las montañas del este de Turquía y fluyen hacia el sureste a través del norte de Siria e Iraq. Ambos ríos recorren más de dos tercios de su curso antes de llegar a las estribaciones de la llanura de Mesopotamia, la fértil y cenagosa depresión que forman los deltas de ambos ríos. En el extremo más inferior de esta llanura, los dos ríos se unen y continúan juntos, llamándose a partir de entonces Shatt al-Arab, unos ciento cincuenta lentos y sinuosos kilómetros hasta el golfo Pérsico.

Mesopotamia, «la tierra entre los ríos» es el hogar de la primera civilización humana. Cierto tipo de escritura primitiva se desarrolló en esta región ya cerca del año 8000 a. J.C. Hacia el 3500 a. J.C., el sistema de escritura se había consolidado. Hacia el 3100 a. J.C. se puede establecer su relación directa con el lenguaje sumerio.

La escritura cuneiforme del sumerio antiguo comprendía unos doscientos caracteres distintos que representaban numerales, nombres y objetos como tela o una vaca. El primer uso del lenguaje escrito fue, pues, registrar el número de vacas o rollos de tela que poseía tal o cual persona. Durante siglos, la escritura se usó primordialmente como instrumento contable. Pero conforme la vida se volvió más complicada y se tuvieron que registrar más y más cosas, el lenguaje escrito se hizo también más complejo. Y así sucedió, muy especialmente, cuando los acadios adoptaron la escritura sumeria durante el tercer milenio antes de Cristo. Los acadios, conquistadores de los sumerios, heredaron mucho de sus víctimas, pero su estructura social y su sistema de propiedad eran muy distintos de los sumerios. Los babilonios y los asirios, sucesores de los acadios como dirigentes de Mesopotamia, fueron refinando cada vez más el arte de la escritura.

Mesopotamia atravesó muchos cambios políticos desde el cuarto milenio, cuando los sumerios unificaron por primera vez parte de la región, hasta su conquista final por los persas en el 529 a. J.C, durante el reinado de Ciro el Grande. Pero el conocimiento de la escritura no se perdió en ninguna de esas vicisitudes. Quizá no haya otra civilización aparte de la actual que haya dependido tanto de saber leer y escribir como la mesopotámica, a pesar de que incluso en sus momentos de mayor esplendor probablemente sólo el uno por ciento, o quizá incluso menos, de sus habitantes podía hacerlo. Los escribas, que redactaban cartas y mantenían registros y crónicas tanto para los reyes como para la gente común, siempre poseyeron un gran poder. Todavía se conservan antiguos anuncios en que los escribas buscaban pupilos y aprendices. En ellos proclamaban que los escribas escribían, mientras que el resto de la gente tenía que trabajar.

Saber leer y escribir era, entre los sumerios, los acadios, los babilonios y los asirios, una vía hacia la riqueza y el poder. Todavía hoy la alfabetización es fundamental para progresar en la vida. La habilidad de descifrar pequeñas manchas negras en un papel abre el camino a una vida mejor para la mayoría de norteamericanos, por ejemplo, mientras que la falta de esa capacidad condena a una minoría a una vida de privaciones. Los porcentajes han cambiado desde los tiempos de los asirios, pero el principio sigue siendo el mismo.

Los aztecas y los incas

Cuando los conquistadores españoles llegaron al valle de México en 1519 y al alto valle de los Andes trece años después, en 1532, se quedaron atónitos al descubrir florecientes ciudades de muchos habitantes que gobernaban imperios que rivalizaban en extensión con los países más grandes de Europa. Los aztecas, en México, y los incas, en Perú, construyeron unas civilizaciones notables. Ambas se derrumbaron ante el peso de las armas europeas. El imperio azteca desapareció en un año tras la llegada de Hernán Cortés. El inca duró un poco más, pero acabó cayendo en tres años ante Francisco Pizarro y sus 168 soldados españoles, que derrotaron a un enorme y muy bien organizado ejército que estaba al frente de una nación de doce millones de personas.

Los aztecas no fueron los primeros en organizar un estado rico y poderoso en Mesoamérica. Les precedieron los toltecas, y a éstos otros pueblos que se pierden en la bruma de la prehistoria. La población de lo que hoy es México creció y se contrajo conforme los imperios iban y venían. Bajo los aztecas, en tiempos de la conquista española, había al menos cinco millones de almas bajo el control directo de Moctezuma II, el último de los dirigentes aztecas. Otros estados y tribus menos poderosas de los alrededores rendían tributo a los aztecas como vasallos.

Los aztecas habían descubierto la escritura, poseían un calendario muy preciso y habían construido edificios de piedra enormes y bellos, a pesar de que no contaban con herramientas de metal. Quizá sus logros más notables los alcanzaron en la agricultura. Practicaban un sistema intensivo de diversificación de cultivos unido a un complejo sistema de irrigación. Cultivaban muchos tipos de cereales, verduras y frutas que eran desconocidos para sus conquistadores españoles. Hoy en día, aproximadamente el 60 por ciento de toda la comida del mundo desciende de los productos que se cultivaban en México y Perú hace quinientos años.

El imperio inca se extendía desde lo que hoy es la moderna Quito, en Ecuador, hasta el moderno Santiago de Chile, a lo largo más de cuatro mil ochocientos kilómetros. Como los aztecas, los incas eran ricos, aunque parecían amar el oro y la plata más por su belleza que por el valor monetario que les daban los españoles. Cuando comprendieron lo mucho que los españoles deseaban el oro, estuvieron encantados de darles cuanto quisieron para que se fueran. Pero los españoles no se fueron y el imperio inca cayó.

Los incas eran grandes constructores, y su bella ciudad de Machu Picchu, situada en un elevado pico de los Andes peruanos, es uno de los yacimientos arqueológicos más apasionantes del mundo. Pizarro nunca entró en la ciudad, pues los propios incas la habían olvidado para cuando el conquistador llegó a Cuzco, su capital, en 1532; no fue redescubierta hasta que el explorador norteamericano Hiram Bingham tropezó con ella en 1911. Llevaba vacía quinientos años, por alguna razón que probablemente jamás sabremos. Los incas fueron también grandes constructores de carreteras y desarrollaron un sistema de caminos reales que unía todas las ciudades de su imperio y que discurrían subiendo y bajando colinas durante miles de kilómetros. Pero los incas nunca descubrieron la rueda, de modo que sus carreteras estaban construidas pensando en el viaje a pie y a veces subían y bajaban las montañas mediante una serie de escalones tallados en la piedra.

Los incas no descubrieron jamás la escritura. Vivieron durante muchos siglos a apenas unos cientos de kilómetros de las civilizaciones de Mesoamérica, pero no supieron nada de los logros de estas otras culturas. Es extraordinario que pudieran ser tan hábiles y sabios en algunas cosas y tan ignorantes en otras.

¿Cómo pudieron los españoles destruir dos florecientes civilizaciones tan rápida y fácilmente, de modo que hoy se sabe poco de ellas y casi nada ha sobrevivido excepto las ruinas de los edificios monumentales, unos pocos objetos de oro, de los millones que se fabricaron, y las cosechas que cultivaban (que no son, ni mucho menos, de importancia menor)? La respuesta puede encontrarse en los principios mediante los cuales ambos imperios estaban organizados.

Los dos imperios se gobernaban mediante el miedo y la fuerza. Tanto los aztecas como los incas eran, relativamente, *arrivistes*. En los dos casos, una minoría despiadada y semibárbara se había adueñado de una civilización preexistente que había entrado en decadencia. Estos nuevos dirigentes, después de haber conquistado mediante el uso despiadado del poder militar, no vieron ningún motivo para no gobernar haciendo también uso de él. No se molestaron en conseguir el amor y la lealtad de sus súbditos. No querían darles nada a sus súbditos excepto cierto grado de cobertura de las necesidades básicas y protección contra los enemigos externos. Pero el enemigo interior —los propios dirigentes— era más terrorífico que cualquier enemigo externo. Y el precio que el pueblo pagaba por no pasar penurias resultó ser muy alto.

Se pagaba con la sangre de niños y jóvenes. Estas dos civilizaciones de nuestro pasado reciente, cuya desaparición pocos lamentan, practicaban sacrificios humanos. Entre los aztecas, la cuenta de los sacrificios resulta sobrecogedora. En los últimos años antes de la conquista española, cada semana se sacrificaba a mil de los mejores niños y jóvenes. Vestidos con espléndidas ropas, se les drogaba y se les ayudaba a subir los escalones de las altas pirámides, donde se les retenía en el altar. Entonces, un sacerdote, con un sangriento cuchillo en la mano, les apartaba la ropa, hacía una rápida incisión y con la otra mano les arrancaba el corazón, que alzaba, todavía latiendo, ante la gente congregada abajo en la plaza. Mil a la semana, muchos de ellos capturados en incursiones contra las tribus vecinas del valle de México. Mil a la semana de entre los mejores niños y jóvenes, que esperaban hacinados en las prisiones a que llegara su turno. No es sorprendente que todos los enemigos de los aztecas se apresurasen a aliarse con los conquistadores españoles y les ayudaran a derrocar a ese régimen brutal. No es que estos fieles aliados ganaran mucho con el cambio, pues su recompensa consistió en ser esclavizados por los victoriosos conquistadores.

Los incas no sacrificaban regularmente a un gran número de personas, pero cuando moría un emperador inca, la matanza era terrible. Cientos de doncellas eran drogadas, decapitadas y enterradas con el dirigente muerto. Cientos de otros eran sacrificados siempre que el Estado se enfrentaba a algún problema o decisión difícil. Los impasibles sacerdotes afirmaban que sólo así se apaciguaba a los dioses y se conseguía su ayuda. Por ello, cientos de bellos jóvenes de ambos sexos morían en los altares empapados de sangre.

Pizarro no contó con la ayuda de ningún pueblo aliado, pues los incas habían conquistado todos los territorios cercanos. Pero el imperio se había visto sacudido por fuertes luchas dinásticas y uno de los dirigentes, que luchaba contra su familia rebelde, dio la bienvenida a los españoles porque supuso que habían acudido a ayudarle. Le encarcelaron y luego le ejecutaron, y los demás aspirantes al trono pronto se sumieron en el caos. En menos de cincuenta años, la población de doce millones de incas se redujo a medio millón, conforme miles de indios morían a la semana en las minas en lo alto de los Andes, sacrificados ante el ansia de la monarquía española por conseguir oro y joyas.

Sacrificios humanos

El sacrificio, uno de los rituales religiosos más fundamentales y extendidos, ha sido o es practicado en casi todas las religiones que han existido. Hay una enorme diversidad en cuanto a los seres vivos u objetos que eran o son sacrificados, así como en el propio ritual.

En el sacrificio que era primordial en todas las religiones antiguas, el objeto sacrificial solía ser un animal, habitualmente uno valioso: una res o un carnero, cuya fuerza y virilidad se ofrecían a un dios a cambio de que la divinidad otorgara esas mismas cualidades a la persona que realizaba el sacrificio. A menudo se sustituía a la víctima viva por objetos inanimados, como vino o agua o pan o trigo. Pero, en cierto sentido, estos objetos no eran «inanimados». Poseían cierto tipo de vida, que les había sido insuflada por el dios y que le era retornada con la esperanza de que de nuevo hiciera cobrar vida a las vides o el maíz.

Parece que los sacrificios humanos tienen su origen en las primeras sociedades basadas en la agricultura. Aparentemente, los cazadores-recolectores que las precedieron no solían practicar sacrificios humanos, pero éstos existieron en todas las religiones antiguas. Los primeros griegos y romanos, los primeros judíos, los chinos y los japoneses, los indios y muchos otros pueblos de la antigüedad sacrificaban a seres humanos a sus dioses. La víctima se solía vestir con magníficos ropajes y adornarse con joyas, de modo que pudiera ir gloriosamente hacia el dios. Las víctimas, escogidas por su juventud y belleza (el dios quería lo mejor), eran ahogadas o enterradas vivas, o se les cortaba la garganta de modo que su sangre empapara el suelo, fertilizándolo, o se esparciera sobre el altar. También se les cortaba la garganta de modo ritual a toros, carneros y cabras, y se esparcía su sangre por el suelo en un esfuerzo para complacer al dios o para producir una comunión entre el dios y aquellos que buscaban su ayuda.

En la mayoría de los lugares del mundo se practicaban dos tipos de sacrificio ritual. En uno de ellos se mataba a la víctima, se quemaba parte de su cuerpo (y así se le entregaba al dios), y el resto se comía en un alegre banquete de comunión entre la gente y, presumiblemente, también el dios. En el otro tipo, la víctima era destruida por completo. Si el sacrificio era para los dioses del cielo, el objeto o sujeto sacrificial era quemado de modo que el humo se elevara hasta la morada divina; si cra a los dioses del averno, la víctima era enterrada.

Homero nos cuenta que el primer tipo de sacrificio era común entre los aqueos que sitiaban Troya. En muchas ocasiones durante la *Ilíada* se sacrifican toros o bueyes, se esparce su sangre sobre el suelo y se tira la grasa a las llamas de modo que el humo ritual se eleve hasta los cielos. Los soldados entonces se daban un festín con los restos de la bestia. Pero en la *Odisea*, Odiseo, que desea visitar el averno, sacrifica animales a sus dioses pero no se los come; lo que no consumen las llamas se entierra, como una ofrenda propiciatoria. A estos sacrificios los griegos los denominaban Misterios. Se acostumbraba celebrarlos de noche, en cuevas u otros sitios oscuros, y sólo se permitía participar a los iniciados.

Hoy se cree que la historia del sacrificio de Isaac por su padre Abraham data de principios del segundo milenio antes de Cristo. Se cuenta en el vigesimosegundo capítulo del Génesis:

Después de estas cosas sucedió que Dios tentó a Abraham y le dijo: «¡Abraham, Abraham!» Él respondió: «Heme aquí.» Díjole: «Toma a tu hijo, a tu único, al que amas, a Isaac, vete al país de Moria y ofrécele allí en holocausto en uno de los montes, el que yo te diga.»

Levantóse, pues, Abraham de madrugada, aparejó su asno y tomó consigo a dos mozos y a su hijo Isaac. Partió la leña del holocausto y se puso en marcha hacia el lugar que le había dicho Dios [...].

Llegados al lugar que le había dicho Dios, construyó allí Abraham el altar, y dispuso la leña: luego ató a Isaac, su hijo, y le puso sobre el ara, encima de la leña. Alargó Abraham la mano y tomó el cuchillo para inmolar a su hijo.

Entonces le llamó el Ángel de Yahveh desde los cielos diciendo: «¡Abraham, Abraham!» Él dijo: «Heme aquí.» Dijo el Ángel: «No largues tu mano contra el niño, ni le hagas nada, que ahora ya sé que tú eres temeroso de Dios, ya que no me has negado tu hijo, a tu único.» Levantó Abraham los ojos, miró y vio un carnero trabado en un zarzal por los cuernos. Fue Abraham, tomó el carnero, y lo sacrificó en holocausto en lugar de su hijo.

¿Fueron los judíos el primer pueblo que decidió que los sacrificios humanos estaban mal, es decir, que Dios no los deseaba? Es posible. Al parecer, los judíos no volvieron a sacrificar a seres humanos a su Dios nunca más. Los cristianos, que siguieron las tradiciones de los judíos, nunca practicaron sacrificios humanos, aunque su religión está basada en el sacrificio supremo: Jesucristo, el Cordero de Dios y el primogénito del Padre, murió para que vivieran todos los hombres. Y al menos los católicos repiten este sacrificio supremo en cada misa, pues Jesús está presente en el vino (la sangre) y el pan (la carne) que se consume en alegre comunión con Dios y con los demás participantes en el ritual.

El budismo y el islam, entre las otras grandes religiones del mundo, también se libraron de sacrificios humanos desde sus comienzos hasta la actualidad. ¡Ojalá esa primordial lección que Dios le dio a Abraham hubiera sido conocida por los aztecas y los incas y por muchas otras reliquias de un pasado más primitivo!

El judaísmo

Abraham fue el fundador del judaísmo. La narración de su vida en el Génesis, a pesar de que hoy no se considera enteramente histórica, es sin embargo coherente con los hechos históricos del segundo milenio de antes de Cristo. Según esa narración, Abraham, su padre Téraj, su sobrino Lot y su mujer Sara se marcharon de la Ur de los caldeos, en el sur de Mesopotamia, y viajaron lentamente, siempre bajo la guía y vigilancia de su Dios, hacia la tierra de Canaán (actualmente Israel y Líbano). Tras la muerte de Téraj, Abraham se convirtió en el patriarca y estableció una alianza con Dios. Esta alianza implicaba la promesa de que la descendencia de Abraham heredaría la tierra de Canaán.

¿Tuvo lugar en realidad ese viaje entre Ur, que es un lugar real, y Canaán, que también lo es? Aparte de la narración que nos ofrece la Biblia, hay razones históricas y arqueológicas para pensar que así fue. ¿Por qué Abraham abandonó Ur? ¿Huía de una persecución religiosa, buscaba nuevas oportunidades económicas o le guiaba algún mandato divino, real o imaginario? En cualquier caso, en apenas unos pocos cientos de años hubo en Canaán muchos judíos que adoraban a un único dios, Yahveh. En un mundo lleno de religiones politeístas se habían vuelto monoteístas, quizá los primeros de la historia del mundo.

Yahveh era al principio el Dios de Abraham, Isaac y Jacob. ¿Quería eso decir que no era el Dios de toda la humanidad, el único Dios? Es imposible saber cuándo Yahveh, o Jehová, tomó el carácter universal que ya poseía en tiempos de Jesús y que sigue poseyendo hoy. Baste decir que el Dios de Abraham, que quizá fue en tiempos una deidad tribal y como tal, aunque quizá el mayor, un dios entre muchos, es ahora el Único Dios adorado por judíos, cristianos y musulmanes de todo el mundo.

Según la fe judía, los judíos eran el pueblo elegido de Dios. ¿Qué quería decir eso para ellos? Creían que Dios les escogió para mantener una relación especial y permanente con él. Esta relación implicaba tres cosas. En primer lugar, Dios les dio la ley, que abarcaba tanto los mandamientos que Moisés recibió en el monte Sinaí como las reglas de dieta, conducta y relaciones sociales que aparecían en la Torá o sagradas escrituras (la palabra de Dios). En segundo lugar, se les dio una promesa, o alianza, consistente en que Dios nunca les abandonaría a lo largo de toda la historia y que se aseguraría de que tuvieran éxito en sus vidas en la Tierra. En tercer lugar, Dios les exigió que fueran testigos de su existencia, bondad y justicia. Ellos debían llevar ese testimonio a todos los demás pueblos del mundo.

La historia del judaísmo y de los judíos es larga y compleja, llena de sangre y lágrimas. Los judíos han pervivido como testigos de la verdad del Único Dios, pero también han negado a ese Dios y a sus profetas cuando han venido según los cristianos y los musulmanes. Han tratado de vivir en paz con el resto de la humanidad, pero les ha resultado difícil por varias razones. En nuestros tiempos han sufrido el Holocausto y la enemistad implacable de los vecinos árabes de Israel.

Con todo ello, los judíos siguen siendo hoy, en esencia, el mismo pueblo devoto y testarudo que fueron y que probablemente serán siempre, y siguen afirmando las mismas tres cosas. Primero, que son un pueblo de la ley según aparece en las sagradas escrituras de Moisés. Segundo, que son el pueblo elegido de Dios y que tienen una alianza eterna con Él. Tercero, que son testimonio vivo de que Dios existe y existirá para siempre.

La antigua sabiduría de los judíos, que ha pasado de padres a hijos durante casi cuatro mil años y que al mismo tiempo se ofrece al resto de la humanidad, es compleja y diversa, pero puede resumirse en esos tres grandes conceptos.

El cristianismo

Jesucristo era judío y aceptó sin reparos esos tres conceptos, que recibió de sus antepasados. Pero cambió los tres.

Nacido en Belén, en un pesebre, pues no había espacio libre en la fonda, el 25 de diciembre del año por el que buena parte del mundo mide el paso de todos los años siguientes, Jesús de Nazaret fue proclamado por algunos rey de los judíos. Murió en el monte Gólgota, que en hebreo significa «calavera», en Jerusalén, el Viernes Santo del año 30 d. J.C. Pereció en una cruz, siendo su muerte en parte culpa del gobernador romano de la provincia. Según el credo cristiano, entonces descendió a los infiernos y se llevó al paraíso las almas de Adán y Eva y las de los patriarcas, y luego él mismo resucitó la mañana del tercer día después de su muerte, que se celebra por todos los cristianos del mundo como el Domingo de Resurrección.

Jesús dijo que no cambiaría «ni una jota ni una tilde» de la ley judía, pero le añadió una especie de ley suprema basada, según él mismo proclamó, en el amor y no sólo en la justicia. Los cristianos creen que con su propia muerte ganó para la humanidad el perdón por el pecado original de Adán y Eva y la promesa de la vida eterna en el paraíso, al menos para todos aquellos que creyeran en su nuevo testimonio, o testamento, de la existencia y bondad de Dios. La afirmación más incisiva de la nueva doctrina está en el sermón de la montaña, en el que Cristo explicitó los cambios a la ley de Moisés que defendía.

El Evangelio de san Mateo nos relata esta famosa escena, en la que Jesús, «subió al monte» y predicó a sus discípulos, diciendo:

Bienaventurados los pobres de espíritu, porque de ellos es el Reino de los Cielos.

Bienaventurados los mansos, porque ellos heredarán la tierra.

Bienaventurados los que lloran, porque ellos serán consolados.

Bienaventurados los que tienen hambre y sed de justicia, porque ellos serán saciados.

Bienaventurados los misericordiosos, porque ellos alcanzarán misericordia.

Bienaventurados los limpios de corazón, porque ellos verán a Dios.

Jesús casi siempre hablaba en parábolas que, tanto en sus tiempos como en los nuestros, necesitaban ser interpretadas. La sabiduría de algunas de estas parábolas, aunque profunda, no es quizá tan distinta de la que se deriva de la de otros predicadores religiosos de la antigüedad. Pero en las enseñanzas de Jesús, el hombre, había también un núcleo de radical originalidad.

Combinó la franqueza de los judíos con la visión mística de los cristianos.

Se supone que estableció la Iglesia cristiana, fundándola, como él dijo, sobre una piedra, es decir, por un juego de palabras, sobre su discípulo Pedro, cuyo nombre significa «piedra» en griego. Así, cristianos de todas partes creen que la Iglesia es una creación directa de Dios y parte integrante de sus enseñanzas.

Otros tienen más dudas, pues recuerdan uno de sus dichos más mordaces, transmitido por el humilde san Marcos: «Porque quien quiera salvar su vida, la perderá; pero quien pierda su vida por mí y por el Evangelio, la salvará. Pues ¿de qué le sirve al hombre ganar el mundo entero si pierde su alma?»

Si eso no fuera un desafío suficiente a la espléndida, rica y poderosa Iglesia cristiana, Jesús también dijo: «El que quiera venir conmigo, que se niegue a sí mismo, que cargue con su cruz y me siga.»

¿Es que se pueden resumir mejor las enseñanzas de Jesús que con esas maravillosas y terribles palabras? Maravillosas porque pueden inspirar a cualquiera a elevarse por encima de la frivolidad de la vida cotidiana y vivir una vida llena de sentido y significado. Terribles porque piden a muchos hombres y mujeres más de lo que éstos pueden dar.

Comparación entre el cristianismo y el judaísmo

El Antiguo Testamento es el libro sagrado de los judíos. Es también sagrado para los cristianos, pero de un modo distinto. Además de verlo como la historia de los judíos, entre los cuales nacería Jesucristo y la religión que fundó, los cristianos lo interpretan como una profecía de la venida de Cristo. Los cristianos ven un doble significado en todos los acontecimientos del Antiguo Testamento. El sacrificio de Isaac, por ejemplo, no se contempla sólo como un símbolo del fin de los sacrificios humanos sino también como una prefiguración de la Pasión de Cristo. Abraham ofrece a su único hijo como señal de obediencia; una vez supera la prueba, su hijo es salvado. Dios Padre también ofrece a su hijo único para que todos los hombres puedan librarse del pecado original; su hijo también se eleva hasta el cielo para sentarse a la derecha del Padre.

El Dios judío es un dios furioso, cuya característica más destacada es la justicia. El Dios cristiano, aunque también juzgará a los vivos y a los muertos, es un Dios piadoso. La humanidad se redime con el sacrificio de Cristo y logrará la salvación definitiva.

Los cristianos aceptaron la idea de que los judíos fueron elegidos por Dios como testigos de su dominio sobre la humanidad. Pero la negativa de los judíos a aceptar a Cristo no sólo como un profeta sino como el hijo de Dios y como una de las tres personas de Dios (Padre, Hijo y Espíritu Santo) hizo que se abriera una brecha insalvable entre las dos religiones. Más aún, el papel que desempeñaron los judíos, históricamente, en la muerte de Jesús de Nazaret fue considerado por muchos cristianos como la traición definitiva de los judíos, no sólo a Cristo, sino a la fe de los propios judíos. La infundada acusación de que «los judíos mataron a Cristo» es una de las cargas más pesadas que ese pueblo ha tenido que soportar en el mundo cristiano a lo largo de los siglos.

El Nuevo Testamento es únicamente cristiano. La mayor parte fue escrito en griego por judíos cuya lengua era el griego. Consiste en diversos relatos de la vida y dichos de Jesús, una obra escatológica (el Apocalipsis de san Juan) y varias cartas de san Pablo y otros a las nuevas comunidades cristianas en las que se enseñaba el camino que debían seguir para establecer la nueva religión.

Las epístolas de san Pablo son claramente distintas de cualquier otro texto del Antiguo Testamento. Ésta era una obra primordialmente histórica; las cartas de san Pablo son primordialmente teológicas. Pablo era judío, pero en su forma de pensar era muy griego. La introducción en el cristianismo de las sutilezas teológicas y las especulaciones griegas confirió al cristianismo su particular configuración y lo diferenció del judaísmo.

El Jesús histórico fue, probablemente, miembro de una secta judía conocida como los esenios, que ya eran más místicos y teológicos que la mayoría de los grupos judíos anteriores. La mayoría de los dichos de Jesús son parábolas y han dado lugar a vertiginosas y especulativas interpretaciones realizadas por sesenta generaciones de pensadores. La misteriosa figura del Jesús hombre es difícil de rastrear. Pero fuera o no el hijo de Dios, está fuera de toda duda que fue un gran hombre y un gran maestro.

El islam

Nacido en La Meca alrededor del 570 d. J.C., Mahoma perdió a su padre antes de nacer y a su abuelo cuando tenía sólo ocho años. Esta doble orfandad le dejó sin un protector y guía masculino en una sociedad como la de la Arabia medieval, claramente orientada hacia lo masculino. Un hombre de menor valía quizá hubiera desaparecido, tragado por la historia. Pero Mahoma, en el momento de su muerte, en Medina en el 632, había logrado no sólo fundar una nueva religión y unir a todos los árabes de Arabia en una única nación, sino también inspirar en sus seguidores un fervor que les llevaría, apenas transcurridos veinte años desde su muerte, a conquistar la mayor parte de los imperios bizantino y persa y, al cabo de cien años, a crear un imperio terrestre que podía rivalizar en extensión y organización con el Imperio romano en su momento de máximo apogeo.

Alrededor del año 610, cuando Mahoma tenía unos cuarenta años, recibió su primer mensaje directo de Dios. Llegó en la forma de una visión de un ser majestuoso (que luego identificaría con el arcángel Gabriel) que le anunció: «Tú eres el mensajero de Dios.» Esta aparición señaló el inicio de su prodigiosa actividad como mensajero, como profeta. Desde ese momento hasta su muerte, Mahoma recibió con frecuencia revelaciones, mensajes verbales que creía que procedían directamente de Dios. Al final se pusieron por escrito, se recopilaron y se convirtieron en el Corán, las sagradas escrituras del islam.

Mahoma predicó al principio sólo a su familiares y a conocidos en los que confiaba, pero pronto se vio perseguido por numerosos enemigos en La Meca, la ciudad más próspera de Arabia en esa época. En diez años se hizo evidente que su posición era muy difícil y comenzó a planear huir de su ciudad natal. Abandonó La Meca y fue a Medina junto con setenta y cinco de sus seguidores el 24 de septiembre del 622, día de la Hégira o «emigración»; en ese año, que se considera tradicionalmente el inicio de la historia islámica, comienza el calendario islámico.

Sus contemporáneos admiraron la valentía e imparcialidad de Mahoma, que se convirtió para los musulmanes de épocas posteriores en un modelo de persona de carácter ejemplar. Fundó no sólo un estado, sino también una religión que acabaría siendo adoptada por casi mil millones de personas. Su severidad moral y su seriedad son prácticamente únicas en su época. Es uno de los hombres más notables y carismáticos de la historia.

Comparación entre el judeocristianismo y el islam

En la época de Mahoma había en La Meca una gran comunidad judía. Sin duda influyeron en Mahoma, que aprendió mucho de los historiadores y pensadores judíos. También estaba familiarizado con la tradición cristiana. Aceptaba a Abraham como el primer patriarca (de modo que Abraham es un hombre sagrado en las tres religiones) y creía que Cristo había sido el más grande de los profetas antes que él mismo. Pero no aceptaba la afirmación de Jesús de ser (o la afirmación de los seguidores de Jesús de que era) el hijo de Dios.

La visión que Mahoma tenía del judaísmo y el cristianismo fue, al menos al principio, básicamente positiva. Los judíos y los cristianos eran «pueblos del libro» y por tanto se les permitía mantener su autonomía religiosa; sin embargo, tenían que pagar un impuesto *per cápita* por no ser musulmanes y eso, de hecho, llevó a muchos de ellos a convertirse al islam en el siglo posterior a la muerte del profeta. El estatus de judíos y cristianos era muy diferente del de los paganos, a los que se forzaba a escoger entre la conversión y la muerte. Desde el principio, el islam fue una fe agresiva y belicosa; su manifestación externa era la *jihad* o guerra santa. Esta fe estableció una frontera muy clara entre sus fieles y el resto del mundo y generó con ello una sensación de fraternal comunidad entre sus seguidores que condujo a rápidas y asombrosas victorias sobre sociedades y culturas que no estaban tan cohesionadas.

Cristo le dijo a san Pedro en relación con el dinero de los impuestos que existía una clara distinción entre «lo que es del César y lo que es de Dios». En otras palabras, hay dos reinos muy diferentes, el religioso y el secular, que no necesariamente deben entrar en conflicto pero que de ningún modo deben confundirse. El judaísmo reconocía una distinción similar, pero el islam no. En sus inicios, el islam adquirió su *ethos* característico como una religión que unía tanto lo espiritual como lo terrenal en una sola comunidad y que buscaba controlar no sólo la relación del individuo con Dios sino también sus relaciones sociales y políticas con sus congéneres.

Así pues, se estableció no sólo una institución religiosa islámica, sino también una ley islámica y un estado islámico. Sólo en el siglo XX, e incluso entonces sólo en unos pocos países islámicos (como, por ejemplo, Turquía), se ha instaurado alguna distinción entre lo religioso y lo secular. El enorme poder que el ayatolá Jomeini ejerció en Irán puede explicarse por el hecho de que combinaba en su persona, como imán, el liderazgo político y religioso de la nación. Al hacerlo, actuó igual que habían hecho muchos líderes islámicos antes que él.

¿Tienen estas tres grandes religiones, emparentadas pero en conflicto, todavía un mensaje viable y vital para la humanidad? Miles de millones de personas en el mundo creen y dicen que sí. Aunque seis millones de judíos murieron en el Holocausto durante la segunda guerra mundial, y aunque el judaísmo fue prácticamente borrado de Europa, sobrevive como compromiso vital de millones de hombres y mujeres en Israel, Rusia, Estados Unidos y otros países. El cristianismo, en sus diversas manifestaciones, quizá cuenta con más seguidores que ninguna otra religión. Y el islam ha gozado de un reciente renacimiento, conforme movimientos conservadores en varios países han reinstaurado las costumbres tradicionales, entre ellas la aplicación de la *sharia*, la subyugación de las mujeres y el control total de la educación por parte de los líderes religiosos. La *jihad* ha cobrado nueva fuerza y parece que se ha desarrollado entre los musulmanes de todo el mundo un renovado sentimiento de hermandad.

El budismo

El primer imperio hindú apareció alrededor del 325 a. J.C. La dinastía Mauryana, así llamada en honor de Chandragupta Maurya, su fundador, gobernó el subcontinente durante varios cientos de años. En su momento de mayor extensión, bajo el reinado de Asoka (entre el 265 y el 235 a. J.C.), este primer imperio Estado hindú organizado ocupó probablemente un área de más de dos millones y medio de kilómetros cuadrados y contó con una población de más de cincuenta millones de personas.

Poco después de que Asoka ascendiera al trono, como le correspondía a un nuevo monarca, emprendió una campaña militar. Salió victorioso, pero sus victorias no le hicieron feliz. En vez de ello, le impresionó el sufrimiento que sus campañas causaron tanto a vencedores como a vencidos. En el momento de su iluminación, Asoka tendría unos treinta años.

Siddharta Gautama, el Buda («el iluminado») nació alrededor del 563 a. J.C. en una familia de sangre real del norte de la India. Se casó y llevó una vida de lujos. Pero cuando tenía veintinueve años le sacudió la comprensión de que el destino del hombre es envejecer, enfermar y luego morir. Abrumado por la tristeza, empezó a buscar medios de mitigar el dolor que comportaba la vida.

Abandonó a su mujer y a su hijo, que era muy pequeño, y vagó por los caminos hasta llegar al reino de Magadha, donde esperaba encontrar maestros que le enseñaran las respuestas a las preguntas que se hacía sobre el significado del sufrimiento. Con ellos alcanzó un estado de contemplación mística, como era tradicional en la religión hindú de aquellos tiempos. Pero no le satisfizo dedicarse meramente a contemplar la existencia. Otros maestros le prometieron que alcanzaría una comprensión más profunda si emprendía una vida de ascetismo radical. Durante meses comió y bebió poco y expuso su cuerpo a los elementos. Con ello aprendió lo que era sufrir, pero siguió sin comprender las razones del sufrimiento.

Renunció entonces al ascetismo, volvió a comer y recuperó la salud. Pero no estaba dispuesto a abandonar su búsqueda. Y cierta mañana de mayo del 528 a. J.C. se sentó con las piernas cruzadas bajo un gran árbol de Bodhi (una higuera) en un lugar llamado Buddh Gaya y decidió no moverse hasta que hubiera alcanzado la iluminación que buscaba.

Pensó durante horas, dándole vueltas y más vueltas en la cabeza a su problema. Mara, el malvado, apareció y le tentó a abandonar su búsqueda. «Tienes que hacer cosas que tengan algún mérito —le dijo Mara—. ¿Qué objeto tiene todo tu esfuerzo?» Gautama le ignoró; estaba más allá de cualquier tentación. Mara se fue, vencido. Gautama pasó el resto de la noche meditando. Al día siguiente, la mañana del 25 de mayo, con treinta y cinco años, alcanzó el Despertar y se convirtió en un supremo Buda.

¿Qué aprendió? «He comprendido esta Verdad —pensó—, que es profunda, difícil de ver, difícil de comprender... Los hombres que están desbordados por la pasión y rodeados de oscuridad no pueden ver esta Verdad, que va contracorriente, que es elevada, profunda, sutil y difícil de comprender.»

La verdad que Buda descubrió no puede transmitirse adecuadamente en unas pocas líneas. Buda mismo la describió en una parábola. El hombre debía buscar el camino del medio entre la indulgencia y la mortificación. Este camino del medio, conocido como el Óctuple Noble Sendero, consistía en recto entendimiento, recto pensamiento, recta palabra, recta acción, recto modo de vivir, recto esfuerzo, recta atención y recta concentración.

La gran verdad del Buda, tal como él la explicó, consistía en Cuatro Nobles Verdades. La primera, que comprendió antes de partir en su peregrinaje, era que la existencia del hombre estaba llena de conflictos, dolor y sufrimiento. La segunda noble verdad sostiene que todas estas dificultades y dolor están causadas por el deseo egoísta del hombre. La tercera afirma que se puede alcanzar la emancipación y la libertad, el Nirvana. La cuarta noble verdad afirma que el camino a esa liberación es el Óctuple Noble Sendero.

En cierto sentido, el budismo no es una religión, pues no adora a ningún dios. Pero esta doctrina primordialmente ética pronto se expandió a lo largo y ancho del continente, en parte debido a la ferviente especulación que engendraba allí donde llegaba, en parte por su trasfondo revolucionario. El Buda, un hombre que mostraba una inmensa capacidad de comprensión y una simpatía y una compasión muy profundas, sostenía que todos los hombres eran iguales en su destino común. Se opuso, pues, a la idea de las castas. Sus seguidores llevaron el principio de la igualdad social por todo el Sureste Asiático, causando problemas políticos y provocando que muchos antiguos estados avanzaran por el camino del progreso político ilustrado.

Volvamos ahora a Asoka, el emperador con el que abríamos este apartado. Después de su propia iluminación, que le llegó trescientos años después de la muerte de Buda, el emperador Asoka renunció a la guerra y a la violencia, buscó la paz con su pueblo y con sus vecinos e inauguró lo que más adelante se vería como una Edad de Oro de la India.

El budismo continúa desempeñando un papel vital en la política de muchos países asiáticos. Su énfasis en la igualdad social, y su doctrina de que muchos de los males del mundo están causados por la pobreza, han inspirado movimientos liberales de reforma en muchos lugares. Los budistas también suelen apoyar las aspiraciones de los movimientos nacionalistas contra los regímenes coloniales o contra la dominación de grupos étnicos adversos u hostiles. De ahí que el budismo continúe siendo uno de los sistemas éticos con más vigor en el mundo actual. Y es así a pesar de que los budistas no son mayoría en casi ninguna parte (excepto en Birmania). Pero el poder místico del pensamiento de Buda todavía mantiene su ancestral influencia en las mentes de los seres humanos.

Lecciones del pasado

La mayoría de los reinos e imperios de la antigüedad se crearon a partir del caos existente entre clanes guerreros, aldeas o tribus enfrentadas. Para la mayor parte de estos imperios, el mantenimiento del orden social y político se convirtió en lo más importante. A menudo, el orden venía impuesto sólo por la fuerza. Casi todo el mundo, al verse enfrentado a la amenaza de una muerte inminente y dolorosa, tanto entonces como ahora, prefiere callarse y obedecer... al menos mientras se mantenga la amenaza de la fuerza. El problema consistía, pues, en cómo mantener el orden cuando esa fuerza no estaba presente, pues, como es lógico, no se podía ejercer la fuerza a la vez en todas partes y en todo momento.

Hemos visto que la solución egipcia a este dilema pasó por una aversión al cambio. Las cosas tal como están no son perfectas, pero lo más probable es que cualquier cambio sea a peor. Los egipcios llevaron este principio más lejos que ninguna otra sociedad en la historia, pero todas las civilizaciones lo han adoptado en mayor o menor grado.

La solución india consistió en el establecimiento de un sistema de castas. Básicamente significaba que existía un acuerdo generalizado de que el nacimiento de una persona justificaba y explicaba su posición social. Éste es también un principio muy útil, pues sobre el nacimiento de una persona no hay disputa posible. Mis padres eran quienes eran y, por lo tanto, yo soy quien soy. Si no parece justo que los que lo tienen todo lo sigan teniendo todo siempre y los que no tienen nada sigan siempre sin tener nada, generación tras generación, el consuelo es que el orden social, lo que los egipcios denominaban *ma'at*, es tan importante que cualquier injusticia que sirva para mantenerlo está justificada. Porque, ¿qué alternativa hay? Nada más que el caos total y el conflicto, que conducen invariablemente a la destrucción.

Los chinos justificaron las desigualdades sociales de una forma nueva. El nacimiento no hacía adecuado a un hombre para nada; sólo progresaría en la vida y ocuparía una posición superior quien fuera superior. No era necesario observar siempre y en todo lugar este principio. Era lógico que el emperador se reservase los puestos más importantes para su familia. Era práctico. ¿Quién no iba a hacerlo? Pero la idea de que los superiores fueran superiores porque merecían serlo gozó de amplia aceptación. Era quizá más complicado aceptar la idea de que tal superioridad debiera demostrarse por un mayor dominio de los textos confucianos. Sin embargo, era necesario establecer algún tipo de examen objetivo que determinase la valía del candidato, y los textos confucianos eran mejores que muchos otros textos que podrían haberse utilizado para ese fin.

En la actualidad, la superioridad se demuestra mediante notas altas en un tipo distinto de examen objetivo. En Estados Unidos, por ejemplo, se utiliza el SAT *(Scholastic Aptitude Tests)*. Estos exámenes no tienen nada que ver con Confucio, pero el principio por el que operan es el mismo que el de aquellas antiguas pruebas chinas.

Conforme se desarrolló la alfabetización en varias civilizaciones mesopotámicas, surgió una clase distinta de prueba de superioridad. La capacidad de leer y escribir no establecía la posición política y social de un hombre. Pero franqueaba el acceso a una pequeña minoría que controlaba la mayoría de los asuntos del Estado, tanto públicos como privados. La capacidad de leer y escribir confería el control sobre los sistemas de información de la sociedad, que siempre han sido cruciales para su funcionamiento y que todavía lo son más hoy en día. Se estima que la industria de la información representa más de la mitad del producto interior bruto de un estado industrial moderno. La información era un negocio floreciente en la antigua Mesopotamia. Hoy es el mayor negocio de nuestro tiempo.

Es un hecho curioso e innegable que todos los grandes maestros y fundadores de religiones cuyas doctrinas han llegado hasta nosotros se oponían a los principios de organización social que hemos enumerado aquí. Todos ellos eran rebeldes, revolucionarios que lucharon contra los intereses creados y los poderes establecidos de su época. ¿Hemos de concluir, entonces, que su rebeldía explica, al menos en parte, su éxito?

Abraham y los demás patriarcas judíos empezaron proclamando que su dios tribal era el dios más importante de todos y acabaron diciendo que sólo había un Dios, Jehová, para todos los hombres. Los politeístas paganos adoraban siempre al menos dos tipos de dioses, los buenos y los malvados. Los dioses buenos eran los responsables de las cosas buenas y los malos, de las malas; adorar a los últimos era reconocer su existencia, lo cual se hacía para tratar de evitar que influyesen en la vida de uno. Los judíos fueron los primeros en insistir en que el hombre es responsable de sus propios actos y que no puede echar la culpa a los dioses de las cosas que hace.

Jesús y sus seguidores cristianos llevaron esa doctrina revolucionaria un paso más allá. Eva había sido tentada por Satanás, y Adán por Eva. Ambos habían caído presa del pecado y la muerte. Pero no se podía culpar al Diablo de la desobediencia del hombre. El exilio del Edén era culpa del propio hombre y él y la mujer tendrían que pagar las consecuencias por toda la eternidad. Dios, que amaba a Adán y a Eva y a toda su estirpe, podía redimir y redimió a la humanidad con la sangre de su único hijo. Pero la responsabilidad permanece allí donde los judíos dijeron que radicaba: en el alma individual de cada persona.

Confucio, quizá por razones que tienen que ver con las especiales circunstancias de su vida, se rebeló contra el sistema feudal de su tiempo, que basaba el sistema de organización social en el derecho de nacimiento. Sólo el mérito debía capacitar a un hombre para ocupar un alto cargo en la sociedad o en el Estado, y ese mérito debía determinarse por la capacidad de aprender. El estado chino, al menos superficialmente, adoptó este principio. Pero si Confucio regresara, ¿diría él que la mejor manera de medir el mérito es el conocimiento de una serie determinada de textos, fueran escritos por él o por otros? ¿No era acaso su mensaje más profundo y revolucionario que eso?

Buda luchó contra el sistema de castas que dominaba la India que él conoció. Todos los hombres son iguales, dijo, en su sufrimiento; todos los hombres se enfrentan a los mismos retos y deben tratar de seguir el mismo camino. El profundo arraigo que previó en la brutalmente injusta sociedad de su tiempo fue también previsto por David, Jesús y Mahoma. Ni el mero hecho de nacer ni tan siquiera el estudio pueden ganar el favor de Dios. Todos los hombres y mujeres se enfrentan a los mismos obstáculos y todos ellos pueden ganar el reino de los cielos si lo buscan con amor en sus corazones.

La idea de la igualdad social es consustancialmente revolucionaria. Pasarían más de dos mil años hasta que volviera a tomarse en serio como un principio justo sobre el que organizar la sociedad. Pero la influencia de los antiguos judíos, de los primeros cristianos, de Mahoma y sus inmediatos seguidores, así como la de Buda, Confucio y otros sabios orientales —por no hablar del pagano Sócrates— permanecería viva a lo largo de los siglos siguientes.

Alfabetos

Los primeros alfabetos probablemente surgieron en Mesopotamia a mediados del segundo milenio antes de la era cristiana, pero los fenicios tienen el honor de haber sido los primeros en desarrollar un alfabeto estandarizado. Muchas de las letras que usamos hoy en día descienden de las que utilizaban los escribas fenicios ya en 1100 a. J.C. Pero el alfabeto fenicio contaba sólo con consonantes, lo que lo hacía poco adecuado para transcribir cualquier lengua indoeuropea. Los griegos, a mediados del siglo VIII a. J.C., inventaron signos para las vocales. El alfabeto resultante —que utilizamos hoy, con algunos cambios menores— fue una de las contribuciones más valiosas que los griegos, ese pueblo genial y creativo, legaron a la posteridad.

No todas las escrituras son alfabéticas. La escritura china, por ejemplo, no es alfabética. Lo mismo puede decirse del antiguo egipcio, el antiguo sumerio e incluso el antiguo hebreo. Las lenguas como el chino o el japonés son muy expresivas, pero difíciles de poner por escrito sin ambigüedades. Las lenguas alfabéticas, como el griego, el latín, el alemán, el inglés o el español, por nombrar sólo unas pocas, poseen una claridad en sus textos escritos que no se encuentra en otro tipo de lenguas. El motivo es el propio alfabeto.

Los antiguos hebreo y arameo y otras lenguas semíticas del norte del primer milenio antes de Cristo tenían muchas inflexiones, pero aun así las diferencias en el significado de un término se solían deducir por el contexto más que por la forma en que estaba escrita cada palabra. Todavía hoy el hebreo sigue sin emplear vocales; para añadir claridad al texto se puede utilizar un sistema de puntos sobre ciertas letras, pero esos puntos no se consideran necesarios para una escritura correcta. El inglés, una lengua que emplea muy pocas inflexiones, no se puede escribir con sentido sin vocales. Por ejemplo, piense en las letras *bt*. Luego considere estas cinco palabras: *bat* (murciélago), *bet* (apostar), *bit* (trozo), *both* (ambos) y *but* (pero). Significan cosas completamente distintas y no hay ninguna conexión semántica entre ninguna de ellas. Al escribirlas, la diferencia entre ellas la marcan las cinco vocales, *a*, *e*, *i*, *o* y *u*. Cuando se las ve escritas con vocales, la diferencia está clara (aunque en el lenguaje oral, si las pronuncian hablantes con acentos distintos, la diferencia puede resultar más difícil de percibir).

El chino escrito emplea miles de signos diferentes para transcribir sus miles de sonidos distintos, cada uno de los cuales tiene un significado específico. El inglés tiene tantos sonidos distintos como el chino, y probablemente más palabras y significados, pero sólo hacen falta veintiséis signos para escribir todas las palabras del lenguaje. El alfabeto es tan eficiente que te deja sin habla.

Los estudiosos no se ponen de acuerdo sobre si el alfabeto fenicio era de verdad un alfabeto, pues no contenía ningún signo para las vocales. Si adoptamos este punto de vista, el alfabeto griego sería el primero de la historia. Pero no hace falta escatimar méritos a nadie. La invención griega no resulta menos impresionante porque se edificase sobre la base de otra invención anterior.

Los incas nunca descubrieron el arte de la escritura. Tampoco entendieron jamás los principios subyacentes en las herramientas que utilizaban. Construían herramientas muy especializadas para realizar tareas muy concretas, pero la idea abstracta de una palanca, por ejemplo, no les vino jamás a la cabeza. De forma similar, los egipcios y los mesopotámicos de varias épocas parecían incapaces de comprender ideas generales, aunque poseían talento más que suficiente para resolver los problemas específicos con los que se encontraban.

La lengua que hablaban los incas era sofisticada y expresiva. Si no hubieran poseído un lenguaje, hubieran sido poco más que animales. Pero la falta de un lenguaje escrito puede explicar su falta de conocimientos generales y su rápida derrota a manos de un pueblo que sí los poseía. Quizá la raza humana es incapaz de pensar y conocer de forma abstracta si los individuos no pueden escribir sus pensamientos de modo que otros puedan entenderlos con claridad.

Es cierto que la tradición oral hizo avanzar mucho a la humanidad. Los primeros imperios se construyeron prescindiendo de la escritura; hombres que no sabían escribir ni leer crearon maravillosas obras de arte, incluso espectaculares poesías. El propio Homero, el primero y en algunos aspectos todavía el más grande poeta de todos los tiempos, era analfabeto. En aquellos tiempos, alrededor del año 1000 a. J.C., la mayor parte del mundo era analfabeto.

Incluso en los lugares en que se conocía la escritura, como Mesopotamia, Egipto o China, utilizaban esa nueva y maravillosa técnica sólo para mantener registros. No contemplaban la escritura como un medio para pensar mejor.

Los griegos, tan pronto como tuvieron un alfabeto completo con el que trabajar, fueron los primeros en comprender ese hecho. Y con ello, el mundo en el que vivimos empezó a ver la luz.

Cero

Los griegos se dieron cuenta muy rápido de los beneficios que comportaba la escritura basada en el alfabeto. Pero no adoptaron con tanta celeridad otra invención muy importante de los babilonios: la notación posicional en la computación.

Cuando escribimos cualquier número, digamos el 568, no nos damos cuenta de la abreviatura extraordinariamente eficiente que estamos empleando. Si deseáramos ser totalmente precisos, tendríamos que escribir 568 de una de las dos siguientes maneras:

$$(5 \times 100) + (6 \times 10) + 8 = 568$$

La segunda es todavía más abstracta:

$$5 \times 10^2 + 6 \times 10^1 + 8 \times 10^0 = 568$$

Si tuviéramos que emplear un sistema de notación tan farragoso, es obvio que tardaríamos muchísimo en realizar cualquier cálculo. Puede que a los ordenadores no les sucediera, pero, desde luego, los niños lo pasarían muy mal en la escuela, todavía peor de lo que ya lo pasan cuando aprenden aritmética.

La notación posicional se ha convertido en algo que tenemos completamente automatizado. Ni siquiera pensamos en ella cuando escribimos números. Pero no todas las civilizaciones de la historia de la humanidad han disfrutado de este útil atajo en los cálculos.

Aun así, varios de los antiguos imperios que hemos visto en este capítulo descubrieron la notación posicional, al parecer de forma independiente. Cuando los españoles llegaron al valle de México en el siglo XVI, se quedaron atónitos al ver que los mayas utilizaban la notación posicional para calcular las fechas de sus complejos calendarios. Los egipcios debieron descubrirla de forma independiente unos cuatro mil años antes. Pero parece que los primeros de todos fueron los babilonios.

Los sumerios y los babilonios ya eran famosos por sus cálculos cuando la mayor parte de la humanidad todavía contaba con los dedos, si es que llegaba a contar. Puede que ya hacia el año 3500 a. J.C., según el historiador Eric Temple Bell, utilizaran la notación posicional en su sistema sexagesimal (un sistema construido sobre una base de sesenta en lugar de sobre la base de diez de nuestro sistema decimal).

Durante mucho tiempo, los babilonios no hallaron la forma de evitar las ambigüedades que implicaba un tipo muy especial de número como, por ejemplo, 508. A primera vista no parece muy distinto de 568, pero durante siglos este número, y muchos como él, fueron un enigma para los babilonios y los egipcios.

El número 508 puede escribirse de esta manera:

$$(5 \times 100) + (0 \times 10) + 8 = 508$$

Para nosotros, no hay ningún problema. Pero para los babilonios sí lo había. No comprendían qué hacía esa señal de «no hay decenas» en el medio del número. Y, por ello, a menudo no se molestaban en registrar que no había nada en la posición de las decenas.

La notación posicional, por supuesto, deja de funcionar si las posiciones de los números no se mantienen siempre y estrictamente, incluso cuando no hay nada en esa posición concreta. En el número 508, el símbolo 0 es tremendamente importante. Si se quita, el 508 se convierte en 58. Los babilonios a menudo lo quitaban y por ello sus cálculos eran muchas veces desesperadamente confusos y requerían que se prestase mucha atención al contexto.

Los babilonios no descubrieron que el símbolo del cero era necesario hasta muy adelante en su historia, quizá hacia el 350 a. J.C., más de tres mil años después de que descubrieran la notación posicional. Probablemente, los egipcios emplearon un símbolo para el cero un poco antes pero no lo utilizaron de forma consistente, lo que demuestra que no comprendieron plenamente su importancia.

Tras el año 350 a. J.C., las tablas astronómicas babilónicas (todas en sistema sexagesimal) emplean regularmente el símbolo de cero. Los astrónomos griegos tardíos, hasta Ptolomeo en el siglo II d. J.C., siguieron la práctica babilónica, incluso empleando el símbolo ō para simbolizar el cero. Conservaron también el sistema sexagesimal para la astronomía, que, a pesar de los beneficios de la notación posicional, era innecesariamente farragoso.

Alrededor del año 1200 d. J.C., o quizá unos cien años antes, los hindúes empezaron a usar el cero (0) en su sistema decimal.

Se les cita a menudo como los inventores del 0. Lo más probable es que lo tomasen de los griegos. Lo que sí aportaron fue la combinación del uso del sistema decimal y de la utilización continua del 0, combinación que demostró la solución definitiva a una importante dificultad computacional y que el mundo entero ha utilizado desde entonces.

Como es obvio, debemos mucho a los matemáticos babilonios y egipcios. Pero debemos recordar otro hecho curioso. Los primeros matemáticos griegos, tan famosos por sus inteligentes intuiciones y por sus brillantes éxitos en geometría, simplemente no comprendieron la importancia de la notación posicional. No cabe duda de que trabajaron sobre una base matemática construida por los babilonios y de que en geometría superaron ampliamente a sus maestros. Pero no eran buenos calculando. Había algo en la aritmética simple que se les escapaba o que incluso les desconcertaba.

2. La explosión griega

Han existido dos grandes explosiones de conocimiento en la historia de la humanidad, no sólo una. La segunda comenzó en Europa hace cinco siglos y todavía continúa. La primera empezó en Grecia durante el siglo VI a. J.C.

La explosión griega también se prolongó mucho en el tiempo. Igual que la nuestra, se expandió rápidamente y acabó afectando a todo el mundo conocido. Como la nuestra, se inició con el descubrimiento de un nuevo instrumento de comunicación y de un nuevo método de adquirir conocimiento, continuó gracias a la ayuda de asombrosos avances matemáticos y culminó con una serie de revolucionarias teorías sobre la materia y la energía.

La explosión de conocimiento griega no llegó tan lejos como ha llegado la nuestra en investigación, comprensión y control de la naturaleza. Pero a pesar de las tan cacareadas contribuciones de nuestras ciencias «humanas» (la economía, la sociología y la psicología), se podría afirmar que los antiguos investigadores griegos sabían al menos tanto como nosotros sobre lo que puede decirse razonablemente de la naturaleza humana y de la buena vida y también sobre lo que no puede decirse. Si bien la física ha avanzado mucho más allá de lo que los griegos pudieron soñar, los griegos llevaron la filosofía, especialmente la filosofía de la ética, más lejos de lo que hemos llegado nosotros.

Si reconocemos que el progreso en las ciencias físicas, del que estamos merecidamente orgullosos, se ha basado en parte en ideas griegas que se transmitieron clandestinamente durante más de mil años y que se reavivaron y volvieron a poner en práctica en nuestros tiempos, concluiremos que la explosión de conocimiento griega parece ser la más influyente de las dos.

Los griegos, por supuesto, cometieron errores graves, no sólo sobre la estructura y configuración de la naturaleza, sino también sobre la naturaleza humana. Algunos de estos errores tuvieron consecuencias desastrosas que todavía pueden percibirse en la actualidad. Pero nuestra explosión de conocimiento también ha cometido errores, algunos de los cuales podrían causar una catástrofe que acabara con toda la raza humana.

En ambos períodos, los errores se debieron a la arrogancia, a una especie de desmesurada presunción que conlleva un impío desprecio por los límites que el orden del universo impone a las acciones de hombres y mujeres. Los griegos le dieron a la arrogancia humana un nombre especial: *hubris*. Creían que la *hubris* era un pecado y adoraban a una diosa, Némesis, que castigaba a quienes incurrían en ella.

En nuestra época no adoramos a Némesis ni tampoco le damos ningún nombre especial a la arrogancia humana, aunque por todas partes nos rodean señales de sus obras.

El problema de Tales

La Grecia continental es una península con un litoral muy accidentado que se adentra en el Mediterráneo desde la gran masa euroasiática. Su costa oriental está encarada a Anatolia, la provincia más occidental de la moderna Turquía, al sur del estrecho de los Dardanelos. Entre Grecia y Anatolia hay un mar lleno de islas y de luz, el Egeo. De entre los cuerpos de agua de extensión similar, es quizás el más famoso del mundo.

Unos diez o doce siglos antes del nacimiento de Cristo, hombres y mujeres que hablaban griego cruzaron el Egeo y establecieron colonias en la costa occidental de Anatolia. No se adentraron profundamente en el territorio, pero fundaron numerosas ciudades y controlaron el litoral, que tenía muchos puertos naturales en los que los barcos podían fondear con seguridad. Los griegos llamaron Jonia a este nuevo imperio colonial.

De entre las ciudades griegas de Jonia, la mayor y más próspera era Mileto. Era la que estaba más al sur, cerca del punto en el que la costa de Anatolia gira hacia el este para formar la costa norte del extremo oriental del Mediterráneo, que entonces, como ahora, domina la isla de Creta. Hoy no queda nada de Mileto, excepto ruinas, ya que sus dos excelentes puertos acabaron cegados por los sedimentos y devinieron impracticables hace ya casi veinte siglos.

Desde donde está Mileto hasta la capital del antiguo Egipto hay apenas una hora de vuelo en un avión comercial, pero en aquella lejana época, ése era un viaje muy largo, por tierra o por mar. A mediados del siglo VIII a. J.C. los ambiciosos milesios recorrían esa ruta regularmente, comerciando con los egipcios y trayendo de vuelta a Grecia oro e ideas y descubrimientos egipcios. Uno de estos descubrimientos fue una invención que los egipcios habían realizado quizá hacía dos mil años, cuando descubrieron que a partir del papiro, una planta que crece a orillas del Nilo, se podía crear un material suave y delgado que se conservaba durante mucho tiempo y sobre el cual se podía escribir.

No hay ninguna prueba de que el griego fuera un lenguaje escrito antes de mediados del siglo VIII a. J.C. De súbito, con la importación de papiros, se empezaron a producir materiales escritos griegos y empezaron a aparecer por todo el mundo griego registros comerciales y tratados sobre temas técnicos. El centro de esta actividad era Mileto, que ganó prestigio no sólo como potencia comercial sino también como punto de origen de ideas e inventos.

Alrededor del año 625 a. J.C. nació allí un hombre que aprovechó como nadie había hecho antes las muchas posibilidades que le ofrecía su ciudad natal. Su nombre era Tales. Se ha dicho de él que fue el primer filósofo y el primer científico de la historia.

Sabemos muy poco de su vida y de su carrera. Puede que fuera un político de éxito. Se le conocía como uno de los Siete Sabios, y todos los demás sabios eran líderes políticos griegos. Le reverenciaron primero los griegos y luego los romanos, por otros motivos. Se supone que descubrió algunos de los teoremas del primer libro de los *Elementos* de Euclides. Se dice que predijo un eclipse de sol en el año 585; si fue así, fue la primera persona capaz de prever este fenómeno.

Según los comentaristas antiguos, Tales se hizo famoso por ser el primer pensador que propuso un único principio universal para el universo material, un sustrato único que, sin cambiar él mismo, estaba detrás de todos los cambios. Los comentaristas coinciden en que el sustrato o primer principio según Tales era el agua.

Para comprender lo que Tales quería decir con ello es necesario que comprendamos el problema que trataba de resolver y que consideremos que puede que fuera el primero en darse cuenta de la importancia de resolverlo. Si fue así, fue en verdad el primer filósofo.

Al mirar a nuestro alrededor, percibimos una enorme variedad de cosas distintas, todas las cuales, hasta donde podemos observar, cambian constantemente. Los seres vivos nacen, crecen y mueren. Las plantas brotan de la tierra, florecen y mueren. El mar está en constante movimiento e incluso las grandes montañas se van desgastando. Hasta la madre Tierra cambia. Entonces, ¿todo cambia o hay algo que permanece inalterable?

Si pensamos en ello, empezamos a darnos cuenta de que debe de haber algo en todas las cosas que no cambie, pues, si no, ¿cómo podríamos reconocer a una cosa determinada a lo largo del tiempo, incluso a pesar de que cambie? Tomemos, por ejemplo, un pedazo de arcilla. La amaso entre mis dedos y se hace más pequeña ante mis ojos. Pero sigue siendo un pedazo de arcilla. «Ello» es algo que no cambia, a pesar de que muchos aspectos de «ello», las cualidades de «ello», por así decirlo, así como la cantidad de «ello» sí cambian. De hecho, todas sus cualidades cambian, pero la cosa en sí en algún sentido sigue siendo la misma, si no ni tan siquiera podríamos decir que «ello» es lo que cambia.

Le damos el nombre *arcilla* al sustrato de los cambios en el caso de mi pedazo. Pero no he resuelto el problema de Tales llamando así a un pedazo de arcilla. Puedo esparcir todo el pedazo, incluyendo el polvo que ha quedado en mis manos, e irme. Mi pedazo de arcilla ha sido dispersado, pero no ha cesado de existir, incluso a pesar de que le dé la espalda y ya no lo vea.

Puedo tirar parte del pedazo en un estanque. Puedo esparcir polvo de ese pedazo en el aire y dejar que se lo lleve el viento.

Puedo incluso dar parte de la arcilla a mis gallinas para que se la coman. Cuando, un día después, reaparece, ya no es arcilla. Pero la nueva sustancia que se ha generado no ha salido de la nada. Ha surgido de la arcilla. Algo de esa arcilla ha permanecido, soportando hasta un cambio tan radical como ése.

A lo largo de los años, de los siglos, ocurren cambios todavía mayores. Los pueblos y las familias cambian, las naciones cambian, los continentes aparecen y desaparecen, y nuevas y jóvenes montañas se elevan donde antes había océanos. Incluso el universo cambia. Las galaxias nacen y mueren en ciclos de miles de millones de años, y los agujeros negros se tragan millones de soles, convirtiendo su materia en algo que todavía no comprendemos.

¿Existe alguna cosa primordial que perdure a través de todos estos cambios? ¿Hay algo que siga siendo siempre igual cuando todo lo demás cambia de un momento dado a otro, de un eón a otro?

En el caso de cualquier cosa particular, siempre podemos hallar un sustrato inmutable. Estados Unidos ha pasado en dos siglos de ser una nación de tres millones de personas a un país de más de doscientos cincuenta millones de habitantes, y el número de estados ha crecido de trece a cincuenta. Pero todavía es apropiado referirse a una cosa subyacente llamada Estados Unidos de América. Del mismo modo sucede con un hombre o mujer que conozcamos, o con el lugar donde vivimos, o con un libro que hemos leído o con una palabra que pronunciamos. Pero que tengamos éxito en cada uno de esos casos no implica que consigamos resolver el problema al que se estaba enfrentando Tales. ¿Hay algo que sea subyacente a todo cambio en todo momento y en todos los lugares del universo?

Si no es así, ¿cómo entonces podemos concebir siquiera un universo? ¿Cómo podemos darle nombre? ¿No es ese nombre entonces meramente el sonido de una ilusión? ¿O es que realmente existe tal universo? ¿Existe algo persistente, que perdure, algo quizá eterno?

Tales dijo que sí, que el universo, o cosmos, como lo llamaban los griegos, existe y es perdurable y que su principio subyacente —aquello que se somete a los cambios— es el agua. No podemos estar seguros de lo que quería decir con ello. No es probable que quisiera decir literalmente que todo estaba «hecho» de agua, pues sabía que las piedras, por ejemplo, no lo están.

Pero las piedras, si se muelen y se convierten en polvo, se disuelven en el agua. Quizá quería decir que el agua es el disolvente universal. O cuando dijo que el principio subyacente era el agua, quizá se refería a la cualidad líquida del agua, a su perpetua mutabilidad. Además, el agua, cuando se calienta, se convierte en vapor (gas) y cuando se enfría, se vuelve hielo (sólido). No es una mala candidata a principio subyacente.

Pero fuera una buena candidata o no, o fuera lo que fuera lo que Tales quiso decir cuando afirmó que «todo es agua», estaba realizando una auténtica proeza mental al proponer que una sola entidad o elemento físico subyacía a todas las diferentes cosas que hay en el mundo. Con el mero hecho de plantearse esta cuestión, demostró que había llegado a comprender el mundo de un modo distinto.

Tales hizo dos cosas extraordinarias. En primer lugar, no recurrió a explicaciones animistas para justificar los fenómenos que suceden en el mundo. Es decir, no explicó lo que de otra forma era inexplicable, diciendo: «No sé por qué pasa esto, así que supongo que los dioses hacen que pase.»

En segundo lugar, había asumido algo extraordinario: que el mundo (el cosmos) era algo cuyo funcionamiento podía comprender la mente humana.

Tales contaba con herramientas y máquinas simples y sabía cómo funcionaban. Vivía en una casa y sabía cómo funcionaba. Puede que entendiera incluso cómo funcionaba el sistema solar. Pero su hipótesis de que «todo es agua» fue mucho más allá de esos pequeños trozos de conocimiento abstracto. Su hipótesis fue casi tan lejos como puede ir la mente humana. Implicaba que Tales creía que la totalidad de las cosas del mundo, que son el mundo en sí mismo, son inteligibles como un todo. El mundo está ordenado, dispuesto y construido de una forma que la mente humana puede comprender. El mundo no es, en el fondo, ni un misterio ni un juguete de los dioses.

En el prefacio de su *Early Greek Philosophy*, John Burnett nos dice:

> Es adecuado definir la ciencia como «pensar sobre el mundo a la manera griega». Es por eso que la ciencia nunca ha existido fuera de los pueblos que recibieron la influencia de Grecia.

He subrayado que la hipótesis de Tales fue casi tan lejos como puede ir la mente humana al suponer que el mundo es una entidad inteligible cuyos mecanismos podemos comprender y explicar en términos de uno o más elementos subyacentes. Es importante decir que no llegó hasta el final. No incluyó todo en el mundo inteligible. Así pues, Tales no se iba a convertir sólo en el primero de los científicos, sino que además iba a ser el primero en plantearse un importante problema del conocimiento que todavía hoy sigue sin haber recibido una respuesta satisfactoria.

El mundo que Tales trataba de comprender y explicar consistía en el cosmos material, en el universo sensible. Es decir, se trataba de todas las cosas que pueden percibir nuestros sentidos. Como tal, incluía los cuerpos de los demás seres humanos, además de su propio cuerpo: la mano y el brazo que podía ver, el pelo en la nuca que podía sentir, los olores que emanaban de su cuerpo y que podía oler, los sonidos que hacía que podía oír.

Pero no incluía las mentes de otras personas ni la suya propia, que no se percibían con los sentidos. Podemos recordar, que es como sentir cosas que no están presentes ante nuestros sentidos en ese momento; podemos soñar cosas, podemos incluso imaginar cosas que no existen, como unicornios o grifos, que están, aun así, formados por partes materiales. Pero no podemos sentir las mentes de los demás ni nuestra propia mente. Las mentes son inmateriales.

Una cosa es decir que todas las cosas materiales del mundo están hechas de agua, o de alguna manera construirlo todo a partir de un solo elemento que no cambia mientras que todo lo demás sí lo hace. Otra cosa muy distinta es declarar que todo, inclusive las mentes, está hecho de un elemento o elementos materiales. Tales nunca afirmó tal cosa, aunque otros filósofos sí lo harían más adelante.

No ha sobrevivido ninguna de las obras de Tales, pero sus textos debieron gozar de amplia difusión. A resultas de sus escritos, su nuevo concepto —que el mundo es inteligible y que la mente humana, a pesar de no formar parte de ese mundo exterior, puede comprenderlo— pronto se extendió por toda Grecia e incluso más allá. En poco tiempo, muchos otros griegos comenzaron a «pensar en el mundo a la manera griega». Por toda Jonia, y en las tierras de influencia griega, se empezó a especular y a proponer otros candidatos a elementos primordiales, es decir, elementos inmutables, y por tanto inteligibles, que subyacían a todas las cosas de un mundo que cambiaba constantemente.

La invención de las matemáticas: los pitagóricos

La isla de Samos está a unos pocos kilómetros de la costa de Jonia, no muy lejos de Mileto. En la antigüedad fue sede de una próspera ciudad Estado que se batía con otras ciudades Estado jonias por el liderazgo del Asia Menor griega. Samos alcanzó la cúspide de su poder bajo Polícrates, que se convirtió en tirano de la ciudad en el año 532 a. J.C. Polícrates fue, al parecer, un déspota ilustrado que atrajo a escultores, pintores y poetas a su reino insular. Pero no se llevaba bien con el hombre más famoso de Samos.

Ese hombre era Pitágoras, que nació en Samos hacia el año 580 a. J.C. Quizá porque no le gustaba Polícrates o porque no estaba de acuerdo con sus ideas, Pitágoras abandonó Samos el mismo año en que el tirano subió al trono y viajó con un grupo de seguidores hasta el sur de Italia, donde estableció una especie de filosofocracia, una hermandad filosófica liderada por él mismo. Surgieron muchos mitos en torno a su persona como, por ejemplo, que tenía un muslo de oro. Sus seguidores nunca usaban su nombre, sino que se referían a él como «ese hombre» y dotaban de autoridad a sus afirmaciones proclamando: «¡Lo dijo ese hombre!» *(Ipse dixit).*

Parece que tanto la arrogancia como el fervor místico de Pitágoras y sus discípulos molestaron a sus nuevos vecinos italianos, igual que habían molestado a los habitantes de Samos y, tras pocos años, los filosofocratas fueron expulsados de Crotón, hoy Crotona. Pitágoras se mudó a una ciudad cercana en la bahía de Tarento donde, se dice, ayunó hasta morir hacia el 500 a. J.C.

Sus contemporáneos atribuyeron a Pitágoras muchas creencias místicas. Por ejemplo, declaraba haber habitado los cuerpos de cuatro hombres que habían vivido antes que él; uno era el soldado que en la *Ilíada* hería a Patroclo, el amigo de Aquiles, y con ello permitía que Héctor acabara con él. Pitágoras creía en la transmigración de las almas, una doctrina que debió de aprender de los egipcios y que transmitió a Platón. Copérnico, el astrónomo medieval, declaró que había recibido de Pitágoras la idea del llamado sistema copernicano, a pesar de que no sabemos lo que Pitágoras opinaba en realidad sobre la disposición de los astros.

Al parecer, Pitágoras es también el creador de la idea de la música de las esferas, concepto acorde con su manera general de pensar sobre las matemáticas. Un día, dice la leyenda, mientras estaba sentado con un instrumento musical sobre el regazo, Pitágoras se dio cuenta de repente de que las divisiones de una cuerda en tensión que al vibrar producía sonidos podían describirse intelectualmente en términos de simples proporciones entre pares de números, 1 a 2, 2 a 3 y 3 a 4. Hoy escribimos estas proporciones como 1/2, 2/3 y 3/4. Este hecho extraordinario dejó atónito a Pitágoras, a quien le gustaba mucho la música. Le parecía algo muy extraño que existiera una relación tan directa entre los números y las notas de una cuerda tensada, una cuerda que podía producir notas que tenían el poder de entristecer o alegrar a quien las escuchaba.

Reflexionando sobre esta peculiar relación, Pitágoras empezó a considerar la posibilidad de que los números tuvieran una influencia todavía mayor en las cosas materiales. Él y sus discípulos no tardaron en llegar a la conclusión de que las cosas son números y los números son cosas. Así se descubrió la íntima conexión entre las matemáticas y el mundo real que ha inspirado y desconcertado a los pensadores hasta la actualidad.

Probablemente, ni el propio Pitágoras comprendía exactamente de qué hablaba cuando trataba de describir el mundo exterior en términos matemáticos. Mucho de lo que dijo tenía un significado místico, si es que tenía algún significado. Por ejemplo, se supone que pensaba que 10 era el número de la justicia, pues los números 4, 3, 2 y 1, si se disponen formando un triángulo, suman 10.

```
          *
        *   *
      *   *   *
    *   *   *   *
```

Pero su original intuición de que hay algo en el mundo real que es inteligible mediante las matemáticas, y quizá sólo mediante las matemáticas, es uno de los grandes avances de la historia del pensamiento humano. Pocas ideas han dado más frutos que ésta.

Tras la muerte de Pitágoras, sus discípulos, a pesar de que fueron perseguidos en las ciudades en las que se instalaron por sus ideas políticas, continuaron sus investigaciones matemáticas, atribuyendo póstumamente todos sus descubrimientos importantes a su maestro. Uno de tales descubrimientos fue la prueba del llamado teorema de Pitágoras, que afirma que en un triángulo rectángulo, el cuadrado del lado opuesto al ángulo recto, la hipotenusa, es igual a la suma de los cuadrados de los otros dos lados. Por ejemplo, si los lados de un triángulo rectángulo miden tres, cuatro y cinco, entonces tres al cuadrado (nueve) más cuatro al cuadrado (dieciséis) es igual a cinco al cuadrado (veinticinco).

Puesto que cualquier triángulo inscrito en el diámetro de un círculo es un triángulo rectángulo (otro teorema que los pitagóricos fueron los primeros en demostrar), y puesto que tales triángulos en semicírculos son la base de la trigonometría, el teorema de Pitágoras es una de las verdades matemáticas más útiles.

Las investigaciones matemáticas pitagóricas tocaron a su fin a mediados del siglo IV a. J.C. La hermandad jamás perdió su carácter molesto, y acabó siendo borrada del mapa por sus enemigos. Más importante, desde nuestro punto de vista, es que las investigaciones matemáticas de los pitagóricos cesaron porque, en el curso de sus trabajos, tropezaron con un problema difícil y peligroso que no pudieron resolver.

El problema era el siguiente. Todos los triángulos rectángulos no son como el ejemplo mostrado arriba, en el que los tres lados son números enteros. De hecho, en pocas ocasiones los lados de los triángulos rectángulos son números enteros. La gran mayoría de los triángulos rectángulos, incluso aquéllos en los que los dos lados que forman el ángulo recto son enteros, no tienen una hipotenusa que sea también un número entero.

El triángulo más simple de todos, como descubrieron los pitagóricos, es un ejemplo perfecto del problema. Imagine un triángulo rectángulo cuyos lados cortos midan ambos uno. Uno al cuadrado es uno ($1 \times 1 = 1$), y uno al cuadrado más uno al cuadrado suma dos ($1 + 1 = 2$). Pero dos no es un cuadrado, es decir, no hay ningún número que multiplicado por sí mismo sea igual a dos.

Como descubrieron los pitagóricos, la raíz cuadrada de dos (el número que multiplicado por sí mismo es igual a dos) es un número muy extraño. Se dieron cuenta de que la raíz cuadrada de dos no era un número racional; es decir, no podía definirse como la proporción entre dos enteros. (Los números racionales son lo que a veces llamamos fracciones, como 2/3 o 4/17). Pero si la raíz cuadrada de dos no era un número racional, entonces tenía que ser un número irracional. Y ésa, para los pitagóricos, era una idea terrorífica.

¿Por qué tenían tanto miedo? Porque habían supuesto originalmente que los números eran cosas y que las cosas eran números. Y también por la intuición de Tales, que estaba en la base de todas las investigaciones de los pitagóricos, es decir, que la mente humana puede comprender el mundo. Pero el poder de la mente humana es la razón, la racionalidad del hombre; si el mundo es irracional, o contiene elementos irracionales, entonces o Tales estaba equivocado o lo estaba Pitágoras. Y si ambos tenían razón, tenía que existir en el hombre una irracionalidad correspondiente a la irracionalidad en la naturaleza. Pero ¿cómo podía algo irracional conocer cualquier cosa y mucho menos conocer el mundo?

Hay que concederles a los pitagóricos que no negaron lo que habían descubierto. Lo encararon y admitieron que tenía que haber algún profundo desequilibrio en alguna parte. Hacía falta mucho valor para eso. Pero no tuvieron la valentía suficiente como para seguir luchando y trabajando para resolver el problema. Lo que les detuvo fue su creencia mística de que todas las cosas, el mundo entero, eran simplemente números. Y una cosa no es simplemente un número. Sólo porque algunas cosas reales como, por ejemplo, la proporción entre el lado y la diagonal de un cuadrado se puedan describir única y exclusivamente usando números irracionales no significa que la cosa en cuestión sea irracional, en el sentido de inasequible a la razón o a la comprensión humana.

A nosotros ya no nos asusta el problema que los pitagóricos no pudieron resolver. Hemos comprendido que los números tienen una existencia distinta a la de las cosas, a pesar de que los números y las cosas siguen mostrando esa íntima relación que los pitagóricos fueron los primeros en descubrir. Hoy usamos números todavía más misteriosos que los números irracionales que descubrieron los pitagóricos. Los números irracionales no nos dan nada de miedo; cada uno de ellos (y aquí me pondré un poco técnico) es la raíz de una ecuación algebraica con coeficientes enteros. Pero hay una infinita cantidad de números que no son enteros y algunos de ellos son muy famosos, como por ejemplo π, que es el cociente entre dos cosas tan simples como la circunferencia y el diámetro de un círculo. Y luego están los llamados números imaginarios, que se componen de dos partes, $a + bi$, donde a y b son números reales e i es la raíz cuadrada de menos uno (es decir, el número que multiplicado por sí mismo da menos uno). Y existen múltiples tipos y grados de números que son todavía más complicados que los imaginarios y, según los matemáticos, todavía más bellos.

Puede que los pitagóricos sospechasen que los números irracionales no existían en el mundo real. Pero si no existían en el mundo real, ¿donde existían? ¿Eran acaso esos extraños y pe[ligro]grosos números una puerta hacia el caos que los griegos siempr[e] temieron? ¿Eran quizá los signos o símbolos de dioses desconocidos y malévolos? Alguna de estas creencias puede explicar por qué los pitagóricos, así como otros matemáticos griegos, abandonaron la investigación matemática creativa alrededor del siglo IV a. J.C.

Euclides completó sus *Elementos de geometría* alrededor del 300 a. J.C., y este gran libro de texto, que es casi tan famoso como la Biblia, siguió utilizándose en la mayoría de escuelas occidentales hasta hace muy poco. Pero Euclides no fue un innovador de la matemática, aunque sí un maestro de incomparable nivel. En mecánica, astronomía y en algunos otros campos matemáticos se siguieron realizando trabajos originales e innovadores, pero el gran impulso creativo que había alentado el progreso de las matemáticas se desvaneció.

En la historia reciente han ocurrido parones similares en el trabajo científico o, al menos, han estado a punto de suceder. Tras la segunda guerra mundial, muchos científicos y no científicos presionaron para que se detuviera la investigación de la energía atómica por el peligro que ésta podía suponer para toda la vida en la Tierra. Hoy mismo se alzan voces que piden que los científicos que se dedican a la biotecnología detengan sus experimentos en ingeniería genética. En ninguno de estos casos se ha producido en realidad un parón en la investigación, a pesar de los peligros que conllevan. ¿Somos más valientes que los pitagóricos? Quizá. ¿O acaso somos más insensatos?

El descubrimiento de la teoría atómica: Demócrito

Demócrito nació hacia el año 460 a. J.C. en Abdera, una pequeña ciudad en el rincón suroeste de Tracia, a pocos kilómetros de la frontera con Macedonia. Su padre era rico y se supone que había agasajado a Jerjes, el emperador persa, cuando el ejército persa había marchado a través de Tracia veinte años antes del nacimiento de Demócrito. Cuando el padre de Demócrito mu-

, dejando tres hijos, se dividió su fortuna en tres partes: una parte eran las tierras, otra los edificios y la tercera, el dinero. El dinero era la parte más pequeña, pero Demócrito la escogió porque quería libertad para poder viajar.

Con los cien talentos que su padre le legó partió a ver mundo. Viajó primero a Egipto, donde los sacerdotes le enseñaron geometría. Luego fue a Persia para aprender de los maestros caldeos, y luego cruzó lo que hoy es Pakistán y llegó a la India, donde visitó a los filósofos hindúes ascéticos y gimnosofistas que iban desnudos y se entregaban a la contemplación mística. Volvió a Grecia a través de Etiopía y Egipto, acabando, según algunos, en Atenas. Trató con desprecio a esa gran ciudad, quizá porque ella también le despreció a él.

Vivió hasta una edad muy avanzada y, aunque se quedó ciego, mantuvo siempre su alegría, pues la consideraba un bien muy preciado. Regresó a Abdera en sus últimos años. Había agotado su fortuna, pero leyó a una asamblea de los ciudadanos más importantes uno de sus libros, tras lo cual el consejo votó concederle otros cien talentos. Puesto que se reía de todo, incluso de sí mismo, se le conoce como el filósofo de la risa.

Se supone que Demócrito escribió unos setenta libros, dedicados a una amplia gama de temas, desde la ética a las matemáticas, desde la física a la música, desde la literatura a la medicina, la historia y el pronóstico. Es una pena que ninguna de sus obras haya sobrevivido. Según Aristoxeno, que vivió un siglo más tarde, Platón quiso quemar todos los libros de Demócrito, pero sus discípulos le disuadieron, diciéndole que los libros estaban ya tan ampliamente difundidos que quemarlos no serviría de nada. Irónicamente, nos han llegado cientos de páginas de los diálogos de Platón, pero ni una sola página completa de la obra de Demócrito.

Demóctrito, como todos los pensadores griegos de su tiempo, estaba fascinado por el problema de Tales, y desarrolló una solución que ponía de manifiesto la brillantez de su pensamiento. Toda cosa material, creía Demócrito, está formada por un número finito de partículas, o átomos, según él las llamaba, cuya unión y separación determinaba la creación y la desaparición de las cosas. Los átomos en sí, decía Demócrito, son infinitos en número y eternos. Se mueven, según un movimiento fijado, en el vacío, que llamaremos espacio; el vacío es el principio de la no existencia, los átomos, el de la existencia.

Hay un número finito de distintos tipos de átomos. Los hay redondos y suaves como, por ejemplo, los que conforman el agua, que resbala y se desliza sobre sí misma debido precisamente a la forma de los átomos que la componen. Otros átomos tienen ganchos y hendiduras que les permiten unirse unos a otros para formar cosas densas y pesadas como el hierro o el oro.

Si el universo fuera finito en su extensión, un infinito número de átomos, por pequeños que fueran cada uno de ellos, lo llenaría por completo. Demócrito era consciente de ello y sabiendo también que no percibimos el universo como completamente lleno de materia, propuso que el universo era infinito y que contenía muchos otros mundos como el nuestro.

De hecho, según Demócrito, existe un número infinito de mundos, entre los que, al menos, uno de ellos, pero quizá más de uno, es una copia exacta del nuestro, habitado por personas que son exactamente como usted y como yo. El concepto de un universo infinito que contiene muchos mundos diferentes fue aceptado también por otros pensadores, entre ellos el filósofo Friedrich Nietzsche.

Han sobrevivido unos pocos fragmentos de los textos de Demócrito. Uno de ellos (el fragmento D125) se hizo célebre porque solían citarlo los críticos de su teoría atómica. En un pasaje de sus escritos, el Intelecto se embarca en una especie de enfrentamiento dialéctico con los Sentidos.

Intelecto. Al parecer, existe el color; al parecer, existe lo dulce; al parecer, existe lo amargo, pero en realidad sólo existen los átomos y el vacío.

Sentidos. Pobre intelecto, ¿cómo esperas derrotarnos si tomas prestadas de nosotros todas tus pruebas? Tu victoria es tu derrota.

El mundo de los átomos y el vacío carece de color, temperatura u otras cualidades. Así debe ser. Y, si embargo, todas las evidencias de su existencia contradicen ese hecho. ¿Qué clase de locura es ésa? Es ciencia. Es pensar sobre el mundo a la manera griega.

La intuición de Demócrito de que en las bases de datos de todas las cosas no hay nada más que átomos ha sido triunfalmente confirmada. Al mismo tiempo es igualmente indudable que la base de nuestro pensamiento son las informaciones que nos transmiten los sentidos. La tensión mental que produce esta antinomia, como la denominó el filósofo alemán Immanuel Kant (1724-1808), es quizá la fuente de mucha de nuestra energía intelectual.

¿Cuáles eran los principios fundamentales del atomismo de Demócrito?

La mayoría de ellos eran asombrosamente modernos. En primer lugar, los átomos eran tan pequeños que eran invisibles. Todos estaban hechos de la misma materia, eran de la misma naturaleza, pero tenían muchas formas y tamaños diferentes. Aunque eran impermeables (Demócrito no sabía que los átomos podían dividirse), interaccionaban los unos con los otros, uniéndose y aferrándose para producir la amplia variedad de cuerpos que contemplamos. El espacio fuera de los átomos estaba vacío, un concepto que muchos de los contemporáneos de Demócrito no podían aceptar.

En segundo lugar, los átomos estaban perpetuamente en movimiento, en todas las direcciones, a través del espacio vacío. No existía para ellos en el espacio vacío ni un arriba ni un abajo, ni un antes ni un detrás, decía Demócrito. Por decirlo en términos modernos, el espacio vacío era, pues, isotrópico, una noción científica muy sofisticada.

En tercer lugar, el movimiento continuo de los átomos era inherente a ellos. Poseían lo que llamaríamos masa inercial. La noción de que los átomos se movían constantemente sin que nadie los empujara, además de ser de nuevo un magnífico concepto intelectual, no era aceptable para Aristóteles y muchos otros. Sólo los cuerpos celestiales, pensaba Aristóteles, se movían constantemente por sus propios medios, y eso era así porque eran divinos. El tajante rechazo de Aristóteles y sus seguidores a aceptar la ley de la inercia se convirtió en un serio obstáculo para el avance de la física durante los siguientes dos mil años.

En cuarto lugar, el peso o la gravedad no eran propiedades de los átomos o, de hecho, de los conjuntos de átomos. Aquí Demócrito se equivocaba todo lo que uno se puede equivocar.

Sobre si Demócrito tenía razón en un quinto principio no está claro ni siquiera en la actualidad. Mantenía que el alma es aliento y que puesto que el aliento es material, y por tanto hecho de átomos, también el alma debía estar hecha de átomos.

Todas las palabras antiguas para referirse al alma originalmente querían decir respiración o aliento: *psyche*, *spiritus*, *anima*. Hasta aquí, perfecto. Pero ¿es aceptable mantener que el alma, o la mente, es material? Si es un objeto material como las piedras o el agua, se tiene que regir por las leyes de la física y, por tanto, no puede ser libre. Pero ¿cómo podemos decir que el alma o la mente o la voluntad no son libres? Estamos más seguros de nuestra libertad que de cualquier otra cosa (nuestra libertad para mover o no un dedo, para caminar hacia adelante en lugar de hacia atrás, para levantarnos por la mañana o quedarnos en la cama). Si aceptamos la noción de una mente y un alma materiales y, por tanto, sometidas a leyes ajenas a ellas, nos encontramos con que la moral es un absurdo, pues si no somos libres de actuar como queremos, ¿cómo se nos puede considerar responsables de nuestros actos?

De nuevo nos encontramos frente a una antinomia. Podemos aceptar la suposición de Demócrito de que al menos nuestros cuerpos, incluyendo en ellos nuestro aliento, son parte del universo material, un universo que podemos comprender asumiendo que está hecho de átomos que se mueven en el vacío. Pero no podemos aceptar que nuestras mentes, almas y voluntades sean materiales y pertenezcan a ese mundo. Incluso los pensadores que dicen aceptar esta teoría actúan como si no lo hicieran. Puede que nieguen la innata libertad de los demás, pero actúan como si ellos mismos fueran libres.

La tensión que crea esta antinomia se ha demostrado también muy provechosa a lo largo de los siglos. Sin embargo, la noción de que el alma era material se demostró tan inaceptable tanto para los aristotélicos como para los cristianos que durante los dos milenios siguientes la hipótesis atómica languideció en el olvido.

El problema de Tales: la solución definitiva

Si los setenta libros de Demócrito hubieran sobrevivido, ¿sería su autor tan famoso como Aristóteles? ¿Preferiríamos los diálogos de Demócrito a los Platón, a quién finalmente se le concedió el deseo de ver destruida la obra del otro pensador? Es interesante especular sobre este tema. ¿Por qué desaparecieron todos los libros de Demócrito? ¿Fue porque eran erróneos o poco interesantes? ¿Por qué sobrevivieron los de Platón y Aristóteles? ¿Fue porque eran mejores y más ciertos? ¿O es que había algo en las creencias de Demócrito tan ofensivo y quizá incluso tan peligroso que provocó que se destruyera primero su reputación y luego todas sus obras?

Por lo que se refiere a Platón, es fácil deducir por qué quería quemarlas. El maestro de Platón, Sócrates, jamás se interesó por la investigación científica; sólo le preocupaban la ética y la política. Ni siquiera le gustaba el campo, pues allí se estaba demasiado cerca de la naturaleza y había demasiado pocas personas con quién hablar o sobre quién hablar.

Platón heredó los prejuicios de su maestro contra el estudio sistemático del mundo material y les añadió, de su cosecha, cierto desprecio por la propia materia. Como a todos los griegos, le interesaba más lo que subyacía a la materia que la materia en sí, pero Platón creía que este principio subyacente no era material, sino inmaterial, y consistía en las Formas, según las denominó, de las cosas como mesas, gatos y hombres, así como de las formas de las cosas que llamamos «bien», «verdad» y «belleza».

¿Qué comparten todas las cosas que llamamos gatos? La gatez, dijo Platón, que es una Forma; la gatez no es material, a pesar de que todos los gatos son seres materiales. ¿Qué comparten todas las cosas que son buenas que hace que las llamemos «buenas»? Es la bondad, otra Forma más importante que la anterior;

también la bondad es inmaterial, aunque muchas cosas buenas puedan ser materiales.

Ésta es una nueva y muy sofisticada solución al problema propuesto por Tales. Desde un punto de vista filosófico, la solución demostró ser espléndida y necesitó muy pocas modificaciones. Desde un punto de vista científico, era completamente inútil.

Aristóteles, el discípulo de Platón, supo ver que en la solución de su maestro al problema de Tales faltaba equilibrio. Corrigió ese defecto mediante una serie de asombrosos golpes metafísicos. La materia, dijo Aristóteles, es pura potencialidad; todavía no es nada, pero tiene la capacidad de ser cualquier cosa. La Forma es en lo que se convierte la Materia cuando se convierte en algo. Tanto la Materia como la Forma son necesarias para la existencia de cualquier cosa; la Materia es la cera en la que se imprime la Forma. Considerado meramente como Materia, que es algo diferente de las diferentes materias que encontramos y conocemos en el mundo, el ser humano no existe, todavía. Él mismo es sólo potencial. Considerado como Forma, es inteligible, cosa que la Materia no es, porque no es, sino en una forma abstracta. Es meramente un conjunto de descriptores, de medidas, de coordenadas o, como decía Aristóteles, de predicados: todavía no respira ni teme ni ama. La Materia y la Forma deben unirse para hacer al hombre, para hacer que exista cualquier cosa real. (Aristóteles pensaba que en el caso de un ser viviente, como un gato o un hombre, la madre aportaba la Materia y el padre, la Forma. Éste fue otro de los motivos, si es que los antiguos necesitaban alguno más, por los que se argumentaba la inferioridad de las mujeres.)

Aristóteles opinaba que la Materia no existía por sí misma, así como tampoco existía por sí misma la Forma. En este último punto no estaba de acuerdo con Platón, pues éste había afirmado la existencia independiente de las Formas. De este modo, el mundo que Aristóteles nos enseñó a comprender y sobre el cual filosofaba es el mismo mundo real que vemos. Está lleno de objetos reales que él llamaba sustancias, que tenían un aspecto potencial, lo que les permitía cambiar, y un aspecto formal o esencial, que los hace inteligibles para nosotros y nos permite comprenderlos. Porque es la Forma de las cosas lo que comprendemos, no las propias cosas, pues las Formas pueden estar también en nuestra mente, además de en las cosas, mientras que las cosas en sí mismas no pueden estar en nuestra mente. En este sentido, dijo Aristóteles en una de sus frases más famosas, el que conoce es uno con lo que es conocido.

Ésta era una solución al problema de Tales todavía más sofisticada que las anteriores. Desde el punto de vista filosófico, es la solución definitiva; nadie ha conseguido mejorarla. Desde el punto de vista científico, no obstante, se albergaban dudas sobre si la teoría funcionaría o no. Al contrario de lo que sucedía con Platón, a Aristóteles no le desagradaba la materia. No teorizó un mundo de esencias inmateriales, o Formas, flotando sobre nuestras cabezas. Para Aristóteles, las cosas reales eran cosas reales y no había nada más que ellas. Pero el concepto de Materia como pura potencialidad y, como tal, sin ninguna existencia real le podía causar problemas. ¿Y qué pasaba con los átomos de Demócrito? ¿Eran materia o Materia? Aristóteles no se pronunció y nos dejó la solución de ese problema a nosotros.

La verdad moral y la conveniencia política: Sócrates, Platón y Aristóteles

Platón y Aristóteles fueron mucho más que ontólogos (es decir, filósofos expertos en el ser); tenían opinión sobre casi todo, no sólo sobre la Forma y la Materia. Ha llegado el momento de conocer estas opiniones, junto con las de su gran predecesor y maestro, Sócrates.

Sócrates nació en Atenas hacia el 470 a. J.C. Sirvió en el ejército con distinción como soldado de infantería durante la guerra del Peloponeso entre Atenas y Esparta. Según Platón, salvó la vida del general ateniense Alcibíades. Era un sofista, o profesor de filosofía, pero a diferencia de otros sofistas no aceptaba dinero a cambio de enseñar. En vez de ello, proclamaba que sólo sabía que no sabía nada y se pasaba la mayor parte del tiempo interrogando a sus conciudadanos y, especialmente, a los sofistas profesionales, que sí afirmaban saber cosas.

Aunque no supiera nada más, sin duda sabía cómo debatir y hacer preguntas difíciles. De hecho, se dice que fue el filósofo que descubrió todas las preguntas difíciles que pueden hacerse en filosofía. El haber pasado toda su vida haciendo preguntas no le valió el cariño de los atenienses y en el año 399 fue acusado y procesado por impiedad y por corrupción de los jóvenes, que disfrutaban escuchándole mientras confundía a sus mayores con preguntas y gozaban con la incomodidad que Sócrates provocaba. La mayoría del jurado votó declararle culpable y se le obligó a suicidarse bebiendo cicuta.

Sócrates no escribió nada, pero muchos de los hechos de su vida y especialmente muchas de las conversaciones que mantuvo con hombres eminentes y sofistas de su tiempo se narran en los diálogos de Platón. Platón nació en Atenas en el 427 o el 428 a. J.C., en el seno de una distinguida familia. Tras la ejecución de Sócrates, Platón y otros «socráticos» se refugiaron en Megara y luego pasaron años viajando por toda Grecia. Durante ese período, Platón trabó amistad con Dionisio el Viejo, el tirano de Siracusa, al que trató de instruir en filosofía con la esperanza de convertirle en un «rey-filósofo». Fundó la Academia en Atenas en el año 387, dedicada a investigar sistemáticamente la filosofía y las matemáticas, y la presidió durante el resto de su vida. Escribió diálogos en los que el principal protagonista era Sócrates y otros en los que lo era un «extranjero ateniense». Es tentador asumir que este último representaba al mismo Platón, pero de hecho es muy difícil, si no imposible, distinguir entre el pensamiento de Platón y el de Sócrates.

Aristóteles nació en Estagira, en Macedonia, en el 384 a. J.C., por lo que a menudo se le llama «el estagirita». Le enviaron a estudiar en la Academia, en Atenas, en el año 367 y pasó allí veinte años, en los que se distinguió por ser el discípulo más famoso de Platón y también el que más problemas le daba, pues no estaba de acuerdo con él en muchísimas cosas. Cuando murió Platón, en el 348 o 347, Aristóteles abandonó Atenas y viajó durante doce años, fundando nuevas academias en diversas ciudades y casándose con la hija de un rey. Regresó después a Macedonia, donde pasó tres años como tutor del joven Alejandro, el hijo del rey Filipo que se convertiría en Alejandro Magno. Inauguró el Liceo de Atenas en el año 335. Esta escuela, a diferencia de la Academia, estaba dedicada a las investigaciones científicas. En el 323 murió Alejandro y se despertó en Atenas un movimiento antialejandrino. Aristóteles, como antiguo maestro del héroe muerto, era visto con enorme recelo. Diciendo que no estaba bien que los atenienses mataran a otro filósofo, se retiró a Calcis, donde murió en el año 322.

Aristóteles nos enseñó a razonar sobre el mundo que vemos y conocemos: fue él quien inventó la lógica, que consiste en las reglas del pensamiento, igual que la gramática consiste en las reglas del habla y la escritura. E hizo mucho más. Inventó la idea de la división de las ciencias en campos diferenciados tanto por los temas que trataban como por los métodos que utilizaban, e hizo innumerables y útiles observaciones sobre los peces, los hombres, las estrellas y muchos otros elementos de la naturaleza.

A pesar del gran interés que sentía por las ciencias naturales, a las que él habría llamado filosofía natural, Aristóteles compartía con Platón, igual que Platón compartía con Sócrates, un desmesurado interés y una profunda fascinación por la política y la moral. Ninguno de ellos cuestionó jamás la idea de que el ser más importante del mundo es el hombre. Con ello estos filósofos se referían a la humanidad en abstracto, pues sólo los hombres, coincidían los tres, tenían almas racionales. Y también los hombres concretos y reales, pues con ellos tenemos que vivir y nuestra felicidad o desgracia depende de lo bien o mal que nos llevemos con ellos.

En el caso de Sócrates y Platón hay que concederles el mérito de que cuando decían «hombre» incluían a todos los seres humanos, incluso a las mujeres y a los extranjeros, e incluso quizás a los esclavos. En el caso de Aristóteles, el término no era ni mucho menos tan omnicomprensivo. Los esclavos eran inferiores, pues de lo contrario no permitirían que se les esclavizara. Las mujeres eran inferiores, pues de lo contrario no se contentarían con gobernar el hogar mientras los hombres gobernaban la ciudad Estado. También los no griegos eran inferiores, pues no hablaban griego ni sabían filosofar.

Para Aristóteles, la inferioridad de los esclavos y de las mujeres era innata. No tenía cura. Puede que a los no griegos se les pudiera enseñar, pero era arriesgado. Aristóteles, pues, previno a su pupilo, Alejandro, de que prohibiera a sus capitanes casarse con bárbaras a menos que quisiera que el virus de la inferioridad infectara a la raza superior.

De hecho, es triste comprobar cómo para Aristóteles casi todo el mundo era un ser inferior, excepto los aristócratas griegos (hombres, por supuesto), cuyos intereses, económicos y de otro tipo, compartía y de los cuales creía formar parte. En su famosa y gran obra, *Ética a Nicómaco*, llegó, tras una serie de brillantes *coups de raison*, a una conclusión profundamente equivocada.

La falacia del consecuente

La *Ética a Nicómaco* trata sobre la virtud y su recompensa, que es la felicidad. ¿Quién es virtuoso? El que —rara vez «la que»— toma decisiones justas de forma habitual, no sólo de vez en cuando, por casualidad. Pero ¿cuáles son las decisiones justas? Son vías de acción, dijo Aristóteles, que se caracterizan por estar a medio camino entre dos extremos. El valor, por ejemplo, es un intermedio. Está entre los extremos que marcan la timidez y la impetuosidad.

Hasta aquí, perfecto. Pero, reconocía Aristóteles, el análisis de las acciones en términos de medios y extremos es teórico y no tiene mucho valor práctico. Una forma mejor de decidir ante las elecciones que tenemos que hacer habitualmente es observar los actos de un hombre virtuoso. La opción buena es aquella que elige un hombre virtuoso y un hombre virtuoso es aquel que opta por las opciones buenas. El círculo vicioso de este razonamiento resulta divertido hasta que se empieza a reflexionar sobre sus consecuencias.

Este tipo de razonamiento circular sobrevive en nuestros días. Cuando alguien dice que las mujeres o los negros o los homosexuales o los hispanos o los pobres o los aborígenes —lo que sea— reciben un trato peor porque son inferiores, sigue esa misma línea de pensamiento. Este error lógico tiene un nombre, que le dio el propio Aristóteles: la «falacia de afirmar el consecuente». También funciona a la inversa. Se trata a alguien como superior porque es superior. Reina la justicia: lo que tenemos es lo que merecemos, lo que otros no tienen es porque no lo merecen.

La falacia del consecuente se usa a menudo para decidir quién puede entrar en un club. Esta persona es adecuada, aquélla no lo es. Los buenos muchachos son buenos porque hacen, piensan y sienten las cosas correctas, y las cosas correctas son las que hacen, piensan y sienten los buenos muchachos.

En el gran diálogo de Platón sobre la justicia, *La República*, defendió la tesis de que los dirigentes sólo merecen gobernar si han recibido una profunda y amplia educación, de modo que se hayan convertido en filósofos.

Hasta que los filósofos sean reyes, o los reyes y príncipes de este mundo posean el espíritu y el poder de la filosofía, y la grandeza política y la sabiduría se reúnan en uno, y hasta que aquellas naturalezas más comunes que persiguen la una en detrimento de la otra se vean forzadas a hacerse a un lado, las ciudades no podrán librarse de sus males ni tampoco podrá hacerlo, según creo, la raza humana.

Aquí está hablando Sócrates. Continúa diciendo que hasta que llegue ese momento, la humanidad debe contentarse con una especie de sombra de la justicia, caracterizada por una «Mentira Real» en el sentido de que aquellos que gobiernan merecen gobernar y aquellos que son gobernados merecen ser gobernados.

Existe una profunda ironía en esta tesis, que veremos regresar, bajo una forma distinta, en el último capítulo. Confucio, que fue contemporáneo de Sócrates (aunque sin duda no supieron nada el uno del otro) también había proclamado que sólo aquellos que se merecieran el liderazgo debían disfrutarlo. Superficialmente, una meritocracia de ese tipo es lo mismo que la aristocracia de Sócrates. Pero hay una diferencia subyacente de enorme importancia.

La doctrina de Confucio implica que los hombres son intrínsecamente desiguales y que esta desigualdad se manifiesta por su mayor o menor comprensión de ciertos textos escritos. En el caso de Sócrates existen muchas dudas de que pensara que los hombres son intrínsecamente desiguales. Al menos estamos seguros de que Sócrates creía que no había forma de saber si un hombre —o mujer, pues él no hacía ahí distinción— era superior o inferior a otro antes de una serie de exámenes que debían basarse en idénticas oportunidades de acceso a la educación. Cualquier superioridad manifestada en tales exámenes —que debemos suponer hubieran sido justos— debería entonces basarse en el mérito, pero de ningún modo debía asumirse que este mérito fuera innato. Un resultado superior podía basarse tanto en un mayor esfuerzo como en una habilidad o inteligencia innata superior. ¿Qué importaba que fuera lo uno o lo otro? El objetivo que se perseguía era encontrar gobernantes que supieran gobernar bien. No había nada más importante. Cómo hubieran logrado alcanzar ese conocimiento —fuera trabajando más duro que los demás o siendo más inteligentes que los demás— carecía relativamente de importancia.

Para Sócrates, en definitiva, existía una igualdad subyacente a toda la especie humana. Todos los hombres y mujeres eran iguales, al menos hasta que demostraban lo contrario. Es extraordinario que alguien que vivió en el siglo V a. J.C. pensara así. La ironía de la doctrina de la Mentira Real consistía precisamente en el convencimiento de Sócrates de que esa igualdad subyacente no debía utilizarse para justificar la democracia directa. Es decir, según Sócrates, no se podía deducir que porque todos los hombres y mujeres fueran iguales todos estuvieran igual de cualificados para gobernar. Siendo así, el Estado debía propagar la doctrina de que todos no eran iguales para, de ese modo, poder procurarse gobernantes capaces. La mayoría de la gente, pensaba, no aceptaría a aquellos que les gobernaban a menos que sintiera que eran inherentemente superiores.

El pasaje que acabamos de citar sobre el rey-filósofo es muy conocido. En otro pasaje de *La República* —mucho menos famoso—, Sócrates trata sobre el tipo de sociedad en la que la igualdad humana, que él creía que era la verdadera característica de la condición humana, se podría reconocer públicamente. Sócrates anduvo en pos del significado de la justicia. Y admitió que era muy difícil de encontrar. Por tanto, propuso tratar de hallarlo en un Estado, pues creía que en un Estado el significado de la justicia sería más palpable y visible que en el caso de un ser humano individual. Y así dio inicio a su búsqueda, que se demostró larga y ardua, describiendo un tipo de Estado muy simple. Así es cómo vivirán los hombres y mujeres que lo habitan:

¿Acaso no producirán cereal, vino, ropa y zapatos y construirán casas en las que vivir? Y cuando ya las hayan construido trabajarán, en verano, habitualmente, desnudos y descalzos, pero en invierno con mucha ropa y calzados. Se alimentarán de harina de cebada o de trigo, amasándolas y trabajándolas, haciendo ricas tortas y hogazas; éstas las servirán sobre esteras de juncos o de hojas limpias mientras ellos se reclinan sobre lechos naturales de mirto o tejo. Y ellos y sus hijos festejarán, bebiendo el vino que han hecho, llevando garlandas sobre sus cabezas y cantando alabanzas a los dioses, en una feliz conversación entre todos. Y cuidarán de que sus familias no crezcan más allá de los medios de los que disponen para precaverse contra la pobreza o la guerra.

Glaucón, el joven interlocutor de Sócrates en este punto del diálogo, le plantea una objeción. «Sí, Sócrates —le dice—, pero, si organizaras un estado de cerdos, ¿acaso les darías de comer algo distinto de esas cosas?» Continúa Glaucón insistiendo en que Sócrates debe proveer de más comodidades a los ciudadanos de esa pequeña ciudad ideal en la que quiere encontrar la justicia. Sócrates le contesta:

Lo que tú quieres que yo me plantee no es sólo cómo nace un Estado, sino cómo nace un estado lujoso. Tal vez no esté mal hacerlo, pues es probable que en un estado de ese tipo veamos mejor cómo se originan la justicia y la injusticia.

Los comentaristas de todas las épocas pocas veces se han tomado en serio la aparente predilección de Sócrates por una «ciudad de cerdos» sobre una ciudad «atacada por una fiebre», como después la denomina. Quizá tengan razón, en el sentido de que Sócrates no debió de creer que los hombres, constituidos como están, se contentarían con la vida sencilla de la ciudad de los cerdos. Pero no tengo ninguna duda de que en realidad la prefería. Y la prefería en buena parte porque en tal ciudad no haría falta la Mentira Real; allí todos serían iguales y todos estarían igualmente cualificados para gobernar, porque allí el gobierno no necesitaría de ninguna habilidad especial.

Otro tipo de ironía se plantea cuando se aplica la falacia del consecuente aristotélica a la doctrina de la Mentira Real. Al hacerlo, la doctrina se convierte en una teoría de la injusticia. Supón que todos los hombres y mujeres son iguales. Supón también que algunos son gobernantes y otros gobernados y que se acepta este principio porque los gobernados aceptan la Mentira Real. Según la falacia del consecuente, esto implica asumir que la Mentira Real no es una mentira; en otras palabras: una serie de personas —o sea, los gobernantes— son de verdad superiores, pues de lo contrario no serían gobernantes. Y, de hecho, Aristóteles permitió que esta falacia le ocultara la verdad socrática de la igualdad de todas las personas; es decir, argumentó que la Mentira era cierta. En un estado justo, dijo, los gobernantes merecerían ser gobernantes debido a su innata superioridad, no sólo debido a su superior cualificación como gobernantes. Y si había personas que gobernaban un Estado y no merecían hacerlo, entonces el Estado mismo era injusto y malo y debía ser reformado.

«Si todos los hombres fueran amigos, no habría necesidad de la justicia», proclamó Aristóteles. Esta famosa declaración es uno de los contrafuertes que sostienen el argumento que afirma la necesidad de que exista un gobierno, pues claramente no todos los hombres son amigos y el gobierno es necesario para imponer a todos la justicia. Por supuesto, se trata de una afirmación a la que se le puede dar la vuelta para utilizarla con fines malignos. Puede desprenderse de ella, por ejemplo, que los miembros de un club no necesitan reglas para gobernarse; sólo necesitan reglas para mantener a los demás fuera, para excluir a los que no pertenecen al club. La justicia, entonces, sólo es necesaria cuando se trata con los «otros», habitualmente seres inferiores. La justicia ayuda a mantenerlos en su lugar.

Estoy siendo muy duro con Aristóteles, pero no sin motivo. Su grandeza como filósofo y protocientífico es innegable. Pero sus errores tuvieron consecuencias perdurables y dañinas. Sus doctrinas sobre la inferioridad natural y la inferioridad femenina justificaron, o contribuyeron a justificar, respectivamente, la esclavitud y la desigualdad de sexos hasta hace muy poco. Su enorme prestigio ayudó a defender tiranías en nombre del despotismo «benevolente» y su doctrina de la inferioridad étnica sirvió para justificar el racismo. Todos estos errores —pues no son otra cosa que errores— puede que hubieran surgido y perdurado igual sin Aristóteles. Pero sin su apoyo explícito hubieran resultado mucho más difíciles de justificar.

Las irónicas confusiones socráticas sobre la Mentira Real todavía nos acompañan. Considera esta pregunta. Cuando entras en la cabina para votar y escoger al próximo dirigente de tu país, ¿escoges al hombre que crees que es mejor persona o al que crees que será el mejor dirigente? ¿O quizá para ti ambos conceptos son lo mismo?

Quizá debieran serlo. ¿Puedes imaginar alguna circunstancia en la que un hombre o mujer peor —no alguien realmente malo, sino simplemente una persona que no es tan buena como el otro candidato— fuera un mejor dirigente? ¿Es la virtud, como tal, un atributo que contribuya a un mejor liderazgo o gobierno? Por supuesto, la virtud es importante, pero ¿tan importante? ¿Qué pasa con el conocimiento y con la experiencia? ¿Es que no son importantes también?

¿Crees, como Sócrates, que todos los hombres y mujeres son iguales como seres humanos? ¿Quiere eso decir que todos están igualmente cualificados para ser líderes?

Algunas de las ciudades Estado griegas actuaron siguiendo esta última suposición. Escogían a sus gobernantes a suertes, convencidos de que, entre iguales, no pueden existir cualificaciones especiales para gobernar a los demás. Al mismo tiempo reducían la duración de ese gobierno a unos pocos meses, quizá suponiendo que en tan poco tiempo nadie puede causar demasiados estragos.

Ese tipo de democracia, que Sócrates consideraba radical, le ponía furioso. Escogemos a todos los demás, decía, por su experiencia y conocimientos expertos: nuestros generales, nuestros doctores y abogados, nuestros cuidadores de caballos y albañiles y nuestros zapateros tienen que ser los mejores en lo que hacen. Y, sin embargo, escogemos a nuestros líderes a suertes. ¡Qué locura!

Grecia contra Persia: el conflicto fértil

Grecia era un país pequeño y relativamente poco poblado situado en una esquina del mundo, a las afueras de la civilización. Consistía en una serie de ciudades Estado que tenían en común una lengua, una religión y una desmesurada belicosidad. Esta última característica hacía que fueran frecuentes los conflictos entre ellas y dificultó que se lograra, y todavía más que se mantuviera, la unidad política de Grecia.

El imperio persa, que los griegos admiraban y temían desde hacía tanto tiempo y que finalmente conquistarían bajo Alejandro Magno, se extendía en los grandes espacios abiertos de Asia Central en el siglo VII a J.C. Los medos fueron los primeros en organizarlo, pero pronto pasaron a gobernarlo los persas bajo Ciro el Grande (desde c. 550 a. J.C.) y Darío el Grande (desde c. 520 a. J.C.). En su momento de máxima extensión, bajo el sucesor de Darío, Jerjes (que gobernó entre el 486 y el 465 a. J.C.), el imperio dominaba un territorio comparable al del posterior Imperio romano. Se extendía desde la India hacia el oeste, sobre las tierras bajo los mares Caspio y Negro hasta la costa oriental del Mediterráneo, e incluía Egipto y Tracia. Entre sus grandes ciudades, unidas por la célebre Carretera Real, estaban Sardis, Nínive, Babilonia y Susa. Al este de Susa se hallaba Persépolis, un gigantesco monumento religioso que, aunque no era la capital política del imperio, era su centro espiritual. Por su austera belleza y su grandeza, Persépolis se consideraba una de las maravillas del mundo.

Al norte quedaban las tierras de los escitas, a los que los persas nunca conquistarían (como tampoco pudieron hacerlo los romanos). Al sur se extendía el inhabitable desierto de Arabia. Al oeste quedaba la pequeña, agreste y pobre península que habitaban los macedonios y los griegos. A Darío le parecía inevitable y sencillo extender el imperio de los persas sobre aquellos conflictivos extranjeros que se negaban a adorar al Gran Rey y a los que gustaba organizar sus ciudades en lo que denominaban democracias, es decir, en pequeñas ciudades Estado gobernadas por el *demos*, el «pueblo».

El primer ataque coordinado de los persas contra Grecia tuvo lugar en el año 490 a. J.C., cuando el ejército persa fue derrotado en la célebre batalla de Maratón por las fuerzas griegas lideradas por Milcíades. Los persas, estupefactos, se retiraron y no volvieron hasta pasados diez años, en el año 480 a. J.C., comandados personalmente por su nuevo rey, Jerjes, y con un ejército y una flota mucho mayores.

Los espartanos consiguieron retrasar heroicamente el avance de los persas en las Termópilas, pero no pudieron detenerlos. El ejército persa siguió avanzando, puso sitio a Atenas, tomó la ciudad y quemó su ciudadela el 21 de septiembre del 480, tras lo cual se dispuso a conquistar el resto de Grecia. Pero el 29 de septiembre, la flota persa fue capturada y destruida en Salamina por la flota ateniense, comandada por Temístocles y un ejército combinado de griegos detuvo al ejército de tierra persa en una gran batalla en Platea (27 de agosto del 479). Antes de eso, Jerjes, angustiado o quizá simplemente aburrido por el frustrante desarrollo de los acontecimientos, había regresado a su lujoso palacio de Susa, y durante un siglo los griegos pudieron jactarse y disfrutar de su victoria. Tenían derecho a presumir pues, por medio de su astucia y su coraje, de que su pequeña y relativamente pobre nación de ciudades Estado independientes había derrotado al ejército más poderoso del mundo y enviado los barcos de la armada más temible al fondo del mar.

¿Cómo lo lograron? Los griegos luchaban para defender sus hogares frente a un invasor extranjero, lo que siempre supone una ventaja (véase el caso de los rusos contra los franceses en 1812 o contra los alemanes en 1941). Los griegos, además, percibieron otra diferencia con sus enemigos. Los persas a menudo obligaban a sus soldados y marineros a combatir a golpes de látigo. Nosotros somos libres, decían los griegos. Nuestra disciplina es la disciplina de los hombres libres, de los hombres que pueden elegir. Combatimos porque queremos combatir, no porque nos obliguen a ello. Y, decían, nunca nos rendiremos, pues eso equivaldría a traicionar nuestra libertad, que es lo más sagrado para nosotros.

Tampoco se rindieron los persas, aunque dejaron de enviar ejércitos a Grecia. En su lugar mandaron «arqueros persas», que eran monedas de oro con un arquero grabado en una de las caras. El oro persa triunfó allí donde los soldados persas fracasaron, sobornando a ambos bandos —en momentos distintos— durante la guerra del Peloponeso, la destructiva guerra civil entre Atenas y Esparta, cada una con sus respectivos aliados, que duró, con treguas intermitentes, desde el 431 a. J.C. hasta el 404 a. J.C. Al final, Esparta venció a Atenas, pero no pudo disfrutar mucho tiempo de su victoria, pues durante el siglo siguiente se implicó en las guerras civiles persas en Jonia y fue derrotada por otras potencias griegas, lo que supuso el principio de una larga decadencia. Así que, después de todo, los persas contribuyeron al final a la destrucción tanto de Atenas como de Esparta.

Pero ni siquiera la destrucción de estas ciudades Estado fue la última palabra en el largo y enconado enfrentamiento entre los molestos griegos y los lentos y poderosos persas. Alejandro Magno, el pupilo macedonio de Aristóteles, heredó el trono de Macedonia en el año 336 a. J.C. Después de haber consolidado su dominio sobre Grecia, partió en la primavera del 334 en su célebre expedición persa. Durante el invierno de 334-333 conquistó la parte occidental de Asia Menor, incluyendo Mileto y Samos. En julio del 332 tomó al asalto la ciudad isleña de Tiro, su victoria más famosa. Durante los meses siguientes conquistó Egipto, que los griegos gobernaron hasta su conquista por Roma, trescientos años después (Cleopatra era griega, no egipcia). En el 330, Alejandro alcanzó Persépolis, después de haber conquistado todas las ciudades reales persas, y la quemó hasta los cimientos para que sus llamas anunciaran simbólicamente el final definitivo de su guerra panhelénica de venganza.

Aun así, de alguna manera, los persas tuvieron la última palabra. Cuando los reyes y gobernantes de todas las lejanas naciones del imperio persa acudían a Susa o a Persépolis para rendir homenaje al Gran Rey o, como se le solía llamar, al Rey de Reyes, se postraban ante él y avanzaban reptando sobre su barriga, sin mirarle nunca directamente, hasta que llegaban a sus pies. Los griegos llamaban a este ritual *proskynesis* («adoración») y, al principio, despreciaron profundamente a aquellas gentes que adoraban a un hombre como si fuera un dios.

Alejandro se contagió completamente de la idea persa de la grandeza, que incluía ser adorado como un dios. Así pues, adoptó el ritual de la *proskynesis*, exigiendo que sus seguidores, incluso los macedonios y los griegos, se postrasen ante él. Los viejos y curtidos guerreros macedonios se rieron ante tal pretensión y Alejandro, avergonzado, abandonó el ritual (aunque más adelante mató al hombre que había liderado las carcajadas). Pero pocas cosas hubieran podido revelar con mayor dramatismo hasta qué punto había olvidado la idea de libertad personal que le había ayudado a llegar al trono.

Las guerras Médicas (los medos eran los persas) de principios del siglo V a. J.C. fueron un acicate para los griegos y muy especialmente para los atenienses, quienes, antes de las batallas de Maratón y Salamis, no eran en Grecia más que una potencia menor comparados con Esparta. Los atenienses reconstruyeron la Acrópolis quemada y erigieron el Partenón, que ha permanecido en pie durante veintitrés siglos como símbolo de la victoria de la libertad sobre el despotismo imperial.

Los poetas cantaron las victorias griegas en un verso dramático tan innovador y poderoso que ha perdurado a través de los milenios. Y dos historiadores, Herodoto y Tucídices, inventaron tanto una nueva ciencia como un género literario para conmemorar y tratar de comprender lo sucedido.

La tragedia ateniense

Esquilo (*c. 525-c. 465 a. J.C.*) tiene el honor de haber sido el inventor del teatro, pues se dice que fue él quien introdujo un segundo actor en las representaciones que tenían lugar cada año en Atenas en honor al dios Dioniso. Antes de Esquilo, estas representaciones consistían básicamente en intercambios de versos primordialmente religiosos entre una figura sola que representaba a un dios o a un héroe y un coro que representaba al pueblo. Una vez hubo en escena dos actores, interaccionando el uno con el otro, empezó el verdadero teatro. Al principio, el coro continuó desempeñando un papel importante pero, conforme fue avanzando el tiempo, el coro desapareció y toda la carga del desarrollo de la acción y de la transmisión del mensaje de la obra recayó sobre los actores. Y así sigue siendo hoy en día.

Esquilo luchó en el ejército griego contra los persas en la batalla de Maratón. Eso fue lo que escogió que se grabara en su antigua lápida, sin mencionar sus obras de teatro. Esas obras se cuentan entre los mayores tesoros de la antigüedad griega. Majestuosas y magníficas, tratan en sublimes versos los problemas intemporales del conflicto entre el hombre y dios. En la más célebre de las obras de Esquilo que nos han llegado, la trilogía sobre el héroe Agamenón, su asesina esposa y su hijo vengador, Orestes, Esquilo mostró cómo la *hubris* de Agamenón le llevó a la muerte y provocó los interminables males que padecía su familia, perseguida por las Furias y condenada al Hades. La justicia, dijo Esquilo, «es el humo de las casas de los hombres comunes»; los grandes son arrogantes, como lo había sido Jerjes, y la ira de los dioses se encarga de humillarlos.

Sófocles (*c. 496-406*) añadió valiosos elementos al desarrollo del teatro trágico. Vio que no sólo los grandes, sino todos los hombres, están atrapados en la misma e inexorable trampa. Forzados por la condición humana a actuar como si conocieran el futuro, estaban destinados, como el rey Edipo, a sufrir porque al fin y al cabo carecían de tal conocimiento y, por tanto, no podían evitar los errores que irreversiblemente los conducían a la ruina. Los versos de los coros de Sófocles son de una dulzura y de una diáfana gracia insuperables, pero las historias que contaba Sófocles, como Aristóteles, también crítico literario, sabía, comprimían en su breve duración un horror del que ningún espectador podía escapar.

Estos versos de *Edipo en Colono* lo desvelan:

> El no haber nacido triunfa sobre cualquier razón. Pero ya que se ha venido a la luz, lo que en segundo lugar es mejor, con mucho, es volver cuanto antes a allí de donde se viene.

Eurípides (*c.* 484-406 a. J. C.) fue el tercero y último de los grandes trágicos atenienses del siglo V a. J.C. No pudo superar a Esquilo o a Sófocles, pero comprendió el camino que el teatro tomaría en el futuro y avanzó por él. Al hacer que dioses y héroes tocaran con los pies en el suelo y tuvieran la vanidad, avaricia, envidia y orgullo que son comunes entre hombres y mujeres, presentó algunas escenas de la vida humana que a veces eran trágicas y otras veces casi cómicas, pero siempre innegablemente reales. Pobló sus obras de mujeres, esclavos y otros personajes frente a los cuales las figuras heroicas del pasado parecían sólo máscaras de cartón piedra. Les mostró a los atenienses, a los que fascinaba su arte pero a quienes no agradaba, lo que realmente había en sus mentes y corazones.

Esquilo murió antes de que comenzase la guerra del Peloponeso, pero Sófocles y Eurípides vivieron el conflicto desde su inicio hasta casi el final (ambos murieron en el año 406 a. J.C., dos años antes de la derrota definitiva de los atenienses). El sufrimiento físico y moral causado por la guerra se percibe con especial claridad en sus últimas obras, que son un clamor dirigido a un cielo que no escucha contra la injusticia, crueldad y locura de la guerra, que había derrochado toda la riqueza y el orgullo que los griegos habían acumulado con su victoria contra los persas medio siglo atrás. La tragedia de Atenas, según veían los dramaturgos, era que había caído exactamente en la misma *hubris* que había llevado a Agamenón y a Edipo al Hades, dilapidando todas sus riquezas y no dejando atrás a nadie que les llorase.

Ares, el dios que cambia oro por cadáveres, el que en el combate con armas mantiene en el fiel la balanza, manda desde Ilio a los deudos de los combatientes, en lugar de hombres, un penoso polvo incinerado, llenando y llenando calderos con la ceniza bien preparada.

Y gimen sin tregua mientras elogian al guerrero muerto: a éste porque era diestro en el combate; a aquél porque cayó gloriosamente en la matanza de una guerra ¡por la esposa de otro! Todos lo gruñen en voz baja y un dolor rencoroso se va difundiendo clandestinamente contra los Átridas, los promotores de la venganza. Otros, en fin, allí mismo, en torno a los muros de la tierra de Ilio, con sus cuerpos intactos, tienen sus tumbas. Tierra enemiga ha cubierto a quienes la estaban conquistando. [Esquilo, *Agamenón.*]

Cuando un pueblo vota la guerra, nadie hace cálculos sobre su propia muerte y suele atribuir a otros esa desgracia. Porque si la muerte estuviera a la vista en el momento de arrojar el voto, Grecia no perecería jamás enloquecida por las armas. Y eso que todos los hombres conocemos entre dos decisiones —una buena y una mala— cuál es la mejor. Sabemos que para los mortales es mucho mejor la paz que la guerra. La primera es muy amada de las Musas y enemiga de las Furias, se complace en tener hijos sanos, goza con la abundancia. Pero somos indignos y, despreciando todos esos dones, empezamos guerras y hacemos a los perdedores esclavos, hombres esclavizando a hombres y ciudades esclavizando a ciudades. [Eurípides, *Suplicantes.*]

Herodoto, Tucídices y la invención de la Historia

Durante siglos, en Egipto, en Mesopotamia, en China, los hombres habían registrado los acontecimientos del pasado. Pero antes de Herodoto, nadie había intentado jamás escribir a partir de ellos un relato coherente, con un inicio, un nudo, un desenlace y una explicación de por qué las cosas sucedieron de ese determinado modo.

Igual que sucedió con los dramaturgos, fue también la victoria griega contra los persas en 490-480 a. J.C. la que inspiró a los historiadores atenienses. Pensaron que no había sucedido nunca antes algo tan asombroso y fantástico; esa victoria trascendental les obligó a esforzarse más por comprender lo que había sucedido de lo que antes nadie se había esforzado para entender ningún acontecimiento.

Se inspiraron también en los filósofos jonios del siglo anterior, de Tales en adelante, que enseñaron a los griegos a mirar el mundo de forma distinta, como hemos visto antes. Igual que la naturaleza debe tener unos principios subyacentes que la hacen comprensible, también las acciones de los hombres deben tener un sustrato inteligible que haga posible saber por qué los hombres hicieron lo que hicieron y que quizá permita prever qué harán en el futuro.

Herodoto nació alrededor del 484 a. J.C. y creció escuchando historias sobre el gran triunfo griego. Fue un gran viajero. Sus muchas idas y venidas, a lo largo de los años, le llevaron a visitar la mayor parte del imperio persa, Egipto y la mayoría de las ciudades de Grecia. Al parecer tomó cuidadosas notas de todos los sitios en los que estuvo y guardó registro de sus observaciones y de las conversaciones que mantuvo con personas importantes. Su curiosidad no conocía límites y se pasó toda su vida cediendo a ella. Y escribiendo su historia o, como él la tituló, sus *Investigaciones sobre las causas y acontecimientos de las guerras médicas*.

Comprendió que las causas de la guerra se hundían en el pasado, así que empezó escribiendo la historia de cómo los medos y después los persas pasaron de ser un pueblo nómada disperso por el desierto a convertirse en los dirigentes del que, según creía, era el imperio más grande de la tierra. Mientras estaba en ello, y puesto que había pasado muchos meses en Egipto, que le fascinaba, contó también la historia de ese antiguo reino. Pero nunca olvidó el motivo central de su obra, que era descubrir cómo un número relativamente pequeño de soldados y marineros griegos habían sido capaces de derrotar a una fuerza enemiga que les superaba diez veces en número no sólo en una ocasión, sino repetidamente a lo largo de varios años.

Las respuestas que dio a esta pregunta han forjado nuestra visión de aquella guerra. Por un lado estaban la desmesurada arrogancia y el orgullo persas. Cuando Jerjes llegó al Helesponto había mala mar. Las olas eran muy altas y obligaron a su ejército a retrasar la travesía del pequeño estrecho. Jerjes, furioso, ordenó que se azotara a las aguas, como si fueran esclavas desobedientes. Cuán diferentes eran los griegos, quienes, después de haber expulsado a los persas de su territorio, desistieron de perseguirles o acosarles, felices de haber salvado sus hogares. Se trataba de una lección, creía Herodoto, que todos los griegos deberían aprender.

Según Herodoto, Jerjes tenía una vena de filósofo. Este pasaje es muy famoso:

> Y entonces, al mirar y ver todo el Helesponto cubierto por los barcos de su flota y toda la costa y las llanuras de Abidos llenas a rebosar de hombres, Jerjes se felicitó por su buena fortuna; pero, al cabo de un poco, lloró.
>
> Entonces Artabanes, el tío del rey (...) cuando escuchó que Jerjes lloraba se acercó a él y le dijo:
>
> —¡Qué diferente, señor, es lo que estás haciendo ahora de lo que hacías hace poco! Entonces te congratulabas y ahora, ¡mírate!, estás llorando.
>
> —Me embargó —replicó— una enorme pena al pensar en lo breve que es la vida del hombre y en que de toda esta hueste tan numerosa no quedará nadie vivo dentro de cien años.

Herodoto murió antes del 420 a. J.C., demasiado pronto para comprender la trágica autodestrucción que supuso la guerra del Peloponeso. Así pues, la tarea de tratar de encontrar un sentido a ese conflicto suicida recayó en su sucesor, Tucídices.

Nacido algo antes del 460 a. J.C., Tucídices decidió desde joven escribir una crónica de la guerra que se desarrolló en paralelo a su vida y a la de sus contemporáneos. Él mismo fue un soldado destacado. Aunque le apartaron del mando y le condenaron al exilio debido a su fracaso en una batalla importante, se concentró en la historia militar de aquel prolongado conflicto. Dio vitalidad a la narración con un recurso que él mismo inventó: la inserción en el texto de discursos de personajes importantes de la guerra que, por su elocuencia y aparente verosimilitud, son casi únicos en la historia.

Se ha criticado a menudo a Tucídices por esta innovación: no pudo estar presente cuando aquellos discursos fueron pronunciados. Él mismo admitió que así fue, y justificó su inclusión afirmando que había investigado los hechos tan profundamente como había sido posible. Creía que sus esfuerzos eran valiosos incluso si no era capaz de descubrir exactamente qué se había dicho; en otras palabras, el juicio de un investigador bien informado e imparcial sobre lo que ocurrió o debió de ocurrir durante un acontecimiento histórico era, de pleno derecho, parte de la historia.

A esta práctica de Tucídices le debemos la conmovedora oración fúnebre de Pericles (c. 495-429 a. J.C.), el líder ateniense durante los primeros años de la guerra, en la que elogia a sus compatriotas por su valentía y su disposición a aceptar todo tipo de riesgos, tanto intelectual como militarmente.

Abrimos nuestra ciudad al mundo. No les prohibimos a los extranjeros que nos observen y aprendan de nosotros, aunque ocasionalmente los ojos del enemigo hayan de sacar provecho de esta falta de trabas. Nuestra confianza en los sistemas y en las políticas es mucho menor que nuestra confianza en el espíritu nativo de nuestros conciudadanos. En lo que se refiere a la educación, mientras nuestros rivales ponen énfasis en la virilidad desde la cuna misma y a través de una penosa disciplina, en Atenas vivimos exactamente como nos gusta; y sin embargo nos alistamos de inmediato frente a cualquier peligro real.

[...]

Cultivamos el refinamiento sin extravagancia; la comodidad la apreciamos sin afeminamiento; la riqueza la usamos en cosas útiles más que en fastuosidades, y le atribuimos a la pobreza una única desgracia real. La pobreza es desgraciada no por la ausencia de posesiones sino porque invita al desánimo en la lucha por salir de ella. Nuestros hombres públicos tienen que atender a sus negocios privados al mismo tiempo que a la política y nuestros ciudadanos ordinarios, aunque ocupados en sus industrias, de todos modos son jueces adecuados cuando el tema es el de los negocios públicos. Puesto que discrepando con cualquier otra nación donde no existe la ambición de participar en esos deberes, considerados inútiles, nosotros los atenienses somos todos capaces de juzgar los acontecimientos, aunque no todos seamos capaces de dirigirlos. En lugar de considerar a la discusión como una piedra que nos hace tropezar en nuestro camino a la acción, pensamos que es preliminar a cualquier decisión sabia.

[...]

En lo referente a la generosidad nos destacamos asimismo en forma singular, ya que nos forjamos amigos, dando en lugar de recibiendo favores. Pero por supuesto, quien hace los favores es el más firme amigo de ambos, de manera de mantener al amigo en su deuda, mediante una amabilidad continuada. [...] Y son solamente los atenienses quienes sin temor por las consecuencias abren su amistad, no por cálculos de una cuenta por saldar sino en la confianza de la liberalidad.

En pocas palabras, digo que nuestra ciudad es la escuela de Grecia...

Es el elogio más ferviente que un líder ha dirigido jamás a su pueblo y, al menos por un tiempo, Tucídices creyó que ningún pueblo lo merecía más.

Pero el amor ateniense por la libertad y la justicia no pudo sobrevivir a los horrores de la guerra continua ni a las incursiones anuales que las tropas espartanas hacían en territorio ateniense, matando despiadadamente a los campesinos, quemando cosechas, huertas y olivares. Y como en tantas otras guerras, los que fueran los más virtuosos perdieron esa virtud bajo la presión de la fuerza y con el tiempo los atenienses llegaron a ser tan crueles y tiránicos como su enemigo. Ésta, deja entrever Tucídices, fue la verdadera tragedia de Atenas, pues para ganar batallas estaba perdiendo su alma.

La historia de Tucídices acaba antes del final de la guerra. Es probable que falleciera antes del fin de la guerra en el 404 a. J.C., aunque no existe ninguna prueba que lo confirme. Algunos estudiosos se han preguntado si lo que sucedió es que no pudo acabar su libro porque la guerra le rompió el corazón.

El espíritu del pensamiento griego

Antes de Tales, la mayor parte del conocimiento que poseía la humanidad era práctico, consistente en reglas pragmáticas para conseguir el éxito en tareas que iban de la caza a las cosechas, de organizar un hogar a organizar una ciudad, de crear arte a hacer la guerra. La lenta acumulación de estos saberes prácticos, que se produjo a lo largo de miles de años, no cesó porque los griegos hubieran empezado a filosofar sobre la naturaleza de las cosas. Muy al contrario, se aceleró conforme los curiosos griegos viajaban cada vez más lejos de su península envuelta de mar, siguiendo el ejemplo de uno de los héroes de su cultura, Odiseo:

> Vio muchas ciudades,
> aprendió de las mentes de muchos hombres,
> y muchas fueron las tribulaciones que padeció en el mar.

Los griegos sufrieron muchos reveses, pero en general consiguieron aprender sobre las ciudades y las mentes de los hombres que las habitaban. Y de ese modo, el conocimiento creció a un ritmo todavía mayor: conocimiento de la agricultura, la viticultura, la alfarería, el comercio y la habilidad para vender, las finanzas, los metales, las armas y la guerra.

> Muchas cosas asombrosas existen y, con todo, nada más asombroso que el hombre. Él se dirige al otro lado del blanco mar con la ayuda del tempestuoso viento Sur, bajo las rugientes olas avanzando, y a la más poderosa de las diosas, a la imperecedera e infatigable Tierra, trabaja sin descanso, haciendo girar los arados año tras año, al ararla con mulos.
>
> El hombre que es hábil da caza, envolviéndolos con los lazos de sus redes, a la especie de los aturdidos pájaros, y a los rebaños de agrestes fieras y a la familia de los seres marinos. Por sus mañas se apodera del animal del campo que va a través de los montes, y unce al yugo que rodea la cerviz al caballo de espesas crines, así como al incansable toro montaraz.
>
> Se enseñó a sí mismo el lenguaje y el alado pensamiento, así como las civilizadas maneras de comportarse, y también, fecundo

en recursos, aprendió a esquivar bajo el cielo los dardos de los desapacibles hielos y los de las lluvias inclementes. Nada de lo por venir le encuentra falto de recursos. Sólo del Hades no tendrá escapatoria. De enfermedades que no tenían remedio ya ha discurrido posibles evasiones.

Poseyendo una habilidad más allá de lo imaginable, encamina su destreza y su ingenio unas veces al mal, otras veces al bien. [Sófocles, *Antígona*.]

Los griegos no aprendieron sólo porque fueran curiosos y viajaran al extranjero. Lo importante fue su descubrimiento revolucionario de cómo aprender de forma sistemática, es decir, su invención del conocimiento organizado. Antes de Tales, el conocimiento, cuya posesión había asegurado una carrera de éxito y provocaba alegría en vez de tristeza, había sido monopolio de la clase dirigente, que en esos tiempos eran los reyes y los sacerdotes. Tales y sus seguidores transformaron el conocimiento de un «misterio» en una cosa pública. Cualquiera que pudiera leer podía aprovecharse de sus beneficios. Cualquiera que pudiera entender sus principios podía añadir algo más a lo que ya se sabía, y ese añadido beneficiaría a todos y no sólo al que lo había aportado.

En éste, como en tantos otros campos del conocimiento, Aristóteles fue el conocedor por antonomasia. Estableció distintos métodos y diferentes criterios de conocimiento para diversas materias. Cuando se dedicaba por primera vez a algún tema, siempre estudiaba lo que habían dicho sus predecesores y sus contemporáneos, criticaba lo que creía incorrecto y adoptaba lo que pensaba que era valioso. Más aún, creó equipos de investigación dedicados a estudiar temas particularmente complejos, como la botánica o la teoría política contemporánea.

Además, Aristóteles escribió y publicó muchos libros, libros que los griegos llevaron consigo a los países que visitaron y a las tierras que colonizaron. Fue también un golpe de suerte que Alejandro Magno fuera alumno suyo. El conquistador se alistó como uno de los investigadores de Aristóteles y le envió informes a su maestro junto con muestras zoológicas y botánicas para que las analizara y clasificara.

En suma, de repente existía una cosa nueva en el mundo, algo que los griegos llamaban *episteme* y que nosotros llamamos ciencia. Conocimiento organizado. Conocimiento público, basado en principios que podían ser comprobados periódicamente, puestos a prueba y cuestionados... por todos.

Hubo asombrosas consecuencias. En primer lugar, prosperó la idea de que sobre cualquier cosa existía una sola verdad, no muchas verdades distintas: puede que los hombres disputaran sobre algo, pero si lo hacían, uno de ellos tenía que llevar razón y el otro estar equivocado. Más todavía, lo que era cierto hoy siempre había sido cierto y siempre lo sería: la verdad no estaba sujeta a cambios por el mero paso del tiempo o el vaivén de las opiniones. Eso no quería decir que se supiera ya la verdad sobre todo. La comprensión de la verdad podía cambiar y mejorar. Pero la verdad en sí misma estaba fuera del pensamiento del hombre, como un faro que le guiaba hacia su hogar.

En segundo lugar, nació la idea de que existía una relación fundamental entre el conocedor y lo conocido, el encaje, por así decirlo, entre el mundo exterior y la mente. El mundo es esencialmente racional y, por tanto, puesto que poseemos razón, podemos comprenderlo. Quizá no comprendemos todavía el mundo racional, o no todo él; quizá jamás lo entendamos por completo. Pero eso no es porque el mundo sea esencialmente ininteligible, como creían los hombres antes de los griegos. Es sólo porque es demasiado difícil para nosotros saberlo todo sobre algo tan complejo como el mundo.

En tercer lugar, se afianzó un nuevo concepto de educación. Los padres siempre les habían enseñado a sus hijos las reglas de su «arte»; las madres habían enseñado a sus hijas los secretos de la maternidad, y el Estado insistía en que todos los jóvenes súbditos aprendieran las reglas sobre cómo vivir allí. El castigo por no aprender estas reglas era el destierro o la muerte. Pero no existía ningún cuerpo de conocimiento organizado que pudiera enseñarse ni existía nada que se supusiera que todos los jóvenes tenían que aprender. De repente apareció otra cosa nueva, que los griegos llamaron *paideia*: un plan de estudios que todos (con las habituales excepciones: mujeres, esclavos, extranjeros, etcétera) debían estudiar si querían ser hombres buenos y también buenos ciudadanos.

Por último, pero no menos importante, estaba la idea de la ciencia en sí misma, y de su joven reina, las matemáticas. La avidez con la que los griegos de todas partes se lanzaron a estudiar científicamente todo, y especialmente las matemáticas, la ciencia del razonamiento puro, es a la vez hermosa y terrorífica. La hermosura no hace falta explicarla, pero quizá haya que hablar un poco sobre el terror.

En su inagotable inquietud, a los griegos les encantaba aprender cosas nuevas, y tomaban las ideas que habían aprendido y las llevaban allí adonde iban y se las explicaban a pueblos muchos más tranquilos que ellos. Eran esencial y eternamente iconoclastas; lo que más les divertía era cuestionar antiguas creencias y desbaratar los sistemas religiosos de los demás. Si alguien llevó esta actitud al extremo fueron los gobernantes griegos que Alejandro Magno puso al frente de Egipto. Quisieron «modernizar» Egipto, sin que les importase mucho el hecho de que Egipto había funcionado la mar de bien durante muchísimos siglos.

La iconoclastia puede ser divertida. También puede ser terrorífica. Desafía una vieja y segura creencia que quizá fuera mejor no perturbar. La raza humana, en general, había sobrevivido, incluso prosperado, durante miles de años basándose en esa filosofía. Y así los griegos, al traer el don de un nuevo espíritu que cuestionaba todo, que exigía que todo volviera a examinarse, no fueron bien recibidos en todos los lugares en los que recalaron.

Los griegos eran marineros y exploradores. El mar era un hogar para ellos. Como Odiseo, partieron en sus frágiles navíos a ver el mundo, a establecer colonias en tierras lejanas, a comerciar tanto con amigos como con enemigos.

Para ellos resultó natural, pues, desarrollar también instrumentos intelectuales para explorar los desconocidos océanos del pensamiento. Se embarcaron en esta aventura mostrando un genio inexplicable y sin precedentes y no cejaron en su empeño durante casi un milenio, desde los primeros balbuceos de la filosofía en Mileto a principios del siglo VI a. J.C. hasta los logros de la escuela alejandrina en el siglo IV d. J.C. Con ello, pusieron ante los ojos de la raza humana la imagen de aquello en lo que podría llegar a convertirse.

Hoy nosotros somos iguales a aquellos antiguos griegos. Igual que ellos, somos iconoclastas y aventureros, cuestionamos todas las tradiciones y buscamos cambiar todas las reglas establecidas.

3. ¿Qué sabían los romanos?

El Odiseo homérico, esa figura mítica y emprendedora del lejano pasado griego, se convirtió ya en tiempos clásicos en el héroe cultural por excelencia de los griegos. Todavía en el siglo V a. J.C., los poemas homéricos formaban parte del plan de estudios griego. Sólo la influencia de Aristóteles, un siglo más tarde, consiguió que el ideal de *paideia* empezara a incorporar el estudio sistemático y regular de la historia, la filosofía y la naturaleza. Pero la fama de Odiseo no se ha apagado y ha seguido brillando hasta la actualidad.

Odiseo era un vagabundo, un aventurero, que se enorgullecía de sus viajes. Seguro de que su amada Penélope le esperaría, exploró extrañas ciudades, realizó nuevas conquistas y amó a otras mujeres.

Cuando, a finales del siglo I a. J.C., Virgilio (70-19 a. J.C.) escribió en latín su propio gran poema épico, la *Eneida*, para mostrar a los romanos su glorioso pasado y revelarles cuál era su carácter como pueblo, escogió a Odiseo como modelo. Hizo que su héroe, Eneas, fuera también un aventurero. Pero ¡qué aventurero más distinto!

Eneas, a diferencia de Odiseo, es un hombre muy casero. La caída de Troya le fuerza a abandonar la ciudad, su hogar, y le obliga a surcar los mares en busca de un nuevo sitio en que vivir. Lo encuentra en Italia, donde se establece, se casa con una mujer del lugar (su primera mujer no sobrevivió a la brutal conquista de su ciudad natal) y establece una nueva comunidad de exiliados troyanos. Nunca deja de quejarse de su mala fortuna. Es un aventurero, pero un aventurero reticente. Para la mayor parte de los romanos, el corazón pertenecía al hogar. Para los griegos no era así.

Eneas huyó de las incendiadas torres de Ilión en tiempos míticos, digamos hacia el 1150 a. J.C. Cargó sobre sus hombros durante su huida a su anciano padre mientras daba una mano a su hijo pequeño y con la otra llevaba a los dioses de su casa y de su ciudad (literalmente, cargó con pequeñas figuras de arcilla que representaban a esos dioses). Durante siete años, según Virgilio, navegó por el Mediterráneo oriental en busca de un lugar donde él y sus hombres pudieran darles un nuevo hogar a sus dioses. En la orilla norte de África, Dido, la mítica reina fundadora de Cartago, se ofreció ella misma y todo su reino al errante exiliado troyano. Pero él la rechazó, guiado por su destino y por la voluntad de Júpiter. Una vez más huyó a través del mar, yendo a parar esta vez al Lacio, en la costa occidental de Italia, cerca de la desembocadura del río Tíber. Allí encontró a un rey amistoso, Latino, que gobernaba a una tribu conocida como los latinos. Latino tenía una hija, Lavinia. Se la ofreció a Eneas como esposa. Turno, que también estaba enamorado de ella, enloqueció de celos y se lanzó a una guerra contra Eneas. Finalmente victorioso, Eneas consiguió un nuevo hogar para él, sus hombres y sus dioses.

Eneas no fundó Roma. Se considera que la fecha tradicional de su fundación es varios siglos posterior. Según cuenta la leyenda, Numitor, el último de los reyes albanos del Lacio, tenía una hija llamada Rea Silvia. Era una vestal y se suponía que tenía que seguir siendo virgen, pero fue seducida por el dios Marte y dio a luz a dos hijos, Rómulo y Remo. Un nuevo rey que había usurpado el trono de Numitor ordenó que se les ahogara en el Tíber, pero se salvaron milagrosamente y fueron amamantados por una loba. El pastor del rey, Faustulo, descubrió a los bebés en un matorral y los crió. Con el tiempo supieron quiénes eran y determinaron fundar una ciudad en la que pudieran vivir a salvo de la ira de los descendientes del usurpador.

Pero surgió la discordia entre ambos y lucharon entre ellos. Remo murió y Rómulo fundó, a orillas del Tíber, la ciudad que llevaría su nombre. La fecha tradicional de esta fundación es el 753 a. J.C. Los arqueólogos creen en la actualidad que probablemente debió de ser incluso antes.

Al principio, ansioso por conseguir habitantes, Rómulo convirtió el nuevo asentamiento en un refugio para fugitivos y asesinos, con lo que la nueva ciudad se llenó de hombres pero contaba con muy pocas mujeres. Mediante una artimaña, los solteros romanos capturaron a las mujeres de sus vecinos, se las llevaron a su ciudad y las hicieron sus esposas. El rapto de las sabinas condujo a otra nueva guerra, pero pronto se alcanzó la paz y los romanos y las sabinas, juntos, fundaron un nuevo estado bajo el gobierno de Rómulo.

Después de la muerte de Rómulo y de su apoteosis, los gobernantes de Roma fueron los etruscos, de Etruria, al noreste de la ciudad (la moderna Toscana). Los reyes etruscos, más interesados en sus espléndidas y antiguas ciudades de Tarquinia, Volterra y Cortona, le prestaron poca atención a aquel puesto avanzado a orillas del Tíber. Hacia el 500 a. J.C., los romanos se rebelaron y tras una durísima guerra alcanzaron la independencia. Formaron a continuación una república, famosa en la antigüedad por su virtud, su justicia y su longevidad.

El lema del estado era *Senatus Populusque Romanus*, el Senado y el Pueblo de Roma, cuya famosa abreviatura, SPQR, todavía puede encontrarse por todas partes en la ciudad eterna. Los orígenes del Senado se pierden en la bruma de los tiempos. El Senado, un organismo asesor formado por las familias patricias, es anterior al derrocamiento de la monarquía en el 509 a. J.C. Bajo la República, el Senado continuó su tarea de asesoramiento, aconsejando a los cónsules, que eran cargos electos, en su tarea de gobernar el Estado.

Al principio, el «pueblo» consistió sólo en unos pocos de los ciudadanos más ricos y poderosos. Sin embargo, decir que la república era una sociedad que nacía de la colaboración entre el Senado y el pueblo era mucho más que una ficción. Conforme pasaron los siglos, la ciudadanía, y con ello el gobierno efectivo, se amplió a cada vez más personas. Más aún, la administración romana contaba con representantes del pueblo llano, llamados tribunos. De vez en cuando, los tribunos se enfrentaban con los cónsules. Lo habitual era que esos conflictos se resolvieran por medios pacíficos, pues los líderes de Roma sabían muy bien que el poder y la prosperidad de la República dependían del pueblo llano, incluso de los pobres y los esclavos.

Esta asociación entre pueblo y gobierno, que tan bien funcionó, puede que se diseñara tomando como modelo la ciudad Estado griega. Esparta había tenido en sus orígenes una constitución similar y Corinto la tenía en fechas más recientes. Pero las ciudades griegas se toparon constantemente con la cuestión de si debían ser lideradas por la mayoría (democracia) o por una minoría selecta (oligarquía). A todos los efectos, la República romana afirmaba que estaba liderada por ambas. Como muchas otras adaptaciones romanas de ideas griegas, fue un compromiso pragmático que funcionó extraordinariamente bien.

Pero en el siglo IV a. J.C., los inquietos griegos controlaban la mayor parte del mundo mediterráneo a través del cual habían vagado Eneas y sus hombres. Los griegos exploraron y llevaron su comercio por todas partes, y bajo ese extraordinario alumno de Aristóteles que fue Alejandro Magno conquistaron Egipto y Oriente, haciendo caer a los antiguos imperios como si fueran espigas de trigo maduras bajo un golpe de la hoz.

Alejandro murió en el 323 a. J.C. en Babilonia, ciudad que había tratado de convertir en la capital de su imperio. Tenía sólo treinta y dos años. Había marchado con su ejército desde Macedonia, donde había nacido, a través de Tracia hasta el Bósforo, y de ahí hasta Susa y Persépolis, que quemó hasta los cimientos, y luego hasta Samarcanda, adentrándose profundamente en Asia. Marchó desde ahí hasta el valle del Indo y el mar de Arabia y luego regresó a Persépolis y a Babilonia. Había viajado dieciséis mil kilómetros en unos diez años y había conquistado tres imperios: Egipto, Persia e India.

Su muerte significó el punto culminante de la dominación griega que, privada de su genio, empezó a marchitarse. Pero su decadencia fue mucho más lenta de lo que habría podido ser, pues al principio no hubo ninguna otra potencia que pudiera ocupar el vacío dejado por los griegos. En aquellos tiempos, los romanos tenían otros problemas.

La gran rival de Roma no fue Grecia, sino Cartago, la populosa ciudad erigida sobre la bahía de la moderna Túnez. Fundada por colonos fenicios de Tiro un poco después que la propia Roma, Cartago (el nombre significa en fenicio Ciudad Nueva) estaba habitada por un pueblo que los romanos llamaban *Poeni*, del que se deriva el adjetivo púnico. Los romanos y los cartagineses lucharon por la hegemonía mediterránea en tres guerras que se conocen como guerras púnicas, que ralentizaron el crecimiento de ambas civilizaciones durante el siglo que transcurrió entre el 250 y el 150 a. J.C. Cartago capituló por primera vez en el 201, después de que su famoso general, Aníbal, fuera derrotado por Escipión el Africano en las llanuras de Zama, en el norte de Túnez. Pero Cartago volvió a alzarse contra Roma, sólo para ser final y completamente destruida en el 146. Tras la victoria, los romanos arrasaron la ciudad, derribaron sus murallas y sembraron su suelo con sal.

Con su flanco occidental seguro, Roma volvió su atención hacia el este. El final de la hegemonía griega en el Mediterráneo oriental llegó durante las últimas décadas de ese mismo siglo II a. J.C. A partir de entonces, la historia romana y la griega se funden en una sola.

Los tres siglos siguientes, desde el 150 a. J.C. al 150 d. J.C., son los de mayor esplendor de la civilización clásica y el punto más álgido alcanzado por Occidente hasta el descubrimiento del Nuevo Mundo. Durante los primeros cien años, la expansión romana continuó a un ritmo cada vez mayor, pues no había nada que pudiera detenerla. Las guerras civiles perturbaron la vida de Roma, pero la entidad territorial que acabaría llamándose Imperio romano creció inexorablemente hasta que, en tiempos de Cristo, comprendía la mayor parte de lo que los romanos conocían como «el mundo» (que, por supuesto, no incluía la India, China o Japón, ni tampoco los dos continentes americanos todavía por descubrir).

La República romana tocó a su fin durante este período, como veremos, pero llevaba erosionándose mucho tiempo y, probablemente, hubiera desaparecido igual si Julio César y el futuro emperador Augusto no hubieran precipitado su muerte. Augusto (63 a. J.C.-14 d. J.C.), de hecho, trató de restaurar la República durante su largo reinado como primer emperador romano, desde el 30 a. J.C. hasta el 14 d. J.C. Retuvo el poder absoluto, pero compartió el poder administrativo con el Senado, los cónsules y los tribunos, que continuaron siendo cargos electos. De hecho, fue una especie de director general de Roma que delegó a otros la autoridad necesaria para las cuestiones operativas. Sus sucesores convirtieron este sistema parcialmente libre en un estado totalitario.

Cuando murió Augusto (14 d. J.C.), el imperio se extendía al este desde lo que hoy es Bélgica, casi sin solución de continuidad, hasta lo que hoy es Siria. Por el sur llegaba hasta Egipto, recorría todo el sur del Mediterráneo por la costa del norte de África hasta lo que hoy es Argelia, seguía a través del mar hasta España y luego hasta Bélgica de nuevo. En el siglo siguiente se añadieron más territorios: Britania, Mauritania (el actual Marruecos), la mayor parte de Alemania al oeste del Rin, Dacia y Tracia (las modernas Rumanía y Bulgaria), las ricas tierras que se extendían al este del mar Negro (Armenia, Asiria, Mesopotamia y Capadocia) y la parte de la península arábiga que limita con Judea y Egipto.

El reino del emperador Trajano (98-117 d. J.C.) significó el momento de mayor extensión territorial de Roma. Hasta los tiempos de Trajano, los *limites* o fronteras de Roma residían en la voluntad y la mente de sus soldados, que acampaban aquí y allí, en desiertos o bosques, a lo largo de las orillas de los ríos y océanos, y no aceptaban ni siquiera el concepto de frontera, pues la sola idea de una frontera implicaba que al otro lado de ella había algo estable y permanente. Trajano y su sucesor, Adriano, convirtieron los *limites* es una línea de murallas de piedra y fortificaciones, protegiendo a los romanos de los peligros del exterior, pero también encerrándolos dentro. Adriano fue más allá y decidió abandonar algunas posesiones orientales y, a partir de ese momento, los emperadores posteriores cedieron más tierras de las que conquistaron.

Edward Gibbon (1737-1794), autor de *Declive y caída del imperio romano*, una monumental obra escrita entre 1776 y 1788, creía que la cumbre máxima no sólo de Roma sino de la historia mundial se había alcanzado durante la época de los Antoninos, el período de ochenta y dos años desde la ascensión de Trajano al trono hasta la muerte de Marco Aurelio en el 180. De los cuatro hombres que gobernaron Roma durante esos años puede que Antonino Pío, que sucedió a Adriano en el 138 y nombró a Marco Aurelio su heredero tras su muerte en el 161, fuera el más afortunado de todos, aunque todos fueron buenos gobernantes en uno u otro sentido.

Los veintitrés años durante los que Antonino Pío gobernó el imperio son casi una hoja en blanco en los libros de historia. Hubo muy pocas guerras y las que hubo fueron muy cortas. No hubo problemas de importancia con otros países. No hubo desórdenes civiles. En general, la prosperidad y la felicidad alcanzaron a todas las clases sociales. Ante todo, Antonino, que era un hombre inteligente y modesto, obedecía las leyes como si no fuera un tirano omnipotente sino un ciudadano privado. Marco Aurelio (121-180), cuyas *Meditaciones* privadas han llegado a nosotros como uno de los tesoros de la antigüedad, creía que haber vivido durante aquellos años y haber recibido las riendas del poder de «aquel hombre», su padre adoptivo, había sido un privilegio incomparable. Pero Marco Aurelio, a pesar de toda su brillantez, no fue capaz de mantener la prosperidad y cohesión que le había legado su antecesor. Puede que Gibbon esté en lo cierto cuando señala su muerte en el 180 como el principio del fin de la grandeza romana.

La ciudad a orillas del Tíber fundada por Rómulo sobreviviría durante tres siglos más como la supuesta dueña del mundo conocido y durante quince siglos adicionales como uno de los centros importantes de la civilización occidental (hubo un pequeño paréntesis durante la Edad Media, cuando las cabras devoraron toda la hierba del Capitolino y los papas convirtieron la gran tumba de Adriano a orillas del río en una fortaleza para mantener a raya al populacho). Pero aquellos años finales de hegemonía fueron una época de constante declive o *Untergang*, como dijo el historiador alemán Oswald Spengler (1880-1936). Los *limites* se contraían cada vez más, los bárbaros saqueaban las ciudades imperiales, incluso la propia Roma, y los núcleos de cultura, poder y ambición se dispersaban y marchitaban.

Durante el siglo V d. J.C., el imperio se dividió en dos y su parte occidental se dirigió no desde Roma, sino desde Rávena. Su parte oriental se gobernó desde Constantinopla (actual Estambul), ciudad erigida en la confluencia del Mediterráneo y el mar Negro. Durante los tres siglos siguientes a su fundación, el Imperio romano de oriente siguió hablando y escribiendo en latín y retuvo las instituciones romanas. Pero alrededor del 750, Constantinopla empezó a hablar y a escribir en griego. Así pues, después de casi mil años, los griegos habían ganado finalmente su guerra contra los romanos, a pesar de haber perdido todas las batallas.

Teoría griega, práctica romana

Una visita a cualquier museo dedicado a la época clásica revelará la inmensa influencia que la cultura griega ejerció sobre los pueblos de la península itálica. Incluso la cultura itálica, que antecedió a la etrusca, parece imbuida de espíritu griego. El arte y la religión etruscos fueron claramente griegos y cuando los romanos conquistaron Etruria en los siglos IV y III a. J.C., también ellos se vieron pronto invadidos por las ideas, imágenes y visión del mundo griegas.

Los romanos rebautizaron a los dioses griegos y los adoptaron como propios. Zeus se convirtió en Júpiter, Atenea en Minerva, Artemis en Diana. Apolo conservó el mismo nombre. También adoptaron el alfabeto griego, ese invento brillante, que le sirvió tan bien a su propia lengua como había servido al griego. Todavía hoy nos sigue sirviendo, aunque la forma de algunas de las letras ha cambiado con el tiempo. Los romanos copiaron la formación de batalla macedonia y la armadura y las armas de acero de los espartanos, y con ellas conquistaron su imperio. Aprendieron poesía y teatro de los autores griegos, estudiaron la filosofía griega (sin comprender sus sutilezas porque se decía que el latín no alcanzaba a expresarlas) e imitaron todas las formas de artes plásticas griegas. La fascinación romana con las cosas griegas se extendió incluso a los asuntos domésticos y muchos romanos acabaron prefiriendo el modo de vida de los griegos al tradicional modo de vida romano.

Otros romanos, en cambio, dibujaron ahí la línea que no estaban dispuestos a cruzar. Estaba muy bien leer a Platón, o al menos leer a un romano, como Cicerón, que explicase la doctrina de Platón. Podías también contratar a un escultor griego para que reprodujera una estatua de la época clásica y te la instalara en una esquina del jardín o en un mausoleo. Te podías reír con las comedias al estilo griego de Plauto y Terencio o sufrir con las tragedias a la griega de Séneca. Tampoco había problema en imitar las formas de cerámica y decoración griegas o las monedas griegas.

Pero si se trataba de vivir como los griegos, hombres como Catón el Censor (234-149 a. J.C.) se oponían radicalmente a ello. En el 184 a. J.C., Catón fue elegido como uno de los dos censores que debían cuidar la propiedad y la conducta moral de los ciudadanos de Roma. Su objetivo era conservar las tradiciones romanas y extirpar todas las influencias griegas, que él creía que estaban minando los antiguos y exigentes estándares morales de la virtud romana. Creía que la mayoría de los griegos, si no todos, eran débiles, disolutos e inmorales, especialmente en lo referido a su conducta sexual. Catón creía que su estilo de vida lujoso y su cínica falta de fe en los códigos morales y religiosos era lo que les había llevado a caer derrotados ante las legiones romanas y temía que si los romanos adoptaban sus costumbres, ello llevaría a su vez a la derrota de los ejércitos romanos a manos de los bárbaros.

Una de las características más destacadas de la antigua Roma era su ambivalencia hacia Grecia. Por un lado, los romanos se sentían atraídos por las ideas griegas y, por el otro, las advertencias como las de Catón les hacían considerarlas repulsivas. La elegancia, la sutileza, el gusto y el encanto griego eran admirados por todas partes, pero también temidos. En otras épocas se han dado situaciones similares. A los ingleses les fascinó todo lo que tenía que ver con Francia a lo largo de todo el siglo XVIII, pero eso no les impidió a ambos países estar en guerra casi continuamente, ni tampoco hizo que los moralistas ingleses se abstuviesen de expresar su más severa desaprobación de la conducta de los franceses. El perfecto caballero inglés, el *gentleman*, fue a su vez el *beau idéal* de las clases dirigentes alemanas en la década que antecedió a la primera guerra mundial. Hoy los norteamericanos sienten una ambivalencia similar sobre muchas cosas japonesas.

Uno de los motivos por los que la fascinación romana con Grecia fue tan profunda es la casi absoluta ausencia de una cultura romana indígena. En mil años de historia de Roma apenas hay una obra de arte que sea verdaderamente romana, que no sea derivación o imitación de otras. Eso no quiere decir que la vida romana en la época imperial careciera de refinamiento o estilo. Los romanos, después de todo, tenían a los griegos para que les enseñaran cómo vivir. Y lo que es más importante, los romanos sumaron a esa curiosa amalgama de culturas diferentes y complementarias algunas ideas de importancia crucial que no aprendieron de los griegos; ideas que, de hecho, se oponían a las convicciones de la mayoría de los griegos.

En cierta manera es sencillo responder a la pregunta: «¿Qué sabían los romanos?» La mayor parte de lo que sabían lo aprendieron de los griegos; así que los romanos sabían lo que sabían los griegos. Pero sabían también unas cuantas cosas más que los griegos jamás supieron y que quizá fueran la razón principal por la que los derrotaron siempre que se enfrentaron con ellos. A pesar de toda su brillantez, o quizá precisamente por ella, los griegos no fueron jamás un pueblo práctico. Eran esencialmente iconoclastas, amaban el riesgo, buscaban febrilmente la novedad en todas las cosas, descartando lo viejo simplemente porque era viejo y no necesariamente porque fuera malo. Los romanos, por el contrario, eran ante todo gente práctica. Este pragmatismo se manifestaba de muchas formas distintas. Redujeron un poco la densidad de las grandes filosofías griegas y, con ello, las hicieron mucho más asequibles y atractivas para el gran público. Redujeron la *paideia*, el noble y complejo sistema de educación griego desarrollado por Aristóteles y otros, a un curso de retórica o de oratoria, porque saber cómo convencer mediante la palabra era el principal camino hacia el éxito en los negocios y en la política. En términos modernos, esta reforma significó la reducción de la educación humanística a una educación profesional o práctica. Los romanos también convirtieron el concepto griego de fama inmortal en el del mero honor mortal y se fue instaurando la costumbre de adorar a los emperadores como dioses vivientes, con ello enturbiando todavía más la distinción entre honor y fama. Por último, el triunfo de Augusto convirtió la gloriosa pero al final inviable República en un terrible, peligroso y eficiente imperio totalitario.

En el sustrato de todos estos cambios estaba algo que los romanos creían a pies juntillas y que los griegos negaban: que una gran idea que no funciona vale menos que una mala que funciona. Sobre este principio, los romanos construyeron una ciudad imperio que perduró mil años.

Derecho, ciudadanía y carreteras

Los filósofos griegos centraron su interés en el concepto abstracto de justicia. Sócrates, Platón, Aristóteles y otros hicieron contribuciones en esta labor y sus ideas han tenido un efecto duradero en el pensamiento occidental. Pero poco más que eso ha sobrevivido del derecho griego. No nos han llegado ni leyes ni procedimientos. En parte se debe a que cada ciudad Estado poseía su propio código de leyes; nunca hubo un derecho común para toda la nación griega, ni siquiera en tiempos helenísticos.

El derecho romano, en cambio, se codificó por primera vez en las Doce Tablas alrededor del 450 a. J.C. y siguió aplicándose diariamente en Occidente hasta las invasiones bárbaras del siglo V d. J.C. y en el Imperio romano de oriente hasta su caída en 1453. El derecho romano sigue teniendo una gran influencia en los sistemas legales de casi todo el mundo occidental.

Los romanos siempre respetaron y amaron el derecho apasionadamente. Consideraban que las antiguas leyes y costumbres eran la energía vital que corría por las venas del Estado. También fueron ávidos estudiosos del derecho y nunca dejaron de tratar de mejorar su sistema legal. Un buen ejemplo de ello fueron los dos siglos de rápida expansión romana tras la derrota de Cartago en el 146 a. J.C. Allí donde Roma conquistaba, llevaba consigo su derecho y se lo daba a los pueblos que gobernaba. La consecuencia fue que durante los días más gloriosos del imperio, todos los hombres, de Inglaterra a Egipto y de España al mar Negro, vivían bajo una misma ley.

En las Doce Tablas, que fueron primero tabletas de madera y luego de bronce, estaban inscritas las leyes del Estado. Las tablas se colocaron en el foro para poner de manifiesto que eran de propiedad pública y que todo ciudadano podía acudir a ellas. Según diría John Locke en una célebre frase escrita más de dos mil años después, estas leyes se convirtieron en las «reglas vigentes según las que había que vivir» y se aplicaban a todo hombre, importante o insignificante, rico o pobre. Las legiones romanas llevaban consigo copias de la tablas y las exponían en las ciudades que conquistaban, de modo que los derrotados pudieran saber ante qué clase de pueblo habían perdido.

El derecho romano era complejo e ingenioso, pero los romanos nunca olvidaron que su propósito era regular las vidas de los mortales ordinarios. Así pues, había leyes sobre sucesiones y herencias, leyes sobre obligaciones (entre las que se incluían los contratos), leyes de propiedad y posesión, y leyes sobre las personas, llamadas leyes civiles, que regulaban la familia, los esclavos y la ciudadanía. Al principio, estas leyes fueron fáciles de comprender y lo mismo podía decirse del procedimiento jurídico romano, que no era ni misterioso ni complicado, como el griego, sino accesible a todos los ciudadanos.

El cuerpo del derecho romano había crecido enormemente hacia finales del siglo V d. J.C. Se hicieron muchos intentos de simplificarlo, pero ninguno tuvo éxito, en parte porque ese derecho había funcionado muy bien como sistema regulador para la convivencia de millones de ciudadanos romanos de todo el mundo conocido y, por tanto, no había muchos incentivos para cambiarlo. Finalmente, en el 529 d. J.C., el emperador Justiniano (que gobernó entre el 517 y el 565), que residía en Constantinopla, promulgó el célebre *Codex Constitutionum*, que en adelante se convirtió en la fuente principal y de mayor autoridad del derecho romano. Con su aparición, todas las leyes no incluidas en él se declararon nulas. El Código de Justiniano siguió en vigor durante más de mil años y todavía hoy constituye la base de los sistemas legales de la mayoría de los sistemas jurídicos europeos, además del estado de Louisiana, en Estados Unidos. Es el mayor legado de Roma a la historia del derecho.

Los griegos, gracias al incomparable empuje de ese genio militar que fue Alejandro, consiguieron conquistar unos imperios decadentes. Pero esa conquista no se consolidó.

Aristóteles, maestro de Alejandro, le había enseñado a su pupilo que los bárbaros eran inferiores a los griegos y no debía tomar esposa entre ellos ni ofrecerles ninguna participación en el gobierno de un Estado conquistado. Intuitivamente, Alejandro, que como Macedonio no era un verdadero griego y, por tanto, era él mismo un poco bárbaro, supo ver el error de su maestro y se casó con una princesa bárbara, Roxana, la hija del jefe bactrio Oxiartes. También apremió a sus generales para que tomaran esposas bárbaras, y se esforzó por compartir el gobierno con miembros de la aristocracia de los territorios conquistados.

Tras la muerte de Alejandro, a la que Roxana no sobrevivió mucho tiempo, la tradicional exclusividad griega se volvió a convertir en la regla. Pero los endogámicos gobernantes del imperio de Alejandro eran sutiles, vanos, ambiciosos y les asustaban los pueblos que gobernaban. Sus teorías de gobierno eran lógicas, pero en su mayor parte no funcionaban en la vida real.

A los romanos les costó más de tres siglos cogerle el truco a gobernar pueblos conquistados. Conforme se expandieron por la península itálica durante los años que transcurrieron entre la fundación de la República y la derrota definitiva de Cartago, conquistaron a todos sus vecinos e incorporaron sus tierras al estado romano. Al principio tendían a esclavizar a muchos de los hombres y mujeres vencidos.

Pero esos esclavos no trabajaban ni bien ni voluntariamente. No estaban conformes con ser esclavos. Aunque habían sido derrotados, querían seguir siendo libres. Aunque necesitamos esclavos, decidieron los romanos, tan prácticos como siempre, concederemos la ciudadanía a los italianos y ya encontraremos esclavos en otra parte. De un plumazo, los pueblos vasallos italianos se convirtieron en romanos con todos, o casi todos, los privilegios que acompañaban a esa condición.

Incluso el ciudadano romano más pobre, si combatía por el Senado durante un período determinado (habitualmente veinte años) recibía tierras que cultivar y en las que construir su casa. Si era un hombre de ciudad, se le concedía una ración diaria de grano. Si no tenía nada más que hacer un domingo por la tarde, podía ir al Circo, donde se celebraban carreras de carros —la entrada era gratuita— o al Coliseo, donde luchaban los gladiadores y padecían los cristianos, también con entrada gratuita. Ningún hombre era mejor que otro aunque algunos, naturalmente, tenían más dinero, a veces mucho más dinero, y eso sí marcaba una diferencia. Pero en lo más íntimo de su corazón, un ciudadano romano se sentía igual a cualquier otro ciudadano romano. Desde luego, la ciudadanía era un título al que valía la pena aspirar.

Y hombres de todo el mundo aspiraban a él. En España, en el norte de África, en aquellas partes del viejo imperio persa que los griegos entregaron casi sin lucha, en Egipto, donde ejércitos enteros tiraron las armas y suplicaron ser ciudadanos romanos. Y rara vez sus conquistadores se negaban. Costaba muy poco conceder la ciudadanía. ¿Por qué restringirla, pues, si su promesa hacía más sencillo vencer? Éste fue otro excelente ejemplo del pragmatismo romano.

Luego estaban, claro, las carreteras romanas. Los griegos siempre fueron afamados marineros y comerciantes emprendedores. Pero su imperio nunca se extendió mucho tierra adentro, excepto en los dominios del viejo imperio persa, en los que heredaron las carreteras reales. Esencialmente, los griegos nunca entendieron la importancia de las carreteras. Carente de vías de comunicación interna, su imperio pronto se derrumbó.

Los romanos sí que sabían de carreteras: sabían cómo y dónde construirlas; sabían cómo hacer que durasen. La resistencia de las carreteras romanas es legendaria. Todavía se conservan cientos de kilómetros de vías romanas, tras veinte siglos de uso continuado. Sobre la Vía Apia, por ejemplo, que va hacia el sur desde Roma hasta Nápoles y Brindisi, circulan hoy automóviles modernos.

Las carreteras, por supuesto, existían desde siempre. Los colonos griegos en el sur de Italia construyeron una red de estrechas carreteras y los etruscos construyeron carreteras en la Toscana. De hecho, puede que fueran los etruscos quienes enseñaron a los romanos a construirlas. Pero, como era habitual, los romanos no se limitaron a copiar, sino que introdujeron muchas mejoras en el modelo previo. Las carreteras griegas, construidas de forma apresurada, requerían mucho mantenimiento. Las carreteras romanas requerían muy poco. Las carreteras etruscas eran muy tortuosas. Las carreteras romanas iban rectas donde podían y, si hacía falta, subían montañas, salvaban desfiladeros, cruzaban ríos o pasaban por un túnel a través de obstáculos naturales.

Con la misma tenaz persistencia que caracterizaba todo lo que hacían, los romanos cavaban hondo, luego llenaban la zanja con arena, grava y piedras para asegurar un buen drenaje y a continuación colocaban en la superficie de la carretera bloques de piedra cortados que encajaban tan bien que no se movían al paso de hombres, caballos o carromatos. Allí donde esos bloques de piedra continúan en su sitio y no han sido extraídos para construir con ellos otra cosa —lo que ha sido su destino más común a lo largo de los siglos— a menudo pueden usarse todavía como calzada.

La primera de las grandes carreteras romanas fue la Vía Apia, empezada por Apio Claudio el Ciego, cónsul en el 312 a. J.C. y bautizada en su honor. Durante muchos años fue la única carretera de su clase, pero a consecuencia de las exigencias militares de la segunda guerra púnica, a finales del siglo II a. J.C. se construyeron más carreteras, siguiendo la costa desde Roma hasta Génova, a través de las montañas hasta Rávena, en el Adriático, e incluso más allá de los *limites*, pues enseñar a un pueblo conquistado a construir carreteras era tan útil para el buen gobierno como darles el derecho o la ciudadanía. En tiempos de Trajano, en el siglo I d. J.C., había miles de kilómetros de carreteras romanas sobre las que se basaban el tráfico y las comunicaciones del imperio.

El arco fue otra de las ideas a las que los romanos le supieron dar utilidad práctica. El arco ya se conocía en Egipto y Grecia, donde se había usado para propósitos menores básicamente decorativos, pero no se consideró adecuado para la arquitectura monumental. Egipcios y griegos preferían adorar a sus dioses y hacer sus leyes en edificios rectangulares. Los romanos usaron el arco no sólo para templos y basílicas, sino también para puentes y acueductos.

Estos últimos fueron fundamentales. La llanura del Lacio es seca y, conforme Roma crecía, pronto necesitó mayores suministros de agua potable. Los acueductos le trajeron esa agua desde lejanas montañas, permitiendo que la ciudad pudiera expandirse sin límites. En tiempos de Trajano, Roma tenía más de un millón de habitantes y era una de las ciudades más grandes del mundo.

Más adelante se construyeron acueductos para llevar agua a todas las ciudades del imperio cuyo suministro natural era insuficiente. Hoy todavía sobreviven numerosos fragmentos de estos acueductos, homenajes monumentales al genio práctico de los romanos.

Lucrecio

Quizá una de las mejores maneras de entender a los romanos sea comparar las versiones romanas de algunas de las principales ideas griegas con sus originales. Cuatro escritores romanos nos mostrarán el camino.

Tito Lucrecio Caro nació en el 95 a. J.C. y murió en el 52 o el 51 a. J.C. Debido a un enigmático comentario de un texto antiguo, se cree que se suicidó. Su poema épico *De la naturaleza de las cosas* se dedicó a un amigo en el año 58 a. J.C., lo que lleva a pensar que ya entonces existía una versión de la obra. Lucrecio nunca acabó el poema. No es que importe, pues el poema no es narrativo y no por estar inacabado ha recibido menos admiración.

De la naturaleza de las cosas es un poema muy extraño. Es un tratado filosófico pero también es un texto de suprema belleza. Trata sobre la ciencia de la física, pero refleja un profundo conocimiento de la vida humana. Está dedicado al «placer», pero deja a sus lectores con la impresión de que a la felicidad se llega a través de la virtud de la moderación.

Lucrecio fue un devoto seguidor del filósofo griego Epicuro (341-270 a. J.C.), que nació en Samos y vivió la última mitad de su vida en Atenas. Allí Epicuro estableció una escuela informal en un jardín que acabó conociéndose simplemente como el Jardín. Esa escuela aceptaba tanto a hombres como a mujeres y al menos a un esclavo, un joven que respondía al curioso nombre de Ratón.

Epicuro afirmaba que la felicidad era el bien supremo. Por felicidad parece que entendía, principalmente, la ausencia de dolor; una vida sin dolor, preocupaciones ni ansiedades sería, siendo el hombre como es, una vida inevitablemente feliz. La ausencia de dolor quería decir para el Jardín evitar la vida política. Epicuro decía que era tan difícil ser feliz dedicándose a la vida pública que lo más juicioso era retirarse de ella por completo. La vida en el Jardín era sencilla. La bebida más apreciada era el agua, y el pan de cebada, el alimento más común en la dieta.

Epicuro había estudiado con Demócrito siendo joven y, en consecuencia, era un atomista convencido. Escribió treinta y siete libros sobre la naturaleza, o física, en los que profundizó sobre la doctrina atomista. No sobrevive casi ninguna de sus obras. También escribió cariñosas cartas a sus amigos, algunas de las cuales han llegado hasta nosotros, en las que los apremia a escoger una vida sencilla, reposada y de recta moral.

En los siglos posteriores, la «felicidad» de Epicuro se interpretó como «placer» y, por ello, el epicureísmo se granjeó la mala fama que todavía tiene en la actualidad. Lucrecio, cuando escribió su panegírico a la memoria de Epicuro, expresó su ferviente deseo de que se entendiera que ese placer, o felicidad, se basaba en la virtud y era la recompensa de una vida virtuosa.

Lucrecio también estaba influido por las doctrinas de otro gran filósofo griego, el estoico Zenón (*c.* 335-*c.* 263 a. J.C.) quien, como estas fechas revelan, fue casi contemporáneo exacto de Epicuro. Zenón fundó una escuela en Atenas durante la primera mitad del siglo III a. J.C. Enseñaba a sus discípulos en la *Stoa Poikile* o columnata pintada, de la cual tomó el nombre su filosofía. El estoicismo enseñaba que la felicidad consiste en conformar la voluntad a la razón divina, que gobierna el universo. Un hombre es feliz si acepta plenamente lo que es y no desea lo que no puede ser.

Tanto Epicuro como Zenón fueron muy influyentes en todo el mundo antiguo por derecho propio. Pero Epicuro fue a menudo malinterpretado, incluso por sus propios seguidores, y el estoicismo de Zenón era demasiado cerrado, duro y fuera de este mundo para la mayoría de los romanos, incluso si sabían leer griego. La doctrina que Lucrecio propuso en su precioso poema combinaba el estoicismo y el epicureísmo de una forma que tenía pleno sentido hace dos mil años y todavía lo tiene para muchos lectores hoy.

Lucrecio dijo que quería hacer descender a la filosofía al nivel de los hombres. Era consciente de que a muchos romanos, la filosofía griega les parecía algo enrarecido e inaccesible. Quería que la gente corriente, como él mismo, según proclamaba, pudiera entender y apreciar el pensamiento filosófico.

Ésta tampoco era una idea original. El propio Sócrates fue en sus tiempos aclamado como un pensador que había llevado la filosofía «al mercado», donde la gente corriente podía hablar sobre las ideas. Sin embargo, Sócrates no dejó de ser una figura un tanto austera que exigía a sus seguidores más de lo que éstos le podían dar. Por mucho que amemos a Sócrates como hombre, no es posible desprenderse de la sensación de que no es posible vivir como él dijo que deberíamos vivir.

Lucrecio, además de heredar la «divina simplicidad» de Sócrates en su interpretación del epicureísmo y el estoicismo, no cometió el error de humillar a sus lectores y seguidores. En vez de ello, trató de presentar una deliciosa imagen del universo tal como lo concebía Epicuro con la convicción de que la belleza de su presentación atraería a más gente que la pura y dura enunciación de un argumento filosófico.

Buena parte del poema de Lucrecio consiste en una exposición en verso de la doctrina de sus maestros griegos. Pero Lucrecio no es recordado hoy porque apoyara, más o menos por casualidad, una determinada teoría científica. Se le recuerda y se le ama por su humanidad. Fue el padre de un determinado tipo de hombre, el hombre mediterráneo, entre los ejemplos modernos del cual se encuentran los sardónicos españoles y los apasionados italianos. Ambos pueblos parecen capaces de hacer algo que resulta complicado para muchas otras personas: son capaces, como dijo una vez un hombre sabio, de perdonarse a sí mismos el pecado de ser humanos. Es decir, sabiendo que la vida es dura y la virtud escasa, mantienen la vieja fe que afirma que, para vivir plenamente, aunque sea de forma imperfecta, es mejor amar que odiar.

Los poetas épicos empiezan siempre sus obras invocando la ayuda de una musa. La musa de Lucrecio no es otra que la propia Venus, la diosa del amor. Se dice que fue la madre de Eneas, hijo de un mortal, su padre Anquises, y por ello se dirige a ella con estas palabras al principio de su poema:

> *Madre del pueblo romano,*
> *placer de hombres y dioses, alma Venus:*
> *debajo de la bóveda del cielo,*
> *por el que giran los astros deslizándose,*
> *haces poblado el mar, que lleva naves,*
> *y las tierras fructíferas fecundas;*
> *por ti todo animal es concebido*
> *y a la luz del sol abre sus ojos;*
> *[...]*
> *Pues como seas tú la soberana*
> *de la naturaleza, y por ti sola*
> *todos los seres ven la luz del día,*
> *y no hay sin ti felicidad ni belleza...*

Cicerón

Sabemos muy poco de la vida de Lucrecio, autor de *De la naturaleza de las cosas*, pero probablemente sabemos más de la vida de Marco Tulio Cicerón que de ninguna otra persona de la antigüedad clásica.

Autor prolífico y uno de los mejores abogados de su tiempo, Cicerón se hizo famoso por sus discursos en defensa de sus clientes y contra sus enemigos. Sus obras fueron muy leídas y copiadas. Pero la principal razón de que sepamos tanto sobre Cicerón y sobre los tiempos en que vivió es que fue un incorregible escritor de cartas que guardaba copias de su propia correspondencia y, al parecer, nunca tiraba las cartas que le enviaban los demás.

Quizá se hayan perdido hasta tres cuartos de las cartas que escribiera Cicerón, aunque en la antigüedad eran conocidas muchas más. Pero nos quedan más de ochocientas de ellas. Constituyen nuestra principal fuente para conocer no sólo su propia vida sino también los acontecimientos de ese período terrible y maravilloso a mediados del siglo I a. J.C. en que César y Pompeyo se enfrentaron por el dominio del mundo romano. Pompeyo fue derrotado y el victorioso César asesinado en el Senado. Marco Antonio y Octaviano (que luego se convertiría en el emperador Augusto) heredaron el poder que todos habían pretendido durante tanto tiempo.

Cicerón nació en el 106 a. J.C., hijo de una familia rica pero carente de noble linaje. Recibió una buena educación, tanto en Grecia como con profesores griegos en Roma. Empezó su carrera en el mundo del derecho y cuando todavía estaba en la veintena, ganó importantes cargos electorales. En el 63 a. J.C., cuando todavía tenía sólo cuarenta y tres años, le eligieron uno de los dos cónsules de Roma, un honor para un hombre que no procedía de la vieja aristocracia senatorial.

Pronto Cicerón se vio atrapado en la lucha entre César y Pompeyo por el dominio del mundo, que al final conllevó la caída de la República. Ambos hombres buscaron su apoyo y él se equivocó en su elección. Creía que Pompeyo (106-48 a. J.C.) era menor amenaza para las instituciones que César, así que le dio su apoyo. Fue un error, no sólo porque Pompeyo perdió, sino también porque César, a pesar de todos sus caprichos y ambición, era un hombre capaz de apreciar mejor al complejo Cicerón que

Pompeyo. Y Cicerón entendía la complejidad de César, aunque el hombre no le gustara. Pompeyo, en comparación, era una persona relativamente simple que no sabía apreciar la gran ventaja que suponía la amistad de Cicerón.

César (100-44 a. J.C.) estaba dispuesto a olvidar el pasado, pues conocía bien el valor de Cicerón. Pero Cicerón nunca se fio plenamente de César y, por tanto, no se apenó cuando César fue asesinado, apuñalado hasta la muerte a los pies de una estatua de Pompeyo por Bruto, Casio y otros conspiradores. Cicerón no tomó parte en persona en el famoso episodio de los Idus de marzo (15 de marzo). Después de esto se comportó de forma heroica, aunque imprudente, y atacó a Marco Antonio y a Octaviano por sus ilegales recortes de las antiguas libertades romanas. Marco Antonio (81/82-30 a. J.C.) montó en cólera (era un hombre brutal) e hizo que asesinaran a Cicerón en el 43 a. J.C.; cortó las manos del cadáver y las clavó en la Rostra, una tribuna del foro, como advertencia a cualquier otro hombre que quisiera escribir la verdad.

Durante la mayor parte de sus últimos diez años de vida, Cicerón no pudo, por motivos políticos, tomar parte en la vida pública. Por tanto dedicó su abundante energía a la actividad literaria. Si no podía seguir activo en los tribunales ni en la política, sí podía escribir libros.

Cicerón se jactaba de sus éxitos políticos, pero respecto a su trabajo intelectual siempre fue modesto. Declaraba que él era solamente un divulgador que se había dedicado a traducir el pensamiento griego para que pudiera ser comprendido con facilidad por sus contemporáneos. No hizo ningún descubrimiento auténticamente original pero, sin embargo, ayudó a mucha gente a descubrir las brillantes y originales ideas de sus predecesores.

También se puso a sí mismo una complicada tarea: aplicar los principios del pensamiento ético griego a la dura vida de un empresario o político romano. Un hombre siempre podía retirarse del fragor, como recomendaba Lucrecio, el epicúreo. ¿Pero qué sucedía si no deseaba retirarse? ¿Había alguna forma de llevar aun así una vida virtuosa?

El último libro de Cicerón, *Sobre el deber*, trataba de una amplia variedad de problemas cotidianos. ¿Cómo de honrado tenía que ser un empresario? ¿Era honesto tomar algunos atajos? ¿Cómo debería un hombre bueno responder a las injustas demandas de un tirano? ¿Era correcto que permaneciera en silencio o debería siempre alzar la voz y protestar, incluso si era peligroso? ¿Cómo debía un hombre tratar a sus inferiores, incluso a sus esclavos? ¿Tenían los inferiores derechos que había que respetar?

La solución de Cicerón a todos estos problemas parece sencilla: haz siempre lo correcto, insistía, porque una mala acción, aunque quizá parezca provechosa, nunca puede ser realmente provechosa, puesto que está mal.

¿Qué es realmente hacer lo correcto? ¿Cómo se sabe qué es lo correcto? Cicerón no evitó esta pregunta. En primer lugar, lo correcto es lo legal, lo que la ley exige. Pero más allá de eso, pues la propia ley no siempre es justa, lo correcto es lo que es honesto, sincero y justo. Mantener tu palabra, sin importar las consecuencias. Decir la verdad, incluso si no estás bajo juramento. Y tratar a todo el mundo —forasteros, esclavos y mujeres— igual, pues todos son seres humanos. Todos comparten una misma humanidad, aunque no sean iguales en ninguna otra cosa. Su humanidad les da derecho a ser tratados con respeto.

Es fácil burlarse de la sencilla regla de Cicerón de que todo el mundo debería hacer siempre lo correcto porque lo malo nunca es verdaderamente provechoso. Los hombres malos encuentran en esa burla una excusa muy cómoda.

De hecho, la propia sencillez de Cicerón es su mayor fuerza. «¡Admítelo!», exclamaba. Sabemos cuándo estamos haciendo algo correcto y cuándo algo malo. Sentimos que deberíamos hacer lo correcto. En el curso de toda una vida son poquísimas las veces en las que de verdad no estamos seguros de qué es lo bueno y qué es lo malo. También creemos que seríamos más felices si siempre hiciéramos lo que sabemos que está bien, incluso si por ello fuéramos más pobres o tuviéramos menos éxito.

La sencilla regla de Cicerón se convirtió en la práctica versión romana del gran esquema de educación estatal pública propuesto por Sócrates y Platón en *La República*, y del sutil y perspicaz análisis de la virtud que Aristóteles presenta en su *Ética*. Estas dos obras son incomparablemente más importantes que *Sobre el deber*, de Cicerón. Pero, como cuestión práctica, ninguno de los dos ofrece una regla para vivir tan fácil de comprender y de seguir como la modesta, pero profunda, directiva de Cicerón.

Cicerón vivió en uno de los períodos más gloriosos y peligrosos de la historia. Por todo el mundo romano, los hombres se tuvieron que enfrentar con el mayor de los problemas políticos, es decir, cómo vivir juntos en paz y libertad. A la mayoría de los romanos les pareció, durante el trascendental medio siglo que precedió a la caída de la República y el triunfo de Augusto, que se tenía que escoger entre esos dos bienes políticos, ambos de la mayor importancia.

Se puede tener libertad, pero para ello hay que sacrificar la paz. Inevitablemente, surgirían conflictos, parecía, entre hombres que eran libres para perseguir sus objetivos propios y divergentes. También se podía tener paz, pero había que sacrificar la libertad, pues ¿cómo podía sobrevivir la paz si no se imponía desde arriba por un poder supremo que fuera el único verdaderamente libre mientras todos los demás sufrían el yugo de la tiranía?

El ejemplo de los griegos no era de mucha ayuda. Cualquiera podía ver que los griegos, en su gran mayoría, habían optado por la libertad a costa de estar casi siempre en conflicto. Los romanos de los primeros tiempos también escogieron la libertad. Sus guerras de conquista les permitieron evitar los conflictos internos. Puesto que estaban siempre luchando con otros, no tuvieron tiempo de luchar entre sí.

Ahora, cuando el poder romano se había extendido por todo el mundo mediterráneo, la guerra civil se había convertido en una epidemia. Una serie de hombres sin escrúpulos se ofrecieron como tiranos que asegurarían la paz. Todos ellos fueron derrotados. El último, Catilina (108-62 a. J.C.) fue derrotado personalmente por Cicerón cuando éste era cónsul. La doble amenaza de César y Pompeyo se demostraría mucho más complicada.

César eliminó del escenario a Pompeyo, primero derrotándolo militarmente y luego haciendo que lo asesinaran en el 48 a. J.C. Pero eso dejó solo a César, la mayor amenaza de todas. Un puñado de aristócratas, temerosos de lo que un *arrivé* brillante como César podría llegar a hacer a la tradicional aristocracia romana, lo eliminaron a él también, asesinándole en un acto que Cicerón consideró noble y que, durante un tiempo, la mayoría de los romanos consideró justo y necesario. Pero la libertad en nombre de la que Bruto (85-42 a. J.C.) y Casio (m. 42 a. J.C.) habían asesinado a César no era una libertad para todos, así que pronto los aristócratas perdieron el apoyo del pueblo. En cualquier caso, la fe en la libertad no fue lo suficientemente fuerte como para resistir estas sucesivas crisis. Marco Antonio y Octaviano (que luego se llamaría Augusto) ofrecieron de nuevo la posibilidad de la tiranía, combinada con una garantía de mayor seguridad, y esta vez los romanos aceptaron. La República cayó y Augusto, que sobrevivió a su lucha a muerte con Marco Antonio, inauguró el sistema de tiranía institucionalizada que fue el Imperio romano.

Los cambios no fueron inmediatos. Octaviano se libró de Marco Antonio en el 31 a. J.C., después de derrotarle a él y a su amada Cleopatra de Egipto en el puerto de Alejandría. Del 31 al 23 gobernó como cónsul, aunque no hubo dudas sobre si ganaría o no el puesto en las elecciones, pues él mismo se eligió para el puesto. En el 23 se le entregaron a Augusto poderes imperiales para que los ejerciera sólo durante emergencias, que pronto tuvieron lugar, así como el poder de tribuno del pueblo. Tras su muerte, en el 14 d. J.C., fue deificado. La *proskynesis* de la que se reían los veteranos del ejército de Alejandro Magno había triunfado al final.

Durante dos milenios, los amantes de la libertad han lamentado la caída de la República romana. Pero la libertad no tenía ninguna oportunidad de prosperar en esa situación. Demasiado pocos creían que podía sobrevivir, o siquiera querían que sobreviviese, pues una forma de gobierno republicana plantea una serie de deberes a sus ciudadanos que una tiranía no les exige (una tiranía plantea otro tipo de exigencias). Quizá nadie creía en la república tan profundamente como Cicerón.

Él creía que había una tercera solución para el gran problema político de su época. Si todo el mundo era su propio señor, desaparecía la necesidad de que un único señor gobernara a todo el mundo. Si todo el mundo hacía lo que sabía que era correcto, la paz estaría garantizada y también la libertad podría preservarse. En otras palabras, creía en el gobierno de las leyes, no en el gobierno de los hombres.

Cicerón probablemente se equivocaba al pensar que existía una «constitución» lo suficientemente sutil como para asegurar la supervivencia de la República como un gobierno de leyes, a lo largo de cualquier período de tiempo, por largo que fuera. A falta de esa constitución, un gobierno de hombres (o, de hecho, de un hombre) era probablemente la única alternativa práctica.

Pero el instinto de Cicerón no le engañaba respecto a cómo resolver la cuestión. La única diferencia entre la solución que él le dio al problema de Roma y la que los Padres Fundadores le dieron a la república de Estados Unidos es de detalle. Estos últimos fueron los primeros en demostrar cómo, de forma práctica, el gobierno de hombres podía ser reemplazado por un gobierno de leyes. Pero Cicerón, como ellos sabían muy bien, les señaló el camino a seguir.

La Constitución de Estados Unidos crea una rama ejecutiva y le da los medios para defenderse de ataques: por ley, el ejecutivo tiene el monopolio de la fuerza. Además de las fuerzas armadas, estas protecciones incluyen la Oficina Federal de Investigación (FBI), la Agencia Central de Inteligencia (CIA), los agentes especiales del Tesoro (T-Men), el Servicio Secreto y muchas otras fuerzas policiales. Pero no son estas instituciones militares y paramilitares las que garantizan que Estados Unidos siga siendo un país gobernado por leyes y no por hombres.

La Constitución es un pedazo de papel. No puede luchar por sí misma. Si los estadounidenses no creyeran en ella, se convertiría en papel mojado.

La mayoría de los norteamericanos aceptan sin reparos la Constitución como la ley del país. Puede que no estén de acuerdo en nada más, pero saben que no deben actuar deliberadamente de forma inconstitucional. En ese sentido, están todos de acuerdo en que deben hacer siempre lo correcto. No hacerlo es desafiar la base del gobierno norteamericano: la Constitución no tiene otra protección que el hecho de que la gente crea en ella. Los soldados y la policía no podrían proteger la Constitución si la gente dejara de creer en ella, aunque sí podría suceder que la destruyeran al convertir la democracia de Estados Unidos en un estado policial.

No se puede legislar en qué debe creer la gente. Es un acto de libre albedrío de los ciudadanos. Cicerón no logró convencer a suficientes de sus conciudadanos de que había que salvar a la República romana. Y, sin embargo, él fue quizá el primer hombre en darse cuenta de que nada excepto una creencia cuasi universal del tipo que hemos visto puede asegurar a la vez la paz y la libertad en un Estado. Ésa es la victoria final de su sencilla regla moral.

Séneca

Los romanos, al apartarse de las protecciones legales y cuasi constitucionales de sus antiguas instituciones republicanas, apostaron a que tendrían suerte y que los hombres que los gobernarían serían a la vez fuertes y justos. Los ricos esperaban hacerse más ricos gracias a la seguridad que daría el gobierno; los pobres esperaban verse libres de la incontrolable rapacidad de los ricos. Y durante algún tiempo pareció que los romanos habían ganado su apuesta. La vida bajo Augusto, incluso cuando se convirtió en emperador oficialmente además de serlo de hecho, fue claramente mejor de lo que había sido bajo el Senado y los cónsules en los últimos días de la República.

El sistema imperial tenía un defecto muy grave: carecía de maquinaria legal o consuetudinaria para disponer la sucesión de poder de un emperador al siguiente. Augusto, que se iba inventando las instituciones imperiales sobre la marcha, escogió a su sucesor diez años antes de su muerte. Eligió a Tiberio (42 a. J.C.-37 d. J.C.), el hijo de una de sus esposas, no a su propio hijo. Tiberio hubiera sido una elección excelente unos cuantos años antes. Sin embargo, cuando Augusto le escogió, en el 4 d. J.C., se había vuelto tan orgulloso como poderoso y tan violento como astuto.

Augusto murió en el 14 d. J.C. y Tiberio aceptó su «elección» como emperador. Al principio, su gobierno pareció prudente y sabio, a pesar de que a veces se entrevió su afición al uso de la fuerza. En el 23 murió Druso, su hijo. Desde ese momento parece que Tiberio perdió todo interés por el imperio y se dedicó únicamente a placeres cada vez más perversos. En el 27 visitó la isla de Capri, en la bahía de Nápoles. Tenía previsto quedarse poco tiempo, pero ya no volvió a Roma. Desde ese momento, su reinado estuvo marcado por una serie de interminables y crueles actos: torturas, asesinatos y el robo de la propiedad de distinguidos ciudadanos, a los que acusaba de crímenes, condenaba, ejecutaba y cuyas propiedades confiscaba según su capricho, sin molestarse a entrar en detalles insignificantes, como el hecho de si eran inocentes o no.

Tiberio, igual que Augusto, su predecesor, designó a un heredero poco antes de morir. No tenía hijos, así que la elección recayó en el menos indeseable de un atajo de indeseables. Su nombre era Cayo César y los soldados le apodaban Calígula (12-41 d. J.C.), que quería decir «botas pequeñas». Calígula ascendió al poder en el 37 d. J.C. En menos de un año se volvió loco o fingió volverse loco. Desde luego, si sólo estaba fingiendo, su actuación fue muy convincente. Y aunque sólo estuviera fingiendo estar loco, sin duda fue extraordinariamente cruel. Su crueldad fue tan despiadada e impredecible que en el 41, tras sólo cuatro años como emperador, fue asesinado por un tribuno de la guardia de palacio.

Después de matar a Calígula, la guardia encontró a Claudio, sobrino de Tiberio y nieto de la esposa de Augusto, encogido de miedo en un rincón y convencido de que también le iban a matar. La guardia no sólo no le mató sino que le hizo emperador. Claudio (10 a. J.C.-54 d. J.C.) no había sido la primera elección de nadie; era un hombre feo, que en aquel momento tenía más de cincuenta años, tímido, poco acostumbrado a hablar en público: era un erudito que había escrito varios libros de historia bajo la tutela del historiador Livio. Pero vistos los que le habían precedido, no fue mal emperador. Reformó la administración y restauró algunas antiguas tradiciones religiosas, lo que complació tanto a los patricios como al populacho. Sin embargo, era tan extraño y feo que nunca llegó a ser popular.

Cometió su mayor error en el 48, cuando llevaba siete años como emperador, al casarse con su sobrina Agripina. Este matrimonio iba contra ley romana, así que Claudio cambió la ley. Agripina era bella y sensual, pero no amaba a su esposo. Convenció al emperador de que renunciara a que le sucediera su propio hijo, que agradaba a Claudio, en favor de un hijo que ella había tenido en un matrimonio anterior y que, en consecuencia, fue nombrado heredero de Claudio. Una vez logrado este objetivo, Agripina envenenó a Claudio en el 54 con un plato en que mezcló setas venenosas con otras comestibles.

Su hijo, al acceder al trono, tomó el nombre de Nerón (37-68 d. J.C.). Fue durante diecinueve siglos el tirano más odiado de la historia de Occidente. Es posible que algunas de las conocidas historias que se cuentan sobre él no sean ciertas. Por ejemplo, no es probable que tocara la lira mientras Roma ardía, o que iniciara el incendio él mismo para así crear un gran espacio libre en la ciudad en el que construir su nuevo palacio, pues lo cierto es que estaba lejos de Roma cuando el fuego prendió en el 64 d. J.C. Sí que se aprovechó del hecho de que el centro de la ciudad quedara arrasado para empezar a construir su Casa Dorada, que hubiera sido el palacio más grande jamás construido por un hombre para sí mismo y que hubiera cubierto, de haber sido terminado, un tercio de toda la extensión de Roma.

En el 59 d. J.C. era obvio que Agripina se había vuelto loca, y gritaba furiosa que ya no podía controlar a Nerón, su hijo. Quizá con remordimientos, Nerón hizo que la asesinaran, y tres años después se enamoró de otra mujer e hizo lo mismo con su esposa Octavia. Desde ese punto en adelante se hundió cada vez más profundamente en una especie de delirio religioso. Existía la costumbre de adorar a los emperadores como dioses una vez fallecían. Nerón deseaba no sólo ser un dios, sino encarnar a Dios él mismo mientras todavía estaba vivo. Sus actos fueron cada vez más insensatos e incomprensibles. En el año 68, los soldados, que habían perdido la paciencia con su señor loco, escogieron a

Galba como sucesor de Nerón estando éste todavía vivo. Nerón se suicidó poco después.

Hubo varias conspiraciones contra Nerón a lo largo de los años, la más extendida de las cuales llegó a su punto culminante en el año 65. Liderada por el patricio Cayo Pisón, la trama implicaba a un gran número de nobles e incluso a algunos miembros de la guardia pretoriana de Nerón. El esclavo de uno de los conspiradores les delató y Nerón consiguió salvar la vida. Catorce de los conspiradores fueron ejecutados u obligados a suicidarse.

Uno de estos últimos fue Lucio Anneo Séneca, la principal figura intelectual de Roma a mediados del siglo i d. J.C. Nacido en Hispania el 4 d. J.C., en una familia rica, su enorme potencial quedó disminuido por una constitución débil. Esa debilidad le salvaría mucho después del odio loco de Calígula, que no le mató porque le dijeron que de todas formas no iba a vivir mucho. Cuando tenía cuarenta y cinco años, Claudio le desterró, pero Agripina le trajo de vuelta a Roma y le hizo tutor de su hijo, el futuro emperador Nerón.

El asesinato de Claudio en el 54 colocó a Séneca en la cúspide del poder romano. El nuevo emperador, Nerón, alumno de Séneca, tenía sólo diecisiete años y consultaba a su maestro casi todas las decisiones. Durante ocho años, Séneca fue el dirigente *de facto* del mundo romano. Pero como dijo el historiador Tácito: «Nada en los asuntos humanos es más inestable y precario que el poder que no está apoyado por su propia fuerza.» Séneca era el favorito de un tirano, y ese tirano estaba volviéndose loco. Peor todavía, estaba cogiéndole ojeriza a su viejo profesor; al principio le adoraba, pero con el tiempo llegó a odiarle, pues Séneca siempre fue muy franco en sus críticas a la crueldad y la extravagancia de Nerón.

En el 59 se le ordenó a Séneca y a su colega Burro que arreglaran el asesinato de Agripina. Tres años después murió Burro y Séneca comprendió que se había quedado solo al borde del abismo. Pidió al emperador permiso para jubilarse y el emperador se lo concedió. Tres años después, en el 65 d. J.C., la conspiración de Pisón le ofreció a Nerón una oportunidad para ajustar cuentas. Séneca conocía a Pisón, pero no le gustaba y se negó a hablar con él cuando el patricio fue a verle, probablemente para tantearle al respecto de la conspiración. Este nimio indicio de conspiración fue bastante para Nerón. La casa de Séneca fue rodeada por soldados que le informaron de que el emperador le había sentenciado a muerte.

Séneca pidió permiso para escribir su testamento, pero los soldados se lo negaron. Se volvió a amigos presentes y, diciéndoles que lamentaba no poder corresponderles, les ofreció «la más noble posesión que todavía le quedaba», según nos cuenta Tácito, «el ejemplo de su vida, que, si lo recordaban, les valdría ganarse una reputación de valía moral y de amistad a toda prueba». Entonces le rogó a su esposa, Paulina, a quien amaba, que no muriera con él, pero ella insistió en que deseaba acompañarle en la muerte, unieron los brazos y se cortaron las venas con un solo tajo de una daga.

Nerón, al enterarse de este intento de suicidio, ordenó a sus soldados que salvaran la vida a Paulina. Inconsciente, le cortaron la hemorragia y se la llevaron para que viviera unos pocos años más, años que pasó llorando la muerte de su esposo. No hubo piedad para Séneca. Aunque tenía casi setenta años, era enjuto y recio. Su sangre no fluyó con facilidad y le costó morir. Suplicó a un pariente que le diera veneno, pero tampoco el veneno le mató. Para tratar de aumentar el flujo de sangre, ordenó a sus esclavos que le prepararan un baño caliente y, al parecer, murió asfixiado por el vapor de agua al entrar en la bañera.

No podemos absolver a Séneca de todos los crímenes de Nerón y es obvio que su vanidad personal distorsionaba su juicio en algunos asuntos. Pero no cabe duda de que fue un hombre íntegro que siguió fielmente las doctrinas estoicas que había tratado de inculcar a Nerón. También era un hombre culto y no dejó de reconocer al final de su vida que mientras que Aristóteles, al que le gustaba considerar su predecesor en la filosofía, había sobrevivido a ser el tutor del emperador Alejandro, él, Séneca, probablemente no sobreviviría a esa misma relación con otro.

Séneca escribió muchas cartas sobre temas filosóficos y morales en las que profundizó y defendió las doctrinas de Zenón el estoico. También fue un prestigioso dramaturgo, aunque sus tragedias rara vez se pusieron en escena y era más común que se leyeran frente a un grupo de amigos. Creía ser el heredero de Esquilo, Sófocles y Eurípides, los maestros de la tragedia griega, pero cambió tanto el género que resultaba difícil reconocerlo.

Las tragedias clásicas griegas trataban de crueles asesinatos y actos antinaturales, como el incesto o el parricidio. Las historias que se contaban solían ser mitos religiosos, que podían interpretarse en varios niveles, y los autores-poetas llenaban sus obras de profundos exámenes y análisis psicológicos de los antiguos mitos. Séneca retuvo los temas escabrosos, como la serie de asesinatos dinásticos de la casa de Atreo (la fuente de *La Orestiada*, la trilogía de Esquilo), pero en general prescindió completamente de la psicología.

Las obras de Séneca fueron muy influyentes en los siglos sucesivos y especialmente durante el Renacimiento. Sus grandes guiñoles, sus fantasmas y sus crueles asesinatos fueron populares en Inglaterra, por ejemplo, durante la juventud de Shakespeare. Pero Shakespeare superó las costumbres dramáticas de su juventud, igual que superó todo el teatro que le antecedió.

Sin embargo, al público le fascinaba el tipo de obras crueles, violentas y dramáticamente burdas que escribía Séneca creyendo imitar a los grandes trágicos griegos. Hoy en día, el público sigue fascinado con lo mismo. Lo que vemos hoy con avidez en la televisión es teatro al estilo de Séneca, mucho más que al estilo de Sófocles o de Shakespeare. Sólo le hemos dado una vuelta de tuerca más. Nuestras producciones televisivas, no importa lo sangrientas y violentas que sean, siempre acaban bien. Ni siquiera Séneca se atrevió a caer tan bajo.

En resumen, Séneca fue un hombre de muchos talentos. No fue un gran escritor, pero dentro de los límites que marcaban su talento y su inteligencia trató de mantener viva la gran tradición de sus predecesores griegos tanto en el teatro como en la filosofía, y también hizo un esfuerzo real, aunque en última instancia infructuoso, por guiar al joven que se había graduado como señor del mundo bajo su tutela.

Tácito

La conspiración de Pisón y la muerte de Séneca tuvieron lugar en el 65 d. J.C. El propio Nerón murió tres años después. En el año siguiente a su muerte se sucedieron tres emperadores distintos. El palacio era un caos. El imperio, sin embargo, seguía prosperando, a pesar de no tener a nadie al timón. Esta extraña contradicción fascinó a Tácito, el historiador.

Nacido en Galia alrededor del 56 d. J.C., Publio Cornelio Tácito estudió retórica como preparación para conseguir un cargo administrativo y se casó con la hija de un cónsul, Cneo Julio Agrícola, el futuro gobernador de Britania. Probablemente, su suegro ayudó a Tácito en su carrera, pero puesto que también poseía talento y habilidad para la administración, siguió prosperando incluso después de la muerte de Agrícola en el 94. Tácito alcanzó el consulado en el 97, bajo el emperador Nerva, y siguió ocupando altos cargos en la administración imperial y ejerciendo el derecho hasta su muerte, alrededor del año 120.

La carrera literaria de Tácito empezó en el 98 d. J.C., año en que escribió dos obras; una era una biografía de su suegro, famosa por su objetividad, la otra un ensayo descriptivo sobre las tierras fronterizas romanas en el Rin. Subrayó las virtudes sencillas de las tribus germanas, que comparó a los refinados vicios de los romanos, y predijo que los bárbaros del norte podían convertirse en una verdadera amenaza para Roma si actuaban juntos. Pero estos breves libros fueron sólo el preludio de lo que serían las obras más importantes de su vida, las *Historias* (que comenzaban con la muerte de Nerón y fue lo que escribió primero), y los *Anales*, que cubrían el período que iba desde el principio del reinado de Tiberio hasta la muerte de Nerón, y que escribió en segundo lugar.

Para desgracia de todos los que estudian la historia de Roma, se ha perdido buena parte de estos dos largos y fascinantes relatos de los primeros cien años del imperio (¿se descubrirán algún día las páginas que nos faltan, escondidas en algún viejo ático o en los sótanos de un monasterio en ruinas? Todo estudioso de la antigüedad sueña con encontrarlas). Sólo sobrevive una parte de las *Historias*, que cubre los años 69-70, cuando tres aventureros ocuparon sucesivamente el trono e intentaron controlar el desbocado Estado romano. De los *Anales* sólo nos han llegado los libros que tratan de los inicios de la carrera de Tiberio y algo de los que tratan los reinados de Claudio y Nerón.

¡Y qué tesoro son las páginas que tenemos! Vemos cómo, progresivamente, Tiberio cae presa de la locura; vemos el aislamiento de Claudio, que finalmente se le hace insoportable; y lo más memorable de todo, leemos sobre la salvaje juventud de Nerón, que si hubiera sido un adolescente de un barrio residencial norteamericano del siglo XX puede que hubiera logrado madurar, pero que resultó ser el hombre más poderoso del mundo y no encontró a nadie que le dijera dónde o por qué debía detenerse. La materia que Tácito decidió contar era, y es, irresistible y, por lo tanto, debemos perdonarle si no siempre la narra con la objetividad o el juicio con el que Tucídices trataba sus temas. Aunque Tucídices es, sin duda, el mejor historiador de los dos, Tácito ha sido el más popular durante muchos siglos. Su intenso estilo engancha al lector.

Aquí van dos ejemplos, escogidos entre muchos otros. Después del gran fuego que destruyó la mayor parte de Roma en el año 64 d. J.C., se difundió el rumor de que Nerón había ordenado el incendio para poder vaciar el espacio que necesitaba para su gran palacio.

En consecuencia, para librarse de ese rumor, Nerón les echó la culpa e infligió las más exquisitas torturas a un grupo odiado por sus abominaciones a los que el populacho llamaba cristianos. Cristo, del que el grupo había tomado el nombre, fue condenado a la pena máxima durante el reinado de Tiberio por uno de nuestros procuradores, Poncio Pilatos, y una superstición de lo más maliciosa, con ello contenida por el momento, resurgió de nuevo no sólo en Judea, el lugar donde se originó el mal, sino incluso en Roma, donde todas las cosas horribles y vergonzosas de todos los rincones del mundo encuentran siempre su centro y se hacen populares. Por lo tanto, se procedió a arrestar primero a los que se declararon culpables; luego, con la información que se les sacó, se condenó a una enorme multitud, no tanto por el crimen de haber prendido fuego a la ciudad sino por su odio contra la humanidad. Se les añadió todo tipo de escarnio a sus muertes. Cubiertos con pieles de animales, unos perros les hacían pedazos hasta matarlos; o eran clavados en cruces, o condenados a la hoguera y quemados para que sirvieran de iluminación nocturna una vez se había puesto el sol.

Nerón ofreció sus propios jardines para el espectáculo, como si estuviera dando un espectáculo en el Circo, donde se mezcló con el pueblo vestido como corredor de carros o subido en pie en un carro. Y de ahí que incluso hacia criminales que merecían castigos severos y ejemplares se generó un sentimiento de compasión; pues no era, como parecía, por el bien común por lo que eran destruidos, sino para saciar la crueldad de un hombre.

Un año después se frustró la conspiración de Pisón, y Nerón se dedicó como un maníaco a tratar de identificar a todos los que querían matarle. Una tal Epicaris, una bella liberta de talante liberal, trató de alentar a los principales oficiales de la guardia de Nerón a que se rebelasen contra él. Fue arrestada.

Nerón [...] acordándose de que Epicaris estaba bajo custodia [...] y suponiendo que el cuerpo de una mujer no sería capaz de resistir la agonía, ordenó que la torturaran en el potro. Pero ni los azotes ni el fuego, ni la furia de los hombres conforme aumentaban la tortura para no ser el hazmerreír por causa de una mujer, lograron que se declarase culpable de las acusaciones. Así pues, la tortura del primer día fue inútil. Al día siguiente, cuando la trajeron de vuelta en una silla para torturarla de nuevo (sus miembros dislocados no le permitían tenerse en pie), se ató una banda de tela, que había desgarrado de su ropa, se ató con ella un nudo en el dosel de la silla, metió su cuello dentro y luego, tirando con todo el peso de su cuerpo, expulsó de su cuerpo el poco aliento que le quedaba. Esclava emancipada y mujer, al proteger, sometida a esta terrible violencia, a hombres sin ninguna vinculación con ella, desconocidos, dio un ejemplo tanto más notable cuanto que, a la sazón, personas libres y de sexo masculino, caballeros y senadores romanos, no afectados por la tortura traicionaban a los seres más cercanos y más queridos.

Tácito era todavía un niño cuando murió Nerón, y vivía muy lejos, en Galia. Pero Roma le atraía como un imán y pasó los últimos cinco años del reinado de Domiciano en la ciudad. Fueron años horribles, un período de terror sin precedentes incluso en ese horrendo siglo, que había sido testigo de las crueldades de Tiberio, Calígula y Nerón. Domiciano murió, o más bien dicho, fue asesinado en el 96; le sucedió Nerva, y a éste Trajano, en el 98. Con él empezó una nueva era, que duraría durante los ochenta y dos años de gobierno de los Antoninos.

Durante esos años, una verdadera edad de oro, los emperadores no fueron ni locos ni malvados, y obedecieron sus propias leyes. En la introducción a sus *Historias*, Tácito describe las excepcionales condiciones bajo las cuales podía escribir, tras la muerte de Domiciano en el año 96.

He reservado un empleo para mi ancianidad, si mi vida fuera lo bastante larga, un tema [la historia del imperio desde la muerte de Nerón a la de Domiciano] que resulta más fértil y menos angustioso durante el reino del divino Nerva y el imperio de Trajano, disfrutando esta extraña felicidad presente en la que podemos pensar lo que nos plazca y expresar lo que pensamos.

Pensar lo que nos plazca y expresar lo que pensamos. ¿Hay mejor manera de resumir la felicidad que conlleva la libertad política?

En las obras de Tácito se pueden encontrar unos cuantos comentarios mordaces más. En el *Agrícola* describe a un comandante romano que ha acabado de forma brutal con un levantamiento de una tribu bárbara y que a continuación informó de que había llevado la «paz» a la región. Tácito lo ve de forma distinta. *Faciunt solitudinem*, nos dice, *et pacem apellant*: «crean un páramo y lo llaman paz». ¿Cómo se puede describir mejor la famosa Paz Romana que creó el imperio?

Tales momentos de deslumbrante perspicacia son escasos. La mayoría de las veces Tácito se conforma —o incluso se complace— con regalarnos relatos sobre lo crueles y lascivos que fueron los emperadores. Fue un maestro en el tipo de historia que hoy llamaríamos «cómo viven los ricos y famosos»; él es el antecesor de instituciones culturales como la revista *People*, aunque nunca cae hasta el nivel al que llega el *National Enquirer*, exponente de la prensa más amarilla.

La fascinación que ejercen esos relatos es innegable, sean ciertos o no. Hay que concederle a Tácito crédito porque intentó contar la verdad hasta allí donde pudo conocerla. Pero una historia realmente buena, debió pensar, vale más que mil verdades.

Lo que los romanos no sabían

Los romanos construyeron un Estado que siguió funcionando incluso cuando estuvo gobernado por los peores emperadores. Construyeron más carreteras. Difundieron las ideas de sus maestros griegos hasta allí donde alcanzaron sus conquistas y luego enviaron maestros griegos a educar al nuevo y servil populacho. Hacia el siglo II d. J.C., todo romano, siempre que no se tratase de un esclavo o de una mujer, desde Britania hasta Persia, podía conseguir una educación tan buena como cualquier otra disponible a lo largo del imperio. Nunca cesó la tarea de aplicar en todas partes las leyes romanas. Y el conocimiento técnico griego en cierto número de campos —cerámica, metalurgia, alquimia— fue resumido en tratados en latín que se distribuyeron por todo el imperio.

Y a pesar de todo, la ciencia romana se estancó. Existía una notable falta de interés en la ciencia y la tecnología. Hasta nuestros días han llegado rumores de que los emperadores romanos rechazaron algunos inventos griegos. Se sabe, por ejemplo, que un griego llamado Hero de Alejandría inventó un tipo de máquina de vapor en el siglo I d. J.C. Se denominaba *aelolipila* y consistía en una esfera montada de modo que giraba sobre un par de tubos huecos que le llevaban vapor desde un caldero que había debajo. Ese artefacto se podría haber utilizado para realizar toda una serie de trabajos útiles, pero aparentemente se trató sólo como un juguete divertido.

La energía a vapor hubiera resuelto algunos de los problemas más enojosos del imperio. A pesar de su excelente sistema de carreteras, las comunicaciones seguían siendo lentas. Un mensaje no podía transmitirse más de prisa de lo que podía correr un caballo y un caballo al galope no podía cargar mucho más que a su jinete y un pequeño paquete de cartas. Después de mil años de progreso, las mercancías del imperio seguían moviéndose en barcos y barcazas, estas últimas a menudo tiradas por mulos u hombres desde la orilla.

Ello quería decir que el imperio seguía padeciendo graves problemas de distribución quinientos años después de la caída de la República, en parte por los mismos motivos. Por ejemplo, no se podía mitigar una hambruna de una región trasladando excedentes desde otras regiones y, en consecuencia, las hambrunas eran siempre políticamente muy peligrosas. Más que comida, se enviaban inmediatamente soldados para que controlaran a la hambrienta población, pues era más fácil y rápido enviar hombres armados que alimentos. Quince siglos después, la energía del vapor empezó a resolver estos problemas cuando por fin se aplicó en el transporte de mercancías.

Si los líderes romanos rechazaron innovaciones tecnológicas no fue por mera ignorancia o tozudez. Incluso algunos de los peores emperadores —por ejemplo, Tiberio y Nerón— impulsaron reformas innovadoras en la administración. Durante los siglos III y IV d. J.C. se intentó reformar por completo la estructura política del Estado. Tales cambios se concebían siempre en referencia a las leyes y costumbres, no en referencia a mejoras tecnológicas. A nosotros nos resulta fácil ver cómo y por qué se equivocaron los romanos. Para ellos no era nada sencillo.

El sistema de gobierno romano, aunque fundamentalmente tiránico, funcionaba bastante bien en todas partes, excepto en la propia ciudad de Roma. Los ciudadanos romanos —es decir, los que vivían en capital del imperio— no tenían que trabajar para vivir, como todos los demás; el Estado les subvencionaba con una ración diaria y gratuita de grano. En Roma, durante el siglo III, la nada despreciable cantidad de medio millón de personas no tenía nada que hacer excepto divertirse.

Los políticos utilizaban a esa masa para crear disturbios políticos, lo que era el motivo esencial por el que los políticos mantenían la vieja costumbre de las raciones gratuitas. Un orador político podía manejar a las masas, controlarlas y hacer que hicieran lo que quería. El populacho romano, una vez galvanizado por un orador elocuente, se convertía en una fuerza política temible. Podía garantizar la elección de una persona en lugar de otra, hacer que se aprobaran o revocaran leyes y destruir partidos políticos asesinando o asustando a sus líderes.

El ejército podía controlar a la plebe, pero sólo mediante el uso de la fuerza. Con la plebe, básicamente, no se podía razonar. Así, mientras que en las provincias predominaba el buen gobierno, en la capital el gobierno era un juego peligroso en el que las apuestas eran las más altas. La plebe o el ejército podían aupar a un hombre al trono, pero también podían matarlo. Cuando la política se convierte en una cuestión en la que se puede perder la vida, los mejores se abstienen de escogerla como profesión.

Roma, en los últimos días del Imperio, a finales del siglo IV y principios del V, era como Beirut en la década de 1980. Una banda escogía a un emperador que gobernaría sólo mientras complaciera a los asesinos. Cuando dejaba de hacerlo, era reemplazado. Los emperadores que sabían que no vivirían mucho tiempo rara vez eran benevolentes con sus súbditos, a los que tenían muy buenos motivos para temer.

El antiguo imperio, que celebró conscientemente a mediados del siglo V el milenio transcurrido desde su fundación, estaba afectado en su mismo corazón por una enfermedad política que nadie sabía curar. Los bárbaros que rodeaban el imperio tenían una solución, que consistía en borrarlo del mapa. Y eso es lo que hicieron.

4. Luz en la Edad Oscura

Una edad puede llamarse oscura por dos motivos, que pueden darse por separado o conjuntamente. Primero, puede que conozcamos muy poco lo que sucedió en ella, y por eso la vemos como oscura, como imposible de conocer. O puede que nos refiramos a unos tiempos castigados con todo tipo dificultades, miseria y males, unos tiempos en que la vida ofrece una perspectiva lóbrega.

El período que transcurre entre la caída del Imperio romano de Occidente, a mediados del siglo v d. J.C., y aproximadamente el año 1000 se ha llamado tradicionalmente la Edad Oscura porque en él confluían los dos motivos antes citados. El primero de ellos, no obstante, ya no es aplicable, pues los historiadores modernos han descubierto mucho sobre un período que se consideraba prácticamente imposible de conocer.

¿Y qué hay del segundo motivo? Esos cinco siglos fueron una época de estancamiento con, aparentemente, poca vitalidad. Los problemas económicos y políticos se sucedieron a lo largo de todo el período y la gente llevaba una vida que, desde nuestro punto de vista, era sombría, plagada de privaciones y miserable. ¿Tenían las gentes de la Edad Oscura esa misma sensación? ¿O acaso ellos veían una luz que nosotros ya no sabemos ver?

La caída de Roma

El Imperio de Occidente cayó víctima de una serie de invasiones de bárbaros procedentes del este que empezaron en el año

410 d. J.C. y continuaron durante más de cincuenta años. ¿Quiénes eran esos bárbaros? ¿De dónde salieron?

La Gran Muralla china acabó de construirse alrededor del 220 a. J.C. con la intención de mantener a las tribus merodeadoras de guerreros nómadas fuera del nuevo Imperio chino de Shi Huangdi. La estrategia funcionó durante un tiempo, pero también tuvo una consecuencia colateral que se produce siempre que se levanta una muralla: ofreció a los nómadas del norte un refugio seguro fuera de la muralla en el que agrupar sus fuerzas. Los *limites* romanos, una vez se convirtieron en una serie de fortificaciones y murallas de piedra en lugar de ser simplemente una idea en la mente de los soldados, tuvieron un efecto similar.

Los bárbaros que acabaron asolando Europa fueron en su origen el pueblo nómada de los xiongnu. Se reunieron fuera de la Gran Muralla china, se unificaron y aumentaron su poder, su habilidad y sus capacidades militares. En el siglo I d. J.C. explotaron hacia el sur y atacaron lo que era entonces el Imperio Han, devastando y despoblando grandes zonas del país. Los Han se recuperaron y expulsaron a los bárbaros, pero a costa de una destrucción terrible y del recrudecimiento de las instituciones imperiales, que cambiaron y se endurecieron para enfrentarse al desafío que supuso el ataque de los xiongnu.

Incluso hoy se sabe poco de los xiongnu. Es probable que fueran casi totalmente analfabetos, de modo que no nos ha llegado de ellos ningún texto escrito. Sin duda, lo ignoraban prácticamente todo de la agricultura. Poseían rebaños de cabras, ganado y caballos, que pastoreaban siempre que encontraban buena hierba.

En cambio, lo sabían todo sobre los caballos: cómo domarlos, montarlos, criarlos y cómo luchar cabalgando. Se abalanzaban sobre su presa, disparando flechas mortales con unos arcos cortos y poderosos hechos de capas de hueso animal combinadas con madera para darles mayor flexibilidad. Aparecían sin previo aviso, arrollaban una población, mataban a todo el que encontraban y desaparecían de nuevo, llevándose todo lo que podían cargar sobre sus caballos. Si no podían llevarse demasiado de una determinada población, no importaba: había muchos pueblos, cada uno con sus montones de comida, armas y a veces oro, defendidos por hombres que, comparados con los bárbaros, eran moral y físicamente débiles, es decir, hombres que, a diferencia de los bárbaros, no eran total y completamente despiadados. Esa misma crueldad bárbara, y el pánico que generaba, se demostró una de sus armas más efectivas.

Los chinos adoptaron las tácticas militares de los xiongnu, contrataron a algunos de ellos como mercenarios y lograron expulsar al resto hacia el oeste, lejos de lo que es propiamente China, durante los siglos II y III d. J.C. En la inmensa llanura vacía de Asia Central no hubo nada que impidiera huir a aquellos nómadas hasta que alcanzaron las tierras que rodean al mar Negro.

Allí, los xiongnu, que ahora se llamaban hunos, se encontraron con otros pueblos nómadas. Los hunos desplazaron rápidamente a las tribus nativas, los godos y los vándalos, y se asentaron allí durante un tiempo. Los godos y los vándalos se vieron obligados a huir a su vez hacia el oeste.

Y entonces, los hunos volvieron a moverse, para detenerse de nuevo a las puertas de Europa alrededor del 400 d. J.C. Los godos, desplazados de nuevo, se dividieron en dos grupos. Uno de ellos continuó avanzando hacia el oeste y forzó a los pueblos germánicos nativos a huir hacia el sur. La otra rama de los godos, conocidos como los visigodos, se dirigió hacia el sur, directamente hacia Italia. Allí se encontraron, temblando ante ellos, a un Imperio romano debilitado por el lujo, la corrupción y la guerra civil. En el año 410, los visigodos saquearon Roma y devastaron las tierras de los alrededores. Los emperadores romanos, durante los siguientes treinta años, trataron de pactar con los visigodos, ofreciéndoles tierras en las que asentarse y vivir y dándoles misiones militares que cumplir. La mayor parte de sus esfuerzos fueron en vano, pues los bárbaros sabían muy bien que eran ellos quienes tenían la sartén por el mango.

Los vándalos siguieron avanzando hacia el oeste, saqueando cuanto hallaban a su paso (su nombre sigue siendo hoy en día sinónimo de profanación deliberada y de destrucción) y luego giraron al sur a través de Galia e Hispania. Hispania había sido una de las provincias más ricas del imperio. Los vándalos la asolaron y la aislaron de sus cuarteles en Italia. Luego cruzaron el esrecho de Gibraltar hasta África, donde conquistaron toda el África romana, incluyendo la floreciente nueva ciudad de Nueva Cartago, construida en el mismo lugar que la ciudad fenicia destruida por los romanos seiscientos años antes. Los vándalos cruzaron entonces otra vez el Mediterráneo hasta Italia y saquearon Roma en el 455.

La capital del imperio se había trasladado de Roma a Rávena, en el Adriático, en el 402. Desde esa ciudadela amurallada, emperadores impotentes trataron de contener la marea de la conquista, pero fracasaron. En el 493, otro grupo de bárbaros, los ostrogodos, tomaron Rávena y la mayor parte del resto de Italia, y su rey, Teodorico, gobernó sobre aquellas antiguas tierras que una vez dominaron el mundo.

La febril energía de las hordas bárbaras, que había traído a los hunos desde la lejana Mongolia y a los godos y vándalos desde Asia Occidental, no podía durar mucho. Bajo Atila, su último líder, los hunos invadieron la Galia pero fueron derrotados en el 451 por un ejército conjunto de romanos y visigodos. Fue la primera derrota de Atila, que murió un año después. Los hunos descendieron entonces hasta Italia, pero fueron derrotados de nuevo y pronto, gastada su ferocidad, desaparecieron de la historia. No dejaron tras de sí nada más que un nombre que seguiría inspirando terror siglos después.

Los ostrogodos y los vándalos también dejaron de ser un poder significativo a los pocos años de iniciarse el siglo V d. J.C. También ellos habían terminado el papel que la historia les había asignado. Los visigodos duraron un poco más. Retuvieron una franja del sur de Francia y buena parte de la península Ibérica durante dos siglos. Pero también ellos, al final, fueron absorbidos por la nueva sociedad que estaba naciendo en lo que hoy es Europa Occidental.

Europa después del Imperio romano

Los vigorosos emperadores de Constantinopla siguieron gobernando la porción oriental del viejo imperio, y a mediados del si-

glo VI d. J.C., ejércitos financiados por el emperador Justinia*
y dirigidos por el célebre general Belisario (él mismo un bárba*
ro, como en esa época lo eran la mayoría de los generales) resta-
blecieron el control bizantino sobre Italia, la mayor parte de la
Galia y una franja de África del Norte. Pero no se trataba del
mismo tipo de control que habían ejercido en tiempos los romanos. De hecho, en comparación, casi no se puede hablar siquiera de control.

Europa Occidental, que había estado tan unida, simplemente se había derrumbado. Donde existió una gran organización
social y económica sólo quedaban cientos de pequeñas comunidades. El Imperio romano había sido un mundo abierto, sin fronteras, con un solo idioma, el latín, que era comprendido en todas partes; con un solo código de derecho que todo el mundo
obedecía; con buenas carreteras que comunicaban hasta sus regiones más lejanas; y lo más importante de todo, con maestros
griegos y embajadores culturales disponibles para viajar a cualquier parte en que fueran necesarios para enseñar a los pueblos
recién civilizados cómo vivir bien.

Ahora la mayoría de los griegos vivían recluidos en Constantinopla, la capital del Imperio oriental. Las carreteras estaban
casi desiertas de viajeros y mercancías, la gente hablaba lenguas
distintas, muy pocos sabían leer y escribir, y no existía más ley
que la del más fuerte. En los cien años que van desde aproximadamente el 450 hasta el 550 d. J.C., un siglo de fuego y muerte, la mayor parte de la apertura que había existido en Europa
desapareció y el mundo que cada individuo conocía se volvió
pequeño y cerrado.

Conocías bien la pequeña región que rodeaba tu hogar y
tenías alguna idea, aunque a menudo errónea, de los vecinos cuyas tierras veías en el horizonte. Más allá de eso no sabías prácticamente nada. No tenías tiempo de leer, incluso si sabías, porque la vida se había vuelto muy dura y la mayoría de la gente
dependía de lo que pudiera arañar a la tierra que había junto a
su casa, mucho de lo cual probablemente sería robado por hombres más fuertes y despiadados, porque así era como funcionaban las cosas.

Puesto que la ley era insuficiente o no existía, tenías que protegerte a ti mismo y a tu familia, y eso también restaba tiempo a las actividades recreativas de que disfrutaban los ciudadanos romanos un siglo atrás. El arte, la filosofía y el debate simplemente desaparecieron. El gobierno (excepto a un nivel muy primitivo) ya no funcionaba. Incluso la esperanza parecía haberse extinguido.

Esos cien años que transcurren del 450 al 550 se cuentan entre los períodos más terribles de la historia de Occidente. Es difícil imaginarlos hoy. Históricamente son casi un gran vacío; sólo sabemos que al final de este período de rapiña y muerte, la región que hoy llamamos Europa había cambiado radicalmente.

Nunca ha vuelto a ser la misma. Europa nunca más ha vuelto a ser una sola nación, no ha vuelto a ser dirigida desde una sola ciudad, no ha vuelto a hablar un solo idioma, ni a obedecer un solo conjunto de leyes, ni a disfrutar las creaciones y los frutos de una única cultura.

La vida continuó, pero debido al constante estado de guerra y al colapso de la mayoría de los servicios sociales y sanitarios, hubo menos gente que antes en la mayor parte de los lugares. Por ejemplo, la población de la propia Roma ascendía en el siglo II a más de dos millones de almas. Hacia el 550, apenas cincuenta mil habitantes residían en la ciudad. Debido a la destrucción al por mayor que trajeron las invasiones bárbaras, había menos casas, menos edificios públicos (templos, iglesias, mercados o tribunales), monumentos, fuertes y murallas, y menos estructuras públicas como los acueductos. También había muchos menos animales domésticos y menos hectáreas cultivadas. Era difícil encontrar un lugar en el que tus hijos pudieran recibir una educación o profesores que les instruyeran. Casi no había libros, pues los libros están siempre entre las primeras cosas que se destruyen en un cataclismo.

Había pocas noticias, pues las noticias sólo tienen sentido para la gente que tiene suficiente tiempo libre como para preocuparse por lo que les pasa a otros, que a menudo están muy lejos. Cuando la vida consiste en una lucha constante, las desgracias de los demás carecen de interés. También había poco dinero disponible, pues pronto se acabaron las viejas monedas impe riales, escondidas o perdidas, de modo que el comercio hubo de retornar al trueque. Éste era un sistema adecuado para la época, pues de todas maneras había muy poco comercio en una economía que, básicamente, no producía ningún excedente de bienes.

No todos estos cambios fueron meramente temporales. Un siglo de devastación había sumido a Europa Occidental en una Edad Oscura que duraría quinientos años. Sólo con el comienzo del nuevo milenio, alrededor del año 1000, los europeos intentaron de nuevo vivir de una forma que se parecía en algo a la antigua. Ese prolongado período de oscuridad nos fuerza a hacernos muchas preguntas.

¿Es inevitable que una catástrofe —una guerra, una invasión o una plaga— provoque cientos de años de decadencia antes de que llegue la recuperación? En épocas posteriores, Europa ha experimentado catástrofes de los tres tipos, pero no ha vuelto a sumirse en una Edad Oscura. La terrible plaga que hoy conocemos como la Peste Negra puede que matase a la mitad de los europeos a mediados del siglo XIV. Las estadísticas no son precisas, pero el estudio de los listados de muertos indica que al menos veinticinco millones de personas murieron durante un período no superior a cinco o diez años. Europa no recuperó el nivel de población anterior a 1348 hasta principios del siglo XVI. Pero en otros aspectos, aquella devastadora pérdida se superó rápidamente. Una generación después de la plaga, Europa experimentó un *boom* económico.

De forma similar, Alemania quedó destrozada durante la guerra de los Treinta Años (1618-1648). La mayoría de los ejércitos que cruzaron una y otra vez el país estaban formados por mercenarios mal pagados que robaban, saqueaban y asesinaban por doquier. Pero esa experiencia, en algunos aspectos muy similar a las invasiones bárbaras de los siglos V y VI, también se superó en una sola generación.

Europa Occidental tras la segunda guerra mundial parecía total y quizá irremediablemente destruida. Alemania, Italia y Austria estaban en ruinas y los vencedores, Francia y Gran Bretaña, no estaban mucho mejor. Una vez más, Europa volvió a una vida próspera y floreciente en menos de treinta años.

Y los mismos bárbaros que destruyeron el Imperio romano de Occidente también atacaron el de Oriente, pero los efectos de sus incursiones fueron mucho menos perdurables. Antes habían masacrado el norte de China. Pero también China se recuperó con mucha rapidez.

¿Por qué, entonces, las invasiones bárbaras del siglo V cambiaron Europa tan profundamente y durante tanto tiempo? Volveremos a esta cuestión dentro de un momento.

El triunfo del cristianismo: Constantino el Grande

Constantino nació en lo que hoy es Serbia alrededor del 280 d. J.C., hijo de un oficial del ejército que ascendió al rango de César. El título quería decir que el padre de Constantino heredaría el imperio a la muerte del emperador, y al final logró hacerse con él, pero sólo después de muchas vicisitudes. El propio Constantino fue nombrado entonces César, es decir, heredero, y después de muchas dificultades más, provocadas por una serie de guerras civiles, también se convirtió en el emperador tanto de Occidente como de Oriente.

Su ascensión al trono quedó asegurada tras su victoria sobre un ejército liderado por su cuñado, Majencio, en la batalla del puente Milvio, cerca de Roma. Es una de las batallas más famosas de la historia, pues la noche antes de la batalla, Constantino, que dormía en su tienda, soñó que un ángel descendía de los cielos y se le aparecía. El ángel sostuvo una cruz y le dijo: «¡Bajo este signo conquistarás!» (*In hoc signo vinces*). Al despertarse, Constantino ordenó que se pintaran símbolos cristianos en los estandartes y escudos de su ejército, y desde entonces fue un cristiano profundamente devoto.

Constantino heredó un imperio cuya religión oficial era el paganismo. El cristianismo, que entonces tenía tres siglos de antigüedad, contaba con millones de seguidores, pero estaba muy lejos de ser la fe de la mayoría de la población. Peor todavía, sus números se habían reducido drásticamente durante el reinado (285-305) del predecesor de Constantino, ese administrador eficiente y adusto que fue Diocleciano. La eficiencia de Diocleciano fue clave para restaurar la salud económica y política del imperio después de un siglo de caos casi total en el que el ejército había puesto y quitado emperadores a capricho y en el que casi no se estableció ningún control sobre el comercio y la industria. Pero por razones que todavía no comprendemos bien, Diocleciano también emprendió la última y probablemente la más terrible persecución de cristianos entre el 304 y el 305 d. J.C. De joven, en las provincias orientales del imperio, Constantino había visto a muchos cristianos torturados, quemados en la hoguera y crucificados, y puede que sus martirios le afectaran profundamente.

En cualquier caso, la fe religiosa de Constantino se demostró fuerte y duradera. Hizo del cristianismo la religión oficial del imperio, ayudó a la Iglesia con generosos donativos y, lo que es más importante, le concedió grandes privilegios y exenciones impositivas y ascendió a cristianos a puestos importantes del ejército y la administración. En una carta escrita en el 313 al procónsul de África le explicó por qué el clero cristiano no debía ser molestado por los cargos públicos o sujeto a obligaciones financieras: «Cuando están libres para rendir el supremo servicio a la Divinidad es evidente que confieren grandes beneficios a los asuntos de Estado.»

Constantino murió en el 337, tras un reinado de veinticinco años durante los cuales el cristianismo penetró tan profundamente en el tejido del Estado romano que ni siquiera el retorno al paganismo de uno de los sucesores de Constantino pudo afectarle. Juliano el Apóstata trató de hacer que el paganismo volviera a ser la religión oficial del imperio durante su breve reinado de doce meses entre el 361 y 362, pero su temprana muerte permitió que el cristianismo siguiera siendo la fe de la mayoría de los romanos, posición de preeminencia que ya no abandonaría.

Constantino no sólo adoptó el cristianismo como religión oficial, sino que además fundó Constantinopla, financiada con las riquezas obtenidas del saqueo de los templos paganos, y la convirtió en el cuartel general de su imperio. Occidente seguía dirigido desde Rávena, pero cada vez tenía menos poder, mientras que la población y la riqueza de Oriente aumentaban sin parar. La ciudad de Roma mantuvo su importancia simbólica como vieja capital del imperio y siguió siendo un lugar rico cultural y económicamente. Pero el impulso de futuro se trasladó, en tiempos de Constantino, de Occidente a Oriente, y sus sucesores no modificarían esta nueva dirección nacional.

Tampoco modificaron el carácter cristiano del Estado. Conforme avanzó el tiempo, el cristianismo se convirtió cada vez más en el principio rector de Roma y la Iglesia se configuró como una de las principales instituciones del Estado. Así, cuando empezaron las invasiones bárbaras en el 410 d. J.C. con el primer saqueo de Roma, lo que asolaron y conquistaron los bárbaros fue un estado cristiano. Y este hecho tendría importantísimas consecuencias.

La promesa del cristianismo: San Agustín

Edward Gibbon, en su *Declive y caída del Imperio Romano*, señaló dos motivos para la caída de la antigua civilización que tanto admiraba. Los enumeró como la barbarie y la religión. Con la barbarie no se refería sólo a las invasiones bárbaras, sino también a los profundos cambios en la vida romana que originó la presencia de los bárbaros, primero fuera del Estado pero incidiendo en él y luego desde el interior de las ciudadelas del poder romano. Por religión, por supuesto, entendía el cristianismo.

Estas afirmaciones conmocionaron a los lectores de Gibbon en el siglo XVIII, pero no eran nuevas. Incluso mientras la ciudad de Roma estaba todavía en ruinas después de la conquista visigótica del 410, se elevaron algunas voces por todo el imperio que acusaban a los cristianos de haber provocado aquella terrible derrota y culpaban de la debacle al olvido de las viejas deidades paganas que se había producido tras la adopción del cristianismo como religión oficial.

Los cristianos se apresuraron a defender su fe. Se predicaron sermones y escribieron apologías. De entre el polvo levantado por esta batalla intelectual y moral surgió un gran escritor. Escribió una obra que no sólo era la más elocuente defensa del cristianismo de su tiempo sino que, además, ofrecía una nueva versión de la historia basada en principios cristianos.

Aurelius Agustinus nació en la ciudad norteafricana de Tagaste (el moderno Souk-Ahras, en Argelia) en el 354 d. J.C. Su familia se dio cuenta de su excepcional potencial e invirtió todo lo que tenían en enviarlo a Nueva Cartago —entonces una de las principales ciudades del imperio— para que recibiera la buena educación que le permitiría acceder a altos cargos de gobierno. En Cartago, el joven leyó el *Hortensio*, un tratado de Cicerón hoy perdido. Esa obra le imbuyó un profundo entusiasmo por la filosofía, que veía como un sistema racional para comprender el mundo.

La madre de Agustín, Mónica, era una devota cristiana, pero su padre no lo era. A pesar de que su madre intentó, ya desde pequeño, conducirlo hacia su fe, el joven estudiante se sintió asqueado por lo que consideraba el misticismo irracional y las confusiones intelectuales del cristianismo. En cambio, le atraía el maniqueísmo, una religión filosófica que sostenía que existían dos principios universales, el Bien y el Mal, que luchaban por dominar el cosmos. Aunque el maniqueísmo también era místico, a Agustín le pareció que aportaba una explicación más plausible de la realidad.

Sin embargo, Agustín seguía albergando dudas y le desilusionó descubrir que los maniqueos con los que conversaba no podían solucionárselas satisfactoriamente. Derivó hacia las doctrinas de Plotino (205-270), el fundador del neoplatonismo. Plotino había muerto en Roma menos de cien años antes de que naciera Agustín, y el joven se dejó seducir por el tranquilo pero intenso intento de Plotino, manifestado tanto en su vida como en sus enseñanzas, de conseguir una unión mística con el Bien por medio de la pura actividad intelectual.

Los pacientes esfuerzos de su madre, a la que se adora como santa Mónica porque ayudó a convertir al extraordinario cristiano que fue san Agustín, y sus lecturas de Plotino llevaron a Agustín a reconocer las características sobrehumanas de Cristo. Pero como el propio Agustín nos cuenta en sus *Confesiones*, fue la voz de un niño, que escuchó entre muchas otras en un jardín de Milán, la que le impulsó a tomar la Biblia y leer un versículo (Rom. 13, 13, «Como en pleno día, procedamos con decoro: nada de comilonas y borracheras; nada de lujurias y desenfrenos; nada de rivalidades y envidias») que le haría el converso quizá más famoso de toda la historia.

Sucedió en el 386. Agustín tenía treinta y un años. Dimitió de sus lucrativos puestos como maestro que tanto había trabajado su familia para conseguirle y regresó a Tagaste. Pronto se hizo sacerdote y no mucho después fue nombrado obispo de Hipona, una ciudad romana de lo que hoy es Argelia cuyo único motivo para ser conocida es precisamente que Agustín fue su obispo. Pasó el resto de su longeva vida sumido en disputas religiosas, dedicado a los numerosos deberes judiciales que tenían los obispos en aquellos tiempos y escribiendo. Su obra más importante e influyente es *La ciudad de Dios*.

Ese libro fue la respuesta de Agustín a la acusación de que el cristianismo había sido la causa del saqueo de Roma en el 410. Pero no se limitó a refutar esa acusación, sino que fue mucho más allá. También trazó un panorama de toda la historia mundial, en el que mostraba cómo dos ciudades se habían enfrentado por la hegemonía y seguirían haciéndolo hasta el final de los tiempos. Una de las ciudades era humana: una ciudad material, de la carne, que aspiraba a lo bajo. La otra ciudad era divina: espiritual, orientada hacia arriba, hacia el Creador de todas las cosas.

Según Agustín, la *Pax Romana* sólo podía ser la Ciudad del Hombre. Si no un páramo, como había sugerido Tácito, debía ser un desierto del espíritu. No importaba si el cristianismo era o no la religión oficial del Estado, pues éste en sí mismo nunca podía ser sagrado. Cristo advirtió a Pedro de que recordara la diferencia entre lo que pertenecía al César y lo que pertenecía a Dios. Ahora Agustín ponía énfasis en esta famosa distinción, en la que halló una profundidad mucho mayor de la que nadie había encontrado antes.

Un ser racional individual, dijo Agustín, no hace la verdad, sino que la encuentra. La descubre en su interior conforme escucha las enseñanzas de su *magister interiore*, su «maestro interior», que es Cristo, la revelación de la Palabra de Dios. La Ciudad de Dios, así pues, no es una ciudad terrenal. Está dentro del corazón y del alma de todo verdadero cristiano. Va allí adonde él va —no estaba en Roma ni en ningún otro «lugar»— y no podía ser conquistada por el enemigo.

El poder terrenal y la gloria no eran nada comparados con la gloria de esa ciudad espiritual interior, que podía existir tanto en un mendigo como en un emperador. En cierto sentido, decía Agustín, la Ciudad Celestial nacía de las cenizas de la caída de Roma igual que el ave fénix nacía de las cenizas del fuego. Conforme la Ciudad Terrenal ardía en llamas pasto de la masacre bárbara, la Ciudad de Dios se hacía más clara. Y la ciudad del corazón y el alma perduraría por siempre, pues había sido decretada y concedida por Dios.

La Ciudad de Dios de san Agustín estaba profundamente influida por el pensamiento de Platón, filtrado a través del misticismo intelectual de Plotino. Pero Agustín proclamó que la Ciudad de Dios había sido prometida por Cristo en el Evangelio. Las bienaventuranzas del sermón de la Montaña son la constitución de la Ciudad Celestial, tal como la predecía Agustín. Así pues, el cristianismo cumplía la antigua promesa del imperio, que éste jamás podría haber cumplido por sí mismo. El nuevo vino del mensaje de Cristo, con su vigorosa energía, rompía las viejas botellas en las que había sido echado, las viejas instituciones que no podían cambiar tan aprisa o tan completamente como era necesario. Las botellas rotas se derrumbaban y, contemplad, el mensaje se mantenía en pie por sí solo.

Roma sobrevivió a la derrota del 410. El Imperio de Occidente resistió hasta el 476, cuando un rey ostrogodo empezó a gobernar sobre Italia y los dominios que le quedaban. Pero las incursiones bárbaras continuaron, como hemos visto. Cuando, en el 430, Agustín murió en Hipona, un ejército bárbaro asediaba la ciudad.

Murió creyendo tener razón. El cristianismo, para sobrevivir, debía renunciar a la gloria terrenal y estar dispuesto a vivir en lugares pequeños, aislados, donde la gloria de la Ciudad Celestial resplandecería y se podría ver con más facilidad. Los cristianos, creía san Agustín, buscaban un tipo de triunfo distinto al romano. Las derrotas de Nueva Cartago o Hipona o incluso la caída de Roma no eran realmente importantes; no importaba toda la miseria que pudieran producir. El objetivo de los cristianos estaba en otra vida, y su ciudad no era de este mundo.

Tras la caída

El Imperio romano tardío se dedicó a la búsqueda del poder, la riqueza y el éxito terrenal. Pasó mucho tiempo sin que nadie prestara atención a las advertencias de hombres como Catón el Censor, que vivió en una república basada en una virtud moral que parecía totalmente irreal a ojos de los romanos modernos. Estos modernos, en general, vivían más lujosamente que ningún otro pueblo antes que ellos. Disfrutaban de todo lo que el mundo podía ofrecerles y prestaban poca atención a las exigencias del cristianismo, por mucho que fuera la religión oficial del Estado.

Muchos cristianos lucharon duro para defender a Roma y su imperio, pues, después de todo, había cierta virtud en ello. Pero después de que los bárbaros destruyeran la antigua sociedad y la reemplazaran por un feudalismo brutal y primitivo basado solamente en la fuerza, los cristianos empezaron a ver con más claridad el atractivo de la Ciudad de Dios de San Agustín. Fue esa ciudad lo que trataron de construir durante los cinco siglos que seguimos llamando oscuros, en lugar de dedicarse a reconstruir la triunfante Ciudad del Hombre romana, que nunca había significado demasiado para ellos y que entonces ya no significaba absolutamente nada.

Los cristianos de todo el Imperio occidental, en Italia, en Galia (habrá que empezar a llamarla Francia), en Germania, en Hispania, a lo largo de la costa del Norte de África, en las islas Británicas... todos abrazaron un nuevo modo de vida. No parecían lamentar lo que habían perdido. A pesar de su pobreza y su miedo, los cristianos ansiaban algo que antes no habían podido ver con claridad, pues su luz había quedado eclipsada por el resplandor de la grandeza romana.

Hoy vivimos en un mundo tan profundamente orientado hacia las cosas materiales como lo fue el mundo romano en su última época. Por ejemplo, los romanos del siglo IV estaban obsesionados con la salud, la dieta y el ejercicio. Pasaban más tiempo en baños y clubes de salud que en las iglesias, los templos, las bibliotecas o los tribunales. Eran fanáticos del consumo. Un hombre podía forjarse una reputación simplemente gastando más que su vecino, incluso si para hacerlo tenía que endeudarse. Y si luego jamás pagaba a sus acreedores, se le honraba igualmente por haber intentado dejar una bella estampa en el mundo.

Les encantaban los viajes, las noticias y los espectáculos. Todas las grandes producciones culturales de los últimos años de Roma, desde libros a grandes extravagancias en teatros y circos —que ocupaban un lugar privilegiado en cualquier ciudad o pueblo romano— trataban sobre divertidas historias de gentes lejanas y sobre una paz y una felicidad imaginarias que no existían en la vida real. A los romanos les fascinaba la fama y no les importaba cómo se hubiera adquirido. Si eras lo suficientemente famoso, el hecho de que fueras un granuja o algo peor se perdonaba o se olvidaba.

Lo que más les importaba a los romanos era el éxito, que ellos interpretaban como ser el primero hoy y no preocuparse de lo que pudiera pasar mañana. Eran orgullosos, avariciosos y vanos. En suma, eran muy parecidos a nosotros.

A la nueva clase de cristianos que surgió tras la caída del imperio no les interesaba mucho la salud de su cuerpo. Lo que les preocupaba era la salud de su alma. No eran adictos al consumo. En una sociedad en la que la pobreza equivalía a santidad, las riquezas no sólo no aumentaban la reputación de uno, sino que la disminuían.

Los únicos viajes que hacían eran mentales, conforme sus espíritus se elevaban más y más hacia Dios. Las únicas noticias que les interesaban estaban en el Evangelio: la buena nueva de la vida de Cristo y la promesa de su segunda venida. Por todo espectáculo querían oír esa buena nueva proclamada por los sacerdotes en las iglesias y por los predicadores itinerantes en las plazas de los pueblos y en los cruces de caminos. No les importaba la fama en este mundo, pues creían que sólo si perdían su vida terrenal alcanzarían la vida y fama eternas de los que lograban la salvación.

Si la riqueza había sido la medida de todas las cosas para un romano, para un cristiano lo era la pobreza. En siglos posteriores, la Iglesia se haría tan rica y poderosa como lo había sido el imperio, y seguramente igual de corrupta, pero en aquellos primeros tiempos la Iglesia seguía siendo pobre, o lo intentaba, o al menos quería serlo.

San Benito, por ejemplo, acudió a Roma alrededor del 500 d. J.C. para estudiar en una de las pocas escuelas romanas que quedaban. Le conmocionó la riqueza y el lujo del lugar (aunque debía de ser infinitamente menor que en los días del imperio) y se retiró a vivir durante el resto de sus días en un sombrío monasterio en Monte Cassino que fundó a principios del siglo VI. Al hacerlo, inauguró una tendencia y un modo de vida que sería imitado a lo largo y ancho de Occidente.

Durante siglos, los benedictinos hicieron votos de pobreza, oración y buenas obras, siguiendo la regla de su fundador y padre espiritual. Al final incluso los benedictinos se hicieron ricos, poderosos y cedieron a la corrupción, pero durante medio milenio lograron seguir siendo pobres y jamás perdieron la convicción de que deberían serlo.

Mientras se mantuvieron fieles a sus principios, comprendieron que los ricos nunca son suficientemente ricos y que tener lo suficiente consiste en realidad en querer lo que se tiene y no en tener lo que se quiere. Si te guía el deseo, nunca tienes suficiente. Si ante todo estás satisfecho, entonces ya no importa cuanto tengas.

Sócrates, en su antigua fábula de la Ciudad de los Cerdos, proclamó que el mayor placer de los ciudadanos de aquella sencilla comunidad era tenderse en lechos de mirto y alabar a los dioses. Los cristianos de la Edad Oscura también sentían que el mayor placer humano era alabar al Creador por cualquier medio que pudiera encontrarse para adorarlo. Comidas sencillas, una vida sencilla, tiempo para meditar sobre la eternidad y una voz libre para alabar a Dios, ¿qué más podía desear un hombre?

Desde nuestro punto de vista moderno, aquellos siglos que seguimos llamando oscuros fueron el nadir de la civilización Occidental. Pero los contemporáneos no sentían lo mismo sobre su época.

Se asustaron y se pusieron nerviosos conforme se acercaba el año 1000, al igual que nosotros con la llegada del final del segundo milenio. Eran como niños asustados de lo desconocido. Temían que el mundo pudiera acabarse con el final del año 999. Cuando el milenio pasó y no sucedió nada terrible, exhalaron un suspiro colectivo de alivio y se pusieron a trabajar para construir una nueva versión del viejo Imperio romano. Hoy vivimos en ella.

5. La Edad Media: el gran experimento

Como hemos visto, la vida durante los siglos de la alta Edad Media fue muy dura para casi todos los europeos, los supervivientes y descendientes del desaparecido Imperio romano. La devastación que habían causado las invasiones bárbaras de los siglos V y VI hacía que se enfrentaran a tres grandes retos.

La lucha por subsistir

El primer desafío era simplemente sobrevivir. Existe un nivel de vida económico por debajo del cual es difícil, quizá imposible, que las comunidades de seres humanos sobrevivan. Durante siglos, la raza humana, al menos en el mundo civilizado, ha vivido muy por encima de ese nivel crítico. Ahora, con su mundo en ruinas, muchas comunidades europeas llegaron peligrosamente cerca de la pobreza más abyecta e incluso del hambre y la muerte. Como consecuencia, grandes áreas se desertizaron y se convirtieron en páramos, hábitat natural de fieros depredadores que habían estado a punto de extinguirse y de forajidos y hombres sin ley, que vivían como las bestias que les rodeaban en los oscuros bosques.

Incluso aquellas comunidades que sobrevivieron, con cifras de población mucho más bajas que antes, lo hicieron con pocas comodidades. Tanto los hombres como las mujeres tenían que trabajar duro sólo para tener algo —casi nunca bastante— que comer. Las casas eran primitivas, a menudo poco más que cuevas excavadas en las laderas de las colinas. La gente se vestía con ropas hechas en casa que utilizaban año tras año. Pasaban frío en invierno y calor en verano. Cuando anochecía, la única luz venía de sus humeantes hogares.

Un mundo de enemigos

Vivían también rodeados de peligros. Las comunidades eran pequeñas, cerradas, y carecían de autoridad central o de policía, por lo que constantemente eran víctimas de ataques de piratas y bandas de criminales. Ser atacado por forajidos, la principal enfermedad social de la época, probablemente era la primera causa de mortalidad entre la población medieval.

Para la gente corriente resulta arduo protegerse constantemente de aquellos que están fuera de la ley. La protección, que es el auténtico oficio más antiguo del mundo, siempre ha sido una profesión altamente especializada.

La protección es un trabajo a tiempo completo, y las personas que lo ejercen deben ser mantenidas por los protegidos. Si no existe ninguna autoridad central y cunde la falta de respeto por la ley, la protección es todavía más cara. Los protectores deben tener buenas armas. Los fondos que reciben deben salir del bolsillo de los protegidos. Por último, se les tiene que pagar lo que pidan, incluso si es más de lo que necesitan, puesto que se les ha concedido el monopolio de la fuerza en la comunidad y no se puede impedir que ellos mismos determinen lo que quieren cobrar.

Durante la Edad Oscura, el precio de la protección fue extraordinariamente alto y consumía hasta las tres cuartas partes de los ingresos de los protegidos. Una de las causas de este elevado coste (comparado con lo que cuestan hoy la protección y la seguridad) radicaba en el hecho de que la protección medieval pronto se institucionalizó en una jerarquía que no aportaba más seguridad a los protegidos pero sí aumentaba el número de protectores que se debían mantener.

Los lugareños armados y los soldados estaban en el nivel más bajo de esa jerarquía. Se esperaba que mantuvieran a enemigos y ladrones lejos de los campos y los hogares. Estos hombres también necesitaban protección no sólo contra forajidos, sino muy especialmente contra otros soldados locales. La conseguían del siguiente nivel de la jerarquía, acudiendo a un señor que organizaba la seguridad de una región bastante grande.

Al final, dentro de un área geográfica defendible (que podía ser pequeña o muy grande), sólo el rey era verdaderamente autónomo, pues no le debía fidelidad a nadie mientras fuera capaz de mantener satisfechos a los rangos inferiores de protectores y pudiera defender sus fronteras de los ataques de los demás reyes.

Según la tradición existieron también caballeros andantes, que vagaban en busca de personas especiales, como damiselas en apuros, a las que ayudar y socorrer. En su mayor parte, tales figuras no existieron más que en la imaginación de sus creadores.

Se trataba de un sistema caro y poco eficiente para mantener cierto nivel de paz civil. Lo llamamos feudalismo. Pero mientras las personas más inteligentes, creativas y activas de la sociedad medieval no pudieron dedicarse a nada más que la pura y dura supervivencia, fue imposible que surgiera ningún sistema alternativo de organización social.

El problema de Dios

Dios fue el último de los tres grandes desafíos medievales, y el más importante de todos. Los seres humanos siempre se han interesado por Dios y han intentado comprender sus acciones. Pero los griegos, y especialmente los romanos, habían mantenido ese interés bajo control. Sólo muy pocas veces, y en rituales señalados, se dejaban poseer por la locura divina.

En los primeros tiempos de la Edad Media, esa locura poseyó a los mejores y más brillantes europeos. Casi se puede decir que se obsesionaron con Dios. Pensaban sobre Dios, estudiaban a Dios, trataban de descubrir su voluntad y obedecerla, e intentaban descubrir los propósitos que Dios tenía para el mundo y ayudarle a que se cumplieran.

Sus vidas giraban en torno a Dios de una manera como nunca antes había sucedido en Occidente. Las matemáticas y la fi-

179

losofía encabezaban los estudios de los griegos, y la política y el derecho, los de los romanos; la teología se convirtió en la reina de las ciencias. Y lo seguiría siendo durante casi mil años.

La ciencia de la teología

Hoy la teología sobrevive sólo como una de las humanidades, con pocos estudiantes y todavía menos devotos apasionados. Las propias humanidades, ese grupo de ciencias que una vez lideró la enseñanza académica, están pasando por un mal momento. Otro tipo de ciencia, a la que tendremos que dedicar nuestra atención en capítulos posteriores, ha ocupado su lugar. Más aún, esa otra clase de ciencia se ha apuntado éxitos impresionantes. Hacemos bien en adorarla. Pero no debemos olvidar que la teología también logró éxitos impresionantes en su día. Y su día fue muy, muy largo.

¿Qué significa «estudiar» a Dios? ¿Cómo puede existir una «ciencia» de Dios? El mismo hecho de que nos planteemos estas preguntas demuestra lo lejos que hemos llegado, y lo mucho que ha cambiado nuestra visión del mundo desde tiempos medievales.

La Ciudad de Dios, como hemos visto, era distinta de la Ciudad del Hombre. Lo había dicho san Agustín. Pero ¿en qué era distinta? ¿Cuál era la «constitución» de la Ciudad de Dios? ¿Cuál era su política, su justicia, su paz? Por fuerza todo tenía que ser muy distinto a como era en la Ciudad del Hombre.

Consideremos, por ejemplo, la paz. La paz civil en la Ciudad del Hombre es una idea compleja, que tanto griegos como romanos se esforzaron por comprender. Requiere un delicado equilibrio de fuerzas, voluntad de compromiso, aceptación de una autoridad justa, el reconocimiento de un espacio privado en el que la autoridad no puede inmiscuirse y muchas otras cosas. Probablemente, es la condición más difícil de conseguir en la sociedad civil de un Estado, y sin duda la más valiosa.

La paz en la Ciudad de Dios también implicaba una serie de relaciones complejas con la autoridad, pero en este caso la autoridad era Dios, o la voluntad de Dios. En su *Divina comedia*, Dante hace que uno de los bienaventurados diga: «Su voluntad es nuestra paz» *(E la sua voluntade è nostra pace)*.

Sólo estamos en paz si nuestros deseos son completamente acordes a la voluntad que Dios tiene para nosotros.

Entonces, ¿seguimos siendo libres, o somos sólo esclavos? Somos libres, pues escogemos libremente lo que Dios escoge para nosotros. Escoger cualquier otra cosa significaría ser esclavos de nuestros propios deseos. Si nos hemos liberado de todos nuestros impulsos malos y equivocados, entonces Dios es lo que escogemos de forma natural y por eso somos también libres en ese sentido.

¿Reconocemos un espacio privado en el que Dios no puede, no debería o simplemente no entra, un dominio en el que existe otro tipo de libertad? Este espacio existe y es reconocido y protegido en la Ciudad del Hombre, pero en la Ciudad de Dios podemos permitirnos —deseamos con todo nuestro corazón— abrir nuestro ser por completo a Dios, no esconderle nada. Cualquier cosa que escondamos es una vergüenza y también una especie de esclavitud.

Y así, continuaba diciendo la serie de razonamientos teológicos, entregándonos por completo tanto nosotros mismos como nuestra voluntad a Dios, conseguimos una paz mayor y una libertad más verdadera. A cambio de esa entrega, que es el más grande de los actos humanos, Dios nos recompensa con la paz eterna.

Éste era el tipo de conocimiento que buscaban los estudiantes de la Ciudad Celestial. Sus dos libros de texto fundamentales son el Antiguo y el Nuevo Testamento. Pero esos dos libros no siempre son fáciles de entender. ¿Hay que tomarse todo lo que dicen literalmente, por ejemplo, o Dios quiere que leamos alegóricamente algunos de los textos? Una vez se ha contestado afirmativamente a esta pregunta y concedido que hay que entrar en interpretaciones alegóricas, surgen otras muchas dificultades.

De hecho, todas y cada una de las frases de las sagradas escrituras requieren interpretación para que sea posible comprenderlas y aplicarlas a la vida del hombre y a su búsqueda de

Dios. ¿Existen afirmaciones en los textos que se contradigan la una a la otra? Esto parece imposible, puesto que si Dios se contradijera a sí mismo, nos apartaría de él y, según la promesa que le hizo a Noé, una promesa que confirmó con el sacrificio de su único hijo, no se contradirá. Cuando parece que Dios se contradice en sus actos, como, por ejemplo, cuando permite que sucedan cosas malas a buenas personas (tal como entendemos el bien y el mal), debemos asumir que no le hemos comprendido, pues si hay algo en el mundo en lo que podemos confiar plenamente es en la bondad de la voluntad de Dios hacia los demás y también hacia nosotros mismos.

Durante siglos, las mentes más inteligentes, creativas y trabajadoras de la cristiandad occidental debatieron estas cuestiones y cientos de otras similares. Alcanzaron algunas respuestas y luego las cuestionaron y debatieron sobre ellas en escuelas y universidades. Meditaron sobre ellas en silencio en monasterios por todas partes. Se creía que la contemplación que, estrictamente hablando, es distinta de la teología, era uno de los mayores servicios que se podía prestar a Dios, incluso mayor que el estudio y la predicación, y por ello los mejores hombres y mujeres de la época se entregaron a ella y permanecieron mudos ante el mundo.

No sabemos qué descubrieron en su silenciosa y apasionada meditación sobre los problemas de Dios, pues no lo dejaron por escrito, no se lo contaron a nadie y no les importaba que lo supiésemos. No había premios Nobel de teología ni ninguna recompensa terrenal ni fama que premiara los mayores descubrimientos. La recompensa estaba en el descubrimiento en sí, en su cálida e inmediata verdad. Y en la paz que lo seguía, una paz eterna.

La teología en otras religiones

Los cristianos no eran ni mucho menos los únicos teólogos de esos siglos medievales. Parecía que casi todo el mundo estaba obsesionado con Dios. Los cristianos orientales, o de rito griego, fueron grandes teólogos, aunque no por ello perdieron la cabeza ni descuidaron la prosperidad de su imperio.

Los judíos estaban entonces también, como siempre, obsesionados con Dios. Los judíos fueron la primera de las muchas olas de semitas que salieron de la península arábiga durante el segundo milenio antes de la era cristiana. Fueron empujados hacia el oeste por otros pueblos hasta que establecieron su centro espiritual y su hogar en Jerusalén. Allí cultivaron durante cientos de año su peculiar monoteísmo y proclamaron a todo aquel que quisiera escucharles las conclusiones de sus especulaciones morales sobre su Dios Oculto.

Los romanos conquistaron a los judíos en el 63 a. J.C. Los judíos se rebelaron apenas cien años después sólo para ver cómo los romanos sofocaban la revuelta y destruían su templo. El período posterior a estos acontecimientos se considera por algunos la mejor época de la historia de los judíos, cuando se dispersaron por todo el Imperio romano y puede que llegaran a constituir hasta el 10 por ciento de su población total. En el Norte de África, en España, Italia, Grecia y Egipto, así como en Palestina y sus alrededores, las comunidades judías hablaban una misma lengua, obedecían las mismas leyes (entre ellas una misma ley mercantil) y comerciaban los unos con los otros generando beneficios tanto para ellos mismos como para los romanos.

Por todas partes, además, los eruditos y rabinos no sólo estudiaron y codificaron la ley y la historia judía, sino también el saber helenístico. Trabajando conjuntamente con los griegos y otros cristianos, los judíos de Alejandría contribuyeron en gran medida a la compilación de la tradición clásica que resurgiría en Occidente tras la caída de Bizancio en 1453.

No menos obsesionados con Dios que los cristianos occidentales estaban los millones de seguidores de Mahoma, quienes, tras la muerte del profeta en el 632, conquistaron rápidamente toda Arabia, Oriente Medio, Persia, el Norte de África y España. La expansión occidental del islam fue detenida por los francos en Poitiers en el 732 y el islam se retiró tras los Pirineos. Pero la expansión oriental continuó y hacia el siglo X había avanzadillas musulmanas en muchas áreas de África al sur del Sahara, a lo largo de todo el subcontinente indio y en las islas de los mares del sur de China (Sumatra, Java, Célebes, Mindanao y muchas otras).

Al principio, el islam no fue una religión proselitista, aunque convirtió a mucha gente. Su mensaje de compasión y piedad, plasmado en el Corán, fue una inspiración para las masas oprimidas de todo el mundo y lo sigue siendo hoy. Los mercaderes árabes y, al final, los mercaderes musulmanes en general, llevaron consigo no sólo el ejemplo de su celo e integridad, sino también noticias de un nuevo y deseable mundo. Luego, por supuesto, estaba el hecho de que era muy conveniente convertirte a la religión de tus socios comerciales si tú mismo no eras devoto de ninguna. La mayoría de los cristianos y judíos rechazaron convertirse al islam, pero los paganos a menudo sucumbieron.

Omar, el segundo califa (es decir, el sucesor de Mahoma), conquistó Alejandría, la capital de la erudición mundial, en el 642 d. J.C. Fue en Alejandría donde los musulmanes árabes entraron por primera vez en contacto con la cultura griega. Cayeron bajo su embrujo inmediatamente. Pronto se convirtieron en destacados matemáticos, astrónomos y médicos, y continuaron el trabajo de codificación e interpretación del pensamiento científico griego que se había iniciado ya antes de la caída de Roma. Como todos los demás, los musulmanes árabes se sumergieron en el frenesí de estudio y especulación teológica que se había apoderado de Occidente.

Principios de la teocracia

En una democracia (cuyo nombre procede de la palabra griega *demos*, «pueblo», y *kratos*, «poder») es el pueblo quien gobierna, bien directamente a través de representantes elegidos a intervalos establecidos y según unas reglas consensuadas. Otras palabras, también acabadas con el sufijo de origen griego -*cracia* denotan otros tipos diferentes de gobierno: por ejemplo, aristocracia o tecnocracia. En una teocracia (del griego *theos*, «dios»), es Dios quien gobierna.

Ésa es una idea difícil de entender. «El pueblo» es una abstracción, pero de todas formas, uno se puede sentir parte de ese pueblo y, por lo tanto, considerar que tiene un papel que desempeñar, aunque sólo sea el día de las elecciones, en el gobierno que contribuye a elegir. «Aristocracia» es también fácilmente comprensible. Es el gobierno de «los mejores», lo que resulta teóricamente posible a pesar de que todavía no se ha descubierto un sistema infalible para descubrir quiénes serían esos «mejores» que deberían gobernar al resto. También son comprensibles construcciones como «meritocracia», el gobierno de los que tienen más mérito, o «tecnocracia», un sistema social y económico dirigido por tecnócratas o expertos. Pero ¿qué quiere decir que manda Dios? ¿Qué es Dios? ¿Cómo ejerce Dios su gobierno?

Durante milenios, en todo el mundo antiguo, reyes, emperadores y faraones afirmaron ser dioses, es decir, ser dirigentes divinos de su pueblo además de seculares. Todos los emperadores romanos, de Augusto en adelante, fueron adorados como dioses. Pero cuando Constantino adoptó el cristianismo como religión oficial del estado romano, no afirmó ser el Dios cristiano. El Dios cristiano (igual que el judío o el musulmán) no es sólo otro más entre muchos dioses. Es Dios, el único, todopoderoso, omnipresente y omnisciente. En un sentido práctico, ¿qué se quería decir cuando se afirmaba que gobernaba el mundo?

Para los judíos y para los musulmanes era relativamente sencillo responder a estas preguntas. Dios les había entregado la ley a Moisés y a los profetas, y los judíos simplemente tenían que obedecerla. Los hombres aprendían la ley y los rabinos o maestros podían aconsejarles cuando tuvieran dudas. Dios también había dictado el Corán a su profeta Mahoma, y el Corán no era sólo el libro sagrado del islam, sino también todo su código de derecho. De nuevo, podía recurrirse a musulmanes eruditos, dirigidos por el imán, para que ayudaran a resolver algún punto que no estuviera claro.

¿Podía hacerse lo mismo con el cristianismo? Parecía complicado, pues el Nuevo Testamento carece de leyes prácticas sobre conducta, aunque sus misteriosas parábolas podrían interpretarse como guías hacia un determinado modo de vida. La mayor dificultad la planteaba la siguiente pregunta: ¿Quién debía interpretarlas para todos los cristianos y con qué autoridad?

En otras palabras, si el Imperio romano había caído y dejado de existir, ¿qué debía reemplazarlo como poder temporal?

La respuesta existía en la Iglesia cristiana, que a pesar de haber sido fundada por Cristo como institución secular, había adoptado de todas formas ese papel, pues sólo la Iglesia poseía la autoridad para interpretar la voluntad de Dios.

En este punto todavía surgían más dificultades, pues el Imperio de Oriente, con su capital en Bizancio, reclamaba la hegemonía sobre los restos del Imperio romano de Occidente. Su reclamación se fundamentaba en la tradición y, lo que era todavía más importante, en decretos explícitos de Constantino, que había establecido Bizancio (Constantinopla) como la capital de su imperio. Por tanto, parecía necesario descubrir o crear algún nexo entre Constantino y la Iglesia que le concediera a ésta la autoridad que necesitaba.

Tal nexo no existía, de modo que hubo que inventarlo. Durante el siglo IX o quizá el X, una persona o personas desconocidas que estaban familiarizadas con la forma de operar de la curia romana, falsificaron un documento en el que se decía que Constantino el Grande había concedido al papa Silvestre I (314-335) y a sus sucesores la primacía espiritual sobre todas las cuestiones de fe y adoración religiosa, así como el dominio temporal de Roma y de todo el Imperio de Occidente. Hoy existe un consenso casi universal sobre que este documento era una falsificación y sobre que la supuesta «Donación de Constantino» no se produjo nunca. Durante cientos de años, nadie cuestionó ese edicto. Esa supuesta concesión de dominio satisfacía una necesidad muy profunda de la Iglesia: resolvía el problema de explicar cómo Dios había dispuesto que se manifestara su gobierno entre los hombres.

Al mismo tiempo, era de la mayor importancia que el arreglo se basase en una mentira. Quizá tuviera que ser así. Una forma de gobierno teocrática puede funcionar en pequeñas comunidades como monasterios o claustros, o en grupos tales como la Plantación Plymouth en el primitivo Massachusetts. Pero ¿puede realmente funcionar la teocracia sobre una gran cantidad de personas bien comunicadas y dispersas a lo largo de una gran extensión? Lo dudo. Reconozco, no obstante, que hombres más que notables no están de acuerdo conmigo. Sin embargo, creo que para que sus argumentos fueran convincentes deberían poder señalar algún ejemplo existente de una teocracia pura que funcione.

Imperio y papado

El papa podía reclamar poder temporal sobre todos los cristianos, pero ¿cómo iba a ejercerlo? Como cargo electo, el papa era a menudo un anciano que no vivía mucho en el cargo. Su preparación no le hacía adecuado para ser un líder temporal, pues en aquellos tiempos el gobierno secular consistía básicamente en liderazgo militar. En consecuencia, el papa necesitaba establecer y perpetuar una institución temporal, dirigida por un hombre que le obedeciera y que fuera capaz de ejercer un control militar sobre las lejanas comunidades de la cristiandad.

Era más fácil crear tal institución que hacer que perdurase y todavía más difícil era pretender controlarla. De hecho, la institución casi se creó sola, bajo el nombre de emperador del Sacro Imperio romano, un título que varias personas reclamaron para sí en varios momentos de la historia. El más famoso de todos fue Carlomagno, quien, en una ceremonia que se consideró en sus tiempos muy significativa, fue coronado por el papa el día de Navidad del año 800.

Carlomagno (742-814), o Carlos I el Grande, rey de los francos (768-814) y de los lombardos (774-814) ya era el hombre más poderoso de Europa mucho antes de que León III le coronase en la basílica de San Pedro en Roma y le proclamase emperador y heredero de Augusto. Carlomagno no ganó ni una pizca de poder en esa ceremonia. Sí adquirió cierta legitimación que él y sus sucesores consideraron muy importante. Y el papado también ganó otro tipo de legitimidad. Desde entonces, los papas continuaron afirmando su superioridad temporal sobre los emperadores.

Sin embargo, la misma pregunta seguía sin respuesta. ¿Cómo iba el papa a controlar al emperador, que tenía muchos más soldados a sus órdenes? Así pues, aquel acto simbólico celebrado en San Pedro en el año 800 fue y siguió siendo absolutamente ambiguo. El emperador gobernaba por la voluntad del papa, afirmaba el papa, y el emperador no lo discutía explícitamente. Pero el papa también gobernaba por la voluntad del emperador, pues el emperador tenía muchos soldados y el papa sólo unos pocos.

Puesto que la idea de la teocracia es intrínsecamente ambigua, no es de extrañar que esa misma ambigüedad se plasmara en su aplicación práctica durante muchos siglos. ¿Por qué nadie hacía obvia esa ambigüedad y se oponía a ella? Porque, a pesar de todos sus defectos, el sistema de papa y emperador satisfacía una necesidad esencial. No se podía imaginar otra forma de legitimar el gobierno.

El poder relativo del imperio y del papado fluctuó durante los siglos que se sucedieron a partir del año 800. A veces sí parecía que el papa tuviera el poder supremo. Otras veces el papa tenía que ceder una porción tan grande de su poder que se le consideraba poco más que una marioneta cuyas cuerdas sostenía y manejaba el emperador. Sin embargo, el sistema perduró quinientos años, hasta que se produjo el bochornoso escándalo de la «cautividad babilónica» cuando el papa abandonó Roma y estableció su residencia en Aviñón, bajo la protección del rey de Francia, entre 1309 y 1377. Nunca más volverían a poseer los papas el poder temporal que siempre reclamaron y que a veces obtuvieron. Ni, de hecho, tampoco sobreviviría el Sacro Imperio romano como una institución viable cuando los estados nacionales, como Francia, Inglaterra, España y la sucesora del propio Sacro Imperio, Alemania, saltaron al primer plano y asumieron el control de la política europea durante el siglo XVI. Estas nuevas naciones Estado estaban dirigidas por reyes que gobernaban «por la gracia de Dios», pero ésa era una idea nueva y muy distinta de la teocracia que dominó la escena política durante los diez siglos siguientes a la caída de Roma.

Monacato

Aunque el imperio y el papado fueron muy poderosos e influyentes, no consiguieron gobernar la Europa teocrática de forma efectiva durante los ocho siglos, entre el 500 y 1300 d. J.C., que conocemos como la Edad Media. Hacía falta algo más: una institución que sirviera como intermediaria entre el hombre y Dios, que adaptara al nivel humano las leyes y mandamientos de Cristo y de su vicario en la Tierra, el papa de Roma.

Esa función debería haberla desarrollado la Iglesia, si ésta hubiera sido alguna vez lo que probablemente Cristo quiso que fuera (si es que, de hecho, Cristo llegó jamás a fundar una Iglesia, algo sobre lo que existen muchas dudas). Los obispos de la Iglesia aportaban algo parecido a la ley y el orden, y sus sacerdotes conferían cierto consuelo espiritual. Pero tanto los sacerdotes como los obispos estaban ocupados con sus propios asuntos. Se necesitaba algo más simple y más humilde. El primero en comprender esta necesidad y satisfacerla fue Benito de Nursia.

Nacido alrededor del 450 d. J.C. en Nursia, en Italia central, Benito estudió en escuelas de Roma. Conmocionado por la licenciosidad de la decadente capital, se retiró a una cueva de roca cerca de las ruinas del palacio de Nerón en Subiaco, a unos sesenta y cinco kilómetros de Roma. Allí vivió como un ermitaño durante tres años, hasta que se hizo famoso por su santidad y le persuadieron para que se convirtiera en abad de un monasterio cercano. No todos estaban de acuerdo con su celo, y algunos monjes rebeldes de la congregación trataron de envenenarle. Dimitió del puesto, pero una vez más comenzaron a congregarse discípulos a su alrededor y con su ayuda fundó doce nuevos monasterios. Y de nuevo hubo conspiraciones para acabar con su liderazgo.

Entristecido y disgustado, abandonó la zona y marchó hacia el sur hasta una colina que se eleva abruptamente sobre Cassino, a medio camino entre Roma y Nápoles. La región era todavía básicamente pagana, pero convirtió a los habitantes gracias a sus fervorosas prédicas y fundó allí el monasterio de Monte Cassino, el primero de la orden benedictina.

Durante muchos años había reflexionado sobre la cuestión de cómo debía ser la vida de una comunidad de monjes. Escribió una serie de reglas y estándares de la vida comunitaria que se hicieron célebres y se conocen como la Regla de san Benito. El carácter compasivo, humilde y moderado de la Regla, con su cuidadoso equilibrio entre la oración, el trabajo y el estudio, se ha convertido en parte del tesoro espiritual de la Iglesia. Benito murió, probablemente en Cassino, alrededor del 547. Hoy, casi mil quinientos años después, los benedictinos perduran como orden monástica.

Según la tradición escolástica, el monasterio de Monte Cassino se fundó en el año 529. Ese mismo año, el emperador cristiano Justiniano promulgó un decreto ordenando el cierre de la Academia platónica en Atenas. El simbolismo que se desprende de la coincidencia de ambos acontecimientos ha sido considerado durante mucho tiempo como profundamente significativo. El cierre de la Academia, que había sobrevivido durante casi mil años desde que la fundara el filósofo Platón, significaba el fin de la educación superior griega en Occidente (en Bizancio siguió habiendo academias griegas durante cientos de años). Al mismo tiempo, simbolizaba el principio de un tipo nuevo de institución educativa y escolástica. Desde entonces en adelante, «no crecería ninguna planta excepto las que germinaban y crecían en el claustro».

Surgieron monasterios benedictinos por toda Italia y por el resto de Europa. Tomaron sobre sus hombros la tarea de organizar, ordenar, clasificar y copiar los materiales clásicos que les habían llegado del pasado griego y romano, y a ellos les debemos prácticamente todos los textos que han sobrevivido. Pero los monjes benedictinos no se limitaron a encorvarse sobre gastados atriles y copiar textos que, en muchos casos, no debían de entender por completo. También tuvieron un papel activo en el mundo. Fueron los monjes benedictinos los que llevaron el mensaje del cristianismo a los rincones más lejanos del viejo Imperio: a Inglaterra, al norte de Alemania y al oeste de España, así como a las regiones paganas de Italia que, como Cassino, seguían aferradas a su religión pagana más de mil años después de la muerte de Cristo.

La sencilla humildad de san Benito se recordó durante siglos y continuó confiriendo a la orden que llevaba su nombre una reputación de santidad y celo cristiano. Pero, con el tiempo, también los monasterios, como la propia Iglesia, se enriquecieron. La riqueza es un obstáculo para la salvación, como bien sabía Cristo (es más difícil que un rico entre en el reino de los cielos que un camello pase por el ojo de una aguja). Este axioma se aplicaba no sólo a los individuos, sino también a las instituciones. Así pues, hacia el siglo XII todas las órdenes monásticas existentes se habían vuelto corruptas.

Durante los siglos XII y XIII, una nueva visión del mundo se extendió por toda la cristiandad al establecerse dos nuevas órdenes: los franciscanos y los dominicos. Francisco de Asís (1181/1182-1226), el diminuto y angustiado hombre que fundó los franciscanos alrededor de 1210 fue sin duda una de las figuras más extraordinarias de la baja Edad Media. Afirmando que el propósito de su nueva vida era «seguir las enseñanzas de nuestro Señor Jesucristo y caminar sobre sus pasos», Francisco exigió a sus seguidores que subsistiera solamente de lo que pudieran mendigar conforme vagaban por el mundo predicando su mensaje a cuantos quisieran escucharles. Su nueva orden, y la de los dominicos, fundada más o menos en las mismas fechas por el español Domingo de Guzmán (*c.* 1170-1221), fueron llamadas mendicantes, pues abjuraron de grandes abadías y claustros en favor de una vida sencilla y pobreza supremas.

Posteriormente incluso los dominicos y los franciscanos sucumbieron a la tentación de las riquezas que tuvieron que aceptar de aquellos que esperaban comprar la salvación entregando su dinero y propiedades a hombres y mujeres santos. A lo largo del siglo XIII, sin embargo, el monacato se elevó a unas cumbres de piedad y de servicio a la humanidad que nunca había alcanzado antes y que no ha vuelto a alcanzar desde entonces.

No existen estadísticas fiables del número de personas que pertenecieron a órdenes monásticas durante el primer siglo de existencia de los benedictinos ni durante la época de la reforma de Cluny en el siglo XII, ni tampoco durante el siglo XIII, cuando los frailes franciscanos y los predicadores eruditos dominicos recorrieron los caminos de Europa. Quizá las órdenes nunca fueron muy grandes en términos numéricos. Pero atrajeron a una proporción muy grande de los hombres y mujeres más inteligentes y creativos de su época.

A menudo brillantes y siempre abnegados, estos hombres y mujeres, al entrar en un monasterio o claustro, se apartaban de la vida secular de su época. A partir de ese momento no hacían ninguna contribución más a la economía ni a la sociedad. Creían que su aportación era de una clase distinta: oraban por la humanidad, preservaban los tesoros del pasado, enseñaban a los demás lo que sabían de la salvación —la salvación en la otra vida, no en ésta— y sacrificaban el bienestar inmediato para conseguir un bienestar mayor en un futuro prácticamente indefinible.

Tales sacrificios y contribuciones no se pueden considerar insignificantes. No sabemos lo bastante sobre cómo funciona el mundo para asegurar que las oraciones de hombres y mujeres santos no contribuyen a crear un mundo mejor. Puede incluso que esos hombres y mujeres salvaran el mundo. Pero tampoco podemos afirmarlo, pues no sabemos si es cierto. Lo que sí sabemos es que la Edad Media secular tuvo que apañárselas sin la inteligencia, imaginación y creatividad de una porción significativa de sus mejores individuos. El coste que tuvo su pérdida es incalculable.

Cruzados

No sería cierto afirmar que el papa y la Iglesia carecían por completo de soldados. De vez en cuando, mercenarios pagados por el papa luchaban en batallas y a veces vencían frente a ejércitos imperiales o de otro país. Un ejemplo notable de ello es el ejército papal dirigido por César Borgia a finales del siglo XV en Italia. Hijo bastardo del papa Alejandro VI, César y su padre esperaban no sólo labrar un gran estado en Italia para su familia sino también unificar el país entero y así salvarlo de las rapiñas del rey de Francia y del emperador alemán (es decir, del emperador del Sacro Imperio). Pero cuando su padre murió y le sucedió el papa Julio II, César no sobrevivió al cambio pontificio. Fue asesinado en 1507, a la edad de treinta y dos años, y las esperanzas de su familia murieron con él, igual que el sueño del historiador Nicolás Maquiavelo (1469-1527), que había visto en la combinación única de un papa poderoso y un brillante y joven comandante militar la única posibilidad de que Italia se liberase del control extranjero.

Pocos papas contaron con las ventajas que su hijo César le dio a Alejandro VI. Pero sí tenían otro tipo de arma que podía usarse para reclutar ejércitos: el fervor religioso que podían desatar entre los grandes líderes militares de Europa. Durante el siglo XI, el pujante comercio europeo provocó tanto expediciones comerciales como peregrinajes a Jerusalén y a otros lugares santos de Oriente. Al mismo tiempo, el Imperio bizantino fue atacado por los turcos seléucidas. El papa Urbano II comprendió que la situación planteaba a la vez una necesidad y una oportunidad. En 1095 hizo un llamamiento para que un ejército cristiano derrotara a los turcos y recuperara el Santo Sepulcro de manos musulmanas. El 15 de julio de 1099, Jerusalén cayó ante un variopinto ejército de cruzados que demostraron su caridad cristiana asesinando a todos los habitantes judíos y musulmanes de la ciudad, mujeres y niños incluidos. Durante las décadas siguientes, cruzados de diverso tipo se hicieron con el control de una estrecha franja de territorio a lo largo de la costa de Palestina, lo que provocó no poca alegría en sus países de origen.

Los sarracenos recuperaron los castillos cruzados en 1144, lo que llevó a la segunda (1148), tercera (1189) y cuarta (1198) cruzadas, todas las cuales acabaron en humillantes fracasos y provocaron que se perdieran las avanzadillas que los cristianos habían conquistado en la zona, junto con las vidas y fortunas de decenas de miles de cristianos, muchos de ellos pertenecientes a la alta nobleza. Pero, a pesar de ello, el fervor cruzado siguió creciendo en intensidad.

En la primavera de 1212, un niño pastor llamado Esteban tuvo una visión en la que Jesús se le aparecía vestido como un peregrino y le entregaba una carta para el rey de Francia. Esteban, que vivía en un pequeño pueblo francés, Cloyes-sur-le-Loir, partió a entregar la carta. Conforme caminaba bajo el brillante sol de primavera les contó su misión a todos cuantos se iba encontrando. Pronto se reunió a su alrededor una multitud de niños decididos a seguirle allí adonde él fuera. Al final, más de treinta mil de ellos decidieron ir a Marsella, desde donde pensaban viajar en barco hasta Tierra Santa. Una vez allí, estaban convencidos de que serían capaces de conquistar a los infieles mediante el amor en lugar de mediante la fuerza de las armas.

Al llegar a Marsella, los tomaron bajo su cuidado unos mercaderes que, viendo la oportunidad de hacer un gran negocio, les prometieron llevarles a Tierra Santa, pero en lugar de ello les desembarcaron en el Norte de África, donde les vendieron como esclavos en los mercados musulmanes, a los que el negocio de compraventa de seres humanos reportaba pingües beneficios. Pocos de ellos regresaron, si es que alguno lo hizo. Ninguno llegó a Tierra Santa.

Un niño de diez años de Colonia llamado Nicolás reclutó entonces un segundo grupo, predicó una Cruzada de los Niños en Renania y finalmente logró reunir a otros veinte mil niños y niñas. Tras cruzar los Alpes y llegar a Italia, esos niños tuvieron distintos destinos, ninguno de ellos bueno. Como en la ocasión anterior, un buen número de ellos fueron embarcados hasta África y vendidos como esclavos.

En el siglo XIII hubo cuatro cruzadas más. La octava y última, dirigida por el rey Luis VII de Francia (san Luis) fue en algunos sentidos más patética y triste que la Cruzada de los Niños. Convocada por el rey Luis en 1270, comenzó con enormes esperanzas, pero el gran ejército que desembarcó en Túnez en julio de 1270 fue diezmado por una plaga. Luis fue de los primeros en morir, pero muchos le siguieron antes de que su cuerpo fuera llevado de vuelta a Francia.

Las ocho cruzadas, organizadas a lo largo de un período de casi dos siglos, no consiguieron prácticamente nada concreto y tuvieron un coste enorme en términos de vidas, dinero y esperanzas truncadas. Pero quizá fueron un resultado necesario, incluso inevitable, del gran experimento sobre gobierno teocrático que se llevó a cabo durante la Edad Media.

Miedo al milenio y logros después del milenio

El número mil siempre fascinó a los cristianos. Temían la llegada del milenio por muchos motivos y, desde luego, la predicción recogida en el capítulo veinte del Apocalipsis no era lo menos importante. Allí se decía: «Luego vi a un Ángel que bajaba del cielo [...] Dominó al Dragón, la Serpiente antigua —que es el Diablo y Satanás— y lo encadenó por mil años. Lo arrojó al Abismo, lo encerró y puso encima los sellos, para que no seduzca más a las naciones hasta que se cumplan los mil años. Después tiene que ser soltado por poco tiempo.»

La perspectiva de un mundo en el que el Diablo campara a sus anchas era aterradora, aunque sólo anduviera libre «por poco tiempo». La vida ya había sido lo bastante mala durante aquellos mil años con el Diablo encerrado en el abismo. ¿Cuánto podía empeorar si se le permitía al Diablo obrar sin restricciones? ¿Y cuán largo, o corto, era aquel «poco tiempo» tras el cual Cristo regresaría para juzgar a los vivos y a los muertos?

Cientos de miles de personas en toda Europa temblaron de miedo conforme se acercaba el año mil, ¿o iba a comenzar aquella época calamitosa anunciada en la Biblia el año 999? Durante los últimos años de la década del 990, la mayoría de los negocios simplemente se detuvieron, pues la gente no quería emprender nada que no fuera estrictamente inmediato, y los devotos tomaron las calles, flagelándose hasta llevarse a un estado de frenético remordimiento por los pecados y de esperanza ante la inminente salvación.

Es importante recordar que no todos en Europa, por no hablar de sus vecinos, contaban el tiempo de la misma manera que los cristianos. El mundo tenía mucho más de mil años para los judíos, que empezaban su calendario con el supuesto año de la Creación, que nosotros situaríamos en el 3761 a. J.C. Y para los musulmanes, que empezaban a contar desde el año 622 d. J.C., el mundo era mucho más joven.

En cualquier caso, el año 1000 (o 999) pasó sin que sucediera nada trascendente. El alivio que sintieron los cristianos ante este feliz desenlace se tradujo en una nueva explosión de energía, y los siguientes tres siglos, desde aproximadamente 1000 hasta alrededor de 1300, fueron una de las épocas más prósperas, optimistas y de mayor progreso de la historia de Europa.

Bajo Enrique III (1036-1056), el siglo XI contempló el período de máximo poder e influencia del Sacro Imperio. El Imperio se extendía desde Hamburgo y Bremen en el norte hasta el arco de la bota italiana en el sur, y desde Borgoña en el oeste hasta Hungría y Polonia en el este. Conforme el Imperio crecía, decaía el papado. En el año 1046, nada menos que tres hombres afirmaron al mismo tiempo ser los herederos del trono de Pedro. Enrique intervino y en el Sínodo de Sutri, ese mismo año, los depuso a los tres y aseguró la elección de su propio candidato, Clemente II. Ese mismo día, Clemente le devolvió el favor coronando a Enrique y a su esposa emperador y emperatriz.

Al cabo de no mucho tiempo, el péndulo osciló en la dirección contraria. Hacia finales del siglo XII, bajo el papa Inocencio III (1198-1216), el papado alcanzó el súmmum de su prestigio y poder, y la Europa cristiana estuvo más cerca que nunca de convertirse en una teocracia unificada sin contradicciones internas. Pero las ambigüedades y contradicciones seguían allí y volvieron a salir a la superficie poco después de la muerte de Inocencio, cuando Federico II, emperador entre 1215 y 1250, reemprendió la lucha contra el papado. Al final, el conflicto acabó por desgastar a ambos bandos.

El desconcierto político que se produjo no afectó a la subida general del nivel de vida que fue característica de esos siglos. El surgimiento de una nueva clase de comerciantes y mercaderes urbanos contribuyó decisivamente a esa nueva prosperidad. Era la clase que Karl Marx iba a denominar la «burguesía». Como dijo el propio Marx, «la burguesía ha desempeñado en la historia un papel claramente revolucionario», y en ninguna época fue ese papel revolucionario más evidente que durante los siglos XI y XII, durante los cuales cientos de nuevas ciudades, que se apodaron a sí mismas comunas, cobraron importancia en Italia, Alemania y Flandes. Exigieron y consiguieron liberarse de sus anteriores señores feudales y gobernarse a sí mismas.

Los innovadores burgueses no sólo crearon nueva riqueza con su comercio e industria, sino que también subvencionaron las invenciones de ingeniosos investigadores dedicados a la alquimia (la antecesora de la moderna química), la conversión de energía, el transporte y la metalurgia. Se generalizó el uso del hierro, incluso en las casas de los pobres. Los molinos de viento y de agua se elevaron por todas partes para convertir el poder de los elementos en energía utilizable. Se desarrolló un nuevo tipo de arnés que permitió usar por primera vez los caballos para tirar de carros y arados. Y en Bohemia, Suecia y Cornualles se desarrollaron nuevas técnicas mineras que permitieron la excavación de los primeros pozos profundos y facilitaron la explotación de depósitos más ricos de hierro, cobre, estaño y plomo.

Y lo que fue más importante todavía, la nueva clase urbana se convirtió en la empleadora y patrona del excedente de mano de obra que producía el crecimiento de población agrícola, mientras que en paralelo los campesinos y granjeros aumentaron su productividad gracias a nuevos descubrimientos. Como resultado, el ingreso de los trabajadores del campo subió al tiempo que las ciudades cada vez generaban más riqueza.

Todos estos cambios suponían una amenaza para el ideal teocrático de la civilización medieval. El capitalismo primitivo era intrínsecamente desestabilizador —el capitalismo siempre ha sido desestabilizador, como tan bien comprendió Marx antes que nadie—. La teocracia feudal, o feudalismo teocrático, adolecía de demasiada inestabilidad propia como para sobrevivir mucho tiempo en aquella época cambiante y creativa. Pero eso resulta mucho más sencillo de ver para nosotros que para la gente que vivía en la Edad Media. Su principal preocupación siguió siendo, como desde hacía mucho tiempo, el estudio y la especulación teológicas. Incluso en el nuevo mundo que nacía, las antiguas preguntas —relativas a los conflictos entre fe y razón, a la voluntad de Dios y a la naturaleza de la verdad— conservaban su antiguo atractivo y eclipsaron todo lo demás.

La disputa sobre la verdad

Una sola pregunta se situó en el centro del estudio y el debate teológico durante los siglos de la Edad Media. Se trataba de una cuestión que san Agustín había planteado de forma indirecta en su *Ciudad de Dios*, se explicitó por primera vez poco después de la caída de Roma y siguió siendo uno de los temas destacados de la teología durante mil años.

Dicho simplemente: si aceptamos la doctrina de san Agustín sobre las dos ciudades, ¿existe una sola verdad en ambas o cada una tiene su propia y distinta verdad? Si algo es verdad en una de las dos ciudades, ¿debe ser también verdad en la otra? O si hay dos verdades diferentes, ¿es una de ellas más importante que la otra? ¿Debe el hombre escoger entre ambas?

Puede que la pregunta nos parezca ahora irrelevante o de importancia menor, pues hace tiempo que llegamos a una respuesta y, por tanto, ya ni siquiera nos planteamos el tema. Pero para los hombres medievales no era una pregunta fácil. Y vieron, quizá con mayor claridad que nosotros mismos, cuán graves serían las consecuencias, tanto teóricas como prácticas, de cada una de las posibles soluciones a ese problema.

Veamos a continuación lo que opinaron varios grandes pensadores medievales sobre la cuestión de las dos verdades, que es como acabó conociéndose este debate.

Boecio

Boecio nació en Roma cerca del 480 d. J.C., en el seno de una aristocrática familia. Recibió una buena educación y conocía perfectamente el griego y el latín. Alrededor del 510 empezó lo que sería la mayor empresa de su vida: la traducción de las obras de Aristóteles del griego al latín, de modo que las futuras generaciones pudieran conocer lo mejor del pensamiento clásico. Boecio logró también hacerse con un puesto importante bajo el rey ostrogodo Teodorico, y durante un tiempo disfrutó de poder e influencia. Pero cayó en desgracia tras el 520; fue encarcelado y, en el 524, tras horribles torturas, ejecutado. Mientras estaba en su celda escribió su famosa obra, *Las consolaciones de la filosofía*.

Por lo que se refiere a la gran tarea de su vida, Boecio completó sólo una pequeña parte de ella; es decir, en lugar de traducir toda la obra de Aristóteles, tradujo solamente el *Organon*, sus trabajos sobre lógica. Estas traducciones, no obstante, se utilizaron en escuelas durante más de setecientos años e hicieron que se reverenciase el nombre de Boecio.

También escribió tratados sobre temas teológicos, notables por el hecho de que no se mencionan ni una sola vez las Sagradas Escrituras. Sin embargo, como las biografías hechas por sus contemporáneos dejan claro, Boecio era cristiano. ¿Cómo es posible que no citara la Biblia? La solución al enigma la encontramos en la frase con la que concluye su tratado sobre la Trinidad, escrito alrededor del 515. Es una frase que se citó innumerables veces durante los siglos siguientes: «HASTA DONDE PUEDAS, UNE FE Y RAZÓN.»

En la Edad Media se creía que esta frase, que resulta increíblemente clara a pesar de su brevedad, resumía uno de los grandes extremos de las posturas teológicas. Si se la interpreta teniendo en cuenta que la Biblia no aparecía en la teología de Boecio, implicaba que la naturaleza de Dios podía ser comprendida por la razón humana; que las verdades de la fe y de la razón eran las mismas.

El Pseudo-Dioniso

Dioniso el Areopagita vivió durante el siglo I de nuestra era. San Pablo lo convirtió al cristianismo y en épocas posteriores se dijo que fue el primer obispo de Atenas. Hacia el 500 d. J.C., un monje, probablemente en Siria, que utilizaba el seudónimo de Dioniso el Areopagita publicó unos escritos que ejercieron una gran influencia sobre la teología en Occidente. El más importante de ellos fue un libro, en griego, titulado *Los nombres de Dios*. El trabajo ejemplificaba una especie de «teología negativa», en el sentido de que implicaba que la teología, concebida según lo hacía Boecio, era a la vez imposible e ilegítima.

El autor hoy conocido como Pseudo-Dioniso empezaba afirmando que no se puede dar a Dios ningún nombre que no se dé él mismo a través de la revelación. Seguía mostrando que incluso los nombres revelados, que (puesto que son nombres) deben ser comprensibles a la mente humana, no pueden expresar la verdadera naturaleza de Dios, pues Dios no puede ser comprendido (abarcado) por el finito entendimiento humano. El teólogo no debería ni siquiera decir que Dios es «real» o que «existe», pues su comprensión de esos términos deriva de su conocimiento y experiencia del mundo creado, pero no se puede comprender al Creador según los términos de su Creación.

El Pseudo-Dioniso, pues, se colocó en el polo opuesto a Boecio. Según Boecio, la Ciudad de Dios podía ser comprendida por la razón humana. Según el Pseudo-Dioniso, la Ciudad de Dios jamás podría reducirse a términos de la Ciudad del Hombre.

Para Boecio, Aristóteles era la gran autoridad. No había sido cristiano, por supuesto, pero en algunos de sus tratados había escrito de una forma que Boecio y otros podían interpretar como precristiana. Y era el apóstol de la razón. Boecio creía que nadie había sabido más sobre el mundo natural y que ese conocimiento no podía contradecir las Escrituras, pues lo que era cierto en un reino debía serlo también en el otro.

La gran autoridad para el Pseudo-Dioniso era san Agustín. La influencia que sobre san Agustín habían ejercido los neoplatónicos, Plotino y otros, que había leído en su juventud, junto con su fervorosa lectura de las Escrituras, le habían llevado a poner el énfasis en la visión mística de Dios. Sólo la fe, según afirmaba, podía dar la certeza que otros decían hallar en el intelecto.

Así pues, la única verdad importante era la verdad de la fe, concedida al hombre por la gracia de Dios.

Avicena

Avicena fue el científico-filósofo musulmán más influyente de su época. Nació cerca de Bujara, en Jurasán (actual Uzbekistán), y pronto demostró poseer una mente excepcional. A los diez años se sabía de memoria el Corán. Pronto superó a todos sus profesores, y a los dieciocho años se le consideraba un extraordinario autodidacta. A los veintiún años ya era un médico famoso. En esos momentos, una serie de desórdenes políticos en Persia y Afganistán, donde había pasado la mayor parte de su vida, le llevaron a embarcarse en un tumultuoso periplo. A pesar de las dificultades con las que se encontró, fue el más prolífico de todos los escritores árabes.

Avicena escribió dos grandes obras, además de muchas otras de menor extensión. La primera, *El libro de la curación*, era una enorme enciclopedia filosófica y científica de la que se dice que fue la mayor obra de su clase jamás escrita por una sola persona. La segunda, el *Canon de Medicina*, una enciclopedia que contenía todo el saber médico de su tiempo, se convirtió en uno de los libros más célebres de la medicina.

Ambas obras estaban basadas en modelos clásicos. *El libro de la curación*, en particular, estaba imbuido de doctrina aristotélica en todos sus aspectos excepto en ética y política, sobre las que Avicena no dijo nada, en una decisión quizá motivada por la situación política en la que vivió.

Las dos obras se tradujeron al latín y ejercieron una gran influencia en los académicos occidentales, que a través de ellos comprendieron que quizá existiera algún tipo de conocimiento más allá del que se derivaba de la interpretación y reinterpretación de las Escrituras, de *La Ciudad de Dios* de san Agustín y de la traducción de Boecio del *Organon*. La información que Avicena les dio sobre Aristóteles y el pensamiento griego en general les despertó el apetito del saber. Evidentemente, los grie-

201

gos defendieron a ultranza la idea de que la razón podía aportar verdades reales y valiosas. Pero los académicos seguían sin poder leer al propio Aristóteles, pues durante el siglo posterior a la muerte de Avicena, en el 1037, las obras del filósofo griego seguían sin estar disponibles en Occidente.

Pedro Abelardo

Ningún erudito medieval es más conocido que este brillante y desgraciado maestro cuya funesta aventura amorosa con Eloísa ha sido objeto de muchos libros y obras de teatro.

Nacido en Bretaña en el 1079, Pedro Abelardo era hijo de un caballero. Renunció a su herencia y a la carrera militar para estudiar filosofía y, en concreto, lógica, rama en la cual se convirtió en el principal experto y en el mejor maestro de su tiempo.

Fue una gran época para los grandes maestros y para los que se dedicaban a la lógica. París se había convertido en una gran placa de Petri de controversia teológica, y los estudiantes iban de un profesor a otro y se peleaban en las calles por cuestiones sobre lógica o sobre la correcta interpretación de las escrituras. Abelardo se lanzó a estas controversias, en parte por la diversión y la aventura que comportaban. También tomó unos pocos pupilos privados, entre ellos Eloísa (*c.* 1098-1164), la brillante y bella sobrina de diecisiete años de Fulberto (*c.* 960-1028), canónigo de la catedral de Nôtre Dame de París.

Abelardo sedujo a Eloísa, o quizá Eloísa sedujo a Abelardo; tuvieron un hijo y luego se casaron en secreto. El canónigo Fulberto montó en cólera, sobre todo por el hecho de que hubieran ocultado el enlace. Tanto Abelardo como Eloísa temían que las noticias de su matrimonio acabaran con la carrera académica de Abelardo. En cualquier caso, Fulberto contrató a unos matones que asaltaron y castraron a Abelardo. Se pasó el resto de su vida atormentado y amargado por ello.

Eloísa no lo abandonó, ni él la abandonó a ella. Continuó siendo su asesor espiritual conforme ella ascendía a puestos eclesiásticos cada vez más importantes. Juntos publicaron una recopilación de sus cartas de amor, uno de los libros medieval más bellos y reveladores. La carrera de Abelardo no se resintió lo sucedido. Incluso siendo un eunuco atraía a verdaderas h das de estudiantes, tantos que su problema pasó a ser cómo er. contrar tiempo para escribir sus propias obras.

Su obra teológica más famosa, *Sic et Non* (Sí y no), consistía en una recopilación de aparentes contradicciones extraídas de diversas fuentes, junto con unos comentarios que mostraban cómo resolverlas y aportaban reglas para resolver contradicciones de otros tipos. En una era tan dada a la disputa como aquélla, caracterizada por los debates lógicos entre estudiantes y entre estudiantes y profesores, el libro se hizo inmediatamente muy popular. Abelardo escribió también una obra de menor extensión, *Scito te ipsum* (Conócete a ti mismo), que adelantaba la noción de que el pecado no consiste en actos, que en sí mismos no son ni buenos ni malos, sino que radica sólo en las intenciones. El pecado no es lo que se hace, sino el consentimiento de la mente a aquello que sabe que está mal.

Abelardo fue castigado por las autoridades, en parte por su modo de vida y en parte por sus doctrinas. Mantenía una apariencia superficial de ortodoxia, pero en cuanto escribía subyacía una clara preferencia por la razón frente a la fe. Su obra y su vida desafiaban el agustinismo dominante de su tiempo, e implícitamente animaban a los aristotélicos a hacer avanzar la causa de la razón contra el misticismo pasado de moda de los mayores.

Se ha considerado muchas veces a Abelardo como un mártir del futuro. Sufrió castración, condenas, le ordenaron guardar silencio y finalmente murió (en 1142) por tratar de mantener viva la mente de Occidente y por allanar el camino para el triunfo de la razón. Este punto de vista tiñe de romanticismo su vida, que no fue romántica en el sentido moderno del término. Pero contribuye a subrayar el papel que desempeñó en la oposición entre los dos polos opuestos de la teología. Abelardo era un hombre de Boecio, y uno de los mejores.

principal enemigo de Abelardo fue este santo benedictino me-
...ieval, conocido como *doctor mellifluus* por lo dulce de su estilo. Bernardo, nacido en el 1090 en el seno de una familia noble
borgoñona, entró en el monasterio de Citeraux de la orden benedictina siendo todavía joven. Enamorado de Dios, y especialmente de la Virgen María, abrazó sus deberes monásticos con
tanta intensidad y pasión que se dejó la salud. A pesar de su exceso de austeridad (para mortificar su orgullo vivió durante años
en una pequeña celda de piedra que se inundaba con sesenta centímetros de agua cuando llovía) vivió hasta los sesenta y tres años
de edad.

La oración favorita de Bernardo era muy sencilla: «¿De dónde surge el amor a Dios? De Dios. ¿Y cuál es la naturaleza de
este amor? Amar sin medida.» Tales afirmaciones, que no eran
en absoluto originales, desconcertaban y quizá molestaban a Abelardo, que creía en la razón y casi no podía concebir un Dios que
no lo hiciera.

Bernardo, confidente, asesor y crítico severo de cinco papas, vio inmediatamente cómo estaban las cosas. «Este hombre
—dijo de Abelardo— pretende comprender mediante la razón
humana la totalidad de Dios.» Por eso fue Bernardo quien hizo
que el papa silenciara a Abelardo reduciéndole a una vida pre-
caria en el monasterio de Cluny y probablemente con ello le
partió el corazón. Bernardo fue uno de los principales agustinianos en unos tiempos en que a los seguidores de Aristóteles
todavía les quedaba un largo camino por recorrer.

Averroes

Hasta la aparición de este filósofo y comentarista árabe, las doctrinas originales de Aristóteles fueron oscuras y confusas para
los eruditos occidentales. Pero Averroes no sólo escribió sobre
Aristóteles en obras que le valieron el apodo de «el Comentarista», sino que también incluyó en ellas fragmentos de los textos

originales de libros como *Ética*, la *Metafísica* y *En los cielos* (p
ser más precisos, incluyó traducciones árabes del original gr
go, que a su vez fueron traducidas al latín, lo que posibilitó qu
las leyeran hombres como Alberto Magno y Tomás de Aquino).
El efecto fue explosivo.

Averroes nació en 1126 en Córdoba, en la España musulma-
na, que en aquellos tiempos era la ciudad más importante de
Occidente. Hombre culto, pronto se ganó reputación de erudito y sirvió a una serie de califas como asesor, juez y médico. Entre 1169 y 1195 publicó una serie de comentarios sobre la mayoría de las obras de Aristóteles (excepto de la *Política*, a la que
quizá no pudo tener acceso, no lo sabemos a ciencia cierta).

Averroes quería elevar la filosofía a lo que él creía que era el
lugar que le correspondía en el islam. No logró su objetivo, pues
el islam estaba tan obsesionado con Dios como el cristianismo.
No era una época en la que los musulmanes se pudieran sentir
libres para especular sobre temas religiosos.

Sin embargo, Averroes continuó sus comentarios críticos,
que incluían una gran representación de *La República* de Platón,
en la que concluía que la República era el estado ideal, al que
sólo faltaba la noción de Mahoma y del Dios que éste profetizó.
Entre otras cosas, Averroes lamentó que el islam no hubiera
adoptado el punto de vista que Platón tenía de las mujeres como
iguales de los hombres y no les hubiera dado la igualdad civil
con los hombres. Haberlo hecho, sostenía Averroes, hubiera mejorado la economía.

Averroes tuvo poco o ningún efecto sobre el pensamiento islámico, pero su influencia en Occidente fue enorme. Esta influencia no se debió a ninguna de sus opiniones particulares,
sino al hecho de que reveló a los eruditos del mundo cristiano la
visión que Aristóteles tenía de la naturaleza.

Agustín había interpretado que Platón y los neoplatónicos
afirmaban que el mundo natural (la «realidad») era sólo una
sombra de una realidad mayor que era, en algún sentido, la mente de Dios. Ahora se hacía evidente que Aristóteles no estaba de
acuerdo con esa opinión. Para Aristóteles la naturaleza poseía
una entidad real y sabía muchas cosas sobre ella. Más aún, había

...mado que la misión de la filosofía era conocer la naturaleza.
...o consideraba una tarea de la mayor importancia para la hu-
...manidad.

Hoy puede resultar difícil comprender por qué estas opiniones fueron tan revolucionarias, pues las aceptamos hace muchísimo tiempo. Pero los pensadores medievales desconfiaban de
ellas o incluso las ignoraron durante siglos. Hacía tanto tiempo
que nadie con autoridad intelectual, y ciertamente nadie con la
clase de autoridad que poseía Aristóteles, había sostenido la importancia de la naturaleza y su estudio, que al principio fue duro
asumirlo.

El *Organon* de Aristóteles se conocía a través de las traducciones de Boecio. Pero el *Organon* trataba de las leyes del pensamiento, de la lógica y del método filosófico. La ciencia de la
lógica está muy lejos de la naturaleza. La *Física* de Aristóteles, sus
breves tratados sobre temas como la memoria, los sueños, la longevidad, etc., su *Historia de los animales*, las *Partes de los animales*, la *Generación de los animales*, por no decir nada de su *Retórica* y su *Poética*, revelaban una mente interesada tanto en las cosas
divinas como en las cotidianas, una mente que no albergaba prejuicios contra el estudio de las cosas más terrenales sólo porque
esa vía de estudio no llevara necesariamente a la mente de Dios.

De hecho, bastaba con hojear los comentarios de Averroes
para sospechar que Aristóteles, que tenía poco que decir de
Dios pero mucho que decir de temas como gusanos e insectos,
la cópula del ganado, el tiempo o las flatulencias, puede que
estuviera más interesado en ese tipo de cosas que en la teología.
Y ésa era una noción absolutamente revolucionaria y, por ello,
muy peligrosa.

Averroes era un musulmán devoto. Advirtió el peligro y por
ello nunca dejó de insistir en que por mucho que Aristóteles pareciera sugerir otra cosa, había de hecho sólo una verdad, que
era la que contenía el Corán. Lo que parecía la verdad en la esfera natural no era sino la sombra de una verdad superior. Pero
eso era como advertir a los niños que no se metieran alubias en
la nariz. La tentación de hacer algo tan sorprendente, una vez te
dan la idea, se vuelve irresistible.

La gente se quedó pensando. ¿Por qué insistía tanto Averroes en que sólo había una verdad, la verdad de la religión? ¿Era quizá porque existía otra verdad diferente, la verdad de la naturaleza, del mundo inferior? Y si era así, ¿era esta verdad meramente una sombra o tenía una entidad separada?

Y con ello se consolidó en Occidente la noción que Averroes había propuesto la doctrina de las dos verdades, la verdad de Dios y la verdad de la naturaleza, que tenían dos lógicas distintas y dos métodos diferentes. Se creía, además, que Averroes pensaba que la verdad de la naturaleza era igual de noble que la de Dios. Lo cierto es que jamás pensó ninguna de estas cosas. Pero bastó con que los cristianos medievales creyeran que las había pensado para desencadenar una revolución.

Se trataba del desafío de mayor calado al que se habían enfrentado jamás los agustinianos. Y no se trataba de un reto fácil de superar. Para entonces la tradición agustiniana había dedicado setecientos años al estudio de la teología, agotándose a sí misma. Los jóvenes de las escuelas de París encontraban imposible no entusiasmarse por la nueva noción de que el mundo natural, la Ciudad del Hombre, era tan digna de estudio como la Ciudad de Dios. Lo que Averroes, que murió en el 1198, había tratado de evitar —la división de la verdad en dos— parecía inevitable.

Tomás de Aquino

El famoso sacerdote, doctor de la Iglesia y futuro santo, el inmortal héroe de la orden de los dominicos, era tan infatigable en sus investigaciones y escritos como inmensamente gordo. Se dice que se construyó para él un altar especial en el que se recortó un semicírculo para que pudiera alcanzar la hostia con sus cortos brazos mientras pronunciaba misa. Durante su vida, Tomás de Aquino disfrutó de una fama que raramente disfrutan los meros mortales.

Tomás nació en Aquino, en la carretera entre Roma y Nápoles, en 1224 o 1225. Entró en el monasterio de Monte Cassino con la esperanza de poder convertirse en abad de aquella poderosa institución, lo que beneficiaria mucho a su familia. Después de nueve años como discípulo de los benedictinos, cuando el emperador Federico II disolvió temporalmente la comunidad de Cassino, Tomás se fue a Nápoles a continuar sus estudios en la universidad. Se convirtió entonces en miembro de los dominicos, entonces una orden mendicante recién fundada que ponía énfasis en la prédica y la enseñanza.

En 1244, sus nuevos superiores le ordenaron que fuera a París, donde esperaban que pudiera escapar al control de su familia. Pero su familia le secuestró en la carretera y le mantuvo prisionero en su casa durante un año. Tomás se negó tercamente a ceder y al final consiguió que lo liberaran. Llegó a París en 1245, donde se alojó en el convento de Saint-Jacques, el centro universitario de los dominicos.

Matriculado como estudiante de Alberto Magno, el profesor más destacado de la época, Tomás se pasó siete años más estudiando teología, filosofía e historia antes de obtener su título como maestro de teología, pero no recibió licencia para enseñar hasta 1256. Tenía entonces más de treinta años y le quedaban menos de veinte de vida.

París, en aquellos años de mediados del siglo XIII era el lugar más apasionante del mundo para un hombre del talante de Tomás. Todo el mundo era teólogo, fuera profesional o aficionado. Se discutía sobre doctrina por las esquinas y durante los desayunos y comidas. Dos eran las grandes controversias de la época y, por supuesto, Tomás se zambulló con toda su energía en ambas.

Una se refería a la doctrina de los universales. La querella de los universales carece de importancia hoy en día, pero en 1250 era un asunto de vida o muerte. Cuando empleo palabras como «rojo», «hombre» y «bien», ¿qué quiero decir con esos términos universales? Obviamente, cuando digo que algo es rojo, quiero dar a entender que comparte una cualidad con todas las demás cosas rojas. ¿Pero es «rojo» el nombre de algo que existe por sí mismo? ¿Existe algo que yo pueda llamar «rojez» (o «humanidad» o «bondad») que exista aparte de las cosas rojas (o de las cosas humanas o de las cosas buenas)?

Platón, los neoplatónicos y, siguiéndoles, Agustín, ten[...]
creer que los universales tenían existencia real. De hecho, p[...]
cían defender que los universales eran lo único que existía re[...]
mente y que las cosas rojas, humanas y buenas no eran sino som[...]
bras de una realidad superior. Según Platón, el filósofo atraviesa
la niebla y la confusión de lo aparentemente real y, mediante la luz del intelecto, descubre la realidad última, que es clara,
matemática e incorpórea. Según Agustín, el teólogo, a través de
esta abstinencia de los placeres de los sentidos y de este desprecio por las cosas del mundo, uno se eleva de la Ciudad del Hombre, llena de polvo y pecado, hasta la gloria mística de la Ciudad
de Dios.

Aquellos que creían en la existencia real de los universales
eran conocidos como realistas. Se les oponían los filósofos que
pensaban que lo único real eran la cosas, mientras que términos
como «rojo», «humano» y «bueno» eran meros nombres. A éstos se les llamaba los nominalistas.

Aristóteles se situaba en una posición intermedia entre los
realistas y los nominalistas y, por tanto, se dijo que el suyo era un
realismo modificado. El mundo está lleno de cosas. Afirmaba
que todas las cosas que existen (como una vaca roja, un ser humano o una buena acción) requieren dos elementos para existir:
forma y materia.

La forma de un ser humano es su humanidad. Es ese elemento, presente en la persona individual, lo que nos hace reconocerla como humana. Es un término universal, pues todos los seres humanos son humanos de la misma manera, aunque puedan
ser distintos en todos los demás aspectos. La materia de un individuo es su individualidad, su potencialidad, su diferencia
de los demás seres humanos. Es nuestra humanidad lo que nos
hace seres humanos y no otro tipo de ser. Es nuestra materia la
que nos convierte en Tomás, Enrique o María.

Hasta aquí, perfecto. Pero esta formulación aristotélica del
problema de los universales tenía fallos graves. En primer lugar,
¿qué había de la crucial distinción entre el alma y el cuerpo? ¿Era
la forma de un individuo su alma o espíritu? ¿Existía la forma
previamente a su incorporación a un ser humano vivo?

la forma estaba en el alma, sin duda debía existir de forma
separada, pues como todo cristiano sabía, el alma era eterna
mientras que el cuerpo no lo era. ¿Pero era el alma individual o
consistía sólo en la forma, la humanidad? ¿Era la humanidad
lo que era eterno, o había algo en Tomás, Enrique o María que
persistiría por siempre, reconocible como Tomás, Enrique o Ma-
ría? Si era así, ese algo individual tenía que ser muy parecido a la
materia de Aristóteles. Pero eso era un callejón sin salida, pues
el alma no era material.

Obviamente, los debates sobre el problema de los universa-
les estaban plagados de trampas en que podían caer los despre-
venidos, y uno podía acabar en la hoguera por defender una
teoría que no se considerara adecuada. Era poco probable, en
cambio, que los realistas corrieran esa suerte. Veían al ser hu-
mano como poco más que una estación más en el largo viaje del
alma hacia la salvación o la perdición eternas. Un individuo se
pasaba un instante siendo Tomás, Enrique o María y luego el res-
to de la eternidad disfrutando, o arrepintiéndose, por como ha-
bía vivido. Lo importante era rechazar las lisonjas de la Ciudad
del Hombre, despreciar el mundo, mortificar la carne y recor-
dar que todos tenemos que morir, mientras que, al mismo tiem-
po, y de todo corazón, se tiene que intentar alcanzar la visión
mística de Dios que sustentaría a una persona en esta vida y en
la siguiente.

Para los nominalistas, y especialmente para Tomás de Aqui-
no, la cuestión no era tan sencilla. Por un lado, los nominalistas
y Aquino tuvieron que plantearse la crucial importancia de la
conducta, tanto física como mental, de un individuo durante
su vida, por breve que ésta fuera o por más que se tratase sólo de
un prólogo de algo que vendría después. Y era un hecho que esa
vida, y por extensión toda la naturaleza, eran convincente e in-
dudablemente reales. Los seres humanos eran colocados aquí
por un Dios que les amaba, en una Tierra que estaba repleta de
seres vivos y llena de interrogantes intelectuales, equipados con
un aparato intelectual soberbio (especialmente si eras Tomás de
Aquino) para enfrentarse a esos interrogantes. ¿Es que acaso Dios
no quería que el hombre pensase? ¿Pretendía que pasara por la

Ciudad del Hombre con orejeras y la vista puesta en otra tencia futura?

La segunda gran controversia que recorría las escuelas d[e] París tenía que ver con la propia noción que Aristóteles tenía de la naturaleza y de cómo debía verse e interpretarse. Aristóteles, como Averroes había demostrado, se interesó profundamente por el mundo natural. No consideró que hubiera nada malo o innoble en este interés, nada que hiciera que el alma corriera peligro de condenarse.

Cierto que Aristóteles no era cristiano, pero era el filósofo por excelencia. ¿Podía haberse equivocado tanto sobre la naturaleza como para verla de manera totalmente contraria a como Dios quería que la viéramos?

El hombre, diría Tomás de Aquino, une, para bien o para mal, las dos ciudades, la de Dios y la del Hombre. Mientras perdura su ser, está situado en el nexo de dos universos, «como un horizonte entre lo corpóreo y lo espiritual». Puede que uno de los dos universos suba y el otro baje, pero mientras el hombre sea hombre (y no sólo espíritu) ambos están presentes y tiene que tratar e intentar comprender ambos por el bien de su propia salvación.

Una cosa era condenar el mundo, pero ignorar su poder y su significado era con toda seguridad un error. ¿Cuántos hombres y mujeres se habían condenado por no saber apreciar bien el poder de las tentaciones que ofrecía el mundo? Quizá Jesucristo fue inmune a la tentación, pero ningún simple ser humano podía permitirse ignorar aquello a lo que debía enfrentarse y si de verdad no importaban las cosas de este mundo, ¿por qué la Iglesia predicaba a los hombres para advertirles de sus peligros?

En el hombre, dijo Tomás, no existe sólo una distinción entre espíritu y naturaleza (forma y materia, alma y cuerpo) sino que también se da una extraña unidad. Mírate al espejo: ¿Dónde acaba el cuerpo y dónde empieza el alma? Mira dentro de tu mente. No encontrarás respuesta fácil a esa misma pregunta.

Durante setenta años, el cuerpo y el espíritu conforman un vestido sin costuras, un milagro de unión entre elementos aparentemente opuestos. Y puesto que ambos están unidos, no pue-

...aber dos verdades, una del espíritu y la otra del cuerpo; una de ...eligión y la otra de la naturaleza; una de la Ciudad Terrenal y ...tra de la Ciudad Celestial. No importa lo cortos o largos que sean setenta años comparados con toda la eternidad. La eternidad no se mide en años, es un mero instante, ni siquiera es tiempo. Además, sabemos mucho sobre esos setenta años y muy poco sobre la eternidad.

Esas opiniones se demostraron de lo más peligrosas. En enero de 1274, Tomás fue convocado ante un concilio en Lyon para responder de sus afirmaciones y fue públicamente castigado, aunque no condenado, igual que le había sucedido a Abelardo. Su defensa fue distinta de la planteada por Abelardo. Dijo lo que todo el mundo sabía, que él era un auténtico creyente cristiano católico, y que su sincera fe le hacía creer en el Altísimo y en que no podría comprenderlo sin la gracia de Dios. Pero no se retractó de su afirmación de que la verdad era sólo una ni tampoco le pidieron que lo hiciera.

Lo que Tomás de Aquino había intentado era resolver de una vez por todas la cuestión de las dos ciudades, la de Dios y la del Hombre, que había estado en el corazón de la especulación teológica durante mil años. Agustín las veía sumidas en un conflicto eterno. Tomás trató de unirlas en paz. En efecto, intentó escribir una sola constitución para ambas ciudades que no tuviera contradicciones internas. Lo intentó con mayor ahínco que nadie antes que él, y sin duda fue el mayor pensador que se enfrentó al reto. Pero, según determinaría el siglo siguiente, fracasó.

La pírrica victoria de la fe sobre la razón

Dos partidos intelectuales se opusieron al intento de Tomás. De un lado estaban los fanáticos religiosos que consideraban, y siguen considerando hoy, que la razón, la luz del intelecto, es una especie de intruso en el reino de la comunión mística entre Dios y el hombre. El corazón tiene razones, como diría el místico Blaise Pascal (1623-1662), que la razón no entiende. El corazón

se sobrecoge ante el éxtasis súbito de la fe y entonces ¿qu
portan todos las farragosas argumentaciones? Este tipo de p
sadores se sentían, y se sienten, incómodos por los esfuerzos c
gente como santo Tomás de Aquino, que intentan conducirles a
Dios por la vía de la razón.

De otro lado, incluso en el siglo XIII existía una minoría que
no entendía por qué la razón natural tenía que inclinarse ante el
dirigente de la Ciudad de Dios, fuera este dirigente quien fuera
o lo que fuera. ¿Dónde estaban las pruebas que demostraban que
existía y que exigía obediencia? No existían. Lo que sí había, sin
embargo, eran muchas pruebas de que el mundo era real y que
necesitaba comprenderse. El siglo XIII en que vivió Tomás de
Aquino fue una época de prosperidad y progreso tecnológico,
un tiempo en que lo que era una primitiva economía basada en
la agricultura estaba convirtiéndose en una sociedad urbana y
mercantil. Cada día los hombres aprendían cosas que hacían
que su vida fuera mejor. Era impensable rechazar la historia y regresar a la oscuridad del pasado.

Los dos bandos opuestos coincidían en una cosa: en la doctrina de las dos verdades. Para los fanáticos religiosos, existía la
verdad trascendental de la Ciudad de Dios y la verdad insignificante de la Ciudad del Hombre. Para los naturalistas, la jerarquía de verdades era la contraria. El poder combinado de ambos grupos fue demasiado para Tomás de Aquino, a pesar de su
brillantez y de su fama. Y quizá cuando murió, en 1274, sabía
que había fracasado en su intento de unir a las dos ciudades en
un solo sistema inmortal y también en acabar con lo que consideraba el aciago error de las dos verdades.

El triunfo de las dos verdades tuvo como heraldo al «doctor
sutil», el franciscano Duns Escoto (1265-1308), que escribió en
el cambio del siglo XIII al XIV. Dios es absolutamente libre, proclamó Duns Escoto, y esa absoluta libertad quiere decir que
también está libre de las necesidades de la razón, además de todo
lo demás. Tomás había dicho que lo que es lógicamente necesario debe ser así; no, dijo Duns Escoto, Dios no está limitado de
ninguna forma, y mucho menos por la mente humana, que con
sus razones no puede poner límites a Dios.

Guillermo de Ockham (1300-1349), otro franciscano, fue to-
vía más allá. Dijo que sólo las cosas reales son entidades sin-
gulares como una manzana o un hombre. Los universales no tienen ningún tipo de existencia, son sólo nombres. Más aún, la
naturaleza consiste sólo en cosas y la razón humana sólo permite al hombre «encontrarlas». Nada de lo que el hombre deduzca sobre las cosas es válido, lo que se aplica muy particularmente a lo que el hombre deduce sobre lo divino; la fe y la razón, por
lo tanto, no tienen nada en común. Cada una tiene su propia
verdad, pero una es infinitamente más importante que la otra,
pues una decide la salvación o la condena eternas, mientras que
la otra sólo afecta a la comodidad del cuerpo durante su vida.

Y así acabó la gran controversia, con un suspiro en lugar de
con una explosión. La teología mantuvo su dominio intelectual
durante tres siglos más. Sin embargo, para lograrlo había erigido una muralla en torno a sí para protegerse de la razón humana, y la razón ya no estaba a su lado del muro. Como hemos visto que suele suceder con las murallas, tuvo el efecto contrario al
deseado.

Más allá de esa muralla, los defensores de la razón y del estudio del mundo natural se vieron libres para crecer y reunir sus
fuerzas, sin que nadie se lo impidiera e incluso sin que se les ob-
servara. Al final derribarían la muralla y arrasarían todo ante ellos.
Y nuestro mundo moderno, olvidando la advertencia de Tomás
de Aquino, descartaría por completo la Ciudad de Dios y construiría una nueva Ciudad del Hombre sobre las ruinas del mundo espiritual. Sólo existiría una verdad. Sería la verdad de la naturaleza, y la fe quedaría exiliada de ella.

El baile de Dante

¿Cuándo terminó la Edad Media? En Europa hubo vestigios medievales incluso hasta el siglo XVIII. Por otra parte, hombres del
siglo XI como Abelardo y Roger Bacon eran ya modernos. El fin
del medievo se debió producir en algún momento entre estos
dos puntos.

Dante eligió 1300, un año jubilar, como el simbólico momento de su gran poema, la *Divina comedia*. Es una fecha tan apropiada como cualquier otra, y más adecuada que muchas, para señalar el final de la Edad Media y el inicio del Renacimiento.

La vida de Dante Alighieri es tan bien conocida como su poema. Nacido en Florencia en 1265, llevó una existencia malvada de joven, hasta que vio a Beatriz (ella tenía sólo siete años cuando la vio por primera vez), quien, mediante su ejemplo y, especialmente, con su maravillosa sonrisa lo devolvió al buen camino. Ella se casó con otro hombre y murió joven, mientras que él vivió mucho tiempo. Pero Dante jamás la olvidó y recordó su sonrisa hasta su muerte en Rávena en 1321. Dedicó su *Divina comedia* a Beatriz, proclamando que en la obra había dicho de ella «lo que nunca ningún hombre ha dicho de una mujer». Ella desempeña un papel estelar en este drama cósmico, pues acompaña al alma del poeta hasta Dios y le conduce a la visión mística con la que la obra concluye.

La *Comedia* se divide en tres partes: Infierno, Purgatorio y Paraíso. Mucha gente lee sólo el Infierno, en parte porque el Infierno es más interesante que el Paraíso, pues se parece más al mundo que conocemos. El Paraíso de Dante, o *Paradiso*, nos interesa porque muchas de las personas que hemos mencionado en este capítulo aparecen como personajes en él y algunos tienen un papel destacado. De hecho, es san Bernardo quien lleva a Dante frente a la Virgen María, que a su vez le ayuda a dar el paso final hasta Dios.

En el décimo canto del *Paradiso*, Dante, que ha viajado a través del Infierno y el Purgatorio guiado por el poeta Virgilio y ha llegado ahora al cielo con Beatriz como guía, entra en la esfera del Sol. Allí, en la brillante luz del intelecto, distingue una serie de puntos de luz todavía más brillantes, que resplandecen frente a sus ojos. Las luces se mueven, formando un círculo alrededor del poeta y de Beatriz, y realizan una lenta y elegante danza. Las luces dan tres vueltas a su alrededor y luego el círculo se detiene, sin aliento, esperando, «pareciendo mujeres que no rompen su danza, sino que se detienen en silencio mientras esperan que suene la próxima melodía».

Una de las luces habla, y Dante la oye a través de su oído interior, a través de la mente. El espíritu se presenta como Tomás de Aquino, y apunta que los que le rodean en el círculo son Alberto Magno, Pedro Lombardo, Salomón, el Pseudo-Dioniso, Boecio y otros.

Se trata de todos los grandes teólogos, y con muchos de ellos Tomás tuvo más o menos violentas diferencias sobre cuestiones teológicas, pero ahora todos sus conflictos se han resuelto. Dante nos hace escuchar en nuestro propio oído interior el repicar de la pequeña campana que despierta a los monasterios al amanecer y llama a los fieles, con sus almas henchidas de amor, a la primera oración del día. Entonces, con la gracia y la majestad que corresponde a los grandes teólogos, el círculo de luces empieza a girar de nuevo, «voz a voz dando respuesta tan armoniosa y dulce, que tan sólo se escucha donde el gozo es eterno».

Dante pasó los veinticinco últimos años de su vida como exiliado, desterrado de Florencia y condenado a muerte por la ciudad por haber elegido el bando perdedor en uno de los periódicos paroxismos políticos que sacudían a su ciudad. En su vida vio muy poca o ninguna armonía y dulzura.

Pero su deseo de que aceptemos la armonía y la paz del Cielo es tan profundo y ferviente que lo hacemos, o casi, al menos mientras le estamos leyendo. Era un noble deseo, en ese año santo de 1300 en que los cristianos de todas partes celebraban el aniversario del nacimiento de Jesucristo y la mucho más reciente transformación, en la conciencia colectiva, de su madre de una simple mujer a casi parte de la divina Trinidad. Esa paz y esa armonía eran posibles en la poesía. No lo eran en la vida real.

Así pues, la Edad Media se cerró con esplendor y un rotundo fracaso. Dante fue la culminación de todo lo que mil años de obsesión por Dios habían producido. Alegóricamente, simbólicamente, místicamente, su visión de un universo estructurado por la razón y unificado por la fe encajaba y funcionaba.

Pero en la bulliciosa vida del nuevo siglo XIV nada encajaba. Ya en el mismo año de la muerte de Dante su visión se había empezado a marchitar, aunque su recuerdo sería una inspiración para hombres y mujeres durante siglos.

Como cualquier utopía, lo que la Edad Media intentó fue un noble experimento, pero un experimento que los seres humanos no estaban preparados para hacer funcionar. Sólo nos queda maravillarnos ante el hecho de que el Estado teocrático, basado en la armonía divina y en la paz de Dios, durase tanto como lo hizo. El experimento se llevó a cabo en un momento muy extraño de la historia del hombre que puede que nunca vuelva a repetirse, a menos que se repita otro cataclismo de la magnitud de la caída del Imperio romano. Pero el recuerdo del gran y fallido experimento basado en la asunción de que Dios gobernaba el mundo para el beneficio real y continuado de la humanidad nos sigue acosando hoy en día. A algunos, quizá a muchos, casi les seduce la tentación de intentar ese experimento de nuevo.

6. ¿Qué nació en el Renacimiento?

En el décimo canto del Purgatorio, Dante, guiado por Virgilio, entra en el círculo de los soberbios. Allí, aquellos que han pecado de soberbia durante sus vidas ganan la absolución contemplando por doquier ejemplos de humildad. Conforme pacientemente van ascendiendo por la montaña que deben escalar, pasan frente a relieves didácticos esculpidos en la pared de roca.

Dante describe con detalle cuatro de esos relieves. El primero muestra al ángel Gabriel que, obedeciendo la voluntad de Dios y con adoración en su corazón, saluda a la Virgen con su célebre: «¡Ave, María, llena eres de gracia!» El segundo relieve muestra a la propia Virgen, que responde con unas palabras que son el símbolo de la humildad: *«Ecce ancilla dei!»* («¡contempla a la doncella del Señor!»). En el tercero, el rey David baila humildemente frente al Arca con las piernas desnudas, mientras que su orgullosa mujer, Micol, le mira desde una alta ventana burlándose de él. En el cuarto, el emperador romano Trajano accede humildemente a la solicitud de una pobre viuda, que agarra las riendas de su caballo y le suplica que la atienda a ella antes de seguir con sus asuntos.

El simbolismo está muy claro. Pero Dante añade una crítica de arte a su lección moral. Los relieves eran «tales que no sólo a Policleto, sino a la misma naturaleza avergonzarían», dice. Policleto era un escultor griego del que Dante sabía (por su reputación, no por sus obras) que había sido el más grande de los artistas clásicos. Las obras que ve esculpidas en la pared son más espléndidas que las que compuso Policleto. Son incluso mejores que la misma naturaleza. Son más reales que la realidad.

Dante vivió a caballo entre los siglos XIII y XIV. En aquellos tiempos, la influencia de la escultura gótica había descendido hasta Italia desde el norte de Europa y había revitalizado todas las artes. Los escultores góticos buscaban el realismo en sus esculturas de tema religioso y esta nueva tendencia realista pronto desbancó al estilo bizantino abstracto y simbólico que antes dominaba la mayor parte de Italia.

Los escultores de Pisa y Florencia empezaron a imitar el estilo gótico. Giotto (*c.* 1270-1317), florentino como Dante y amigo suyo, pintaba frescos que tenían una nueva vitalidad y realismo. El propio Dante destacó en el *dolce stil nuovo*, el «dulce nuevo estilo» de escribir versos que se centraba en las experiencias de gente real, incluso de hombres y mujeres corrientes. (En el Purgatorio, Dante dice de Giotto: «creísteis que en la pintura Cimabue era dueño del campo, pero ahora lo es Giotto, y la fama de aquél se ha oscurecido».)

El nuevo estilo en la pintura: la perspectiva

Los retratos realistas de la vida y actos de la gente corriente no son lo único que puede retratar el arte y, de hecho, no es a lo que tradicionalmente se había dedicado en los siglos anteriores a la época de Dante. E incluso en el mismo siglo XIV hubo artistas que se opusieron al nuevo estilo. Los pintores de la escuela de Siena, en particular, continuaron produciendo obras de un estilo notablemente bizantino, con sus tranquilas y estilizadas formas y rostros y su obvio simbolismo religioso. Por este motivo no consideramos que los pintores sieneses del siglo XIV, a pesar de que fueron verdaderos maestros, formen parte del Renacimiento italiano. Fueron grandes pintores, pero no fueron artistas del Renacimiento.

Conforme el Renacimiento se extendía por toda Europa, produjo por todas partes un nuevo estilo en el arte que ponía énfasis en el realismo, la naturalidad y la verosimilitud. Los temas de las obras siguieron siendo en su mayoría los mismos que se trataban en tiempos del viejo estilo simbólico bizantino: la crucifixión, el descenso de la cruz, las bodas de Canaán y cosas por el estilo. Pero ahora la gente que aparecía en cada una de las obras reflejaba el mismo punto de vista del observador sobre la escena representada, expresaba sentimientos como los del observador y, en consecuencia, lo conmovía de un modo completamente nuevo.

Giotto, a pesar de ser un auténtico maestro, no fue totalmente un pintor del Renacimiento, en el sentido de que no experimentó con la perspectiva como sí lo hicieron los artistas florentinos del siglo XV (del *quattrocento*, como dicen los italianos). El descubrimiento de las enormes posibilidades de la perspectiva hizo que se crearan obras de arte que nos resultan decididamente más familiares que las de Giotto (por no hablar de las de Cimabue), y parecen «más renacentistas». La perspectiva dio a los pintores del siglo posterior a la muerte de Giotto y Dante una serie de nuevos instrumentos para lograr un mayor realismo y conseguir meter al observador dentro del cuadro.

De nuevo, los sieneses se resistieron al cambio y se negaron a utilizar la perspectiva durante un siglo. Para cuando finalmente cedieron, el estilo del Renacimiento italiano (o, más concretamente, florentino) dominaba completamente la escena artística y, de hecho, dominaría la pintura europea durante los siguientes trescientos años, hasta que en Francia, a finales del siglo XIX, una serie de pintores empezó a experimentar con un nuevo estilo tan innovador como lo fue en su momento el estilo renacentista.

Asegurémonos un momento de que comprendemos correctamente el significado de la perspectiva. En un cuadro que la emplea, líneas rectas (a menudo imaginarias) convergen en lo que se llama un punto de fuga, localizado en algún punto del fondo (habitualmente en el centro del horizonte). Con ello se consigue dar al observador la impresión de que contempla una escena real y tridimensional.

En realidad, sin embargo, el efecto se consigue convirtiendo al ojo del observador en el punto de fuga, o de reunión, de las líneas de perspectiva. De este modo, la luz fluye desde su ojo a los objetos que contempla como si saliera de una lámpara puesta en el centro (o del sol). Es el observador quien con su mirada construye la imagen del cuadro.

Esta técnica no se había usado jamás antes, en ningún arte, y no se ha aplicado desde entonces en ningún arte excepto en el occidental (o en el arte tan influenciado por el occidental que ha perdido su carácter específico). Y ahora, incluso en el arte occidental se emplea bastante poco. Los pintores fauvistas franceses rompieron las pautas de la perspectiva alrededor de 1900 y los cubistas la descompusieron en pequeños bloques. Rara vez se la ha vuelto a componer, excepto en imitaciones derivativas de los estilos tradicionales.

Lo que las obras de arte modernas ponen en tela de juicio es si las obras del Renacimiento, que empleaban la perspectiva, de verdad producían una sensación de realismo y verosimilitud mayor, por mucho que Dante creyera que así era. Es irrefutable que una cámara fotográfica consigue captar la realidad mejor que los artistas entrenados en el uso de la perspectiva. Pero a pesar de que la cámara crea un determinado tipo de realismo, no puede lograr otras cosas que la pintura sí puede conseguir (y que la pintura del Renacimiento logró).

El hombre en el cosmos

El nuevo arte de la perspectiva decía algo radicalmente distinto y nuevo sobre la posición y el papel de los seres humanos en el cosmos. En el arte prerrenacentista, la escena representada no se veía desde el punto de vista del observador, un mero humano, sino desde el punto de vista de Dios, desde, por así decirlo, un punto en la infinitud, desde el que el espacio y el tiempo se reducían a la nada comparados con la imagen religiosa, icono o idea, que no es una visión exterior sino interior.

Los sieneses decidieron no adoptar la perspectiva porque querían conservar esa visión interior o, más bien, porque no querían perderla, como pensaban que les estaba sucediendo a los florentinos. Los florentinos estaban dispuestos a abandonar la visión interior porque querían que su arte dijera algo más sobre el papel del hombre en el mundo y eso implicaba inevitablemente una posición muy determinada sobre el papel de la religión en el mundo.

Una de las pinturas más maravillosas del *quattrocento*, obra de uno de sus más grandes pintores, Piero della Francesca (1420-1492), ejemplificaba esta nueva visión. Aunque nacido en Borgo Sansepolcro, Piero se formó en Florencia en la década de 1440 y su espíritu era plenamente florentino. En Urbino, bajo el patronazgo de Federico da Montefeltro, creó algunas de sus mejores obras de madurez, entre ellas la famosa *Flagelación* que ha provocado y frustrado a los críticos durante quinientos años.

Entre otras cosas, este cuadro es un estudio de la perspectiva, como lo fueron todas las obras de Piero (que era un maestro de la geometría y escribió varios tratados sobre el tema). El cuadro se divide en dos partes. En la izquierda, en el fondo, cerca del punto de fuga de la perspectiva, Cristo, una figura pequeña y desamparada, está en pie atado a una columna, mientras los soldados romanos levantan sus látigos para azotarle. A la derecha, en primer plano, pintados con vivos colores, aparecen de pie tres dandis renacentistas conversando (¿sobre qué? ¿dinero? ¿mujeres?). No le prestan la menor atención al drama que se desarrolla tras ellos. Tienen la vista apartada del sufrimiento del Hijo de Dios y obviamente no oyen sus lamentos ni el restallido de los flagelos.

Piero no era un escéptico ni un descreído. Parece que fue un buen cristiano hasta su muerte. Su *Resurrección*, que se puede ver en Borgo Sansepolcro, es una de las representaciones más fervorosas de ese tema en toda la historia de la pintura. Por ello, no es imaginable que reflejara de forma casual en la *Flagelación* de Urbino un estado de cosas que creía que debía alcanzarse, en el que la religión hubiera sido relegada a un segundo plano mientras que asuntos más mundanos cobraban preeminencia.

Pero, de todos modos, el cuadro revela un mundo en que los asuntos terrenales se tienen en alta estima. El sufrimiento de Cristo, aunque no olvidado, se ha convertido en algo casi absurdamente poco importante. Lo importante ahora es la juventud, la belleza, los trajes buenos, el dinero y el éxito en este mundo (o al menos ésa es la noción que extrae el observador del cuadro).

Y esta creencia, más que el realismo, el naturalismo o la verosimilitud, es la que estaba en el mismísimo corazón del estilo artístico renacentista.

Los romanos, y especialmente los griegos antes que ellos, vieron el mundo de esa misma manera. También ellos amaron la juventud y la belleza, la salud y el dinero. La Edad Media supuso un cambio radical de prioridades, pero ahora se volvía a las antiguas preocupaciones. Fueron muchas las cosas que volvieron a la vida en el Renacimiento, pero esta recuperación de unos valores que ya fueron dominantes en la antigüedad y que fueron pospuestos en la Edad Media constituyó el núcleo de lo que renació en el Renacimiento.

La recuperación de los estudios clásicos: Petrarca

Si se necesita una fecha exacta que marque el principio del Renacimiento, podría muy bien ser el 20 de julio de 1304, el día del nacimiento de Francesco Petrarca, que aunque vino al mundo en Arezzo, prefirió, en años posteriores, considerarse florentino, italiano y ciudadano del mundo. Educado en Aviñón, donde su padre se trasladó para estar más cerca de la corte pontificia, Petrarca fue un autodidacta que no dejó de estudiar hasta que exhaló el último aliento. Le encontraron muerto la mañana del 19 de julio de 1374, con la cabeza caída sobre una edición de Virgilio sobre la que estaba escribiendo un comentario.

Según relató el propio Petrarca, el acontecimiento más importante de su vida fue el conocer el 6 de abril de 1327 en una iglesia de Aviñón a una mujer que conocemos sólo como Laura. Él tenía veintidós años. Petrarca amó a Laura, con la que al parecer no tuvo una aventura, durante toda su vida. Sus mejores poemas trataron sobre su belleza y encanto; sobre su amor por ella, que era una inspiración para él; y sobre su posterior reconocimiento de que la había amado mal, pues su amor se había dirigido a su persona antes que a su espíritu. Se supone que Laura murió victima de la peste el 6 de abril de 1348, el vigesimoprimer aniversario de su primer encuentro con el poeta.

Se han realizado numerosos intentos de identificar a una mujer real (que puede que se llamase Laura o no, una palabra que en latín puede significar «fama») a la que Petrarca hubiera amado, pero no se ha encontrado nada, y parece que hay algunas dudas de que la mujer en cuestión llegara a existir en realidad. Petrarca era consciente del poder del amor de Dante por Beatriz (que sí fue una mujer real) y de cómo ella le había inspirado a escribir versos inmortales. Quizá creó a Laura de la nada y se enamoró (como musa, al menos) de su creación.

Quizá sea injusto acusar a Petrarca, tras todos estos siglos, de inventarse a Laura como una especie de truco publicitario y luego pasarse el resto de su vida suspirando por ella literariamente. Y no hace falta acusarle de ello. Es importante, no obstante, que seamos conscientes de que fue un hombre perfectamente capaz de habérselo inventado todo, pues era un publicista redomadamente hábil, talento que empleó tanto en promocionarse a sí mismo como en impulsar causas mayores que su propia persona. Es indiscutible que si su intención era presentarse como el heredero de Dante, había pocas maneras mejores de hacerlo que inventándose a Laura.

Había una cosa, no obstante, de la que es seguro que Petrarca quería que se considerase sucesor. Ansiaba ser reconocido como el heredero del primer gran y majestuoso florecimiento cultural de la humanidad. Ya desde joven se enamoró de los clásicos griegos y romanos y de la civilización que se había colapsado hacía entonces mil años. Dedicó toda su capacidad, que fue mucha, a intentar revivir y recrear esa civilización. Nada le complacía más que verse a sí mismo como un antiguo romano vuelto a la vida cuyo mayor deseo y principal vocación era provocar un renacimiento de Grecia y Roma.

A los treinta y cinco años, Petrarca ya era uno de los estudiosos más famosos de Europa, principalmente debido a su gran erudición pero también en parte por su extraordinaria habilidad —recordemos que era un gran publicista— para hacer que las personas adecuadas se fijaran en su talento y sus logros. En 1340 tuvo el placer de poder escoger entre dos invitaciones: podía ir a París o a Roma para que le coronaran poeta laureado. Él mismo había provocado que se le hicieran ambas invitaciones y, finalmente, eligió Roma. Le coronaron en el Capitolio el 8 de abril de 1341. (Él hubiera preferido que la ceremonia se celebrara el 6 de abril, el aniversario de su encuentro con Laura, pero acontecimientos fuera de su control retrasaron el acto.) Tras la coronación, colocó su corona de laurel sobre la tumba del apóstol en la basílica de San Pedro, para que la ocasión fuera todavía más memorable y para subrayar que no por convertirse en un antiguo romano renacido había abandonado el cristianismo.

La invención del Renacimiento: Boccaccio

Giovanni Boccaccio nació en París en 1313, aunque el hecho de que su padre fuera florentino le permitió años después considerarse él también como tal. Igual que en el caso de Petrarca, su familia quería que emprendiera una carrera en el mundo del derecho o en el de los negocios. También como Petrarca, consiguió educarse a sí mismo y convertirse en un escritor de éxito.

Pasó unos años en Nápoles, cuya corte era un centro importante de la poesía europea. También él se embarcó en una aventura amorosa sin posibilidades de éxito, esta vez con una joven a la que llamaba Fiammetta («Llamita»), que casi con toda seguridad no existió. En 1348 se retiró de la Florencia acosada por la peste a una residencia en el campo, donde empezó a escribir su *Decamerón*, un maravilloso ciclo de relatos.

Para lo que nos interesa, el gran acontecimiento de la vida de Boccaccio fue también uno de los grandes eventos de la de Petrarca: el momento en que se conocieron en Florencia en 1350. Boccaccio ya había escrito un libro muy elogioso sobre Petrarca, pero no fue eso, sino la similitud de sus espíritus lo que les unió, hizo que trabaran amistad rápidamente y les lanzó a una aventura juntos que les ocuparía hasta la muerte de Petrarca veinticuatro años después. Esa aventura fue la creación del Renacimiento.

Petrarca y Boccaccio comprendieron que para conseguir provocar un renacimiento de los clásicos primero tenían que poder leerlos. Ambos leían latín clásico sin dificultades, pero el problema era encontrar los textos, muchos de cuales sólo eran conocidos por su reputación. Petrarca estaba seguro, y logró convencer a Boccaccio, de que los textos de las obras famosas de la antigüedad debían conservarse escondidos, quizá incluso olvidados, en las bibliotecas de los monasterios. Viajaron a lo largo y ancho del sur de Europa, revisando archivos, y pasando páginas y más páginas de viejos manuscritos. De esta manera, Petrarca descubrió varias de las cartas de Cicerón que se suponía que se habían perdido para siempre.

El griego clásico era otra cuestión. Petrarca no conocía a nadie que pudiera leerlo y sus esfuerzos por aprenderlo él mismo no le llevaron a ninguna parte. Le admitió con pesar su fracaso a Boccaccio, que inmediatamente se lanzó a estudiar griego clásico con la ayuda de un hombre llamado Leonzio Pilato, que por recomendación de Boccaccio fue nombrado profesor de griego en la Universidad de Florencia, el primer profesor de esa lengua en una universidad occidental.

Pilato había pasado algún tiempo en Bizancio, donde muchos todavía podían leer griego clásico y todavía podían encontrarse copias de las obras de Homero y de otros autores de la antigüedad. Pilato sabía el suficiente griego como para traducir toscamente la *Ilíada* y la *Odisea* al latín. Fueron las primeras traducciones al latín de esas dos poesías épicas, de las que por su reputación (y por una antigua sinopsis latina) se sabía que se consideraban las más grandes de todas las obras literarias.

Boccaccio aprendió un poco de griego y, con Pilato y su traducción de la *Ilíada*, fue a ver a Petrarca. Petrarca, al ver ese libro que tanto había deseado poder leer alguna vez, se arrodilló ante sus dos visitantes, cuya fama era muy inferior a la suya, y les dio las gracias por su maravilloso regalo. Y ése fue, en el año 1361, el principio del estudio de la lengua y la civilización griega por parte de los humanistas, una labor que continuaría durante más de tres siglos.

Petrarca, como correspondía a un romano de la antigüedad, escribió muchas de sus obras en latín. Y era un latín muy bueno, aunque no tan elegante como el latín en el que escribirían humanistas posteriores que, en buena parte gracias al propio Petrarca, tuvieron la oportunidad de estudiar más a los autores clásicos. Pero sus *Rimas*, la mayoría de ellas sobre su amor hacia Laura, Petrarca las escribió en italiano.

Escogió su lengua nativa, común o vulgar —según se quiera llamarla— por dos motivos. En primer lugar, Dante había escrito su *Vita Nuova*, una serie de poemas sobre Beatriz, en italiano. También había compuesto su *Divina Comedia* en italiano. En segundo lugar, la voluntad que tenía Petrarca de resucitar el estudio de los clásicos no implicaba necesariamente el escribir en las lenguas clásicas. Leer era una cosa y escribir otra muy distinta, y Petrarca sabía que para conseguir llegar a un público amplio tenía que escribir en lengua vernácula. También deseaba elevar la lengua que se usaba en la vida cotidiana (es decir, el italiano) hasta un nivel de excelencia comparable al alcanzado por el latín en su época dorada. Por el mismo motivo, Boccaccio escribió sus obras más importantes en italiano, entre ellas *Il Filostrato* (la fuente del *Troilo y Criseida* de Chaucer) y el *Decamerón*, este último narrado en picante prosa italiana.

Durante sus reuniones, Petrarca y Boccaccio hablaban sobre el renacimiento del estudio y conspiraban para conseguir que triunfase. Le contaban su idea a todo aquel que quería escucharles, incluso a los papas, que de vez en cuando empleaban a uno u otro en algunas misiones diplomáticas y con ello les aportaban buena parte de sus ingresos. Y lo cierto es que consiguieron llamar la atención de mucha gente.

Pero no de todo el mundo. Revivir el estudio de los clásicos resultó más difícil de lo que habían creído. En octubre de 1373, Boccaccio empezó una serie de lecturas públicas de la *Divina Comedia* en la iglesia de Santo Stefano en Florencia. Acompañó las lecturas con comentarios, explicándole a su mayormente analfabeta audiencia de gente corriente el significado y la importancia de lo que Dante había escrito.

El texto revisado de esos comentarios ha llegado hasta nosotros. Se interrumpe tras el canto diecisiete del *Inferno*, en el punto en el cual, a principios de 1374, Boccaccio tuvo que dar por terminado el curso debido a su mala salud. Pero no fue sólo su débil estado lo que le impidió seguir. Boccaccio estaba desanimado por los furibundos ataques de los eruditos contra su plan de hacer que la gente común prestara atención y comprendiera a Dante. Unos pocos meses después murió Petrarca y se le rompió el corazón. El propio Boccaccio murió sólo dieciocho meses después en su casa de Certaldo. Los que les amaron a él y a Petrarca, y comprendieron lo que ambos hombres intentaron hacer, expresaron su profundo desconsuelo diciendo que tras su desaparición la poesía se había extinguido.

El hombre renacentista

La expresión *hombre* o *mujer renacentista* sugiere una persona de muchos logros y talentos. Un hombre renacentista no es ni un experto ni un especialista. Él o ella sabe algo más que un poco de «todo» en lugar de saberlo «todo» sobre una pequeña parte del espectro total del conocimiento moderno. Es una expresión esencialmente irónica, pues existe el convencimiento universal de que nadie puede ser de verdad un hombre renacentista en el verdadero sentido del término, pues el conocimiento se ha vuelto tan complejo que ninguna mente humana es capaz de absorberlo no ya todo, sino tan siquiera una parte significativa de él.

¿Existió de verdad el hombre renacentista, en ese sentido que acabamos de definir, durante el Renacimiento? La respuesta es negativa y la explicación de por qué no puede resultarnos muy sorprendente. Resulta que el conocimiento no es más complejo hoy en día de lo que lo fue en el siglo XV. Es decir, es tan complejo ahora como lo era entonces. Era tan imposible para un ser humano saberlo todo sobre todo entonces como lo es ahora.

Eso no quiere decir que todo lo que sabemos hoy fuera ya conocido por los hombres y mujeres que vivieron durante el Renacimiento. Obviamente, sabemos muchas cosas que ellos ignoraban. Por otra parte, ellos sabían muchas cosas que nosotros desconocemos. Sabían mucho más, por ejemplo, sobre teología, una ciencia que se tomaban infinitamente más en serio que nosotros. En conjunto, eran mejores filósofos que nosotros, pues valoraban más la filosofía. Su conocimiento de la filología era, si no mayor que el nuestro, sí muy diferente. Ésos eran los campos generales del saber en los que consideraban más atractivo especializarse, y a ellos dedicaron sus esfuerzos los mejores cerebros de la época.

En otro campo general estamos muy por delante de donde estaban los hombres renacentistas. Sabemos muchísimo más que ellos sobre la forma en que funciona la naturaleza. Es verdad que la gente del Renacimiento fue la primera en restaurar la importancia y respetabilidad de esta rama del saber pero nosotros nos hemos concentrado en él durante cinco siglos casi hasta el punto de excluir todo lo demás. No es sorprendente que les llevemos tanta ventaja. Tampoco es sorprendente que estemos tan por detrás de ellos en otras disciplinas que consideraban más importantes que las ciencias naturales.

No digo esto porque quiera defender su jerarquía de prioridades. Como cualquier persona moderna, me inclino por creer que nuestra preferencia por las ciencias naturales en detrimento de las ciencias de la divinidad (por usar estos términos para definirlas de forma simple) es correcta. En general, hoy vivimos mejor que los hombres y mujeres del Renacimiento. Vivimos más años, tenemos mejor salud y más comodidades, y todo ello se lo debemos a nuestro interés prioritario por las ciencias naturales.

Digo todo esto con la intención de corregir uno de los malentendidos más comunes sobre lo que se quería decir con la idea de «hombre renacentista» durante el propio Renacimiento. Como he dicho antes, nunca ha existido el hombre renacentista en el sentido distorsionado que le atribuimos en la actualidad. Pero sí hubo ejemplos de tales extraordinarias personas en otro sentido de ese término, no sólo durante el Renacimiento, sino también en la antigüedad clásica e incluso en tiempos recientes. Debemos incluso plantearnos la cuestión de si es posible o no que existan hoy en día hombres renacentistas en el verdadero sentido del término.

Como sucede con tantas otras ideas, el origen de esta expresión se remonta a Aristóteles. Trata sobre ella al principio de su tratado *Sobre las partes de los animales*, cuando describe el método que empleará en la obra. Lo que dice es a la vez sencillo y profundo:

> Toda ciencia sistemática, tanto las más humildes como las más nobles, parece admitir dos tipos diferentes de competencia: uno que podemos llamar propiamente conocimiento científico de la materia, mientras que el otro es una especie de conjunto de nociones básicas del tema. Un hombre educado debería ser capaz de formarse un juicio inmediato y correcto sobre lo bueno o malo del método empleado por un profesor en su exposición. Ser un hombre educado quiere decir, de hecho, ser capaz de hacer precisamente eso; tanto es así que afirmamos que un hombre tiene una educación universal en virtud de si posee o no esta habilidad. Debe, por supuesto, entenderse que sólo atribuiremos una educación universal a quien individualmente pueda ejercer esta capacidad crítica en todas o casi todas las ramas del conocimiento, y no a alguien que meramente posea una capacidad similar en alguna materia concreta. Pues es posible que un hombre posea esta competencia en alguna rama del conocimiento sin poseerla en todas.

Este famoso pasaje, tan lleno de significado y tan útil para nuestra propia época como lo fue en el Renacimiento, necesita un poco más de explicación para que podamos ver todos sus matices. Primero veamos la distinción entre tener «conocimiento científico» de una materia y tener «nociones básicas» de ella. El «conocimiento científico» es aquí el conocimiento que posee un especialista en una determinada materia e implica conocer no sólo sus principios generales y las conclusiones a las que ha llegado ese determinado campo del saber, sino también todos los detalles que han llevado a esas conclusiones. Como dijo el antiguo médico Hipócrates, «la vida es corta y el arte largo». Es decir, ningún individuo, en el corto plazo de su vida, puede esperar adquirir un «conocimiento científico», en el sentido de saber absolutamente todo lo que se puede saber, en todos los campos o ramas del conocimiento. Eso era algo tan cierto en tiempos de Aristóteles, como el propio filósofo deja entrever en el texto, como lo es hoy.

231

¿Qué quiere decir Aristóteles cuando habla de «nociones básicas» sobre una materia? Son las nociones que posee un hombre o mujer que ha sido educado en el método de la materia en cuestión, no sólo en sus detalles y en sus particulares descubrimientos o conclusiones. Una persona así tiene capacidad «crítica» en ese campo. Es decir, es capaz de distinguir lo que tiene sentido y lo que es absurdo, por usar términos modernos, en esa determinada disciplina. Un «profesor» en ese campo es un experto, un especialista. Pero Aristóteles reconoce que tal «profesor» puede ser menos auténtico de lo que le gustaría hacernos creer. Una persona con unas «nociones básicas» sobre el tema sería capaz de distinguir a un auténtico profesor de un impostor.

Dice Aristóteles: «Ser una persona educada consiste, de hecho, en ser capaz de hacer precisamente eso.» Es decir, una persona sólo puede considerarse a sí misma «educada» si puede ejercer su capacidad «crítica» en un amplio abanico de áreas de conocimiento científico —si es capaz de distinguir entre lo que tiene sentido y lo que no incluso si no es un especialista en ninguna área de conocimiento—. ¡Qué afirmación tan extraordinaria! ¡Y qué lejos está de lo que nosotros consideramos una persona educada!

Por último, un hombre de «educación universal» —que no es otra cosa que nuestro hombre renacentista— es alguien con capacidad «crítica» en todas o casi todas las áreas del conocimiento. Una persona así no tiene capacidad «crítica» sólo en alguna materia especial. La tiene en todas o en casi todas.

En los párrafos que siguen al pasaje citado anteriormente, Aristóteles expone algunos principios metodológicos de lo que hoy llamaríamos biología o zoología, de anatomía, de reproducción y de la conducta general de los animales. Después de esta exposición, nos da los resultados de las investigaciones concretas que él y otros han realizado sobre la conducta de varias especies de animales. Mucho de lo que dice en esta última parte del libro es cierto, pero también dice muchas cosas sospechosas. Ya no creemos, por ejemplo, que «el cerebro no tiene relación con los órganos sensoriales» o que el papel del cerebro sea «atemperar el corazón y hacerlo entrar en ebullición». Aristóteles llega a estas conclusiones debido a que formula ciertos supuestos sobre la vida animal en general que son incorrectos y que hubiera estado menos dispuesto a sostener si hubiera comprendido mejor el método científico. Sin embargo, su anterior exposición de los principios de la metodología científica es, en su mayor parte, todavía correcta.

Puesto que entendía cómo se hace (o hacía) la ciencia, podía afirmar que tenía capacidad «crítica» en todas las ramas de la ciencia, es decir, que era capaz de determinar cuando un «profesor» de una rama de la ciencia en particular extraía conclusiones «probables» de los fenómenos que analizaba. Así pues, podía considerarse una persona «educada» en una gran área del conocimiento. Aristóteles también estaba familiarizado con los principios de muchos otros campos, desde la ética a la política, desde la retórica a la poética, desde la física a la metafísica. Podía afirmar razonablemente que poseía «nociones básicas» de todas o de casi todas las ramas del conocimiento de su tiempo. No era, sin embargo, un experto o especialista o «profesor» en muchas de ellas. Quizá sólo se le podía considerar un experto en las ciencias de la lógica y en lo que él llamaba metafísica o «primera filosofía».

No obstante, Aristóteles era sin duda un hombre renacentista. También debe concedérseles ese mismo título a muchos otros pensadores griegos, entre ellos Demócrito y Platón, que no fue sólo el principal filósofo de su tiempo sino también el primer matemático.

Hombres renacentistas: Leornardo, Pico, Bacon

Leonardo da Vinci (1452-1519) nació en Vinci, un pequeño pueblecito cerca de Florencia, hijo ilegítimo de un rico florentino y de una joven campesina que poco después se casó con un artesano. Criado en la casa de su padre, Leonardo fue aprendiz de los pintores Verrocchio y Antonio Pollaiuolo e ingresó en el gremio de pintores florentinos al cumplir los veinte años. Su enorme prestigio como pintor se basa en una cantidad de obras asombrosamente pequeña. Sólo existen diecisiete cuadros que hayan llegado a nuestros días y que podamos atribuirle, y varios de ellos están sin acabar. Dos o tres de ellos, sin embargo, se cuentan entre las pinturas más famosas del mundo: *La última cena*, en Milán, la *Mona Lisa* y *La Virgen y el Niño con santa Ana*, ambos en el Louvre. Hasta sus trabajos inacabados ejercieron una influencia enorme sobre sus contemporáneos y sobre otros grandes pintores, como Rembrandt y Rubens, de los dos siglos siguientes. Parece que no podía tomar un pincel o un lápiz sin hacer con ellos algo completamente nuevo y sorprendente. Siempre trabajó rodeado de aprendices.

Pero la pintura, a pesar de ser una de sus pasiones, no fue donde concentró su extraordinario talento. La pintura era sólo uno de los medios a través de los cuales Leonardo trataba de expresar su inmenso conocimiento del mundo, que adquirió, según él mismo dijo, simplemente mirando las cosas. El secreto, dijo, está en *saper vedere*, en saber ver. La amplitud y lo exhaustivo de su visión del mundo son incomparables. Nos dejó miles de páginas de escritura apretada lujosamente ilustradas con esbozos de casi cualquier cosa imaginable, desde la anatomía a la arquitectura, desde animales a ángeles, en una serie que culmina con sus «Visiones del fin del mundo», un cuaderno de bocetos en el que intentó reflejar cómo veía las fuerzas de la naturaleza, que imaginaba poseían una unidad que nadie había visto antes que él.

Pero casi todos los proyectos que emprendió quedaron inacabados a su muerte, a pesar de que vivió casi hasta los setenta años, a pesar de su talento extraordinario y a pesar de que trabajó duro toda su vida. Sus críticos le han echado en cara el haberse dispersado en tantos temas distintos.

Yo no creo que la dispersión fuera el problema de Leonardo. Más bien, en mi opinión, interpretó mal la idea aristotélica del hombre educado. No pretendió adquirir unas nociones básicas de todas las materias, sino que quiso convertirse en un experto en todas ellas. Su mente rebosaba de planes de ingeniería y arquitectura, con proyectos para desviar el Arno, erigir la mayor estatua ecuestre jamás moldeada o construir una máquina voladora. No se contentó nunca con comprender sólo los principios por los que las cosas funcionaban: quiso construir todo lo que imaginaba, y le frustró tener que limitarse a esbozarlo en dibujos. Esta frustración fue un acicate constante a su imaginación.

Sólo muy recientemente se ha hecho obvia la unidad fundamental de todo su pensamiento, conforme se han descubierto más de sus cuadernos y manuscritos ocultos en bibliotecas de toda Europa. Leonardo, aunque imbuido de conocimiento escolástico y muy influenciado por los aristotélicos y su manera de entender la naturaleza, descubrió además muchas cosas que los aristotélicos no sabían. Comprendió que la inmovilidad no era el principio supremo del cosmos, sino que lo eran el movimiento y la fuerza. Todo proceso se podía comprender si se conocían las fuerzas que habían intervenido e intervenían en él: la forma de los cuerpos de los animales y de los seres humanos, la forma de los árboles y del rostro de las mujeres, las estructuras de los edificios y las montañas, los cursos de los ríos y el contorno de las costas...

Leonardo no sabía lo suficiente de las fuerzas o la energía como para desarrollar por completo su idea. Pero, evidentemente, cuando murió, trataba de encontrar una síntesis que culminara y unificara lo que había descubierto. Dejó tras de sí un gran caudal de trabajo inacabado. Fue un tipo nuevo de hombre renacentista, una especie de fracasado Aristóteles de un mundo nuevo.

La vida de Pico della Mirandola fue muy corta. Nació en el ducado de Ferrara en 1463, once años después del nacimiento de Leonardo, y murió en Florencia cuando sólo tenía treinta y un años. Pero aun así demostró una desmesurada ambición por estudiar y conocer todas las cosas, una ambición que ha contribuido a definir el término que examinamos aquí. Pico fue el hombre renacentista por antonomasia y, aun así, al final también fracasó.

Pico recibió una educación humanista en casa de su padre. Estudió filosofía aristotélica en Padua y derecho canónico (el derecho de la Iglesia) en Bolonia. Antes de cumplir los veinte años ya hablaba y escribía hebreo, arameo y árabe. El platónico renacentista Marsilio Ficino despertó su interés por la «cabeza de miel» de Platón —el término que usó Herman Melville para describir las sensuales trampas de ese mago entre filósofos—, pero también se familiarizó con la cábala hebrea y fue el primero en usar la doctrina cabalística para defender la teología cristiana.

A los veintitrés años, Pico se consideraba igual en conocimiento a cualquier hombre vivo. En un desafío titánico, quizá sin igual en la historia, afirmó en 1486 que defendería él solo una lista de novecientas tesis derivadas de varios autores griegos, latinos, hebreos y árabes, e invitó a estudiosos de toda Europa a que acudieran a Roma a debatir con él sobre ellas en público.

Ese duelo público de cerebros nunca tuvo lugar. Desgraciadamente para Pico, y quizá también para la posteridad, la lista de tesis de Pico llamó la atención del Vaticano, que declaró que trece de ellas eran heréticas. Pico, aturdido, se apresuró a retractarse, pero eso no bastó para ahorrarle la cárcel, en la que pasó un breve período. Al verse otra vez en libertad, se mudó a Florencia para restañar las heridas que había recibido su orgullo intelectual y allí compuso un notable documento que luego publicaría con el título *De la dignidad del hombre*. Este breve y apasionado tratado es una glosa del antiguo texto protagórico: «El hombre es la medida de todas las cosas.» El hombre, daba a entender Pico, es el centro espiritual del universo, o quizás es uno de sus focos y Dios, el otro. Esta idea hubiera sido una impensable herejía sólo un siglo antes, pero en aquellos tiempos pasó sin que se le diera importancia y Pico fue absuelto de herejía en el trascendental año de 1492.

¿Podría Pico haber defendido todas las novecientas tesis? Quizá no, igual que nadie podría hacerlo hoy en día (las tesis concretas, sin duda, hoy serían distintas). Pero Pico se atrevió a intentarlo y, con ello, a desafiar al mundo con su conocimiento. Fue un acto arrogante de un hombre de veintitrés años. Fue también el tipo de acto que un hombre renacentista no dudaría en realizar, incluso sabiendo que inevitablemente fracasaría.

El pobre Pico murió en 1494. Francis Bacon nació en Londres sólo sesenta y siete años después, en enero de 1561. Para entonces, el Renacimiento surgido en Italia se había expandido inexorablemente por el norte de Europa. Aunque seguía siendo uno de los bastiones de escolasticismo aristotélico, Cambridge, donde estudió Bacon, también mostraba indicios y señales del nacimiento de un nuevo tipo de filosofía de la naturaleza que fascinaría a Bacon durante el resto de su vida.

Bacon fue un político, y se ganó la vida al servicio primero de la reina Isabel y luego del rey Jacobo I. Trabajó denodadamente para ambos monarcas. La posteridad ha decidido que también fue un hombre sin escrúpulos hasta un punto poco habitual incluso en aquella dura época. Sus enemigos al final pudieron con él en 1621. Se le acusó de aceptar sobornos en su cargo de lord canciller, se le encontró culpable y se le condenó a una enorme multa y a una pena de prisión. Pronto fue liberado de la Torre de Londres, pero nunca más volvió a ocupar un cargo público. Es a este período durante el que estuvo retirado de los asuntos públicos al que debemos la mayoría del productivo trabajo intelectual de sus últimos años.

Sus *Ensayos*, escritos a lo largo de toda su vida y salpicados de una sabiduría elocuente y de cierto encanto casero, son su trabajo más popular, pero fueron *El avance del saber* (primera edición en inglés, 1605; segunda edición en latín, 1623) y su *Novum Organum* (1620) las obras que constituyen su más importante contribución al saber. Revelan, en todo su fracasado esplendor, cómo era la mente de un hombre renacentista.

La famosa bravuconada de Bacon, «tomo todo el conocimiento por mi provincia», parece confirmar a primera vista que deberíamos considerarle un hombre renacentista. Pero ¿qué quería decir Bacon con esa frase? Era un alarde esencialmente aristotélico; es decir, Bacon no era experto en ninguna ciencia (aunque era un consumado político) y, sin embargo, sentía que entendía cómo debía conducirse una investigación científica, base sobre la que se sustentaba su afirmación de que tenía «nociones básicas» de todas las ramas del conocimiento de su tiempo. Pero también se opuso fervientemente al método aristotélico de razonamiento científico, sosteniendo que el llamado método deductivo llevaba a un callejón sin salida. Prefería sin duda su propio método inductivo.

Ya no se considera que la distinción entre deducción e inducción sea útil, pero continúa siendo, como mínimo, interesante. El método deductivo, según Bacon, conducía al fracaso porque el buscador de conocimiento deducía de ciertas asunciones intuitivas conclusiones sobre el mundo real que puede que fueran correctas desde un punto de vista lógico pero que no se verificaban en la naturaleza. El método inductivo era mejor porque el estudiante de la naturaleza ascendía según lo que Bacon denominaba la «escalera del intelecto», desde las observaciones más cuidadosas y humildes hasta conclusiones generales que tenían que ser verdad porque se basaban en la experiencia.

Hoy se reconoce que el método científico debe combinar la inducción y la deducción. Los científicos no pueden avanzar sin formular algún tipo de hipótesis. Pero también están condenados al error si no comprueban, mediante experimentos, si sus teorías funcionan en la naturaleza, que es el árbitro final de todas las afirmaciones formales. El análisis de Bacon fue útil aunque sólo fuera porque reveló la equivocación de depender sólo de uno de los métodos de razonamiento excluyendo el otro. Y su énfasis en la experiencia, en ensuciarse las manos investigando la naturaleza, fue muy importante en una época en que muchos expertos se abstenían de tales esfuerzos.

Por eso es irónico que la muerte de Bacon la causara un humilde experimento. En marzo de 1626 conducía a través de Highgate cuando, súbitamente, decidió poner a prueba su idea de que el frío podía retrasar la putrefacción de la carne. Descendió de su carruaje, compró un pollo y lo rellenó de nieve. No se sabe qué resultados obtuvo del experimento (aunque, por supuesto, su conjetura era correcta), pero Bacon cogió una fuerte pulmonía y murió semanas después.

Bacon, igual que Leonardo, no pudo completar la mayor parte de sus grandiosos proyectos y, según creo, fue por el mismo motivo. No se contentaba meramente con conocer las cosas de forma general, sino que deseaba ser un experto en todo. Sin embargo, su comprensión de la naturaleza del conocimiento y especialmente de los obstáculos a su avance, era muy profunda. En ninguna parte se puede observar mejor esta profundidad que en su famoso análisis sobre los llamados ídolos de la mente.

La propia invención por parte de Bacon de los «ídolos» para explicar la existencia de errores humanos es muy significativa. La humanidad, si no se deja desviar de su curso por la idolatría, es capaz de conseguir mucha más verdad de la que consigue habitualmente. Bacon identificó cuatro ídolos distintos, que operaban en su época igual que lo siguen haciendo en la nuestra.

Los primeros eran los ídolos de la tribu, ciertos errores intelectuales que son comunes a todos los humanos como, por ejemplo, una tendencia universal a la simplificación excesiva, que suele manifestarse en el hecho de suponer mayor orden en un determinado conjunto de fenómenos del que realmente existe en ellos, y en una tendencia a dejarse arrastrar por las novedades. La última teoría siempre parece la más verdadera, hasta que llega la siguiente.

Los ídolos de la caverna son errores causados por la idiosincrasia individual de cada uno. Una persona puede tener tendencia a concentrarse en las similitudes entre cosas, mientras que otra puede tender a fijarse en las diferencias. Estos hábitos del pensamiento sólo pueden contrarrestarse reuniendo a un gran número de personas en la búsqueda de la verdad, de modo que sus idiosincrasias particulares se contrarresten y se anulen unas a otras.

Los ídolos del mercado son los que crea el mismo lenguaje. Bernard Shaw sólo bromeaba a medias cuando dijo que «los ingleses y los norteamericanos comparten todo excepto el idioma». Si se trata de idiomas distintos, por supuesto, los problemas son mucho mayores, motivo por el cual los científicos prefieren comunicarse los unos con los otros en términos matemáticos. Pero un lenguaje universal como las matemáticas está abocado al fracaso porque las verdades más importantes no son realmente útiles para la especie hasta que se trasladan al lenguaje del hombre común. Pero cada individuo común interpreta las palabras de forma ligeramente distinta a todos los demás, lo que inevitablemente lleva a distorsiones y errores en el conocimiento que son, quizá, inevitables.

Por último, Bacon identificó a los que denominó ídolos del teatro, que eran sistemas filosóficos que estorbaban en la paciente y humilde búsqueda de la verdad. Tales sistemas no tienen por qué ser necesariamente filosóficos. En el siglo XX, distintos sistemas de pensamiento político impidieron que los marxistas y los demócratas pudieran entenderse. Puede que las palabras sean inteligibles, pero las ideas que están tras ellas ocultan su significado.

El hombre renacentista y la idea de una educación liberal

El ideal aristotélico de una persona educada, «crítica» en todas o casi todas las ramas del conocimiento, sobrevivió durante siglos como objetivo de una educación liberal. Originalmente se les enseñaron a los estudiantes las siete artes: el *trivium* (gramática, retórica y lógica) y el *quadrivium* (aritmética, geometría, astronomía y música). Aunque los nombres son antiguos, las siete «materias» serían equivalentes a un programa de estudios liberales modernos que incluyera idiomas, filosofía, matemáticas, historia y ciencia. Las artes eran «liberales» porque liberaban. Es decir, liberaban a su poseedor de la ignorancia que maniataba a los que carecían de estudios.

El siglo XX fue testigo de un cambio radical en este esquema educativo. Que el Renacimiento fracasara y no creara «hombres renacentistas» no pasó desapercibido. Si hombres como Leonardo, Pico, Bacon y otros casi tan famosos como ellos no pudieron hacer realidad su sueño de saber todo lo que había que saber sobre todas las cosas, entonces era inútil que lo intentaran hombres con menor capacidad que ellos. La alternativa se hizo evidente: conseguir ser un experto en un campo mientras que otros se hacían expertos en otras áreas del conocimiento. Este nuevo curso, mucho más fácil de seguir, llevó a una comunidad académica mucho más acomodada. Entonces, una autoridad en un campo sólo tenía que competir con los demás expertos en el mismo campo.

El instrumento que se utilizó para conseguir este cambio en los estudios fue una universidad llena de divisiones y subdivisiones, con departamentos separados convertidos en una especie de feudos armados que se contemplaban los unos a los otros a través de un océano de ignorancia mutua. El único asunto en que todos siguieron compitiendo con todos fue en la pelea por los fondos de la universidad, que pronto acabaron distribuyéndose según criterios que tenían poco que ver con los valores académicos o con el conocimiento como tal. La creencia original de que una persona educada debía tener «capacidad crítica» en otros campos de conocimiento aparte del propio simplemente desapareció. Al final, como señaló C. P. Snow (1905-1980), los distintos mundos que se crearon dentro de la universidad dejaron de hablarse los unos a los otros. El «uni» de universidad también perdió todo significado conforme la institución, que adquirió cada vez más poder a medida que fue recibiendo fondos gubernamentales para investigación, se convirtió en una relajada confederación de mini estados sin conexión entre ellos, en lugar de seguir siendo una organización dedicada a la búsqueda conjunta del conocimiento y la verdad.

Hasta la segunda guerra mundial, los estudiantes universitarios, al menos, se aferraron al ideal liberal, aunque a menudo sin demasiado entusiasmo. Tras la guerra, el programa de estudios liberales fue descartado en casi todas partes, y la organización departamental del mundo universitario se aplicó también en todos los niveles de la educación por debajo de la universidad, hasta el punto de que hoy se aplica incluso en algunos parvularios.

Todo lo que quedó de aquel gran empeño, en la conciencia popular, fue la expresión a veces admirativa, a veces irónica y a veces despectiva de «hombre renacentista», que se aplicó casi a cualquiera que demostrara que tenía habilidad suficiente como para hacer bien más de una cosa. E incluso entonces la expresión no se usó en su sentido original, aristotélico. Ese ideal y esa idea se han perdido por completo.

El humanismo renacentista

Tras la muerte de Dante, a la que pronto siguieron las de Petrarca y Boccaccio, que murieron con menos de dos años de diferencia, la literatura italiana no volvió a alcanzar ese nivel de excelencia y grandeza. Su desaparición no supuso que muriera con ellos su sueño de crear una nueva literatura que tratara temas populares sin por ello usar un estilo menos pulido y que se escribiera en las lenguas vernáculas para que casi todo el mundo pudiera leerla. Ese sueño pervivió y prosperó, sin duda más allá de las esperanzas más optimistas de sus creadores.

Durante un tiempo, sin embargo, a un observador objetivo le hubiera costado prever el triunfo definitivo de esta parte del programa renacentista, pues no muchos comprendieron la idea. Lo que sí se apoderó de la imaginación de otros hombres muy pronto fue la idea de Petrarca y Boccaccio de redescubrir las grandes obras de la literatura clásica. Ni Petrarca ni Boccaccio hablaron con fluidez el latín clásico, y ninguno pudo jamás leer bien en griego. Los que les siguieron llevaron el estudio de las lenguas clásicas a niveles bastante más altos de competencia, especialmente tras la caída de Bizancio ante los turcos otomanos en 1453, que provocó la huida a Italia de muchos refugiados de habla griega. Esos hombres no sólo podían leer griego clásico sino que trajeron consigo muchos manuscritos de obras de la antigüedad clásica.

Hacia el siglo XVI, el latín clásico, y no el latín medieval, se convirtió en el lenguaje de la diplomacia europea y era leído, hablado y escrito por todo el mundo culto. Incluso en una fecha tan tardía como 1650, John Milton (1608-1674) se planteó escribir la gran poesía épica que tenía en mente en latín, pues creía que sólo si escribía en esa lengua alcanzaría la fama universal que tanto deseaba.

Con el paso del tiempo, sin embargo, los esfuerzos de Dante, Petrarca y Boccaccio por impulsar la reputación del italiano frente al latín se convirtieron en un ejemplo que el resto de Europa siguió con entusiasmo. El uso de las lenguas vernáculas como lenguas literarias se consolidó conforme la alfabetización

aumentaba por todas partes debido a la avalancha de ⌐
presos producida por la invención del tipo móvil por p░
Gutenberg. (Ver más adelante las reflexiones sobre la revolu░
de Gutenberg.)

Durante el primer medio siglo de existencia de la imprenta,
entre 1450 y 1500, la mayoría de los libros impresos fueron textos griegos y latinos que hasta entonces sólo se podían encontrar en manuscritos. Hacia finales de siglo ya se habían impreso
la mayoría de las obras clásicas y los editores empezaron a buscar afanosamente libros en lengua vernácula. Del año 1500 en
adelante, las obras publicadas en los respectivos idiomas nacionales (italiano, francés, inglés, español, alemán y otros) fueron
mayoría.

El Renacimiento se expandió lentamente por Europa, moviéndose desde su base originaria en Italia a Francia, Inglaterra,
España y Alemania. Hacia 1600, la primera ola renacentista
inspiró un florecimiento de la poesía y de la prosa en lengua
vernácula. Los héroes de esta primera ola fueron escritores como
Clement Marot (1496?-1544) y François Rabelais (1483?-1533)
en francés y Geoffrey Chaucer (1342/3-1400) en inglés. Por lo
general, a esta primera ola siguió, como había sucedido en Italia, una explosión de obras en latín clásico. Este uso del latín en
los textos provocó, a su vez, una reacción a favor de las lenguas
vernáculas, que en casi todos los países europeos se convirtieron
pronto en habituales en la alta literatura. Así, en Francia fue la
influencia de Pierre de Ronsard (1524-1585) en poesía y de Montaigne en prosa la que consolidó el francés, y no el latín, como la
lengua en la que los escritores literarios serios (aunque, por un
tiempo, no los teólogos) debían escribir sus obras importantes.
Después de un período de recuperación similar del latín tras la
muerte de Chaucer, las obras en inglés de Edmund Spenser (1552-
1599) y Shakespeare contribuyeron a fijar el inglés moderno tal
como hoy se conoce en las islas británicas. Así pues, Milton, a pesar de dudar entre el latín y el inglés, decidió al final escribir, para
nuestro gozo, su *Paraíso perdido* en inglés.

Más aún, el convencimiento de Petrarca y Boccaccio de que
la mejor literatura podía basarse en temas populares, como el

caballería y la aventura, se impuso en todas partes. In-
~uando los humanistas escribían en latín, como Erasmo al
.r su *Elogio de la locura*, escribían en un estilo mucho más po-
.lar y para un público mucho más amplio que lo que había sido
.a norma en la antigüedad clásica.

Y al igual que sucedió con los grandes pintores, los grandes
escritores no escondieron la luz del hombre bajo el parasol de la
piedad religiosa. Se escribió bastante sobre religión durante los
años del Renacimiento tardío (digamos entre 1500 y 1650). Es
probable que la mayoría de todas las obras publicadas, incluso
en lenguas vernáculas, tuvieran un tono, si no un propósito, religioso. Pero los mejores escritores se dedicaron a escribir sobre
el hombre, poniéndolo en el centro, en primer plano, cantando
sus excelencias, alabándolo, cuestionándolo y criticándolo, pero
nunca despreciándolo ni a él ni a su ciudad terrenal, como sí habían hecho los agustinianos durante mil años.

Montaigne

Michel de Montaigne, nacido en Burdeos, Francia, en 1533, fue
educado por su padre de una forma extraña y maravillosa. Cada
mañana le despertaban con música y su padre se encargó de que
su padrino, su madrina y su niñera fueran campesinos (para
que así pudiera absorber la sabiduría de los campesinos, dijo su
padre, además de su leche) y dispuso que le enseñara latín un tutor alemán que no sabía ni una palabra de francés. El resultado
fue que Montaigne habló poco francés hasta cumplir los seis
años y el latín fue siempre su «lengua materna».

Tras una vida dedicada a la política por exigencia de su amigo, el rey Enrique IV, Montaigne empezó a escribir los ensayos
que le harían célebre. Puesto que había estado en contacto con
gente común desde su infancia, fue capaz de componer, casi de
inventar, una prosa en francés sencilla y con un tono muy natural que contribuyó a establecer el estilo culto de esa lengua.

Los *Ensayos* son mucho más que un *tour de force* lingüístico.
En cierta forma, son el libro del Renacimiento por antonomasia.

Además de ser los primeros ensayos (tal como hoy los conce̱
mos) jamás escritos, también son el primer libro cuyo propósiṯ
es revelar con absoluta modestia y franqueza lo que sentía y pensaba su autor. Montaigne no trata de disimular sus defectos,
pero tampoco se flagela ni pide perdón por ellos. Se contenta
con contarnos quién es, qué piensa y qué siente, con la esperanza de que será lo bastante parecido a su lector —a cualquier lector— como para que su narración le resulte interesante. Y, en
efecto, así es.

San Agustín, al escribir sus *Confesiones* casi mil años antes
de los *Ensayos*, también nos reveló lo que sentía y pensaba. Pero
el propósito del gran apologista cristiano fue implacablemente
didáctico. Al confesarnos sus pecados y describirnos su conversión a la verdadera fe, nos contaba la historia de un malvado pecador salvado por la gracia de Dios. Si esto me puede pasar a mí,
nos decía, te puede pasar a ti. Montaigne, en cambio, no está tan
interesado en lo que le ha pasado como en lo que él es o, lo que
es lo mismo, en lo que es cualquier ser humano.

En pocas palabras, el libro, si tiene algún tema más allá de
sus diversos contenidos, trata sobre conocerse a uno mismo. Sócrates, el héroe y ejemplo de Montaigne, dijo que conocerse a
uno mismo era muy difícil y muy importante. Montaigne era
consciente de lo difícil que es. Hasta cierto punto, todos tratamos de no conocernos a nosotros mismos, pues hacerlo implica
admitir que no somos ni más ni mejores de lo que realmente somos. Algunos de nosotros a veces, y la mayoría siempre, vivimos
sumergidos en un mar de fantasías. Montaigne trató de ir más
allá de sus propias fantasías y de verse a sí mismo como realmente era, algo distinto de verse como otros te ven.

El Renacimiento, en todas sus manifestaciones, colocó al hombre en el centro de todas las cosas. Había algo en la frialdad y el
distanciamiento que implicaba esa nueva reorientación del hombre que puede que molestara a Montaigne. ¿Quién iba a hablar
en nombre de ese hombre abstracto? Montaigne, al menos, podía hablar por sí mismo. Podía decir lo que él era, lo que quería,
a qué tenía miedo (temía a muy pocas cosas), qué le causaba
dolor, que le divertía y le complacía, qué le parecía vanagloria

insensatez en otros hombres. De ese modo se colocó a sí mismo en el centro de todas las cosas, convencido de que incluso si esta atención le parecía a algunos egocéntrica, nada podía ser más interesante.

Los *Ensayos* son apasionantes. También sentaron un precedente que abrió el camino a un nuevo tipo de género literario que en los siglos siguientes se acabaría convirtiendo en el más importante de todos. Cientos de escritores, entre ellos los mejores de esos siglos subsiguientes, han tratado de mostrarse a sí mismos con una franqueza y una honestidad que puede que incluso fueran mayores que las de Montaigne. Rousseau y Goethe. Wordsworth y George Elliot. Baudelaire y Dostoievski. John Berryman y Philip Roth. Ellos y docenas de otros han vertido en sus obras las virtudes y enfermedades de su alma, confiados en que el resultado no sería interesante sólo para ellos sino también para otros.

Hoy es imposible una vuelta a una literatura de ocultación en lugar de una literatura de revelación, a menos que suceda un cataclismo universal seguido de una férrea y eterna censura. Le debemos este logro a Montaigne más que a ningún otro. Montaigne, en «De la experiencia», escribe:

Estamos completamente locos: «Se ha pasado la vida ocioso», decimos; «no he hecho nada hoy». ¿Cómo? ¿Es que no habéis vivido? Ésa es no sólo la fundamental, sino la más ilustre de vuestras ocupaciones. «Si me hubieran colocado en posición de manejar asuntos importantes, habría demostrado lo que puedo hacer.» ¿Habéis sabido meditar y dirigir vuestra vida? Ya habéis manejado el asunto más importante de todos. Para mostrarse y lucirse, la naturaleza no necesita para nada de la fortuna; se muestra en todos los niveles tanto delante como detrás del telón. Nuestro deber es componer nuestra conducta, no componer libros, y ganar, no batallas ni provincias, sino el orden y la tranquilidad en nuestro proceder. Nuestra mayor y más gloriosa obra de arte es vivir como nos correspon-de. Todo lo demás, reinar, atesorar, construir, no son sino apéndices y adminículos como mucho.

Es absoluta perfección y casi divino saber gozar lealmente del propio ser. Buscamos otras cualidades por no saber usar las nuestras y nos salimos de nosotros mismos por no saber estar dentro. Y en vano nos encaramamos sobre unos zancos, pues hasta con zancos hemos de andar con nuestras propias piernas. Y en el trono más elevado del mundo seguiremos estando sentados sobre nuestras posaderas.

Shakespeare

Confieso de entrada que tengo ciertas dudas sobre la autoría de las obras de Shakespeare. Puede que el actor de Stratford las escribiera; o puede que fuera el conde de Oxford; o Marlowe, o puede que fuera otro. Tras cinco siglos, la cuestión de si «Shakespeare» era el nombre real del autor o tan sólo un pseudónimo de alguien que desconocemos no tiene la menor importancia, excepto para explicar por qué no tiene sentido lanzarnos a comentar al detalle su biografía.

Baste decir que el autor de las obras nació en Inglaterra a mediados del siglo XVI y que probablemente vivió hasta 1615. Escribió unas treinta y cinco obras, todas las cuales, al parecer, se representaron en el escenario, a veces más de una al año. Fue un dramaturgo de enorme éxito ya en su tiempo y no ha dejado de serlo desde entonces.

Cuando él (llamémosle Shakespeare, aunque sea admitiendo que no sabemos en realidad a quién corresponde ese nombre) empezó a escribir, no tenía muchos ejemplos de buen teatro en los que inspirarse. No conocía a los grandes trágicos griegos. Sólo tenía a Séneca y a un puñado de sus horribles imitadores contemporáneos; a Plauto y Terencio, ambos antiguos romanos, y unas cuantas imitaciones de sus comedias clásicas pero banales. Así pues, lo que hizo Shakespeare fue crear la dramaturgia inglesa prácticamente de la nada. Fue un logro espectacular por sí mismo, pero fue sólo el principio de lo que Shakespeare hizo.

Si no existieran las obras de Shakespeare, no sabríamos lo maravilloso que puede llegar a ser el teatro. Peor todavía, no sabríamos lo hondo que la literatura puede profundizar en el alma humana.

El hombre y la mujer fueron siempre el centro de sus obras. La imagen medieval del mundo que heredó Shakespeare se difumina en un segundo plano y aparece con fuerza la humanidad, desnuda, sin vestiduras que la adornen y sin la protección del derecho canónico. Las obras casi no son cristianas y, desde luego, están muy lejos de la ortodoxia de esa religión. Tampoco son existencialistas, aunque enfrentan a hombres y mujeres contra el universo y miden su actuación en ese desigual duelo.

El genio de Shakespeare fue único, pues se le daba tan bien la comedia como la tragedia e incluso sabía cómo mezclarlas ambas, utilizando los elementos cómicos para suavizar la tragedia y los trágicos para acentuar el toque cómico. La vida hace lo mismo y no manifiesta preferencia alguna por la comedia o la tragedia. Quizá por eso las obras de teatro de Shakespeare son la imitación más lograda de la vida humana que ningún autor ha conseguido hasta la fecha.

La tragedia griega, que Shakespeare no conocía, trata de problemas de familias pero elevados a una escala heroica, sobrehumana. Es muy difícil para un padre o marido identificarse con el personaje de Edipo o para una madre verse como Clitemnestra, la torturada reina de Agamenón. Una de las contribuciones más valiosas de Shakespeare a la literatura es que en sus obras mostró la vida de las familias comunes, revelándonos cosas que siempre supimos pero a las que no queríamos enfrentarnos. Todas y cada una de sus famosas tragedias son tragedias familiares, por mucho que sean muchas cosas más: Lear y sus hijas, Hamlet y su madre y su padrastro, Otelo y su joven esposa, Macbeth y su esposa ambiciosa, anciana y sedienta de sangre. Son dos familias enfrentadas las que matan a los jóvenes amantes en *Romeo y Julieta*. Antonio y Cleopatra, aunque no están casados —quizá porque no están casados— están tan apasionadamente enamorados el uno del otro tras veinte años como lo estaban cuando eran jóvenes.

Plauto y Terencio inventaron toda una hueste de personajes cómicos: el soldado amante y fanfarrón; la inocente y bellísima hija; el insensato padre nacido para que le engañen y le roben su joya; el astuto sirviente que mueve todos los hilos... y los situaron a todos en tramas que eran una parodia de la vida en familia y que imitaban la vida real. Shakespeare, que heredó todos esos personajes, los convirtió en hombres y mujeres reales en sus incomparables comedias. Aparte de los obligatorios amantes, que la mayor parte de las veces se burlan del propio amor, esas obras contienen padres e hijas tan plausibles y reales que les rompen el corazón a los espectadores. Y luego está Shylock, un golpe magistral, una figura trágica que el autor coloca en el centro de una comedia y cuyo corazón se parte mientras todos los demás, incluida su hija, no paran de reír.

El francés que Montaigne heredó de Rabelais se demostró poco adecuado para sus necesidades, así que inventó una nueva prosa francesa. El inglés que Shakespeare empleó en sus últimas obras maestras prácticamente no existía cuando empezó a escribir teatro y también él tuvo que inventar una nueva lengua. Dante, Petrarca y Boccaccio obraron la misma magia con el italiano, Cervantes lo haría con el español y Goethe y Lessing con el alemán. Como en todo lo demás, Shakespeare fue el mayor de todos estos creadores lingüísticos. Tan inagotable fue su imaginación como su inventiva. Nos podemos felicitar de que el nuestro sea el idioma que habló Shakespeare. Ojalá lo habláramos o lo escribiéramos tan bien como él.

HAMLET:
¡Qué obra maestra es el hombre! ¡Cuán noble por su razón!
     ¡Cuán infinito en facultades! En su forma y movimiento, ¡cuán expresivo y maravilloso! En sus acciones, ¡qué parecido a un ángel! En su inteligencia, ¡qué semejante a un Dios! ¡La maravilla del mundo! ¡El arquetipo de los seres! Y, sin embargo, ¿qué es para mí esa quintaesencia del polvo?

Hamlet

GLOUCESTER:
Somos para los dioses como las moscas para los chiquillos.
     Nos matan por diversión.

El rey Lear

PRÓSPERO:

> Nuestra fiesta ha terminado. Los actores,
> como ya te dije, eran espíritus
> y se han disuelto en aire, en aire leve,
> y, cual la obra sin cimientos de esta fantasía,
> las torres con sus nubes, los regios palacios,
> los templos solemnes, el inmenso mundo
> y cuantos lo hereden, todo se disipará
> e, igual que se ha esfumado mi etérea función,
> no quedará ni polvo. Somos de la misma
> sustancia que los sueños, y nuestra breve vida
> culmina en un dormir.

La tempestad

Cervantes

Miguel de Cervantes Saavedra nació probablemente el 29 de septiembre de 1547 en Alcalá de Henares, cerca de Madrid. Lo más seguro es que muriera el 22 de abril de 1616, pero los amantes de la literatura prefieren la fecha más tradicional del 23 de abril, pues ése es también el día en que se supone que falleció Shakespeare. La idea de que esos dos excelentes caballeros murieran el mismo día y fueran juntos al cielo —porque, si no fueron al cielo, entonces ¿para qué sirve un cielo?— es una idea tan seductora y atrayente que los hechos, fueran cuales fueran, no deberían contrariarla.

Cervantes fue soldado antes que escritor. Y fue un soldado muy bueno, tanto que, cuando fue capturado por piratas de Berbería en 1575, éstos creyeron que se trataba de un hombre importante y exigieron un rescate muy alto. Puede que esa imagen que se formaron de él los piratas le salvara la vida, pues continuaron tratándolo bien a pesar de sus numerosos intentos de fuga. Pero esa imagen también le costó cinco años de esclavitud, pues su familia no pudo reunir el dinero suficiente hasta 1580, año en que por fin pudieron liberarle. Sin embargo, el rescate fue tan alto que se empobrecieron y le empobrecieron a él durante el resto de su vida.

Cervantes quería ser escritor, y escribió cualquier clase de obra que creyó que le podría reportar un poco de dinero: obras de teatro, relatos e incluso una novela pastoril, un género entonces considerado moderno. Nada de lo que hizo tuvo éxito. Siempre le había gustado leer, especialmente las novelas de caballería del siglo anterior. Así que, quizá desesperado, imaginó una historia sobre un viejo hidalgo de La Mancha, donde él vivía, que había leído tantas de esas novelas que perdió la cabeza y empezó a creerlas de verdad. Decidió entonces el viejo hidalgo convertirse él mismo en caballero errante y partió, con su espada herrumbrosa y su castigado escudo, a lomos de su escuálido jamelgo, Rocinante, para ver el mundo y desfacer entuertos allí donde los encontrase. Como todo el mundo sabe, no encontró nada más que desfacer que rebaños de ovejas y molinos, que todavía hoy pueblan las llanuras de La Mancha. En lugar de tumbar a los molinos, que él creía gigantes, las grandes aspas que giraban implacablemente con el viento de la meseta le tumbaron a él. Así que trajeron a Don Quijote de vuelta a casa en una jaula que dejaron frente a su casa.

Cervantes contó este relato en unas veinte páginas. Debió leérselo a los cuatro o cinco parientes con los que compartía las dos habitaciones de su pequeña casa de Esquivias, donde escribía en la cocina mientras las mujeres iban arriba y abajo a su alrededor. Les gustó y él decidió escribir más.

Don Quijote necesitaba un compañero, un escudero, según le gustaba llamarlo a él, y Cervantes se lo dio al crear al orondo y práctico campesino Sancho Panza, que acompañaría al aspirante a caballero conforme cabalgaban por los sinuosos caminos de una España desaparecida, aunque quizá más real, para la mayoría de los españoles, que su moderna nación actual. Don Quijote vivió muchas aventuras y en casi todas ellas le engañaron, estafaron o traicionaron. El propio Sancho se vio arrastrado al mundo de fantasía de su señor, de modo que él también empezó a vivir aventuras y a creerse que era un escudero de verdad de un caballero de verdad. Pero la mayor parte del tiempo lo pasaban charlando, y estas conversaciones son todavía los mejores diálogos que jamás se han escrito en ningún libro.

—Todavía —respondió don Quijote—, si tú, Sancho, me dejaras acometer, como yo quería, te hubieran cabido en despojos, por lo menos, la corona de oro de la Emperatriz y las pintadas alas de Cupido, que yo se las quitara al redropelo y te las pusiera en las manos.

—Nunca los cetros y coronas de los emperadores farsantes —respondió Sancho Panza— fueron de oro puro, sino de oropel u hoja de lata.

—Así es verdad —replicó don Quijote—, porque no fuera acertado que los atavíos de la comedia fueran finos, sino fingidos y aparentes, como lo es la mesma comedia, con la cual quiero, Sancho, que estés bien, teniéndola en tu gracia, y por el mismo consiguiente a los que las representan y a los que las componen, porque todos son instrumentos de hacer un gran bien a la república, poniéndonos un espejo a cada paso delante, donde se ven al vivo las acciones de la vida humana, y ninguna comparación hay que más al vivo nos represente lo que somos y lo que habemos de ser como la comedia y los comediantes; si no, dime: ¿no has visto tú representar alguna comedia adonde se introducen reyes, emperadores y pontífices, caballeros, damas y otros diversos personajes? Uno hace el rufián, otro el embustero, éste el mercader, aquél el soldado, otro el simple discreto, otro el enamorado simple; y acabada la comedia y desnudándose de los vestidos della, quedan todos los recitantes iguales.

—Sí he visto —respondió Sancho.

—Pues lo mesmo —dijo don Quijote— acontece en la comedia y trato deste mundo, donde unos hacen los emperadores, otros los pontífices, y finalmente todas cuantas figuras se pueden introducir en una comedia; pero en llegando al fin, que es cuando se acaba la vida, a todos les quita la muerte las ropas que los diferenciaban, y quedan iguales en la sepultura.

—Brava comparación —dijo Sancho—, aunque no tan nueva, que yo no la haya oído muchas y diversas veces, como aquella del juego del ajedrez, que mientras dura el juego cada pieza tiene su particular oficio, y en acabándose el juego todas se mezclan, juntan y barajan, y dan con ellas en una bolsa, que es como dar con la vida en la sepultura.

—Cada día, Sancho —dijo don Quijote—, te vas haciendo menos simple y más discreto.

Puesto que el alto y enjuto caballero y su orondo escudero capturaron de inmediato y para siempre la imaginación de todo el mundo, su imagen es la más conocida de todos los personajes de ficción de la literatura mundial. A su debido tiempo, *Don Quijote* se publicó y reeditó, se tradujo a todas las lenguas de Europa e hizo a su autor casi tan famoso como sus protagonistas. Aun así, Cervantes no sacó de ello dinero digno de mención. Parece que, en cualquier caso, se equivocó al creer que la literatura podía ser una vía hacia la riqueza.

Si los *Ensayos* de Montaigne no son el libro por excelencia del Renacimiento, entonces ese título corresponde sin duda al *Don Quijote* de Cervantes. Porque ¿qué mejor manera hay de anunciar la llegada de un nuevo mundo que burlarse del anterior y hacer que todos se rían contigo? La concepción del mundo en la Edad Media incluía creer en la caballería, que era una parte necesaria de la entidad ficticia que era el estado teocrático. Los caballeros andantes eran los *ombudsman* del reino de Dios en la Tierra que iban sembrando justicia conforme cabalgaban por los campos y aldeas de países que sólo existían en la mente de los hombres: Avalón, Arcadia y demás. De moral pura y gran piedad religiosa, servían al rey celestial y a una doncella sin par, una madre virgen, hasta la muerte y después de ella.

El ideal era tan bello que pervivió durante siglos, y no es sorprendente que hechizara a Don Quijote. Pero tampoco es sorprendente que lo volviera loco, pues el conflicto entre los bellos ideales y cosas como enormes molinos que no paran de girar es lo bastante salvaje como para hacerle perder la razón a cualquiera. En cualquier caso, el futuro pertenecía a los molinos y a todos sus sucesores tecnológicos. Pero ¿quería eso decir que la novela de caballerías había muerto? ¿O había alguna forma de disfrutar tanto de la novela de caballerías como del progreso?

La verdadera grandeza de Cervantes radica en que él fue quien descubrió esa vía. Don Quijote y su amigo Sancho Panza perseguían lo que un poeta moderno ha llamado un sueño imposible, un sueño de justicia en un paraíso terrenal, una verdadera contradicción en términos, como han sabido siempre los hombres pragmáticos. ¿Qué importa que el sueño sólo existiera en sus mentes? ¿Acaso no es ése el lugar de los sueños? Mientras tanto, el mundo podía seguir con su inexorable y mortífero propósito.

Los dos héroes de Cervantes no están exactamente en el centro y en primer plano en el escenario. Están un poco por encima, pues no tocan con los pies en el suelo. Cervantes fue el primero en comprender que el nuevo mundo que se gestaba necesitaba héroes así o se volvería loco. La mayor parte de la literatura que ha perdurado en los siguientes cuatrocientos años ha seguido su idea, inventando nuevos tipos de héroes que se elevan por encima del mundo o demuestran lo loco que se vuelve el mundo cuando carece de ellos.

La Peste Negra

Se hace extraño pensar que una plaga terrible fuera un elemento que ayudara a propagar la cultura y que llevara a la expansión de la idea del Renacimiento, pero así fue. Reunió dos elementos fundamentales para la expansión del conocimiento: la tecnología del papel y la imprenta y los indispensables contenidos: los manuscritos que se convirtieron en libros.

La peste es básicamente una enfermedad de roedores, habitualmente de ratas. La pulga de la rata la transmite de una rata a otra, pero los seres humanos pueden contraer la enfermedad si tienen pulgas. En las hacinadas ciudades medievales, la mayoría de la gente las tenía. En tiempos de muchas penalidades, durante sitios o hambrunas, los habitantes de las ciudades estaban en una situación de especial riesgo. Si la peste se convertía en una epidemia, como sucedía a menudo, la mortalidad era tremenda, pues no se conocía ninguna cura. (Sólo los antibióticos modernos pueden controlar la enfermedad.)

A principios de 1347, un puesto comercial genovés en Crimea fue asediado por un ejército en el que había kipchak de Hungría (un pueblo nómada) y mongoles de diversos territorios de Oriente. Estos últimos trajeron con ellos una clase nueva de peste que, debido a las condiciones de vida que provocó el asedio, se propagó y mató a cierto número de soldados. Al jefe de los kipchak se le ocurrió que podía trocar en fortuna su mala suerte y catapultó varios cadáveres infectados al interior de la ciudad genovesa.

Los genoveses no estaban inmunizados contra esa variante de la peste y pronto murieron muchos de los habitantes del asentamiento. Uno de sus barcos logró romper el bloqueo y navegó a través del estrecho de los Dardanelos, a lo largo de la costa de Anatolia y por el Mediterráneo hasta Messina, en Sicilia, donde arribó durante el verano de 1347. Trajo en sus bodegas un cargamento de refugiados aterrorizados y de oro. Y trajo la peste.

Desde ese momento, la enfermedad se convirtió en una epidemia. En dos meses acabó con la mitad de la población de Messina y no tardó en propagarse a otras ciudades italianas. Cruzó el estrecho hasta Italia ese otoño y subió por la península a una velocidad bastante estable de once kilómetros diarios. Las muertes en las prósperas ciudades del norte comenzaron a principios de 1348, igual que en África del Norte, adonde otros barcos llevaron la infección. Francia y España se vieron afectadas más adelante ese mismo año de 1348; Austria, Hungría, Suiza, Alemania, los Países Bajos e Inglaterra en 1349; Escandinavia y la región del Báltico recibieron el azote en 1350.

Las estimaciones respecto al porcentaje de la población europea que murió por esta peste, que se conoce como la Peste Negra, son diversas. No cabe duda de que pereció como mínimo un cuarto de la población y quizá la mitad o incluso más. Es probable que un tercio sea una cifra mínima sobre la que podemos estar bastante seguros. Eso quiere decir que los muertos fueron entre veinticinco y cuarenta millones de personas. Y la epidemia no acabó en 1350. Hubo focos menores en muchas ciudades durante los siguientes veinte años.

La enfermedad dejó una huella indeleble en la mente de los supervivientes, aunque Petrarca, por ejemplo, declaró que las generaciones futuras jamás creerían lo que había sucedido. Considerando la enorme cantidad de personas que murieron, la Peste Negra fue una de las peores catástrofes de la historia. En términos porcentuales, fue probablemente la peor, peor que cualquier otra epidemia, peor que cualquier guerra, peor que cualquier cosa.

Pero no hay mal que por bien no venga. Murieron quizá la mitad de todos los campesinos europeos. Los que sobrevivieron vieron cómo aumentaban mucho sus ingresos, pues ahora podían regatear con los habitantes de las ciudades, que necesitaban desesperadamente la comida que sólo los siervos podían producir. Sin embargo, en cosa de un siglo, la población de siervos se había recuperado y la inflación se comió lo que habían ganado.

La enfermedad mató a la gente, pero no dañó la propiedad. Y atacó a ricos y pobres indiscriminadamente. Ahora todo lo que habían poseído los muertos pertenecía a alguien. Esa recién adquirida riqueza lanzó a los supervivientes a una de las épocas de mayor consumo de la historia. El último cuarto del siglo XIV fue, por tanto, una época de enorme prosperidad. El consumismo rampante se vio alimentado por la relajación de la moral que siguió a la epidemia. Cuando estás rodeado por la muerte, no es tan sencillo imponer reglas estrictas a tu familia, vecinos o súbditos.

Los supervivientes de la peste no sólo heredaron dinero, tierras y edificios. También heredaron ropas, juegos de cama y otros artículos hechos de tela. Pero una persona sólo puede llevar un número finito de trajes y no va a comprar más camas o mesas sólo porque le sobren ajuares. Cientos de millones de prendas eran de repente inútiles. Hacía finales de siglo se descubrió un nuevo uso para toda esa tela que sobraba: hacer papel de trapo. Este nuevo material valía para diversos fines, pero hacia 1450 existía un enorme excedente de este papel y su precio descendió hasta un nivel muy bajo.

La Peste Negra tuvo otro efecto en el nuevo Renacimiento que Petrarca y Boccaccio habían iniciado. Bizancio fue una de las primeras ciudades que atacó la devastadora epidemia. El Imperio romano de Oriente perduraría durante cien años más, hasta su caída ante los turcos musulmanes en 1453, pero de 1355 en adelante se produjo una constante fuga de personas cultas y educadas hacia Occidente.

Su llegada alimentó el hambre de noticias, información y auténtico conocimiento de la tradición clásica que Bizancio había conservado. La mayor parte de los eruditos bizantinos no llegaron a Italia hasta el siglo XV, pero cada año arribaban algunos nuevos, y el efecto fue acumulativo. Hacia 1450, el interés por leer y estudiar los clásicos griegos y latinos había crecido mucho. Pero no existía todavía un método práctico que permitiera poner esos textos a disposición de todo el público interesado en leerlos.

El logro de Gutenberg

Se sabe bastante poco de la vida del hombre cuyas invenciones sacaron provecho de todas esas consecuencias, en sí mismas desdichadas, de la Peste Negra. Johann Gutenberg nació durante la última década del siglo XIV en Maguncia, Alemania, y se pasó la vida embarcado en actividades secretas que trató de esconder, en su mayoría, hasta de sus socios, quienes le habían prestado grandes sumas de dinero para financiarlas. Su secretismo, y quizá algún otro tipo de problema de personalidad, le llevaron a la ruina. Uno de sus acreedores le puso un pleito y, tras ganar el juicio, se quedó con todos los materiales y máquinas de Gutenberg. El inventor quedó en la miseria.

Gutenberg murió, roto y desolado, hacia 1468. Para entonces la famosa Biblia que hoy se conoce con su nombre ya se había impreso y era considerada una obra maestra. Ése fue el primer libro impreso con caracteres (llamados tipos) móviles y está claro que Gutenberg trató de reproducir el estilo de los manuscritos litúrgicos medievales por medios mecánicos sin perder en el proceso nada de su bello diseño y colorido. Para lograr ese fin, un fin muy distinto del que perseguirían la mayoría de sus sucesores, inventó cuatro herramientas básicas, todas las cuales se continuaron utilizando para la impresión de libros hasta el siglo XX.

Una de estas herramientas fue un molde para fabricar tipos de forma precisa y en grandes cantidades. Antes, los tipos móviles o bien se grababan en metal o bien se tallaban en madera, pero los dos sistemas eran laboriosos y lentos. Los tipos de madera se desgastaban muy pronto. Los tipos grabados en metal duraban mucho, pero cada letra grabada era ligeramente distinta a las demás en forma y tamaño. Los moldes de Gutenberg permitieron producir muchas copias de cada letra que eran a la vez duraderas y perfectamente idénticas.

La segunda de sus invenciones fue una aleación de plomo, estaño y antimonio con la que fabricaba las letras. Si se utilizaba sólo plomo, las letras se oxidaban muy pronto, con el consiguiente deterioro de la forma, o matriz, que sostenía al tipo. El antimonio era necesario para endurecer el tipo de modo que pudiera soportar la presión de varias impresiones. La mezcla de plomo, estaño y antimonio se continuó utilizando hasta hace muy poco para fabricar los tipos.

La tercera invención fue la propia imprenta. Las imprentas anteriores, que utilizaban tipos de madera, eran ligeras y de madera. Sin embargo, para encuadernar los libros se utilizaba una pesada prensa de metal. Un gran torno, parecido al que se utilizaba para prensar las olivas y las uvas, conseguía aportar la enorme presión necesaria. La imprenta de Gutenberg fue una adaptación de la prensa de encuadernación. Este tipo de imprenta hubiera destruido en poco tiempo los tipos de madera que se usaban anteriormente, pero los nuevos y duraderos tipos de metal soportaban la presión y producían una impresión más limpia y precisa.

Por último, Gutenberg, tras muchos experimentos, creó una tinta de imprenta con una base de aceite. La tinta se podía colorear, lo que hizo posible la impresión de libros tan maravillosos como la Biblia de Gutenberg.

Se suele conceder el mérito de la invención del papel a un tal T'sai Lun, un funcionario chino. La fecha tradicional del descubrimiento es el 105 d. J.C. Hacia finales del siglo II d. J.C., los chinos imprimían libros en papel de trapo utilizando tipos de madera. Los árabes descubrieron el secreto de la fabricación del papel durante el siglo VIII y lo llevaron a Egipto y a España. Por algún motivo, no interesó a los europeos hasta mucho después. Los principios de la producción de papel de trapo no fueron ampliamente conocidos en Occidente hasta finales del siglo XIV. Entonces, la fabricación de papel, utilizando la enorme cantidad de harapos disponibles tras la Peste Negra, se convirtió en una industria importante. El papel de trapo era mucho mejor que el pergamino o la vitela, ambos fabricados a partir de pieles de animales, por muchos motivos. El papel era mucho más liso y se podía plegar más fácilmente. Era más fino, así que se podía encuadernar en pliegos y hacía los libros mucho más compactos. Y, lo más importante, se podía imprimir sobre él con mucha mayor claridad y precisión que sobre los otros dos soportes.

Gutenberg imprimió los primeros libros compuestos con tipos móviles alrededor de 1450. Como es lógico, se imprimieron en papel de trapo, cuyo bajo precio, debido a la abundancia de tela, lo convirtió en la elección obvia. Al poco tiempo se imprimieron sobre papel miles de ejemplares de libros, pues la constelación de inventos de Gutenberg consiguió darle un uso espectacular a este material del que tanto excedente había disponible.

Los inventos de Gutenberg pronto llegaron a Italia. En Venecia y otras ciudades del norte, el hambre de clásicos se demostró insaciable. En un lapso de cincuenta años se imprimieron y distribuyeron por todo el mundo culto casi todas las obras griegas y romanas importantes. Los libros se vendían a un precio mucho más bajo que antes gracias a la nueva tecnología con la que se fabricaban. Muchos de los textos originales habían sido traídos en manuscritos desde Bizancio por los refugiados que huyeron por la toma de la ciudad por los turcos otomanos en 1453.

Gutenberg, sin pretenderlo, aseguró el triunfo del Renacimiento de Petrarca y Boccaccio. Con los clásicos disponibles en ediciones relativamente asequibles ya podía iniciarse el estudio de las lenguas y culturas de la antigüedad. Antes sólo los ricos podían permitirse comprar manuscritos. De repente, cualquier estudioso podía darse el lujo de poseer libros.

Además de impulsar el estudio de la filología clásica, los libros de la antigüedad que ahora cualquier persona letrada podía permitirse poseer y leer estaban llenos de ideas olvidadas, ignoradas o suprimidas durante siglos. Además, mucha gente escribió sobre las cosas que le interesaban o preocupaban, con la esperanza de convencer a los demás de su punto de vista, y los textos resultantes eran leídos a menudo en lugares muy lejanos o por personas completamente ajenas a su realidad. El libro impreso, el más subversivo de todos los inventos, podía utilizarse para derrocar todo tipo de viejas instituciones.

Petrarca y Boccaccio supieron apreciar la importancia de realizar una promoción inteligente de una idea. Llevaron ese concepto mucho más lejos de lo que nadie había hecho antes. Ahora ya no hacía falta ser un genio para triunfar. Bastaba con tener una idea nueva, no necesariamente buena, y escribir un libro sobre ella. Los editores andaban desesperados buscando libros nuevos. ¿Quién sabía cómo podía acabar todo aquello?

Fue una conjunción de acontecimientos extraordinaria —la amplia disponibilidad de papel de trapo, la invención de la imprenta con tipos móviles de metal y la súbita aparición de un gran número de manuscritos de gran calidad que clamaban por ser publicados— la que propagó el Renacimiento. Sin todos estos elementos, el sueño de Petrarca y Boccaccio podría haber resultado de forma muy distinta.

Las ciudades del Renacimiento

La ciudad Estado fue uno de los grandes inventos de los griegos. Aristóteles describió su génesis. El Estado nace por necesidades de la vida, dijo; es decir, se constituye como un mecanismo clave de supervivencia. Pero continúa existiendo por las necesidades de la buena vida. Los seres humanos, tras haber formado algún tipo de Estado, pronto comprenden que la vida en comunidad es mucho más duradera, segura y placentera que la vida de una persona o familia sola.

Surgieron ciudades Estado por toda Grecia y en las colonias griegas. El principio básico que las impulsaba era la economía: eran comunidades de hombres, mujeres, niños y esclavos que se unían para que todos los habitantes de la comunidad pudieran disfrutar de una vida mejor y más rica. Las ciudades Estado prosperaron y, para lo habitual en la antigüedad, disfrutaron de una inusitada libertad. En consecuencia, algunos hombres (pero pocas mujeres y niños y casi ningún esclavo) pudieron vivir extremadamente bien y dedicarse a ejercitarse en la palestra, a discutir sobre filosofía y a tratar de desentrañar el significado de la virtud.

Alejandro Magno intentó fundar ciudades Estado en los territorios que conquistó a finales de siglo IV a. J.C., pero la idea, transplantada a tierras en las que era extraña, no cuajó. Sus ciudades imperiales, como Alejandría y Babilonia, se dedicaron más a la administración que a la cultura y el comercio, mientras que Atenas se convirtió en una especie de glorioso fósil. Los romanos, que adoptaron tantas ideas griegas, no tomaron el concepto de ciudad Estado, pues la ciudad imperial les seducía mucho más que las ajetreadas, abarrotadas e innovadoras ciudades griegas. Tras las invasiones de los bárbaros, la civilización se retiró tras los muros de los monasterios. Incluso la Aquisgrán imperial de Carlomagno estaba muy lejos de ser una ciudad en el sentido griego.

Pero la idea griega de la ciudad Estado no murió. Revivió durante los siglos XI y XII cuando comunas italianas como Milán, Pisa y Florencia se enfrentaron a sus señores feudales, derrocaron a sus antiguos amos y lograron tomar el poder y gobernarse a sí mismas.

La comuna medieval italiana, como la antigua ciudad Estado griega, era ante todo una entidad comercial y mercantil. Los comerciantes y mercaderes emplearon su recién adquirida libertad para amasar nuevas fortunas y aumentar la riqueza general. Hacia 1300, la pequeña ciudad de Florencia se había convertido en el banquero de Europa. Su moneda, el florín, se convirtió en la primera divisa internacional. Pero Florencia era mucho más que una especie de gran corporación empresarial. Sus ciudadanos perseguían un tipo de gloria que no se había soñado desde la Atenas del siglo V a. J.C.: querían que el esplendor en el arte y la arquitectura fueran patrimonio todos los ciudadanos, que hicieran de su ciudad la envidia del mundo entero e insuflara en los corazones de los florentinos una satisfacción y orgullo cívico desconocidos durante siglos.

La resucitada idea de una ciudad Estado gobernada por el pueblo se extendió por toda Europa. De hecho, todavía se creaban nuevas comunas en Alemania cuando la ciudad estado italiana agonizaba, destruida por las sanguinarias luchas intestinas que acabaron con la libertad en todas las ciudades y provocaron la llegada de mercenarios extranjeros para mantener el orden. Esos soldados casi siempre se quedaban más de lo que querían los ciudadanos y acabaron controlando la mayor parte de Italia.

A finales del siglo XV, Florencia perdió su independencia política, pero no por ello dejó de ser una ciudad próspera en lo económico ni cedió su liderazgo artístico. Al mismo tiempo, Roma resurgía de las cenizas de su caída hacía ya mil años, pero no como ciudad Estado. Volvió a ser una ciudad imperial, con mucho poder y esplendor pero con poca vitalidad civil. Los Médicis, la familia que había gobernado Florencia durante su época de mayor esplendor, podían caminar sin escolta por sus calles, concediendo audiencias tanto a ricos como a pobres. En la Roma renacentista, lo que significa Roma aproximadamente después de 1500, los papas gobernaban refugiados tras altas murallas. Con su riqueza pudieron contratar los servicios de los mejores artistas florentinos, pero los nuevos edificios monumentales, ornamentados y lujosos como nunca, ya no pertenecían al pueblo de Roma.

Naciones Estado

Las pequeñas comunas italianas fueron decisivas para librar a Europa del yugo del feudalismo. Pero no perduraron. Cayeron presa de ciudades Estado más grandes e incluso esas comunidades no podían evitar que se produjeran en su seno continuos enfrentamientos civiles. Se necesitaba una nueva idea política.

Nadie ha podido nunca definir qué significa exactamente la palabra *nación*, pero tenía, y todavía tiene, algo que ver con una serie de cosas compartidas como lengua y tradiciones, y también con la capacidad de defenderse a sí misma contra todos los enemigos. Una nación que no puede defenderse a sí misma no puede perdurar, y los príncipes se aseguraron de que sus súbditos comprendieran esta cuestión y no protestaran demasiado por los impuestos necesarios para financiar esa defensa. Entonces, como ahora, muchas veces la mejor defensa era un buen ataque, de modo que las guerras eran frecuentes. Por tratar de verle un lado positivo a la situación, lo cierto es que esas guerras se luchaban para conseguir la paz. El ser grande era una ventaja, y las naciones crecieron absorbiendo a sus vecinos menos afortunados e incorporándolos en unidades políticas cada vez mayores. La eficiencia aconsejaba también una economía centralizada. Así pues, más y más poder se fue concentrando en cada vez menos manos.

No siempre existía un estado de guerra, y durante los interludios pacíficos la diplomacia pasaba al primer plano. Se hizo costumbre llevar los asuntos diplomáticos en un elegante latín, pues era la única lengua que compartían los potentados que tan a menudo estaban en guerra. Los humanistas del Renacimiento eran los mejores latinistas, así que encontraron trabajo al servicio de sus príncipes, quienes iban haciéndose cada vez más poderosos y ricos. Los herederos de Dante, Petrarca y Boccaccio se convirtieron pronto en empleados de vanos monarcas, de emperadores de pega que se hacían llamar romanos y de papas impíos, que contrataron también a los artistas para que decoraran sus salones del trono.

La historia de la Europa del Renacimiento es un buen ejemplo de lo que significa la expresión «morir de éxito». Hacia 1700, la mayoría de las características iniciales del Renacimiento habían sido distorsionadas hasta hacerlas irreconocibles por hombres ricos, poderosos y sin escrúpulos que supieron cómo aprovecharse de ellas y, lo que es peor, también fueron desfiguradas por artistas de todo tipo exquisitamente astutos que ingeniaron medios para poder comercializarlas y sacar provecho económico.

A pesar de este triste e inevitable desenlace, los logros políticos del Renacimiento fueron importantes. Hizo falta más de un siglo para recuperar la población perdida durante la Peste Negra. Hacia 1500, el total de la población europea era superior al nivel de 1350 y crecía rápidamente conforme las condiciones de vida mejoraban en todo el continente. Debido a la masacre que la peste causó entre la población rural, muchas tierras de cultivo fueron invadidas por los bosques. Ahora fueron recuperadas y, de hecho, los «inagotables» bosques de Europa empezaron a demostrarse insuficientes para el constante aumento de la construcción naval que provocaban el comercio y las guerras marítimas.

Hacia 1500, las instituciones políticas europeas podían hacer frente a retos que hubieran arruinado a las pequeñas, independientes e ingobernables comunas que florecieron doscientos años antes. Estas instituciones eran las de mayor escala vistas en Occidente desde la caída de Roma.

Todas las nuevas naciones eran despóticas, pero se podía convencer a sus súbditos de que, al menos la mayor parte de las veces, sus gobernantes eran benévolos y de que, en cualquier caso, no existía ninguna alternativa al gobierno de un monarca único. Fueran estos reyes benevolentes o no, emprendieron empresas útiles, o se encargaron de que sus ministros las emprendieran. Se construyeron nuevas carreteras; barcos nuevos y más grandes navegaban por los mares y los ríos; en la mayoría de los países funcionaba un servicio postal más o menos rudimentario; el comercio estaba razonablemente bien protegido (aunque por lo usual cruelmente gravado, pues nadie comprendía todavía los beneficios del libre comercio); los impuestos eran tan injustos como siempre pero menos arbitrarios, y las noticias circulaban y, a veces, uno hasta podía fiarse de ellas. En resumen, la vida moderna, dos siglos después del Renacimiento, era muy distinta de cómo había sido durante la Edad Oscura.

Se percibía una sensación de progreso, de que la vida era cada vez mejor y que seguiría mejorando en el futuro. Esta convicción crecía alimentándose a sí misma, pues nada favorece más el progreso que la convicción generalizada de que se va a progresar. Sin embargo, quedaban por resolver algunos problemas muy graves.

La crisis del Estado teocrático

El problema más enojoso era el relativo al cisma religioso. No había forma de ignorar el desafío que las ideas del Renacimiento planteaban al estado teocrático. La Iglesia fue la primera en recibir las dolorosas consecuencias de las nuevas corrientes de pensamiento, situación que en un primer momento benefició a las nuevas naciones Estado. Pero no pasaría mucho antes de que las monarquías despóticas que habían reemplazado a las anteriores comunas perdieran también su poder, cercadas y derrocadas por la nueva idea de que el hombre, y no Dios, era el centro de todas las cosas.

La Iglesia siempre había tenido sentimientos encontrados respecto al Renacimiento. De un lado, muchos príncipes de la Iglesia podían perfectamente ser considerados príncipes del Renacimiento, pues no mostraban ni sentían ningún tipo especial de piedad religiosa. Al mismo tiempo, a otros hombres de Iglesia les sublevaba la creciente mundanidad de sus colegas. Hacia 1500 se empezó a hablar de la necesidad de una reforma. Habían surgido movimientos reformistas en el pasado, pero ahora existía una sensación generalizada de que esta vez se trataba de una reforma trascendental.

La Iglesia había asumido nuevas responsabilidades políticas como dirigente de estados temporales. Eso costaba muchísimo dinero. Estaba muy bien admirar la pobreza de la Iglesia de los primeros tiempos, pero ¿cómo iba a poder la Iglesia contemporánea volver a ser pobre sin destruirse a sí misma o ser destruida por sus enemigos? Los nuevos déspotas, los reyes de Francia e Inglaterra, el emperador alemán e incluso el rey de España, a pesar de sus declaraciones de inquebrantable lealtad a Roma, buscaban ser cada vez más independientes. Pero ¿a qué coste de almas lanzadas a la condena eterna? Se necesitaba una reforma, era cierto, ¿pero podía permitirse la Iglesia admitirlo públicamente?

Durante mucho tiempo no se hizo nada. Finalmente, nuevos medios de impulsar el cambio —la imprenta— abrieron el paso a la reforma. La reforma religiosa sacudió a Europa social y políticamente durante dos siglos.

Las carreras de cuatro hombres famosos, todos nacidos durante la segunda mitad del siglo XV, revelan lo profundo del abismo que separó a pueblos y naciones en aquellos tiempos. Todos ellos se conocían bien unos a otros, y dos de ellos fueron amigos íntimos.

Erasmo

Desiderio Erasmo nació en Rotterdam en 1466. Sus padres no estaban casados, pues su padre era sacerdote y su madre, hija de un médico y una viuda. Parece que el ser hijo ilegítimo no le perjudicó en su carrera. Si tomamos la medicina como ejemplo de saber científico, entonces este cruce de dos saberes, uno secular y otro sacro, es un buen símbolo de la vida de nuestro personaje.

Erasmo se hizo sacerdote católico y después monje. Siempre fue un católico razonablemente devoto, aunque su gran pasión era el estudio, especialmente de la ciencia que él y otros consideraban la más noble, la filología, el estudio de las lenguas clásicas, el latín y el griego, en las que, pensaba, se había escrito todo cuanto valía la pena leer. Se decía que su estilo en latín estaba a la altura del de Cicerón y que conocía el griego mejor que ninguno de sus contemporáneos. De ahí que sus traducciones al latín de los clásicos griegos fueran muy admiradas y leídas.

Hacia 1500, Erasmo se había convertido en un erudito y diplomático famoso, siendo esta última, como hemos visto, la salida profesional que muchos humanistas adoptaban para ganarse la vida. En ese punto de su trayectoria empezó a interesarse por el texto en griego del Nuevo Testamento. Cuanto más lo estudiaba, más dudaba de que la Vulgata, la traducción de la Biblia al latín hecha por san Jerónimo alrededor del 400 d. J.C., fuera precisa.

En Inglaterra, Erasmo inició la tarea de conseguir el texto más fiable posible del Nuevo Testamento, copiando manuscritos encontrados en monasterios y que le suministró su amigo Tomás Moro. De regreso en el continente, empezó una nueva traducción al latín de la Biblia. Apareció, junto con un comentario y un texto griego mejorado, en 1516. Su trabajo difería en muchos aspectos de la Vulgata y fue inmediatamente reconocido como la traducción más precisa hasta la fecha.

Erasmo quiso conseguir un texto completamente preciso de ambos testamentos (aunque no le gustaba el Antiguo Testamento y no trabajó demasiado en él) que pudiera publicarse y gozar de una amplia distribución y, con ello, ser estudiado por muchos eruditos distintos que lo mejoraran todavía más. Lo que hoy parece un uso obvio de la nueva tecnología de la imprenta fue, al parecer, idea de Erasmo y, por supuesto, la idea causó furor. Pero tuvo unas consecuencias que Erasmo nunca pretendió.

Cuando Erasmo cumplió cincuenta años, Martín Lutero lanzó su famoso desafío a la Iglesia católica, que significó el origen del protestantismo, y para cuando Erasmo murió, la revolución religiosa estaba en pleno apogeo. Erasmo, al principio, trató de ignorar tanto el contenido como las implicaciones de las palabras de Lutero. Su devoción personal era sincera, pero lo que pasaba era que no quería tomarse la religión (que es una cosa distinta de la erudición religiosa) tan en serio como Lutero. Erasmo quería dedicar su tiempo al estudio, a la lectura de las grandes obras clásicas, a escribir gráciles, encantadores y legibles *Colloquies* (es decir, «conversaciones») en latín que pudieran utilizarse para enseñar a los estudiantes a usar con elegancia ese lenguaje (y que se siguieron utilizando para ello hasta el siglo XX), y por lo demás sólo pretendía dedicarse a beber buen vino, comer deliciosos manjares y reírse de las locuras del mundo.

Elogio de la locura es, con todo merecimiento, su obra más famosa. En ella Erasmo pudo discurrir con libertad, usando el estilo irónico de Lucano (un autor griego cuyas obras él había traducido), sobre todas las insensateces y las equivocadas grandilocuencias del mundo. Fue un libro muy apreciado en épocas posteriores. Cuando se publicó por primera vez, no obstante, le granjeó más enemigos que admiradores. A los hombres grandilocuentes e insensatos no les gusta que se rían de ellos.

Al final, los amigos de Erasmo le obligaron a escoger entre Lutero y el papa y, por supuesto, escogió al papa, pues nunca había deseado ser nada más que un católico sincero y pacífico. Cuando escribió un pequeño texto crítico con algunas de las opiniones de Lutero, éste le respondió airada y brillantemente, como solía hacer siempre las cosas, y Erasmo se retiró del combate, sintiéndose grandilocuente e insensato él mismo. Murió en 1356, unos pocos meses antes de su septuagésimo cumpleaños, sabiendo ya que su particular suave escepticismo renacentista ya no bastaba para satisfacer a un mundo nuevo y furioso.

Tomás Moro

Tomás Moro, célebre escritor, político y mártir, fue el mejor amigo de Erasmo. En su impecable latín, Erasmo dijo de él que era *omnium horarum homo*, que se puede traducir por «un hombre para todo momento» o, simplemente, como «un hombre completo». Nacido en 1477 en Londres, Tomás Moro creció en el hogar de John Morton, arzobispo de Canterbury y lord canciller del reino. Después de dos años en Oxford regresó a Londres para estudiar derecho. Conoció a Erasmo en 1499, cuando éste visitó Inglaterra. Cinco años más tarde, después de que Moro se casara, dispuso una serie de habitaciones en su casa para Erasmo, que le visitaba asiduamente.

A pesar de ser un abogado ocupado y de éxito, Moro jamás dejó de leer y escribir. En 1516 publicó su *Utopía*, el «pequeño libro dorado» en el que inventó un mundo literario inmune a los males que azotaban Europa, donde todos los ciudadanos eran iguales y creían en un Dios justo y bueno. Una de las características de la utopía (un nombre que él inventó) de Moro era una especie de comunismo primitivo. De ahí que su nombre aparezca en una lista en la plaza Roja como uno de los héroes de la revolución rusa.

De 1518 en adelante, Tomás Moro se dedicó exclusivamente al servicio del rey, accediendo al puesto de lord canciller tras la caída del cardenal Wolsey. Eso le convirtió en el segundo hombre más importante de Inglaterra. Pero estuvo poco tiempo en el poder, pues su conciencia no le permitió aceptar el divorcio de Enrique VIII de Catalina de Aragón y su subsiguiente matrimonio con Ana Bolena. El papa tampoco lo aceptó y Enrique renegó del papa, que le excomulgó, y se declaró a sí mismo el único líder de la Iglesia de Inglaterra.

Puede que Moro hubiera aceptado, aunque a disgusto, que el rey fuera un adúltero, pero no podía de ninguna manera pronunciar un juramento reconociendo que el rey de Inglaterra era la autoridad suprema en asuntos religiosos. Enrique se mostró implacable, aunque respetaba a Moro y puede que le hubiera llegado a querer en otras circunstancias. Moro fue acusado de alta traición, procesado, encarcelado y condenado a la muerte que esperaba a los traidores: ser arrastrado, colgado y descuartizado, pero el rey conmutó esta sentencia por la decapitación. Moro fue ejecutado el 6 de julio de 1535.

En uno de sus coloquios, Erasmo había escrito: «Los reyes hacen guerras, los sacerdotes tratan con celo de incrementar su riqueza, los teólogos inventan silogismos, los monjes recorren el mundo, los comunes causan disturbios y Erasmo escribe coloquios.» Hay en ello cierta justicia: Erasmo, el erudito más influyente de Europa, renunció a ejercer su influencia para extinguir la terrible ola de violencia que se desencadenó durante sus últimos años de vida. Quizá tuvo miedo de intervenir.

Tomás Moro, caballero y santo (fue canonizado por el papa Pío XI en 1935), era un hombre que no temía a nada, pero perdió la vida porque su conflicto con el rey fue una lucha desigual. Era una época en que los temas de conciencia casi inevitablemente llevaban a la violencia.

Enrique VIII

Enrique Tudor, futuro rey de Inglaterra, nació en Greenwich en 1491. Fue el segundo hijo de Enrique VII y ascendió al trono porque su hermano mayor, Arturo, murió en 1502. Enrique se convirtió en rey en 1509 y concitó una enorme esperanza y expectación en todos los ingleses. Con dieciocho años, uno noventa de altura y una constitución fuerte, era la imagen perfecta de un rey y siempre impresionó a sus súbditos con su porte majestuoso, aunque luego sus políticas les decepcionaran. Sin embargo, acostumbraba a disponer de ministros a los que culpar por decisiones que, en realidad, eran plenamente suyas.

Poco después de su coronación, Enrique se casó con Catalina de Aragón, la viuda de su hermano, logrando antes, tras muchos esfuerzos, autorización papal para un matrimonio que muchos consideraban incestuoso. Durante un tiempo quiso a Catalina, pero varios de sus hijos nacieron muertos y la única que sobrevivió fue una niña, María, la futura reina. Disgustado, molesto, y convencido de que la falta de un heredero varón no era culpa suya, Enrique buscó consuelo en Ana Bolena, la sensual hermana de una de sus anteriores amantes. Ana le prometió un hijo, además de placeres secretos, pero sólo si se divorciaba de Catalina y la hacía reina a ella. Enrique estaba completamente dispuesto a complacerla en ambas cosas, pero no sabía cómo lograrlo.

Había muchos problemas. En primer lugar, Catalina de Aragón era la tía de Carlos V, emperador del Sacro Imperio. Tras su elección en 1519, Carlos se convirtió de inmediato en el hombre más poderoso de Europa, combinando en su persona las coronas de España, Borgoña (con los Países Bajos) y Austria, además de Alemania. Carlos era un hombre muy leal a su familia y no estaba dispuesto a tolerar que se insultase a su pariente. Enrique pidió una anulación de su matrimonio al papa, Clemente VII, pero Clemente temía a Carlos, quien, de hecho, llegó a encarcelarlo por desobedecerle entre 1527 y 1528. Además, Enrique había recibido una dispensa especial para casarse con Catalina ya de buen principio. Todo este proceso se prolongó varios años, durante los cuales Enrique ardía cada vez que Ana suspiraba.

Enrique le exigió a su primer ministro, el cardenal Wolsey, que encontrara una solución. Wolsey intentó todo lo que se le ocurrió para conseguir convencer al papa de que anulara el matrimonio de Enrique con Catalina sobre la base de que era incestuoso, pero no logró nada. Caído en desgracia por este fracaso, se le acusó de traición, pero murió cuando viajaba para responder ante el rey. Un nuevo ministro, Thomas Cromwell, pronto le presentó al rey una idea mejor. La corona renegaría del papa y se instauraría como la autoridad suprema de Inglaterra tanto en temas temporales como espirituales. Enrique podría entonces divorciarse de su reina, casarse con Ana Bolena y reformar una Iglesia anglicana independiente.

Y este plan se puso en práctica en 1532. Entre los asesores más cercanos al rey sólo su lord canciller, Tomás Moro, se opuso a la nueva política. El propio Enrique la adoptó con entusiasmo. Era el príncipe renacentista por excelencia y consideraba que estaba, como rey, en el mismísimo centro del escenario del mundo. Como dijo en algunas ocasiones, no había ningún hombre en la tierra que fuera su superior, ni Carlos V ni el papa. A Enrique no le faltaba devoción pero, como correspondía a un hombre del Renacimiento, su lealtad se orientaba sólo hacia Dios y no hacia la Iglesia. En los ocho años de gobierno de Cromwell sobre Inglaterra, en nombre de Enrique, por supuesto, la reforma religiosa inglesa progresó a buen ritmo. Entre otras cosas, Cromwell disolvió casi todos los monasterios del país, expropiando sus enormes riquezas en nombre de la corona. Con ello más que dobló la riqueza del rey.

Ana Bolena se demostró menos excitante como esposa de lo que lo había sido como amante y Enrique se cansó pronto de ella. Además, también ella le dio sólo una hija, la futura Isabel I. Por su fracaso, Ana murió decapitada. Su sucesora, Jane Seymour, murió al dar a luz. Cromwell pasó luego tres años tratando de hallar una mujer adecuada para un hombre que, a pesar de ser rey, empezaba a ser visto como un peligro por sus posibles suegros. Cromwell eligió al fin a Ana de Cleves, que podría proporcionar al reino importantes alianzas en Alemania, pero Enrique la odió desde la primera vez que la vio —que fue en su boda— y también se divorció de ella. Catherine Howard le satisfizo durante un tiempo como su joven quinta esposa, pero también ella era muy promiscua, incluso para ser una reina, y también ella acabó perdiendo la cabeza. Su sexta y última esposa, Catherine Parr, sosa y amable, le acompañó en su ancianidad hasta que el rey murió en enero de 1547.

Las aventuras matrimoniales de Enrique le convirtieron en el hazmerreír del reino y en sus últimos años se le odió por su deliberada crueldad. Los católicos nunca le han perdonado su latrocinio legal de las riquezas de la Iglesia. De hecho, nunca fue un rey eficiente, aunque sí tuvo ministros eficientes, a los que mataba tan pronto dejaban de serle útiles. Sin embargo, es el más famoso de todos los reyes ingleses, y uno de los monarcas europeos más conocidos. Quizá sea porque representó lo que un rey tenía que ser en aquellos tiempos, en los que el Renacimiento había cambiado la concepción de los hombres sobre el Estado teocrático y empezado a alimentar la idea de que las nuevas naciones Estado estaban destinadas a sustituirlo.

Enrique se consideraba a sí mismo un teólogo competente, y pasó muchos años al final de su vida esforzándose tortuosamente por explicar a los ingleses la nueva relación entre el hombre y Dios simbolizada por su papel como rey secular que, además, gobernaba la Iglesia anglicana. Nunca dejó de preocuparle el papel que él había desempeñado en llevar el protestantismo a su gente. Si no hubiera sido el hombre renacentista apasionado, vano y egoísta que fue, puede que no lo hubiera hecho, en cuyo caso quizá Inglaterra fuera hoy todavía un país católico.

Martín Lutero

El célebre y atormentado por Dios fundador del protestantismo e impulsor de la Reforma y sus guerras nació en Eisleben, Alemania, en 1483. A pesar de que su padre deseaba que fuera abogado, entró en la vida religiosa y se convirtió en un monje agustino, la misma orden a la que pertenecía Erasmo. Pronto se hizo obvia su brillantez como teólogo. La Universidad de Wittenberg le nombró profesor de teología en 1510.

Ese mismo año viajó a Roma por asuntos de la Iglesia. Años después todavía recordaba vivamente la conmoción que sintió al descubrir el relajamiento y la mundanidad de los prelados romanos. De hecho, el año 1510 puede considerarse el apogeo del Renacimiento en Italia, pues era papa Julio II, quien con la ayuda de Miguel Ángel y Rafael gastó todas sus energías en planes para devolverle a la Ciudad Eterna su antiguo esplendor.

Como profesor, Lutero era a la vez desafiante y persuasivo, así que atrajo a sus clases a alumnos brillantes que luego se convertirían en sus seguidores más fieles. Pero durante los años que siguieron a 1510 se debatió en una serie de luchas internas tratando de resolver las dudas que tenía sobre lo que san Pablo había llamado la rectitud de Dios. ¿Cómo se podía amar a un ser tan severo y despiadado?, se preguntaba Lutero.

Finalmente, llegó a la conclusión de que la justicia de Dios se completaba, para el hombre, con el don de la fe. El hombre, pues, estaba justificado por la fe y sólo por la fe. No hacía falta entonces la enorme infraestructura de la Iglesia, que le parecía más un obstáculo que una avenida entre el hombre y Dios.

La Reforma empezó —pocos momentos históricos pueden fecharse con tanta exactitud— la tarde del 31 de octubre de 1517, cuando Lutero clavó sus noventa y nueve Tesis en la puerta de la iglesia de Todos los Santos en Wittenberg. Muchas de esas tesis trataban sobre el asunto de las indulgencias. A Lutero le indignó la visita de un vendedor de indulgencias dominico que había tratado de venderles la salvación a algunos hombres que Lutero conocía. Oficialmente, la Iglesia siempre se había cuidado de explicar que una indulgencia, por alto que fuera su precio, no tenía el poder por sí misma de evitar la condena o de garantizar la salvación, pero los vendedores, entonces como ahora, no solían ser tan puntillosos, y este vendedor en concreto había hecho promesas alucinantes que iban mucho más allá de lo que él o cualquier hombre —según creía Lutero— podría jamás cumplir.

La iglesia de Todos los Santos contenía muchas reliquias valiosas, cada una de las cuales también valía indulgencias, que se exponían el día de Todos los Santos, que era la mañana siguiente. De ahí que una gran multitud se congregara en la iglesia y viera las tesis, que eran también un desafío explícito a la autoridad papal. Aprovechándose de las nuevas tecnologías, Lutero hizo que se imprimieran las tesis y envió copias a muchos de sus amigos y colegas.

En los casi cinco siglos transcurridos desde 1517, otros rebeldes y reformadores han clavado desafíos en puertas de iglesias o de otros edificios o las han leído en televisión, que es el equivalente moderno más aproximado. Pocos han tenido el éxito que tuvo Lutero.

La revuelta empezó lentamente, pero creció de forma inexorable. Lutero era un político consumado. Y lo que es más importante, en su desafío a Roma contó con poderosos aliados. Alemania, en particular, estaba lista para escucharle y le recibió con los brazos abiertos.

La Iglesia se opuso radicalmente a sus tesis. Se le acusó de herejía y el papa le excomulgó formalmente. Fue convocado a la Dieta Imperial de Worms en abril de 1521. Respondió a los que le acusaban con un discurso brillante que terminó con las famosas e intransigentes palabras: «¡No puedo hacer otra cosa, ésta es mi postura!» Absuelto de los cargos, Lutero atravesó la multitud de sus enemigos hasta llegar a sus seguidores, que se arremolinaron a su alrededor, con el brazo levantado en gesto de alivio —casi había esperado que le condenaran a la hoguera— y triunfó.

La Reforma fue un movimiento complejo, igual que la Contrarreforma que se creó para responder a su desafío. Ambas estaban de acuerdo en que la Iglesia católica necesitaba una reforma, y ambas la exigieron e hicieron realidad. Ya no era posible continuar con una cristiandad relajada y latitudinaria.

La Reforma fue a la vez un fin en sí misma y un medio para cumplir otros propósitos. Enrique VIII declaró que quería reformar el clero, pero también quería el divorcio y hacerse con las riquezas guardadas en los monasterios católicos de toda Inglaterra. Los príncipes alemanes que apoyaron a Lutero deseaban la reforma, pero también querían la independencia de Roma y un porcentaje mayor de los impuestos que los establecimientos eclesiásticos recaudaban en sus dominios. Y también hubo otros intereses seculares activos.

Sin embargo, fue el nuevo pensamiento renacentista lo que más influyó en el cambio y no los retos que las lecciones teológicas de Lutero, y algunas de sus tesis, lanzaron a la Iglesia: ¿Cómo se salvaba un hombre? ¿Por la intercesión de los sacerdotes y obispos, como siempre había dicho la Iglesia, o por su fe privada e individual? Si la fe era privada e individual —y ¿cómo podía no serlo?—, entonces era difícil no estar de acuerdo con la postura de Lutero y exigir la independencia nacional de Roma y la independencia individual de cualquier institución religiosa.

Lutero siempre insistió en que él jamás quiso llegar tan lejos, y las iglesias sobrevivieron, aunque ya no fueran iglesias católicas. Lutero se fue a la tumba creyendo en la validez de la Eucaristía, diciendo —con su acostumbrada sencillez— que si el Señor le pidiera que comiera manzanas silvestres y estiércol lo haría, así que ¿por qué no iba a creer entonces en la santidad del cuerpo y la sangre de Cristo, si el mismo Señor las había afirmado?

Pero el espíritu que animaba a este hombre recio y serio era revolucionario. Otros comprendieron ese espíritu y le siguieron allí adonde les llevó. Aceptaron ávidamente su profunda convicción de que se puede matar a otras personas si sus creencias sobre Dios son las equivocadas.

Tolerancia e intolerancia

Lutero no empezó él solo las guerras de religión de los siglos XVI y XVII. Pero sí que fue el principal causante de la intolerancia que definió la época.

Los protestantes mataban en nombre de su fe; la Iglesia respondió con un resurgimiento de la Inquisición. Durante más de cien años después de la muerte de Lutero en 1546, las creencias que un hombre sostenía sobre asuntos menores podían ser suficiente para matarle. Jonathan Swift satirizó a estos enconados partisanos escribiendo que empezarían una guerra por decidir por qué parte de un huevo duro, la ancha o la estrecha, debe quebrársele la cáscara. Desde luego, durante un tiempo, el conflicto entre religiones fue casi tan insalubre como la Peste Negra.

El siglo XVII encontró la solución teórica al problema que Lutero había contribuido a crear. No se pudo hallar ninguna posición común sobre el gobierno de la Iglesia, los sacramentos, el papel de los obispos o el matrimonio del clero. Así pues, la única solución pasaba por tener a la vez varias iglesias cristianas y no sólo una. La cuestión, entonces, pasó a ser qué Iglesia debía ser la nuestra, en esta nación, en esta ciudad. Y ese asunto siguió provocando el caos mucho después de que la idea de varias iglesias cristianas hubiera sido aceptada como principio.

Finalmente, las diferencias religiosas se convirtieron en sí mismas en intolerables. Los hombres razonables opinaban que la situación tenía que cambiar. El que con mayor elocuencia defendió esta postura fue John Locke (1632-1704), cuya carta sobre *Tolerancia* fue publicada en 1689.

Si crees poseer un alma inmortal y que tu estancia en la Tierra es breve, y que el carácter de tu fe determinará cómo pasas el resto de la eternidad —siendo atormentado o entre bendiciones—, entonces la religión es un asunto muy serio, más serio que cualquier otra cosa que puedas hacer o sobre la que puedas pensar. Morir por tu fe, si crees que hacerlo supone ganar la salvación eterna, es obviamente algo mucho mejor que vivir contra la fe y perder el cielo.

Esta creencia contempla la religión sólo desde el punto de vista de un individuo. Se han planteado también dos visiones más. Una de ellas implica a una persona cuya fe difiere de la tuya. Durante los dos siglos anteriores a la carta sobre *Tolerancia*, era fácil para los hombres creer que su fe les exigía torturar, matar o quemar en la hoguera a otros que estaban en desacuerdo con ellos, aunque las diferencias de fe fueran difíciles de apreciar. Más aún: hoy cuestionamos y condenamos la opinión de que cualquier diferencia de opinión religiosa sea motivo suficiente para torturar o matar a alguien. En tiempos de Lutero, la mayoría de la gente hubiera tenido dificultades hasta para entender por qué la noción de matar por la religión era algo que debiera cuestionarse.

Y en tercer lugar está el punto de vista de Locke, que él dice que es también el punto de vista de Dios. Locke se pregunta: ¿Es que acaso el Dios de la Piedad y el Amor aprueba las acciones de aquellos que «por caridad, según pretenden, y por amor a las almas de los hombres [...] privan a [otros] de sus propiedades, les maltratan con castigos corporales, les hacen pasar hambre y torturan en malsanas y sucias prisiones y al final incluso les arrebatan la vida?». La respuesta de Locke es rotunda y clara:

Confieso que me parece muy extraño, y creo que les parecerá también extraño a otros, que un hombre crea correcto causar a otro, cuya salvación desea de corazón, la muerte entre tormentos, incluso cuando todavía no se ha convertido. Pero sin duda nadie creerá nunca que ese comportamiento pueda proceder de caridad, el amor o la buena voluntad. Si alguien mantuviera que se debe obligar a los hombres a sangre y fuego a abrazar determinados dogmas, que se les debe obligar por la fuerza a conformarse a determinadas formas externas de culto, sin tener en cuenta sus costumbres; si cualquier esfuerzo por convertir a aquellos que abrazan una fe equivocada pasa por obligarles a profesar cosas en las que no creen y por permitirles practicar cosas que el Evangelio prohíbe, no se pondrá en duda que quien tales acciones emprende desea reunir a su alrededor una numerosa asamblea de personas que profesen su misma fe. Pero que la iglesia que se propone crear por esos medios sea una iglesia cristiana es algo completamente increíble.

Estas palabras, a pesar de su estilo solemne y añejo, expresan ideas totalmente modernas y son una señal de lo cerca que nos encontramos espiritualmente de algunos pensadores del siglo XVII. El hecho de que Locke fuera víctima de ataques salvajes por haberse atrevido a publicar estas líneas indica que las opiniones mayoritarias durante la era de la Reforma y la Contrarreforma y el siglo de guerras religiosas estaban mucho más alejadas de las nuestras que las del propio Locke.

El hombre en el centro

Empezamos este capítulo preguntando qué gran concepto renació en el Renacimiento. La respuesta: la antigua idea de que el hombre debe ser el centro de las preocupaciones humanas. Como Protágoras dijo hace veinticinco siglos, el hombre es la medida de todas las cosas.

La Reforma protestante, con su énfasis en la necesidad individual de la gracia, confirmó esa respuesta. Todo el mundo tenía que poder leer la Biblia para determinar por sí mismo lo que significaba. La invención de la imprenta lo hizo posible; las traducciones de la Biblia a todas las lenguas europeas lo hicieron más sencillo. Todo el mundo era teólogo y Dios descendía hasta el pecho de cada cristiano.

Esta nueva sensación de centralidad tuvo otras consecuencias, como han demostrado los historiadores modernos. Al sociólogo alemán Max Weber (1864-1920) y al historiador inglés R. H. Tawney (1880-1962) les pareció que existía una íntima relación entre el protestantismo y el alza del capitalismo. Una vez un hombre renunciaba al apoyo que le prestaba una iglesia internacional tenía que desarrollar por sí mismo una disciplina muy similar a la confianza en uno mismo necesaria para tener éxito en una economía capitalista. Puede que esa misma disciplina y confianza en valores personales sea también el rasgo de carácter que crea buenos ciudadanos en una democracia.

Sea o no sea así, lo que es seguro es que los hombres y mujeres del Renacimiento no sabían todavía nada de todo esto. Puede que para ellos lo más interesante de la civilización clásica que habían redescubierto fueran otras cosas totalmente distintas.

Durante mil años tras la caída de Roma, hombres y mujeres delegaron la responsabilidad de sus vidas morales a los representantes de Dios en la Tierra: al papa de Roma, a sus obispos y a sus párrocos o sacerdotes. Lo hacían por buenos motivos, entre ellos que estaban convencidos de que, al hacerlo, ganarían la salvación y la bendición eternas.

Quizá para su sorpresa, descubrieron que los antiguos griegos y romanos, a los que admiraban por muchas cosas, no habían, en general, actuado de esa manera. Los romanos, especialmente, creían en Dios y trataban de llevar vidas rectas y virtuosas, pero aceptaban individualmente la responsabilidad por la vida que habían llevado. Esa responsabilidad había sido para ellos, al parecer, inalienable.

Cuanto más se reflexionó durante el Renacimiento sobre esta creencia, más asombrosa y valiente pareció a nuestros antepasados. El hombre clásico se había responsabilizado de sí mismo y aceptaba las consecuencias de sus errores, si los cometía. Los hombres del Renacimiento comprendieron que los antiguos asumieron un enorme riesgo al no ceder a nadie su libertad y responsabilidad individual. ¿Sería la recompensa igual de grande?

Los hombres del Renacimiento, y las mujeres también, decidieron que sí lo era, y ésta se convirtió en elemento de mayor peso en su decisión colectiva de rechazar el Estado teocrático y sustituirlo por un Estado y una sociedad seculares, sobre los cuales asumirían toda la responsabilidad en adelante. Buscarían consejo de sus asesores religiosos, pero no liderazgo. Nosotros, los modernos, somos los herederos de esta decisión y, con poquísimas excepciones (ver capítulo 12), nos hemos mantenido fieles a ella desde entonces.

7. Europa se expande

A principios de la era cristiana, la población total del mundo rondaba los trescientos millones de personas. En 1500 era todavía sólo de unos cuatrocientos millones, distribuidos aproximadamente como sigue:

China, Japón y Corea	130 millones
Europa (incluida Rusia)	100 millones
Subcontinente indio	70 millones
Sureste asiático e Indonesia	40 millones
Asia Central y Occidental	25 millones
África	20 millones
América	15 millones

Entre los años 1500 y 1800, la población mundial aumentó a más del doble, y volvió a doblarse entre los años 1800 y 1900, hasta alcanzar unos 1.600 millones. Hacia 1960 se había vuelto a doblar, y de nuevo se dobló en el 2000, con lo que habitan el planeta entre seis mil y siete mil millones de seres humanos.

La principal causa del aumento de población entre los años 1500 y 1800 fue la difusión por todo el mundo de nuevos descubrimientos y técnicas en la agricultura. Puesto que había mucha más comida disponible, podía alimentarse a muchas más personas. En 1500 se había puesto bajo el arado menos de una cuarta parte de la tierra cultivable del mundo. El resto estaba habitado por cazadores y recolectores, pastores nómadas o agricultores primitivos (como los incas). Estos métodos primitivos se demostraron menos eficientes que el cultivo mediante arado. Lo que es más, la población se veía limitada por las recurrentes hambrunas que provocaba un mal año de cosechas y por el rechazo de la gente a comer cosas extrañas incluso si estaban disponibles.

Después del año 1500, la proliferación de animales domesticados y de nuevos cultivos marcó el principio de una nueva economía global. Se introdujeron las reses, las ovejas y los caballos en el Nuevo Mundo, donde arraigaron y florecieron. El trigo, originario de Oriente Próximo, se difundió primero por Asia y luego por todo el mundo. A este alimento básico pronto se unieron los plátanos, el ñame, el arroz y la caña de azúcar, todos procedentes de Asia, y el maíz, la patata, el tomate y muchos otros alimentos procedentes de América.

Se necesitaron unos cien mil años para que la población del mundo alcanzara los cuatrocientos millones del año 1500. Entre 1995 y 2000, el número de humanos en el globo se incrementó en mucho más que esa cifra. El actual crecimiento explosivo de la población no sólo es consecuencia de los cambios en la agricultura. La explosión actual empezó a cobrar impulso alrededor del año 1500, lo que convierte ese momento en un hito de la historia humana.

Los imperios mongoles

Hoy Mongolia es el sexto país más grande de Asia, pero uno de los menos poblados, con menos de dos millones de habitantes. Árida, tierra de desiertos y praderas azotados por el viento, Mongolia nunca ha sido capaz de alimentar a mucha gente. Pero ha dado lugar a un pueblo que tuvo un impacto tremendo en el resto del mundo.

Ya vimos cómo, en el siglo III d. J.C., los xiongnu, o hunos, irrumpieron a través de la Gran Muralla china, dando inicio a unas migraciones de pueblos que llevaron, doscientos años más tarde, a la destrucción del Imperio romano. Después, Mongolia estuvo tranquila durante mil años; es decir, los chinos mantuvieron la zona a fuego lento mediante una combinación de fuerza militar y diplomacia. Sin embargo, a principios del siglo XIII, una nueva ola de fieros y despiadados jinetes surgió de súbito de

Mongolia y en muy poco tiempo creó el imperio más grande que jamás ha conocido el hombre.

Los nombres de los líderes mongoles se cuentan entre los más famosos de la historia. Gengis Khan (1167-1227) unificó las tribus mongolas hacia 1206 y durante los siguientes veinte años conquistó el norte de China y toda Asia al oeste del Cáucaso. El Gran Khan Ogedei (m. 1241) completó la conquista de China y Corea y planeó la campaña occidental que llevó a los mongoles hasta orillas del Adriático. En abril de 1241, las hordas mongolas de Ogedei derrotaron a un ejército de polacos, alemanes y húngaros en Liegnitz y Mohi, muy cerca de Viena. Sólo la muerte de Ogedei en diciembre de ese año salvó a Europa de esos nuevos bárbaros.

Kublai Khan (1215-1294) fundó la dinastía Yuan y, como primer emperador chino de su linaje, unificó China por primera vez desde la caída de los Tang en el 907. Por último, Timur (1336-1405), que por su pierna mala recibía el apodo de Timur Lang o Tamerlán, demostrando una barbarie sin precedentes, conquistó un enorme imperio que se extendía desde el sur de Rusia hasta Mongolia y por el sur hasta la India, Persia y Mesopotamia. Su imperio se derrumbó tras su muerte.

Marco Polo

Marco Polo nació en Venecia hacia 1254 y murió allí en 1324, después de una vida llena de aventuras extraordinarias. Su familia comerciaba con Oriente desde hacía mucho tiempo, y sus parientes habían viajado a Asia a través de Constantinopla. Partieron en 1260 y llegaron a la residencia de verano del Gran Khan, donde conocieron al propio Kublai Khan. El nombre del lugar era Shang-tu, el Xanadú de Coleridge. Kublai envió al padre de Marco, Niccolo, de vuelta a Europa como embajador, llevando cartas que pedían al papa que le cediera a Kublai cien hombres inteligentes «versados en las Siete Artes (liberales)». Niccolo llegó a Venecia en 1269 y entonces vio a su hijo por primera vez. Marco tenía unos quince años.

El papa Clemente IV había muerto hacía poco y Niccolo esperó a que se escogiera uno nuevo para cumplir la orden de Kublai. Después de dos años seguía sin escogerse un sucesor. Cansados de esperar, los Polo, esta vez padre e hijo, partieron de nuevo. En Palestina, el legado papal les dio cartas para el Gran Khan, cartas que resultaron ser exactamente lo que necesitaban, pues poco después ese legado fue escogido papa como Gregorio X, aunque no se pudo satisfacer la petición del Khan de cien hombres educados. Los Polo dejaron Acre a finales del año 1271 acompañados sólo por dos frailes que, poco acostumbrados a los rigores de los viajes por Asia, pronto dieron media vuelta. Impertérritos, los Polo siguieron adelante.

Muchos años más tarde, cuando Marco volvió a Venecia, escribió un libro sobre su viaje, *Il Milione*. En su tiempo fue un bestseller y todavía hoy *Los viajes de Marco Polo* es uno de los mejores libros de viajes, a pesar de que muchos de los contemporáneos de Marco evidentemente consideraron que se había inventado todo lo que salía en el libro. Gracias a los esfuerzos de estudiosos actuales sabemos desde hace relativamente poco que el libro contiene un núcleo de información histórica y geográfica indiscutiblemente verídica.

A los Polo les llevó tres años viajar de Acre a la capital mongola de Shang-tu. Probablemente les retrasaron las enfermedades (puede que uno o ambos contrajeran malaria), pero también eran turistas incorregibles que disfrutaban dando largos rodeos para visitar cosas de las que habían oído hablar. Kublai Khan se alegró de volver a ver al padre de Marco y de recibir el frasco de aceite sagrado que habían traído todo el camino desde Jerusalén, junto con las cartas papales. Evidentemente, el Khan quedó encantado con el joven Polo, que deleitaba al gran hombre con fascinantes historias de gentes extrañas que habitaban lejanas tierras.

Kublai adoptó al joven veneciano como una especie de embajador itinerante sin cartera y le encomendó numerosas misiones de reconocimiento que le llevaron a visitar partes lejanas del imperio, de las cuales Marco retornó con valiosos datos y, lo que es mejor, con buenas historias. Parece que Kublai le encargó también a Marco la administración del comercio de sal y puede que incluso le nombrara gobernador de una pequeña ciudad.

Marco y su padre permanecieron en la corte del Gran Khan durante al menos quince años, durante los cuales hicieron una pequeña fortuna comerciando y vivieron muchas y gloriosas aventuras, sobre las cuales Marco dijo en su lecho de muerte que no había podido incluir ni la mitad en el libro. Hacia 1290 empezaron a mostrarse impacientes por regresar a Venecia y le contaron a Kublai que deseaban marcharse. Al principio no quería dejar marchar a Marco. Durante más de un año, los Polo aguardaron una oportunidad para convertir su viaje de regreso a casa en algo ventajoso para el emperador. Según la datación tradicional, esa oportunidad surgió en 1292.

Una princesa mongola iba a ser enviada por mar a Persia para convertirse en la esposa de Arghun Khan, el dirigente mongol de aquel país. Unos seiscientos cortesanos acompañarían a la princesa, pero los Polo convencieron a Kublai de que debían acompañarla, pues ellos habían viajado previamente por la ruta por la que ella pasaría. De hecho, puesto que la princesa pensaba viajar por mar alrededor del subcontinente indio, y los Polo habían viajado por tierra de Persia a China, no tenían más experiencia en aquella ruta que ella.

Marco no se recrea en su libro en su despedida del Gran Khan, pero debió de ser conmovedora. El emperador, que entonces ya se acercaba a los ochenta años, debía saber que ya no volvería a ver a su joven amigo, y Marco debía intuir que jamás regresaría, pues cualquier cambio de régimen que se produjera tras la muerte de Kublai podía tornar aquella corte y aquellos países hostiles para los forasteros. Marco tenía ya cerca de cuarenta años, una edad bastante avanzada en aquellos tiempos, y quería pasar sus últimos años en su Venecia natal.

El viaje de China a Persia llevó más de un año. Cuando la flota de la princesa llegó a su destino, descubrió que su prometido había muerto hacía mucho. El hijo de Arghun, Mahmud Ghazan, era ahora el dirigente de Persia y fue él quien se casó con la princesa. Los Polo se unieron a la celebración de las nupcias y luego partieron para Europa cargados de regalos.

En Trebisonda, en la costa sur del mar Negro, abandonaron la esfera de influencia de los mongoles y entraron en la civilización euroasiática en la que habían nacido. Fueron recibidos de forma truculenta por unos ladrones que les robaron la mayor parte de su fortuna pero les perdonaron la vida.

El suceso fue más que meramente irónico. Desde tiempos inmemoriales se había considerado imposible para los europeos viajar por tierra al Lejano Oriente. En una especie de edad dorada, los sucesivos grandes khanes garantizaron un pasaje seguro desde alrededor del año 1200 hasta alrededor del 1400. Su poder no llegaba más allá de Trebisonda, pero al este de esta ciudad los caminos eran seguros.

Incluso en Oriente esta seguridad fue sólo temporal. Tamerlán perdió el control de la China histórica en 1368, cuando un régimen nativo chino, los Ming, recuperó el país. Conforme el poder Mongol se venía abajo, los Ming crecían en poder e influencia. Al principio de la dinastía Ming, la energía de China estaba orientada hacia el exterior. Las expediciones lideradas por el gran almirante eunuco Zeng He (1371-1435) exploraron el océano Índico. Hacia el año 1431, una flota china de sesenta y dos barcos con casi treinta mil hombres llegó a la costa oriental de África. Todo indicaba que en menos de medio siglo los chinos hubieran descubierto Europa.

Entonces, en un repentino cambio de política, los emperadores Ming, por motivos que todavía no se comprenden bien, detuvieron todas las expediciones e impulsaron una política conservadora y de cerrazón. La ciencia entró en decadencia, el comercio se estancó y los descubrimientos marítimos fueron ignorados u olvidados. China se encerró dentro de sí misma durante casi quinientos años. Pronto se convirtió en una nación explotada en lugar de en una nación expansionista.

Con la muerte de Tamerlán en 1405 y la retirada de las flotas expedicionarias chinas una generación después, cayó de nuevo un telón entre Europa y Asia. Los viajes prácticamente se detuvieron y Kublai Khan pervivió sólo como una leyenda romántica en la que creían un puñado de venecianos. La familia Polo sabía que era posible llegar al Lejano Oriente, la fuente de las mayores riquezas del mundo, tanto por tierra como por mar, pues habían seguido ambas rutas. Pero conforme pasó el tiempo y las leyendas familiares se fueron confundiendo y distorsionando, los peligros del viaje llevaron a otros europeos a inventarse obstáculos donde en realidad no había ninguno. A mediados del siglo XV era de «conocimiento general» que no existía ninguna ruta a través de la que los europeos pudieran llegar a Oriente. Incluso los viajeros más curtidos temían a los monstruos, criaturas diabólicas y otros poderes infernales que se suponía que cerraban el paso. Pero al mismo tiempo, discretamente, iban reuniéndose una serie de fuerzas económicas que harían que descubrir tal ruta fuera cada vez más necesario.

Viajes de descubrimiento

Durante siglos, los pastores de Europa del Norte no habían podido conservar más que unas pocas reses vivas durante los largos y fríos inviernos y, como consecuencia, la mayor parte de los rebaños era sacrificada por sus dueños cada otoño. Sin especias, especialmente la pimienta, con las que conservar la carne, ésta se estropeaba muy pronto, así que la pimienta era mucho más que un condimento o un capricho. Los ganaderos, pues, para evitar la ruina, tenían que comprar pimienta, pero sólo se podía conseguir de una fuente: los mercaderes árabes que la traían sobre sus camellos a través de los misteriosos desiertos hasta Ormuz, Adén y Alejandría. Por desgracia, los árabes sólo aceptaban una cosa a cambio de la pimienta: oro. Y en Europa el oro era, lamentablemente, escaso.

Viajeros que quizá no eran de fiar afirmaban que al sur del Sahara el oro era muy abundante. Pero ¿cómo llegar hasta allí? Las caravanas cruzaban el desierto, pero los europeos no eran bienvenidos. La única alternativa era el océano, más allá de las columnas de Hércules, ahora conocidos como el estrecho de Gibraltar. Pero los océanos del mundo no eran navegables, como todo el mundo sabía. Eran enormes y peligrosos páramos habitados por seres indescriptibles que engullían barcos y hombres como un perro engulle un bocado.

Puede que hubiera una alternativa, según creía el príncipe portugués Enrique el Navegante (1394-1460). El pequeño Portugal ya estaba más allá de los estrechos de Gibraltar, para empezar, y sus pescadores no temían tanto el Atlántico como las gentes de tierra adentro. Más aún, desde 1420, los pescadores y soldados portugueses habían luchado contra los nativos de las islas Canarias, un archipiélago que quedaba a unos mil trescientos kilómetros al suroeste del extremo más meridional de Portugal y a sólo unos pocos kilómetros de la costa de África. ¿Por qué no usar las Canarias como escala en el viaje? Desde allí los barcos podían continuar más al sur a lo largo de la costa y quizá pudieran descubrir buenos puertos y empezar a comerciar directamente con aquellos que poseían el oro.

Y así se hizo. En vida de Enrique se siguió la costa de África hacia el sur hasta llegar al gran golfo que lleva hacia el este la costa occidental del continente, en Sierra Leona. Durante los siguientes veinte años, hasta 1480, los portugueses exploraron la Costa de Oro, así llamada porque allí se podía encontrar mucho oro con el que comprar pimienta. En 1485, Diogo Cão continuó al sur hasta más allá del cabo Palmas, más allá del cabo Santa Catalina, hasta que llegó al cabo Cruz, a 22° de latitud sur. Para entonces la pregunta más candente no era si se descubriría o no oro, sino si habría una ruta que rodeara el mismo continente. ¿Tenía final África? ¿Podían los barcos rodearla y llegar hasta la India y las islas de las Especias? Si la respuesta era positiva, quizá se pudiera comerciar directamente con los mercaderes de especias y acabar con la necesidad de pagarles oro a los intermediarios árabes.

Bartolomeu Dias (c. 1450-1500) encontró esa ruta. Zarpó de Lisboa en agosto de 1487, navegó hacia el sur hasta las islas de Cabo Verde y luego continuó siguiendo la costa, una ruta que ya entonces los portugueses conocían bien. Pasó el cabo Santa María, el cabo Santa Catalina y el cabo Cruz, navegando siempre hacia el sur siguiendo la costa, que se desplazaba ligeramente hacia el este. A principios de enero de 1488, las tormentas le obligaron a adentrarse en mar abierto. Cuando los vientos amainaron, puso rumbo de nuevo hacia el este, buscando regresar a la costa. Sin embargo, no encontró nada. Al principio se sintió desconcertado, pero pronto entendió lo que pasaba. Había navegado más allá del extremo más meridional de África sin verlo. (Lo vio, y lo bautizó como cabo de Buena Esperanza, durante su viaje de regreso más adelante ese mismo año.) Al virar hacia el norte, avistó tierra el 3 de febrero de 1488. La costa de allí en adelante continuaba hacia el noreste. Sus marineros le exigieron regresar a casa y Dias así lo hizo después de navegar rumbo norte unos pocos días más, hasta llegar a la desembocadura del río Great Fish (Groot-Vis en afrikaans), casi ochocientos kilómetros al este, cerca de la actual Port Elizabeth. La costa no volvía a girar hacia el sur. El camino a la India parecía por fin despejado. África podía circunnavegarse.

Vasco da Gama (1462-1524) fue el primero en hacerlo, zarpando desde Lisboa en julio de 1497 y, después de muchas aventuras, llegando a Calcuta, el principal puerto comercial de la India, a 11º de latitud norte, en mayo del año siguiente. Da Gama pronto entró en conflicto con los mercaderes musulmanes del puerto, a los que no les gustaba ni como competidor ni como cristiano, y volvió a Lisboa jurando vengarse. En 1502 regresó a Calcuta, bombardeó la ciudad, quemó un barco lleno de hombres, mujeres y niños árabes porque su capitán le había ofendido y exigió que los musulmanes cedieran el comercio en la plaza a los portugueses. En menos de una generación, sus demandas se vieron satisfechas y sus compatriotas eran los amos indiscutibles del comercio de especias.

Colón

El comercio seguía siendo más complicado de lo que los portugueses querrían, pues ahora eran los intermediarios indios los que se comían buena parte de los beneficios. ¿Se podría encontrar una ruta hacia las Indias Orientales, la fuente de las especias, para comprar aquellos productos fabulosamente valiosos directamente a los que los cultivaban y monopolizar su comercio y los beneficios que éste generaba? El océano Índico estaba infestado de piratas musulmanes, lo que lo convertía en una ruta muy peligrosa. De ahí que los exploradores portugueses y españoles empezaran a soñar con la posibilidad de una ruta hacia el oeste mediante la cual pudieran evitar a todos sus competidores.

Cristóbal Colón (1451-1506) hizo realidad ese sueño. Italia le reclama como su hijo nativo y ciertamente nació en su suelo, en Génova, pero en todos los demás aspectos no fue italiano. Puede que fuera hijo de padres judeoespañoles exiliados por la Inquisición. Fueran cuales fueran sus antepasados, llegó a Portugal el 13 de agosto de 1476. De hecho, nadó hasta la costa portuguesa tras saltar de un barco en llamas. Esta aparición casi mítica en el escenario mundial era muy típica de Colón, y él la interpretó como una profecía de su futura grandeza.

Colón fue sin duda un hombre brillante. Es muy probable que, además, estuviera loco. Demostraba su brillantez de diversas maneras. Era un navegante excelente y un marino capaz y experimentado, lo que le permitió trazar una ruta a las «Indias» que era correcta en todos sus aspectos excepto por el hecho de que incluía graves errores de cálculo, provocados en parte por la ignorancia y en parte por la monomanía de Colón, que le llevaba a creer verdad todo aquello que deseaba que fuera verdad. Su habilidad como navegante, unida a su monomanía, es lo que le hizo estar seguro de que la «India» (si no Catay, es decir, China) estaba a unos seis mil doscientos kilómetros al oeste de las islas Canarias. Allí no están ni la India ni China, pero es casi exactamente el lugar en que se encuentra América. ¿Fue una inspiración genial, una locura o simplemente pura suerte?

La certeza monomaníaca de Colón sobre que estaba en lo cierto respecto a las cosas más importantes para él le llevó a las cúspides del éxito y a los abismos del fracaso más absoluto. A los dos años de haber nadado hasta la orilla portuguesa ya había convencido a una de las principales familias del país para que le permitiera casarse con una de sus más apetecibles solteras. Colón empezó entonces su campaña para convencer a alguna poderosa familia española o portuguesa de que patrocinara su viaje para llegar a la India o Catay navegando hacia el oeste. Estaba tan convencido de lo que decía que muchos se interesaron por él; creían que un hombre que no tenía la más mínima duda tenía que estar en lo cierto.

Colón no escondió a los que le apoyaban que su certeza no se basaba en los fundamentos ordinarios. En su decisión de navegar al oeste, les dijo al rey Fernando y a la reina Isabel en 1502, no pesaron tanto la razón ni las matemáticas ni los mapas. Su convicción procedía de ciertos pasajes de la Biblia como, por ejemplo, Isaías 11, 10-12 y Esdras II 3:18. Estas descabelladas fuentes geográficas fueron lo bastante convincentes para los patrocinadores financieros de la época, a diferencia de lo que sucedería en la actualidad.

Tras años de negociaciones, finalmente se le permitió a Colón plantear su propuesta frente al rey y la reina de España en 1490. Se quedaron pasmados ante sus demandas, que eran extravagantes por no decir escandalosas. Ningún explorador había pedido jamás que se le ennobleciera y que sus títulos permanecieran en su familia para siempre ni tampoco recibir una comisión permanente del 10 por ciento sobre todas las transacciones que tuvieran lugar en las tierras que descubriera. Los reyes desestimaron su petición, por lo que abandonó la corte española a principios de 1492 para dirigirse a Francia e Inglaterra. Antes de que llegara muy lejos, amigos suyos en la corte convencieron a Fernando e Isabel de que le hicieran volver y, finalmente, se accedió a sus peticiones.

Colón no era un genio pasivo, sino activo, y su energía y su convencimiento de que se hallaba en una misión importante le mantuvieron atento y activo mientras supervisó la compra y aparejamiento de sus tres barcos. Le ayudó mucho su amigo Martín Alonso Pinzón, que navegó en la *Pinta* y a quien se le debe más reconocimiento por aquella aventura de descubrimiento del que Colón jamás estuvo dispuesto a concederle. La expedición estuvo lista en un plazo mucho más corto de lo que se creía posible y la *Santa María*, la *Pinta* y la *Niña* zarparon de Palos media hora antes del amanecer del 3 de agosto de 1492.

La tripulación de Colón se había reunido a toda prisa y estaba formada por hombres ignorantes y supersticiosos, como todos los marineros de la época. Colón comprendió que hacer que aquellos hombres navegaran al oeste a través del océano vacío día tras día, semana tras semana, iba a ser un reto muy difícil. Además, quería ocultar a su tripulación la distancia que avanzaban cada día, por miedo a que vendieran sus secretos a otros aventureros. Por ese motivo, en su registro abundan las contradicciones, que sólo se resolvieron parcialmente comparando su crónica oficial del viaje y su diario privado. A esta ceremonia de confusión se añadió el hecho de que Colón calculó desastrosamente mal la altura de la Estrella Polar, lo que le llevó a enormes errores en el cálculo de la posición de sus barcos en cualquier momento dado.

Pero, en fin, por suerte bastaba con que siguiera navegando hacia el oeste para topar con América. América del Norte, América Central y América del Sur forman una casi infranqueable barrera de catorce mil kilómetros que se extiende desde los 57° de latitud sur hasta aproximadamente los 70° de latitud norte. Para no encontrar ninguno de los dos continentes ni tampoco el istmo que los une, un barco que navegara rumbo oeste tendría que haberse desviado al sur hasta más allá del cabo de Hornos o haber cruzado por el norte a través de la casi permanente capa de hielo del círculo polar Ártico. Por supuesto, eso no sucedió. Así pues, llevado en volandas por su loca seguridad en sí mismo y ayudado por la inevitabilidad geográfica de la gran masa de tierra que se abría ante él, Colón descubrió América, avistando tierra por primera vez el 12 de octubre de 1492. Desembarcó en una encantadora islita, una de las Bahamas, que bautizó como San Salvador y que hoy se conoce como Guanahaní.

Lo más irónico es que Colón nunca supo que había descubierto un nuevo mundo. En total hizo cuatro viajes a las Indias Occidentales, pero nunca dejó de creer que estaba en las Indias Orientales, que Japón y China estaban cerca y que la India esperaba justo tras el horizonte. Estaba absolutamente seguro de ello. Se lo había dicho la Biblia. Pero ¿qué importa su error, más allá del efecto que tuvo en su vida personal? Otros después

de él comprendieron dónde estaban en realidad y por doqu
hallaron muchas cosas maravillosas y extrañas, con abundan
oro y plata que se podía conseguir casi a cambio de nada. También había tabaco y algodón que llevar de vuelta a Europa, productos que cambiarían la vida en el Viejo Mundo todavía más
que el oro.

A pesar de que Colón consiguió un asombroso éxito como
navegante, por muy equivocado y mucha suerte que tuviera, en
lo que se refiere a su vida privada acabó estrepitosamente mal.
Aunque fuera un marino magnífico, fue un desastre como administrador. Fernando e Isabel no tardaron en darse cuenta de
ello. Le habían prometido muchas cosas y siempre fueron generosos y cariñosos con ese hombre extraño, loco y maravilloso
que les había hecho casi tan famosos como él mismo. Pero no
podían tolerar su convicción de que él era el rey del Mundo Occidental y ellos meramente virreyes españoles.

En el año 1500, durante la tercera estancia de Colón en América, enviaron un embajador plenipotenciario a Santo Domingo, en la Española (el nombre que Colón dio a la isla que hoy se
divide entre Haití y la República Dominicana). Siguieron meses
de duras negociaciones, pero Colón, que en realidad no era más
que un virrey, no podía ganar y al final fue arrestado y enviado
de vuelta a España con grilletes. La reina ordenó que le liberaran
y que se presentara ante ella y, cuando lo hizo, el gran hombre
cayó de rodillas y rompió a llorar.

Es justo decir que al menos en un sentido Colón no descubrió América, pues los pescadores europeos conocían la existencia de unas tierras no cartografiadas al otro lado del océano ya
siglos antes de que Colón llegara a pisarlas. Pero a esos pescadores les interesó mantener su descubrimiento en secreto para
no compartir sus caladeros, y así lo hicieron desde los viajes is-
landeses del siglo X y quizá desde siglos antes. En cambio, a Colón le interesaba que América se hiciera pública, proclamarla al
mundo, incluso a pesar de que no sabía que era América. Él fue
mucho más efectivo revelando el secreto de lo que los pescadores habían sido guardándolo. Y una vez el secreto quedó al descubierto, el mundo ya no volvió a ser el mismo.

El descubrimiento de América por Cristóbal Colón es, probablemente, la mayor adición individual realizada al conocimiento humano por un solo hombre en toda la historia. Pero todavía quedaba mucho por conocer. Colón dijo que la tierra era redonda y que si se navegaba constantemente hacia el oeste, un navegante acabaría regresando al punto del que había partido. Pero ¿era así de verdad? No se podía estar seguro hasta que alguien lo hiciera. Y las Indias Occidentales, había que admitirlo, no eran las Indias Orientales. Por ricas e interesantes que fueran las nuevas tierras, no eran las islas de las Especias con las que los europeos soñaban establecer contacto directo desde hacía tanto tiempo.

Los españoles escogieron al navegante portugués Fernando de Magallanes (c. 1480-1521) para que resolviera ese problema. Debía encontrar una ruta por el suroeste hasta las Indias Orientales, rodeando para ello el extremo meridional de América del Sur. ¿Era posible hacerlo? ¿Dónde estaba, en realidad, el extremo del continente? Magallanes zarpó de España en septiembre de 1519 y después de un viaje tranquilo alcanzó la bahía de Río de Janeiro en diciembre. Pasó los primeros meses de 1520 explorando las bocas de varios ríos en busca de un pasaje que le permitiera atravesar el continente. No lo encontró hasta noviembre de 1520. Entonces, navegando siempre hacia el sur, descubrió y cruzó el estrecho de Magallanes y entró en el «mar del Sur» el 28 de noviembre. La flota inició el cruce del océano Pacífico, llamado así porque sus aguas eran tranquilas, y acompañó a los marineros un viento fresco y constante durante todo el trayecto desde América del Sur a las Filipinas.

A pesar de que la navegación fue fácil, el viaje fue muy duro. Hasta el 18 de diciembre la flota, reducida ahora a tres barcos de los cinco con los que había partido de España, siguió la costa chilena hacia el norte en busca de los vientos alisios. Entonces se lanzó a mar abierto rumbo noroeste. Ni él ni sus hombres tenían una idea precisa de cuánta distancia deberían recorrer, pero pronto se dieron cuenta de que no tenían ni agua ni comida suficientes. Atormentados por la sed, diezmados por el escorbuto, reducidos a comer galletas mordidas por las ratas y, cuando se acabaron, el cuero de los penoles, aún así no dieron media vuelta, gracias al liderazgo de hierro de Magallanes.

La flota tocó tierra por primera vez, tras noventa y nueve días en el mar, el 6 de marzo de 1521, en la isla de Guam, en las Marianas. Allí pudieron tomar alimentos y agua fresca por primera vez en más de tres meses. Magallanes, ansioso por seguir avanzando, se quedó en la isla sólo tres días y zarpó el 9 de marzo navegando rumbo oeste-suroeste hacia las islas que luego se conocerían como las Filipinas. Reclamó esas tierras para España y convirtió a su dirigente y a los principales del reino al cristianismo, pero no vivió mucho para disfrutar de su triunfo. El 27 de abril de 1521, sólo un mes después de llegar a las Filipinas, Magallanes murió en una lucha contra los nativos de la isla de Mactán.

Sin Magallanes empujándoles a seguir adelante, la flota sufrió todavía más pérdidas. Dos barcos alcanzaron las Molucas y sólo uno volvió a España, bajo el mando de Juan Sebastián Elcano, un navegante vasco que se había convertido en el segundo de a bordo de Magallanes. Su nave, la *Victoria*, regresó en un estado lamentable, con vías de agua en todas sus junturas, pero cargado de especias y siendo el primer barco que daba la vuelta al mundo. Se recompensó a Elcano con un añadido en su escudo de armas, un orbe con la inscripción *Primus circumdisti me*: «Fuiste el primero en rodearme.»

El nacimiento del comercio global

Se había demostrado que todos los océanos estaban conectados y ya nadie en su sano juicio podía creer que la Tierra no fuera redonda. Puesto que los océanos se extendían en todas direcciones, estaban teóricamente abiertos a todos los barcos para que navegaran por todo el mundo. Pero el paso por el angosto estrecho de Magallanes, posible sólo entre los meses de diciembre y abril (el verano del hemisferio sur), era, en el mejor de los casos, muy difícil, y además podía defenderse con facilidad. Durante un siglo, España y Portugal consiguieron, sirviéndose de la fuerza y de la astucia, mantener el monopolio del comercio en la ruta sur entre Oriente y Occidente. Frustrados, ingleses, franceses y holandeses empezaron a buscar una ruta por el norte que les librase del hostigamiento de los navíos españoles y portugueses. El resultado fue otra sorpresa: el descubrimiento del continente de América del Norte. Europa no tardó en darse cuenta del enorme potencial de sus vastas riquezas. Se creó entonces un nuevo tipo de comercio que finalmente acabaría uniendo a todo el mundo en una sola entidad económica, sin importar cuántas distintas unidades políticas contuviera.

En menos de un siglo, este comercio dejó de basarse principalmente en artículos de lujo. Se podía ganar mucho más dinero embarcando al por mayor cosas cotidianas como telas, azúcar o ron. Era un negocio muy distinto del antiguo comercio por tierra de pequeñas cantidades de especias y fármacos muy valiosos que podían transportarse a lomos de un camello. Nadie se quejó del cambio, pues se podía ganar muchísimo más dinero con el nuevo sistema. Además, los europeos podían controlar ambos extremos de las rutas comerciales (rutas marítimas) y no hacían falta intermediarios, ni los árabes ni ningún otro.

Pronto empezaron a transportarse otros cargamentos pesados, como tabaco, arroz o incluso, en el siglo XIX, granito y hielo, que al principio se utilizaban como lastre pero acabaron reportando verdaderas fortunas a los capitanes de Nueva Inglaterra. También se trajeron desde el Lejano Oriente a Europa y América enormes cantidades de objetos de porcelana. Estos productos ayudaron a definir el gusto europeo durante generaciones.

En este nuevo mundo, el azúcar y la esclavitud estaban íntimamente ligados. Antes de 1500, el capricho de algo dulce tenía que satisfacerse con miel y con unos pocos y exóticos dulces procedentes de Oriente. Primero los españoles y luego los ingleses establecieron plantaciones de azúcar en las islas del Caribe y en Centroamérica. Aventureros portugueses fundaron sus propias plantaciones de azúcar en Brasil. Pronto el azúcar fue tan abundante como la sal y también igual de lucrativo. Pero estas plantaciones necesitaban mucha mano de obra. El trabajo allí era muy duro y los hombres morían en los cultivos. La población nativa, que ya era escasa de por sí, se había visto todavía más reducida por la irrupción europea, que no sólo trajo consigo toda una serie de mortíferas armas sino también extrañas enfermedades contra las que los nativos no estaban inmunizados. La solución que se encontró fueron los esclavos africanos. Durante tres siglos, los esclavos africanos fueron el más valioso de todos los cargamentos, incluso si sólo la mitad de los que se embarcaban en los barcos que zarpaban de la costa occidental de África llegaban vivos a América. Si alguien manifestaba reparos a comerciar con seres humanos, siempre se podía invocar la doctrina de la esclavitud natural de Aristóteles para justificar el negocio. ¿Y quién era más «naturalmente» un esclavo que un hombre o mujer cuya piel era negra? Pocos cuestionaron la «lógica» de este argumento hasta el siglo XIX.

El comercio de ideas

Los barcos que surcaron el mundo durante los tres siglos que siguieron a 1492 llevaron un cargamento invisible además de las mercancías que transportaban a la vista de todos. Ese cargamento invisible consistía en conocimiento e ideas, junto con creencias religiosas, que fluyeron entre Oriente y Occidente en ambas direcciones. Y gracias a ese intercambio, las propias ideas se transformaron.

La pólvora, inventada en China alrededor del 1000 d. J.C., es un buen ejemplo de esa transformación. Los chinos usaban la pólvora principalmente para hacer fuegos artificiales y para otros fines pacíficos. Unos mercenarios árabes obtuvieron la pólvora de los chinos y fabricaron las primeras armas de fuego. Los europeos adoptaron y perfeccionaron esas armas. Más aún, estudiaron el arte de usar armas de fuego y cañones con una intensidad muy particular. Hacia 1500, la estrategia militar europea, tanto terrestre como marítima, se fundamentaba en la idea de conseguir y mantener una superior potencia de fuego. Y hasta el día de hoy, en Occidente, el pensamiento militar sigue basándose en la superioridad de potencia de fuego y no en la cantidad de soldados ni en las tácticas.

Puesto que los líderes militares occidentales siempre han estado de acuerdo con este principio, casi todas las guerras entre potencias occidentales han tenido como vencedor al bando superior en armas y munición. A veces la parte más débil ha podido plantar batalla durante un tiempo, como sucedió en la guerra civil norteamericana, en la que el Sur, que carecía de las fundiciones del Norte y, en consecuencia, de la capacidad de producir armamento comparable al de su enemigo, compensó esta desventaja durante casi cuatro años gracias a una capacidad táctica muy superior. Uno debe asumir que los hombres que lucharon en ambos bandos, considerados objetivamente, eran iguales, pues a menudo hubo hermanos de la misma familia que lucharon en diferente bando. Al final, el Norte ganó gracias a que pudo poner sobre el terreno mejores armas y blindajes, confirmando así el prejuicio sobre la potencia de fuego que se venía afirmando desde hacía ya tanto tiempo.

Sólo en el siglo XX se ha conseguido refutar de forma efectiva esa idea. En la guerra de Vietnam, por ejemplo, Estados Unidos contaba con una abrumadora superioridad en potencia de fuego y, aun así, fue derrotado por un ejército de tropas irregulares armadas con rifles y granadas en vez de con cañones y buques de guerra, y cuyos hombres iban en bicicleta por los senderos de la jungla en vez de en tanques, que sólo podían seguir las carreteras. En consecuencia, esa guerra se demostró como una de las más importantes de la historia, no sólo por sus ecos políticos, sino porque pudo forzar un cambio en la forma de pensar de los militares.

Debe recordarse, sin embargo, que la obvia lección de Vietnam no hizo que cambiaran de ideas los estrategas soviéticos, quienes sólo unos pocos años después de la guerra de Vietnam se vieron atrapados en un conflicto de características similares en Afganistán. Igual que los generales norteamericanos en Vietnam, los generales soviéticos que lucharon en Afganistán estaban convencidos de que iban a ganar porque tenían los tanques más pesados y los proyectiles más potentes. También ellos fueron derrotados.

Por supuesto, la idea de que una superior potencia de fuego es una ventaja no es sólo un prejuicio. Si las demás condiciones son iguales, el bando que tenga las armas más potentes y que disparen más rápido ganará casi siempre. (De hecho, lo mismo valía en otra época para el bando que tuviera las espadas más afiladas y las mejores armaduras, o las mejores flechas y los caballos más rápidos.) Y durante los siglos que siguieron a ese trascendental momento en que Europa se expandió y descubrió el resto del mundo, las demás condiciones fueron iguales. Los soldados orientales no eran mejores ni peores que los occidentales. Tampoco las tácticas de ninguno de los dos bandos eran mucho mejores que las del otro. Así pues, el hecho de que Occidente contara repetidamente con las armas más potentes significaba que ganaba casi siempre sus batallas con enemigos orientales.

En otras palabras, lo que hizo Vasco da Gama en 1502 no fue un incidente aislado. Cuando prendió brutalmente fuego a un barco árabe, apoyado en la potencia de sus armas, aseguró para su victorioso bando el monopolio del comercio. Tales acciones, y tales consecuencias, eran comunes. Con ellas creció el mito de que Occidente era «invencible». Puesto que tanto Oriente como Occidente acabaron por creérselo, el propio mito se convirtió en el arma más potente del arsenal occidental.

Sólo podía contrarrestarlo otro mito. Los europeos que visitaron China y la India descubrieron que los países eran tan enormes que durante mucho tiempo no fueron capaces de comprender su complejidad. Los secretos del poder, particularmente en China, eran un enigma para los occidentales. No podían entender cómo el conocimiento de un texto de dos mil años de antigüedad podía conferir el poder supremo a algún anciano y hacer que se le obedeciera como representante de un emperador a quien ningún europeo había visto nunca. Los europeos no sabían quién gobernaba China ni cómo él, ella o ellos gobernaban, y puesto que podían seguir con su comercio y negocios sin saberlo, no trataron de averiguarlo. El mito del «misterioso» Oriente nació durante esos primeros encuentros entre Oriente y Occidente y perduró durante muchas generaciones. Y ese supuesto misterio era la única protección con la que contaban los orientales frente a las potentes armas de Occidente.

Había dos cosas, no obstante, que Occidente sí sabía sobre Oriente. En primer lugar, carecían de una religión respetable, es decir, no eran monoteístas. En segundo lugar, sabían que Oriente era increíblemente rico. Regresaremos al tema de la «riqueza de Oriente» en un momento.

Para convencer a Fernando e Isabel de que le apoyaran en su aventura, Colón siempre insistió sobre todo en dos cosas. En el Nuevo Mundo había mucho oro. A cambio, se podía y debía llevar el cristianismo a los nativos, pues se trataba indudablemente de inocentes paganos. La promesa de oro no cayó en saco roto, aunque puede que el rey y la reina, cuya piedad era verdadera, se sintieran incluso más atraídos por la idea de ayudar a difundir el Evangelio en las tierras recién descubiertas.

Por desgracia para la reputación del cristianismo en Oriente, esa religión acababa de escindirse en varias belicosas facciones cuando Colón descubrió el Nuevo Mundo. Fernando e Isabel, por ejemplo, estaban convencidos de que la religión que más beneficiaria a los inocentes nativos era el catolicismo, y a ella debían ser convertidos, si hacía falta, a punta de pistola. Un siglo más tarde, en Norteamérica, los ingleses y los holandeses llevaron religiosos protestantes para convertir a los indios. Los nativos solían convertirse, pues la potencia de fuego de los europeos era un argumento teológico difícil de rebatir. Pero los nuevos conversos contemplaron atónitos cómo los apóstoles de la paz luchaban unos contra otros sobre cuestiones de doctrina que los inocentes nativos no podían comprender.

Aparte de la salvación, ¿benefició a los nativos su nueva religión? Ciertamente sí. Si no hubiera sido por los misionarios que acompañaron a los soldados y a los comerciantes, a los nativos les hubiera ido todavía peor de como les fue. Y no les fue demasiado bien, pues los misionarios solían tener relativamente poco poder. Pero alguno tenían, y más de una vez lograron que se les tratara mejor.

Hoy vemos generalmente a los países que componen el Tercer Mundo como extremadamente pobres. Durante los primeros siglos tras el año1500, esos mismos países se veían como enormemente ricos. ¿Ha cambiado su situación económica tan radicalmente? En relación a Occidente sí ha cambiado, pero no lo suficiente como para explicar un cambio de perspectiva tan absoluto. En realidad, el cambio se debe a que hoy comprendemos mejor que nuestros antepasados la riqueza y la pobreza.

Los mercaderes, soldados y marineros europeos que visitaron primero Oriente eran gente demasiado poco sofisticada desde el punto de vista político como para darse cuenta de que Oriente parecía rico sólo porque toda la riqueza de un país de muchos habitantes se concentraba en unas pocas personas. Los europeos ni siquiera reconocieron la pobreza en la que vivían la mayoría de los orientales. Tampoco entendieron que esa pobreza abyecta la decidía el nacimiento, la mantenía la costumbre y la ordenaba la ley.

Uno de los motivos por los que no comprendieron la pobreza de Oriente era por los ejemplos extremos de riqueza y pobreza que tenían en sus propios hogares, debidos a algunas de las mismas causas. Pero en la mayoría de los países europeos existía una mayor movilidad entre clases económicas y, además, ya desde mediados del siglo XVI empezaron a difundirse ideas sobre la igualdad social y económica que impregnaron todo el pensamiento europeo. Esas ideas no entraron en Oriente hasta que los occidentales empezaron a exportarlas al resto del mundo a principios del siglo XIX, después de la Revolución francesa, es decir, trescientos años después de que Colón descubriera América.

Al final serían las ideas las que dominarían el comercio entre Occidente y Oriente. Pero en aquellos tiempos nadie lo sabía todavía.

Homenaje a Colón

Intenta imaginar el mundo en el que Colón nació en 1451. Supón que fueras europeo, de cualquier país. ¿Cómo verías el mundo?

En primer lugar, no te parecería redondo. La idea matemática de un mundo redondo se remonta a la antigua Grecia, pero para la mayoría de la gente se trataba sólo de una abstracción. (Los marineros, que podían ver cómo un barco desaparecía tras el horizonte, sabían al menos que el mundo no era plano.)

Que la tierra es esférica no es una abstracción para nosotros. Estamos bastante seguros de que si decidiéramos viajar alrededor del mundo, en cualquier dirección (este, oeste, norte o sur), acabaríamos tarde o temprano regresando al lugar desde donde partimos. Si seguimos las rutas de viaje establecidas, la empresa no debería llevarnos mucho tiempo, tres o cuatro días como máximo. Lo que es más, sabemos que dentro de los límites marcados por la estabilidad o el desorden político, estaremos en todas partes igual de seguros que en nuestro hogar. Es decir, estamos seguros de que no hay monstruos ni barreras mitológicas de ningún otro tipo que nos impidan circunnavegar el orbe.

En 1450, el mundo no te habría parecido redondo porque tu mente, a menos que fueras un genio como Colón, no podría concebirlo como una esfera, es decir, no podría concebirlo como lo concebimos actualmente. Colón cambió la imagen mental que todo ser humano tenía del mundo. Nadie más ha conseguido algo similar.

Esos exploradores y descubridores fueron todos ellos hombres excepcionales. El príncipe Enrique el Navegante, Bartolomeu Dias, Vasco da Gama, Fernando Magallanes y muchos otros. Todos ellos se arriesgaron hasta un punto que hoy nos produciría vértigo. La mayoría de ellos no regresó a casa para disfrutar los frutos de sus grandes descubrimientos. De los doscientos setenta hombres que acompañaron a Magallanes en sus cinco barcos cuando abandonó España en 1519, sólo dieciocho regresaron dos años después. Unos cuantos desertaron durante el viaje, pero la mayor parte murieron de hambre o cayeron pasto de enfermedades o víctimas de heridas. Las posibilidades de sobrevivir a uno de esos primeros viajes, que eran empresas de un atrevimiento y una ambición asombrosas, eran mucho menores que los peligros a los que se enfrentó Neil Armstrong cuando fue a la Luna en 1969. Y, sin embargo, en los puertos de España y Portugal en los primeros años del siglo XVI, y más tarde también en los puertos ingleses, franceses y holandeses, nunca faltaban marineros para tripular ni capitanes para mandar los barcos que constantemente partían hacia lugares remotos y desconocidos.

No eran hombres impulsivos. Igual que Neil Armstrong y los demás astronautas, estaban convencidos de que contaban con la mejor tecnología disponible en el mundo. En otras palabras, creían que tenían las máximas posibilidades de triunfo. Y partían en busca de lo desconocido, a menudo casándose y teniendo un hijo antes de partir de modo que su nombre sobreviviera si su cuerpo no lo hacía, y casi nunca dejaban de escribir su testamento antes de zarpar. Iban a aquellos viajes a pesar de sus miedos, pues nada hubiera podido impedirles ir.

¿Por qué lo hacían? Para muchos, la promesa de enormes riquezas, reales o imaginarias, era suficiente para hacerles salir de sus casas y mandarlos al mar a bordo de aquellos barcos. A los que fueron después de que se realizaran los primeros grandes descubrimientos geográficos les debió atraer sobre todo la búsqueda de riquezas. Pero no creo que ése fuera el caso de los propios descubridores. Y ciertamente, no fue el caso de Colón.

Por brillante que fuera, por loco que estuviera, Cristóbal Colón fue uno de los hombres más notables que han existido. Nunca escondió su voluntad de enriquecerse, pero no era dinero lo que buscaba, no era por eso por lo que estaba dispuesto a jugarse la vida. Lo que quería era la fama eterna, pues sabía, quizá mejor que nadie de su época, que el descubrimiento de un nuevo mundo se la procuraría.

El arrollador deseo de honor y de gloria fue calificado por el poeta John Milton como «esa última debilidad de las mentes nobles». Es una frase que se malinterpreta a menudo. Milton quería decir que de todos los motivos que mueven a los hombres sólo hay uno que sea mayor que el deseo de fama y honor: el deseo de la salvación, de la gloria eterna cristiana. El deseo de fama es de una pureza tan alta que sólo lo superan lo que los santos desean o conocen. Colón no era un santo, bien lo sabe Dios, era un pecador demasiado grande para pretenderlo. Pero si hay santos seculares, hombres y mujeres que poseen una pureza de corazón y una voluntad que está sólo a un paso de la santidad y de lo divino, sin duda Colón fue uno de ellos.

8. La invención del método científico

De todos los tipos de conocimiento que Occidente ha dado al mundo, el más valioso es un método para adquirir conocimientos nuevos. Se llamó «método científico» y lo inventaron una serie de pensadores europeos entre 1550 y 1700.

La génesis del método científico se remonta a la Grecia clásica. Como todos los presentes que nos legaron los griegos, hay que contemplarlo con cierta cautela. Pero a pesar de que el método científico a veces parece tan peligroso como útil, ya no podemos vivir sin él.

Hasta este punto en este libro hemos usado la palabra «conocimiento» en el sentido de algo que cualquiera podía saber. En latín medieval, «conocimiento» era *scientia* y todo el mundo podía poseerlo, en parte o en su totalidad. Del latín procede nuestro moderno término «ciencia». Pero «ciencia» ya no significa conocimiento que todo el mundo tiene o puede tener.

No se refiere al conocimiento que tiene un poeta, por ejemplo, ni al de un carpintero ni siquiera al de un filósofo o al de un teólogo. Habitualmente, no se refiere tampoco a un conocimiento matemático. La «ciencia» es hoy un tipo de conocimiento especial que poseen solamente los «científicos». Los científicos son gente especial. No son cualquiera.

El significado de la ciencia

Lo dicho hasta aquí probablemente es obvio. Sin embargo el significado de «ciencia» es más complejo y necesita aclararse. Tratemos de usar la palabra «ciencia» en una serie de frases:

1. La ciencia jamás comprenderá el secreto de la vida.
2. Tarde o temprano, los científicos descubrirán cómo curar el sida.
3. La ciencia y el arte no tienen nada en común.
4. Me he apuntado a un curso de ciencias, pero también voy a estudiar historia.
5. Las matemáticas son el lenguaje de la ciencia.
6. Los científicos tratan de determinar si Shakespeare escribió en realidad todas las obras que se le atribuyen.
7. La crítica literaria no es una ciencia de verdad porque no es predictiva.
8. La mayoría de los poetas se mueren de aburrimiento ante una fórmula matemática; la mayoría de los científicos se mueren de aburrimiento ante un poema.
9. Ser bilingüe no implica saber nada sobre lenguaje.
10. Sé la respuesta, pero no puedo explicarla.

Todas estas frases son «reales» en el sentido de que han sido tomadas de fuentes publicadas y escritas por autores respetables (las frases 4, 9 y 10 están extraídas de exposiciones orales realizadas por ponentes respetables). ¿Qué quiero decir con «respetables»? Quiero decir que sus autores eran personas con una formación razonablemente buena y que dijeron estas frases en serio; es decir, creían que lo que decían era a la vez comprensible y cierto. Más aún, todas las frases son modernas en el sentido de que fueron escritas o pronunciadas durante los últimos diez años. Representan claramente una especie de consenso moderno sobre el significado de la palabra «ciencia» (que no aparece en las últimas dos sentencias explícitamente, pero sí implícitamente, es decir, escondida o incrustada en el verbo «saber»).

Examinemos algunas de estas frases. La primera, sin ir más lejos: «La ciencia jamás comprenderá el secreto de la vida.» ¿Es eso cierto? Es lugar común que los científicos han descubierto recientemente, y en algunos casos no tan recientemente, muchos de los «secretos» de la vida, entre ellos la estructura y la evolución de las células, el funcionamiento del sistema inmunológico, el papel del ADN en la herencia y muchas cosas más. Y podemos estar seguros de que los científicos seguirán investigando la vida y desentrañando cada vez más sus secretos. Pero hay algo en la palabra «secreto» que hace que esa frase sea a la vez cierta e incontrovertible. Por definición, la ciencia no puede comprender el tipo de secreto que es el secreto de la vida, que se supone que tiene que ser un misterio incomprensible. Para resolver ese misterio está claro que hace falta otro tipo de conocimiento distinto del conocimiento científico, por mucho que los científicos hayan descubierto o vayan a descubrir sobre la vida.

O tomemos, por ejemplo, la quinta frase: «Las matemáticas son el lenguaje de la ciencia.» Proclama claramente que las matemáticas y la ciencia están estrechamente relacionadas, pero de ella se deduce con igual claridad que son dos cosas distintas. Puede que los científicos utilicen las matemáticas, pero no hacen matemática, y los matemáticos pueden conocer tan poco de los métodos y resultados de los científicos como los laicos. Albert Einstein fue un gran teórico pero no un gran matemático; cuando llegaba a un punto en que no podía resolver los cálculos, pedía ayuda a sus amigos matemáticos, que inventaban las matemáticas necesarias para que él pudiera seguir avanzando. Pero sus amigos, a pesar de todo su talento matemático, jamás hubieran podido descubrir la teoría de la relatividad.

Parece que la frase dice también que las matemáticas son un tipo de lenguaje distinto del francés o el chino, o del lenguaje corporal o la notación musical. Todos éstos son lenguajes de uno u otro tipo, pero no podríamos decir de ninguno de ellos que fueran el lenguaje de la ciencia, a pesar de que los científicos puedan estudiar cualquiera de ellos.

La séptima frase, «La crítica literaria no es una ciencia de verdad porque no es predictiva», es muy curiosa. Tradicionalmente, se ha afirmado que una ciencia no es realmente una ciencia a menos que sea predictiva, es decir, que no sabes realmente cómo funciona la naturaleza a menos que puedas predecir cómo va a funcionar en ocasiones futuras bajo esta o aquella circunstancia determinada. Lo curioso es que una de las principales funciones de la crítica literaria (como, por ejemplo, las reseñas de libros que aparecen en el periódico) es decirte si te va a gustar (o interesar) un determinado libro. Por supuesto, esa predicción dista mucho de ser segura. Pero tampoco todos los experimentos dan siempre los resultados previstos. Ni tampoco el juicio del crítico se sustenta sobre fórmulas matemáticas.

Yo sería el primero en admitir que la crítica literaria no es una ciencia, en el sentido habitual del término. Pero no le negaría esa categoría porque no pueda predecir los resultados que un determinado libro causará en sus lectores. Sea como sea, esta frase refleja una de las sensaciones que tenemos sobre la ciencia y ayuda a clarificar el significado de la palabra «ciencia».

La novena frase, «Ser bilingüe no implica saber nada sobre lenguaje», apunta a otra de las sensaciones fundamentales que nos inspira la ciencia. Es decir, afirma, mediante una maravillosa indirecta, que el tipo de conocimiento que alguien debe tener para hacer algo de forma regular y correcta, como hablar dos lenguajes, no es un conocimiento científico. Eso implica que el conocimiento científico, por sí mismo, no es directamente práctico o útil. Lo que dice esta frase sobre la ciencia no es particularmente halagador. La mayoría de la gente preferiría ser bilingüe a ser un experto en lingüística. El bilingüismo, de hecho, es bueno para el cerebro (hace que funcione mejor y más deprisa), mientras que saberlo todo sobre lingüística no es útil a menos que quieras ser profesor en una universidad. Lo que se desprende de esta frase es que a menudo, por no decir siempre, el conocimiento que poseen los científicos es un conocimiento especializado y relativamente inútil para la gente corriente.

Sin embargo, la segunda frase, «Tarde o temprano los científicos descubrirán cómo curar el sida», expresa nuestra profunda fe en la ciencia, nuestra sensación de que debemos y podemos confiar en la ciencia para que resuelva los problemas reales, acuciantes y pragmáticos a los que nos enfrentamos. La frase también deja entrever nuestro convencimiento de que sólo los científicos pueden encontrar una cura para el sida. Estamos seguros de que ese remedio no lo descubrirán los poetas, los carpinteros o los filósofos. Ni tampoco una persona corriente, simplemente pensando en ello y guiada por su intuición. Este concepto es una de las nociones que más comúnmente se asocian a la palabra «ciencia».

En nuestra era científica, si un alumno responde a un profesor diciéndole algo similar a la décima frase, «Sé la respuesta, pero no puedo explicarla», el profesor se vería tentado de responder: «¡Si no puedes explicarla, entonces es que no la sabes!», y ponerle al alumno un muy deficiente por presuntuoso. El conocimiento que no se puede estructurar y comunicar, sea matemáticamente o de otra forma, no es conocimiento y ciertamente no es conocimiento científico, pues consideramos (quizá de forma preeminente) que tal conocimiento es un conocimiento público, en el sentido de que puede y debe ser expresable de modo que otros científicos puedan comprobarlo y validarlo.

Pero esto implica expulsar de la ciencia, que hemos visto que en tiempos abarcó todos los campos del saber, un enorme abanico de estados mentales y actos humanos que no poseen la clase de certeza inherente que se supone que el conocimiento científico debe tener. Los mejores detectives siempre han tenido corazonadas que no podían explicar pero que de todas formas, al final, se demostraban ciertas, o al menos así sucedía en los relatos de misterio. Los grandes atletas poseen un inexplicable e inexpresable genio en lo que se refiere a cuándo correr o cuándo lanzar la pelota. Los soldados que sobreviven en las guerras a menudo lo hacen porque poseen un sexto sentido que les alerta del peligro. Y los santos están más seguros de lo que Dios les ha dicho o de lo que saben sobre Dios por cualquier otro medio de lo que ningún científico lo está sobre su área concreta.

Sin embargo, no se trata aquí de demostrar que esa frase está equivocada pues, de hecho, no lo está. Expresa una de nuestras convicciones sobre la ciencia: que no puede ser exclusivamente intuitiva, aunque puede que la intuición desempeñe algún papel en cualquier descubrimiento o avance científico importante.

Finalmente, la tercera frase, «La ciencia y el arte no tienen nada en común», muestra el que quizás es nuestro más profundo prejuicio sobre la ciencia —y sobre el arte— al mismo tiempo, que es manifiestamente errónea, al menos a primera vista. Es decir, la ciencia y el arte tienen mucho en común. Ambas actividades, por ejemplo, atraen a algunas de las personas más competentes y preparadas; ambas nos iluminan y nos ofrecen un bálsamo para el dolor; ambas son inmensamente difíciles, y para tener éxito en cualquiera de ellas hace falta emplear hasta la última gota de esfuerzo e inteligencia que se posea; ambas son patrimonio sólo de los seres humanos, y así muchas otras cosas más.

Pero la frase es cierta en otro sentido, que también se deja entrever en la octava frase. Estamos bastante seguros de que los científicos y los artistas, a pesar de que muchas de las cosas que hagan sean similares —pensemos por ejemplo en un metalúrgico y un escultor que trabaje el metal—, ven lo que hacen de forma distinta y lo hacen por motivos distintos. Es su diferente punto de vista lo que más nos dice sobre lo que significa «ciencia» y sobre lo que hacen los «científicos».

Tres características de la ciencia

La ciencia, pues, en el sentido que le damos en nuestra vida cotidiana, es una actividad humana que se caracteriza por tres cosas. En primer lugar, la ciencia la practica gente especial que posee una determinada visión del mundo. Los científicos tratan de ser objetivos y de no manifestar emociones ni sentimientos. No permiten que sus emociones interfieran en su observación de las cosas reales o, según su terminología, en hechos. A menudo trabajan en laboratorios o en otras áreas en las que pueden controlar cuidadosamente lo que hacen. No salen simplemente a pasear por el muelle durante la puesta de sol para maravillarse de la belleza del mundo, como haría un poeta. Idealmente son también honestos y humildes. Siempre intentan publicar sus descubrimientos para que otros científicos puedan comprobarlos y utilizarlos en sus propias investigaciones. No afirman más de lo que pueden probar y muchas veces ni siquiera eso. Pero están muy orgullosos de su vocación y prefieren hablar con otros científicos antes que con cualquier otra persona y, muy especialmente, antes que hablar con poetas, frente a los que tienden a sentirse incómodos y menospreciados. (Por supuesto, los poetas sienten exactamente lo mismo cuando hablan con científicos.)

En segundo lugar, la ciencia trata casi exclusivamente de cosas, no de ideas ni de sentimientos; y con el mundo exterior y sus mecanismos, no con estados interiores y sus causas, a pesar del esfuerzo que algunos psicólogos realizan para ser o que se les considere científicos. El cuerpo humano se considera una parte del mundo exterior, pero el alma no. Así pues, los científicos tratan de entender el cuerpo humano pero no el alma. La mayoría de los científicos duda que el alma exista. El sistema solar y el universo son también parte del mundo exterior, aunque tenemos muy pocas pruebas directas de cómo es la existencia allí. Los científicos tienden a suponer que las condiciones básicas de la naturaleza en la Tierra permanecen constantes en todo el cosmos.

En este sentido, es cuestionable que la humanidad como un todo forme parte del mundo exterior. Los científicos suelen mostrarse reticentes ante la idea de estudiar la conducta de grandes grupos de hombres y mujeres. Por eso los economistas, por ejemplo, tratan, usualmente sin éxito, de que se les considere científicos. El mundo exterior de los científicos contiene algunas cosas, como los cuantos, los quarks y los cuásares, que son tan misteriosas como los ángeles y por lo general igual de invisibles. Pero eso no les preocupa, pues creen que pueden trabajar de forma efectiva con las partículas elementales que no pueden ver, y que según el principio de incertidumbre jamás podrán ver, pero no con los ángeles, que probablemente no se les aparecerán nunca a los científicos porque no creen en ellos.

Yendo al núcleo de la cuestión, el mundo exterior incluye todo lo que los científicos pueden medir y describir en términos matemáticos y excluye todo lo que no pueden medir y describir en esos términos. Esto significa que el mundo exterior es algo bastante brumoso, pero la idea que hay detrás de él no es brumosa en absoluto.

En tercer lugar, la ciencia hace lo que sea que haga de un modo especial, empleando métodos especiales y utilizando para comunicar sus resultados un lenguaje exclusivo y único. El método más conocido, aunque no necesariamente el más utilizado, consiste en hacer experimentos. Se da comienzo con una idea —la mayoría de los científicos no se cuestionan de dónde proceden esas ideas—, se formula esa idea en una hipótesis contrastable mediante experimentos y luego se comprueba esa hipótesis en un medio controlado para descubrir si es o no válida. El medio debe controlarse cuidadosamente para que elementos ajenos al experimento no se entrometan y lo invaliden, y también para que otros puedan repetir el experimento exactamente en las mismas condiciones con la esperanza de alcanzar el mismo resultado. Esa confirmación por terceros es la mejor prueba de la validez de la hipótesis que da origen al proceso.

Pero es el lenguaje en el que se expresan los resultados y en el que se realiza y controla el trabajo en sí —es decir, las matemáticas— lo que quizás es la principal característica de la ciencia. La mayoría de los científicos dirían que si no puedes describir lo que vas a hacer en términos matemáticos, lo que estás haciendo no es ciencia, y prefieren comunicar sus resultados en términos matemáticos porque les resulta mucho más sencillo y rápido y porque de ese modo pueden ser entendidos por científicos de todo el mundo.

Es también importante que el trabajo en sí se realice de modo matemático, lo que quiere decir que las observaciones que se estudien deben transformarse en —o reducirse a— números, para que puedan ser estudiadas de forma racional. La vieja idea de los primeros científicos griegos —que el mundo es esencialmente inteligible porque de alguna manera se conforma a la mente humana— se convierte así en la visión pitagórica de que el mundo, al menos el mundo exterior que es el objeto de la ciencia, es esencialmente matemático y, por tanto, inteligible porque la mente humana es también esencialmente matemática.

Siempre que la humanidad ha sido capaz de medir cosas, lo que implica transformarlas o reducirlas a números, ha realizado grandes avances para comprenderlas y controlarlas. En las áreas en las que los seres humanos no han conseguido encontrar una forma de medir y cuantificar los éxitos han sido mucho menores, lo que explica en parte que la psicología, la economía y la crítica literaria hayan fracasado relativamente en su intento de ser reconocidas como ciencias.

La ciencia fue el principal descubrimiento, o invención, del siglo XVII. Los hombres de aquella época aprendieron —y verdaderamente fue un descubrimiento trascendental y revolucionario— cómo medir, explicar y manipular los fenómenos naturales de la manera que hoy denominamos científica. Desde el siglo XVII, la ciencia ha progresado mucho y ha descubierto muchas verdades y procurado muchos beneficios que eran desconocidos en el siglo XVII. Sin embargo, no ha descubierto ninguna forma nueva de descubrir las verdades de la naturaleza.[1] Por este motivo, el siglo XVII es quizá el más importante de la historia de la humanidad. En él se instituyó un cambio irrevocable sobre la forma en que los seres humanos viven en la Tierra. Ya no es posible volver a la forma en que se vivía en el Renacimiento, por ejemplo. Tan sólo nos queda preguntarnos si el cambio ha sido a mejor en todos sus aspectos.

Ciencia aristotélica: materia

Para inventar el método científico, los pensadores del siglo XVII tuvieron primero que desmontar la visión del mundo que tenía el mayor científico que había vivido hasta la fecha, Aristóteles. Para entender lo que pasó necesitamos saber cómo describía el mundo el gran filósofo griego. Serán particularmente importantes para nosotros dos aspectos concretos de su visión: la materia y el movimiento.

Todas las cosas materiales, decía Aristóteles, tienen un aspecto material y un aspecto formal. La materia es la potencialidad de una cosa. La materia, en este sentido, no existe por sí misma. En otro sentido, la materia es la sustancia de la que están hechas las cosas. Por decirlo de alguna manera, es la cera sobre la que se aplica la forma, por usar una vieja imagen aristotélica.

---

1. Puede que no sea estrictamente correcto decir que no ha descubierto nuevas formas de descubrir verdades. Véase el capítulo 13.

En nuestro mundo sublunar —pues más allá de la luna las cosas son bastante distintas—, todas las cosas están compuestas de cuatro tipos de sustancia o, como decían los aristotélicos, de cuatro elementos. Se trata de la Tierra, el Agua, el Aire y el Fuego. Los pongo en mayúsculas porque ninguno de ellos existe en estado puro en nuestro mundo imperfecto y aparecen mezclados en todas las cosas de modo que las hacen más o menos terrosas, húmedas, gaseosas o fogosas.

Las cosas pesadas están compuestas en su mayor parte, aunque no por completo, del elemento de Tierra. Las cosas más ligeras están formadas por una mezcla de Agua, Aire o incluso Fuego, que participa en las mezclas igual que los demás elementos. Puesto que los cuatro elementos nunca aparecen aislados, en su pureza esencial, es muy difícil medirlos. En cierto sentido son invisibles. Pero es bastante obvio, decían los aristotélicos, que un hombre está formado por una buena parte de Tierra, que le hace pesado, contribuye a dar consistencia a sus huesos, etc.; también cuenta con una parte importante de Agua, que produce su sangre y sus otros fluidos internos; de Aire, que inspira y expira en la respiración; y de Fuego, que le aporta su calor y es, en cierto sentido, la esencia de la vida que arde en él. Y lo mismo sucede, con mayor o menor contribución de uno u otro elemento, con todas las cosas materiales que existen bajo la luna.

Más allá de la luna, es decir, en el sol y los planetas, en las estrellas fijas del cielo y en las grandes esferas en las que todas se mueven, existe un quinto elemento, una Quintaesencia, según lo denominaron. El sol y los demás cuerpos celestes están hechos de esta Quintaesencia, que se da en ellos en estado puro. La luna está hecha principalmente de Quintaesencia, aunque existe en ella una pequeña mezcla de elementos sublunares debido a su proximidad a nuestro planeta, que está hecho básicamente, como es lógico, de Tierra. Prueba de esa mezcla son las marcas que se observan en la superficie de la luna, que son como los estragos que causa el tiempo en un rostro bonito. Es importante recordar que el elemento quintaesencial del que están hechos los cuerpos celestes es materia. No es de lo que están hechos los ángeles, por ejemplo, porque los ángeles son inmateriales, igual que Dios.

Movimiento aristotélico

Para Aristóteles, el hecho fundamental, la asunción básica subyacente de su física, que era un sistema consistente y estructurado, es que el estado natural de todas las cosas sublunares, tanto las materiales como las inmateriales, es el reposo. En consecuencia, el movimiento es siempre o bien violento y antinatural, o bien es una corrección natural de un estado previo de desequilibrio mediante la cual un cuerpo determinado alcanza un lugar de reposo. Una vez ha llegado a ese reposo, el movimiento se detiene.

La Tierra, el Agua y hasta cierto punto el Aire buscan de forma natural su lugar de reposo hacia abajo, hacia el centro del planeta, que alcanzarían si pudieran, es decir, si no se vieran detenidos al llegar a alguna superficie intraspasable como el propio suelo. El Fuego trata de volar hacia arriba en busca de su lugar natural de reposo, que está sobre nosotros, pero no infinitamente arriba, pues es un lugar que está por debajo de la esfera de la luna. El Aire está a menudo, quizá siempre, mezclado con Fuego, y también con los elementos más pesados, de modo que su conducta es veleidosa e impredecible. Sube, baja, se mueve de forma caprichosa debido a la extraña mezcla de elementos que contiene. Si el Aire fuera puro, se quedaría quieto en su lugar natural a nuestro alrededor, con el Agua y la Tierra bajo él y el Fuego arriba, y no existiría el viento.

Antes de reírte de esta visión del mundo, considera lo razonable que parece y el genio necesario para elaborarla. Según la experiencia cotidiana de las cosas, todo está quieto, en reposo, a menos que esté buscando el lugar natural en que puede hallar ese reposo —como sucede con el río que fluye buscando el mar o con la llama que quiere subir hasta el lugar que le corresponde—, o a menos que otra cosa le obligue a moverse. Cuando obligamos a algo a moverse, como cuando, por ejemplo, lanzamos una pelota, pronto se detiene y se queda en el lugar al que ha llegado hasta que la recogemos y la volvemos a lanzar. Y así sucede con todas las cosas materiales que carecen de alma. Nuestros sentidos no nos ofrecen una experiencia directa de nada, absolutamente nada que no parezca «desear» encontrar un lugar en el que quedarse en reposo.

¿Y qué hay de las cosas con alma, como los animales o los hombres? También ellos parecen buscar un lugar natural, una casa y en último término una tumba. ¿Acaso no es la tumba el fin y objetivo natural de toda vida? El cuerpo busca ese objetivo. Pero el alma humana aspira a algo más, a la expiación de los pecados, a la paz que sólo Dios puede ofrecer. Ése es el deseo más elevado y fuerte del alma, aunque algunas veces, como dijo Dante en el canto sexto del *Purgatorio*, el alma no desea lo que debiera.

«Mi amor es mi peso», dijo san Agustín, una afirmación imposible de entender a menos que uno conozca el universo de Aristóteles, tras lo cual se convierte en una obviedad. Mi cuerpo busca la tierra porque está hecho de ella. El elemento de Tierra es el que predomina en él. Pero mi espíritu busca un lugar de descanso más elevado. Eso es lo que desea. El peso de mi cuerpo me atrae hacia abajo. El peso de mi espíritu es ligero, más ligero que el Aire, más ligero que el Fuego, y su ligereza hace que suba hacia su lugar de descanso natural, mientras que mi cuerpo se queda en su lejano hogar.

En el mundo sublunar, pues, existen el reposo y dos tipos de movimiento: un movimiento natural porque lo causa el «peso» de una cosa, que siempre trata de encontrar un lugar apropiado (su propio lugar); y un movimiento que es antinatural o violento, como lo denominó Aristóteles, porque es el resultado de una fuerza que se le aplica a una cosa. Pero ¿qué pasa más allá de la luna? ¡Allí también hay movimiento! El sol y los planetas se mueven, las estrellas fijas giran alrededor del mundo una vez cada veinticuatro horas. ¿Qué tipo de movimiento es ése?

Ésta era una pregunta particularmente difícil, pues bajo la luna todo el movimiento se produce en líneas rectas, a menos que alguna fuerza violenta desvíe a un cuerpo de la trayectoria

El Estado egipcio carecía de mucho de lo que hoy en día consideramos necesario para el gobierno, pero funcionaba bien. Y ningún otro pueblo ha seguido tan fielmente la regla que dice que si no está estropeado, no trates de arreglarlo. Una vez establecieron un reino y una economía basados en la agricultura —esta última posible gracias a las inundaciones anuales del Nilo—, los dirigentes de Egipto, junto con el pueblo que gobernaban, se dedicaron con entusiasmo a evitar cuidadosamente cualquier tipo de progreso. Y lo cierto es que consiguieron progresar muy poco en tres mil años. *(Pirámides de Micerinos, Kefrén y Keops.)*

El cambio más importante de los realizados por Shi Huangdi, primer emperador chino, tuvo que ver con la organización social. Abolió de un plumazo el régimen feudal que había dado forma a la sociedad china durante un milenio y lo sustituyó por una compleja burocracia estatal basada en principios confucianos. *(Retrato de Confucio, Biblioteca Nacional de París.)*

Alrededor del 625 a. J.C. nació en Mileto un hombre que aprovechó como nadie antes las muchas posibilidades que le ofrecía su ciudad natal. Su nombre era Tales. Se ha dicho de él que fue el primer filósofo y el primer científico de la historia. *(Busto de Tales de Mileto, Museo del Vaticano.)*

La *Flagelación*, de Piero della Francesca, revela un mundo en que los asuntos terrenales se tienen en alta estima. El sufrimiento de Cristo, aunque no olvidado, se ha convertido en algo casi absurdamente poco importante. Lo importante ahora es la juventud, la belleza, los buenos trajes, el dinero y el éxito en este mundo. (*Flagelación de Cristo, de Piero della Francesca, siglo XV, Galería Nacional de las Marcas, Urbino.*)

Para lo que nos interesa, el gran acontecimiento de la vida de Boccaccio fue también uno de los grandes eventos de la de Petrarca: el momento en que se conocieron en Florencia en 1350. Boccaccio ya había escrito un libro muy elogioso sobre Petrarca, pero no fue eso, sino la similitud de sus espíritus, lo que los unió, hizo que trabaran amistad rápidamente y los lanzó a una aventura que los ocuparía hasta la muerte de Petrarca veinticuatro años después. Esa aventura fue la creación del Renacimiento. (*Giovanni Boccaccio, obra de Andrea del Castagno, 1450, Galería de los Uffizi, Florencia.*)

Sólo muy recientemente se ha hecho obvia la unidad fundamental de todo su pensamiento, conforme más de sus cuadernos y manuscritos se han descubierto ocultos en bibliotecas de toda Europa. Leonardo, aunque imbuido de conocimiento escolástico y muy influenciado por los aristotélicos y su manera de entender la naturaleza, descubrió además muchas cosas que los aristotélicos no sabían. (*Autorretrato, obra de Leonardo da Vinci, 1516, Palazzo Reale, Turín.*)

En cualquier caso, el futuro pertenecía a los molinos y a todos sus sucesores tecnológicos. Pero ¿quería eso decir que la novela de caballerías había muerto? ¿O había alguna forma de disfrutar tanto de la novela de caballerías como del progreso? La verdadera grandeza de Cervantes radica en que él fue quien descubrió esa vía. Don Quijote y su amigo Sancho Panza perseguían lo que un poeta moderno ha llamado un sueño imposible, un sueño de justicia en un paraíso terrenal, una verdadera contradicción en términos, como han sabido siempre los hombres pragmáticos. (*Don Quijote y los molinos, grabado de Gustave Doré, 1863.*)

Al final, los amigos de Erasmo lo obligaron a escoger entre Lutero y el papa y, por supuesto, escogió al papa, pues nunca había deseado ser nada más que un católico sincero y pacífico. Cuando escribió un pequeño texto crítico con algunas de las opiniones de Lutero, éste le respondió airada y brillantemente, como solía hacer siempre las cosas, y Erasmo se retiró del combate, sintiéndose grandilocuente e insensato. *(Lutero y sus colaboradores, detalle de* La resurrección de Lázaro, *obra de Lucas Cranach, el Joven, 1558, iglesia protestante de San Blas, Nordhausen.)*

Si se debe bautizar la revolución del siglo XVII con el nombre de un hombre, entonces se debería llamar revolución galileana o, quizá todavía mejor, revolución galileo-cartesiana. El nombre actual, revolución copernicana, no es justo. Copérnico nunca quiso, o no se atrevió, a cambiar el mundo. *(Galileo Galilei explica sus nuevas teorías en la Universidad de Padua, obra de Félix Parra, 1873, Museo Nacional de Arte, México.)*

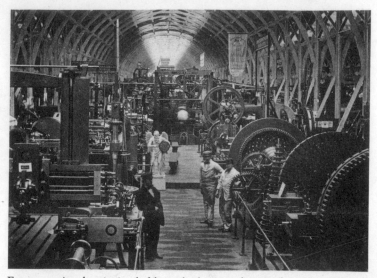

Este nuevo tipo de máquina, la fábrica, hecha tanto de partes humanas como no humanas, le parecía a Smith la mayor maravilla de su época y una potencial fuente de «opulencia universal». La nueva riqueza que la «máquina fábrica» inevitablemente produciría se haría realidad porque no sólo se había dividido el trabajo entre los trabajadores de una sola fábrica, sino también entre todas las de la nación e incluso de fuera de la nación. *(Imagen de una exposición internacional de maquinaria, Londres, 1862.)*

Al final no fueron una minoría de franceses letrados y cultos los que derribaron al gobierno, como había sucedido en Inglaterra o Estados Unidos. Fue la gente común, que marchó sobre la Bastilla y luego sobre el rey y la reina en su palacio de Versalles. Derribaron algo que llevaba siglos en pie, y no sólo erigieron en su lugar un nuevo gobierno, sino que también sustituyeron la antigua sociedad por otra completamente nueva. *(La toma de la Bastilla, siglo XVIII, Museo Histórico Lorrain, Nancy.)*

Mozart era un hombrecito pequeño de temperamento alegre. Algunos de sus contemporáneos lo consideraban un *idiot savant*, una especie de genio bufón cuyo talento era inexplicable. Distaba mucho de ser un filósofo, pero comprendía tan bien como cualquier hombre de su época el desafío que el mundo moderno planteaba a la religión tradicional. Sus tres últimas óperas versan todas, de un modo u otro, sobre este tema. *Don Giovanni* lo trata de una forma aterradora. *(Wolfgang Amadeus Mozart a los 7 años, obra de Pietro Antonio Lorenzoni, 1763, Museo Mozart, Salzburgo.)*

Retóricamente, el mayor talento de Marx radicaba en su capacidad para provocar a los burgueses *(épater le bourgeois)*. El *Manifiesto comunista* consiguió provocar a sus enemigos hasta ponerlos frenéticos. En este célebre documento aparecen todo tipo de ideas apócrifas, incluso la amenaza de que los comunistas compartirían hasta las mujeres. Marx nunca pretendió tal cosa ni la deseó, pero sabía que era algo que conmocionaría a sus lectores. *(*Marx y Engels en la redacción de la «Nueva Gaceta Renana», *obra de Jacques Chapiro, 1961, Museo Marx-Engels, Moscú.)*

Durante sus cinco años en el *Beagle*,
Darwin empezó a desarrollar las ideas sobre
la evolución y el origen de las especies
que publicaría en 1859, para consternación
de las mismas clases respetables que habían
forzado el exilio de George Eliot.
Si Darwin se hubiera limitado a hablar de
percebes y gusanos, que se contaban entre
sus primeros intereses, sus ideas no
hubieran sido polémicas. Pero persistió,
con tozudez, declarando que todas las
especies se habían desarrollado hasta su
estado actual a través de una evolución que
se basaba en la selección natural. También
el hombre. Y eso era difícil de aceptar.
*(Caricatura de Charles Darwin en una viñeta
de* The London Sketch Book, *1874.)*

Todo el mundo reconocía secretamente que en su propio caso mucho de lo
que decía Freud era verdad. ¿Qué ser humano normal no es consciente de que
bajo la superficie de la consciencia se agolpan deseos sexuales que emergen
en los momentos menos esperados y quizá menos apropiados? Por desgracia,
los victorianos decentes creían que los demás no eran como ellos. Los maridos
suponían que sus esposas nunca pensaban en sexo. Las esposas suponían
lo mismo de sus hijos. Todo el mundo suponía ese tipo de pura inocencia
a sus padres, a pesar de que los hechos obviamente la hacían imposible.
(Sigmund Freud trabajando en el escrito Moisés y la religión monoteísta, *1938.)*

Einstein ganó el premio Nobel de física en 1921 cuando ya era el científico más famoso del mundo, tan famoso que en todas partes se le trataba como si fuera una especie de fenómeno de circo. Eso le disgustó profundamente e interfirió en su trabajo. (*Albert Einstein, 1879-1955.*)

El descubrimiento clave se realizó en la Universidad de Cambridge en 1953, cuando dos jóvenes, el norteamericano James D. Watson (1928) y el inglés Francis H. C. Crick (1916-2004), lograron describir la estructura de la molécula del ADN. Con ello no sólo respondieron a la antigua pregunta de Aristóteles, sino que abrieron las puertas a una nueva era. (*Modelo de doble hélice de una cadena de ADN.*)

correcta. Pero en el cielo, la luna, el sol, los planetas y las estrellas fijas se mueven aparentemente en círculos. ¿Les fuerza algo a hacerlo? No podemos darlo por supuesto, dijeron Aristóteles y sus seguidores cristianos, porque los cuerpos celestes son perfectos y que les empujaran sería algo imperfecto. Su movimiento circular debía ser, de alguna forma, un movimiento natural.

La solución se dedujo con facilidad: el movimiento natural de la Quintaesencia es el movimiento uniforme circular, que se distingue del movimiento de las cosas sublunares igual que los cuerpos celestes son también distintos de lo que encontramos bajo la luna. De inmediato, todo queda explicado. Los cuerpos celestes, o más bien las esferas en las que se mueven, giran para siempre porque ésa es su naturaleza, y vemos el resultado cuando miramos hacia el cielo.

Cada tanto tiempo surgía alguna nueva teoría estrambótica que afirmaba, por ejemplo, que los ángeles eran los que llevaban a los planetas por sus caminos, empujándolos durante toda la eternidad sin esfuerzo para que siguieran su habitual recorrido por los cielos. Esta teoría, de hecho, fue ampliamente aceptada a principios de la Edad Media. Cuando después del año 1000 se redescubrió a Aristóteles, se hizo obvio que su hipótesis de un movimiento natural circular inherente a la materia quintaesencial era mucho mejor. El mundo tenía mucho más sentido de esa forma. Era, de algún modo, más adecuado, más bello, más perfecto, y mucho más como Dios obviamente debía de haberlo creado. Y de ese modo, su teoría sobre cómo se movían los planetas se convirtió en dogma. Y cuestionarlo era cuestionar la creación de Dios.

La revuelta contra Aristóteles

Galileo desafió la teoría del movimiento de Aristóteles y al hacerlo creó uno de los momentos más famosos de la historia de la ciencia, pero no fue ni mucho menos el primero de tales desafíos. Las críticas a Aristóteles empezaron al menos dos siglos antes de que naciera Galileo.

317

¿Cómo comenzaron las dudas? La teoría del movimiento de Aristóteles explicaba de forma razonable cómo las cosas caían o se desplazaban por una pendiente de forma natural —cómo caía una bola si se la soltaba desde una torre o cómo fluía un río hacia el mar—, pero era mucho menos adecuada para explicar lo que Aristóteles llamaba el movimiento violento. Es el tipo de movimiento que adopta un cuerpo cuando es lanzado o elevado por algún tipo de máquina como una catapulta o un cañón. Fue la invención y el uso habitual de las catapultas, de hecho, lo que debió causar las primeras dudas sobre la teoría de Aristóteles, que no conseguía explicar bien el funcionamiento de esas máquinas.

Puede que nos resulte un poco difícil de entender lo que sucedía, pues hoy tenemos una teoría del movimiento completamente distinta. Pero si recordamos que la ley de la inercia de Aristóteles se basaba en el principio del reposo, veremos dónde está el problema. En su teoría nada se movía a menos que fuera empujado o a menos que su movimiento fuera un movimiento natural, como la caída de un objeto hacia el centro de la Tierra o el movimiento circular uniforme de los cuerpos celestes.

Un proyectil lanzado por una catapulta no se movía de forma natural. Mientras se elevaba en el extremo del brazo de la catapulta, obviamente la máquina lo estaba empujando. Pero ¿por qué seguía moviéndose una vez dejaba de estar en contacto con la catapulta? Ya no lo empujaba, así que ¿por qué no caía directamente hacia el suelo tan pronto como podía hacerlo, como un peso muerto?

Los aristotélicos tenían respuestas para estas preguntas, pero eran respuestas poco convincentes y, de hecho, bastante malas. La teoría del reposo inercial, que tanto se adecuaba al sentido común, se hacía pedazos cuando se la cotejaba con el movimiento violento. Por ejemplo, los aristotélicos decían que el aire frente al proyectil lanzado por una catapulta se agitaba y de desplazaba, a través de los lados del proyectil, de delante a atrás, para llenar el vacío causado por su paso, pues la «naturaleza aborrece el vacío». Este movimiento frenético del aire para evitar el vacío empujaba al proyectil hacia adelante. Y había explicaciones todavía más descabelladas.

Muchos pensadores dejaron de intentar explicar lo que sucedía. El movimiento violento era simplemente demasiado difícil de comprender, pero la teoría aristotélica en general era tan obviamente correcta que ese pequeño problema no se consideró suficiente para invalidarla. Pero algunos teólogos eminentes de la Universidad de París eran más escépticos. Puesto que eran autoridades reconocidas en teología, podían cuestionar con impunidad una parte de la teoría aristotélica, pues sabían cómo salvar el resto. Y esto último es precisamente lo que Galileo, más adelante, no quiso o no supo salvar.

Jean Buridan (1300-1358) fue uno de esos teólogos parisinos. Nicholas de Oresme (c. 1325-1382) fue otro. Identificaron con claridad el problema y encontraron una solución. La catapulta, dijeron, le confiere cierto impulso al proyectil, que continúa moviéndose por sí sólo hasta que ese impulso se extingue.

El movimiento violento, en otras palabras, es inherente; igual que el movimiento natural, su principio radica en el mismo cuerpo que se mueve. Una vez se ha conferido impulso al proyectil por medio de una fuerza violenta, el proyectil ya no necesita que lo empujen. Sigue avanzando hasta que (en el caso de una bala de cañón o de un proyectil de una catapulta) cae a tierra.

Era lo mejor que se había conseguido elaborar hasta el momento, pero todavía no era suficientemente. Quedaba el problema del movimiento uniforme circular, y los teólogos no veían forma de aplicar su nueva teoría del impulso a ese problema. Y, además, sabían que, en caso de hacerlo, entrarían en un terreno muy peligroso.

Había varios problemas serios con la forma en la que se movían, o se suponía que se movían, los cuerpos celestes. En primer lugar ¿se ajustaba la noción del movimiento circular uniforme a los fenómenos observables? ¿Explicaba lo que los astrónomos veían cuando estudiaban el cielo? Para Ptolomeo, el gran alejandrino que había vivido más de mil doscientos años atrás, el movimiento circular uniforme valía para explicar tanto lo que él podía ver en los cielos como las observaciones que pudo reunir de sus predecesores. Pero había pasado tiempo desde entonces y una legión de astrónomos, árabes y griegos, indios e italianos, se habían dedicado a lo largo de siglos a observar escrupulosamente los cielos. Cuando sus observaciones fueron reunidas y cotejadas, resultó que la teoría del movimiento circular uniforme no se ajustaba a los hechos, ni siquiera cuando se combinaban los posibles movimientos circulares de formas muy ingeniosas.

Ya desde hacía algún tiempo venía siendo necesario combinar diversos movimientos circulares para conseguir que los cálculos se adaptaran a los cursos de los planetas. Los astrónomos de la antigua Grecia observaron, por ejemplo, que la ruta que sigue Venus a través de los cielos no conforma un círculo uniforme alrededor de la Tierra. El fenómeno podía explicarse si uno teorizaba un punto que siguiera una trayectoria circular alrededor de la Tierra, definía ese punto como la trayectoria ideal de Venus y luego se afirmaba que el propio planeta Venus giraba a su vez sobre ese punto. Esta imagen explicaba el hecho observado de que Venus parecía moverse en su órbita unas veces más rápido que otras y también el problema de que, de hecho, había ocasiones en las que parecía incluso moverse hacia atrás en una especie de movimiento retrógrado. El movimiento circular uniforme de Venus alrededor de ese punto ideal se denominó el epiciclo de Venus.

Conforme avanzaban los siglos y los astrónomos realizaron observaciones cada vez más precisas, cada vez se necesitaron más epiciclos para explicar los datos de las observaciones. Al final, todos los planetas necesitaban un epiciclo. Marte necesitaba dos, pues sólo si se suponía que el planeta giraba en círculos alrededor de un punto de un epiciclo que a su vez giraba en círculos alrededor del punto ideal de la posición de Marte, se podían explicar las perturbaciones que se observaban en la órbita del planeta. Aun así, observaciones cada vez más precisas siguieron demostrando que la teoría de los epiciclos no acababa de funcionar. Además, los epiciclos no eran elegantes. No era agradable pensar que los cielos funcionaban de una forma tan antiestética, casi como si los movieran con una manivela.

Pero si los planetas no se movían en círculos uniformes alrededor de la tierra, ¿cómo se movían? ¿Existía otro tipo de movimiento simple que explicara las observaciones que se tenían y que pudiera llamarse «natural»? Parecía que no podía existir un movimiento así o, al menos, nadie podía imaginarlo.

Pasó el tiempo y otros muchos problemas con la teoría aristotélica seguían sin respuesta. Para empezar ¿por qué se mueven los astros, sea en círculos uniformes o de cualquier otro modo? La respuesta que hasta entonces había sido universalmente aceptada —que se movían porque Dios deseaba que se movieran— empezaba a parecer problemática a las mentes más avanzadas. También resultaba difícil aceptar la Quintaesencia. Y todavía era más difícil aceptar el propio movimiento quintaesencial. Muchos pensadores se sentían incómodos con un tipo de movimiento que no existía en la Tierra, donde nada se mueve nunca siguiendo un círculo uniforme a menos que se le fuerce a hacerlo. Si los planetas y las estrellas fijas no los movían los ángeles ni ninguna otra inteligencia, entonces ¿cuál era la causa de su movimiento?

Además, estaba el problema de las esferas cristalinas en las que se suponía que se movían los cuerpos celestes. No podían moverse a través del espacio vacío, pues el espacio vacío, por muchos motivos —entre ellos que la naturaleza aborrece el vacío— era algo impensable (Aristóteles y Demócrito se pelearon sobre este punto). Esas grandes esferas, que desprendían una música celestial, aunque inaudible, eran invisibles. Eso estaba bien. Desde luego, encajaba perfectamente con el hecho indiscutible de que no las vemos. Pero los epiciclos, algunos de ellos montados sobre otros epiciclos, también eran esferas cristalinas y sucedía que algunas de esas esferas se interseccionaban con otras. Pero claro, eso era imposible, pues la materia quintaesencial de la que estaban hechas se suponía que era impermeable, inmutable, indestructible, etc.

Por último, quedaba un problema muy especial con la cuestión de las estrellas fijas. Se suponía que se movían en una esfera cristalina que estaba más allá de la esfera de Saturno. (Más allá de las estrellas fijas estaba el Empíreo, la morada de Dios.) Las observaciones hechas desde tiempos de Ptolomeo sobre el paralaje estelar demostraban que esta esfera, y las estrellas que había en ella, debían estar a una enorme distancia. Pero si estaban tan lejos, la velocidad a la que su esfera giraba alrededor de la Tierra debía de ser inimaginablemente rápida. En cierto sentido no era un problema, pues Dios podría haber dispuesto que girara tan rápido como él quisiera, pues el poder divino no conocía límites. Aun así, la teoría aristotélica parecía muy complicada. Y muchos hombres en tierras diversas empezaron a buscar una solución más sencilla al problema.

Copérnico

Nicolás Copérnico nació en 1473 y vivió la mayor parte de su vida en Polonia. Recibió una educación excelente en las universidades de Europa oriental y hacia el año 1500 ya se decía de él que dominaba todo el conocimiento científico de su tiempo: medicina y derecho, además de matemáticas y astronomía. Podía haber escogido ejercer cualquier profesión, pero eligió la astronomía.

Cuanto más estudiaba y reflexionaba sobre la dominante teoría ptolemaica-aristotélica de los cielos, más le preocupaba. La teoría parecía complicada. ¿Quizá lo era innecesariamente? Por ejemplo, si la Tierra rotara, eso explicaría por qué las estrellas fijas parecían girar alrededor de la Tierra cada día, y el problema de su supuesto rápido desplazamiento quedaría resuelto, pues no tendrían que moverse en absoluto. Y si la Tierra girara alrededor del sol en lugar de ser el sol el que girara alrededor de la Tierra, se simplificaría enormemente la cuestión de las órbitas planetarias.

Copérnico estudió todos los textos astronómicos griegos que pudo encontrar. Descubrió que la rotación de la Tierra y el sistema heliocéntrico ya habían sido propuestos por más de un astrónomo de la antigua Grecia. ¿Era posible realizar un pequeño cambio en los supuestos sobre los que se trabajaba y obtener con ello un enorme avance? Copérnico empezó a pensar que sí lo era.

No obstante, era un hombre tímido, y no quiso publicar el libro que estaba escribiendo, *Sobre las revoluciones de los cuerpos celestes*. Pospuso y volvió a posponer la impresión de su obra. De hecho, sólo permitió que su libro fuera al impresor estando en su lecho de muerte. Allí mismo le trajeron un ejemplar de su gran obra y ese mismo día, en 1543, falleció.

Tuvo miedo de la polémica religiosa que generarían sus ideas y de lo que los aristotélicos ortodoxos pudieran decir sobre ellas. De hecho, dijeron sorprendentemente poco, en parte porque una introducción que aparecía en el libro, escrita por un amigo, insistía en que la teoría era sólo una hipótesis diseñada para simplificar ciertas dificultades matemáticas. Copérnico no decía de verdad que la tierra rotara sobre su eje una vez al día y girara alrededor del sol una vez al año, afirmaba la introducción, aunque, por supuesto, los lectores atentos del libro comprendieron que eso era precisamente lo que Copérnico estaba diciendo. Y así, la nueva teoría no produjo la revolución intelectual que puede que su autor deseara y tuviera demasiado miedo como para desencadenar en vida.

Quizá la principal razón por la que Copérnico no llevó a cabo la llamada revolución copernicana es que se esforzó por conservar dos características del sistema aristotélico. Una era el movimiento circular uniforme. La otra era la materia quintaesencial, para la cual precisamente aquel tipo de movimiento era el natural. Los teólogos, así pues, además de algunos astrónomos, podían seguir creyendo que nada importante había cambiado.

Tycho Brahe

Este gran astrónomo danés supo apreciar la importancia del cambio que se había producido. Nacido en 1546, Tycho fue secuestrado siendo muy pequeño por un tío rico suyo que no tenía hijos; después de que la familia se recuperase de la conmoción inicial, el tío crió al niño, se encargó de que recibiera una educación excelente y le nombró su heredero. Tycho disgustó a su benefactor en una cuestión. A pesar de que su tío deseaba que se convirtiera en abogado, él insistió en estudiar astronomía. Antes de cumplir los veinticinco años heredó el patrimonio de su padre y de su tío, lo que le dio la riqueza y la independencia necesarias para hacer lo que quisiera con su vida.

Gracias a la ayuda económica adicional que le proporcionó el rey de Dinamarca, Tycho estableció su propio observatorio en una isla cerca de Copenhague, donde se dispuso a hacer lo que consideraba que sería la obra de su vida, es decir, corregir todos los registros astronómicos existentes, que sabía que estaban escandalosamente equivocados. Quizás el acontecimiento más notable de su vida fue el descubrimiento, en 1572, de una nova en la constelación de Casiopea. Observó la nueva y brillante estrella durante varios meses y en 1573 publicó una monografía sobre ella que le hizo inmediatamente famoso y fue muy polémica.

Se suponía que en el universo aristotélico y cristiano no aparecían estrellas nuevas. El mundo bajo la luna era caótico, imperfecto y cambiaba de forma imprevisible. Aunque no era una situación deseable, al menos era aceptable, pues se consideraba que era culpa del Diablo, que había corrompido el mundo de Dios, que era originalmente perfecto, tentando a pecar a Adán y Eva. Más allá de la luna, sin embargo, los cielos eran inmutables. Reflejaban de forma eterna el amor inmutable de Dios hacia el mundo y la humanidad. Los teólogos, pues, después de estudiar debidamente la monografía de Tycho, concluyeron que el documento y su autor estaban equivocados. La nueva estrella no era realmente nueva. Simplemente no se había descubierto hasta entonces.

Su fallo no sorprendió a Tycho ni tampoco le disgustó demasiado. Contaba con medios económicos propios y Dinamarca era un país luterano. Su rey era un devoto protestante y le preocupaban tan poco como a Tycho las críticas de los religiosos católicos. En cualquier caso, Tycho seguía deseando más que cualquier otra cosa dejar a la posteridad una colección de observaciones astronómicas lo bastante precisas como para que las futuras generaciones pudieran fiarse de ellas.

Después de 1588, un nuevo rey subió al trono y redujo la ayuda económica que la corona prestaba a Tycho, que tuvo que abandonar su querido observatorio y trasladarse a Praga, donde en circunstancias mucho menos propicias completó su trabajo con la ayuda de un joven estudiante, Johannes Kepler, a quién legó tras su muerte todos sus datos astronómicos. Dentro de un momento veremos lo que Kepler hizo con ellos.

Gilbert

William Gilbert, inglés, aportó un dato crucial al cada vez mayor conjunto de conocimiento que acabaría por derrocar la imagen fija e inmutable del mundo aristotélico y la reemplazaría por otra completamente nueva. Igual que su contemporáneo William Harvey (1578-1657), que descubrió cómo el corazón bombea sangre a través de las arterias y venas del cuerpo, Gilbert (1544-1603) estudió medicina y ejerció con mucho éxito. Pero lo que le hizo famoso no fue su profesión, sino su *hobby* científico. Le fascinaban los imanes, el mineral que hoy llamamos magnetita, que posee un magnetismo natural y se puede encontrar en muchas partes del mundo.

Gilbert estudió imanes de todo tipo y profundizó en los poderes del magnetismo. Su descubrimiento más importante fue que la propia Tierra era un imán, lo que dedujo al observar que la aguja de una brújula se hunde ligeramente cuando encuentra el norte magnético (en el hemisferio norte). Gilbert sospechaba también que la gravedad terrestre y el magnetismo estaban relacionados de algún modo, pero nunca comprendió cómo.

Inglaterra, como Dinamarca, era protestante, y a Gilbert lo apoyaba otro monarca protestante, la reina Isabel I. Por ello pudo hacer públicas sin temor sus notablemente novedosas ideas. Apoyó firmemente la imagen heliocéntrica copernicana del sistema solar y concluyó que no todas las estrellas fijas estaban a la misma distancia. Pero su idea más provocativa fue decir que lo que mantenía a los planetas en sus órbitas debía ser alguna especie de magnetismo. Nadie comprendió las implicaciones de esta idea cuando él la expuso. De hecho, ni siquiera el propio Gilbert entendía bien lo que estaba proponiendo.

Kepler

Johannes Kepler nació en Württemberg en 1571 y murió en 1630. Aunque era hijo de padres pobres (aunque nobles), recibió una educación excelente y muy completa en las facultades luteranas de la universidad de Tübingen. Esperaba hacer carrera en la Iglesia, pero escribió un ensayo sobre astronomía que captó la atención de Tycho Brahe, que entonces estaba en Praga, y Tycho invitó al joven a que fuera su asistente. Tras muchas dudas, Kepler aceptó, y cuando Tycho murió al año siguiente, en 1601, Kepler le sucedió como matemático imperial y heredó el enorme caudal de observaciones astronómicas de Tycho.

Evidentemente, Kepler sintió que había heredado mucho más que simples datos. Empezó también a contemplar las heterodoxas opiniones de Tycho, alguna de las cuales reconocía por primera vez, con mejores ojos. Tycho había publicado ensayos que rebatían la teoría de que los planetas se movían sobre supuestas esferas cristalinas. Kepler profundizó en su tesis de que los planetas se mueven libremente en el espacio y la incorporó en su propio trabajo. Como Tycho, Kepler interpretaba la teoría heliocéntrica de Copérnico como algo más que una mera hipótesis, y publicó artículos que defendían que no se podía aceptar ninguna descripción del mundo que tuviera en el centro a la Tierra y no al sol. Pero su mayor aportación al saber fue una serie de tres leyes sobre el movimiento de los planetas que resolvieron el problema de los epiciclos y las órbitas excéntricas de una vez por todas. Las tres leyes que formuló todavía son válidas y llevan su nombre.

La primera de las nuevas leyes supuso un cambio sustancial en el sistema aristotélico, pues afirmaba que el movimiento de los planetas no es uniforme ni circular. Los planetas no viajan formando una serie de círculos excéntricos alrededor del sol, sino que su órbita forma una elipse, con el sol en uno de los dos focos de la misma. Las elipses de Kepler eran muy parecidas a círculos, lo que explicaba por qué la teoría anterior de las órbitas circulares se había ajustado bastante bien a las observaciones mientras éstas no fueron muy precisas. Su nueva explicación era correcta hasta allí donde llegaban los límites de la precisión en las observaciones en su época, y no le hacían falta correcciones, ni excentricidades ni epiciclos ni ningún otro remiendo.

La segunda ley del movimiento de los planetas de Kepler afirma que un vector posición de cualquier planeta respecto al sol barre áreas iguales de la elipse en tiempos iguales. Lo que esto quiere decir es que un planeta viaja más deprisa en su órbita cuando está cerca del sol que cuando está lejos de él. Esta brillante deducción, que sirvió de inspiración a Newton, se aplica a todos los cuerpos que se mueven en campos de fuerza, no sólo a los planetas. Explicaba la mayor parte de las discrepancias entre la teoría astronómica y las observaciones. Por desgracia, la idea no pasó de ser una intuición intelectual de Kepler. Él sabía que su ley era correcta, pero no comprendía por qué.

La tercera ley afirmaba que existía una relación matemática entre los períodos de revolución de los planetas y su distancia del sol. Descubrir esta ley fue un logro extraordinario teniendo en cuenta los primitivos instrumentos con los que contaba Kepler.

Kepler pasó muchos años no sólo impulsando sus ideas sobre estas leyes y preparando la publicación de las tablas de observaciones de Tycho, sino también reflexionando sobre lo que sabía que era el mayor problema sobre el movimiento de los planetas que quedaba por resolver: el motivo por el cual los planetas giran alrededor del sol. ¿Qué es lo que mantiene a los planetas en sus órbitas y qué es lo que hace que no se detengan nunca?

Se dio cuenta de que las especulaciones de Gilbert sobre el magnetismo de la Tierra podían ser la clave de la solución a ese enigma, pero no logró resolverlo. Había descartado casi todo el legado aristotélico sobre el cielo, incluida la idea de que existían inteligencias que guiaban a los planetas en sus órbitas eternas. También fue capaz de aceptar la idea de que podía existir una fuerza que actuaba a distancia sobre los planetas, sin ninguna conexión física entre el sol y los planetas que controlaba. Pero no pudo descartar una de las asunciones aristotélicas básicas: la del reposo inercial. Estuvo muy cerca de descubrir el secreto que convirtió a Newton en el científico por excelencia, pero no lo hizo porque no pudo deshacerse de la idea de que los planetas dejarían de moverse a menos que algo les impulsara de forma constante, y no se le ocurría qué podía ser esa fuerza constante si no era el magnetismo de Gilbert. Erró por muy poco en ambas cuestiones y por eso se le recuerda como un precursor importante de Newton, pero nada más.

Galileo

Galileo Galilei nació en Pisa en 1564 y murió en Acetri, cerca de Florencia, en 1646. Era católico y vivía en un país católico. Eso fue una diferencia fundamental entre él y Tycho, Gilbert y Kepler.

Estudió en Pisa y enseñó matemáticas en Padua. Fue el físico matemático más destacado de su época y no sólo porque fuera muy bueno en geometría. Fue también el primer hombre moderno en comprender que las matemáticas pueden de verdad describir el mundo físico. «El libro de la Naturaleza se escribe con las matemáticas», dijo.

De joven, Galileo realizó interesantes experimentos que demostraron que la teoría del movimiento violento de Aristóteles era errónea. Aceptó la teoría del impulso de Buridan y demostró que los proyectiles disparados desde un arma forman una parábola antes de caer a tierra. Estudió el péndulo y demostró que, igual que los planetas, en períodos de tiempo iguales barre áreas iguales. Todo eso fueron trabajos teóricos que no le causaron problemas. Sus dificultades empezaron en Venecia en la primavera de 1609, cuando entró en contacto con un aparato recientemente inventado: el telescopio. Al regresar a Padua, construyó él mismo un telescopio y en poco tiempo lo mejoró hasta convertirlo en el mejor instrumento de ese tipo que existía en el mundo. Durante el verano y otoño de 1609 y el invierno de 1610 realizó una serie de observaciones.

Lo primero que Galileo observó con su telescopio fue la luna. Para su asombro, descubrió que la superficie de la luna no era lisa. Tenía montañas y valles que se correspondían con las características lunares que se conocían desde siempre pero que no se habían podido explicar. No produjo mayor conmoción porque siempre se había supuesto que la luna no estaba hecha enteramente de materia quintaesencial. Galileo observó a continuación Júpiter y descubrió sus lunas. De modo que Júpiter era un pequeño sistema solar que a su vez giraba alrededor de un cuerpo celeste mayor. Por último, volvió su telescopio hacia el sol y descubrió curiosas manchas en su superficie. Esas áreas oscuras no eran permanentes. Pudo ver cómo cambiaban de forma y posición de noche a noche, de mes a mes.

Los cielos, pues, no eran inmutables e indestructibles. En la luna se habían formado montañas y valles por procesos que, concluyó Galileo, debían de ser parecidos a los que se producían en la Tierra. Júpiter era en sí mismo un sistema planetario en miniatura y puede que hubiera muchos más de esos sistemas que no podía todavía ver con su primitivo instrumento. Y el sol era una cosa viva sujeta a cambios y que se transformaba ante sus ojos.

En 1611, Galileo fue a Roma a explicar lo que había visto en un tribunal pontificio. Se llevó con él su telescopio. A muchos les impresionaron sus descubrimientos, cuyo significado no comprendieron al principio. Pero él les exigió que abrieran los ojos a las consecuencias. Entre otras cosas, dijo que podía demostrar matemáticamente que la Tierra giraba alrededor del sol y no al revés, que Copérnico estaba en lo cierto y Ptolomeo equivocado. E, insistió, sus observaciones con telescopio demostraban que los cielos no eran básicamente distintos del mundo sublunar. La Quintaesencia no existía. Toda la materia, en todas partes, debía ser la misma o, al menos, muy similar.

«No puede probar tal cosa con sus matemáticas», le dijo el cardenal Roberto Bellarmino (1542-1621), teólogo eminente de la Iglesia católica. Le recordó a Galileo la creencia sancionada por el tiempo de que las hipótesis matemáticas no tenían nada que ver con la realidad física. (Fue esa creencia, que la Iglesia defendió durante siglos, la que protegió a la obra de Copérnico y evitó que cayera en el olvido.) «La realidad física no la explican las matemáticas, sino las Escrituras y los Padres de la Iglesia», dijo el cardenal.

«Mire a través de mi telescopio y véalo usted mismo», le contestó Galileo. Y Bellarmino miró, pero no supo ver.

¿Por qué el cardenal Bellarmino y los predicadores dominicos a los que reclutó en su campaña contra Galileo no fueron capaces de ver lo que Galileo veía? ¿Qué veríamos nosotros si mirásemos a través de aquel telescopio? Sus ojos eran físicamente iguales que los nuestros, pero no veían el mundo de la misma manera en que lo vemos nosotros.

Creían profundamente en el sistema ptolemaico y en la explicación aristotélica del mundo. Pero no porque fueran físicos que creyeran que aquellas teorías explicaban mejor los datos obtenidos mediante las observaciones. Creían en las antiguas teorías porque éstas se apoyaban en creencias todavía más profundas. Y cuestionar esas creencias más profundas era destruir los cimientos sobre los que habían edificado su mundo. Eso era algo que no estaban dispuestos a hacer.

San Agustín, más de mil años antes, había descrito en *La Ciudad de Dios* la distinción entre dos ciudades, la celestial y la terrenal, que se decía definían la vida del hombre y el peregrinaje del espíritu. La distinción de Agustín, ciertamente, había sido sólo alegórica, es decir, nunca pensó que alguien pudiera ver de verdad, excepto en su imaginación, la Ciudad del Hombre o la Ciudad de Dios.

Pero a lo largo de los siglos, aquellas grandes imágenes cobraron una especie de realidad propia que se demostró más poderosa de lo que uno podía observar con los propios ojos. La Ciudad del Hombre estaba aquí, bajo la luna. Era terrenal, material, con olores y gustos fuertes. Era la vida cotidiana de los hombres. Pero en los cielos, por la noche, la Ciudad de Dios se hacía visible a aquellos que tuvieran ojos para verla. Brillaba allí, inmutable, indestructible, siempre bella. Era la promesa de Dios a los fieles, el Arca de la Alianza de los cristianos, no de los judíos.

Era lo más maravilloso, lo más deseable de todo el universo. Ponerla en cuestión, destruirla, hacerla caer en pedazos, era impensable. Había que detener a cualquiera que lo intentara y, si era necesario, quemarlo en la hoguera. Incluso si era uno de los científicos más importantes del mundo.

Galileo tenía poco o ningún interés en la Ciudad de Dios de san Agustín. Él era un buen cristiano, pero su fe era tan simple como complejas y sutiles sus matemáticas. Iba a la Iglesia, comulgaba y, durante el sermón, hacía cálculos mentalmente. Miraba las grandes lámparas colgantes de la catedral, que se mecían perezosamente con la brisa y dedujo sus teorías sobre el péndulo. También para él los cielos poseían un esplendor extraordinario, pero un esplendor muy distinto al de la ciudad divina del cardenal Bellarmino. Para ambos los cielos encerraban una promesa, pero eran promesas diferentes. Galileo soñaba con que podían ser estudiados, comprendidos e incluso controlados de algún modo.

Bellarmino tiene mucha culpa por no tratar de entender a Galileo, por no reconocer que se trataba de un tipo de hombre nuevo, un buen católico que jamás haría voluntariamente nada que perjudicara a la Iglesia y que no se dejaría tentar por los protestantes, como Bellarmino temía. Otra doctrina también avalada por la tradición apoyaba la posición de Galileo: cuando las Escrituras entraban en conflicto con la verdad científica, las Escrituras debían interpretarse alegóricamente, para evitar «el terrible perjuicio para las almas si la gente se convenciera de algo tras ver pruebas y luego creer en ese algo se convirtiera en pecado». Probablemente, algún amigo teólogo de Galileo le sugirió este sofisticado argumento, pues a él solo no se le habría ocurrido una cosa así. Pero Bellarmino ignoró este razonamiento, a pesar de que le concedía una muy buena opción para retirarse del debate sin perder la cara. No se retiró, sino que siguió adelante con el proceso sin reparar en las consecuencias políticas que podría tener enjuiciar y condenar, quizá incluso a muerte, a Galileo.

Galileo también tuvo buena parte de culpa por no intentar entender a Bellarmino y a los que pensaban como él. La disputa en la que se había embarcado no era solamente científica y, desde luego, no versaba sobre ningún hecho científico en particular, como si el sol giraba alrededor de la Tierra o la Tierra alrededor del sol.

La disputa era sobre la misma ciencia, sobre el papel que debía desempeñar en la vida humana y, concretamente, sobre si se debía permitir a los científicos que especulasen con toda libertad sobre la realidad. Y aún más que eso, la disputa versaba sobre la Ciudad de Dios, que nunca sería la misma si Galileo tenía razón.

O, más bien, no sería la misma si se le permitía decir que tenía razón de la manera en la que él quería decirlo. En cierta forma, todo el mundo sabía que estaba en lo cierto; sus hipótesis eran mucho mejores que las de ningún otro. Pero Galileo quería ir más allá de las meras hipótesis. Insistía en que lo que podía probar matemáticamente y mediante sus observaciones era verdad, y que nadie podía cuestionarlo excepto un matemático mejor que él o alguien que dispusiera de mejores observaciones.

Lo que estaba diciendo era que la Iglesia no tenía autoridad para describir la realidad física. Pero entonces ¿qué autoridad le restaba a la Iglesia? Si ya no podía decir, en todas las esferas de la vida y no sólo en la espiritual, lo que era y lo que no era, ¿no quedaría la Iglesia reducida a ser una mera consejera de almas? Y si eso sucedía, existía el peligro de que millones de almas dejaran de pedir el consejo de la Iglesia. Y entonces ¿no era lo más probable que la mayoría de esas almas fuera a parar al infierno?

Ésta fue la postura que defendió el cardenal Bellarmino. Comprendía con claridad la elección a la que se enfrentaba la humanidad. Galileo fue condenado a guardar silencio, sentencia que cumplió en su mayor parte. Bellarmino se convirtió en santo. Fue canonizado en 1930. Pero a la larga, por supuesto, fue Galileo quien venció. La Iglesia se ha visto reducida a ser una mera consejera de almas, al menos en Occidente, y la ciencia se ha elevado a la posición de autoridad suprema.

Bellarmino fracasó porque no era lo bastante bueno como teólogo. Debería haber leído mejor a Agustín y haber visto que las dos ciudades eran sólo alegóricas. No son reales en el mismo sentido que es real lo que uno ve a través de un telescopio. San Agustín y muchos otros, que lo comprendieron bien, siempre fueron capaces de manejar dos tipos de realidad, que podría decirse que correspondían a cada una de las dos ciudades. Que Galileo sea la máxima autoridad en la Ciudad del Hombre. La Iglesia podía seguir siendo la máxima autoridad en la Ciudad de Dios. Pero como la Iglesia quiso mantener ambos tipos de autoridad, acabó quedándose sin ninguna.

Ahora, cuando miramos las estrellas en una noche despejada y oscura, vemos un panorama espléndido, pero ya no es la misma visión que una vez tuvo la humanidad al elevar la vista hacia el cielo nocturno. Y con ese cambio hemos ganado mucho, pero también hemos perdido algo.

Descartes

René Descartes nació en La Haya Turena, Francia, que hoy se conoce como La Haya-Descartes, en 1596, y murió en Suecia en 1650 a consecuencia de una grave pulmonía provocada por la exigencia de que diera clases de filosofía a las cinco de la mañana durante los fríos inviernos nórdicos. Él siempre había sido de los que prefieren quedarse durmiendo en la cama hasta tarde y, además, odiaba el frío, pero su mecenas, la reina Cristina, insistió en estudiar filosofía a las cinco de la madrugada y él no pudo negarse. Estas ironías hacen que la historia de la ciencia sea un área de estudio apasionante.

Pero hay más ironías presentes en la biografía de René Descartes. Era un devoto católico, pero sus escritos minaron más la autoridad de la Iglesia que las palabras de ninguna otra persona. Creó una metodología científica que no sólo revolucionaría la ciencia sino también la forma en que la humanidad vive en el mundo. Sin embargo, se equivocó a menudo en sus interpretaciones, que en algunos casos estuvieron tan mal concebidas que impidieron el progreso científico de Francia durante dos siglos, pues los pensadores franceses tendían a pensar que debían seguir a Descartes, le entendieran o no. De forma similar, la tozudez inglesa en afirmar que la terminología de Newton para el cálculo era mejor que la de Leibnitz —una tontería, por mucho que Newton fuera realmente el primero en inventar el cálculo— retrasó las matemáticas inglesas durante más de un siglo. Y lo más irónico de todo, Descartes se embarcó en la búsqueda de la certeza basándose en el principio de que había que dudar de todo. Se trataba de una idea extraña, pero funcionaba.

Descartes recibió la mejor educación jesuita que se podía tener en la Europa de su época, una formación que incluía el estudio exhaustivo de la lógica aristotélica y de la ciencia física. Pero cuando se graduó, a los veinte años, estaba desesperado. Sentía que no sabía nada con la certeza con la que aspiraba a saberlo todo. O, más bien, no sabía nada con esa certeza excepto unas cuantas verdades matemáticas.

Sentía que en las matemáticas era posible conocer cosas, pues se empezaba con axiomas que tenían el carácter de certezas indiscutibles y se edificaba a partir de ellas, paso a paso, una estructura que poseía ese mismo carácter. Esa certeza no se daba en ningún otro caso, ni en la historia ni en la filosofía, ni siquiera en la teología, a pesar de que esta última afirmaba que poseía la mayor certeza a la que la mente del hombre podía aspirar.

Hacia 1639, después de viajar mucho, leer más y mantener una voluminosa correspondencia con los pensadores más avanzados de Europa, Descartes estaba listo para escribir una especie de gran enciclopedia de su filosofía que organizaría todo el conocimiento del mundo en una gran y única estructuración, basada en un método de aplicación universal que permitía conocer cosas con certeza. Pero ese mismo año se enteró de la condena a Galileo y decidió que lo mejor sería no escribir ese libro. En vez de ello, escribió *El discurso del método*, que exponía sólo el método para adquirir conocimiento y dejaba a los demás la aplicación de ese método para descubrir verdades polémicas. Sin embargo, hasta el método metió a Descartes en graves problemas.

Se trata de un libro absolutamente asombroso. En él, en un francés que ejemplifica la claridad y originalidad del pensamiento del autor, explicó la historia de su desarrollo intelectual personal, cómo empezó a dudar de que lo que le habían enseñado fuera cierto y cómo continuó dudando hasta alcanzar la conclusión básica de que se puede dudar de todo excepto de una cosa: de que la propia persona que duda existe, porque duda (*dubito ergo sum*, «dudo, luego existo»). Acto seguido procedió a descubrir un método para conseguir una certeza similar en otras áreas de conocimiento, un método basado en la reducción de todos los problemas a una forma y una solución matemáticas. Con ese método demostró matemáticamente la existencia de Dios, y al mismo tiempo demostró que Dios había creado un mundo que seguiría funcionando por siempre sin su ayuda, como una especie de enorme complejo y ornamentado reloj. Y consiguió hacer todo esto en tan sólo veinticinco páginas. Verdaderamente fue un logro prodigioso.

Lo más importante de esa obra es el propio método. Para comprender cualquier fenómeno o conjunto de fenómenos primero hay que librarse de todas las ideas preconcebidas. Hacerlo no es nada sencillo y el propio Descartes no siempre lo logró. En segundo lugar, hay que reducir el problema a su expresión matemática y luego emplear el mínimo número posible de axiomas, o proposiciones evidentes, para darle forma. Luego, usando la geometría analítica, que Descartes inventó para este propósito, hay que reducir la descripción del fenómeno a una serie de números. Finalmente, aplicando las leyes del álgebra, hay que resolver las ecuaciones que resulten del problema y se tendrá un conocimiento cierto de lo que se andaba buscando.

Galileo había dicho que el libro de la Naturaleza está escrito con caracteres matemáticos. Descartes demostró que esos caracteres matemáticos son simplemente números, pues a cualquier punto real se le puede atribuir un conjunto de coordenadas cartesianas, como las llamaría Leibnitz, y a toda línea, sea curva o recta, y a todo cuerpo, sea simple o compuesto, le corresponde una ecuación matemática.

Los seres humanos no son ecuaciones matemáticas, admitió Descartes, pero para muchos propósitos basta con describirlos de esa manera. En el caso de las máquinas que llamamos animales —son máquinas, dijo, porque no tienen alma—, las ecuaciones son suficientes para cualquier propósito. Para todas las demás máquinas, incluida la mayor de todas ellas, el universo, las ecuaciones son ciertamente lo adecuado. Sólo queda resolverlas. Puede que eso sea complicado, pero por definición es posible.

Esta visión cartesiana del mundo influyó en todos, incluyendo a los que odiaban y condenaron por ella a Descartes. Pascal no le perdonó jamás que no necesitara a Dios para nada más que para poner el universo en marcha y los teólogos católicos, por entonces tan desesperados como lo estuvo Descartes el día de su graduación, sintieron que era necesario condenarlo por una docena de motivos de herejía distintos y poner su *Discurso* en el índice de libros prohibidos. Pero a pesar de ello seguían anhelando la certeza que Descartes y su método prometían. ¡Si tan sólo la teología pudiera reducirse a una forma geométrica!

Eso era imposible, a pesar de los esfuerzos de Spinoza por lograrlo, pues la teología trata sobre un mundo inmaterial en el que las matemáticas no tienen lugar. Ésta es la principal característica de la teología y la que había atraído el interés de los mejores pensadores durante un milenio. Ahora, de repente, dejaba de ser atractiva. El mundo de lo inmaterial, que había sido de un interés supremo, ahora lo perdía por completo. Es uno de los cambios más radicales de la historia del pensamiento.

Las consecuencias fueron dramáticas. El triunfo de Descartes consistió en la invención de un método que permitía tratar con éxito el mundo material. Su fracaso más desastroso sobrevino porque su método podía tratar con éxito sólo el mundo material. Así, viviendo como vivimos en la estela de su gran invención, habitamos un mundo resueltamente material y, por ello, en muchos aspectos un desierto del espíritu.

Antes de Descartes, la teología era la reina de las ciencias y la física matemática, una mera pariente pobre. Después de él, la jerarquía prácticamente se invirtió. Ni por un instante hubo un universo de conocimiento equilibrado. ¿Es posible lograrlo? Ésa es una pregunta importante cuya respuesta corresponde decidir al futuro.

Newton

Además de todo lo demás, Descartes hizo posible a Newton. Isaac Newton, el mayor genio científico de todos los tiempos, nació en Woolsthorpe, Lincolnshire, en Inglaterra, el día de Navidad de 1642. Estudió en Cambridge y, tras graduarse, le ofrecieron el puesto de profesor de matemáticas. Isaac Barrow, su predecesor, que había sido su maestro, dimitió para dar paso a su extraordinario alumno.

Antes de graduarse, Newton ya había descubierto (es decir, lo había enunciado sin demostrarlo) el teorema del binomio. Con eso cualquier matemático hubiera considerado justificada toda una carrera, pero para él fue sólo el principio. En 1666, cuando tenía veintidós años, la peste que había diezmado Londres atacó Cambridge y él se retiró a su granja en el condado. No le interesaba la vida del campo, así que equipó una habitación con instrumentos para realizar experimentos con la luz. Cuarenta años después describiría los revolucionarios resultados que obtuvo en su *Óptica*. Pero en este año Newton tendría muchas más ideas revolucionarias.

Todos los caminos del intelecto llevaban a aquella habitación de Lincolnshire. Gilbert había realizado sus experimentos sobre la magnetita y lanzado la hipótesis de que la Tierra ejercía algún tipo de fuerza de atracción, como un imán. Galileo no sólo había visto las lunas de Júpiter sino que también había estudiado la caída de los objetos y había medido con precisión la fuerza de la gravedad al nivel del mar. Descartes había demostrado cómo aplicar los métodos matemáticos a los problemas de la física. Kepler había descrito las órbitas elípticas de los planetas y supuso que una extraña fuerza, que emanaba del sol, era la que los mantenía en sus órbitas. Y los teólogos parisinos habían propuesto la teoría del ímpetu en el movimiento violento, que ponía en cuestión la asunción aristotélica del reposo inercial. Viéndolo desde nuestra perspectiva, puede que no parezca difícil lo que hizo Newton. Uno casi podría pensar que, disponiendo de todos esos fragmentos sueltos, cualquiera podría haberlo hecho.

Esta afirmación no quita nada de mérito al genio de Newton, pues aunque es cierto que tenía ante sí todas las piezas del puzzle, también es verdad que para unirlas hacía falta una mente completamente libre de prejuicios y capaz de ver el universo de una manera nueva. Ha habido pocas mentes así y, en la ciencia, muy pocas.

De hecho, hacía falta algo más que mover las piezas de un puzzle. Primero, Newton tenía que conocer a la perfección la ciencia de su época. Luego, tenía que ser un experimentador muy capaz y saber manejar bien su instrumental. Por último, igual que Descartes, tenía que ser un matemático excepcional, capaz de inventar las matemáticas nuevas que hacían falta para resolver los problemas que él mismo se planteaba. La geometría analítica de Descartes había sido eficaz para tratar un universo estático. Pero el mundo real estaba en constante movimiento. Newton inventó el cálculo diferencial e integral para poder asumir ese fenómeno. Quizá éste haya sido el regalo más valioso que nadie le haya hecho jamás a la ciencia.

Gilbert más Galileo más Kepler más Descartes igual a la mecánica de Newton. El primer paso del proceso fue un nuevo conjunto de leyes del movimiento. Se enuncian con una simplicidad consumada al principio del gran libro de Newton, *Principios matemáticos de la filosofía natural* (que se suele abreviar como *Principia*). Estas leyes definen un universo completamente distinto al imaginado por Aristóteles.

La primera ley afirma que todo cuerpo tiende a continuar en un estado de reposo o de movimiento uniforme en línea recta a menos que una fuerza o fuerzas actúen sobre él y le obliguen a modificar ese estado. Un proyectil continuaría moviéndose por siempre en línea recta si su trayectoria no se viera curvada hacia abajo por la resistencia del aire y la fuerza de la gravedad. Una peonza lanzada continuaba dando vueltas hasta que la ralentizaba la fricción con la superficie sobre la que giraba su punta o la fricción con el aire. Los grandes cuerpos de los planetas y los cometas, que se encuentran con menos o quizá con ninguna resistencia en el espacio vacío, continúan su movimiento, sea en línea recta o curva, durante un tiempo mucho mayor.

Esta ley arrasaba la concepción aristotélica de la inercia. No existía el «estado natural de reposo» de un cuerpo. Si un cuerpo estaba en reposo, seguiría en reposo a menos que se lo moviera. Si un cuerpo estaba moviéndose, continuaría moviéndose a menos que se lo detuviera o que una fuerza ejercida sobre él cambiara de dirección o de velocidad su movimiento. Así pues, ningún movimiento es «natural» ni se opone a otro tipo de movimiento «violento». Tampoco es necesario explicar un tipo de movimiento de forma distinta a los demás. Se sigue, por supuesto, que no existe el llamado movimiento quintaesencial, «naturalmente uniforme y circular». El movimiento uniforme en círculo es posible, pero no es ni más ni menos natural que cualquier otro tipo de movimiento. Lo que es más, como todos los movimientos, se explica en términos de la inercia de los cuerpos y de las fuerzas que actúan sobre ellos.

La segunda ley del movimiento de Newton afirma que el cambio en el movimiento es proporcional a la fuerza ejercida sobre el cuerpo y se realiza en la dirección de la línea recta en la que se ejerce el movimiento. Una fuerza más grande provoca un mayor cambio en el movimiento, y el cambio que producen un conjunto de fuerzas ejercidas simultáneamente es el resultado de la combinación de las diferentes potencias y direcciones de las fuerzas. El análisis de la composición de estas fuerzas se puede realizar siempre utilizando la geometría euclidiana.

La geometría euclidiana ordinaria no puede explicar cómo el ejercer una fuerza continua sobre un cuerpo que se mueve en línea recta provoca que ese cuerpo siga una trayectoria curva como, por ejemplo, un círculo o una elipse. Este caso era de importancia trascendental, pues las órbitas del sistema solar son elípticas. Newton supuso que una órbita curvada podía concebirse matemáticamente como compuesta de un número infinitamente grande de líneas rectas infinitamente pequeñas, unidas entre ellas por una línea que pasa por el centro (o foco) de la órbita. En términos matemáticos, la órbita curvada podía ser considerada el «límite» de un proceso de reducción o diferenciación, en el que los segmentos individuales se hacían tan pequeños y tan próximos a meros puntos como se deseara; y de integración, en el que la totalidad de los segmentos se acercaban tanto a ser la suave curva de la órbita como se quisiera. Esto es lo más que puedo acercarme a explicar el método de cálculo de las órbitas en palabras sin meterme a utilizar símbolos matemáticos.

La tercera ley del movimiento afirma que cualquier acción produce una reacción opuesta e igual. O, dicho de otra manera, la interacción mutua de dos cuerpos siempre es igual aunque dirigida en direcciones opuestas. «Si empujas una piedra con el dedo, el dedo también es empujado por la piedra», dice Newton. Y mediante esta tercera ley, si se expulsa a presión aire caliente por la parte posterior de un reactor, el avión al que el reactor está soldado se moverá hacia delante en la dirección opuesta. Más aún, si un cuerpo gira alrededor de un segundo cuerpo, entonces el segundo cuerpo también gira alrededor del primero; giran uno alrededor del otro. Sus velocidades no tienen por qué ser iguales; si un cuerpo es mucho mayor que el otro, se moverá muy lentamente, mientras que el otro se moverá relativamente rápido. Pero los movimientos totales serán iguales.

Curiosamente, esto fue lo que dio la solución final al antiguo rompecabezas: ¿gira el sol alrededor de la Tierra o la Tierra alrededor del sol? Ambos giran alrededor del otro, y Ptolomeo y Copérnico tenían ambos razón, aunque por motivos equivocados.

Tomando las tres leyes tal como están enunciadas, imaginemos los planetas en movimiento. Seguirán moviéndose en línea recta a menos que se lo impida alguna fuerza. Esta fuerza no tiene por qué detenerlos. Puede que sólo los aparte de esa línea recta que seguirían por inercia. Puede, de hecho, que tuerza su curso hasta volverlo una elipse. Según la geometría tradicional de las secciones de un cono (que se remonta a Apolonio de Perga, en el siglo III a. J.C., nada nuevo en ello) «torcerá» sus rumbos hasta convertirlos en elipses (llamémoslos definitivamente «órbitas» en adelante), siempre que se trate de una fuerza centrípeta —es decir, que la fuerza atraiga al planeta hacia el interior, apartándolo de su tendencia natural a volar en línea recta alejándose del centro— y que esta fuerza centrípeta varíe de intensidad, siendo siempre el inverso del cuadrado de la distancia entre los planetas y el cuerpo que ejerce dicha fuerza sobre ellos.

Supongamos que ese cuerpo fuera el sol. ¿Qué podría ser esa fuerza centrípeta? Gilbert y Kepler habían especulado que podría tener algo que ver con el magnetismo natural de la Tierra, pero no contaban con las mediciones de Galileo sobre la fuerza de gravedad al nivel del mar. Si se incluyen en el cálculo esas cifras, la identidad de la fuerza misteriosa se hace patente. No es otra cosa que la gravedad, la fuerza que mantiene a la luna cautiva alrededor de la Tierra y que hace que la luna controle las mareas de los océanos, la fuerza que conduce al sistema solar en sus elegantes revoluciones y que hace que las manzanas maduras caigan al suelo sobre la cabeza de un matemático despistado que descansa bajo un manzano.

Newton dijo que comprendió todo esto mientras pasaba sus vacaciones forzosas en Lincolnshire en 1666. Le pareció tan evidente, dijo, que no se lo contó a nadie durante veinte años. Mientras tanto se dedicó a otros trabajos que le interesaron más. Cuando sus *Principia* vieron finalmente la luz, en 1686, hicieron que el mundo ahogara un grito de asombro. El mayor problema de la historia de la ciencia hasta entonces, el problema de cómo y por qué el universo funcionaba como lo hacía, había sido resuelto. El poeta Alexander Pope escribió:

> La Naturaleza y sus leyes se escondían en la noche;
> Dios dijo, hágase Newton: y se hizo la Luz.

Reglas de la razón

Isaac Newton fue, por naturaleza, un hombre sencillo, aunque también malhumorado, que se metía a menudo en peleas con sus colegas científicos. Una vez le dijo a un biógrafo: «No sé lo que le pareceré al mundo, pero a mí me parece que siempre he sido sólo un niño jugando en la playa que se entretiene encontrando de vez en cuando un guijarro o una concha más bonita de lo habitual, mientras el gran océano de la verdad permanecía por descubrir frente a mí.»

Esta imagen es tan famosa como intrigante. Y probablemente, es más precisa de lo que Newton podía imaginar. Es decir, llevaba razón al admitir que no sabía mucho comparado con todo lo que podía saberse, a pesar de que supiera más que cualquier otro hombre de su tiempo. Y también tenía razón al decir que se sentía cómodo en su ignorancia. El gran océano de la verdad estaba abierto frente a él, pero nunca se arriesgó siquiera a meter el dedo gordo en el agua, por no decir aventurarse a nadar desde la orilla para tratar de llegar al otro lado.

El libro tercero de los *Principia* de Newton lleva el asombroso título de «El sistema del mundo». Se abre con dos páginas bajo el encabezamiento «Reglas del razonamiento en la filosofía». Debemos comprender, antes que nada, que con filosofía Newton quería decir «ciencia». También deberíamos entender que estas páginas son la respuesta de Newton a Descartes, su gran nota a pie de página, por así decirlo, para el *Discurso del método*.

¿Cuáles son estas reglas del razonamiento en la ciencia? Sólo son cuatro. La primera es: no debemos admitir más causas de los fenómenos naturales que las que sean a la vez verdaderas y suficientes para explicar las apariencias. Ésta es una reformulación del principio lógico que enunció primero Guillermo de Ockham en el siglo XIV y hoy conocido como la navaja de Ockham: «Lo que se puede hacer con poco es en vano hacerlo con más.» Newton, adornando esta sentencia con un poco de poesía, lo explica así:

A este propósito, los filósofos dicen que la Naturaleza no hace nada en vano, y más es en vano cuando menos basta, pues a la Naturaleza le complace la simplicidad y no es dada a la pompa de las causas superfluas.

La segunda regla afirma: en consecuencia, a los mismos efectos naturales debemos, hasta donde sea posible, atribuir las mismas causas. «Como sucede en el caso de la respiración en el hombre y un animal, a la procedencia de las piedras en Europa y en América, a la lumbre del fuego de nuestra cocina y el del sol; o el reflejo de la luz en la Tierra y en los planetas», añade Newton.

La regla tres responde a una pregunta que había preocupado a los aristotélicos durante siglos. Afirma que las cualidades que se descubren en los cuerpos a los que alcanzamos a examinar en nuestros experimentos deben suponerse cualidades universales de cualquier tipo de cuerpos. Si, por ejemplo, dice Newton, se descubre que la fuerza de la gravedad opera en el sistema solar, como parece que hace, entonces podemos —de hecho, debemos— «suponer universalmente que todos los cuerpos de cualquier tipo están afectados por un principio de gravitación mutua».

La cuarta regla del razonamiento es, en opinión de Newton, quizá la más importante de todas. Debemos citarla entera:

En la filosofía experimental [es decir, en la ciencia] debemos considerar las proposiciones que se desprenden por inducción general de los fenómenos como precisas o muy cercanas a la verdad, sin importar cualquier hipótesis contraria que pueda imaginarse, hasta el momento en que se dé otro fenómeno mediante el cual puedan hacerse todavía más precisas o ser sujetas a excepciones.

Newton escribe: «Debemos seguir esta regla para que no se escape de los argumentos de la inducción por medio de hipótesis.»

Newton aborrecía las hipótesis. Veía en ellas la causa de todos los egregios y dañinos errores del pasado. Con «hipótesis» quería decir el tipo de explicaciones que los escolásticos habían imaginado para explicar los fenómenos naturales, como la teoría de los Elementos, el supuesto de la Quintaesencia y las tortuosas explicaciones del llamado movimiento violento, que hasta los teólogos de París habían sido incapaces de aceptar. Y Newton estaba más que dispuesto a admitir que había cosas que no sabía o no podía explicar.

Lo más importante que no sabía es la causa o causas de la gravedad. No tenía ninguna duda de que la gravedad era lo que mantenía a la Tierra y a los demás planetas en sus órbitas, pero no sabía por qué. Pero «no construyo ninguna hipótesis —declaró—; pues todo lo que no se deduzca de los fenómenos debe ser considerado una hipótesis», y las hipótesis «no tienen cabida» en la ciencia.

Se podría decir que las cuatro reglas de razonamiento más la prohibición añadida contra las hipótesis, es decir, contra ofrecer teorías que no estuvieran refrendadas directamente con experimentos, definen el método científico tal como se ha utilizado desde tiempos de Newton y se sigue utilizando, mayoritariamente, hoy.[2] Las reglas de Newton establecieron un nuevo paradigma, por usar el término empleado por el prestigioso histo-

2. Puede que existan algunas muy recientes excepciones. Véase el capítulo 13.

riador de la ciencia Thomas S. Kuhn en *La estructura de las revoluciones científicas* (1962). El nuevo paradigma inauguró la era de la ciencia. Se había distribuido entre los hombres la herramienta más valiosa y útil para conseguir conocimiento jamás inventada, y con ella iban a tratar de entender todo lo que podían ver y muchas cosas invisibles, además de controlar el mundo que les rodeaba de formas hasta aquel momento inimaginables.

Newton, con toda su brillantez, no comprendió por qué la fuerza de la gravedad actúa como lo hace; es decir, no sabía qué era la gravedad. Nosotros tampoco lo sabemos. Sólo sabía cómo actuaba. Y, para su eterna gloria, tenía razón en eso. Pero las razones de las cosas, como Pascal podría haberlas llamado, todavía se escondían en la noche.

Eso es en parte culpa de Descartes, quien hizo que buscarlas fuera quizá eternamente impopular. En parte es también culpa del propio Newton. Su asombroso y brillante éxito cerró los ojos al mundo ante todas aquellas cosas que todavía no conocía y puede que no conozca nunca. Es culpa, sobre todo, del propio mundo, que es algo mucho más difícil de comprender de lo que a la humanidad le gustaría creer.

La revolución galileo-cartesiana

Antes de pasar a la era de las revoluciones políticas, detengámonos un momento para hablar de los nombres que se les dan a revoluciones de todo tipo. A menudo se le concede el mérito o se culpa de la revolución a la persona equivocada. En el próximo capítulo veremos más ejemplos de ello, pero sin ir más lejos, en este mismo capítulo, hemos visto un caso.

Se ha convertido en tradición referirse a la revolución que ocurrió en el siglo XVII —la revolución en la forma de adquirir conocimiento que llevó al establecimiento de la ciencia como la autoridad suprema en lo relativo a la realidad material— como la revolución copernicana. Y creo que es un nombre injusto.

Si de hecho Copérnico deseaba provocar un cambio radical en la forma de pensar del mundo, tuvo demasiado miedo como para provocarlo en vida. Puede que jamás hubiera pensado en ello. Más aún, su propuesta de que la Tierra gira alrededor del sol no era en absoluto una idea revolucionaria. Media docena de antiguos pensadores griegos habían afirmado lo mismo. Otros hombres habían considerado también la idea. En sí misma, no constituía un cambio importante.

Decimos que lo fue invocando la supuestamente importante noción de que el hombre estaba en el centro del universo antes de Copérnico y no después. Pero eso está muy lejos de la realidad. Como hemos visto, el hombre se convirtió en el centro del universo, en todos los sentidos que importan, con el Renacimiento (con el descubrimiento de la perspectiva en la pintura, por ejemplo), y no dejó de estar ahí hasta finales del siglo XVII, con la aparición de los *Principia* de Newton. Ese libro, de hecho, sólo solidificó la posición del hombre en el centro del universo, a lo que también contribuyó el progreso científico que vino a continuación.

Hoy, cuando miramos el cielo nocturno sabiendo cuántos miles de millones de estrellas y galaxias contiene y qué pequeño es nuestro sol y nuestro todavía más pequeño sistema solar, del que la Tierra no es ni mucho menos el mayor planeta, no nos suele hacer sentir pequeños ni insignificantes. En cambio, puede que nos sintamos fuertes y bien, pues entendemos lo que vemos. La ciencia nos eleva, no nos empequeñece.

Galileo era un hombre muy diferente a Copérnico. De una parte, no tenía miedo a la controversia que sabía que suscitarían sus nuevas ideas. Tampoco ignoraba el verdadero significado de lo que estaba diciendo. Trató de reemplazar la autoridad de la Iglesia por otra, porque creía que esa nueva autoridad —la de la ciencia— era preferible por muchos motivos. No se escondió, como había hecho Copérnico. Quería provocar un cambio revolucionario en la forma en que los hombres pensaban sobre el mundo.

Y lo mismo quería Descartes. Su carácter y su forma de pensar eran parecidos a los de Galileo, aunque quizá no era personalmente tan valiente como el italiano. También era más arrogante, lo que hace que nos sea menos simpático. Pero también él sabía lo que estaba haciendo, igual que Galileo y no como Copérnico.

Si se debe bautizar la revolución del siglo XVII con el nombre de un hombre, entonces se debería llamar la revolución galileana o, quizá todavía mejor, la revolución galileo-cartesiana. No se debería usar el nombre de Newton. Él no consideró que estuviera causando un gran cambio en el pensamiento de su época. Simplemente desarrolló el trabajo que otros grandes hombres habían realizado antes que él, y aunque parezca el más grande de todos ellos, como de hecho lo fue, no fue esencialmente distinto a ellos.

Desafortunadamente, el nombre «revolución galileo-cartesiana» no es demasiado fácil de pronunciar. Y esas cosas son importantes. Revolución copernicana suena mucho mejor. Y es el nombre que los historiadores seguirán utilizando. Pero cada vez que lo veo, me hace pensar que Galileo y Descartes se merecen mucho más ese honor que Copérnico.

9. La era de las revoluciones

La publicación en latín de los *Principios matemáticos de filosofía natural*, de Isaac Newton (la traducción inglesa no aparecería hasta 1729) fue a la vez un final y un principio. Hemos visto cómo este libro resumía y concluía una de las grandes aventuras del pensamiento humano, revelando a la humanidad los principios aparentemente definitivos del mundo natural. Pero la idea e imagen de este mundo, recién concebido como mecánico, abrió también nuevas avenidas de pensamiento y acción.

La importancia de los *Principia* como piedra de toque de la curiosidad renacentista por el mundo exterior queda eclipsada por la luz que aportó sobre el propio mundo del trabajo y por el impulso que supuso para los inventores y descubridores, que utilizaron sus principios para hacer que el mundo funcionara de forma más eficiente para beneficio —se suponía— de todos.

La revolución industrial

Las cinco máquinas simples (palanca, cuña, rueda y eje, polea y tornillo) se conocían desde hacía siglos. Los hombres primitivos, cien mil años atrás, empleaban la palanca cuando utilizaban un palo para mover una piedra, y una cuña cuando usaban una pequeña hacha para dar forma a un pedazo de madera o de hueso. Los orígenes de la rueda y el eje y los de la polea se pierden en la noche de los tiempos. Sabemos que los constructores egipcios de las pirámides conocían ambas. Arquímedes, en el siglo III a. J.C., comprendía cómo funcionaba un tornillo mecánico.

Durante el siguiente milenio, las máquinas simples fueron perfeccionadas, mejoradas y combinadas de distintas formas para producir otras máquinas, ya no tan simples, que controlaban y dirigían el movimiento y multiplicaban la fuerza. Así pues, Europa y Asia estaban en el año 1600 bien surtidas de aparatos de muchos tipos que eran fruto de muchos siglos de lenta pero constante evolución del conocimiento práctico. La mayor parte de esas máquinas, sin embargo, eran difíciles de controlar y utilizaban la energía de forma poco eficiente, pues no se comprendían bien —y en algunos casos no se comprendían en absoluto— los principios que las hacían funcionar.

Cien años después, hacia 1700, Galileo, Descartes y Newton, junto con una serie de científicos contemporáneos, habían erradicado aquella ignorancia y la habían convertido en conocimiento. De súbito, los hombres prácticos se dieron cuenta de por qué las máquinas hacían lo que hacían. Y en consecuencia, las rediseñaron para que funcionaran mejor. Los descubrimientos en mecánica se sucedieron a una velocidad asombrosa, y cada uno de ellos abría las puertas a muchos otros.

Pero aunque las nuevas máquinas fueran más eficientes, se necesitaba una fuente de energía mejor para que siguieran mejorando. Pronto se encontró esa fuente: el carbón, que calentaba el agua hasta convertirla en vapor que a su vez empujaba pistones y, no mucho después, ruedas sobre raíles de hierro. Durante mucho tiempo, el vapor aportó la energía que necesitaba la revolución industrial. El vapor sigue utilizándose en muchos procesos del mundo industrial, aunque hoy el agua se caliente también por otros medios, como, por ejemplo, con un reactor nuclear.

Cualquier máquina funciona mejor si sus componentes encajan bien y duran más. De ahí que la producción de un nuevo tipo de acero, fabricado en hornos calentados con carbón y coque, se convirtiera en una de las principales prioridades. Se conocía el acero desde que los antiguos espartanos lo emplearon para fabricar mejores espadas y armaduras. Pero el nuevo acero endurecido permitió aumentar la tolerancia de las máquinas hasta límites que los maquinistas hubieran creído imposibles. Las nuevas máquinas, con ejes y otras partes móviles de acero, y con cojinetes de acero que duraban más y aumentaban la tolerancia del equipo, producían más y se podían utilizar durante más tiempo antes de cambiarlas.

Máquinas humanas y humanos mecánicos

Los propios seres humanos empezaron a ser percibidos como máquinas a las que se podía hacer trabajar mejor siguiendo principios mecánicos. Una de las consecuencias de esta concepción fue el nacimiento de la medicina científica moderna. Incluso el universo era visto como una máquina, pilotada por Dios, si es que Dios era necesario para pilotar una máquina tan maravillosa, quizá tan perfecta que podía funcionar sola.

Probablemente, la invención más importante del siglo XVIII fuera la fábrica, esa gran máquina que combinaba elementos humanos y mecánicos para producir una cantidad de productos antes inimaginable, productos que a su vez absorbía un mercado que también se contemplaba desde un punto de vista mecanicista. En su famosa obra *La riqueza de las naciones*, publicada en el trascendental año de 1776, Adam Smith (1723-1790) se maravillaba ante los fantásticos logros de una humilde fábrica de alfileres.

> Un hombre estira el alambre, otro lo endereza, un tercero lo corta, un cuarto hace la punta, el quinto lima el extremo donde va a ir la cabeza; para hacer la cabeza se requieren dos o tres operaciones distintas; fijarla es un trabajo especial, blanquearla otro; y por último colocarla en el papel es una tarea distinta...
>
> He visto una pequeña fábrica de este tipo donde sólo había empleados 10 obreros y donde, consecuentemente, algunos de ellos realizaban dos o tres operaciones distintas. Pero aunque eran pobres y, por lo tanto, no estaban bien provistos de la maquinaria necesaria, podían, cuando se esforzaban, hacer en conjunto alrededor de 12 libras de alfileres por día. En una libra hay más de cuatro mil alfileres de tamaño medio. Esas diez personas, pues, podían hacer en conjunto más de cuarenta y ocho mil alfileres en un día... Pero si

hubiesen trabajado de forma separada e independiente... seguramente cada una de ellas no hubiera podido hacer veinte o quizá ni un solo alfiler en un día...

Este nuevo tipo de máquina, hecha tanto de partes humanas como no humanas, le parecía a Smith la mayor maravilla de su época, y una posible fuente de «opulencia universal». La nueva riqueza que la «máquina fábrica» inevitablemente produciría se haría realidad porque no sólo se había dividido el trabajo entre los trabajadores de una sola fábrica, sino también entre todas las de la nación e incluso de fuera de la nación. Por ejemplo, Adam Smith escribió sobre cómo construir un abrigo:

> Observe el hogar de un operario o trabajador en un país civilizado y pujante y percibirá que el número de personas cuya industria ha colaborado en parte, aunque sea pequeña, a proporcionarle acomodo excede cualquier cálculo. El abrigo de lana, por ejemplo, que abriga al trabajador, por tosco y basto que parezca, es el producto del trabajo en colaboración de un gran número de trabajadores. El pastor, el esquilador, el cardador, el teñidor, la hilandera, la tejedora y muchos otros, que deben unir sus diferentes artes para completar incluso ese producto tan cotidiano. Cuántos mercaderes y transportistas deben haberse empleado... cuánto comercio y cuánta navegación... cuántos astilleros, marineros, fabricantes de velas, de cabos...

El principio de la división del trabajo no se descubrió en el siglo XVIII. Se descubrió muchos siglos, incluso milenios, antes. Pero lo característico de esta época es su pasión por aplicar ese principio a la solución de problemas prácticos. La mayoría de los que lo hacían jamás habían oído hablar de Descartes, pero el principio de la división del trabajo, tal como lo entendió el siglo XVIII, se remontaba a su «método geométrico», que consistía en compartimentar toda situación o proceso en sus partes constituyentes más pequeñas posible y luego intentar tratar con ellas matemáticamente. Descartes creía que este método conseguía siempre resultados si las partes en las que se dividía el problema eran lo bastante pequeñas. De hecho, la fábrica de alfileres de Adam Smith es similar a una operación matemática en la que un gran número de pequeños pasos se suman para conseguir un objetivo.

Descartes no percibió ningún peligro en esta forma de pensar, ni tampoco Adam Smith, ni, de hecho, nadie durante el siglo XVIII. Hoy tenemos dudas. Nos preguntamos si deberíamos pedirle a un ser humano que pase un día (y no sólo un día, sino una interminable serie de días) haciendo, con otros nueve seres humanos, más de cuarenta y ocho mil alfileres, si el trabajo, para cualquiera de ellos, consistiera en pulir el extremo de un poco de alambre para que se le pudiera añadir una cabeza.

Y en lo que se refiere a los abrigos de lana, puede que los contemplemos de forma muy diferente a Adam Smith. Es cierto que un abrigo «por tosco y basto que parezca» puede producirse a través del esfuerzo combinado de docenas, centenares o incluso miles de individuos más o menos ajenos al producto final, cada uno de ellos completando su pequeña parte del proceso. Pero ese abrigo puede ser también obra de una sola persona, o dos, quizá un matrimonio, que tiene un rebaño y esquila las ovejas, destría y peina la lana, la tiñe, la hila, la teje y da forma a la prenda, y finalmente la entrega con una sonrisa al afortunado receptor.

Adam Smith no creía que hacer las cosas siguiendo el proceso tradicional tuviera ningún mérito. Sabía que el trabajo campesino había producido abrigos y otros artículos de forma ineficiente. El implacable trabajo del campo destruía el alma de los campesinos, que odiaban tanto su vida que huían de ella siempre que podían para trabajar hasta en las fábricas más exigentes y peligrosas. La revolución industrial no hubiera triunfado si no la hubiera deseado todo el mundo, tanto los capitalistas explotadores como los trabajadores explotados.

Pero los seres humanos no sabían todavía cómo el trabajo especializado en las fábricas destruye el alma de los seres humanos al tratarles como si fueran partes de una máquina.

Una época de razón y revolución

La intuición original de Tales sobre el mundo estaba presente en el concepto del orden de las cosas que tenía el siglo XVIII. El primer principio de Tales y los griegos que le siguieron era que el mundo exterior y la mente interior debían tener algo en común, pues de lo contrario el mundo exterior sería incomprensible para la mente. Lo que tenían en común era la razón. Y si algo entusiasmó al siglo XVIII fue precisamente la razón, de modo que se adoptó con entusiasmo la idea de Tales sin conocer necesariamente su fuente.

Había un consenso universal en que el hombre era una criatura razonable y que el mundo que intentaba comprender era también razonable, obra de un Creador razonable. Prueba de ello era que los principios mecánicos eran verdad, y la prueba de que eran verdad era que funcionaban. La circularidad de este razonamiento, que era en sí mismo mecánico, simplemente confirmaba la conclusión. Hacia el primer tercio del siglo XVIII, los hombres empezaron a llamar a su tiempo la edad de la razón. Y este nombre expresaba una de las convicciones más profundas de la época.

Pero incluso las creencias más profundas y extendidas no siempre revelan el verdadero carácter de una época, aunque sí sus prejuicios. El siglo XVIII creyó que la aplicación del método matemático de Descartes y de los principios mecánicos de Newton a la fabricación de alfileres era lo más importante que estaba sucediendo. En perspectiva, cabe dudarlo.

Después de todo, la Edad de la Razón fue en muchos sentidos una época nada razonable. Fue un tiempo de pasiones explosivas y nuevos sueños. Fue un tiempo de locura y asesinato. Fue una época de cambios radicales. Fue la Edad de la Revolución.

Los hombres y mujeres del siglo XVIII aceptaron esta paradoja con bastante serenidad. De un lado, pensaban que en su época la vida seguía unas cómodas pautas que eran a la vez razonables y permanentes. La máquina era su símbolo, y las máquinas se caracterizan por la constancia, no por el cambio. Una máquina no funciona diferente de un día a otro. Si lo hace, es porque se ha estropeado, porque se ha convertido en una mala máquina.

Por otro lado, pensaban que en su época se estaban produciendo enormes cambios, la mayoría de ellos para bien. En sí misma, la idea de progreso es un invento del siglo XVIII. Los clásicos no tenían ningún concepto de progreso, al menos no en el sentido de una mejora constante a lo largo de los siglos y milenios. Los clásicos eran conscientes de que las condiciones de la vida cambiaban, pero supusieron que, en general, esos cambios eran cíclicos: algunas veces las cosas iban a mejor, otras a peor. El siglo XVIII no sólo creyó en el progreso, sino que empezó a creer que el progreso era inevitable; las cosas tenían que ir a mejor, pues ésa era su naturaleza.

Aquí radicaba otra paradoja. Si realmente crees que el progreso es inevitable, ¿por qué molestarte en tratar de hacer que se produzca? Si de verdad era inevitable, llegaría aunque no hicieras nada. Sin embargo, las personas supuestamente razonables de finales del siglo XVIII trabajaron denodadamente para cambiar las cosas a mejor, según ellos creían. Se deslomaron, lucharon e incluso dieron sus vidas por la causa del progreso inevitable y necesario. Parece que no se dieron cuenta de que, al hacerlo, luchaban contra ellos mismos, contra su profundo convencimiento de la inevitabilidad del progreso.

Pero esa clase de inconsistencia, mucho más que ninguna necesidad mecánica, es en verdad la naturaleza de los asuntos humanos. Además, sus batallas por el progreso, por irrazonables que fueran, rindieron enormes beneficios a la raza humana.

John Locke y la revolución de 1688

Volviendo la vista atrás, utilizamos la expresión «revolución industrial» para referirnos al gran cambio en la organización del trabajo y la producción que tuvo lugar en la segunda mitad del siglo XVIII, especialmente en Inglaterra. Este cambio fue revolucionario, pues puso muchas cosas patas arriba, creó una nueva clase de personas ricas y poderosas, empezó a alterar quizá de forma permanente el medio natural en el que vivían los hombres y los demás animales, y tuvo también otras consecuencias notables. Pero hay otra clase de revolución que parece todavía más característica de aquella época. También empezó en Inglaterra pero se extendió rápidamente a otros países, igual que sucedió con la revolución industrial.

Esta otra revolución —que fue política, no económica— emergió por primera vez durante las guerras civiles inglesas entre 1642 y 1651. Durante ese conflicto, en enero de 1649, el rey Carlos I fue ejecutado y el Parlamento se convirtió en el poder supremo en Inglaterra y gobernó a través de su victorioso general, Oliver Cromwell (1599-1658). Tras la muerte del rey y la instalación de Cromwell como lord protector de la nueva *Commonwealth*, alguno de los soldados de Cromwell protestaron. Dijeron que ellos también habían contribuido a la victoria y que, por tanto, también merecían compartir el gobierno.

Cromwell les dijo: «No, pues no poseéis propiedades, y el gobierno siempre ha sido, y siempre debe ser, un gobierno de la propiedad, para la propiedad y por la propiedad.» Replicaron los soldados: «Aunque no tenemos propiedades, tenemos tanto interés en que se aprueben buenas leyes como los que sí son propietarios, pues también nosotros debemos vivir bajo esas leyes.» «Confiad en nosotros, los hombres con propiedades —dijo Cromwell, enfadándose—. Gobernaremos en vuestro interés además de en el nuestro.»

La discusión continuó durante un tiempo, pero Cromwell ganó al final, pues la mayoría de los oficiales, muchos de ellos propietarios, le apoyaron. Se sentenció a muerte a unos cuantos de los que protestaron y el resto se retiró gruñendo. Cromwell murió en 1658, y en 1660 el hijo del rey, que había huido a Francia, regresó para convertirse en Carlos II. Durante un tiempo no se volvió a hablar de los derechos de los hombres sin propiedades ni de derechos en general. Pero el tema no había muerto, sólo estaba en estado latente. Volvió a ponerse de manifiesto en la misma década en que se publicaron los *Principia* de Isaac Newton.

Los soldados de Cromwell no contaron con un portavoz elocuente que supiera expresar sus radicales ideas. Pero ese portavoz existía, aunque nació demasiado tarde para ayudar a los miembros del *New Model Army* (el ejército de Cromwell). Se trataba de John Locke (1632-1704), al que ya hemos encontrado antes como uno de los principales defensores de una mayor tolerancia religiosa.

Nacido en Somerset, Locke asistió a la escuela Westminster y a la Universidad de Oxford, pero como muchos de sus contemporáneos, se indignó ante la filosofía escolástica que seguía enseñándose allí. Creía que la forma en la que operaba la mente se podía explicar de forma más sencilla que con las esencias, entelequias y poderes innatos de los que hablaban los escolásticos. Un bebé nacía, decía Locke, como una *tabula rasa*, una pizarra en blanco, en la que la experiencia iba escribiendo palabras. Es decir, el conocimiento y la comprensión llegaban mediante los sentidos y todo lo que percibían.

La vida de Locke fue normal y sus perspectivas modestas hasta 1666, año en que conoció a sir Anthony Ashley Cooper, que más adelante sería conde de Shaftesbury. Durante los siguientes quince años, Locke trabajó para Shaftesbury (1621-1683) como médico, secretario y consejero. La carrera de Shaftesbury durante esos años fue meteórica. Estuvo entre los comisionados enviados desde Inglaterra para invitar a Carlos a que regresara para reinar y pronto se convirtió en uno de los consejeros más importantes del nuevo monarca. En 1672 fue nombrado lord canciller, lo que le convertía a todos los efectos en el primer ministro del rey. Pero pronto cayó en desgracia. La causa de su caída fue una disputa con el rey precisamente sobre la mismísima naturaleza del gobierno.

Hubo una oleada de agitación política en 1670, con rumores que avisaban de un complot para asesinar a Carlos II y sustituirlo por su hermano, el futuro Jacobo II, un católico. Shaftesbury, devoto protestante y convencido de que su rey también debía serlo, propuso una ley que excluyera a los católicos de la sucesión al trono. Sus oponentes políticos, quizá secretamente azuzados por el rey, contraatacaron con argumentos a favor del llamado derecho divino de los reyes, que presuntamente incluía el derecho del rey a adoptar la religión que prefiriese. Para reforzar su posición reimprimieron un viejo libro titulado *Patriarcha*, de sir Robert Filmer (1588-1653), que era una reivindicación del derecho absoluto de sangre a la que nadie había prestado demasiada atención durante cuarenta años desde su publicación, durante las guerras civiles inglesas. Pero ahora muchos lectores parecieron convencidos por lo que decía Filmer, temiendo, quizá, las consecuencias que tendría que el país volviera a sumirse en un conflicto con el gobierno establecido. Las guerras civiles habían sido sangrientas y crueles y la mayoría de los políticos eran lo suficientemente ancianos como para recordarlas vivamente.

En este punto Shaftesbury recurrió a Locke y le pidió que preparase una réplica a Filmer. Era algo sencillo, pues Filmer no fue un gran estudioso del gobierno y Locke era una verdadera eminencia en el tema. En su *Primer tratado sobre el gobierno civil* desmontó humillantemente los argumentos de Filmer. Pero no se detuvo ahí. Escribió un *Segundo tratado* sobre el gobierno civil desde un punto de vista más amplio.

No se sabe si el rey leyó esos dos incendiarios documentos, aunque Shaftesbury sin duda le puso al corriente de las tesis de al menos el primero de ellos. Se terminaron, aunque no publicaron, a finales de 1680. A mediados de 1681, Shaftesbury desafió al rey en la cuestión de la sucesión. El rey disolvió el Parlamento, privando con ello a Shaftesbury de su base política, le arrojó a la Torre de Londres y le acusó de traición. Shaftesbury fue absuelto, pero no le quedó otra opción que exiliarse. Huyó a Holanda, donde soplaban vientos más libres, y se llevó a Locke con él.

El *Segundo tratado sobre el gobierno civil* de Locke trata de la relación entre tres grandes ideas: propiedad, gobierno y revolución. El gobierno se crea, dice Locke, debido a la propiedad. Si no existe propiedad, no es necesario un gobierno que la proteja. Si no poseo nada que sea mío, entonces ¿para qué necesito la maquinaria del Estado: leyes y jueces, policías y prisiones?

La propiedad, por supuesto, existe. Para Locke la cuestión básica es si esa propiedad era legítima. No era una pregunta fácil, pues la palabra *legítima* tiene connotaciones trascendentales. Procede del latín *leges*, «ley», pero no se refiere a la clase normal de ley que aprueba un Parlamento o interpreta un juez. Las propias leyes pueden ser legítimas o ilegítimas. Una ley, por tanto, puede ser ilegal, según algún principio que obviamente es de mayor rango que la legalidad vigente. Este principio tiene que ver con lo que es correcto, un concepto que hay que admitir que es bastante abstracto. Pero lo que es correcto tiene que ver con los derechos, que no son abstractos en absoluto. Los hombres están dispuestos a luchar y morir por sus derechos.

Propiedad, gobierno y revolución

La cuestión, entonces, era si existía o no un derecho a la propiedad. Sí, dijo Locke, pero sólo dentro de lo razonable. En ciertas circunstancias, un hombre puede ser legalmente propietario de más de lo que tiene derecho a poseer. (Esta doctrina radical hibernó durante más de un siglo.) Si la propiedad es legítima, el gobierno era, en consecuencia, también legítimo, pues aquellos que tenían derecho a poseer sus propiedades tenían también derecho a defenderlas y el gobierno era una institución para salvaguardar y proteger derechos.

¿Era siempre legítimo el gobierno? A veces claramente sí, si el gobernante y los gobernados estaban de acuerdo en una cosa básica: que estaban juntos en ello. Los gobernantes legítimos debían gobernar por el bien de sus gobernados, no sólo en provecho propio. Cuando esto sucede, los gobernados dan su consentimiento a ser gobernados, pues ven que existe justicia a su alrededor y también sobre ellos.

¿Pueden los gobernados retirar alguna vez legítimamente su consentimiento? Sí, dijo de nuevo Locke. La revolución es legítima cuando el gobernante se ha convertido en un tirano, «cuando el gobernante, sea cual sea su título, no hace leyes sino su voluntad, y sus órdenes y acciones no están orientadas a las propiedades de su pueblo sino a la satisfacción de sus propias ambiciones, a la venganza, a la codicia o a cualquier otra pasión

357

irregular». En ese caso, los gobernados tienen derecho a alzarse y a cambiar su gobierno, pues tienen derecho a exigirle que trabaje para beneficiarles.

Puede que Locke fuera reticente a llegar a esta conclusión. Ciertamente temía las consecuencias que pudieran tener sus afirmaciones y permaneció en Holanda durante diez años sin llegar a dar su obra a la imprenta. Sin embargo, sus palabras resonaron como un gran aro de bronce lanzado sobre un suelo de mármol.

> Igual que la usurpación es el ejercicio de un poder sobre el que otro tenía derecho, la tiranía es el ejercicio del poder más allá del derecho, a lo que nadie puede tener derecho.

> Es un error creer que este defecto es propio sólo de las monarquías. Otras formas de gobierno también son susceptibles de él.

> Allí donde acaba la ley, empieza la tiranía, si la transgresión de la ley perjudica a un tercero.

> ¿Es posible, entonces, oponerse a las órdenes de un príncipe? A esto respondo: es forzoso no oponerse a nada excepto a la fuerza injusta e ilegal.

> Se formulará una pregunta muy común: ¿Quién debe juzgar si el príncipe o el legislativo actúan en contra de la confianza depositada en ellos? A esto respondo: ¡El pueblo debe juzgarlo!

Se habían derribado gobiernos y derrocado reyes en el pasado y filósofos inteligentes ya habían justificado esos actos. Pero nunca utilizando argumentos basados, como los de Locke, en una noción general de derechos: derecho a la propiedad, al gobierno y a la revolución. En el núcleo de la tesis de Locke habitaba la idea de que el derecho a gobernar residía claramente en los gobernados y no en el gobernante. Durante milenios se había creído que el rey tenía derecho a reinar y que el pueblo debía sufrir ese gobierno en la esperanza de que fuera benévolo. Lo que Locke decía ahora es que era el pueblo, del que el rey, por supuesto, formaba parte, el que tenía derecho a un gobierno bueno y legítimo, y que el rey debía aportarlo si no quería ser legítimamente derrocado.

Cualquiera con un mínimo de sentido común podía ver que los reyes seguirían reinando mientras retuvieran el poder, le gustase o no su gobierno al pueblo. Locke, con sus elocuentes palabras, no abolió la tiranía de la faz de la Tierra. Todavía a principios del siglo XXI la tiranía prospera y puede que lo siga haciendo hasta el fin de los días. Pero sus palabras sí hicieron que la tiranía fuera más difícil para los tiranos, cuyos enemigos ahora —y para siempre— serían más fuertes porque sabrían que la justicia estaba de su parte.

Los acontecimientos pronto se conjuraron para darle al *Segundo tratado* una trascendencia quizá mayor de lo que Locke pretendía. Carlos II murió en 1685 y le sucedió su hermano Jacobo II. En poco tiempo, la mayoría de los británicos consideró el catolicismo de Jacobo algo intolerable, como Shaftesbury, que a estas alturas ya había muerto, había predicho, y se dieron los primeros pasos para apartarle del trono.

Jacobo II abdicó en 1688 y le sucedieron Guillermo de Orange, un buen protestante holandés, y su esposa inglesa, María. Locke regresó a Inglaterra en la primavera de 1689, en el mismo barco que llevó a la reina María. Llevó con él sus dos manuscritos. Se publicaron a finales de ese mismo año y los políticos de todo el mundo se echaron a temblar o se emocionaron, según estuvieran más o menos próximos a la tiranía.

Dos tipos de revolución

Locke realizó otra distinción importante. Escribió: «Quien hable, si quiere hacerlo claramente, de la disolución del gobierno debe distinguir en primer lugar entre la disolución de la sociedad y la disolución del gobierno.» La gloriosa revolución de 1688 no disolvió la sociedad de los ingleses, que en general siguieron siendo los mismos antes que después del suceso.

Sin embargo, el cambio fue más allá de lo que se supuso. No se trataba sólo de que el nombre del rey fuera distinto. La relación del monarca con su pueblo no volvería a ser la que fue bajo Carlos II y Jacobo II, por no decir bajo Carlos I, Jacobo I o Isabel. En adelante, el Parlamento gobernaría Inglaterra, fuera cual fuera el estado al que aspirara el rey y fuera cual fuera el poder que pudiera poseer temporalmente. Guillermo había advertido que no estaba dispuesto a ser una mera marioneta, pero aun así eso fue exactamente lo que fue, igual que sus sucesores. Así «el ochenta y ocho» fue una auténtica revolución que fue más allá de lo que muchos creyeron en la época, aunque como demostraría el futuro, no llegó ni mucho menos tan lejos como podría haber llegado.

La cuestión era que si gobernaba el Parlamento, entonces ¿quién gobernaba al Parlamento? Decir que el pueblo lo hacía era una respuesta bastante decepcionante cuando sólo un puñado de hombres adultos tenía derecho a votar para elegir a los miembros del Parlamento y cuando, además, sus votos a menudo se vendían y compraban desvergonzadamente.

Pero incluso un candidato que hubiera comprado sus votos podía llegar a ser un buen parlamentario y, de hecho, el nivel general de la política parlamentaria en Inglaterra durante el siglo XVIII fue notablemente alto, teniendo en cuenta el pantano moral sobre el que se levantaba, pantano que el Parlamento se negó a reformar durante más de un siglo. Incluso en 1920, sólo una minoría del pueblo británico tenía derecho a escoger a sus representantes.

El motivo por el que el nivel de la política parlamentaria se mantuvo alto fue en parte porque se condujo en términos lockeanos. Los políticos, fuera cual fuera su ideología, descubrieron que les resultaba difícil hablar sin utilizar las grandes palabras que Locke les había enseñado: propiedad, derecho, legitimidad y revolución. Son palabras poderosas que dotan de peso y seriedad a cualquier discurso.

Thomas Jefferson y la revolución de 1776

Las grandes riquezas y las todavía mayores promesas de América tentaron a muchos ingleses a mentir incluso cuando utilizaban las palabras de Locke. Se mentían a sí mismos, se mentían los unos a los otros y mentían a los americanos.

La aventura inglesa en el Nuevo Mundo tenía tres sectores distintos. Al norte estaba Canadá, un páramo tan grande que hasta la imaginación tenía problemas para concebirlo. Allí no había gran cosa, excepto animales de los que sacar pieles e indios. Los ingleses consiguieron retener Canadá.

Al sur estaban las islas del Caribe, adonde se importaban esclavos para trabajar en las plantaciones de azúcar. La población indígena había sido barrida y los africanos importados no tenían todavía la capacidad de protestar por el trato que recibían. Las Indias Occidentales reportaron a los ingleses pingües beneficios y esa riqueza, combinada con lo relativamente fácil que era gobernarlas, hizo que las islas caribeñas parecieran más valiosas de lo que realmente eran.

En el medio estaban las colonias norteamericanas, que se sucedían a lo largo de la costa atlántica desde New Hampshire a Georgia y estaban pobladas fundamentalmente por ingleses. Este último hecho fue origen de muchos problemas, pues todos los ingleses, después de la gloriosa revolución, se habían vuelto conscientes de sus derechos políticos. Estos ingleses coloniales eran, por lo tanto, buscapleitos y exigentes. Eran tan susceptibles que a veces estallaban por cualquier cosa.

Mientras hubo un continente que explorar y explotar, los problemas entre los colonos americanos y sus gobernadores ingleses se pudieron mantener bajo control. Pero cuando en 1763 acabó la guerra de los Siete Años, los británicos, principalmente para evitar más problemas con los indios, decidieron no avanzar más por el valle del Mississippi y quedarse como estaban.

Esa medida se demostró puramente temporal, pero su proclamación en 1763, con fuerza de ley, enfureció a los americanos. ¿Quiénes eran los británicos para prohibirles avanzar hacia el oeste, hacia la inmensidad desconocida que se abría en las afueras de sus propios asentamientos? Cuando los británicos dijeron que no querían conflictos con los indios, los americanos respondieron que ellos sabían perfectamente cómo hacer frente a ese tipo de conflictos. La especulación sobre las tierras en las que todavía no había asentamientos decreció un poco, pero aumentó el grado de frustración y descontento entre los colonos.

La controversia sobre la Proclamación de 1763 llevó a primer plano otra cuestión sobre la legitimidad del gobierno. El gobierno británico defendía que aunque los colonos americanos eran verdaderos ingleses no podían tener representación en el Parlamento porque América estaba demasiado lejos. Las dificultades prácticas de comunicación que tendría un parlamentario con sus votantes se demostrarían insuperables. Este principio debía aplicarse, decían los británicos, incluso en lo relativo a los impuestos, que podían cobrarse legítimamente incluso si los colonos no estaban representados en el Parlamento. ¡No! dijeron los colonos. ¡Impuestos sin representación significa la tiranía! Confiad en que nosotros, decían las autoridades inglesas, conocemos vuestros intereses y cuidaremos de ellos.

Los norteamericanos podían confiar y confiaban en unos pocos políticos británicos, como Edmund Burke (1729-1797), que defendía que se debía tratar a las colonias de forma coherente y amistosa, pues hacerlo parecía tanto lo justo como lo correcto desde el punto de vista político. La mayoría de los británicos pensaba de otra forma. Ya que los americanos eran tan díscolos, lo mejor que se podía hacer era mostrar mano dura y darles una lección.

Los norteamericanos aprendieron una lección, pero fue una lección distinta, basada en los principios de las leyes y la historia de Inglaterra derivados de Locke. Los colonos decidieron que el derecho básico inglés a la revolución también se podía aplicar en su caso. La idea, por supuesto, era aterradora. Lo único peor que lanzarse a la revolución era no hacerlo. Y por ello, en 1775, empezó la guerra entre los británicos y sus colonos.

La Declaración de Independencia

Igual que sucedió con el cambio de gobierno de 1688, también esta revolución necesitaba justificación. El congreso que se reunió a finales de 1776 recurrió a Thomas Jefferson (1743-1826) para que la expresase. A pesar de haber nacido en Virginia, Jefferson siempre se había considerado inglés. Ahora ya no podía hacerlo, pues había estudiado a Locke y conocía muchos párrafos y frases suyas de memoria. Sus ecos pueden oírse en la declaración que compuso para el congreso continental, que fue aceptada sin apenas modificaciones.

Jefferson empezó hablando de «disolución», una de las palabras clave de Locke. «Cuando en el curso de los acontecimientos humanos se hace necesario para un pueblo disolver los vínculos políticos que lo han ligado a otro [...], un justo respeto al juicio de la humanidad exige que declare las causas que lo impulsan a la separación.»

Entre esas causas, que pasa a enumerar, se encuentran algunos principios fundamentales. Primero, todos los hombres no sólo son creados iguales sino que también están dotados de una serie de derechos que son «inalienables», es decir, que nada puede arrebatárselos, a pesar de que alguien con el poder suficiente pueda ignorarlos o pisotearlos. Entre estos derechos, dijo Jefferson, están el derecho a la vida, a la libertad y a la búsqueda de la felicidad. Locke había dicho vida, libertad y propiedad.

Segundo, los hombres instituyen los gobiernos para que aseguren estos derechos. Locke había dicho que la primera misión de un gobierno es asegurar la propiedad.

Tercero, un gobierno es legítimo sólo en tanto que asegure esos derechos y, por tanto, continúe contando con el apoyo de sus gobernados.

Cuarto, cuando un gobierno se convierta en un destructor de estos principios, el pueblo tiene derecho a cambiarlo o a abolirlo y a instituir un nuevo gobierno.

Hasta aquí toda esta espléndida retórica no hacía sino repetir lo que todo inglés culto sabía, o debería saber si había estudiado la historia de su propio país. Pero el quinto punto de los argumentos de Jefferson no era tan fácil de aceptar para los británicos. La Declaración les recordó algo que Locke había afirmado y en lo que ellos habían creído durante casi un siglo: «Cuando una larga serie de abusos y usurpaciones, dirigida invariablemente al mismo objetivo, demuestra el designio de someter al pueblo a un despotismo absoluto, es su derecho, es su deber, derrocar ese gobierno...» La historia del «actual Rey de la Gran Bretaña», añadió Jefferson, mostraba esa larga pauta de abusos, encaminados todos a establecer «una tiranía absoluta sobre estos estados».

El núcleo del argumento eran, por supuesto, los presuntos abusos. Jefferson aportó una larga lista de ellos, que incluía las siguientes airadas protestas:

Ha abdicado del gobierno aquí, declarándonos fuera de su protección y haciéndonos la guerra.

Ha saqueado nuestros mares, asolado nuestras costas, quemado nuestras casas y destruido las vidas de nuestro pueblo.

Y así una larga lista, expuesta con elocuencia, que se demostró muy persuasiva para los americanos. La cuestión era si los ingleses estaban de acuerdo en que tales abusos se habían producido realmente.

Si lo estaban, el argumento de Jefferson era irrefutable. Convenció a algunos ingleses que lo leyeron con detenimiento. No convenció, no obstante, a Jorge III ni a sus asesores, que mantuvieron airadamente que a pesar de que era posible que los colonos tuvieran teóricamente razón, no se les podía permitir en la práctica que se alzaran en armas contra sus dirigentes como habían hecho. Ambos bandos, en consecuencia, combatieron encarnizadamente. El rey utilizó sobre todo mercenarios extranjeros para que lucharan por él. Eran excelentes soldados. Además, puesto que no podían leer inglés, era poco probable que les afectasen las palabras de Jefferson.

Los americanos ganaron la guerra por una serie de motivos. América estaba realmente muy lejos de Gran Bretaña y los nativos sabían luchar mejor en sus enormes extensiones que los mercenarios, que habían sido entrenados para combatir en circunstancias muy diferentes. Además, Francia, el gran enemigo de Inglaterra durante todo el siglo XVIII, ayudó a los colonos, principalmente para molestar a su antiguo adversario, pero también porque esperaba que esa ayuda le reportase ventajas en los años que estaban por venir, como, en efecto, así fue.

Las fantasías que los ingleses tenían sobre el valor relativo de las Indias Occidentales (las islas del Caribe) al compararlas con las colonias americanas también desempeñaron un importante papel en la derrota británica. A muchos ingleses les parecía bien librarse de aquellos molestos norteamericanos, que le daban a la madre patria más dolores de cabeza que beneficios. Pero la justicia esencial de la posición política norteamericana, según la ley inglesa, también contribuyó a la victoria de las colonias.

Esa victoria, a su vez, confirmó la bondad de la doctrina política anglo-lockeana, que desde entonces ha dominado el panorama mundial. No ha habido nadie en los últimos dos siglos capaz de exponer un argumento razonado contra la tesis de que es el pueblo quien debe juzgar si su gobierno es legítimo o no, y no el propio gobierno, ni contra la tesis de que si un gobierno deviene ilegítimo porque ha perdido el apoyo de sus gobernados, es legítimo derrocarlo.

La única negación de estas tesis que ha funcionado (y, desgraciadamente, ha funcionado a menudo) es la que ha emanado de los cañones de las armas de los tiranos vueltos contra sus propios pueblos. El poder, como dijo Mao Zedong, está en la punta de una pistola. Pero está también en las palabras y, a la larga, las palabras vencen a las armas.

Propiedad de derechos

¿Estaban en desacuerdo Jefferson y Locke sobre la propiedad? Hay motivos para creerlo así. Allí donde Locke utilizó la palabra «propiedad», Jefferson utilizó «la búsqueda de la felicidad».

Esta última expresión parece responder a un concepto más amplio y generoso. La idea de que el gobierno se crea por necesidades de la propiedad —para defenderla y asegurarla— es más bien fría e insensible. ¿Había querido decir Locke que sólo los propietarios tenían derecho a la revolución si se les conculcaban sus derechos y los demás no?

¿Y si —por poner el caso más flagrante— entre sus propiedades se contaban esclavos, es decir, otros seres humanos que parece que debieran incluirse en la amplia declaración de Jefferson de que todos los hombres son creados iguales y están dotados de ciertos derechos? Jefferson tenía esclavos y se fue a la tumba preguntándose si los negros eran iguales a los blancos. ¿Tenían, entonces, derechos? Lo que prácticamente no tenían eran propiedades. ¿Existía otro tipo de derecho de propiedad que debía entenderse de forma distinta?

James Madison (1751-1836), el sucesor de Jefferson como secretario de Estado en el nuevo gobierno norteamericano y luego su sucesor como presidente, trató de resolver esos problemas en un ensayo que se publicó en un periódico en 1792. Este término, *propiedad*, escribió Madison, «en sus aplicaciones concretas» se refiere al dominio que un hombre ejerce sobre las cosas externas del mundo, «con exclusión de cualquier otro individuo». Ésta es mi casa, mi tierra, mi cuenta bancaria, y la de nadie más. Ése es un concepto aceptado universalmente. Pero Madison prosiguió añadiendo una acepción más amplia. «En su sentido más comprensivo y justo», dijo, la propiedad «abarca todo aquello a lo que un hombre pueda adjudicar valor y sobre lo que tenga derecho; y permite a todos los demás la misma ventaja».

En el primer sentido, un hombre es propietario de su tierra, su dinero y sus bienes. En el segundo sentido, es propietario de sus convicciones, especialmente de sus creencias religiosas, en la «seguridad y libertad de su persona», en el «libre uso de sus facultades y en la libre elección de los objetos sobre los que emplearlas». En breve, concluyó Madison, «igual que se dice que un hombre tiene derecho a su propiedad, se puede decir igualmente que tiene la propiedad de sus derechos».

El gobierno se instituye, añadió Madison, para proteger la propiedad de todo tipo, «también aquella que reside en los diversos derechos de los individuos, así como la misma que el término expresa particularmente. Siendo ése el fin del gobierno, sólo es un gobierno *justo* el que garantiza *imparcialmente* a un hombre aquello que es *suyo*».

El énfasis de esta última frase es de Madison. Tenía razón al subrayar la palabra *suyo*. *Propiedad* está relacionada en francés con la palabra *propre*, que significa «propio». Nuestros derechos, como declararon Jefferson y otros, son inseparables de nosotros mismos. Políticamente, somos nuestros derechos. Son nuestra posesión más preciada.

La forma en que Madison resolvió el conflicto entre Locke y Jefferson conlleva una doctrina política tan revolucionaria que no creo que sea posible superarla. Muchas revoluciones posteriores a la rebelión norteamericana no han podido o no han querido ir tan lejos. Incluso la revolución rusa, por radicales que fueran sus reformas sociales y económicas, no dio ese paso final que Madison afirmó que era imperativo para Estados Unidos y que consistía en «respetar por igual los derechos de propiedad y la propiedad de los derechos».

Los soviéticos, en el siglo XX, creyeron que habían abolido la propiedad privada. Quizá querían abolir sólo la propiedad privada que Locke había dicho que los gobiernos habían sido creados para defender. Pero también abolieron esa otra propiedad, la propiedad de los derechos. Su revolución, por lo tanto, fracasó. Sólo podrá triunfar cuando comprendan esta noción y rectifiquen para darle cobijo.

La censura de los países comunistas ha tratado de ocultar a su gente el significado de la doctrina de Madison y también que funciona en la práctica en Estados Unidos. Pero la gente, especialmente la gente joven, de China, de Europa del Este y de docenas de países más lo sabe de todas maneras. Y están dispuestos a morir para seguir siendo los propietarios de sus derechos.

Robespierre, Napoleón y la revolución de 1789

¿Fue la revolución norteamericana una disolución del gobierno y su sustitución por otro —como había sido la gloriosa revolución de 1688— o fue también una «disolución de la sociedad»? Los académicos han debatido esta cuestión durante todo un siglo. La guerra contra Inglaterra comportó pocos cambios económicos. Los mismos individuos que poseían propiedades antes de la guerra siguieron poseyéndolas después. Tampoco se amplió el electorado ni siquiera tras la guerra. Una minoría siguió durante mucho tiempo eligiendo a los legisladores y al presidente. No tenían derecho al voto los hombres que no tuvieran propiedades ni las mujeres ni los esclavos ni algunos grupos más.

Sin embargo, sí hubo una diferencia. Aquellos que votaban y escogían a sus dirigentes y de los que se podía decir, en consecuencia, que se gobernaban a sí mismos, lo hacían por primera vez. Así que la revolución norteamericana fue una revolución más auténtica que la inglesa. Pero todavía quedó muy lejos de la revolución que habría podido ser y de la Revolución francesa que surgió sólo unos pocos años después.

Durante el siglo que transcurrió entre 1650 y 1750, Francia fue, probablemente, la nación más rica del mundo y una de las más envidiadas e imitadas. La gran guerra, o serie de guerras, que estallaron entre Inglaterra y Francia en 1756 y continuaron, con interrupciones, hasta 1815, fueron posibles debido a la revolución industrial, que hizo que Inglaterra pasara de ser una nación de segunda fila a poder codearse casi en situación de igualdad con Francia. Inglaterra, en ese tumultuoso siglo, progresó sin ayuda de nadie hasta una posición de preeminencia que le permitía desafiar el todavía asombroso poder de Francia, aunque Francia fuera ya una nación que se iba apartando de la cúspide del poder.

Los estudiosos no se ponen de acuerdo sobre los motivos de este cambio. Como en casos anteriores, se produjo por muchas razones distintas. Pero no fue la menos importante que Francia siguiera viviendo durante esos años conforme a una idea política que las revoluciones en Inglaterra y América del Norte habían demostrado falsa y, en último término, inviable. Se trataba de la idea de que la soberanía de la nación podía, y de hecho debía, residir en un solo individuo, el soberano, que tenía también un poder ejecutivo absoluto que necesariamente ejercía para el bien de su pueblo, se diera cuenta de ello el pueblo o no.

Un gobierno, en suma, era como una empresa o una familia, que sólo podía tener una cabeza si no quería convertirse en un monstruo. No tenía sentido, según esta idea, proclamar que «el pueblo debe gobernar». Pues ¿quién era el pueblo? Meramente una horda de individuos con deseos y opiniones contrapuestas. Al final, siempre tiene que decidir alguien. Y la eficiencia aconsejaba que la persona que tomase las decisiones fuera siempre la misma. Sólo un gobierno así, decían los apologistas políticos franceses, podía considerarse legítimo y razonable. Cualquier otra cosa producía, en el mejor de los casos, confusión, y en el peor, anarquía.

La justificación del despotismo ilustrado que presentaron los apologistas franceses para defender el absolutismo de Luis XIV se basaba en una concepción del orden del universo entero que se conocía como la Gran Cadena del Ser. Esta idea, que pronto devino políticamente insostenible, hundía sus raíces en Platón, como tantas otras ideas filosóficas, y en Plotino, el neoplatónico más destacado.

Según Platón y Plotino, el universo había sido creado por un dios generoso que, por amor a su creación, lo llenó hasta los topes de seres. Bajo esta doctrina de plenitud, todo lo que puede existir debe existir. No puede haber ningún escalón vacío en la escala que asciende desde los seres más bajos (piedras, granos de arena y cosas así), pasa por las plantas y los animales hasta llegar al hombre, y del hombre lleva a los ángeles y finalmente a Dios, que está en la cúspide de la gran cadena del ser.

La idea se desarrolló durante la Edad Media y el Renacimiento y alcanzó su máximo esplendor en el siglo XVIII. Sin embargo, como pensadores posteriores supieron ver, tiene graves fallos. Concretamente, parece oponerse radicalmente a otra gran idea: la del progreso constante. Si la doctrina de la plenitud requiere que todo lo que pueda existir exista y, más todavía, exige que lo que existe exista de la manera más perfecta posible, entonces ¿cómo concebir el universo en general como algo que mejora, que cada vez es más perfecto? Esta profunda contradicción acabó destruyendo la idea de la gran cadena del ser, que dejó de tener relevancia filosófica en el siglo XIX.

Sin embargo, la imagen que esa idea dejó en el imaginario colectivo, la de una gran cadena o escalera que llevaba del ser más bajo al más alto, se demostró tan atractiva que sobrevivió como paradigma de cualquier organización política racional. Si Dios había creído adecuado establecer una jerarquía de seres y valores al crear el universo, entonces el hombre debía imitar la estructura diseñada por Dios al crear un Estado. Así se justificaba el gobierno de un solo soberano.

Esta justificación era todavía más fácil por el hecho de que en la práctica fuera un sistema que llevaba establecido tanto tiempo. Hemos visto cómo los antiguos imperios, con toda su antigua sabiduría, fueron inmensas organizaciones jerárquicas, con Dios o los dioses en la cúspide, el rey o emperador como representante de Dios en la Tierra y luego, por debajo, el pueblo, con cada persona ocupando el lugar que le correspondía. Las ciudades Estado griegas, la República romana y las comunas de la baja Edad Media parecieron presentar una alternativa a esa idea pero, como se deducía del curso de los acontecimientos, esas entidades fueron en realidad sólo las excepciones que demostraban la regla. La ciudad Estado había caído presa de una monarquía al estilo persa encabezada por Alejandro Magno. La república había evolucionado hasta convertirse en el Imperio romano y las comunas se habían desarrollado y formado Estados nación modernos, cuyos reyes reinaban de forma absoluta y por derecho divino.

No todo el mundo aceptaba el paradigma, ni siquiera en la propia Francia. Por un lado había franceses que podían leer y leyeron a Locke y Jefferson. En su mayoría fueron comprados o eliminados despiadadamente. El rey tenía soldados; el pueblo no. El poder está en la punta de una pistola.

Sin embargo, la ayuda francesa a los norteamericanos durante su revolución acabó volviéndose contra el rey y sus ministros. Los soldados franceses, e incluso algunos de sus oficiales, habían visto a un pueblo luchar por su libertad y su independencia y vencer. Era difícil que regresaran a casa sin cambiar de actitud hacia el despotismo que conocían desde siempre. Más aún, filósofos políticos como Voltaire, Rousseau y Diderot atacaron constantemente el mismo concepto de despotismo o tiranía «legítimos». Animaron al pueblo a preguntarse si el despotismo o la tiranía podían ser en algún caso legítimos. Y así fue aumentando la presión.

Si hubiera habido cualquier modo de apaciguar a los ciudadanos de Francia, puede que no hubiera estallado la revolución de 1789. Puede que hubiera tenido lugar más adelante. O puede que no hubiera tenido lugar jamás. Sucedió porque el rey y sus ministros no pudieron cambiar sus ideas sobre el gobierno lo suficientemente rápido.

Al final no fueron una minoría de franceses letrados y cultos los que derribaron al gobierno, como había sucedido en Inglaterra o Estados Unidos. Fue la gente común, que marchó sobre la Bastilla y luego sobre el rey y la reina en su palacio de Versalles. Derribaron algo que llevaba siglos en pie y no sólo erigieron en su lugar un nuevo gobierno, sino que también sustituyeron la antigua sociedad por otra completamente nueva.

> Era una bendición estar vivo en ese amanecer,
> ¡pero ser joven era el mismísimo paraíso!

Así le pareció a William Wordsworth (1770-1850) al volver la vista atrás hacia los gloriosos acontecimientos de 1789, con el fervor y las promesas de la Revolución francesa cuando también ella era joven. Fue un verdadero cambio social, no sólo un cambio de gobierno. Por fin el pueblo tomaba el gobierno en sus manos y por siempre jamás sería el juez de los méritos o deméritos de las leyes y de los legisladores. Hacerlo era un derecho inalienable del pueblo. Por fin había un gobierno cuya legitimidad no podía ser negada por ningún filósofo, excepto por los que habían sido contratados por reyes o conquistadores para justificar sus tiranías. Y por fin amanecía un nuevo mundo lleno de hombres y mujeres que eran iguales y estaban animados por la esperanza y la energía de un futuro que no podría ser otra cosa que más brillante que el pasado.

En su mayor parte, los norteamericanos aplaudieron lo que sucedía en Francia. Comprendían que los jacobinos estaban de acuerdo con ellos en que la propiedad de los derechos era todavía más importante que el derecho a la propiedad. De hecho, en agosto de 1789, los jacobinos promulgaron una Declaración de los Derechos del Hombre y del Ciudadano que fue más allá de lo que había ido la Declaración de Derechos de Estados Unidos, al afirmar: «No se impedirá nada que no esté prohibido por la ley y nadie será obligado a hacer nada que la ley no disponga», pues «la libertad consiste en ser libre de hacer cualquier cosa que no dañe a otros». Esta doctrina ponía una enorme carga sobre la ley positiva, pues descartaba de un plumazo la idea de que las costumbres o la ley consuetudinaria tuvieran ningún efecto sobre las acciones de los hombres.

La Revolución francesa fracasó al final por diversos motivos. Algunos de ellos fueron estratégicos. A los británicos, el enemigo inmemorial de los franceses, no les complacía más la idea de tener una poderosa nación revolucionaria al otro lado del canal de la Mancha de lo que les había gustado luchar contra el despotismo francés. Los británicos, pues, se atribuyeron la misión de defender la causa de los llamados *emigrés*, personas —la mayoría de ellas nobles— que habían huido de Francia para escapar de la guillotina y que ahora unían sus fuerzas para derrotar a la Revolución.

Los monarcas de Austria y Rusia tenían motivos más ideológicos para atacar a Francia y a su nuevo régimen. No les gustaba la idea de que sus pueblos tuvieran tan cerca el ejemplo de una revolución triunfal de un pueblo contra sus señores absolutos. Todo sucedía demasiado cerca de su casa como para que se sintieran cómodos. Además, los franceses, con Napoleón, midieron mal sus fuerzas y trataron de abarcar demasiado y extender su revolución a lugares como España o Italia, que todavía no estaban listos para ella.

Y hubo también otra razón para el fracaso revolucionario. La Declaración de Derechos del Hombre y el Ciudadano había proclamado que: «La fuente de toda soberanía recae esencialmente en la Nación. Ningún cuerpo colectivo ni persona individual podrá ejercer autoridad alguna si no emana directamente de ella.» Ésta es una doctrina peligrosa, como los propios franceses descubrieron muy pronto. Pues ¿quién se iba a oponer, y en qué términos, a un líder cuando declarara que él y sólo él hablaba en nombre de la nación, con una autoridad que emanaba directamente de ella?

Ese líder fue Robespierre (1758-1794), conocido también como «el Incorruptible», que dictó sentencia de muerte para todos aquellos que consideraba enemigos de la Revolución. Se trata de una consecuencia habitual en todas las revoluciones que disuelven la sociedad además del gobierno: se llevan a cabo purgas para eliminar a todos aquellos miembros de la antigua sociedad que no parecen dispuestos a aceptar la nueva. Por ello murieron miles de personas bajo la guillotina durante los meses del Gran Terror, en 1793 y principios de 1794. Luis XIV fue ejecutado en enero de 1793; su reina, María Antonieta, fue decapitada en octubre. El propio Robespierre fue apartado del poder en julio de 1794 y corrió la misma suerte.

Estas muertes acabaron con el antiguo régimen, es cierto, pero también constituyeron una pesada carga para el nuevo. El hedor del cadáver de la reina bajo la guillotina en el centro de la plaza de la Revolución llegó hasta los cónclaves políticos de todo el mundo. Si estás dispuesto a cortarle la cabeza a la esposa de tu enemigo, lo mejor es que te prepares para defenderte.

Francia estaba preparada, más todavía habiendo encontrado a Napoleón Bonaparte (1769-1821), el militar más brillante de la historia de Europa. Pero Napoleón, como Robespierre antes que él, se sintió tentado por aquella cláusula de la Declaración. También él sentía que hablaba en nombre de la nación con una autoridad que emanaba directamente de ella. Aceptó ser nombrado primer cónsul. Era un título que recordaba a la República romana, no al imperio. Pero Napoleón quiso ser un emperador. Dispuso que el papa le coronara, pero en el último momento tomó la corona y se la puso él mismo sobre la cabeza. Todo el mundo comprendió el simbolismo de ese trascendental gesto.

Francia, pues, tenía de nuevo un monarca absoluto, más absoluto, de hecho, de lo que había sido ningún rey francés. Las consecuencias fueron demoledoras para Francia y para la revolución. Durante diez años, los soldados-campesinos franceses lucharon con valor por la fraternidad, que ya no por la libertad, pero fueron finalmente derrotados, en Rusia y en todas partes, por las fuerzas combinadas de la reacción europea.

El emperador Napoleón fue desterrado a un exilio cómodo en la isla de Elba, cerca de la costa de Toscana. Pero escapó a principios de la primavera de 1815, reunió de nuevo a sus veteranos y marchó sobre París con la esperanza de empezar todo de nuevo. Se enfrentó al duque de Wellington, comandante de las fuerzas aliadas antifrancesas, en Waterloo (Bélgica), el 18 de junio de 1815, y fue estruendosamente derrotado en una de las batallas más importantes de la historia.

Los aliados no pensaban cometer el mismo error con Napoleón dos veces. Le encarcelaron en la isla de Santa Helena, en lo más profundo del Atlántico sur, un lugar por el que rara vez pasaba un barco. También le envenenaron poniéndole arsénico en la comida. Para cuando murió, en 1821, el conde Metternich, el apóstol de la reacción en el Congreso de Viena, ya había restablecido el viejo orden de Europa. Se mantendría sin cambios, en lo esencial, hasta 1917.

El ascenso de la igualdad

Humpty Dumpty, sin embargo, se había caído de muy alto y el conde Metternich, incluso con la ayuda de todos los reyes y todos sus caballos y hombres, no pudo volver a unirlo sin que quedaran fisuras. Aunque fuera una imagen distorsionada a través de un prisma, los pueblos de Europa habían contemplado el nuevo orden de hombres y mujeres que creó la Revolución francesa. Tras 1815, y durante décadas, aceptaron, aunque con reparos, gobiernos conservadores y despóticos. Pero ya nunca renunciarían a los avances en igualdad social que habían ganado en el glorioso año de 1789.

Alexis de Tocqueville (1805-1859), que escribió en 1835 sobre los logros de la joven democracia norteamericana, vio con mayor claridad que nadie de su época que el progreso hacia la igualdad era un movimiento irresistible e irreversible, más poderoso que ningún rey o emperador. También comprendió, mejor que la mayoría de los demócratas (él era un aristócrata, un miembro del *ancien régime*, orden social cuyo epitafio compuso en un libro posterior) lo que se podría perder y lo que se podría ganar en ese irresistible avance.

Innegablemente, la justicia tenía que prevalecer. El antiguo orden social había sido monstruosamente injusto y, según Tocqueville admitía sin reparos, merecía desaparecer. También sabía que había sido derribado por su propia palpable injusticia. Por ejemplo, la práctica de eximir a los nobles y a ciertos cargos de clase media de impuestos había enfurecido al campesinado francés hasta el punto de convertirlo en una fuerza social imparable. Así pues, predijo Tocqueville, la igualdad siempre aumentará en todas partes y la justicia será servida en la vida de la humanidad.

Al mismo tiempo, Tocqueville era consciente de lo que podía perderse. Las clases privilegiadas de Francia y de los otros *anciens régimes* europeos habían desempeñado un papel político importante en el Estado, mediando entre la tiranía absoluta del monarca que había sobre ellos y el pueblo bajo ellos. Sus mismos privilegios les habían llevado a defender la justicia, no sólo para ellos, sino también para el pueblo, y a menudo lo habían logrado de forma eficaz. Ahora el hombre de una democracia, desprovisto de la protección de las viejas instituciones, se veía ante el peligro de quedar indefenso frente a la tiranía absoluta del Estado que él mismo había creado. La situación política que Tocqueville describió se llamaría en épocas posteriores totalitarismo, un sistema que él nunca conoció pero que predijo con una precisión asombrosa casi un siglo antes de que naciera.

También se perdería algo más, predijo Tocqueville: los extremos de la vida social, económica y cultural, conforme cada vez más seres humanos se apiñen bajo una norma central. Las carencias brutales de las clases más bajas desaparecerían, pero también lo haría la alta cultura. A medida que la información se difundiera entre una población cada vez más alfabetizada, la abyecta ignorancia del antiguo régimen se convertiría en cosa del pasado, pero también el genio sería un bien cada vez más escaso. Los caracteres más virtuosos, los temperamentos más elevados, brillantes y puros dejarían de existir y ya no revelarían la grandeza que existe en los mejores seres humanos. Como contrapartida, también se moderarían los ejemplos de lo peor que puede haber en el hombre.

«Si trato de descubrir la más general y prominente de todas estas características diferentes», concluyó Tocqueville,

> percibo que lo que está teniendo lugar en el predicamento del hombre se manifiesta bajo mil [...] formas. Casi todos los extremos se suavizan o reducen: todo lo que era lo más destacado es sustituido por un término medio, a la vez menos elevado y menos bajo, menos brillante y menos oscuro, de lo que existía antes en el mundo.

Los grandes pasos hacia la igualdad universal que se dieron en aquella tan inhumana pero también tan justa revolución de 1789 fueron ciertamente consecuencia de nuevos conocimientos y de una mejor comprensión. Es cierto que todos los hombres y mujeres son por naturaleza iguales y están dotados de ciertos derechos inalienables. Después de Locke y Jefferson, después de Robespierre y Danton, incluso después de Napoleón, que fue a la vez un monstruo y creador de grandes y nuevas instituciones, esa afirmación ya no puede negarla ningún ser humano razonable. Sólo puede ser negada por un hombre con una pistola en la mano que apunta a tu corazón o por un Estado con un millón de armas apuntadas en la misma dirección.

Hemos visto antes que cuando Galileo, Descartes y Newton derrocaron el orden intelectual medieval y destrozaron la imagen de la Ciudad de Dios que estaba dibujada en los cielos, algo bello y extraño se perdió para siempre. No podemos volver a aquella visión ni tampoco la mayoría querríamos hacerlo. Pero recordamos con cierta nostalgia lo que una vez fue y no puede volver a ser. ¿Se destruyó e hizo añicos también algo bello y extraño cuando el sistema de castas europeo, el orden social que conocemos como *ancien régime*, fue derrocado? ¿O era Tocqueville simplemente un viejo loco sentimental cuando escribió las tristes y sin embargo esperanzadoras palabras que acabamos de leer sobre lo que se había perdido y ganado?

En pocas palabras, ¿los avances en el conocimiento van siempre acompañados de un coste muy alto? Yo creo que sí, y creo que no se puede evitar pagar ese precio.

El *Don Giovanni* de Mozart

En un capítulo anterior hemos visto como John Locke, a finales del siglo XVII, trató por medio de la razón de persuadir tanto a sus compatriotas como a sus contemporáneos de otros países de que la tolerancia de las diferencias religiosas era la única forma verdadera de cristianismo. La obsesión de más de mil años con Dios no fue tan fácil de aplacar y la intolerancia siguió campando durante la era de las revoluciones políticas. Y fue así no sólo en los países católicos. La Iglesia católica trató de aplastar las herejías con la misma pasión y fuerza de siempre hasta la Revolución francesa e incluso después. En los países protestantes, con idéntico fervor, se perseguían y castigaban herejías distintas.

Al mismo tiempo, los ataques sobre el escaso poder de la religión organizada se hicieron cada vez más fuertes y, en su análisis, más creativos. El golpe legal más significativo a favor de la tolerancia lo dio la Declaración de Derechos de la Constitución de Estados Unidos, que prohibía al estado intervenir en adelante en la vida religiosa de sus ciudadanos. Hubo personas que, a título individual, siguieron interviniendo, igual que hoy en día, pero el Estado tenía prohibido por ley hacerlo y, en general, no ha tratado de decirles a los norteamericanos qué debían o no creer durante los dos siglos que han transcurrido desde que los Padres Fundadores insistieron en que se incluyera esta libertad básica en la ley fundamental del país.

Thomas Jefferson intervino en la redacción de la Declaración de Derechos, igual que intervino en casi todas las innovaciones de la vida política norteamericana. Como muchos de sus colegas de los primeros gobiernos de Estados Unidos, él era deísta; creía en Dios pero no en una religión concreta. Estos hombres sentían que había muchas formas de servir a Dios y seguir sus preceptos, que cada persona podía considerar que fueran unos u otros. E incluso si algunas personas acababan condenadas por seguir el camino equivocado, el Estado no debía jamás imponer ningún camino en concreto a sus ciudadanos, que debían tener la libertad de cometer sus propios errores, pues de lo contrario, ¿cómo iban jamás a crecer?

Los británicos consiguieron la libertad política antes que los norteamericanos, pero les costó mucho más lograr una verdadera libertad religiosa. En Francia, el agresivo fervor antirreligioso de la Revolución fue reemplazado, tras la caída de Napoleón, por una renovada ola de conservadurismo religioso. En Italia, la libertad religiosa no se garantizó hasta el establecimiento de la república, tras la segunda guerra mundial. Tampoco se permitió la libertad religiosa en los recién fundados estados comunistas de Europa y de Oriente. En ellos se prohibió toda religión y se ejecutó a hombres y mujeres por expresar su deseo de profesar cualquier tipo de culto religioso.

No sólo los políticos lucharon por librar a hombres y mujeres de los estrictos controles de una religión oficial. Los artistas también colaboraron en la lucha y a veces la lideraron. Siendo, como eran, artistas, presentaron sus opiniones de una forma sorprendente y, en ocasiones, aparentemente burlona. Un buen ejemplo de ello es Mozart, cuya ópera *Don Giovanni* es un ataque brutal y brillante contra la intolerancia religiosa. También expresa, al mismo tiempo, la tragedia de un hombre cuya única religión es el saber. En esencia, proclama que un hombre debe ser libre para buscar el saber allí donde desee. Pero también se pregunta si el conocimiento es todo lo que un hombre debe buscar.

La historia de don Juan es muy antigua. Sus orígenes se pierden en las brumas del pasado medieval. Era un mito del libertinaje cuando el libertinaje todavía era una idea peligrosa y provocadora. Don Juan cobró personalidad literaria por primera vez en la tragedia *El burlador de Sevilla*, escrita por el dramaturgo español Tirso de Molina en 1630. A través de esta obra, don Juan se convirtió en un personaje universal, tan conocido como don Quijote, Hamlet o Fausto, ninguno de los cuales existió nunca, aunque todos ellos disfrutaron y todavía disfrutan de una vida más allá de la vida.

Según la leyenda, don Juan era un incorregible seductor de jovencitas. Llegó al máximo del libertinaje cuando sedujo a una joven de familia noble y mató a su padre, quien para vengar a su hija le había desafiado a un duelo. Después, tras ver una efigie del padre en su tumba, le pidió a la efigie que fuera a cenar con él. El fantasma de piedra se presentó a cenar y predijo la muerte y condena eterna del pecador.

El personaje de Tirso de Molina posee un valor y una energía que le dan a la tragedia un poder considerable. El autor confirió a don Juan un sentido del humor agudo y vibrante, que añadió a su caída una dimensión nueva que no existía en la leyenda.

Wolfgang Amadeus Mozart (1756-1791) nació en Salzburgo, ciudad de la que es el hijo más famoso, y su padre, que era músico, lo crió como un niño prodigio. Hacia 1781, cuando sólo tenía veinticinco años, ya había compuesto cientos de obras, rompió con su mecenas, el arzobispo de Salzburgo, y trató de salir adelante por sí mismo y forjarse una carrera musical sin la ayuda de los aristócratas ricos. No alcanzó buen fin ese intento de ser libre. Murió sólo diez años después en la pobreza más absoluta y le enterraron en el cementerio para pobres de Viena sin siquiera una lápida que marcara el lugar de su última morada. Alcanzó su enorme éxito póstumamente, cuando se le empezó a reconocer, igual que se le reconoce hoy, como uno de los más grandes compositores de todos los tiempos.

Mozart era un hombrecito pequeño de temperamento alegre. Algunos de sus contemporáneos lo consideraban un *idiot savant*, una especie de genio bufón cuyo talento era inexplicable. Distaba mucho de ser un filósofo, pero comprendía tan bien como cualquier hombre de su época el desafío que el mundo moderno planteaba a la religión tradicional. Sus tres últimas óperas versan todas, de uno u otro modo, sobre este tema. *Don Giovanni* lo trata de una forma aterradora.

La ópera, con libreto de Lorenzo Da Ponte (1749-1838), se representó por primera vez en Praga en octubre de 1787. Fue un éxito sensacional allí, aunque fracasó en la conservadora Viena al año siguiente. Puede que el fracaso en su país natal le rompiera el corazón a Mozart.

El don Giovanni de Mozart es un hombre brillante y encantador. Seduce a una serie de jóvenes, no tanto por amor, aunque por supuesto a ellas les dice que el amor inunda su corazón, como por su necesidad de conocerlas, lo cual no puede lograr de otro modo que conquistándolas. Puesto que pronto satisface su curiosidad, las abandona a todas y les parte el corazón. El padre de su última amante desafía al seductor a un duelo. Don Giovanni, riéndose, mata a su anciano adversario. Su víctima le había invitado a cenar. Cuando el pobre anciano está muriendo, don Giovanni, con su acostumbrada cínica cortesía, le invita a cenar para devolverle el favor. Incluso su sirviente, Leporello, queda conmocionado ante tamaña blasfemia.

¿Por qué trata don Giovanni al anciano con tanta crueldad? Detecta en él una vena de sentimentalismo que no puede tolerar. Don Giovanni carece por completo de sentimientos. Él es un científico que experimenta con el alma de las mujeres. Busca en sus víctimas una veta de grandeza que no poseen. Al final siempre le decepcionan. El padre de su amante es un desafío todavía menor. Don Giovanni le despacha como despacharía una tierna carta de una de sus amantes, que no revela nada, pues no queda nada por revelar.

Don Giovanni tiene muchos enemigos. Empiezan a rodearle, a acosarle para que se enfrente a su destino. Se ha gastado su fortuna y él y Leporello se ven reducidos a tomar una humilde cena en una pequeña habitación. De repente suena un atronador golpe en la puerta. Leporello se encoge de miedo, pero don Giovanni, incólume, se acerca a la puerta y la abre. El Commendatore está frente a él, pálido y fantasmal. Ha venido a cenar.

Toma la mano de don Giovanni con una fuerza helada. El hombre vivo no puede soltarse. El fantasma tira de él, mientras

Leporello grita a su señor que se zafe y huya. Pero don Giovanni no querría soltar al fantasma aunque pudiera. Le fascina lo que le aguarda. Finalmente ha encontrado un desafío digno de él. Continuará su búsqueda del conocimiento en el mismísimo infierno. «¡Arrepiéntete!», grita el fantasma, pero don Giovanni responde, con calma, que no tiene de qué arrepentirse. Es uno de los momentos más grandes de la historia del arte occidental. La orquesta concluye con un sobrecogedor *fortissimo*, se encienden los fuegos del infierno, se oye un grito que hiela la sangre y el héroe desaparece mientras cae el telón.

¿Es la ópera *Don Giovanni* una comedia o una tragedia? En su obra *Hombre y superhombre* (1905), Bernard Shaw (1856-1950) expuso su visión de un cómico intelectual mozartiano que encanta a los diablos del inframundo, el único lugar en que ese don Juan se siente de verdad a gusto. Pero Shaw sólo cuenta con palabras. La música de Mozart le añade a la leyenda de don Juan una dimensión que no se encuentra en sus otros tratamientos. La última cena de don Giovanni se hace memorable y sobrecogedora gracias a los magníficos acordes de la orquesta, al noble *basso* del Commendatore y al desmesurado coraje del propio don Giovanni. Proclama que puede vivir sin que Dios le dé la respuesta a sus preguntas; quiere descubrir él mismo esas respuestas, incluso si el precio que tiene que pagar por su presunción es la condena eterna.

Si la vida y la muerte de don Giovanni, tal como lo concibe Mozart, son trágicas, es un tipo nuevo de tragedia, muy distinta de las obras clásicas griegas y de las de Shakespeare. Don Giovanni es sardónico y cínico, no tiene miedo a nada ni ningún respeto por las virtudes tradicionales. Su tragedia, si es que es una tragedia, radica en su total aislamiento de la sociedad de la que se mofa. Las costumbres ancestrales de la sociedad no son nada para él. Y lo que es más, comprende que esas costumbres han dejado de tener fuerza también para muchos miembros de la sociedad, aunque tienen demasiado miedo como para admitirlo. Es por eso por lo que le resulta tan sencillo seducir a las jóvenes, que caen rendidas ante sus románticos suspiros. Estas jóvenes ansían tanto como él un nuevo tipo de aventuras y una nueva clase de libertad, aunque le exigen que las corteje de la forma tradicional antes de ceder ante él y ante sus propios deseos en una sociedad que no les permite disfrutar de la misma libertad que a los hombres. Siendo mujeres, sufren el tormento de los remordimientos y el castigo por su «inmoralidad».

Sólo don Giovanni es totalmente consciente de lo que está pasando. Incluso su criado, Leporello no comprende en realidad lo que sucede, a pesar de que también él es un libertino en el viejo sentido de la palabra: es decir, también a él le gusta seducir a mujeres jóvenes. Pero él juega ese juego según las viejas reglas.

Don Giovanni lo juega de una manera completamente nueva y trata de hacer que las mujeres que se convierten en sus amantes hagan frente a sus propios deseos para convertirse así en más de lo que fueron sus madres. Ellas no pueden hacerlo, lo que le sume en la más honda decepción y le impulsa a buscar una nueva víctima. Pero «víctima» no es la palabra correcta, pues don Giovanni sabe muy bien que cada una de sus compañeras de cama acude a él voluntariamente. Es por eso por lo que le puede decir con toda honestidad al fantasma de piedra: «¡No tengo nada de que arrepentirme!»

Es también por eso por lo que el final de la ópera de Mozart es tan inquietante. Nos sobrecoge, hace que se erice el vello de la nuca, porque comprendemos cuán injusta, en un sentido, es la condena de don Giovanni al fuego eterno del infierno. Sin embargo, también es injusto el sufrimiento de sus amantes abandonadas, a las que una sociedad tradicional dominada por los hombres —de la que no pueden escapar— les impone salvajes castigos.

El *Fausto* de Goethe

La leyenda de Fausto es tan antigua como la leyenda de don Juan. Es posible incluso que Fausto sea todavía más famoso. Hubo incluso un Fausto histórico que murió alrededor de 1540, un famoso mago que empleó sus artimañas para atrapar a hombres y mujeres y tomar de ellos cuanto su malvado capricho deseara.

En 1587 se publicó una recopilación de relatos sobre antiguos magos, hombres sabios que dominaban las ciencias ocultas. Eran historias que se conocían desde la Edad Media y cuyos personajes eran magos tan famosos como Merlín, Alberto Magno o Roger Bacon. En el primer *Faustbuch*, todas sus hazañas fueron atribuidas a Fausto. Le acompañaba un salvaje demonio llamado Mefistófeles y todos los relatos estaban salpicados de un humor cruel y de grano grueso a costa de las víctimas de Fausto. Pero no se tenía la menor duda de que Fausto estaba condenado a pudrirse en el infierno. Según la leyenda, Fausto había vendido su alma al Diablo y tendría que pagar por todos sus triunfos sufriendo la condena eterna.

El primer *Faustbuch* se tradujo a muchas lenguas. La versión inglesa inspiró a Christopher Marlowe a escribir su *Trágica historia del doctor Fausto* (publicada en 1604, aunque escrita antes), que contribuyó a la fama del ya célebre personaje. Durante los siguientes doscientos años aparecieron otros libros de historias de Fausto, además de manuales mágicos que llevaban su nombre. Algunos de estos manuales contenían instrucciones sobre cómo evitar el pacto con el Diablo o incluso romperlo una vez establecido.

El Fausto original deseaba sexo, riqueza y poder sobre los demás pero, conforme se extendió la leyenda, pasó a adquirir otras dimensiones y significados. Fausto también deseaba conocimiento, pero sólo para conseguir sus perversos fines. El escritor alemán Gotthold Lessing (1729-1781) interpretó que la búsqueda del conocimiento por parte de Fausto era algo noble, y en una obra que dejó inacabada dispuso una reconciliación entre Dios y Fausto, que así podía escapar de las garras del Diablo. Una idea parecida inspiró otros tratamientos del mito de Fausto, como los de Hector Berlioz, Heinrich Heine, Paul Valéry y Thomas Mann. Sin embargo, el Fausto más famoso, y el más inquietante, es el de Goethe.

Johann Wolfgang von Goethe, «el maestro espiritual del pueblo alemán», nació en Frankfurt am Main en 1749 y murió en Weimar en 1832, a la edad de ochenta y dos años, tras una vida en la que, básicamente, fue acumulando triunfo tras triunfo.

Científico, filósofo, novelista y crítico, además de lírico, dramaturgo y poeta épico, fue la figura más destacada de su época después de Napoleón. O quizás incluso le superó. Ambos hombres
se encontraron en una ocasión y Napoleón, asombrado pero también consciente de que le escuchaba una multitud, exclamó:
«*Vous êtes un homme!*»

Fausto fue el trabajo de toda una vida. Empezó a escribirlo
en la década de 1770 y lo completó casi sesenta años después.
Se publicó un fragmento en 1780. A partir de entonces, esta
obra maestra se vio interrumpida en muchas ocasiones. La primera parte no se completó hasta 1808, y aún entonces sólo gracias a la insistencia del poeta Friedrich Schiller (1759-1805),
amigo de Goethe. De nuevo los acontecimientos impidieron a
su autor continuar el trabajo y la segunda parte no vio la luz hasta pocos meses antes de la muerte de Goethe. La obra no se retrasó sólo porque el autor tuviera otras cosas que hacer. Goethe,
sabiendo que *Fausto* requeriría toda su imaginación, conocimiento y experiencia, le dedicó su vida entera.

La primera parte, cuyo subtexto es la destrucción del mundo medieval y su reemplazo por la sociedad moderna, empieza
en la Edad Media. Fausto está en su alto estudio gótico y se siente muy desgraciado. Ha alcanzado la sabiduría que buscaba don
Giovanni, pero a costa de la misma soledad y aislamiento que sufrió el español. Aparece Mefistófeles, primero como un perro de
aguas negro. Le ofrece a Fausto la posibilidad de ir más allá del
conocimiento, de disfrutar de placeres y riqueza, de la compañía
de personas interesantes y de poder sobre la naturaleza. Fausto acepta la oferta, pero rechaza el tradicional pacto fáustico.
Declara que ya vive en el infierno y que, por tanto, no hace falta castigarle más. Mefistófeles altera entonces los términos del
acuerdo. Si consigue alguna vez que Fausto confiese que está satisfecho, que su atormentado e impulsivo espíritu desea descan-
sar, entonces el Diablo habrá ganado. «¡Hecho!», grita Fausto,
y da comienzo el gran desafío.

Con la aparición en 1790 de *Faust: Ein Fragment*, la primera
parte de *Fausto* se hizo famosa en Alemania por su historia de
amor. La publicación en 1808 del libro completo hizo que la his-

toria se difundiera por toda Europa. Fausto se enamora de Gretchen, una joven sencilla que vive en una casita de una pequeña ciudad regida por los despóticos valores tradicionales. Ella
nunca ha tenido un amante. Tampoco ha recibido jamás un regalo de un hombre cuando Fausto, para cortejarla y seducirla,
le entrega una preciosa colección de joyas que le ha proporcionado Mefistófeles. Ella se pone las joyas y se mira al espejo. Lo
que ve es la persona diferente en la que se acaba de convertir
y que siempre tuvo el potencial de llegar a ser.

Gretchen sabe instintivamente, como cualquier mujer, lo que
significa el regalo. Reconoce las posibilidades que promete y los
peligros que entraña. El peligro es que el hombre al que ya considera su amante la seduzca y luego la abandone. Mefistófeles,
con sus artes mágicas, ha rejuvenecido treinta años a Fausto y le
ha hecho recuperar su atractivo. Fausto le dice a la joven que
escape de la pequeña habitación en la que pasa la vida, en aquella casa feudal de la vieja ciudad. Y ella no se lo piensa dos veces.
Se entrega a Fausto y se enamora de él con toda su alma.

Ya Marshall Berman afirmó que era inevitable que Gretchen
aceptara la promesa de una vida nueva y con horizontes más amplios.[1] Sobre la pobre y noble Gretchen se habían ido acumulando presiones durante quinientos años, desde que en el año 1300
Dante, Petrarca y Boccaccio inauguraron el Renacimiento y empezaron a hacer palanca para forzar los barrotes que mantenían
a las mujeres prisioneras de la concepción medieval del mundo.
La mayoría de europeos vivían todavía en 1800 en entornos ce-
rrados, feudales y tradicionales, acatando las antiguas leyes sociales administradas por los sacerdotes y clérigos de una u otra
confesión. Durante quinientos años, espíritus valientes como los
que hemos descrito en los capítulos anteriores trataron de liberar al hombre de la prisión formada por sus propios miedos y
prejuicios.

Siempre hubo jóvenes valientes como Gretchen y, lo supieran o no, siempre buscaron a un Fausto, un extranjero audaz que

---

1. Los lectores del maravilloso libro de Marshall Berman titulado *Todo lo
sólido se desvanece en el aire* sabrán apreciar mi deuda con él en lo que sigue.

llegara a la ciudad y se llevara de ella a la belleza local, que sobreviviría o no sobreviviría a ese romance, pues su supervivencia solía depender del hombre. Conforme pasó el tiempo, cada vez hubo más Faustos y más Gretchens. De hecho, la mayoría de los norteamericanos descienden de ese tipo de personas, pues lo que llevó más inmigrantes al nuevo mundo fue precisamente el deseo de escapar del mundo feudal de su juventud, todavía básicamente medieval, y cruzar los océanos en busca de una vida mejor y más libre.

Gretchen comete un error muy común al dejarse conquistar demasiado fácilmente por Fausto. Aunque a él le complace que se haya convertido en una mujer encantadora, empieza a pensar que necesita más de lo que ella puede darle. Esto es consecuencia en parte de la intervención de Mefistófeles y en parte de la forma de ser de Fausto, condenado a no estar nunca satisfecho. Así pues, él la abandona. Sin la protección de Fausto, Gretchen es hostigada hasta la desesperación. Su hermano, Valentín, se mofa de ella y la acusa. Fausto lo mata en un duelo con la ayuda de Mefistófeles. El bebé de Gretchen muere y a ella la encarcelan, acusada de infanticidio, y la sentencian a muerte. Espera la ejecución cuando Fausto vuelve y, de nuevo con la ayuda de Mefistófeles, entra en su celda.

Al principio ella no lo reconoce. Cree que se trata del verdugo y ofrece conmovedoramente su cuerpo al hacha. «¡No —grita Fausto—, he venido a salvarte! ¡Sólo tienes que salir de la celda y serás libre!»

Gretchen se niega. Sabe que Fausto no la ama, que sólo la salva porque siente remordimientos. Tampoco desea ser libre de la misma forma que él es libre. Aunque conoce incluso mejor que el propio Fausto la salvaje crueldad de su cerrado mundo feudal, también percibe lo bueno que hay en él: su fidelidad a unos ideales, su devoción por una vida de lealtad y amor. A pesar de que su propio mundo la haya traicionado, ella no lo traicionará. Tampoco traicionará su amor por Fausto. Le perdona y le absuelve de cualquier pecado que haya cometido por ella y, conforme ella se eleva, él siente que le ha ayudado a liberarse de su pacto con el diablo.

La segunda parte del *Fausto* de Goethe es una obra del siglo XIX y debe discutirse dentro del contexto de su época. Por ello no haré comentarios sobre el texto hasta el siguiente capítulo.

La primera parte del poema es el complemento natural de *Don Giovanni*. Es más profunda, pues Goethe era mejor escritor que Lorenzo Da Ponte. También va más allá en la línea de pensamiento que Mozart, más que Da Ponte, había iniciado.

La historia de amor de Fausto y Gretchen no es sólo un desafío a la religión tradicional, mientras que la moraleja de *Don Giovanni* es que todos los seductores van al infierno. Pero ambas obras, y muy especialmente *Fausto*, nos exigen que reconozcamos que está naciendo un nuevo mundo. Por el momento, dicen ambas, sólo una minoría de hombres y mujeres pueden entender lo que sucede y beneficiarse de ello. En el caso de Don Giovanni, sólo él mismo se da cuenta y lo paga muy caro. Pero incluso Fausto, a pesar de toda su brillantez, necesita la ayuda del Diablo. No puede liberarse solo.

Durante casi dos milenios, los cristianos creyeron que la libertad verdadera procedía de Dios. Dante había proclamado: «Su voluntad es nuestra paz», y miles de sacerdotes en miles de sermones habían prometido a sus fieles que si tan sólo obedecían los bienintencionados mandamientos de Dios, alcanzarían la bendición eterna. Pero durante dos milenios el mundo había seguido avanzando inexorablemente, aplastando los cuerpos y mentes de hombres y mujeres, retorciéndolos y distorsionando su visión de lo que era bueno. Se necesitaba una nueva alianza. La alianza con Dios no había funcionado. Y la única alternativa era un pacto con el Diablo.

Mozart no podía decirlo explícitamente, aunque su música lo deja claro. Goethe deja que sea Mefistófeles quien lo diga por él:

Soy el espíritu que siempre niega, y con razón, pues todo cuanto tiene principio merece ser aniquilado...

Sin embargo, al mismo tiempo, el Diablo es «parte del poder que siempre quiere el mal y siempre obra el bien». Dios, en su desmesurado amor por la humanidad, resulta devastador para la energía creativa del hombre. La pasión demoníaca por la destrucción, en cambio, es creativa. Debemos acabar con lo viejo para abrir paso a lo nuevo, pues de lo contrario, no es posible el progreso.

Por tanto, el progreso es un pacto con el Diablo, no una alianza con Dios. Ésta es una conclusión extraña. Y, sin embargo, el mundo ha actuado como si fuera indudablemente cierta durante dos siglos y no muestra ninguna señal de haber cambiado de opinión conforme el siglo XX se acerca a su fin.

10. El siglo XIX: preludio a la modernidad

Durante los tumultuosos cien años del siglo XIX, Europa impuso su sello al resto del mundo, de modo que era posible presumir de que el sol jamás se ponía en los imperios británico, español, portugués, holandés o francés. Los florecientes Estados Unidos, «la gran nación del futuro», descubrieron que no necesitaban establecer un imperio propio. La promulgación de la doctrina Monroe en 1823 aseguró que la influencia norteamericana en el hemisferio occidental fuera incuestionable, mientras se le evitaba a la nación la carga de tener que administrar los asuntos de una docena de pequeños estados. Japón, que supo ver antes que muchos otros hacia dónde soplaban los vientos del futuro, se abrió a Occidente en 1868, con lo que accedió a las ventajas de la tecnología occidental en vez de verse forzado, como le sucedió a China, a convertirse en un mero proveedor de materias primas y mano de obra. Y un siglo de relativa paz, interrumpida sólo por pequeñas guerras de posición entre las potencias coloniales, permitió al mundo entre 1815 y 1914 dedicar sus abundantes energías al desarrollo de un mercado global de materias básicas que sustituyó al anterior comercio menor de productos de lujo. El poema «Cargamentos» de John Masefield, es un buen símbolo del cambio que se produjo:

> *Quintirreme de Niveneh de la lejana Ophir,*
> *rema hacia su puerto de la soleada Palestina,*
> *con un cargamento de marfil,*
> *y monos y pavos reales,*
> *sándalo, cedro y dulce vino blanco.*

Galante galeón español que viene del istmo,
baja a los Trópicos por las costas de verdes palmeras,
con un cargamento de diamantes,
esmeraldas, amatistas,
topacios, canela y monedas de oro.

Sucio barco de cabotaje británico con la chimenea cubierta de sal,
embiste por el Canal en los fieros días de marzo,
con un cargamento de carbón,
raíles de tren, plomo en bloques,
madera, objetos de hierro y bandejas de hojalata baratas.

El siglo XIX fue testigo del descubrimiento de nuevas fuentes de energía, como el petróleo y la electricidad. Se enorgulleció de disponer de nuevos medios de comunicación, tanto a escala local como global, tales como el telégrafo y el teléfono. Y dio la bienvenida a nuevos medios de hacer la vida más cómoda, desde la luz eléctrica a las baratas estufas de hierro forjado. Los objetos manufacturados, las verjas de hierro para el jardín y los muebles producidos en masa para el salón y los dormitorios reemplazaron a la artesanía hecha a mano, que no recuperaría el prestigio perdido hasta finales del siglo XX. En unos pocos países desarrollados, la literatura y el periodismo populares requerían que se consiguiese la alfabetización plena, y misioneros de estos países trataron de llevar la luz del conocimiento a los últimos rincones del mundo. El ferrocarril serpenteó a través de bosques y sobre ríos y praderas, uniendo comunidades que llevaban siglos separadas, transportando nuevas ideas sociales y destruyendo las antiguas. Y al final del siglo, los más visionarios de Alemania y Estados Unidos profetizaron que el recién inventado automóvil se demostraría el vehículo más revolucionario, y más rentable, que jamás había visto el mundo.

En general, el siglo XIX fue una época que gustó de pensarse a sí misma y llamarse «nueva». El adjetivo es adecuado. Pero la novedad más importante de la época ni siquiera se puede entrever entre los ejemplos enumerados en el párrafo anterior.

El dinero marca la diferencia

En ciertos aspectos básicos, los seres humanos no hemos cambiado mucho durante los últimos cinco o diez mil años. Por lo general, aunque a veces no, los antiguos egipcios amaban a sus hijos; igual que nosotros. A los antiguos griegos les gustaba comer y beber y sentarse al sol y hablar sobre cuestiones filosóficas; lo mismo nos gusta a nosotros, aunque seguramente no seamos tan propensos a referirnos a nuestra conversación como filosófica. Las matronas romanas se entretenían cotilleando cuando se reunían en un lugar público para limpiar la ropa; nosotros cotilleamos en las lavanderías. En la antigüedad, los hombres enfermaban y morían; nosotros también. Eran generosos, en ocasiones, y otras veces crueles; nosotros también. A veces eran presumidos y egocéntricos y otras veces, capaces de verse a sí mismos objetivamente; lo mismo podría decirse de nosotros. En general, tenían muchas más similitudes que diferencias con nosotros.

Hay otros aspectos en que los seres humanos del pasado veían la vida de forma distinta a nosotros. Por supuesto, no tenían neveras ni televisión ni microondas ni coches ni ordenadores, como tenemos nosotros. Pero eso no representa una gran diferencia. No se «tomaban» unas vacaciones ni se preocupaban por cómo emplear su «tiempo libre». Eso ya es una diferencia más significativa. No vacunaban a sus hijos contra las enfermedades más comunes de la infancia ni esperaban que «les fuera mejor en la vida» de lo que les había ido a ellos. Eso es una diferencia todavía mayor. No creían que el dinero fuera muy importante. Y eso es una diferencia fundamental, tan enorme que resulta difícil comprender todas sus implicaciones.

Es todavía más complicado cuando nos damos cuenta de que la gente de la antigüedad no fue la única que concedía al dinero una importancia relativamente menor. Lo mismo puede decirse de la mayoría de los hombres y mujeres de la Edad Media, en todos los países; también del Renacimiento y hasta de la mayoría de los países en el siglo XVII e incluso XVIII. Hasta finales del siglo XVIII, es decir, prácticamente hasta antes de ayer, la mayoría de la gente no había descubierto todavía lo importante que podía ser el dinero. En consecuencia, aunque psicológicamente esa gente fuera muy parecida a nosotros, sus vidas eran muy distintas.

Si podemos entender esta profunda diferencia entre los hombres y mujeres de un pasado bastante reciente y nosotros mismos, comprenderemos a la vez una de las principales contribuciones del siglo XIX al conjunto de saber de la humanidad. Es quizá en este sentido, más que en ningún otro, en el que podemos considerar los cien años que parten de 1800 como un preludio al siglo XX.

El siglo XIX no inventó el dinero. Como medio de intercambio, como instrumento para equilibrar las cuentas entre un comprador de bienes y servicios y quien los vende, el dinero es muy antiguo. Se han descubierto muy pocos pueblos, no importa lo primitivos que fueran, que no tuvieran algún concepto de dinero o que no usaran algo que desempeñara el papel de dinero, fueran huesos o piezas de metal.

Tampoco se ha descubierto ningún pueblo que no quisiera dinero, no importa cómo lo concibieran o contasen. Siendo así, es asombroso que hasta hace bastante poco la mayoría de los seres humanos, que por lo demás eran muy similares a nosotros, carecían de una noción tan fundamental para nosotros: cómo ganar dinero. La frase «ganarse la vida» les hubiera resultado incomprensible. Casi todo hombre, mujer y niño de hoy en día sabe lo que significa, aunque muchos encuentren difícil lograrlo.

La vida económica antes de 1800: el campesino

Tratemos de imaginar el modo de vida de ciertos grupos o clases económicas antes de 1800. No se trata de una fecha exacta. Algunos de estos grupos dejaron de existir como entidades económicas significativas antes de 1800 en unos pocos países desarrollados, como Inglaterra o Estados Unidos, mientras que en otros países sobrevivieron casi hasta el día de hoy y, ciertamente, hasta después de la segunda guerra mundial. Pero el año 1800 nos servirá como punto para señalar un antes y un después, como hito que marca el cambio de la vieja economía preindustrial y no monetaria que caracterizó la vida humana durante la mayor parte de su historia a la nueva economía monetaria industrial o postindustrial en la que vivimos en la actualidad.

Veamos la situación de los campesinos. Utilizo esa palabra para referirme a la inmensa mayoría de los seres humanos que habitaban en casi todos los países hasta 1800, que vivían en el campo y al campo dedicaban sus vidas y que, con el pequeño excedente que alcanzaban a producir, soportaban toda la superestructura de la sociedad al tiempo que prácticamente no se beneficiaban de ella. En algunos países, esta clase económica fue conocida como siervos, en otros como esclavos y aún en otros como intocables. «Campesino» nos servirá como nombre genérico.

Un campesino trabajaba todo el día, todos los días, desde el momento en que era capaz de levantar la herramienta más simple hasta cuando era demasiado viejo o estaba demasiado enfermo para seguir haciéndolo, y entonces lo más probable es que muriera. Igual sucedía con su mujer. Quizá tuviera un poco de dinero, unos pocos céntimos o su equivalente. Pero ni él ni su mujer trabajaban para ganar ese dinero ni ningún otro. Trabajaban porque la vida era trabajo y el trabajo era vida, y no se podía renunciar a ninguno de los dos. El dinero, en particular, no se entrometía entre la vida y el trabajo como medio de intercambio en el mercado de mano de obra.

En otras palabras, nuestro campesino no tenía un «trabajo» por el que le pagaban un sueldo o salario. Tampoco podía, si se le presentaba alguna otra oportunidad, dejar su «puesto» para aceptar otro por el que le pagaran más. Los campesinos, en su mayor parte, estaban atados a la tierra en la que habían nacido y esperaban trabajarla hasta el día de su muerte. No podía dejar su tierra y a su señor para trabajar para otro señor a menos que los dos señores acordaran que era algo mutuamente beneficioso para ellos. Los campesinos tampoco podían exigir más dinero por el trabajo que realizaban.

En puridad, trabajaban para ellos mismos y para su señor, y su trabajo producía alimentos, que eran vida para los propios campesinos, para sus hijos y para los que, como sus ancianos padres, dependieran de ellos. Su señor les permitía quedarse con una pequeña parte de su cosecha para venderla a los aldeanos, que no vivían de la tierra ni la cultivaban. De esta forma, los campesinos conseguían pequeñas cantidades de dinero. Parte de este dinero lo debían devolver a su señor, que tenía el derecho a gravar todas las transacciones mercantiles de sus dominios. El resto lo dedicaban a comprar cosas necesarias, como sal o hierro, o quizá libros que no podía producir su tierra o, mejor dicho, la tierra de su señor.

¿Qué esperaban recibir de la vida los campesinos? En general aspiraban a que les dejasen en paz para poder criar a sus hijos, sufrir tan poco dolor como fuera posible y tener una buena muerte. De estas esperanzas, que les dejaran en paz no era la menos importante.

Los campesinos estaban en lo más bajo del orden social, rodeados y acosados por múltiples enemigos. Todos estos enemigos querían robarles, arrebatarles el poco dinero que tenían y cualquier otra cosa de valor que poseyeran. Su trabajo era valioso y, en consecuencia, sus enemigos, entre los que el señor ocupaba un lugar destacado, trataban también de robárselo.

Los campesinos, pues, esperaban no morir más pobres de lo que habían nacido. No esperaban morir más ricos. Tampoco esperaban que sus hijos fueran más ricos de lo que ellos fueron. Las esperanzas que tenían para sus hijos, si es que tenían alguna en absoluto, no eran distintas de las que tenían para sí mismos.

El señor

También éste es un término genérico. Los terratenientes han recibido diversos nombres, como barón, señor, *signore*, *master* o simplemente jefe. Igual que el campesino, el señor tenía poco dinero disponible, aunque, por supuesto, tenía más que el campesino, unos pocos euros en lugar de unos pocos céntimos. A diferencia del campesino, el señor era propietario de la tierra a la que ambos, de forma distinta, estaban atados.

El señor podía abandonar legalmente su tierra si quería, pero solía ser muy imprudente hacerlo, teniendo en cuenta que estaba rodeado de enemigos. A menos que el campesino fuera un esclavo, el señor no lo poseía, pero vivía a costa de su trabajo; es decir, el campesino tenía que labrar la tierra para el señor y para la familia del señor además de para sí mismo y su propia familia, produciendo comida para ambos. A cambio, el señor protegía al campesino contra algunos de sus más despiadados enemigos, como piratas, bandoleros y otros forajidos.

¿Cuáles eran las expectativas del señor? Ante todo, esperaba no perder nada de sus tierras y poder dejárselas en herencia a sus hijos. En segundo término, a menudo a mucha distancia del anterior, esperaba adquirir más tierras. ¿Pero cómo podía el señor adquirir tales tierras cuando todo el territorio ya era propiedad de otros señores o del rey? Uno de los medios era hacer que sus hijos varones se casaran a cambio de ciertas tierras. Un excedente de hijas, sin embargo, cada una de las cuales necesitaría un lote de tierras en su dote, podía resultar en una reducción de las posesiones familiares. Por eso los hijos se consideraban más valiosos que las hijas.

Puede que el rey le quitara tierras a un señor y se las diera a otro como pago por algún servicio notable. Ésta era una vía de «ascenso» que no se podía descuidar y en ella el dinero era muy útil para sobornar a los sirvientes del rey y comprar cargos, cosas que podían llevar a futuras adquisiciones de tierras a costa de otro señor que no hubiera sobornado a las personas adecuadas o comprado los cargos adecuados. El propio rey tenía problemas con ello, pues una de sus obligaciones políticas era asegurar a sus barones la posesión de sus tierras y si no parecía capaz o dispuesto a hacerlo, se podía encontrar sin el apoyo de sus nobles en una emergencia. Así pues, la mejor forma de adquirir más tierras era robarlas a otro, es decir «conquistarlas» mediante lo que se llamaba una guerra justa.

Los señores más importantes se pasaban la mayor parte del tiempo luchando contra otros señores importantes que querían sus tierras o cuyas tierras querían. Éste era su trabajo, y a él se dedicaban de lleno y en él consumían la mayor parte de sus energías, aunque, desde luego, ni tanto tiempo ni tanta energía como el campesino dedicaba a su tierra. Así pues, los señores trabajaban por tierras, no por dinero. Si se les presentaba la oportunidad, por supuesto, robaban dinero, es decir, lo «conquistaban» y les encantaba poseerlo por todas las cosas buenas que el dinero podía conseguirles. Pero, en general, el dinero era de importancia secundaria comparado con las tierras.

El clérigo

Una vez más, un término genérico para definir a un sacerdote, ministro o título similar. El clérigo, como el señor, vivía a costa del trabajo del campesino. Por ley, podía exigir una décima parte, o diezmo, de la cosecha. A menudo, el diezmo era más de un 10 por ciento. Dado que el clérigo no podía obtener dinero del campesino, vendía el excedente de la cosecha que administraba para conseguir el dinero que le hacía falta para comprar cosas que el campesino no podía aportar, como seda y otros tejidos elegantes para los trajes, oro y plata para los objetos del altar y bellos libros de los que leer la Palabra de Dios al campesino cuando éste se arrodillaba en la iglesia. A cambio, el clérigo le garantizaba al campesino un viaje seguro a la otra vida.

¿Cuáles eran las esperanzas y expectativas del clérigo? Aparte de la salvación, que era más o menos importante dependiendo del carácter y la profundidad de su fe, esperaba hacer carrera en la Iglesia. La Iglesia era la única meritocracia en el antiguo régimen preindustrial. Sus miembros podían ascender o descender en la jerarquía dependiendo de sus méritos individuales, aunque no todos esos movimientos se basaban exclusivamente en la capacidad individual. Muchos dependían del nacimiento, pero es que entre campesinos y señores, todos los movimientos arriba o abajo en la escala social dependían del nacimiento. Un sacerdote brillante de la Iglesia católica podía aspirar a convertirse en obispo o cardenal, aunque no fuera de origen noble, o incluso en papa, siempre que fuera italiano. Los altos cargos eclesiásticos reportaban a sus titulares mucha riqueza, entre la cual también había dinero, pero que habitualmente consistía en tierras y joyas, pieles y obras de arte. Ningún clérigo trabajaba por dinero como tal. Esa idea hubiera sido incomprensible antes del siglo XIX y ni siquiera después la hubieran aceptado fácilmente.

El rey

Por último estaba el rey, considerando como tal la cúspide de la pirámide del orden social, fuera cual fuera su título. Él vivía del trabajo de todos los demás, aunque puede que él mismo trabajase duro cazando (el deporte real), dispensando justicia (la obligación real, *noblesse oblige*) y guerreando (la profesión real). Tenía mucho dinero, pero sus gastos eran también muy altos, usualmente mayores que sus ingresos, de modo que se veía obligado regularmente a suplicar, pedir prestado o robar dinero —a menudo las tres cosas a la vez— a su pueblo o a otros reyes. Su ambición era conquistar tantos otros reinos como fuera posible. Si tenía éxito, se premiaba a sí mismo aceptando la adulación del mundo. Trabajaba por la gloria.

El dinero le resultaba necesario, principalmente porque con él compraba los soldados con los que podía ganar lo que de verdad le importaba: honor y fama. También le hacía falta porque, si carecía de él, sus soldados le abandonarían y quedaría indefenso ante sus enemigos, o sea, los otros reyes que sí habían conservado sus tropas. Entonces conquistarían su reino y quizá le mataran, lo que era el equivalente a lo que hoy sería una OPA hostil o una quiebra empresarial.

El mercader

Aunque parece que una clase social del antiguo régimen entendió el dinero de una forma moderna, de hecho distó mucho de ser así. Este grupo trabajaba con dinero, sabía cómo adquirirlo y cómo hacer que el dinero generara más dinero, y lo deseaba por encima de cualquier otra cosa del mundo. Hablamos de la clase de mercaderes, comerciantes y prestamistas urbanos.

Incluso en 1800 apenas existían unos pocos de ellos. Pero tenían una influencia desproporcionada para su escaso número, pues poseían, o podían poseer, o se creía que poseían las enormes sumas de dinero que los reyes y los nobles importantes necesitaban desesperadamente en una u otra ocasión, y que tomaban prestadas a unas tasas de interés ultrajantemente altas. Un 50 por ciento anual se consideraba una tasa de interés baja en la mayoría de los países en 1700. Tales negocios generaron fortunas para familias como los Fugger alemanes o los florentinos Medicis. Pero el negocio era peligroso, pues a menudo los reyes se negaban a pagar sus deudas y los banqueros solían carecer de los medios para forzarles a cumplir sus acuerdos económicos. Por supuesto, podían negarse a dejarles dinero en otra ocasión, pero también eso era peligroso, pues el rey tenía soldados y los banqueros no.

El interés que los prestamistas cargaban a sus clientes antes del siglo XVIII solía ser ilegal. A ojos de la Iglesia, la usura, el nombre que usaba para referirse a los préstamos de dinero con interés, era un pecado contra la naturaleza y contra Dios.

Los orígenes de esta postura se remontan a Aristóteles, que distinguió entre dos tipos de actividades económicas. Una, que denominó doméstica, implicaba la producción y consumo de todas las cosas que los seres humanos necesitaban para vivir. La cantidad de comida que cualquiera necesita se mide por una necesidad natural, no por el deseo; es decir, hay límites naturales a la cantidad de comida que cualquiera puede comer. Aristóteles, pues, sostenía que la producción, distribución y consumo de comida era una actividad económica natural y, puesto que era natural, era buena. Una virtud similar atribuía a la ropa, las casas y cosas así. En todos esos casos puede que se entrometiera el deseo y llevara a un hombre a querer más de lo que realmente necesita, pero por la misma naturaleza de estas cosas el margen de exceso sería pequeño. En general, la necesidad era la medida y garantizaba la bondad natural del comercio de estos bienes.

Aristóteles denominó al otro tipo de actividad económica «comercio». El nombre no es apropiado hoy en día, pero la idea es lo suficientemente clara. El comercio, según Aristóteles, no estaba sujeto a ningún límite natural. La medida de ese negocio no era la necesidad, sino el dinero y, por lo tanto, no existía ningún límite natural a la cantidad de dinero que alguien puede desear. Por tanto, concluyó Aristóteles, el comercio no era natural. El peor tipo de comercio era el que trataba con el propio dinero. Si un hombre comerciaba con alimentos, comprándolos y vendiéndolos por el dinero que podía ganar en lugar de conseguir algo que comer para él y su familia, era algo malo, pero al menos el producto de ese negocio era útil para alguien. Pues la comida, incluso si para el comerciante era sólo un medio de adquirir dinero, para el receptor final era un medio para satisfacer una necesidad natural, el hambre.

Pero el dinero en sí mismo era inútil, dijo Aristóteles, y comerciar con él —prestándolo a interés, por ejemplo— no tenía como objetivo ningún bien de ningún tipo y, por ello, tal actividad era antinatural porque no se basaba en una necesidad natural. La única cosa que impulsaba a un comerciante de dinero era el deseo. Y el deseo de dinero no tiene límites.

La Iglesia estaba dispuesta a aceptar el comercio como natural si se llevaba a cabo dentro de lo posible en especies. Pero, siguiendo el análisis de Aristóteles, no podía considerar la usura como algo natural. Como otros actos antinaturales (la gula, la sodomía y el incesto, por ejemplo), la usura se declaró pecado. Todos los que la practicaban necesitaban buscar la absolución y los que la practicaban demasiado o demasiado a menudo podían ser condenados a muerte.

Esta ilegalidad y pecaminosidad de la usura tuvo importantes consecuencias. En primer lugar provocó que buena parte del negocio de préstamo quedara en manos de los judíos, que no tenían ningún prejuicio contra la usura. Consideraban que cobrar un interés por el uso de un dinero no era diferente de cobrar un alquiler por el uso de unas tierras, cosa que los cristianos consideraban perfectamente natural. Era habitual que la ley prohibiera a los judíos ser propietarios de tierras, así que concentraron sus esfuerzos y su creatividad en la actividad bancaria, en la que se convirtieron en expertos.

Sin embargo, aunque la usura fuera legal según la ley judía, seguía siendo ilegal según la ley cristiana, y eso le daba a menudo a los deudores una excusa para abjurar de sus deudas. Como seguía haciendo falta dinero, el resultado de todos estos inconvenientes e impagados fue que los prestamistas cargaban tasas de interés más altas, pues desconfiaban de sus clientes y necesitaban cubrir sus riesgos con unos mayores rendimientos. El resultado final fue que el total de capital disponible se redujo, excepto para gastos militares, que siempre se conseguían pagar a pesar de que faltase dinero para otras cosas.

Se podían encontrar cantidades de capital relativamente grandes para actividades pacíficas cuando la sociedad entera estaba de acuerdo en que se trataba de proyectos valiosos. El ejemplo por excelencia son los cien años que van entre 1150 y 1250 en Francia, cuando se construyeron decenas de grandes catedrales por todo el país, cuyo coste total se ha estimado en hasta un cuarto del producto nacional bruto de aquel período. Se levantaron catedrales en casi todas las ciudades. Casi todo el mundo contribuyó a su construcción voluntariamente y, en muchos casos, extáticamente. La era de las catedrales se acabó a mediados del siglo XIII y no se volvió a emprender un proyecto comparable en ningún lugar del mundo hasta el siglo XIX. Luego se convirtieron en algo común. Ésa es una de las grandes diferencias que provoca el dinero.

Los mercaderes y los banqueros no eran los únicos que trabajaban directamente con dinero en la economía preindustrial del antiguo régimen. Tradicionalmente, los siervos que lograban escapar de su señor y sus tierras se convertían en hombres libres si podían sobrevivir sin que les capturaran y devolvieran a su amo durante un año y un día. En los siglos XI y XII, un largo período de relativa paz y buenas cosechas permitió que la población creciera. Muchos hijos jóvenes huyeron de sus hogares campesinos en Italia y en el norte de Europa y acudieron a las nuevas ciudades, las comunas, pues según rezaba el dicho, «en la ciudad el aire es más libre». Los mercaderes de las comunas estaban dispuestos a ignorar la procedencia de los jóvenes que solicitaban trabajo y les protegían durante el período necesario para que consiguieran la libertad. Estos jóvenes a menudo operaban dentro de los parámetros de una economía monetaria, recibiendo un salario fijo por su trabajo y, una vez habían conseguido la libertad, cambiando de un empleo a otro.

Después de que la Peste Negra diezmara la población de Europa a mediados del siglo XIV, algunos siervos liberados gozaron de una libertad similar. Pero esos períodos de libertad sólo fueron excepciones a la regla. La mayoría de las veces era muy difícil para los hombres dejar a sus señores y convertirse en trabajadores libres, y la vida de muchos de los que lo conseguían no parecía mucho mejor que la que llevaban los campesinos. Hasta finales del siglo XVIII en Europa, y en muchos lugares del resto del mundo hasta la actualidad, la gran mayor parte de personas vivía en una economía preindustrial, tenía muy poco dinero y no podía disfrutar lo que el dinero podía comprar o lograr.

El surgimiento del mercado de trabajo: la economía

Compárense las condiciones de vida que acabamos de describir en los apartados anteriores con las que existen hoy en día. En el siglo XXI, casi todo el mundo, en casi todos los países, trabaja por dinero y utiliza el dinero que gana para comprar las cosas que necesita y desea para hacer su vida mejor. Casi nadie puede vivir bien sin dinero. Aquellos que tienen más dinero son la envidia de los que tienen menos y prácticamente todo el mundo busca constantemente formas de ganar más de lo que gana.

Somos conscientes de que incluso hoy en día hay personas a las que no les preocupa el dinero. Están más interesadas en el trabajo que hacen que en el dinero que ganan por él, o les importa más dónde viven o no entrar en una competencia inexorable. Incluso esas relativamente pocas personas necesitan algo de dinero para vivir.

Hubo un tiempo en que la posesión de tierras fue equivalente a la posesión de ingresos monetarios. Hoy, si somos tan desgraciados como para poseer tierras sin tener dinero con el que mantenerlas, puede que acabemos siendo más pobres de lo que solía ser el campesino más pobre. Si fuéramos un rey que viviera del trabajo y caridad de su pueblo, podríamos sentirnos deshonrados o, al menos, incómodos. Si fuéramos un sacerdote honesto que ayuda a su parroquia, seríamos conscientes de que la mayoría de nuestros parroquianos se compadece de nosotros por lo pobres que somos, aunque nosotros nos creamos ricos porque estamos haciendo avanzar la obra de Dios.

El cambio producido de 1800 a la actualidad es extraordinario. En 1800, en la mayoría de los lugares del mundo, el dinero era casi invisible. Hoy es omnipresente. El trabajo existía entonces igual que ahora, pero la noción de que el trabajo es la vida y la vida es trabajo prácticamente se ha extinguido. Trabajamos para ganarnos la vida y puede que incluso soñemos con el día en el que ya no necesitemos trabajar y podamos tener tiempo para «vivir de verdad». El trabajo y la vida, en lugar de considerarse partes inseparables de la existencia, se han vuelto conceptos en conflicto, casi nociones contradictorias.

Para la mayoría de los seres humanos sobre la faz de la tierra, este cambio ha tenido lugar durante el siglo XX. Es así porque el desarrollo industrial del mundo entero llevó dos siglos, en lugar de uno. Comenzó durante la segunda mitad del siglo XVIII y se completó durante la segunda mitad del siglo XX. Pero el cambio, esencialmente, fue obra sólo del siglo XIX, del período entre 1815, que vio el fin del antiguo régimen en Europa, y el inicio de la primera guerra mundial en 1914. Todavía en 1815, la mayoría de la gente vivía una vida en la que no había dinero. Hacia 1914, la mayoría de la gente en los países desarrollados vivía en una economía plenamente monetaria. De hecho, ésa es una definición parcial de un país «desarrollado». Conforme el desarrollo se ha extendido a otros países durante nuestro siglo, la economía monetaria lo ha acompañado.

Este gran cambio del siglo XIX en las pautas más básicas de la vida humana tuvo como heraldo al descubrimiento, o quizás invención, de una nueva ciencia: la economía. Apodada la ciencia «sombría», fue patrimonio de un grupo de lúgubres pensadores que compartían una visión pesimista de los asuntos humanos. Por decirlo de otra forma, estaban de acuerdo en que no se podía concebir a los seres humanos como si fueran fundamentalmente distintos de sacos de trigo o lingotes de hierro. Un hombre era una entidad económica que podía comprarse y venderse igual que una barra de pan. El alma humana no era una entidad económica y, por tanto, empezaron a surgir dudas de si existía realmente.

Adam Smith, en *La riqueza de las naciones* (publicado en 1776), fue el primero en describir el notable fenómeno que es el mercado de trabajo. En cierto sentido, el mercado de trabajo no existió antes de que él le pusiera nombre y explicara cómo funcionaba. Si la vida es trabajo y el trabajo es la vida, un hombre no puede separar el trabajo de sí mismo y venderlo a un tercero sin venderse a sí mismo a la vez. Adam Smith se contó entre los primeros en comprender que en el nuevo mundo que se estaba creando con la revolución industrial, el trabajo era una mercancía, un artículo como cualquier otro y que, en consecuencia, se podía comprar y vender. De hecho, todo se podía comprar y vender. La vida consistía en comprar y vender, no en trabajo, y el dinero era la sangre que corría por las venas del mercado. Sobre el mercado flotaba una «mano invisible», según la llamó Smith, que aseguraba que prevaleciera la eficiencia económica. Más aún, la felicidad de la humanidad dependía de que se comprase y vendiera de forma eficiente. El signo de la eficiencia eran los beneficios, que se medían en dinero. Así pues, el dinero era el fin hacia el que debía orientarse todo esfuerzo. Y con ello nació el mundo moderno.

A Adam Smith le siguieron Thomas Robert Malthus (1766-1834), quizás el más pesimista de todos ellos; David Ricardo (1772-1823); John Mill (1773-1836) y su hijo John Stuart Mill (1806-1873); Henry George (1839-1897) y John Maynard Keynes (1883-1946), por nombrar sólo a algunos de los economistas más célebres. En nuestra propia época, un gran número de economistas han realizado nuevos descubrimientos y aportado luz sobre viejos problemas. Han inventado nuevas medidas de la actividad económica, como M1 y M2 (medidas de la oferta monetaria)[2] y PNB (una medida de la productividad de las naciones).

Estos avances han hecho que sepamos mucho más sobre la vida económica. Y, sin embargo, quedan todavía muchas áreas de ignorancia. El crac de la Bolsa de 1987, por ejemplo, fue tan alarmante, y al parecer tan impredecible, como el crac de 1929, a pesar de que durante los sesenta años que transcurrieron entre ambos, un ejército de economistas se dedicó a asegurar que un desastre como el de 1929 no podía repetirse. Y más preocupante todavía es que aún hoy, muchos años después, los economistas siguen sin ponerse de acuerdo sobre por qué sucedió el crac de 1987.

Que la economía sea o no una ciencia «de verdad» en realidad no tiene importancia. Los economistas saben muchas cosas que son ciertas, a pesar de que no las sepan con la certeza de, por ejemplo, un físico, que puede apoyarse en la seguridad que le dan tres siglos de mecánica newtoniana. Lo que importa es que todos, gracias a la economía, sabemos muchas cosas importantes que nuestros antepasados ignoraban. En primer lugar y lo más importante de todo, sabemos que, en el mundo actual y en cualquier mundo que podamos imaginar, el trabajo, la pericia y la experiencia son vendibles, y la vida consiste en aprender cómo vender nuestro trabajo, pericia y experiencia al precio más alto que podamos conseguir dentro de ciertas condiciones definibles.

También creemos que ése es el orden natural de las cosas. Quizá lo es y lo siga siendo por siempre. Pero no debemos olvidar que hace tan sólo dos siglos se pensaba de forma completamente distinta. Puede que eso nos debiera hacer reflexionar más de lo que pensamos habitualmente sobre lo que sabemos o creemos saber.

La economía, la ciencia sombría del siglo XIX, ha invadido otros reinos del conocimiento. Karl Marx, sobre quien hablaremos más adelante, era a la vez un economista y un historiador.

---

2. M1 es el efectivo en manos del público más los depósitos a la vista, es decir, el dinero efectivo líquido. M2 consiste en M1 más los depósitos de ahorro a corto plazo y las participaciones en fondos de inversión. Hay una tercera medida, M3, que es M2 más el ahorro a largo plazo (*N. de la t.*)

Hoy, en buena parte debido a Marx, toda la historia seria es historia económica, aunque a veces se presente disfrazada de otra cosa. Es decir, cualquier historia digna de ese nombre debe tratar los hechos económicos, aunque luego incluya muchas otras cosas. Antes de Adam Smith no se le exigía eso a la historia para reconocerla como buena historia.

Más aún, existe hoy un aspecto económico de la ciencia, un aspecto económico del arte, e incluso una economía del ocio, algo que, en el régimen anterior, era casi lo opuesto a un hecho económico. Y el dinero se ha convertido en la medida del éxito incluso en las actividades aparentemente menos económicas. Nos fascina el estilo de vida de los ricos, donde la fama acompaña a la riqueza y se puede comprar una reputación.

La victoria del dinero sobre el viejo régimen tuvo lugar en Inglaterra ya cuando Charles Dickens (1812-1870) estaba escribiendo *Dombey e hijo*, a mediados de la década de 1840. A Dickens ese fenómeno le asombró tanto como a cualquiera y le dejó consternado y triste por lo que se había perdido en el proceso. No escondió su desaprobación.

Dombey es rico, es el director de una poderosa casa comercial. Su hijo es un chaval enfermizo pero despierto e inteligente. Un día el pequeño Paul le pregunta a su padre: «Papá, ¿qué es el dinero?»

El señor Dombey se queda desconcertado. ¡Qué extraordinario que su hijo le pregunte eso! «¿Que qué es el dinero, Paul? ¿El dinero?», responde.

«Quiero decir —continúa Paul— ¿qué es el dinero, después de todo? ¿Qué puede hacer el dinero?»

«Lo sabrás mejor con el tiempo —le dice el señor Dombey a su hijo, dándole unos golpecitos cariñosos en la mano—. El dinero, Paul, lo puede todo.»

Paul no se desanima con esa respuesta y continúa interrogándose sobre el dinero. Su madre está muerta. Murió unas pocas horas después de que él naciera. Si el dinero es bueno, pregunta, ¿por qué no salvó a su mamá? Él mismo está débil y enfermo. El dinero no puede devolverle la fuerza ni la salud. Entonces, ¿para qué vale?

Al final de la novela comprendemos que el dinero no pudo salvar al pequeño Paul ni, de hecho, tampoco a la casa de Dombey e Hijos, que se ha hundido alrededor del señor Dombey junto con todas sus esperanzas. Ha perdido a su hijo, a su mujer y todo su dinero. Sólo le queda su hija, a la que nunca valoró mucho. Pero lo cierto, como Dombey comprende al final, es que su hija vale más que todo el dinero, la fama y el honor del mundo.

Desarrollo fáustico

La primera parte del *Fausto* de Goethe se publicó en 1808. Como hemos visto, fue la campana que tocaba a difuntos por el antiguo, cerrado y gótico mundo en el que Goethe había nacido. La segunda parte, que el escritor finalizó sólo unos pocos meses antes de morir en 1832, complementa a la primera veinticuatro años después. En lugar de describir con agónica fidelidad un mundo que muere, describe imaginativamente un mundo que nace.

Según la leyenda de Fausto, el Diablo tienta a Fausto con todos los bienes con los que puede soñar un hombre (entre estos bienes, Christopher Marlowe, en su obra, incluyó a Helena de Troya, como símbolo de todo lo que la mujer representa). El Mefistófeles de Goethe lleva a Fausto en un viaje a través del espacio y del tiempo y le ofrece a Helena como pareja, además de muchísimos otros lujosos regalos. Pero el Fausto de Goethe se aburre. Quiere todavía más, pero no sabe exactamente qué.

El cuarto acto se abre con Fausto sentado lúgubremente en la cumbre de un alto risco, contemplando el inmenso océano. Mefistófeles aparece calzado con las botas de siete leguas, que se alejan solas cuando se las quita. Le pregunta a Fausto qué le preocupa.

Fausto no lo sabe. Entonces, de repente, comprende lo que desea. El océano, abajo a lo lejos, se mueve con el incesante impulso de las mareas y, sin embargo, todo ese movimiento no sirve para nada. Toda esa energía se desperdicia. «¡Quiero controlarlo! —grita Fausto—. ¡Atrévete a ayudarme!»

Ése es el tipo de proyecto que le gusta a Mefistófeles. Ayudará a Fausto a lograr lo que ningún hombre ha conseguido nunca. Explica que Fausto debe ayudar al emperador en una guerra. A cambio, el emperador le dará a Fausto una concesión gigantesca, permitiéndole desarrollar toda la línea de costa. Dicho y hecho. Fausto está de nuevo sentado en su atalaya, contemplando satisfecho la plasmación de su grandioso plan. Lo que era una jungla, un caos natural, ahora es un enorme parque, con bellos edificios y fábricas que producen un alud de productos útiles y que emplean de forma útil el trabajo de miles de hombres.

Pero hay una cosa más que desea. En el mismo centro del paisaje está una pequeña casa rodeada de bellos y viejos tilos. Fausto pregunta quién vive en esa casa que le estropea el paisaje.

«Una pareja de ancianos, Baucis y Filemón», le dice Mefistófeles. Le explica que no ha podido hacer que los ancianos se marchen. Son gente buena, generosa, pero a su edad no les seduce la alternativa que Mefistófeles les ha ofrecido: una casa mejor con más tierra en un parque cercano no muy lejos, pero fuera de la vista de Fausto. A Fausto le tortura la frustración. Lo tiene todo: poder, éxito, la satisfacción de haber mejorado la vida de miles de sus congéneres... y aquella estúpida pareja de viejos se entromete en su camino.

Fausto no es cruel. Al menos no cree serlo. No quiere hacer daño a los ancianos, cuya bondad y generosidad les ha hecho muy queridos por todos. Pero ¡debe terminar su proyecto! No puede concebir que una sola pareja de ancianos desbarate la culminación de su sueño. Ordena a Mefistófeles que los quite de en medio y destruya su fea casa y los viejos árboles. Debe hacerse antes de que acabe el día, grita, ¡o no volverá a dormir nunca!

Mefistófeles vuelve al poco tiempo. Pero la atención de Fausto se desvía hacia una luz anaranjada que reluce sobre los árboles. «Debe de haber un incendio allí», dice Fausto. «Desde luego —le contesta Mefistófeles—. Es la casa de Baucis y Filemón. No querían dejar su hogar, así que lo quemamos hasta convertirlo en cenizas.» Fausto se queda estupefacto. ¿Están bien los ancianos? Mefistófeles se encoge de hombros. «Querías deshacerte de ellos —dice—. Tuvimos que matarlos. Por la mañana no habrá nada en ninguna dirección que te perturbe la vista.»

Fausto se arrepiente de lo que ha hecho, pero Mefistófeles no le da tregua. No se puede hacer una tortilla sin romper algunos huevos, le viene a decir (¿cuántos constructores, promotores o directores de grandes proyectos han dicho lo mismo en el siglo y medio largo que ha transcurrido desde *Fausto*?). Fausto echa a Mefistófeles pero, por supuesto, no puede librarse de él ni tampoco quiere realmente hacerlo. El espíritu que lo niega todo, el destructor de cuanto existe, es necesario —y Fausto lo sabe— para despejar el camino al futuro. El mundo es limitado en su extensión, pero los sueños del hombre son infinitos. Lo viejo debe eliminarse, derribarse, arrasarse, para dejar sitio a lo nuevo. A un ritmo cada vez mayor, las novedades de ayer deben dejar su lugar al mañana.

¿Ha sido siempre así? No cuando la población permanecía constante; cuando los hombres construían no para una generación sino para un milenio; cuando las instituciones se diseñaban para durar hasta el final de los tiempos. El cambio siempre ha existido. El cambio es inevitable en la vida y en la naturaleza. Pero hasta la revolución industrial, hasta el siglo XIX, el cambio no era el objetivo. Entonces, y sólo desde entonces, el cambio se ha legislado y exigido por sí mismo. Las cosas tienen que cambiar porque el pasado es fundamentalmente peor e insatisfactorio. Lo nuevo es bueno, lo viejo es malo. ¡Fuera lo viejo, que venga lo nuevo!

Nada de esto queda invalidado por nuestra actual moda de nostalgia por el pasado reciente. Conforme escribo, los norteamericanos están locos por todo lo que tenga que ver con la década de 1950; conforme tú leas, puede que otra década se haya puesto de moda y los cincuenta hayan caído en desgracia. Incluso esta forma de pensar no se le escapó a Goethe, que la comprendió hace ciento setenta años. Así, al final de la obra, Fausto, ya viejo y ciego, desea regresar a la pequeña ciudad en la que nació y visitar de nuevo la pequeña habitación de Gretchen. Pero eso no es más que hacer una especie de parque temático del antiguo régimen, en su versión de 1830. El viejo modo de vida feudal se ha convertido en un lugar que visitar, no en un lugar en el que vivir. El lugar en el que vivir es el futuro.

El final de la obra maestra de Goethe es, como mínimo, enigmático. El viejo poeta no ha perdido ni su energía ni su habilidad, pero quizá ya no cuenta con la determinación que una vez tuvo. Fausto ha sufrido por lo que les hizo a Baucis y Filemón, pero también ha disfrutado de muchos triunfos. Lo más importante es que nunca admite su derrota. Su visión de un futuro que será mejor para la mayoría, a pesar de que pueda ser cruel con algunos, es una descripción adecuada, parece decir Goethe, del nuevo mundo que está formándose ante los ojos de todos, aunque no todos sepan verlo. Y por eso, en las últimas líneas de la obra, Fausto no es condenado, sino que alcanza la salvación.

El espíritu profético del que están imbuidos Goethe y su héroe Fausto no desaparece con la muerte de Goethe ni con la apoteosis poética final de Fausto. El testigo pasó a un grupo de pensadores, la mayoría de ellos jóvenes, que se llamaban a sí mismos socialistas —un nuevo mundo— y componían agradables visiones de un mundo basado en el trabajo social y dedicado a la justicia. El más elocuente e influyente de esta nueva raza de profetas fue Karl Marx.

Marxismo: teoría y práctica

Uno de los argumentos de defensa de la esclavitud más hipócritas que sostenían los apologistas del Sur en los años que precedieron a la guerra civil estadounidense decía algo así: admitamos que se practica la esclavitud en nuestra región fundamentalmente por razones económicas. Pero el amo trata bien a su negro. Al propietario de esclavos le interesa cuidar de sus esclavos por motivos económicos. El negro, siendo por naturaleza inferior, vive mejor siendo esclavo de lo que viviría si fuera libre, gracias a ese trato benévolo. El trabajador «libre» del Norte no disfruta de esta clase de benevolencia, seguía diciendo esta línea de razonamiento. Es un esclavo en todo menos en el nombre y además se le trata brutalmente porque eso es lo que más conviene económicamente a su empleador, que no es su propietario. Así, una especie de «esclavitud a sueldo» existe en la sociedad «libre» del Norte y es mucho peor que la esclavitud directa que se practica en el Sur.

Un corresponsal extranjero del *The New York Tribune* estaba de acuerdo con ese argumento, pero no porque deseara justificar la esclavitud. Su nombre era Karl Marx y quería hacer que el mundo entero cambiase de arriba abajo.

Aunque en 1815, después de las guerras napoleónicas, se reconstituyó el sistema político conservador en Europa, pronto se empezaron a apreciar las primeras grietas. Una revuelta menor en Francia en 1830 fue seguida por una revuelta a gran escala en Alemania en 1848. Esta revolución se extendió a otros países. Marx y su amigo Friedrich Engels (1820-1895), que estaban trabajando denodadamente en Londres para publicar un manifiesto comunista, creían que una revolución mundial, o al menos paneuropea, estaba a la vuelta de la esquina. La revolución de 1848 fue reprimida brutalmente, pero Marx y Engels no dejaron de soñar. Ni de predecir.

El marxismo es a la vez una teoría de la historia y un programa práctico para revolucionarios. Su originalidad consiste en la combinación de estos dos elementos. Muchos predecesores de Karl Marx planificaron revoluciones o diseñaron justificaciones para emprenderlas. Marx hizo ambas cosas y ése es el motivo por el cual es el revolucionario más famoso que jamás haya existido y también el más influyente.

Karl Marx no era un hombre alegre y no tuvo una vida feliz. Nació en Tréveris, en el oeste de Alemania, en 1818, hijo de una familia de clase media. Estudió derecho en la universidad de Berlín pero la dejó antes de licenciarse. Se unió a los «Jóvenes Hegelianos», o Republicanos de Izquierda, y se fue a París a trabajar como periodista político, carrera a la que se dedicaría toda su vida. En 1845 tuvo que irse de París huyendo de la policía y acabó en Bruselas, donde conoció a Engels.

La mayor influencia en el pensamiento de Marx fue la filosofía de G. W. F. Hegel (1770-1831), que empezó a enseñar en Berlín el mismo año en que nació Marx. El método de Hegel, básicamente, consistía en hacerlo todo metafísico, es decir, es percibir en la realidad concreta la obra de alguna Idea o Mente Universal. Hegel contempló la historia desde un punto de vista tremendamente amplio y propuso que todo cambio, todo progreso, es consecuencia del conflicto entre enormes fuerzas. Una nación o figura trascendental para la historia del mundo plantean un desafío. A esta tesis, como él la llamó, se opone una antítesis. El conflicto entre ambas se resuelve, inevitablemente, con una síntesis de ambas fuerzas en un plano más elevado del ser.

Así, la Revolución francesa desafió al antiguo régimen. El antiguo régimen respondió con sus ejércitos de *emigrés*, que derrotaron a la revolución. Pero la resolución del conflicto fue un nuevo orden social, distinto de cualquier orden social anterior y también distinto de lo que habían esperado cada una de las dos partes en conflicto.

Ésta, pues, era una justificación para la revolución. Pero no era fácil aplicarla ni comprenderla hasta después de pasados los hechos, como en el ejemplo que acabamos de ver. No era un programa práctico que los revolucionarios pudieran seguir.

Marx comprendió este hecho y criticó agriamente a Hegel y a su dialéctica idealista, aunque admitió lo mucho que le debía. Le gustaba decir que «había vuelto del revés a Hegel». Es decir, Marx empezó a pensar desde la realidad material concreta y no desde la idea, como se suponía que Hegel había hecho. Marx, pues, bautizó su filosofía de la historia como materialismo dialéctico. Buen conocedor de la historia, declaró que no sólo era posible explicar por qué las cosas habían sucedido de la manera que habían sucedido, sino que también podía predecir lo que iba a pasar en el futuro.

La vaga noción de un conflicto de «fuerzas» históricas que propuso Hegel fue transformada por Marx en una lucha entre clases sociales y económicas, que creía que se había producido a lo largo de la historia y que sólo acabaría con el triunfo final del comunismo. Marx observó concienzudamente las condiciones de vida en el pujante mundo industrial que le rodeaba y fue también un escritor brillante. Describió la forma en que vivían los empobrecidos obreros ingleses y las condiciones en que trabajaban. También describió el modo en que vivían los capitalistas ricos. Era obvio que el interés de los capitalistas era distinto del interés de los trabajadores. En cierto sentido existía, y siempre había existido, un conflicto entre el trabajador y el propietario de la tierra o máquinas con las que trabajaba.

Sin embargo, toda la teoría de la lucha de clases de Marx se fundamentaba en la idea de que las clases socioeconómicas eran fijas y permanentes. Cabía la duda de que tales condiciones se dieran en los países europeos. Si no existían, es decir, si el conflicto era puramente circunstancial y no permanente y esencial, entonces Marx no había conseguido volver del revés a Hegel, sino que simplemente habría realizado una modificación menor a su doctrina. La clave radicó en que, existieran o no tales clases, Marx convenció tanto a los trabajadores como a los capitalistas de que sí existían.

Ese triunfo retórico es típico de Marx y lo sería de Lenin después de él. «Un espectro se cierne sobre Europa», empezaba diciendo el *Manifiesto comunista*, «el espectro del comunismo». Eso no era cierto. Los trabajadores estaban descontentos, como era lógico teniendo en cuenta cómo se les explotaba, y querían mejoras. De vez en cuando, las brutales condiciones en las que trabajaban les llevaban a montar en cólera y protestaban, habitualmente de forma poco efectiva. Pero sólo una minoría de estos trabajadores eran partidarios del comunismo y muchos ni siquiera sabían lo que era. La gran mayoría de los trabajadores sólo quería una vida un poco mejor con una distribución más justa de los beneficios de su trabajo. No pensaban en ellos mismos como una clase ni querían que su clase se convirtiera en la dominante en el mundo ni que reemplazara a los capitalistas.

Marx era más consciente de todo esto que nadie. Se dio cuenta de que tendría que convencerles con palabras de algo en lo que todavía no creían y que puede que nunca llegaran a comprender. Él y Engels nunca dejaron de trabajar en manifiestos, seminarios, críticas y artículos. La idea principal que querían que les quedase clara a sus oyentes o lectores era que el triunfo del proletariado, de la clase trabajadora que no poseía ningún tipo de capital, era inevitable.

Este nuevo orden no era inevitable y, de hecho, no ha ocurrido excepto en casos aislados en el siglo y medio que siguió a la aparición del *Manifiesto*. E incluso allí donde ocurrió ha sido rectificado recientemente. Sin embargo, para un revolucionario resulta muy reconfortante creer que está montado en una especie de montaña rusa de la historia cuyo trayecto a lo largo del tiempo está controlado por fuerzas invencibles y cuyo destino final es inevitablemente la victoria. Marx nunca se cansó de repetir que la victoria de la revolución comunista era inevitable. Y también en eso consiguió que le creyeran.

Retóricamente, el mayor talento de Marx radicaba en su capacidad para provocar a los burgueses *(épater le bourgeois)*. El *Manifiesto comunista* consiguió provocar a sus enemigos hasta ponerlos frenéticos. En este célebre documento aparecen todo tipo de ideas apócrifas, incluso la amenaza definitiva de que los comunistas compartirán hasta a las mujeres. Marx nunca pretendió tal cosa ni la deseó, pero sabía que era algo que conmocionaría a sus lectores.

Y lo que consiguió Marx con esa astuta y sistemática provocación fue que fueran los burgueses capitalistas los primeros en mover ficha. Es decir, fueron los burgueses los primeros en utilizar la fuerza como elemento de represión. Y Marx sabía que, una vez atacado, el proletariado respondería como una clase socioeconómica revolucionaria incluso si no creía serlo.

Puede que Marx haya enseñado otras cosas a los rebeldes de todo el mundo, pero lo que todos aprendieron fue este modo de acción revolucionaria. Tratan siempre de provocar al enemigo, a la policía, por ejemplo, para que use una fuerza excesiva mientras las cámaras de televisión aguardan sin intervenir y sin dejar de grabar.

La revolución de 1848, que impulsó la redacción del *Manifiesto comunista*, fue derrotada rápidamente y causó pocos perjuicios a los capitalistas. Un desafío mayor tuvo lugar en 1870, cuando el emperador Napoleón III de Francia declaró impulsivamente la guerra a Alemania, gobernada por Otto von Bismarck, y fue derrotado en tres meses.

Napoleón abdicó y un gobierno republicano provisional intentó continuar la guerra contra los invasores alemanes. Pronto se comprobó que la guerra estaba perdida y Francia se rindió a Alemania en enero de 1871. Se eligió un nuevo gobierno, de talante monárquico, y el país intentó seguir con sus asuntos como si nada hubiera pasado. Pero aquí, según Marx, intervino la antítesis.

Los parisinos, insultados y maltratados por los poderes que gobernaban Francia, se alzaron en una revuelta y trataron de independizarse escogiendo a su propio gobierno. La comuna de París se negó a obedecer las órdenes de Adolphe Thiers, el presidente electo del país. Thiers, viejo y astuto, pidió a los alemanes que liberaran a miles de prisioneros franceses y pronto organizó una fuerza militar poderosa con la que derrotar a la comuna de París.

Las calles de París fueron testigo de sangrientos combates y se poblaron de cadáveres durante el mes de mayo de 1871. Los últimos *communards* fueron fusilados contra el Mur des Fédérés, en el cementerio Père Lachaise el 28 de mayo. La izquierda francesa no olvidaría jamás que habían sido soldados franceses los que habían puesto a trabajadores franceses contra la pared y los habían matado a sangre fría.

Marx, que aguardaba y mantenía sus esperanzas, proclamó que los *communards* eran la vanguardia de una revolución proletaria. Probablemente no lo eran en absoluto. Pero de nuevo había los suficientes elementos como para que la afirmación de Marx fuera creíble. Conforme su fama como profeta crecía, su nombre era cada vez más útil para provocar a los capitalistas.

Marx murió en 1883. Fue en nombre de Marx que V. I. Lenin (1870-1924) dirigió a los revolucionarios de Rusia en 1917. Y lo que le dio a Lenin la oportunidad de triunfar fue un truco retórico típicamente marxista. Lenin dirigía una facción escindida de un grupo de rebeldes de izquierda. Se le oponía Alexander Kerensky (1881-1970), el líder de lo que parecía ser una mayoría de los revolucionarios. Los hombres de Kerensky eran centristas, y los centristas suelen ser siempre la mayoría de cualquier grupo.

Lenin comprendió mucho mejor que Kerensky el poder que tienen los nombres. Durante un breve período sus seguidores habían sido mayoritarios en un comité revolucionario. Empezó a llamar a su propio grupo, que estaba en la extrema izquierda, los bolcheviques o «mayoría». Kerensky creyó que los hechos acabarían imponiéndose a las fanfarronadas insensatas y le permitió seguir con su comedia. Pronto los bolcheviques se convirtieron de verdad en mayoría, pero sólo del grupo dirigente. Como consecuencia, una pequeña minoría del total de la población empezó a gobernar Rusia en nombre de la Gran Revolución del Proletariado.

El comunismo no es sólo un nombre o un espectro. Quizás un cuarto de la población del planeta vive bajo gobiernos comunistas, aunque ese número ha descendido rápidamente en los últimos años. El comunismo es una auténtica, aunque equivocada, teoría de gobierno y de organización socioeconómica.

El verdadero comunismo, tal como lo soñaron Marx y Lenin, sigue siendo una promesa del futuro, y puede que siempre sea así. En el presente, más de mil millones de personas son gobernadas en nombre de algo que todavía no existe y puede que no exista jamás.

Iluminaciones marxistas

Hace pocos años, un estudio de ventas de libros realizado por los editores llegó a la conclusión de que Karl Marx era el segundo autor más vendido de todos los tiempos, después de Agatha Christie. Quizá muchos, quizá la mayoría de los que compraron sus libros no los leyeron. Pero tenían que estar en las estanterías de cualquier comunista que se preciara en cualquier país del mundo, los leyera o no. Si los comunistas no leyeron a Marx, especialmente el *Manifiesto comunista*, se perdieron algo importante. Marx fue un gran historiador y un gran crítico del mundo en el que le tocó vivir, que comprendió casi mejor que nadie. Por ello fue capaz de predecir el futuro de verdad o, al menos, de describirlo en términos generales.

Las predicciones políticas de Marx no fueron muy acertadas. El comunismo, en general, ha fracasado, y creo que no le irá mejor en el futuro. Como idea de gobierno, deposita demasiado poder en manos de unos pocos, y esos pocos, sean aristócratas o proletarios, nunca estarán a la altura de su misión. Ningún gobierno puede ser justo, y por lo tanto tener éxito a largo plazo, a menos que encuentre una forma de colocar el poder en manos de muchos o, idealmente, en manos de todos. Quien dirige un estado comunista no es «el pueblo» en el mismo sentido que «el pueblo» dirige naciones como Gran Bretaña, Francia o Estados Unidos. La prueba es la existencia en todos los países comunistas de una policía secreta todopoderosa y su inexistencia en las auténticas democracias. Si «el pueblo» realmente gobernase, y supiera que gobierna, también sabría que no necesita ninguna policía secreta para controlar ¿a quién?, ¿a sí mismos?

De hecho, los acontecimientos políticos son más epifenomenológicos de lo que a los políticos les gustaría creer. Las administraciones, incluso los gobiernos, cambian, pero los cambios subyacentes son más importantes que los nombres de los partidos en el gobierno. Marx entendió, mejor que ningún hombre de su tiempo, los cambios subyacentes que tuvieron lugar en Europa a mediados del siglo XIX. Se equivocó sobre el futuro político. Pero no se equivocó acerca del carácter del mundo que estaba emergiendo.

Marx escribió en el *Manifiesto comunista*: «La burguesía ha desempeñado, en el transcurso de la historia, un papel verdaderamente revolucionario.» ¡Qué afirmación tan extraña! ¿La podría haber pronunciado alguien que no fuera Marx? Es decir ¿entendió alguien más que la burguesía había sido una clase revolucionaria desde sus inicios? Y en los últimos años, es decir, en el siglo que llegó hasta 1848, momento en que Marx escribía, logró «maravillas mucho mayores que las pirámides de Egipto, los acueductos romanos y las catedrales góticas; ha acometido y dado cima a empresas mucho más grandiosas que las emigraciones de los pueblos y las cruzadas». En un párrafo que respira la misma energía que animaba a la burguesía, Marx trata de resumir esta hazaña:

En el siglo corto que lleva de existencia como clase soberana, la burguesía ha creado energías productivas mucho más grandiosas y colosales que todas las pasadas generaciones juntas. Basta pensar en el sometimiento de las fuerzas naturales por la mano del hombre, en la maquinaria, en la aplicación de la química a la industria y la agricultura, en la navegación de vapor, en los ferrocarriles, en el telégrafo eléctrico, en la roturación de continentes enteros, en los ríos abiertos a la navegación, en los nuevos pueblos que brotaron de la tierra como por ensalmo... ¿Quién, en los pasados siglos, pudo sospechar siquiera que en el regazo de la sociedad fecundada por el trabajo del hombre yaciesen soterradas tantas y tales energías y elementos de producción?

Otros contemporáneos de Marx compusieron otras listas de logros de los burgueses capitalistas, o de proyectos que planeaban completar en un futuro cercano. Pero eso no es lo que Marx quería subrayar. Pone el énfasis en el proceso que la burguesía ha inventado, no en sus logros como tales. De hecho, la burguesía nunca se ha interesado en el tipo de logros que representan las pirámides, los acueductos o las catedrales. Sólo le interesa hacer dinero. No construye por construir, sino para ampliar su capital. Por tanto, está perfectamente dispuesta a derribar el edificio construido el año pasado, que sirvió a su propósito en cuanto fue completado, y construir otro en su lugar. Una cosa lleva a otra en una sucesión sin fin de ciclos de destrucción y construcción, construcción y destrucción, en un proceso que utiliza la energía y la creatividad de millones de personas de una forma que es completamente nueva.

Ni siquiera el proceso es fijo, comprendió Marx. También él debe ser constantemente mejorado, revolucionado. Es precisamente el haber sabido ver esto lo que le separa de sus contemporáneos y le convierte en un hombre moderno que tanto podría haber vivido hoy como hace un siglo y medio. Otro asombroso párrafo describe lo que tiene que pasar:

La burguesía no puede existir si no es revolucionando incesantemente los instrumentos de la producción, que tanto vale decir el sistema todo de la producción, y con él todo el régimen social. Lo

417

contrario de cuantas clases sociales la precedieron, que tenían todas por condición primaria de vida la intangibilidad del régimen de producción vigente. La época de la burguesía se caracteriza y distingue de todas las demás por el constante y agitado desplazamiento de la producción, por la conmoción ininterrumpida de todas las relaciones sociales, por una inquietud y una dinámica incesantes. Las relaciones inconmovibles y mohosas del pasado, con todo su séquito de ideas y creencias viejas y venerables, se derrumban, y las nuevas envejecen antes de echar raíces. Todo lo que se creía permanente y perenne se esfuma, lo santo es profanado, y, al fin, el hombre se ve constreñido, por la fuerza de las cosas, a contemplar con mirada fría su vida y sus relaciones con los demás.

En resumen, la burguesía inauguró una revolución permanente que no puede permitirse detener. No había forma de parar el mundo sólo porque te quisieras bajar. El cambio continuo que exigía el proceso revolucionario también necesitaba un nuevo tipo de ser humano: hombres y mujeres a los que les gustara el cambio por el cambio, irritables, impacientes, a los que deleitasen la movilidad y la velocidad, que buscasen mejorar en todas las facetas de su existencia. En breve, esta revolución necesitaba personas como nosotros, nos guste o no. Nuestros antepasados empezaron esta revolución y nosotros seguimos viviendo en ella. No podríamos pararla aunque quisiéramos.

Es tremendamente importante, en mi opinión, que reconozcamos que la mayor parte de nosotros no deseamos que el proceso se extinga. La nostalgia es agradable; nos encanta llevar a nuestros hijos a parques temáticos que celebran una versión higiénica de la forma en que solíamos vivir. Pero ni por un instante deseamos en serio volver a ese pasado. Es decir, no, al menos, si tenemos entre diez y sesenta años. Los muy niños y los muy ancianos quizá prefirieran la antigua aldea gótica de Gretchen, con su cerrazón y su carencia de visión y oportunidades de futuro. A los niños no les hacen falta para nada las oportunidades, ellos ya se las crean solos. Y los ancianos, después de toda una vida con el tipo de estrés que produce la revolución permanente, están más que dispuestos a retirarse a un «séquito de ideas y creencias viejas y venerables», a un mundo caracterizado por las «relaciones inconmovibles y mohosas del pasado». Pero los jóvenes y la gente de mediana edad no aceptarían jamás un mundo así. Quieren cambiar, y cambiar más rápidamente de lo que nadie ha cambiado nunca. Sueñan con un mundo completamente nuevo, aunque no puedan vislumbrar sus detalles.

En otras palabras, debemos distinguir siempre entre la nostalgia, que es una especie de droga benigna y suave que la mayoría de la gente puede permitirse consumir de vez en cuando, y un deseo auténtico de regresar a un modo de vida que hace tiempo que desapareció, a una época en que, por ejemplo, el dinero no era muy importante. Siempre habrá unos pocos que deseen regresar a lo que ven como un modo de vida más «simple». Pero la gran mayoría es lo bastante sabia como para saber que la vida no es de verdad más fácil por tener menos dinero o porque laves tu propia ropa a mano o porque cultives tus propias verduras o porque tengas que ir caminando o a caballo allá donde quieras ir. A pesar de todo su estrés, ansiedad y a la amenaza de peligros completamente nuevos, es la vida moderna la que es más simple y fácil, no la vida del pasado.

Hechos económicos: el vapor

El siglo XIX fue devoto de los hechos, especialmente de los económicos. Aunque todo lo demás cambiase, los hechos no lo hacían. Eran los puntos fijos por los que se orientaba un mundo en constante mutación. Un hecho no se cuestionaba. Simplemente era cierto o no. «Los hechos son los hechos», se decían los hombres los unos a los otros, como si eso lo explicase todo.

No creo que hoy entendamos o creamos en los hechos de la misma forma que en el siglo XIX. Hemos visto que incluso los hechos pueden cambiar cuando se unen al constante torrente de cambios que nos rodea durante cualquier instante del día o la noche. Sin embargo, no hemos perdido la sensación de poder, incluso de terror, que los hechos, y muy especialmente los hechos económicos, pueden conjurar.

¿Fue la energía a vapor un hecho económico? El siglo XIX así la consideró. Y en cierto sentido tenían razón. La energía a vapor fue un hecho brutal, y todos los hechos económicos son brutales, es decir, insensibles, inevitables, inexorables. La energía a vapor cambió por igual el campo y la ciudad y acercó a las naciones tanto en la guerra como en la paz. La energía a vapor creó mucha riqueza. Algunos magnates del ferrocarril ganaron fortunas mayores que las de los reyes o emperadores. La energía a vapor también creó trabajo para millones, que recibieron un sueldo que les permitió seguir viviendo, aunque no fuera, en el sentido moderno, un salario digno. El motor de vapor, junto con sus dos vástagos, el ferrocarril y la dinamo, se convirtió en símbolo del poder, magnificencia, crueldad y misterio de su tiempo.

El historiador Henry Adams, biznieto y nieto de presidentes de Estados Unidos, nació en 1838, lo que le hizo sólo veinte años más joven que Karl Marx. Teniendo a Marx delante de él despejándole el camino y siendo una persona perseverante e inteligente, debió culminar con éxito la búsqueda del sentido del mundo cambiante que le rodeaba, una búsqueda a la que dedicó su vida. Sin embargo, todos sus esfuerzos fueron en vano y fracasó por completo. No consiguió tener la misma claridad de visión que Marx. Por un lado, sabía demasiado. Por otro, se obsesionó desde una edad muy temprana por el poder y el simbolismo místico de las máquinas.

Hasta que la exposición universal de París cerró finalmente sus puertas en noviembre de 1900, Adams, según él mismo nos cuenta en su biografía, *La educación de Henry Adams* (1906), estuvo vagando por los diversos pabellones, tratando denodadamente de comprender qué luz arrojaban sobre el dinero, el conocimiento, la fuerza y la vida humana. Era la fuerza lo que más le intrigaba, pues pudo ver que durante su propia vida (tenía entonces sesenta y dos años), la cantidad de fuerza controlada por un inglés o norteamericano medio se había aproximadamente duplicado cada década, con la perspectiva, además, de que esa progresión geométrica en la fuerza disponible pronto fuera más allá de cualquier instrumento o aparato que los hombres pudieran inventar para controlarla.

Con esta profunda inquietud e ignorancia por lo que significaba el presente y por lo que podría traer el futuro, Adams paseó por el gran pabellón de las dinamos, que pronto «se convirtió en un símbolo del infinito». Describió su experiencia, como era su estilo, hablando de sí mismo en tercera persona:

> Conforme se fue acostumbrando a la gran galería de máquinas empezó a sentir aquellas dinamos de doce metros como una fuerza moral, de una manera similar a como los primeros cristianos sentían la cruz. El planeta entero parecía menos impresionante, en su anticuada y deliberada revolución diaria o anual, que esa enorme rueda, que giraba a menos de un brazo de distancia a una velocidad vertiginosa, apenas murmurando, apenas emitiendo un zumbido como un aviso para mantenerse a un mínimo de distancia por respeto a su poder, un zumbido que ni siquiera despertaría a un bebé que durmiera cerca de su base. Antes de llegar al final, uno empieza a rezarle; un instinto heredado que se ha enseñado como la expresión natural del hombre ante una fuerza silenciosa e infinita. Entre los miles de símbolos de la energía definitiva, la dinamo no era tan humana como otros, pero era el más expresivo.

Para el hombre moderno y científico, sentía Adams, «la propia dinamo no era sino un ingenioso canal para transmitir el calor latente en unas pocas toneladas de pobre carbón escondidas en un sucio depósito de motores que se mantenía cuidadosamente apartado de la vista». Esa visión pragmática es atractiva. Al menos elude el problema. Adams no creía que fuera prudente seguir evitando el problema.

El problema que presentaba la energía a vapor —el mismo problema, sólo que más grave, que plantea una central nuclear— es cómo controlar el tipo de fuerzas que el hombre ha aprendido recientemente a desencadenar. Adams tenía razón. Es como abrir la puerta de la jaula y dejar salir al león. Es algo muy excitante. Y entonces empiezas a pensar, conforme el león estira sus enormes músculos y ruge, ¡si tan sólo pudiera dominar toda esa energía!

Y luego empiezas a preguntarte, ¿qué voy a hacer con este león? Una cosa está clara: no lo puedes volver a meter en la jaula, pues ahora ha crecido y ya es más grande que la puerta. Al final puede que te veas reducido a rezar, como le sucedió a Adams.

Tras la primera de sus desgracias, la muerte de su hijo, el señor Dombey hace un viaje en ferrocarril. Está deprimido, devastado y obsesionado por la muerte. El tren en el que viaja se convierte en una metáfora de su miseria. Dickens escribe:

> No encontró placer ni consuelo en el viaje. Torturado por estos pensamientos llevó con él la monotonía a través del paisaje que transcurría rápido, y se precipitaba hacia adelante, no a través de un país rico y diverso, sino a través de un páramo de planes frustrados y lacerantes celos. La misma velocidad a la que el tren era impulsado era una parodia del rápido curso de la joven vida que había sido llevada tan persistente e inexorablemente hacia su predestinado final. El poder que se había impuesto con su camino de acero —el suyo propio— desafiando todos los caminos y carreteras, atravesando el corazón de todos los obstáculos y arrastrando a criaturas de toda clase, edad y grado bajo él, era un tipo de monstruo victorioso, la Muerte.

Más adelante en el libro, el enemigo de Dombey muere atropellado por un tren. «Fue apaleado, atrapado y arrastrado por un rodillo ajado que le hizo dar vueltas y más vueltas, le golpeó miembro tras miembro, sorbió su energía vital con su salvaje calor y dispersó sus mutilados fragmentos por el aire.» Hay en ello cierta justicia cruel.

Pero ese tipo de justicia no produce placer, no genera agradecimiento ni en Dombey ni en Dickens, ni tampoco en el lector. El tren no es sólo el símbolo de ese monstruo victorioso, la muerte. Es también el símbolo de todas las fuerzas inhumanas contra las que la humanidad ha luchado durante su historia. Lo que ha escapado de la jaula no es una bestia viva.

Los motores de vapor, las dinamos y el ferrocarril, por no hablar de los potentes coches y aeroplanos, son fuente de una especie de fascinación extática y de un pavor creciente. La gran rueda que zumbaba día y noche a la que Adams rezó, es una visión magnífica. El silbido de un motor de vapor durante la noche es uno de los sonidos más románticos y evoca recuerdos de encuentros y partidas tiempo atrás.

Todas las máquinas y motores poseen una fascinación más allá de su utilidad, que es grande. Mientras funcionan, parece que no les importamos y, sin embargo, nos obedecen. Se encienden y apagan cuando giramos la llave. Quizá no es sorprendente que el mundo moderno sacrifique miles de vidas cada año a esos monstruos victoriosos, las grandes máquinas con las que compartimos la Tierra.

Igualdad a punta de pistola

En el viejo oeste tenían un nombre para el Colt 45. Lo llamaban el Ecualizador, pues hacía a todos los hombres iguales, fueran jóvenes o ancianos, fuertes o débiles, buenos o malos, tuvieran razón o no.

Ya hemos visto que Alexis de Tocqueville fue uno de los primeros en comprender el inexorable avance de la igualdad social y la progresiva erosión de las diferencias entre lo mejor y lo peor. Tocqueville no mencionó el revólver en sus escritos. Pero en el viejo oeste, las fuerzas sociales estaban más a flor de piel. Allí, si un pequeño, malvado y retorcido villano tenía una pistola, había que tomarlo en serio. Hoy, en las oscuras y silenciosas calles de una ciudad, cualquier arma barata desempeña el mismo papel. Cualquiera puede ser víctima de un atraco. Nadie es inmune. La igualdad de la ciudad moderna prefigura lo que será el futuro del mundo.

El Colt 45 era una máquina y, por lo tanto, no debe sorprendernos que se creara a su alrededor un aura romántica y toda una mitología. De alguna manera, a través de una inversión de los conceptos de bondad y maldad, todos nosotros nos hemos convertido, en nuestra imaginación, en forajidos que aguardan que llegue el tren.

Sostén uno de esos pesados revólveres en la mano. Siente el tacto frío y elegante de su acero. Levántalo y sonríe. Tienes poder sobre la vida y la muerte, como un emperador. Contempla

423

cómo tu mano se adapta a la forma de la culata, cómo el gatillo tienta a tu dedo. Y deja el arma antes de que...

El siglo XIX no inventó la pistola, pero sí la perfeccionó y la puso al alcance de las personas corrientes, que ya no se sentían como villanos si poseían una. El siglo XIX inventó un arma mucho más terrible, que sigue infundiendo el mismo terror más de un siglo después. Se trata de la ametralladora. Si el Colt 45 hizo iguales a los hombres, la ametralladora hizo iguales a los ejércitos.

Desde la aparición de las armas de fuego en la Edad Media se intentó muchas veces diseñar un arma que pudiera disparar más de un tiro sin recargar. Un tal James Puckle patentó una ametralladora en 1718 que utilizaba un bloque giratorio para disparar balas cuadradas. La Gatling, que se usó primero en la guerra civil de Estados Unidos, fue una versión mejorada de la ametralladora Puckle. Podía disparar varias veces por minuto, lo que era mucho mejor que tener que recargar y disparar un rifle, pero estaba lejos de lo que es una ametralladora moderna. Era necesario accionarla a través de una manivela.

El mérito de haber inventado la ametralladora moderna recae en Hiram Stevens Maxim (1840-1916), que nació en Sagerville, Maine, pero que se convirtió en súbdito británico en 1900 y en 1901 fue nombrado caballero por la reina Victoria. Maxim fue uno de los inventores más prolíficos de una época muy propicia para los inventos. Lo primero que inventó fue un hierro para rizar el pelo. Patentó cientos de cosas en Estados Unidos y Gran Bretaña, entre ellas una ratonera, un faro para locomotoras, un método de manufactura de filamentos de carbono para las lámparas y un sistema de riego automático. Durante la década de 1890 experimentó con aeroplanos y fabricó uno impulsado por un ligero motor a vapor que llegó a despegar del suelo, pero comprendió rápidamente que era necesario un motor de combustión interna para lograr el éxito y abandonó el proyecto.

El padre de Maxim había soñado con inventar una ametralladora completamente automática y Maxim tomó el proyecto como propio en 1884. Viajó a Londres, estableció allí su laboratorio y empezó a experimentar. A los pocos meses inventó la primera verdadera ametralladora, que utilizaba el retroceso del cañón para expulsar el cartucho gastado e introducir otro en la cámara. El arma, que contaba con un sistema de refrigeración por agua, tomaba las balas de un cinturón que podía contener miles de descargas.

La ametralladora que creó Maxim en 1884 podía disparar once veces por segundo, pero él seguía sin estar satisfecho. Necesitaba una pólvora sin humo mejor que la que existía para asegurar que se quemara de forma constante y progresiva, ya que los gases que se liberaban en esa combustión eran los que impulsaban el mecanismo de la ametralladora. Su hermano, Hudson Maxim (1853-1927), inventó pólvoras sin humo todavía mejores, que se usaron también en proyectiles de cañón y en torpedos.

Hacia finales de 1884, Maxim empezó a fabricar ametralladoras. Más adelante fusionó su empresa con Vickers para suministrar ametralladoras Maxim a todas las grandes potencias del mundo. Hacia el principio de la primera guerra mundial, todos los ejércitos estaban equipados con ametralladoras de diversas marcas: Maxim, Hotchkiss, Lewis, Browning, Mauser y otras.

La ametralladora tiene todavía el honor de ser considerada el arma por excelencia de aquella guerra. Fue en buena parte responsable de la terrible carnicería de hombres y animales que dejó millones de cadáveres pudriéndose sobre los campos de Francia. Se disponían emplazamientos de ametralladoras a intervalos regulares en la pendiente de cualquier pequeña cordillera y se entrenaba a los soldados que las disparaban para apuntar bajo, a unos sesenta centímetros de altura. Si algo se movía, las ametralladoras disparaban. Si lo que se movía era un hombre, quedaba partido por la mitad a la altura de las rodillas. El bombardeo con artillería pesada antes de un ataque podía destruir algunos de los nichos de ametralladoras, pero nunca todos, y puesto que las ametralladoras eran baratas y fáciles de disparar (todo lo que tenía que hacer un soldado era apretar el gatillo), tanto las armas como los que las disparaban eran fácilmente reemplazables.

Más que ninguna otra cosa, fue la ametralladora lo que convirtió los rápidos movimientos de tropas que marcaron los primeros meses de la primera guerra mundial en una guerra estática de desgaste. Millones de hombres se apelotonaban en trincheras embarradas, temerosos de levantar la cabeza por encima del nivel del suelo por si se la volaba alguna de aquellas terribles máquinas asesinas. La ametralladora igualó la capacidad de los ejércitos enfrentados, los aliados y las potencias centrales, hasta tal punto que la primera guerra mundial podría haberse prolongado durante años si Estados Unidos no hubiera entrado en el conflicto en 1917, inclinando definitivamente la balanza.

Los alemanes se rindieron en 1918 y terminó la guerra. Los inventores inmediatamente se pusieron manos a la obra para mejorar la ametralladora con vistas al próximo conflicto. Se equivocaron, pues la siguiente guerra no se lucharía fundamentalmente con ametralladoras, un hecho que los alemanes comprendieron antes que nadie y que les valió sus victorias de 1939 y 1940 ante un mundo conmocionado. La ametralladora, sin embargo, tenía un nuevo papel que representar en el período de posguerra. En la Unión Soviética, Israel y muchos otros lugares se desarrollaron ametralladoras de mano extremadamente ligeras y precisas, que los terroristas utilizaron con mortales consecuencias. Un hombre con una de esas eficaces máquinas de matar podía aterrorizar a toda una terminal de un aeropuerto, como sucedió, por ejemplo, en Roma en otoño de 1986. La idea de la igualdad a punta de pistola había andado mucho desde tiempos del Colt 45.

La magia de la electricidad

No todos los inventos del siglo XIX fueron destructivos. La luz eléctrica es un buen ejemplo de ello.

Los griegos ya conocían la electricidad, pero no fue ni remotamente entendida hasta que hombres curiosos e inteligentes empezaron a investigar los fenómenos eléctricos alrededor de 1750. Benjamin Franklin (1706-1790) hizo volar una cometa durante una tempestad hacia 1750 y estableció que el relámpago es una forma de electricidad. Tuvo suerte de sobrevivir a ese experimento, que nadie debe repetir a menos que tenga ganas de acabar electrocutado. Franklin dejó la ciencia para dedicarse a la política, pero muchos otros siguieron numerosos otros senderos que abrían todo tipo de fascinantes posibilidades.

Alessandro Volta (1745-1827) creó la pila eléctrica, o batería, en 1800. La batería se convirtió pronto en una fuente práctica de corriente eléctrica. En 1808, sir Humphrey Davy (1778-1829) demostró que la electricidad podía producir luz o calor entre dos electrodos separados en el espacio y conectados por un arco. En 1820, Hans Christian Ørsted (1777-1851) descubrió que una corriente eléctrica creaba un campo magnético alrededor de un conductor. Este descubrimiento llevó a la invención de la dinamo, el motor eléctrico y el transformador. Estas líneas de investigación culminaron con los logros de James Clerk Maxwell (1831-1879) en 1864, cuando demostró que los fenómenos magnéticos, eléctricos y ópticos se unían en una sola fuerza universal: el electromagnetismo.

En el campo de la teoría no había nada más que descubrir después de que las ecuaciones de Clerk Maxwell asombraran a toda la comunidad científica. En la práctica, sin embargo, todavía quedaban mundos por conquistar para hombres como Thomas Alva Edison, que vio antes que nadie que la electricidad podía usarse para iluminar, calentar y entretener a los seres humanos. Edison se hizo enormemente rico como resultado de sus numerosos inventos y patentes pero, a diferencia de lo que sucedió con Maxim, pocos le guardaron rencor por ello.

Nacido en Ohio en 1847, Edison montó un pequeño laboratorio en casa de su padre cuando tenía sólo diez años, comprando las cosas que necesitaba con el dinero que obtenía vendiendo periódicos y caramelos en los trenes que viajaban entre Port Huron y Detroit. Le interesaba la telegrafía y trabajó de telegrafista itinerante. Pronto aprendió cuanto podía aprenderse sobre cómo funcionaba aquel aparato y consiguió ascender a supervisor del indicador telegráfico del precio del oro en la Bolsa, pues fue el único capaz de arreglarles la máquina, cuyas averías habían provocado varios minipánicos al producirse en momentos cruciales. Empezó a fabricar indicadores telegráficos y luego vendió el negocio y montó un laboratorio más grande. Allí, en 1877, inventó el fonógrafo. Empezó a trabajar en la bombilla en 1878 y presentó su lámpara con filamento de carbono al año siguiente.

Muchos inventores habían tratado de dar con una forma práctica de conseguir luz eléctrica. Maxim, por ejemplo, estuvo muy cerca de lograrlo, pero las ametralladoras le apartaron de sus investigaciones pacíficas. Obviamente se podía ganar una fortuna con el invento, pues la raza humana ansiaba más luz y probablemente pagaría lo que fuera por tenerla. Las velas habían iluminado las moradas de los ricos durante siglos y en las de los pobres, el aceite de ballena había proporcionado una luz trémula y hedionda. Una lámpara eléctrica sería limpia y barata. Podría cambiar el mundo.

Cuando se fabricó y distribuyó a finales del siglo XIX, hizo precisamente eso: cambió el mundo. La luz eléctrica acabó con las diferencias entre la noche y el día y enmascaró el cambio de las estaciones. Durante un cuarto de millón de años, la humanidad se había regocijado con la llegada de la primavera porque traía no sólo calor sino también luz, largas tardes y amaneceres tempranos. En el otro extremo estaba el temor al invierno que todos los pueblos expresaban en sus rituales. El invierno no era sólo frío, sino también oscuro, y ¿quién sabía qué enemigos podían acechar en la oscuridad? Cuando los días empezaban a alargarse, tras el solsticio de invierno, los sacerdotes y los eruditos podían tranquilizar a los incultos diciéndoles que pronto volvería a haber luz y que el Diablo se iría.

Todos estos temores se convirtieron en meras supersticiones cuando la electricidad iluminó la noche y la hizo tan parecida al día como uno pudiera permitirse pagar. Hoy, millones de habitantes de ciudades jamás experimentan una noche oscura. Nunca ven las estrellas, por ejemplo. No comprenden de qué hablas si les dices que se están perdiendo algo. ¿Quién en su sano juicio podría preferir la oscuridad?, se preguntan. Para ellos, al menos, el supuesto golpe devastador de la revolución copernicana, la pérdida de la Ciudad de Dios, se ha convertido en algo totalmente irrelevante.

La electricidad salta de un electrodo a otro, en un arco, o fluye a través de un filamento, hoy hecho de tungsteno, no de carbón, cuya resistencia produce una luz muy brillante. La resistencia del medio conductor produce calor y con ese calor se pueden calentar las casas, aunque a menudo resulta una forma muy cara de hacerlo. Utilizando un transformador en cada uno de los extremos de un sistema, se puede conducir la corriente eléctrica mediante cables de alta tensión a través de grandes distancias. Es algo mágico, o al menos así se lo hubiera parecido a Aristóteles. La energía se genera aquí, en una planta eléctrica, y un delgado cable la transporta quizá dos mil kilómetros hasta allí, donde está mi casa. Y allí está disponible al instante para múltiples usos. Puede iluminar o calentar mis habitaciones. Puede tostar el pan y cocinar mi comida. Puede incluso abrir mis latas y compactar mi basura. Puede reflejar con precisión de décimas de segundo el paso del tiempo o ayudarme a pasar el rato con varios aparatos cuyo uso no se popularizó hasta que el siglo XX descubrió un nuevo significado del término *ocio*. Puede proteger mi casa de intrusos. Y, si no voy con cuidado, puede matarme (aunque esto último sucede en muy pocas ocasiones).

La electricidad consigue hacer todo esto con menos aspavientos, con menos efectos colaterales, que cualquier otra forma de energía. De hecho, si todo el mundo fuera como Suiza, que no genera electricidad quemando combustibles fósiles sino utilizando la fuerza de la gravedad y dominando la energía latente en el agua que desciende de sus altas montañas, la electricidad sería una energía completamente limpia y ecológica.

Por desgracia, en la mayor parte del mundo, la tierra es demasiado llana como para aportar la suficiente energía hidroeléctrica y se debe crear electricidad quemando combustibles como el carbón o dividiendo átomos de uranio y usando su energía para calentar agua que, a su vez, produce vapor que mueve unas dinamos que generan la energía necesaria. Y el humo que genera la combustión cae mil quinientos kilómetros más allá y mata a los peces de los lagos y a los árboles de las colinas de regiones que no son planas y podrían usar la gravedad para generar la energía que necesitan. Pero estamos adelantándonos demasiado. En el siglo XIX todavía no se apreciaban estas ironías.

Matemáticas mágicas

El aura mágica de la electricidad deriva más de su invisibilidad que de cualquier otra cosa. El rápido flujo de electrones, según se define a veces el fenómeno, nunca puede observarse. Hoy en día lo comprendemos, aunque Faraday no lo sabía y supuso que algún día se construiría un microscopio lo suficientemente potente como para verlo. Al ser invisible, para controlar la electricidad hace falta un tipo de aparato distinto de los que se usaban para controlar otras fuentes de energía. Una fusta, un pistón a vapor o el cilindro de un motor de combustión interna son aparatos muy visibles.

Al final, resultó que lo que hacía falta para controlar la electricidad eran matemáticas, unas matemáticas nuevas. Esa extraña y bella ciencia —¿o eso era la poesía?— que puede construir un puente entre lo visible y lo invisible, entre el mundo material y la mente inmaterial del hombre. El triunfo de Clerk Maxwell fue el triunfo de un nuevo tipo de matemáticas. Estableció la autoridad de los matemáticos de una forma nunca antes vista, ni siquiera tras los descubrimientos de Newton.

Las nuevas matemáticas también trataban de controlar otras fuerzas y entidades invisibles. Cuando en la década de 1830 se descubrió que la geometría euclidiana, que se había enseñado en las escuelas a los niños, y recientemente también a las niñas, durante dos milenios, no representaba una imagen precisa del espacio real, se produjo una enorme conmoción. El espacio no es bidimensional y no existen en él círculos, cuadrados o triángulos perfectos. El espacio era algo muy complejo que necesitaba unas matemáticas muy complejas para describirlo. En la nueva geometría no euclidiana, las líneas paralelas se acaban encontrando, tal como sucede en el mundo real (mírese cualquier vía de ferrocarril). Y los círculos se podían transformar fácilmente en elipses, parábolas e hipérbolas, e incluso en líneas rectas o puntos, si se proyectaban sobre pantallas con el grado de inclinación adecuado. Después de 1870, durante un tiempo, pareció que la geometría proyectiva, que incluía todos los tipos de geometría inventados, ofrecía una descripción adecuada del espacio y, por tanto, permitía controlarlo. Sin embargo, pronto esa burbuja intelectual también estalló.

Además, tras 1870, ulteriores investigaciones sobre el concepto del espacio llevadas a cabo por hombres como W. K. Clifford (1845-1879) y Henri Poincaré (1854-1912) llevaron a desarrollar la noción de que el espacio es demasiado complejo para las matemáticas. El espacio más bien es una asunción, y puede describirse y controlarse sólo mientras realicemos esa asunción. O, dicho en otras palabras, no existe el espacio propiamente dicho. En vez de ello hay tantos espacios como matemáticos y legos en matemáticas, es decir, miles de millones. Incluso ese número es demasiado pequeño, pues cada persona puede tener un número indefinido de conceptos de espacio, aunque probablemente no pueda crear las matemáticas necesarias para tratar con ellos.

Mucho de lo que digo puede parecer difuso, pero es totalmente real, pues la electricidad fluye en algunos de esos espacios asumidos que no pueden verse ni tan sólo imaginarse, pero que pueden describirse mediante extraños interruptores matemáticos, conductores y aislantes. Es como la música que va dando vueltas y vueltas y al final sale por allí. Mientras la música está dando vueltas en los tubos de la tuba ¿es ya música? ¿Es la electricidad mientras está corriendo por el campo, ignorada por completo por las vacas que pastan plácidamente bajo ella, o es sólo electricidad cuando se derrama a chorro y hace sonar el timbre de la puerta o hace que se eleve el ascensor?

Sabemos ahora que no hay una respuesta fácil a estas cuestiones. Los mecanicistas del siglo XIX no hubieran aceptado esta afirmación. Puede que les resultara tan sobrecogedora como la idea de que los abuelos de uno eran monos. La razón es importante, pues revela al menos un aspecto en el que el siglo XIX no fue precursor de nuestro tiempo.

La era que terminó en 1914 estuvo caracterizada por un asombroso progreso del conocimiento científico en todo el mundo. También fue una era de fe, de una nueva fe, en que el progreso era inevitable. La base de esa fe era una firme confianza en lo que parecía una verdad antigua y contrastada que se remontaba a tiempos de los griegos.

Es la verdad que inventaron Tales y los filósofos que le siguieron y que afirma que si perseveramos, siempre podremos comprender el mundo que nos rodea. Hay algo de verdad en esta noción, pero también algo cuestionable, quizás incluso espurio. La confianza de que existe algo en nuestras mentes que se adapta a algo en la naturaleza y que las reglas de esa adaptación son las matemáticas está bien fundada. Si no fuera así, ¿cómo podríamos explicar el éxito que hemos tenido en la comprensión, predicción y control de los procesos naturales? Ningún animal puede hacer lo que hacemos los humanos. En consecuencia, los animales toman la naturaleza tal como es y aceptan sus reglas como propias. Nosotros no las aceptamos. Creemos que podemos cambiarlas en beneficio propio. Y no cabe duda de que podemos hacerlo o, más bien, podemos comprender esas reglas y usarlas en beneficio propio.

El aspecto cuestionable de esa nueva fe de los científicos del siglo XIX radica en su confianza en que podían entender por completo la naturaleza. ¿Todavía tenemos esa fe? ¿Mantenemos aún esa expectativa? Parece que no. Y si algunos de nosotros todavía lo creemos, parece que estamos equivocados.

¿Qué problema tiene la asunción de Tales? ¿Es nuestro aparato mental humano simplemente incapaz de entender por completo el mundo en que vivimos? Puede que ése no sea el motivo, pues nuestros poderes mentales parecen ser infinitamente ampliables gracias a los ordenadores. ¿Es el mundo simplemente demasiado complejo como para que lo pueda comprender la mente humana? Puede que tampoco sea eso, pues parece que podemos resolver cualquier problema que nos planteemos y, al menos, podemos plantearnos el problema de entender por completo la naturaleza. Así pues, ¿por qué no podemos, o quizá no podemos, resolverlo?

Parece que algo más se interpone en nuestro camino. Ese algo sigue desconcertándonos. Para la mayoría de la gente del siglo XIX se hubiera tratado de algo incomprensible, pues fue la última era que vivió confiada en la expectativa de que se podía conseguir un conocimiento cierto de cualquier cosa, de todas las cosas.

Nuevos puntos de vista

La primera fotografía tomada con éxito la hizo en 1826 Nicéphore Niepce (1765-1833), un litógrafo francés. Diez años después, Jacques Daguerre (1789-1851) experimentó con el proceso que lleva su nombre. Pronto llegaron otras mejoras. En 1888, George Eastman (1854-1932) inventó la famosa cámara, con su práctico carrete de película en negativo y con la promesa de un revelado barato y disponible en todas partes. Desde entonces la fotografía se ha convertido en la forma de arte favorita de las masas.

La llegada de la fotografía revolucionó el arte del dibujo y la pintura. También cambió la manera en que vemos las cosas. Cuando se presentaron las primeras producciones de Daguerre, la gente se quedaba atónita al descubrir en las escenas representadas detalles que no habían percibido cuando aquellas imágenes fueron tomadas. William H. F. Talbot (1800-1877), el inventor del sistema negativo-positivo que todavía se usa hoy, comentó este fenómeno en la década de 1840:

Pasa con frecuencia [...] y es uno de los encantos de la fotografía, que el propio operador descubre al examinar la imagen, quizá mucho después, que ha reflejado muchas cosas que no vio en su momento. A veces se encuentran inscripciones y fechas en los edificios, o se descubren sobre sus paredes carteles impresos de lo más irrelevantes; a veces se ve a lo lejos algún distante reloj y en él —registrada de forma inconsciente— la hora a la que se tomó la fotografía.

Aquí, al parecer, existe otro tipo de entidades invisibles que no vemos cuando contemplamos una escena pero que la cámara nos dice que existen. «La cámara no miente», se dice. ¿Nos engañan nuestros ojos, entonces? ¿Por qué somos conscientes de ciertas partes de una escena e ignoramos otras? ¿Es la imagen que la cámara da de las cosas la verdadera si es algo que no podemos ver o no vemos con nuestros propios ojos? No podemos saber qué es lo cierto.

Antes de la invención de la fotografía, la inmensa mayoría de las imágenes que se pintaban eran retratos lo bastante pequeños como para llevarlos encima en un relicario. De repente, se alivió a la pintura de «comunicar» estos asuntos pedestres. El resultado, casi inmediato, fue una explosión de nuevos estilos y métodos de pintura, de los cuales, en aquellos tiempos, el expresionismo fue el principal representante. Le siguieron el cubismo, el dadaísmo, el surrealismo y el expresionismo abstracto, así como otros movimientos artísticos de nuestros días, como el fotorrealismo, en el que el pintor pinta una imagen que, desde cierta distancia, es idéntica a una fotografía.

Al mismo tiempo, la fotografía desarrolló formas de registrar e incluso de distorsionar la «realidad» para llevar al espectador a ver cosas nuevas que jamás había imaginado. La consecuencia fue un notable aumento de nuestra capacidad para ver.

Los grandes cambios en el arte, por supuesto, siempre han tenido ese efecto. La introducción de la perspectiva por los artistas del Renacimiento en el siglo XV, como ya hemos señalado, contribuyó a crear un mundo centrado en el hombre, del que se apartó la omnipresencia de Dios. El desarrollo de mejores pinturas permitió que las pinturas de caballete desplazaran a los frescos. De ese modo, el arte se desplazó de las paredes de las iglesias y entró incluso en las casas más modestas. Otros avances técnicos del siglo XIX permitieron que los pintores pudieran pintar la naturaleza a cielo abierto. También eso fue una de las causas de los cambios revolucionarios que llevaron al impresionismo. Pero los cambios en nuestra manera de percibir el mundo que produjo la fotografía se demostrarían más radicales que cualquiera de los anteriores.

No cabe duda de que la cámara puede mentir. Un millón de fotos en los anuncios lo demuestran. Sin embargo, la invención de la fotografía hizo más difícil seguir teniendo una visión sentimental del mundo. Un buen fotógrafo siempre consigue desbaratar nuestras más profundas ilusiones, que los pobres son felices a pesar de su pobreza, por ejemplo, o que el sufrimiento es siempre algo noble. La fotografía nos ha revelado el frío y crudo horror de la guerra, con el resultado de que aunque seguimos dispuestos a tolerar la guerra, ahora lo hacemos con mucho menos entusiasmo que antiguamente.

La cámara nos captura siendo humanos. Ese tipo de verdad y conocimiento, por poco que nos guste o por mucho que nos conmocione, es de un valor inmenso, aunque no siempre lo sepamos apreciar.

El fin de la esclavitud

Mathew Brady nació en el norte del estado de Nueva York alrededor de 1823 y el inventor Samuel F. B. Morse le enseñó a sacar daguerrotipos. Brady abrió su primer estudio de fotografía en Nueva York en 1844. Cuando estalló la guerra civil, en 1861, decidió realizar un completo archivo fotográfico del conflicto. Contrató a una plantilla de fotógrafos y los envió a cubrir todas las zonas de guerra. Él mismo fotografió campos de batalla como Antietam o Gettysburg. Sus fotografías de cadáveres caídos en la colina de Gettysburg por donde acababa de pasar la famosa carga de caballería de Pickett se cuentan entre las imágenes más memorables de aquella guerra.

El horror que provocaron sus fotografías no detuvo la lucha. De hecho, en su momento, tuvieron poco o ningún efecto. Era como si los seres humanos no hubieran aprendido todavía a mirar fotografías. O quizás el combate en sí parecía tan sobrecogedor y necesario que ninguna imagen bastaba para moderar su espantosa furia.

En una Feria de la Comisión Sanitaria en 1864, el presidente Abraham Lincoln (1809-1865) escribió en el álbum de alguien un sucinto juicio sobre las causas de la guerra: «No he conocido a un solo hombre que deseara ser un esclavo. Piense si conoce alguna cosa buena que ningún hombre desee para sí mismo.»

En muchas otras declaraciones, breves y largas, Lincoln reiteró su posición de que la guerra civil no se luchaba por la esclavitud sino para decidir si la Unión sobreviviría o no. Como escribió en una carta al editor de periódicos Horace Greeley en 1862: «El objeto principal que veo en esta lucha es salvar a la Unión, y

435

no salvar o destruir la esclavitud. Si pudiera salvar la Unión sin liberar un solo esclavo, lo haría; si pudiera salvarla liberando a todos los esclavos, lo haría; y si pudiera salvarla liberando a algunos sí y a otros no, también lo haría.»

Al final, Lincoln adoptó la tercera opción. La declaración de emancipación en 1863 prácticamente no liberó a ningún esclavo, pues éstos vivían tras las líneas enemigas. Pero no debemos olvidar la última frase de la famosa carta a Greeley: «He enunciado aquí mi propósito según interpreto mi deber público —escribió—, pero no pretendo modificar el deseo que tantas veces he reiterado de que todos los hombres en todas partes pudieran ser libres.» La esclavitud se abolió en Estados Unidos cuando el Congreso aprobó la decimotercera enmienda a la Constitución en 1865, después de que Lincoln muriera y tras el fin de la guerra.

Tocqueville acertó al decir que la difusión de la igualdad por todo el globo era una tendencia histórica imparable. Pero la Revolución francesa y otras revoluciones políticas del siglo XVIII no sólo impulsaron la causa de la igualdad. Los revolucionarios se habían alzado en Francia al grito de «libertad, igualdad, fraternidad». La primera de esas trascendentales palabras fue libertad. Y significaba algo que provocó respuestas apasionadas en el corazón de todos los hombres durante el siglo XIX.

Las primeras protestas contra la esclavitud en las colonias norteamericanas se remontan a 1688, cuando una reunión menonita en Germantown, Pennsylvania, redactó un memorando afirmando su rotunda oposición a la esclavitud de los negros. Estos ingenuos libertarios proclamaron que «aunque sean negros, no podemos concebir que tengamos más libertad para tenerlos como esclavos de la que tendríamos si fueran blancos».

La esclavitud, tanto de blancos como de negros, era, por supuesto, inmemorialmente antigua cuando se escribieron esas palabras. Al parecer no había existido siempre, pero tarde o temprano toda sociedad humana organizada y avanzada la había adoptado, pues parecía que no existía otra forma de que alguien hiciera los trabajos duros y desagradables que esas sociedades necesitaban para subsistir. Tras la famosa justificación que dio

Aristóteles a la esclavitud y su doctrina de los esclavos «naturales» resultó más sencillo aceptarla y floreció en casi todos los rincones de la tierra como respuesta a una necesidad social.

Durante siglos fueron muy pocos lo que se opusieron a la esclavitud como institución. Pero el establecimiento durante los siglos XV y XVI de esclavos negros en las plantaciones de las colonias europeas del Nuevo Mundo pronto levantó airadas protestas, primero en Europa y luego en América. Tal esclavitud era inhumana y cruel. No se ha visto nada comparable hasta los campos de concentración nazis de la segunda guerra mundial.

En 1688 apenas había un puñado de esclavos negros en las colonias norteamericanas. Cuando estalló la guerra civil norteamericana, en 1861, había unos cuatro millones de esclavos, todos ellos en los estados del sur. El comercio de esclavos se había abolido en 1808 y en las colonias de las Indias Occidentales inglesas la esclavitud había acabado en 1833. Pero en el Sur de Estados Unidos se seguía defendiendo el viejo argumento de que los esclavos eran necesarios y pocos se oponían a él. Y ese argumento se combinaba con la creencia de que los negros eran inferiores y, por tanto, estaban destinados por la naturaleza a ser esclavos.

Pero la Declaración de Independencia, escrita por un propietario de esclavos, había afirmado que todos los hombres eran iguales. ¿Cómo se podía resolver esta contradicción?

Al final no pudo resolverse por medios pacíficos. Se produjo la guerra civil que, como tantas otras guerras, duró más y fue más horrible de lo que se había esperado. Por fin, tras casi exactamente cuatro años de lucha, el Sur, exhausto, se rindió. Y con su capitulación desapareció el último gran bastión de la esclavitud en la tierra.

La raza humana no ha acabado con la esclavitud. Resucitó bajo Hitler durante la segunda guerra mundial y todavía sobreviven pequeños focos de esclavitud y pseudoesclavitud en el Tercer Mundo. La servidumbre hereditaria por deudas, por ejemplo, es un tipo de esclavitud de facto que se ha demostrado muy difícil de erradicar en muchos países.

Pero en cierto sentido, la esclavitud terminó definitivamente con el sacrificio que muchos hicieron durante la guerra civil estadounidense. Ningún país que acepte la esclavitud puede entrar en la Organización de Naciones Unidas. El mundo como un todo se niega a aceptar que la institución de la esclavitud pueda ser legal. Después de algo así como cinco mil años, una de las más monstruosas afrentas a la justicia ha sido exterminada del pensamiento humano, a pesar de que todavía siga habiendo esclavos en el mundo.

Creo que la abolición legal de la esclavitud fue el logro más importante del siglo XIX. Y parece adecuado a la enormidad del mal que significó aquella institución que su destrucción se llevara a cabo a través de la guerra más cruel y sangrienta que jamás se ha librado en América del Norte. La esclavitud fue un hecho económico. La guerra fue otro. El conflicto fue, en consecuencia, equilibrado, y fue también divinamente justo, como dijo Lincoln en su segundo discurso de toma de posesión:

> Si suponemos que la esclavitud en América es uno de esos pecados que, por la gracia de Dios, debemos cometer, pero que habiendo continuado más allá del tiempo que Él dispuso, ahora desea eliminar y que Él da tanto al Norte como al Sur esta terrible guerra como la pena que merecen los que cometieron el pecado, ¿acaso podemos ver en ello alguna desviación de los divinos atributos que los creyentes en un Dios vivo siempre le atribuyen? Esperamos con paciencia y rezamos con devoción para que esta plaga que es la guerra acabe pronto. Sin embargo, si Dios desea que continúe hasta que toda la riqueza acumulada por doscientos cincuenta años de trabajo forzado de sus siervos haya sido redimida y hasta que la última gota de sangre arrancada por el látigo sea compensada por otra gota arrancada por la espada, como se dijo hace tres mil años, aun así debemos afirmar que «los caminos del señor son justos y necesarios».

El discurso se pronunció el 15 de marzo de 1865. El 9 de abril, el general Robert E. Lee se rindió al general Ulysses S. Grant en la casa del pueblo de Appomattox, Virginia, poniendo fin a la guerra. El 14 de abril, el actor John Wilkes Booth disparó a Abraham Lincoln cuando éste asistía a una representación en el teatro Ford en Washington. El presidente murió a la mañana siguiente.

Lincoln no dijo, aunque lo sabía, que la esclavitud es una enfermedad que padecen tanto amos como esclavos. El psicólogo C. G. Jung (1875-1961) lo afirmó elocuentemente en un ensayo publicado en 1928.

> Todo romano vivía rodeado de esclavos. El esclavo y su psicología inundaron la antigua Italia, y todo romano se convirtió interiormente, y por supuesto sin ser consciente de ello, en un esclavo. Al vivir constantemente en una atmósfera de esclavos, su subconsciente se contagió de su psicología. Nadie puede protegerse contra ese tipo de influencia.

Todos nosotros, pues, no sólo los esclavos y sus descendientes, debemos mucho a los valientes que lucharon por abolir la esclavitud entre 1861 y 1865.

Conmocionando a la burguesía

Karl Marx no fue el único que quiso conmocionar a la burguesía del siglo XIX. Docenas de otros autores se satirizaron y se mofaron de los burgueses y de su civilización, aunque no con el objetivo de hacerles reaccionar de forma radical sino para despertarlos de su pomposa complacencia. Esta complacencia, acompañada, como solía estarlo, por unos ingresos que permitían vivir confortablemente, llevó a muchos de estos autores a la desesperación. Se sentían atrapados entre los muros de una prisión moral en la que se les exigía, para triunfar en la vida, que aceptaran cosas en las que no creían. Reaccionaron atacando a la burguesía con poesías deslumbrantes y bellas imágenes en prosa, pero no consiguieron que los burgueses dejaran de ignorarles.

En Estados Unidos, el poeta Walt Whitman (1819-1892) y el novelista Herman Melville (1819-1891) lucharon sin mucho éxito por conseguir el tipo de reconocimiento que querían. Ambos consiguieron vender sus libros, pero ninguno fue admirado por la gente a la que querían conmover y cambiar. Sólo cuando ya era anciano, e incluso entonces por motivos equivocados, empezó

Whitman a encontrar a su público y a ser aceptado como un gran escritor norteamericano.

El mejor libro de Melville, *Moby Dick* (1851) se interpretó sólo como una novela sobre la vida en el mar. Melville murió olvidado por todos y no fue redescubierto hasta una generación después de su muerte. Ambos hombres intentaron abrir los ojos de sus lectores a un nuevo mundo y ambos fracasaron estrepitosamente.

En Francia, Charles Baudelaire (1821-1867) no sólo no fue leído sino que fue oficialmente censurado. Se juzgó que sus libros eran obscenos y a él personalmente se le despreció y se le trató como si fuera un psicópata patético. Quizá lo fue, pero también fue el más sagaz crítico francés de la época en que le tocó vivir. Percibió la aterradora nueva vida que empezaba a salir de la trastienda de la burguesía a la frenética luz de finales del siglo XIX.

Gustave Flaubert (1821-1880), en *Madame Bovary* (1857), reveló de forma dolorosamente detallada las pequeñas debilidades de la vida burguesa y describió los esfuerzos, condenados al fracaso, de una mujer atrapada en una versión actualizada del pequeño cuarto de Gretchen y que intenta escapar a un mundo con horizontes más amplios.

Y Emile Zola (1840-1902), en media docena de novelas realistas, intentó despertar la conciencia del fin de siglo sólo para verse abandonado y obligado a enfrentarse en solitario a la terrible inercia y hastío de la existencia de la clase media francesa.

Friedrich Nietzsche, el último de los tres grandes filósofos de su siglo —sólo Hegel y Marx pueden compararse con él— fue hijo de un padre desequilibrado y él mismo se volvió loco a los cincuenta y cinco años. Se han identificado varias de las causas de su enfermedad, pero sólo una de ellas es obvia: a Nietzsche le empujó a la locura la deshonesta y anodina complacencia de sus contemporáneos, que le ignoraron mientras encumbraban a autores que hoy nos parecen personajes de tebeo. Cuanto más lo ignoraban, más agitaba Nietzsche los brazos y más bramaba contra el cristianismo y sus falsas aspiraciones morales. Vivió completamente solo durante la década en la que escribió sus mejores obras (1879-1889) y murió en 1900, después de toda una vida de amargas decepciones. Irónicamente, las dos generaciones posteriores a su muerte en Alemania, su patria, y en Francia, le adularían e idolatrarían.

La burguesía inglesa no escapó a la quema. George Eliot (1819-1880), cuya novela *Middlemarch* (1871-1872) se ha definido como la verdadera primera novela adulta, no sólo escribió contra las costumbres de su tiempo sino que también vivió contra ellas. Las clases respetables consiguieron empujarla a ella y a su pareja, G. H. Lewes, fuera de Inglaterra durante un tiempo sólo porque no estaban casados, pero ella se vengó con una serie de libros —de entre los cuales *Middlemarch* es el más despiadado— que rasgaron por completo el velo de la vida victoriana y dejaron expuesta a la vista de todos su estrechez de miras.

No es que muchos se preocupasen por ello. La burguesía, en Inglaterra y en todas partes, demostró una notable capacidad para no prestar atención a lo que tenía ante sus narices. Compraban las novelas de George Eliot y las leían con placer, pero sin entenderlas.

Thomas Hardy (1840-1928) acabó desesperado porque los lectores de sus novelas, entre ellas *Tess d'Ubervilles* (1891) y *Jude el oscuro* (1895), no se dieron cuenta de que les trataba de decir que sus convicciones y moral eran un fraude. Hardy dedicó al menos la mitad de su larga vida a escribir poemas que expresaban su angustiosa visión del mundo. Y Oscar Wilde (1856-1900), un rebelde en todo, acabó interpretando el papel de bufón. Llegó a perder la esperanza de que sus compatriotas despertaran a la realidad, pero al final lo hicieron, pues les enfureció con sus burlas y lo encarcelaron, arruinándole la vida.

Estos escritores, y algunos más, eran muy diferentes los unos de los otros, pero tenían una cosa en común. Veían lo que había visto Marx cuando describió, en el *Manifiesto comunista*, una nueva moral y un nuevo mundo intelectual en el que todas las relaciones inconmovibles y mohosas del pasado perdían su sentido y en el que todo lo que era sólido, de súbito y sin previo aviso, se desvanecía en el aire. Estos escritores sabían que la burguesía no había comprendido lo que sucedía y que para salvarse a sí misma y a su civilización tenía que entenderlo, pues la alternativa era la completa extinción. Estos hombres y mujeres tomaron sobre sus hombros la misión de rescatar a la burguesía de sí misma. Sus críticas procedían más del amor que del odio. Eran como los hijos rebeldes de un padre que ha ido por el mal camino. Y como muchos otros hijos, no consiguieron más que disgustar a sus padres, que les amaban tanto como ellos, pero a los que les resultaba imposible conectar con ellos a través de los años que les separaban.

Darwin y Freud

Todo lo que hicieron estos autores rebeldes fue por la libertad, a menudo directamente en su nombre. Dos escritores más, que nunca se concibieron a sí mismos como compañeros de estos rebeldes, combatieron con ellos en esta lucha. Ambos eran científicos y no desearon nada más que revelar los hechos, puros y simples, a sus contemporáneos. Pero también ellos conmocionaron a la burguesía, quizá más que nadie aparte de Marx. Sus puras y simples verdades corroyeron como ácido las pretensiones de la época victoriana, que les respondió con una furia tan violenta que todavía no se ha apagado hoy en día.

Charles Darwin nació en Inglaterra en 1809, nieto del excéntrico evolucionista Erasmus Darwin. Fue un alumno medio y su padre, decepcionado con él, no se disgustó cuando aceptó el empleo de naturalista en el HMS *Beagle*, que tenía la misión de explorar la vida salvaje de América del Sur. Probablemente su padre esperaba que sacara algún provecho del viaje, pero no debía tener demasiada fe en ello.

Durante sus cinco años en el *Beagle*, Darwin empezó a desarrollar las ideas sobre la evolución y el origen de las especies que publicaría en 1859, para consternación de las mismas clases respetables que habían forzado el exilio de George Eliot. Si Darwin se hubiera limitado a hablar de percebes y gusanos, que se contaban entre sus primeros intereses, sus ideas no hubieran sido polémicas. Pero persistió, con tozudez, declarando que todas las especies se habían desarrollado hasta su estado actual a través de una evolución que se basaba en la selección natural. También el hombre. Y eso era difícil de aceptar.

En cierto sentido, la evolución es algo obvio. Sucede por todas partes. Las naciones evolucionan conforme responden a los desafíos de otras naciones y de la naturaleza. Las empresas evolucionan para responder a las condiciones del mercado. Las amistades evolucionan, las ideas evolucionan. Es incluso obvio que algunas especies de animales han evolucionado. Por eso tenemos hoy tantas razas de perros mientras que originalmente sólo hubo una o dos.

Sin embargo, la propuesta de Darwin de que la evolución era el principio subyacente del desarrollo de todas las especies y que el hombre, un animal, había evolucionado desde antepasados no humanos, conmocionó a sus contemporáneos por varios motivos.

La idea de que las especies habían evolucionado a través de un larguísimo período de tiempo en lugar de ser creadas todas ellas en un instante hace unos pocos miles de años fue otro de esos desafíos, como el de Galileo, que las instituciones religiosas encontraron intolerable. El darwinismo parecía contradecir a la Biblia. Pero no era Darwin quien había creado esa contradicción. Sólo decía lo mismo que Galileo: ¡Abran los ojos y miren! Como pueden ver, es totalmente obvio.

La forma calmada y amable en que Darwin formulaba sus afirmaciones no suavizó la situación, sino que enfureció todavía más a sus adversarios.

Incluso si pudiera aceptarse que los gusanos habían evolucionado, era impensable que el hombre tuviera que remontar su ascendencia a las bestias y especialmente a los primates superiores, con sus sucias costumbres que ni siquiera trataban de ocultar cuando se les visitaba en los zoos. A Darwin no le valió de nada repetir una y otra vez que la evolución del ser humano moderno desde el antepasado común del hombre y los grandes primates que existen hoy —el eslabón perdido— sucedió hace muchos millones de años. Sus adversarios insistieron en que les estaba diciendo que su abuelo había sido un mono. Al parecer preferían sentirse insultados en lugar de escuchar lo que les quería explicar.

La vanidad que impide admitir —que impide, de hecho, enorgullecernos— de nuestra cercanía con los demás animales es triste y deprimente. El trabajo y la obra de Charles Darwin (m. 1874), por el contrario, fueron risueños y libres.

Liberó a la humanidad de una cerrada prisión temporal. También reveló uno de los mecanismos básicos del cambio biológico. Algunas de sus ideas se han cuestionado, pero lo fundamental de su teoría de la evolución es tan sólido como la roca de Gibraltar.

Sigmund Freud nació en Moravia en 1856. Estudió medicina en Viena, especializándose en neurología y psiquiatría. Durante la década de 1890 desarrolló una técnica para el tratamiento de las pacientes que sufrían de histeria animándoles a realizar asociaciones libres, y consiguió algunas curas notables, o al menos remisiones de los síntomas. Durante esos años también descubrió el inconsciente.

¡Qué descubrimiento tan extraordinario fue ése! El inconsciente es una cosa de lo más enigmática. En primer lugar, cualquiera que esté dispuesto a mirarse al espejo sin cerrar los ojos sabe que tiene un inconsciente, y quizá lo ha sabido siempre. Pero conscientemente siempre lo ha negado. Todavía lo niega.

¿Qué clase de cosa es esta mente nuestra, que parece operar sola, fuera de nuestro control? ¿Quién, de hecho, puede afirmar que controla su mente? ¿Quién puede pensar en algo durante más de unos segundos sin que inmediatamente otros pensamientos, no voluntarios, se entrometan? ¿Quién puede obligar a su mente a no pensar en el sexo, por ejemplo, o en la venganza o en la gloria personal? Una vez se deja entrar a una de estas cosas es casi imposible librarse de ellas.

Y luego, de repente, nos abandonan y las reemplaza alguna otra cosa, igualmente inesperada y, a menudo, igualmente no deseada.

Todo esto forma parte de la experiencia que toda la humanidad comparte. La grandeza de Freud consiste en que siguió pensando tenaz y sistemáticamente sobre este fenómeno hasta que empezó a entenderlo.

Freud fue una figura todavía más polémica que el propio Darwin. Su insistencia en que justo bajo la superficie de la mente de todo individuo se encuentran el deseo sexual y los miedos conmocionó a la sociedad victoriana todavía más que las afirmaciones de Darwin de que descendemos de un mono.

En este caso no fue la vanidad lo que se ofendió. Todo el mundo reconocía secretamente que en su propio caso, mucho de lo que decía Freud era verdad. ¿Qué ser humano normal no es consciente de que bajo la superficie de la consciencia se agolpan deseos sexuales que emergen en los momentos menos esperados y quizá menos apropiados?

Por desgracia, los victorianos decentes creían que los demás no eran como ellos. Los maridos suponían que sus esposas nunca pensaban en sexo. Las esposas suponían lo mismo de sus hijos. Todo el mundo suponía ese tipo de pura inocencia a sus padres, a pesar de que los hechos obviamente la hacían imposible.

Lo que se decía que era la obsesión de Freud con el sexo no era el único problema. También fue un crítico brillante, tanto de literatura como de la sociedad en general. Insistió en ver ambas a la cruda luz de la realidad en vez de a través del rosado filtro que su época consideraba apropiado.

Cuando estalló la primera guerra mundial, todo el mundo quedó sobrecogido por el horror, la brutalidad y la crueldad que habían estado agazapadas todo el tiempo bajo la superficie de la corrección social. Freud quedó tan conmocionado como los demás, pero no tan sorprendido. Siempre había sabido que estaban allí, esperando.

Tampoco se sorprendió cuando los nazis empezaron a matar judíos y trataron de matarle a él mismo. Escapó de Viena con su hija Ana, después de pagar como rescate el veinte por ciento de sus bienes, y se mudó a Londres. Era viejo y estaba enfermo. Murió al año siguiente.

Freud fue un médico y un científico, hechos en los que siempre insistió. La gran ironía de su vida y su obra es que a pesar de que trabajó en un campo, la psicología, que toma su nombre del griego «obra del alma», no creía que los humanos tuvieran un alma eterna.

Fue un mecanicista y determinista. Buscó la explicación del funcionamiento de la mente en el cuerpo, convencido de que la salud o la enfermedad de la mente dependía de un equilibrio, o desequilibrio, de fuerzas físicas. Siempre fue un pensador del siglo XIX, aunque vivió hasta 1939. Como consecuencia, siempre pensó que el cuerpo humano es, más que ninguna otra cosa, una máquina, o si no una máquina, desde luego un animal como cualquier otro.

También fue un hombre enormemente valiente, pues estuvo dispuesto a aventurarse allí adonde nadie había ido antes que él, a entrar en lo más profundo de nuestras propias mentes, a lo que nos asusta más que ninguna otra cosa, a algo que ocultamos durante el día y sólo revelamos, medio sin querer, durante la noche.

Darwin y Freud fueron unos visionarios que nos forzaron a contemplar nuestra naturaleza como humanos, aunque no quisiéramos hacerlo. Ciertamente, este conocimiento nos ha hecho mejores, aunque muchos de nosotros no podamos dejar de odiarles por habernos abierto los ojos.

11. El mundo en 1914

En 1914, Europa había creado una civilización que significaba un punto culminante en la historia del mundo. Como un faro de esperanza, la civilización europea fue seguida e imitada en casi todos los rincones del globo y dominó el comercio, las finanzas, el conocimiento y la cultura del orbe.

Pero los europeos más inteligentes, cultos y sensibles estaban profundamente descontentos con los logros de su jactanciosa civilización. Sabían que algo iba terriblemente mal. Y tenían razón.

Y llegó la gran guerra, que sumió a Europa y al mundo en un conflicto que, con intervalos de paz, duró casi un tercio de siglo. En apenas cuatro años, la civilización europea se derrumbó y quedó en ruinas, de modo que Occidente tuvo que empezar desde cero. La civilización destruida se venía construyendo desde al menos el año 1300, hacía más de seis siglos. No es, pues, sorprendente que todavía estemos sumidos en la inmensa tarea de reemplazarla, una tarea que aún no hemos completado.

¿Qué es lo que iba mal en la civilización de 1914? ¿Por qué se embarcó en la guerra más destructiva de la historia, una guerra que acabó implicando a prácticamente todas las naciones de la tierra y que costó millones de vidas, además de causar inmensos sufrimientos a cientos de millones de personas más?

Divisiones económicas

El mundo en 1914 se dividía en cuatro grandes zonas económicas. En la primera, la mano de obra industrial superaba al número de personas dedicadas a la agricultura. Gran Bretaña alcanzó ese punto alrededor de 1820; Alemania y Estados Unidos llegaron a él hacia 1880; Bélgica, Japón y unos pocos países más lo hicieron en la primera década del siglo XX. Francia no había llegado a ese punto en 1914 y no lo haría hasta después de 1945. El resto del mundo estaba muy por detrás.

En la segunda zona económica, la población rural seguía siendo aproximadamente el doble de la población industrial. Suecia, Italia y Austria se hallaban en este grupo. Sin embargo, en relación con el resto del mundo, estos países se habían convertido en potencias económicas.

La tercera zona incluía una serie de países que habían empezado a industrializarse pero que, primordialmente, seguían siendo naciones preindustriales. Rusia era el mejor ejemplo de ello. Poseía algunas plantas modernas que eran tan buenas como cualquiera de Gran Bretaña o Alemania, pero la gran mayoría de su población seguía viviendo en una sociedad campesina.

La cuarta zona económica incluía las naciones de los Balcanes como Grecia y Bulgaria, las colonias y territorios de Asia y África y la mayoría de las naciones de Latinoamérica en un grupo de naciones que componen lo que se daría en llamar más adelante el Tercer Mundo. Con unas pocas excepciones, todavía dependía casi exclusivamente de las manufacturas domésticas, el trabajo artesanal y la mano de obra no especializada.

Según cualquier definición que adoptemos de poder nacional, los países del primer grupo y unos pocos del segundo eran los más poderosos de la Tierra. Para empezar, poseían la mayor parte del capital del mundo, concebido como fondos disponibles para inversión o como medios de producción, así como las mejores y más modernas máquinas y los mejores equipamientos y fábricas.

Su dominio político sobre la mayor parte de la población del mundo parecía aplastante. Este control se ejercía o bien a través de la administración de las colonias o mediante la amenaza de la fuerza, que nunca se dudaba en emplear para hacer que otros países (China, por ejemplo) hicieran lo que se les decía.

Culturalmente imponían su lengua, sus costumbres, su sentido de la estética y el diseño y sus producciones artísticas y culturales a todos los pueblos con los que entraban en contacto, es decir, a casi todos los pueblos del mundo. Casi ninguna cultura nativa consiguió sobrevivir intacta, aunque algunas consiguieron resistirse a la asimilación, en parte porque algunas figuras destacadas de la cultura occidental decidieron inspirarse en ellas para sus creaciones.

Finalmente, los países del primer y segundo grupo poseían la mayor parte del armamento mundial —desde luego, eran dueños de las armas más modernas y potentes— y poseían y podían movilizar los ejércitos y marinas más poderosos y eficientes. Nunca antes un porcentaje tan pequeño de la población mundial había poseído tal poder ni ejercido tal control sobre todos los demás seres humanos del planeta.

El corolario de esta situación es el siguiente: si el pequeño número de naciones que controlaban el mundo, la mayoría de ellas europeas, deseaban la paz, habría paz en el mundo. Si elegían la guerra, entonces el mundo estaba condenado a la guerra, pues el resto de naciones nada podría hacer para impedirlo.

El estudio de la guerra

Ya a lo largo de este libro hemos insistido en la estrecha relación que existe entre la guerra y el progreso del conocimiento. En el capítulo anterior hablamos de la invención de la ametralladora y de cómo contribuyó a igualar a los ejércitos, y mencionamos el hecho de que para abolir la esclavitud fue necesaria una guerra cruel y sangrienta. Pero hay más que decir sobre el matrimonio entre guerra y conocimiento.

Durante miles de años, los hombres han estudiado la guerra y la han considerado quizás el área de investigación más interesante. La humanidad siempre ha temido la guerra y rehuido sus horrores, mientras al mismo tiempo se sentía fascinada por la emoción y la aventura de la guerra y corría a abrazarla. Durante muchos milenios, hombres y mujeres han admirado, y a menudo adorado, a los soldados que triunfan.

No es sorprendente, pues los líderes militares de éxito o bien nos salvan de nuestros enemigos o bien nos consiguen cosas de gran valor: tierras, dinero y otros tipos de botín. ¿Cómo podemos expresarles de forma suficiente nuestra gratitud por tales regalos?

Los militares vencedores nos obligan, además, a reflexionar sobre cuál es el modo de vida ideal. El ideal militar, basado en la disciplina, la virtud —y muy especialmente en el valor, del que muchos civiles creen carecer— y la devoción a una causa parece un modo de vida muy atractivo. Aunque muchos creen que es imposible vivir una vida acorde al ideal del buen soldado, ese ideal nos impulsa a ser mejores y nos sirve de inspiración.

Por último, la guerra hace hervir la olla del progreso. La guerra aguza la imaginación y recompensa la aplicación del ingenio a la solución de problemas básicos. Es habitual, además, que la guerra venga acompañada de una recombinación drástica de la reserva genética. Marte y Venus suelen presentarse juntos y sea por violación o por medios menos brutales, los soldados de regiones distantes fecundan mujeres cuyos hijos, aunque sean considerados bastardos, representan una renovación de la herencia genética.

El siglo XIX no descuidó el estudio de la guerra. Todo lo contrario. La guerra fue quizá su principal materia de investigación, y de ese intenso trabajo intelectual surgieron muchos inventos valiosos tanto para la guerra como para la paz. La dinamita de Alfred Nobel es un buen ejemplo de ello. Sin embargo, desde el final de las guerras napoleónicas en 1815 hasta 1914 no se produjo ningún gran conflicto, exceptuando la guerra civil norteamericana. Los estudiosos de la guerra sabían, o creían saber, muchas cosas nuevas sobre la guerra: cómo dirigirla, tanto defensiva como ofensivamente; cómo controlarla y cómo sacar provecho de ella. Pero el largo período de paz les había privado de la posibilidad de poner en práctica sus teorías.

Una de las pequeñas guerras de la época tuvo un desenlace inesperado. Los rusos, convencidos de que obtendrían una fácil victoria, atacaron a los japoneses en 1905. Pero fueron los japoneses los que vencieron con facilidad. Tras su éxito hubo factores tácticos como, por ejemplo, que las líneas de comunicación de Japón con el frente eran mucho más cortas que las rusas. Pero no vencieron sólo por razones tácticas. Japón, como pronto comprendió todo el mundo, había progresado muy rápidamente desde que decidió en 1868 imitar deliberadamente a Occidente para garantizar la supervivencia de la nación. De súbito, a raíz de su sorprendente victoria, Japón fue aceptado como una nación importante.

Aparte de este pequeño conflicto, que por supuesto traería consecuencias mucho peores de lo que nadie imaginó en ese momento, el mundo había conseguido evitar la guerra durante un largo período. La sed de batallas fue acumulándose y creciendo hasta un punto en que necesitaba saciarse urgentemente.

Colonialismo

El colonialismo, como política expansiva, es muy antiguo. Los griegos crearon colonias en Asia Menor, como hemos visto, siete siglos antes del nacimiento de Cristo. Las colonias cartaginesas y romanas lucharon por el control del Mediterráneo. La mayoría de los países de Europa se expandieron a partir de 1492 y fundaron colonias en los continentes descubiertos al otro lado del Atlántico. Pero el término moderno *colonialismo* no se aplica en realidad a ninguno de estos hechos. El colonialismo se refiere al tipo de acuerdos a los que llegaron y por los que lucharon las potencias europeas durante el siglo XIX y principios del XX, principalmente en África y en el Sureste Asiático.

Estas nuevas colonias no se creaban para encauzar un exceso de población ni para promover una causa política o religiosa. Su propósito principal era establecer mercados mundiales y controlarlos. En la segunda parte del siglo XIX, la revolución industrial europea provocó un aumento en la producción de bienes manufacturados mucho mayor de lo que podía asumir el mercado local. Los pánicos financieros cíclicos eran una señal, como dijo Karl Marx, de que el capitalismo burgués europeo necesitaba aumentar constantemente su cartera de clientes si quería disfrutar de estabilidad en sus operaciones.

A lo largo y ancho del mundo existían millones de nuevos clientes. Eran muy pobres, cierto, pero lo compensaban siendo muchos, y su debilidad política y muy especialmente su escaso poder militar hacían que fuera posible obligarles a comprar lo que los productores quisieran venderles. Además, incluso si carecían de dinero para pagar los bienes manufacturados, poseían materias primas, tabaco y cromo, arroz y bauxita, café y naranjas, algodón, caucho y yute, que podían intercambiarse por los productos que la maquinaria de producción europea tenía que colocar en alguna parte si no quería desmoronarse.

En 1914, el mapa colonial había cambiado radicalmente. España, que perdió la mayor parte de sus colonias tras las guerras de independencia en el Nuevo Mundo, nunca tuvo un papel importante en el juego colonial africano. Portugal siguió siendo importante porque retuvo grandes enclaves, Angola y Mozambique, en las costas occidental y oriental de África. La pequeña Bélgica controlaba un territorio enorme alrededor del misterioso río Congo. Los holandeses todavía mantenían grandes territorios en las Indias Orientales, de los cuales seguían extrayendo pingües beneficios, pero tras el final de la guerra de los bóers no mostraron demasiado interés por África. Los rusos no tenían colonias, pero les quedaba todo un mundo por explorar en su frontera oriental: estaban suficientemente ocupados con el problema de dominar Siberia y las tierras musulmanas del sureste. Austria, como Rusia, estaba más preocupada por los países y pueblos vecinos que por África, el Sureste Asiático o Latinoamérica. Así pues, sólo cuatro naciones muy pobladas seguían sobre el tablero de juego en África: Italia, Francia, Gran Bretaña y Alemania.

Desde la punta de Sicilia hasta Túnez hay sólo un pequeño trecho, apenas ciento sesenta kilómetros a través del Mediterráneo. Así pues, Italia estaba muy cerca de África del Norte y, además, podía afirmar que aquélla era históricamente su área tradicional de influencia. Pero los franceses se apoderaron de Túnez e Italia se tuvo que contentar con Libia. Las aspiraciones italianas eran modestas y las grandes potencias estaban dispuestas a aceptarlas. Además, Libia era básicamente un desierto y sus yacimientos petrolíferos todavía estaban por descubrir.

Francia reclamaba Túnez y Argelia y también quería Marruecos, al otro lado del estrecho de Gibraltar. Eso fue sólo el principio. Reclamó, controló y administró enormes territorios en África Occidental (los actuales Senegal, Mauritania y Malí) y en África Central (hoy el Chad y la República Centroafricana). Excepto Senegal, se trataba de tierras poco pobladas y que no se habían desarrollado. Sin embargo, parecía que había mucho que ganar en ellas y Francia luchó ferozmente para retenerlas.

Gran Bretaña fue la principal potencia colonial durante dos siglos. Sus territorios africanos eran más valiosos que los de las demás naciones. En el norte tenía Egipto, la civilización indígena africana más desarrollada y el botín más valioso del continente. Bajo Egipto se extendía el vasto pero todavía inexplorado Sudán. Más allá del Sudán estaban las ricas colonias del África Oriental inglesa: las actuales Uganda, Kenia, Zambia y Zimbabwe (antes Rodesia). En el oeste de África, las colonias británicas eran más pequeñas, pero aun así muy valiosas, como la actual Nigeria. El área con mayor potencial de explotación y crecimiento estaba en el extremo sur del continente, donde el dominio británico de Sudáfrica gobernaba sobre este país y las actuales Botswana y Swazilandia al norte.

Unas pocas áreas de África, como Etiopía, el Cuerno de África, seguían siendo independientes. Otras, como Somalilandia (hoy Somalia y Djibouti) se encontraban en una situación delicada porque varias potencias europeas las reclamaban para sí. Casi toda África, pues, estaba asignada. Pero todavía quedaba por entrar en el juego una de las potencias europeas más poderosas y ambiciosas.

Esa potencia era Alemania, que durante el siglo XIX emergió como el estado más poderoso no sólo de Europa sino del mundo. El XIX, de hecho, fue el siglo alemán, igual que el siglo XVIII había sido inglés y el XVII, francés. (Por este mismo sistema de atribución se podría considerar el XVI como el siglo español y el XV como el italiano. Más allá, esta clasificación pierde sentido.) Alemania era el líder mundial en capacidad industrial y estaba superando a Gran Bretaña como primera potencia militar. Pero aparte de unos pocos territorios en África oriental, no poseía colonias africanas. ¿Qué se podía hacer para acomodar sus intereses?

Todas las demás potencias cedieron algo a Alemania, Gran Bretaña la que más, pues era la que más poseía, pero Alemania no se dio por satisfecha. Alemania, como correspondía a su gran poder, quería grandes posesiones. Pero había llegado tarde a la mesa o, por ser más precisos, al reparto del botín. No quedaba más que repartir. A menos que se pudiera cambiar radicalmente el equilibrio de poder en Europa. Pero eso era impensable. ¿O no lo era?

Durante los veinticinco años que transcurrieron entre 1889 y 1914, una serie de pequeñas guerras de posición tuvieron lugar en diversos lugares de África y Asia Menor. Estos pequeños conflictos sirvieron para definir fronteras y para ejercer presión. Unos pocos europeos murieron en ellos. Se luchó básicamente con tropas nativas. Por ello estas guerras no fueron satisfactorias desde el punto de vista de los estrategas globales, que seguían sin poder emplear sus nuevas armas y tácticas contra enemigos importantes, es decir, europeos.

La guerra de los bóers

Una pequeña guerra africana alcanzó una escala mayor de lo esperado. Estalló en octubre de 1899, cuando los colonos holandeses (los bóers) de la república sudafricana (el Transvaal) y del estado libre de Orange anunciaron a los británicos de la colonia de El Cabo que no aceptarían el dominio británico en el sur de África. Durante un tiempo, los bóers dominaron los combates. Las unidades británicas, que les superaban en número en una proporción de cinco a uno, no pudieron hacer frente eficazmente a sus tácticas de comando hasta 1902, cuando lord Kitchener empleó una combinación de superior potencia de fuego y una brutal guerra de desgaste que forzó a los bóers a rendirse.

La política de tierra quemada de Kitchener provocó airadas protestas en toda Europa y especialmente en la propia Inglaterra, su patria. Quemó las granjas tanto de africanos como de bóers y recluyó hasta cien mil mujeres y niños en campos de concentración en la árida meseta sudafricana, campos mal dirigidos y con condiciones higiénicas insalubres. Más de veinte mil murieron y el mundo, horrorizado, tuvo puntual noticia de su desesperada lucha por la supervivencia y de sus muertes. Fue el Vietnam de Gran Bretaña e, igual que en esa guerra, hubo manifestaciones en la calle, manifiestos liberales e ira patriótica.

Gran Bretaña acabó ganando la guerra después de haberse visto superada durante un tiempo por un enemigo mucho menos poderoso que luchaba por defender su tierra. O al menos eso creían los bóers. Los británicos, en cambio, la consideraban suya. Los africanos, a quien se diría que pertenecía en realidad, no tenían ni voz ni voto en el asunto. La guerra de los bóers llamó la atención de muchos estrategas, incluidos los alemanes. El mundo no aprendió la lección de aquel conflicto, aunque podría haberlo hecho.

El polvorín de Europa

Tres penínsulas se extienden desde la gran masa terrestre europea hacia el Mediterráneo. De oeste a este, son las penínsulas Ibérica, italiana y balcánica (Balcanes significa «montañas» en turco). Los Balcanes llevaban siglos siendo un foco de problemas. E iban a seguir siéndolo.

La región no es muy extensa, quizá sea del tamaño del estado de Texas. Hoy en día, su población es de unos ochenta millones de personas. En 1900 era de menos de la mitad. La región, por tanto, no estaba superpoblada. Pero existía en ella una enorme variedad de pueblos distintos. Ocupaban la península, y todavía la ocupan, cinco grandes grupos étnicos y varias minorías dispersas. Se hablan al menos cinco lenguas importantes: lenguas eslavas, rumano, griego, turco y albanés. La religión dividía también a sus habitantes: la mayoría eran ortodoxos griegos, pero había importantes minorías católicas y musulmanas. Lo único que tenían todos en común era la pobreza. Casi todo el mundo era muy pobre, excepto los grandes terratenientes, que eran muy, muy ricos.

Las gentes de la región eran orgullosas y susceptibles, rasgos de carácter que se remontaban muy atrás y que ya fueron apreciados en tiempos de Tucídides y la guerra del Peloponeso. Ayer como, de nuevo, también hoy se ofendían con facilidad y salían rápidamente a defender sus derechos, más aún en un tiempo en que sus derechos no estaban claramente definidos. De los treinta millones de personas que debían de vivir en los Balcanes en 1914, la mayoría de ellos querían que les gobernase alguien diferente de quien les gobernaba en ese momento. Y eso seguía siendo verdad a finales del siglo XX, en que Yugoslavia se disolvió en los grupos étnicos que la constituían, una división que todavía es posible en Albania y Rumanía.

Eran habituales pequeñas y salvajes guerras en la zona. En 1912 y 1913 estallaron dos, pero esos pequeños focos se pudieron extinguir sin que causaran daños graves. Sin embargo, los que debían ejercer el papel de bomberos cada vez tenían menos ganas de hacerlo. Quizá sería mejor, pensaban, que la próxima vez que se declare un incendio lo dejemos arder. Muchos creen que el fuego tiene un efecto purificador. Muchos creen lo mismo de las guerras.

En junio de 1914, Austria decidió demostrar su poder en los Balcanes y envió al heredero del trono de Austria-Hungría a Sarajevo, la capital de Bosnia. El archiduque Francisco Fernando fue allí para supervisar las maniobras del ejército, pero probablemente también para discutir en privado sobre las eternas uniones y separaciones de países balcánicos que se venían produciendo desde hacía miles de años. En cualquier caso, el archiduque y su mujer eran un objetivo tentador para algunos apasionados jóvenes nacionalistas, uno de los cuales les disparó. En las viejas películas, el archiduque está de pie y luego se derrumba en brazos de sus ayudantes. Hoy sabemos que Europa se derrumbaría con él. Las negociaciones para evitar la guerra se sucedieron durante el mes siguiente, pero no pudo apaciguarse la ira y la indignación de los diversos países, y el 1 de agosto de aquel fatídico 1914 dio comienzo la guerra de los Treinta Años.

De hecho, fueron treinta y un años, de agosto de 1914 a agosto de 1945. Todavía llamamos al conflicto según la tradicional denominación de primera guerra mundial (1914-1918) y segunda guerra mundial (1939-1945), pero los historiadores del futuro agruparán los dos conflictos en uno solo, del mismo modo que se habla de la guerra del Peloponeso como una sola, a pesar de que también esa conflagración se vio interrumpida por períodos de paz inestable. La guerra de los Treinta Años del siglo XX, igual que la del siglo XVII en Alemania, no permitió a sus gentes disfrutar sus interludios pacíficos.

El combate a gran escala se detuvo tanto en el frente oriental como en el occidental el 11 de noviembre de 1918, pero en Rusia se produjo una sucia guerra de desgaste durante los tres años siguientes. Los bielorrusos, o rusos blancos, reforzados por muchos *emigrés* parecidos a los que lucharon contra la Revolución francesa, y ayudados por la mayoría de los países combatientes en la primera guerra mundial —Alemania estaba demasiado exhausta para implicarse en este conflicto—, casi destruyeron la revolución comunista que se había adueñado de Rusia, pero en el último instante fracasaron.

Los años veinte fueron una larga y frenética fiesta, como la que tuvo lugar durante toda la noche en Bruselas antes de la batalla de Waterloo, a la que los oficiales británicos fueron cabalgando vestidos todavía con sus uniformes de gala. En los años treinta volvieron a producirse sangrientos enfrentamientos armados, con la invasión de Manchuria, y luego de la misma China, por parte de Japón. Los alemanes se rearmaron y prepararon la guerra bajo el gobierno de Adolf Hitler en 1937, y la segunda y todavía más letal fase de la guerra empezó el 1 de septiembre de 1939.

El carácter de la guerra de 1914-1918

El plan estratégico alemán comportaba, en primer término, la rápida conquista de Francia mediante un rápido avance hacia el oeste y luego el sur a través de Bélgica, seguido por una operación de limpieza más lenta en Rusia, en el frente oriental. Con ello se evitarían las fortalezas francesas que salpicaban la frontera francoalemana. El plan casi tuvo éxito en 1914. (La parte francesa de este mismo plan sí tuvo éxito en 1940, de lo que se desprende que los militares no aprenden rápidamente de los problemas que tienen ni de las derrotas que sufren.) El fracaso del ataque alemán llevó a la situación más miserable que jamás se había visto en un campo de batalla. Se detuvo a los alemanes al norte y al este de París gracias a los valientes esfuerzos de franceses e ingleses. Pero fue imposible hacerles retroceder. Durante cuatro años, ambos ejércitos, que contaban con millones de soldados, cavaron trincheras y agujeros en el suelo a menos de un kilómetro de distancia los unos de los otros y se dispararon con rifles, ametralladoras y cañones, armas que, conforme el conflicto se prolongaba, se hicieron cada vez más eficaces y mortíferas.

La primera fase del conflicto fue una guerra al estilo del siglo XIX, pues representó el punto culminante de la obsesión de ese siglo con las máquinas y de su fe en que un número suficiente de máquinas, si eran lo bastante grandes, te llevarían allá adonde quisieras ir. La misma guerra se convirtió en una terrible máquina que trituraba a seres humanos hasta convertirlos en pequeños pedazos de carne inútil. Sus batallas más famosas se alargaron durante meses, no horas ni días, y las bajas se contaban no en miles sino en millones. Cientos de miles de seres que antes fueron animales racionales se alineaban unos frente a otros y se disparaban hasta destrozarse, día tras día y año tras año. Y nadie podía decir con seguridad ni con claridad qué estaba pasando o por qué sucedía todo aquello.

Cuando el fuego cesó, temporalmente, en 1918, cundió una especie de frenético regocijo. Éste acabó, como sucede con la mayoría de las fiestas, en un desastre económico. El año 1929 fue testigo del inicio de la Gran Depresión, la peor crisis financiera de la historia, que se extendió por todo el mundo e hizo que hasta la guerra pareciera una opción aceptable. La guerra estalló de nuevo en 1939. Los Aliados se habían preparado para otra guerra de trincheras, pero los alemanes fueron más listos y su estrategia de *Blitzkrieg*, «guerra relámpago», les funcionó muy bien al principio, pues sus tanques aplastaron a las divisiones atrincheradas y sus bombas redujeron a ruinas bellas y famosas ciudades de Holanda e Inglaterra.

Los Aliados se dieron cuenta de que debían responder con la misma moneda, y al final fueron las ciudades alemanas y japonesas las que más sufrieron. (Japón entró en la guerra en el bando de Alemania en diciembre de 1941.) Dresde y Berlín fueron destruidas casi por completo, igual que Tokio, mediante bombardeos aéreos convencionales que desencadenaron las llamadas tormentas de fuego. Este fenómeno hacía que el mismo aire ardiera sobre el infierno en que se convertía el centro de la ciudad bombardeada, causando un vacío que vientos huracanados se apresuraban a llenar. Hiroshima y Nagasaki corrieron una suerte todavía peor.

La bomba atómica que puso fin a la guerra de los Treinta Años del siglo XX fue a la vez el final y el principio de algo. Resumió y puso punto final a la ancestral búsqueda de la superioridad en potencia de fuego, pues era un arma tan abrumadoramente superior que quien la poseyera resultaría inevitablemente victorioso y sufriría pocas o ninguna baja. Este sueño dorado de los estrategas europeos se hizo realidad el 6 de agosto de 1945, en Hiroshima, cuando la cuenta final rezaba: bajas japonesas, doscientas mil, bajas norteamericanas, prácticamente ninguna.

Más todavía, el enemigo no tenía ningún recurso posible contra esa arma y debía rendirse inmediata e incondicionalmente. Nunca antes en la historia de la guerra se había producido una victoria tan absoluta. No es sorprendente que el presidente Truman, según algunos testigos presentes aquel día, estuviera casi histérico mientras corría por la Casa Blanca gritando: «¡Lo logramos! ¡Lo logramos!»

Esa ventaja absoluta norteamericana no duró mucho. Los soviéticos pronto alcanzaron la igualdad en armas atómicas con Estados Unidos, de modo que nunca más hubiera o pudiera haber una victoria militar tan absoluta, limpia y definitiva. De hecho, antes de que transcurriera mucho tiempo, varias naciones, pequeñas y grandes, pobres y ricas, entraron o aspiraron a entrar en el club nuclear. Con ello se confirmó finalmente el principio de igualdad a punta de pistola.

Reflexiones sobre la guerra y la muerte

A principios de 1915, cuando la gran guerra del siglo XX estaba en su primera fase y todavía parecía nueva, Sigmund Freud publicó un artículo titulado «Reflexiones para estos tiempos sobre la guerra y la muerte». Para entonces, tras la aparición en 1900 de *La interpretación de los sueños* y otras obras de enorme influencia, el doctor Freud empezaba a gozar del respeto de muchos, aunque todavía no se había ganado el afecto de la mayoría, que seguía conmocionada por lo que les había contado de ellos mismos. Se reconocía, además, que podía muy bien ser que tuviera reflexiones valiosas sobre la terrible ordalía que la raza humana, Europa y especialmente Alemania, había sufrido. El artículo sobre la guerra y la muerte estaba lleno de sabiduría, pero puede que fuera, usando el título de una obra de Bernard Shaw, demasiado cierto para ser verdad, y quizá demasiado sabio para ser popular entre sus lectores.

Freud empezó describiendo la desilusión que sentía mucha gente, sobre todo en Alemania, al descubrir la crueldad y brutalidad de la que eran capaces naciones e individuos que antes creían civilizados. Se contaban historias terribles sobre la conducta de los soldados de todos los países. Sobre cómo violaban en grupo a jóvenes y luego las mataban, sobre cómo ensartaban con sus bayonetas a mujeres embarazadas, sobre cómo disparaban a los prisioneros para herirles y ver cómo sufrían sólo por diversión, o sobre cómo torturaban a niños y animales porque les gustaba oírles gritar. Eran historias demasiado próximas a la experiencia que cada uno había tenido de la guerra como para negarlas. (Naturalmente, era más fácil creer estas historias sobre los soldados enemigos que sobre los propios.)

Y por si los asesinatos crueles y brutales no fueran bastante, los gobiernos de todos los países combatientes, mientras sostenían que sus propios ciudadanos tenían que seguir obedeciendo las leyes de la vida civilizada, no tenían ningún reparo en actuar contra los gobiernos enemigos y sus ciudadanos sin ningún respeto por las leyes o costumbres civilizadas. Los gobiernos mentían sistemáticamente y se dedicaban con entusiasmo a producir y desplegar armas cada vez más monstruosas, entre ellas gas venenoso y el bombardeo sobre población civil indefensa. Eran tan despiadados como lo fue cualquier bárbaro y no parecían avergonzarse lo más mínimo por ello.

¡Qué distintas habían sido las cosas antes de la guerra! Entonces, los europeos cultos, y especialmente los alemanes, creyeron que finalmente, tras muchos eones, la raza humana, o al menos la especial parte de ella a la que pertenecían, había logrado alcanzar un grado de civilización que impediría el tipo de actos y conductas que ahora contemplaban diariamente. Y no sólo habían llegado a pensar en que los prohibiría, sino que sería capaz de imponer el cumplimiento de esa prohibición. Lo más importante es que la humanidad encontraría alguna alternativa razonable a la guerra, y especialmente al tipo de guerra que se estaba librando.

La civilización germana, en concreto, era contemplada por los alemanes y por otros europeos cultos como el punto culminante de la civilización humana. La ciencia, el arte, la música, la erudición y la filosofía ética alemanas habían establecido unos parámetros que el resto del mundo consideraba los más elevados jamás alcanzados.

Y ahora el mundo odiaba a los alemanes más que a nadie por ser un pueblo de salvajes primitivos y bárbaros. Se les llamaba, colectivamente, los hunos, ese odiado nombre que durante siglos había simbolizado a un pueblo totalmente incivilizado, brutal y semihumano que había barrido Europa desde oriente y devastado el mundo romano.

Esperemos que estén equivocados, decía Freud, y que los alemanes no seamos tan malos como creen. Pero añadió —y éste era su principal argumento—: tampoco somos tan buenos como nos gustaría hacerles creer. Somos humanos, igual que ellos. Y el ser humano no se siente feliz en la civilización, por mucho que afirme lo contrario. Psicológicamente, el hombre civilizado ha estado viviendo por encima de sus posibilidades, pues existe un yo más profundo, una especie de salvaje primitivo, dentro de todos nosotros que ansía librarse de los límites que le impone la civilización. Yo lo sé, dijo Freud, porque lo he visto en todos mis pacientes, sin excepción: hombres y mujeres, jóvenes y viejos, cultos y analfabetos. Así pues, no me sorprende lo que ha revelado la guerra, y a vosotros tampoco debiera sorprenderos.

La idea de que la civilización es una carga casi insoportable para la mayoría de los seres humanos, incluidos los alemanes, no era popular en 1915, pero al menos explicaba lo que estaba pasando. Y los alemanes, así como sus aliados y todos sus enemigos, siguieron actuando como si no quisieran ser seres civilizados durante toda esa primera fase de la guerra. Lo extraño es que en 1918, cuando cesaron los combates, nadie quiso volver a ser, o a comportarse, civilizado a la manera de antes. Ni nadie lo ha vuelto a ser en los últimos setenta años. Eso es lo que quiere decir la reflexión de que la gran guerra del siglo XX acabó con la sofisticada civilización que Europa había conocido antes de 1914.

Era un magro consuelo que el doctor Freud dijera que aquella civilización había sido sólo una ilusión. La gente no es así, decía. La gente en lo más profundo no es demasiado buena. «El elemento de verdad tras todo esto, y lo que la gente está tan predispuesta a negar, es que los hombres no son criaturas amables que quieren ser amadas y que como máximo se defienden si son atacadas», escribió en un ensayo posterior en el que desarrolló de manera más cuidadosa y estructurada las ideas que avanzó en 1915;[1] «son, por el contrario, criaturas entre cuyo acervo instintivo debe reconocerse una buena dosis de agresividad». Y añadió «*Homo homini lupus* [el hombre es un lobo para el hombre]. ¿Quién, a la luz de toda su experiencia de la vida y de la historia, puede tener el valor de negar esta afirmación?».

Desde luego, ¿quién puede negarla, después de todo lo que ha pasado en el siglo XX?

1. *La civilización y sus descontentos* (1930).

Freud hizo otra afirmación, en su ensayo de 1915, sobre el cambio de la actitud frente a la muerte que había provocado la guerra. En tiempos de paz, la muerte se puede mantener a una distancia segura. Uno la puede negar o al menos evitar mencionarla o pensar en ella. En la guerra, esa negación deviene imposible. La muerte se entromete en la vida de cualquiera de la forma más irritante e indecorosa. Pero, dijo Freud, eso no es algo malo, pues en lo más profundo de nuestros inconscientes primitivos, somos muy conscientes de la muerte, incluso aunque superficialmente la neguemos. Deseamos la muerte de nuestros enemigos, somos ambivalentes sobre la muerte de nuestros seres queridos y tememos nuestra propia muerte, en la que al mismo tiempo no creemos de verdad.

Aquí, de nuevo, se encuentran unas ilusiones de las que sería mejor que nos despojáramos. *Si vis vitam, para mortem*, concluyó Freud: «Si estás dispuesto a vivir, prepárate a morir.» De nuevo es un consejo difícil de aceptar. Sin embargo, también ayudaba a explicar lo que estaba pasando.

Causas de la guerra

¿Por qué estalló la guerra? No es que se siguiera lógicamente de los acontecimientos; quizá la guerra no es nunca completamente inevitable. Una docena de veces antes de 1914 pareció inminente el estallido de una guerra general, pero no sucedió. Es cierto que la necesidad de satisfacer las «legítimas pretensiones» de Alemania de poseer colonias africanas se hizo cada vez más apremiante. También es cierto que los conflictos internos de los Balcanes se volvieron cada vez más virulentos. Y se podría sostener de forma razonable que la paciencia de todos los combatientes se fue agotando poco a poco. Pero hubo otras dos causas que llevaron al conflicto y que debemos mencionar y examinar.

Una fue la explicación de Freud. El hombre necesita la guerra, parecía decir, para desembarazarse de la intolerable carga de la civilización. La alternativa a la guerra es la neurosis, tanto individual como de grupo, que puede volverse también intolerablemente destructiva. Los hombres no pueden actuar indefinidamente como si fueran seres civilizados. Se les debe permitir una vía de escape para sus deseos profundos más criminales. Los sueños no bastan. Hace falta también acción real. ¿Existe alguna acción que sea un sustituto válido, es decir, viable, de la guerra?

La guerra no sólo permite matar a hombres de forma cruel y brutal, es decir, precisamente de la forma que siempre habían deseado matar inconscientemente. De una forma maravillosamente contradictoria, la guerra también saca a relucir lo mejor del hombre. Cuando lo que está en juego es la vida o la muerte, el juego adquiere un significado que no puede alcanzar de ninguna otra manera. Rara vez vuelve un soldado del combate sin la sensación de que, de alguna manera, se ha confesado, de que ha llegado a un punto culminante de acción y sentimiento que jamás había alcanzado antes. Una de las tragedias de la guerra de Vietnam es que muy pocos combatientes regresaron con esa sensación. En vez de ello se sentían sucios, traicionados y engañados.

La guerra, según esta interpretación, es una tentación peligrosa pero casi irresistible. Los hombres, y también las mujeres, se sienten atraídos por ella y siempre han sentido esa atracción a lo largo de la historia. Quizá, como tentación, la guerra está perdiendo por fin su atractivo. Si es así, y si la guerra de Vietnam (al menos según el punto de vista de Estados Unidos) es el motivo de esa pérdida de atractivo, entonces puede que esa guerra sea la mejor guerra en la que los norteamericanos hayan luchado jamás.

Hay otro motivo que puede explicar la guerra de 1914. Y ese motivo es, simplemente, el aburrimiento.

Ya sugerí que una posible explicación de la caída del Imperio romano de Occidente durante el siglo V d. J.C. pudo ser también el aburrimiento, un hastío profundo e incurable que corroyó el alma de sus ciudadanos como si fuera ácido. El imperio había perdurado durante quinientos años, pero sus problemas no se habían solucionado. No encontró ninguna forma no ya buena, sino tan siquiera efectiva de elegir a su dirigente, y casi todos sus emperadores fueron auténticos monstruos —estúpidos, ignorantes y crueles— con unas pocas excepciones durante la edad dorada de los Antoninos. Los ricos fueron cada vez más ricos y los pobres más pobres, pero ni siquiera los ricos eran más felices que los pobres. Así pues, cuando llegaron los bárbaros, como escribió el poeta griego Constantin Cavafis (1863-1933), «al menos eran una especie de solución».

Durante los cincuenta años que precedieron a 1914, una legión de brillantes, elocuentes y desesperados artistas trataron de hacer que la burguesía que dirigía Europa despertara de su mortífero letargo. La burguesía, al principio, no creía estar en letargo, pues estaba demasiado ocupada ganando dinero. ¡Ganar dinero no es un acto humano heroico!, gritaban los artistas. ¡Ganar dinero os matará de aburrimiento!

En cierto sentido, era un punto de vista muy válido. La burguesía dirigente, las clases cultas y los capitalistas y los hombres de negocios actuaban como si estuvieran mortalmente aburridos. El dinero les aburría pero, lo que es peor, también les aburría la paz. Al final no pudieron soportar más el aburrimiento y permitieron que empezara la guerra.

Como el aprendiz de brujo, no esperaban que la guerra fuera tan horrible ni que durara tanto tiempo. Eso es lo que suele suceder con las guerras, aunque siempre tendemos a olvidarlo. Al final, todo el mundo acabó deseando que la guerra no hubiera empezado nunca. Pero empezó porque bastantes quisieron que empezara. Y así sucede con la mayoría de las cosas que les pasan a los seres humanos, buenas y malas.

12. El siglo XX: el triunfo de la democracia

Los últimos diez años de un milenio tienen algo mágico. Puede que sean una de las décadas más peligrosas de la historia.

Hay algo terrorífico en el fin de un milenio, una sensación de que algo definitivo debe ocurrir el 31 de diciembre de 1999. Puede que nos preguntemos, seamos o no religiosos, si Dios realmente quiso que el mundo durara tanto. ¿Seremos capaces de empezar un nuevo milenio? ¿Tenemos la fuerza y el valor necesarios? ¿Tenemos la voluntad de hacerlo?

Los europeos al final del siglo X d. J.C. no estaban seguros de que quisieran hacerlo. Desde aproximadamente el año 950 hasta el 1000, la melancolía se apoderó de nuestros antepasados. Por las calles de pueblos y ciudades corrían dementes gritando que se acercaba el fin del mundo. Otros que no estaban locos temían que los locos tuvieran razón. Se produjo una sequía de ingenio e inventiva. Muchos problemas parecían insolubles. La gente trataba de resistir, con la esperanza de que la vida no se volvería todavía peor. Parecían haber abandonado la ilusión de que pudiera mejorar.

Los forajidos campaban a sus anchas, robando, incendiando y esclavizando. Los sacerdotes pronunciaban sermones tristes y sombríos, previniendo a la gente de que el juicio final podía estar a la vuelta de la esquina y apremiándoles a que enmendaran sus vidas e hicieran las paces con sus vecinos. La mayoría de la gente tendía a no embarcarse en empresas a largo plazo. Nadie hacía planes para el futuro, al menos no para el futuro en esta tierra.

Cuando el cambio de milenio llegó y pasó sin ningún incidente notable, los pueblos de Europa suspiraron aliviados y una energía primitiva empezó a arder en millones de pechos. De súbito, se hicieron obvias nuevas soluciones para viejos problemas. ¿Por qué nadie había pensado en ellas antes? Se pusieron en práctica nuevos acuerdos políticos y sociales que a menudo funcionaron. Los artistas inventaron nuevos tipos de artes, los poetas escribieron nuevos tipos de canciones y los filósofos se sorprendieron al descubrir que existían muchísimas ideas nuevas esperando ser descubiertas.

Como resultado de este nuevo impulso, el siglo XI fue un siglo de florecimiento. El siglo XII se demostró todavía mejor. El siglo XIII fue quizá el mejor de todos: se terminaron las grandes catedrales, se fundaron universidades; hombres y mujeres se embarcaron en largos viajes para visitar nuevos lugares y hacer nuevas amistades, y las ciudades y los pueblos crecieron más deprisa de lo que lo habían hecho en los últimos mil años. Y cada verano, los pescadores escandinavos partían al oeste desde Islandia y traían no sólo pescado sino también uvas que habían recogido en las costas de una tierra nueva sobre la que no contaron nada a nadie porque no querían arriesgarse a tener que compartir sus magníficos caladeros.

La última década del siglo X (del 990 al 999) fueron unos años peligrosos. Muchos sufrieron por la insensata brutalidad que se hizo endémica. La sensación general de desesperación hizo que todo el mundo se sintiera afligido. Pero en aquellos tiempos no existían las armas nucleares. Una persona, no importa lo malvada que fuera, no podía destruir el mundo entero.

Hoy, un momento de pura malicia por parte de cualquier miembro de un selecto grupo de individuos podría acarrear el fin del mundo. La malicia y la insensatez se disparan en períodos de depresión. Por eso, la última década de un milenio es un momento tan peligroso de la historia.

Pero si la raza humana sobrevive a esa década, llega al cambio de milenio y lo sobrepasa sin incidentes, entonces podemos esperar que ocurra algo similar a lo que aconteció en las décadas posteriores al año 1000. Una inyección de energía, un aumento del ingenio y la inventiva, una sensación de que existen nuevas formas de organizar los asuntos de los hombres, una disposición, incluso una propensión, a buscar nuevas soluciones a viejos problemas. Espero que todo esto sea evidente. Así pues, puede que el siglo XXI sea uno de los más gloriosos de la historia humana, uno de los más apasionantes, esperanzadores y productivos.

Puede que el posmilenio ya haya empezado. Han sucedido cosas asombrosas y extraordinarias, sucesos que demuestran un carácter propio de un posmilenio. Los pueblos de Europa Oriental exigieron libertad y, para su gran sorpresa, nadie se les opuso ni la rechazó. Puede que ahora sean libres para decidir su propio destino, e incluso si fracasan, no estarán dispuestos a regresar a las celdas en las que llevaban viviendo desde el final de la gran guerra del siglo XX.

La mayoría de los ciudadanos, o súbditos, de lo que fue el imperio soviético desean lo mismo. Todavía es difícil saber si tendrán tanto la voluntad como la oportunidad de ser libres, pero ya es obvio que eso es precisamente lo que desean. Pero no basta con desearlo, debe producirse también la circunstancia que permita alcanzar ese deseo. Si falta una de las dos cosas, lograrán poco. Pero al fin del proceso es seguro afirmar que los pueblos soviéticos serán libres.

Podemos decir con igual certeza que la enorme nación que es China —en la que vive un cuarto de la población de la tierra— también conseguirá alcanzar la libertad política y económica en el futuro cercano. Los millones de jóvenes cuyas esperanzas fueron aplastadas en la primavera de 1989 no olvidarán lo que tan fervientemente desearon y por lo que muchos de ellos sacrificaron sus vidas. El símbolo de ese deseo fue una copia de escayola de la estatua de la libertad que se erigió en el medio de la plaza de Tiananmen, en Pekín. Los tanques de los mayores aplastaron la estatua de los jóvenes, pero la esperanza que aquella estatua simbolizaba, e inspiraba, no puede ser aplastada.

El mundo está lleno de esperanza. Quizá por eso la última década del viejo milenio no fue tan peligrosa como podría haber sido. La desolación, la desesperación es la enfermedad de la muerte. La esperanza es el antídoto para la desolación. Y la cura es instantánea. Sin esperanza, nada puede lograrse. Con esperanza, ¿qué no se puede alcanzar?

El año 1989 marcó el bicentenario de la toma de la Bastilla, que abrió la Revolución francesa. Quizá un poeta en el futuro escriba de 1989 lo que Wordsworth escribió de 1789:

> Era una bendición estar vivo en ese amanecer,
> ¡pero ser joven era el mismísimo paraíso!

El avance de la democracia

Los primeros gobiernos democráticos surgieron en unas pocas ciudades Estado griegas durante los siglos VI y V a. J.C. No duraron mucho. O bien fueron derrotados por enemigos exteriores o, más a menudo, por revoluciones internas de la oligarquía, es decir, del puñado de ricos que se consideraban una aristocracia natural. En tiempos de Aristóteles, en el siglo IV a. J.C., la democracia parecía poco más que un experimento fracasado.

La República romana no fue una democracia en el sentido griego. La ciudadanía era muy restringida y aunque el pueblo disfrutaba de mucha libertad política, no estaba, estrictamente hablando, constituido como gobernante del Estado. Las comunas italianas de los siglos XI y XII fueron oligarquías que se atrevieron a flirtear con la democracia. De nuevo, se disfrutaba en ellas de amplia libertad, especialmente económica, pero carecían de cualquier base constitucional para ser gobernadas por el pueblo. No fue hasta las revoluciones políticas de los siglos XVII y XVIII cuando volvió a aparecer algo similar a gobiernos democráticos. Así pues, la democracia está entre las formas de gobierno más recientes, si consideramos como democracia lo que la palabra significa realmente.

La idea de democracia tiene varios elementos. Al derrocar al rey Jacobo II y reemplazarlo por un monarca que aceptó responder ante el Parlamento, los ingleses, en 1689 (¿hay algo mágico en esos dos dígitos finales?) establecieron lo que quizá fuera el primer gobierno basado en la ley. Fue, al menos, el primer gobierno moderno de derecho, pues desde la caída de la República romana todos los gobiernos, no sólo de hecho sino también constitucionalmente, habían sido gobiernos de hombres. Puede que Guillermo y María no desearan ser meros «títeres», pero un monarca constitucional no tiene por qué serlo. Puede ser un presidente que gobierne con un gran poder, mientras obedezca una ley distinta a su libre voluntad o capricho. En un gobierno de hombres, ninguna ley es superior a la voluntad de uno o más hombres. En un gobierno de derecho sí. En eso consiste todo.

La ley que Guillermo y María aceptaron obedecer era establecida por el Parlamento, que respondía ante el pueblo, que elegía a sus miembros. No estaba todavía muy claro quiénes eran el pueblo, a pesar de la sonora declaración de John Locke en 1689 de que «el pueblo juzgará» la justicia de sus gobernantes. ¿Quién era ese pueblo? ¿Todo el mundo? ¿Sólo los hombres? ¿Sólo los hombres propietarios de tierras? Se debe sospechar que Locke se refería a estos últimos. Pero ese reducido grupo no constituye una democracia.

«Todos los hombres son creados iguales —dijo Thomas Jefferson, en otra declaración igual de grandilocuente en 1776—, y están dotados por su Creador con ciertos derechos inalienables.» Aquí, por primera vez, se tocó la tecla de «todos». ¿Quería decir todos, incluyendo a todos los hombres y quizá también a todas las mujeres? Probablemente no. Pero es importante comprender que lo que Jefferson, un hombre del siglo XVIII, quisiera decir no es tan importante en el gran esquema de las cosas. Había dicho «todos» y lo había dejado por escrito para que cualquiera pudiera leerlo. El futuro podría interpretar la palabra como le placiera, pues la declaración no contenía ninguna limitación explícita a ese *todos*. «Todos» podía significar de verdad *todos* si eso era lo que el pueblo quería. Y lo quiso.

Ese deseo late en el preámbulo de la Constitución de Estados Unidos que sus artífices instituyeron como su ley soberana en 1789 (¡de nuevo ese año trascendental!). «Nosotros, el pueblo —dijeron—, ordenamos y establecemos esta Constitución.» Eso quería decir que era el pueblo, y no los estados, quien promulgaba la Constitución. Pero de nuevo las palabras que usaron decían más de lo que quienes las escribieron podían llegar a comprender.

Nosotros, el Pueblo de los Estados Unidos, a fin de formar una Unión más perfecta, establecer la Justicia, afirmar la tranquilidad interior, proveer la Defensa común, promover el bienestar general y asegurar para nosotros mismos y para nuestros descendientes los beneficios de la Libertad, instituimos y sancionamos esta Constitución para los Estados Unidos de América.

De nuevo, ¿había algún límite? Fuera lo que fuera lo que los artífices de la Constitución quisieran decir, ¿hay algo implícito en esas palabras de donde se deduzca que no todos —hasta la última persona— forman parte de ese pueblo?

Nadie leyó estas palabras, y las de Jefferson, con mayor atención que Abraham Lincoln, que se encontró, por un terrible o afortunado accidente, según el punto de vista, encargado de la tarea de interpretar el significado de la democracia para una nación envuelta en una guerra civil que amenazaba a su misma existencia. Entre sus otros deberes, se le pidió en noviembre de 1863 que pronunciara unas palabras después del discurso principal —que corría a cargo de Edward Everett— en la inauguración del cementerio militar de Gettysburg, Pennsylvania, el lugar en el que se libró, en el mes de julio, una de las batallas cruciales de la guerra.

«Nuestros padres —dijo Lincoln—, establecieron una nueva nación en este continente, concebida sobre la base de que todos los hombres nacen iguales.

»Ahora —continuó—, nos hallamos empeñados en una guerra civil que decidirá si una nación así puede perdurar. Las naciones basadas en estos principios han sido en el pasado, habitualmente, destruidas, sea por conflictos externos o internos. No debemos dejar que eso suceda con nuestra nación.

»En vez de ello —concluyó—, en honor de los valientes que lucharon aquí, y particularmente en honor de aquellos que dieron su vida, debemos dedicarnos a la tarea que dejaron inacabada al morir. Esa tarea es asegurar "que el gobierno del pueblo, por el pueblo y para el pueblo no desaparezca de la faz de la tierra".»

Ésa es la frase más famosa que resuena una y otra vez en los anales de la historia de Estados Unidos. «El gobierno del pueblo» quiere decir el gobierno de todos, sin que se deje de lado a nadie.

«El gobierno por el pueblo» quiere decir que el pueblo es quien gobierna. En su condición de gobernantes, escoge ejecutivos y representantes que promulguen y hagan cumplir sus leyes.

«El gobierno para el pueblo» significa que el gobierno actúa para beneficio —el bien común— de todo el pueblo, no sólo de algunos de sus integrantes, y especialmente no en beneficio de los propios gobernantes, aunque los ejecutivos y representantes escogidos, siendo como son miembros del pueblo, pueden y deben beneficiarse del gobierno que temporalmente (mientras el pueblo les mantenga en el cargo) están contribuyendo a hacer funcionar.

La definición de democracia no necesita nada más que estos tres elementos: la decisión inglesa de 1689 de erigir un Estado de derecho y no un gobierno de hombres; las declaraciones de los Fundadores en 1776 y 1789 de que todos los hombres nacen iguales y de que el pueblo como un todo puede decretar una ley que sea superior a cualquier hombre, y la definición de Lincoln de los tres objetivos elementales del gobierno democrático. Esto es la democracia tal como la han entendido los norteamericanos durante doscientos años y tal como la ha interpretado el resto del mundo durante varios períodos, ninguno de ellos mayor de dos siglos.

Pero entender lo que significa la democracia y convertir esa teoría en práctica son dos cosas muy distintas. Incluso en Estados Unidos, patria de la democracia en el sentido pleno del término, más de la mitad del pueblo no tenía todavía derecho a voto en 1900. No tener derecho al voto, como todas las mujeres, como los negros en el Sur, como les sucedía a otros por razones económicas, es verse privado del cargo más importante del país: el de ciudadano en el sentido pleno de la palabra *ciudadano*, como aquel que determina la forma, método y personalidad de su propio gobierno. Las mujeres, los negros y los pobres seguían gobernados por otros «por su propio bien». Y eso no bastaba.

La mayoría de los demás países estaban muy por detrás de Estados Unidos. Menos de un siglo atrás no existía un solo país importante en la tierra que fuera una democracia en el sentido en que interpretamos —y Lincoln interpretaba— hoy el término.

La gran guerra del siglo XX tuvo muchas consecuencias. Algunas de ellas fueron buenas. Se extendió como un reguero de pólvora el principio del sufragio universal por casi todo el planeta. Hoy es difícil encontrar una nación que no afirme constitucionalmente el derecho de todos sus ciudadanos a votar a sus representantes o dirigentes.

Eso no quiere decir, no obstante, que en todos los países ese derecho esté protegido. Los gobiernos comunistas llevan sosteniendo durante más de cincuenta años la ficción de que unas elecciones en las que un solo candidato —el candidato del partido gobernante— se presenta al cargo son, aun así, unas elecciones legítimas. Han «demostrado» que tienen razón obligando a todos sus ciudadanos a votar y, hasta hace bastante poco, todos sus ciudadanos lo hacían. Este tipo de elecciones es una burda parodia del gobierno democrático real, del «gobierno por el pueblo» de Lincoln.

El derecho al voto está garantizado para todos, o casi todos, los ciudadanos del mundo libre, que se llama libre porque garantiza ese derecho universalmente. Sin embargo, en algunos de estos países, un alto porcentaje de potenciales votantes prefiere no votar para escoger a sus representantes. Están dispuestos a aceptar que otros escojan por ellos. ¿Es una nación en que eso sucede menos democrática? Es difícil de decir.

Que el gobierno existe para el bien común de todo el pueblo es otra de las benevolentes máximas de la mayoría de las constituciones de la tierra en la actualidad. En muchos casos se trata de una afirmación manifiestamente fraudulenta: no bastan unas meras palabras, sean escritas con mayor o menor sinceridad, para que se produzca el «gobierno para el pueblo». En ningún país se puede decir que el gobierno administre con igualdad para todos sus ciudadanos; es decir, en ningún país todos los ciudadanos se benefician en la misma medida del gobierno. Es cierto que algunas naciones se acercan mucho a este ideal y que en otras se queda más o menos en intención, pero esa intención no existía en casi ningún país del mundo hace menos de cien años.

El despliegue de las alas protectoras del gobierno sobre todo el pueblo —el «gobierno del pueblo» de Lincoln— tiene a veces sus pros y sus contras. Hoy el gobierno de Estados Unidos no abandona a casi nadie. Eso es bueno. Pero hasta hace muy poco casi nadie podía librarse del gobierno en Haití, lo que es muy malo. El largo brazo de un gobierno despótico, incluso tiránico, puede alcanzar cualquier hogar, cualquier puesto de trabajo o empresa, e introducirse en todo corazón y toda mente a través de sofisticados equipos de vigilancia electrónica. La diferencia consiste en a quién se excluye. En Estados Unidos a algunos de los pobres, a muchos inmigrantes ilegales y a algunos grupos sociales desprotegidos más. No se les incluye en el gobierno, a veces sin pretenderlo, pero siempre de forma ilegal e inconstitucional. En Haití, y en cualquier tiranía, son los gobernantes los que están excluidos, pues están por encima de la ley y por tanto fuera del Estado. Disfrutan de los beneficios del gobierno casi en exclusiva porque los han expropiado a sus dueños. Son auténticos forajidos, aunque sea extraordinariamente complicado hacerles responder ante la justicia.

Estos problemas de la aplicación práctica de la democracia a finales del siglo XX son muy distintos de los defectos que hemos visto que la democracia tenía a principios del mismo siglo. Entonces la democracia era sólo un sueño, que podía hacerse realidad en algunos países pero que en otros ni siquiera se consideraba posible. Ahora ya no es así, y ese cambio es fundamental.

Describamos la nueva sociedad de forma sencilla: en 1900, la mayoría de los pueblos de la tierra no entendían qué era la democracia y, en consecuencia, no la deseaban. E incluso entre los que la entendían no todos la deseaban ni creían que fuera posible ponerla en práctica.

En 1990, la mayoría de los pueblos de la tierra entienden, algunos mejor que otros, qué es la democracia. Y entre los que la entienden, no existe ninguno que no la desee o no crea que puede llevarse a la práctica, tarde o temprano, en su propio país.

475

Todavía existen líderes que afirman que su pueblo no quiere la democracia, que no está listo todavía, que no podría sobrevivir con gobiernos elegidos libremente por sus ciudadanos. Hasta 1989, eso es lo que afirmaban los gobiernos de Europa Oriental. Y es la opinión de casi todos los déspotas del Tercer Mundo. Es también lo que dicen los dirigentes de las pocas teocracias que han sobrevivido hasta la última década del segundo milenio. Pero cuando se le pregunta al pueblo, en cualquier lugar, y se le deja responder con libertad, no está de acuerdo.

El pueblo, en todas partes, desea la democracia, por muy buenos motivos. Como nos ha enseñado el filósofo Mortimer J. Adler, la democracia es la única forma de gobierno justa. Todas las demás formas de gobierno, sin excepción, o bien privan constitucionalmente a algunos de sus ciudadanos del derecho a escoger sus propios gobernantes o bien excluyen constitucionalmente a algunos ciudadanos de los beneficios que el gobierno comporta. No existe todavía ninguna democracia que sea perfecta y que haya alcanzado por completo el ideal democrático; quizá nunca pueda existir una democracia perfecta en ese sentido. Pero no hay ninguna otra forma de gobierno que sea perfecta ni siquiera idealmente del modo que lo es la democracia. Y por eso todos los pueblos de la tierra la desean.

Si nos paramos a considerarlo, éste es un cambio extraordinario. Doscientos años atrás, ningún pueblo excepto el británico, en la metrópoli o en las colonias, tenía claro qué podía ser un gobierno democrático moderno. Hace cien años, una pequeña parte de la población del mundo era la única que comprendía y deseaba una forma de gobierno democrática. Hoy prácticamente todos los pueblos de la tierra la desean. Y este deseo existe a pesar de los esfuerzos denodados de muchos gobiernos por ocultar la idea de la democracia a su gente.

Se trata de contener la democracia mediante la censura directa, la distorsión y las mentiras. Pero nada ha funcionado. En China y en Europa Oriental, en 1989, el pueblo supo ver más allá de las mentiras y las distorsiones, y eludió la censura. Incluso comprendieron las distorsiones de la propaganda democrática, cuando ocurrían. Aquí, de nuevo, Abraham Lincoln tenía razón:

«Puedes engañar a algunos siempre o a todos durante un tiempo. Pero no se puede engañar a todos todo el tiempo.»

Comunismo

Como forma de gobierno, la democracia tuvo que enfrentarse con tres grandes competidores durante el siglo XX. Sus rivales fueron el comunismo, el totalitarismo y la teocracia.

Hay una gran diferencia entre lo que el comunismo predica y lo que hace cuando llega al gobierno. La diferencia es tan enorme que nos obliga a preguntarnos si, de hecho, alguna vez será posible salvar la distancia entre la teoría y la práctica. ¿Puede existir de verdad alguna vez el tipo de gobierno comunista que Marx y Lenin soñaron o afirmaron soñar? Si no es así, ¿el resultado del comunismo será siempre el tipo de sociedad que hemos conocido a partir de 1917?

Cuando Marx y Engels trataron de impulsar la revolución del proletariado o cuando Lenin, una generación o dos después, lideró una rebelión real, el ideal por el que luchaban parecía noble a sus seguidores. El proletariado eran los desposeídos de la historia. Siempre habían hecho todo o casi todo el trabajo en la sociedad y habían recibido muy pocos de los beneficios que su trabajo generaba. El comunismo partía de una afirmación perfectamente razonable: vosotros sois la gran mayoría de la sociedad. A partir de ahora controlaréis el poder económico del Estado y por tanto recibiréis los beneficios económicos que genera. Durante un tiempo poseeréis incluso un poder absoluto, tiránico, pero ese poder será utilizado en realidad en beneficio de todos. Al final —muy pronto, según esperamos— el Estado se marchitará y todos gobernaréis, en una especie de utopía, en beneficio de todos. Y ese paraíso durará por siempre.

He dicho que el comunismo hacía promesas notables. La primera parte de lo que decía parecía tener sentido. La segunda parte, sobre ese paraíso eterno, no era en absoluto razonable, pero sonaba muy bien.

¿Cómo funcionó en la práctica el comunismo? Stalin (1879-1953) nos lo mostró, en Rusia, el primer país comunista. Los kulaks, o campesinos independientes —no siervos— querían continuar siendo propietarios de sus tierras y vender lo que producían con su trabajo en un mercado libre. «Eso no es comunismo —dijo Stalin—. El proletariado, actuando como clase, debe ser propietario de todos los medios de producción, vuestras tierras incluidas. Aun así, el cambio os beneficiará; por supuesto ¡no dejamos a nadie fuera del paraíso de los trabajadores!»

Durante un tiempo se permitió a los kulaks que siguieran trabajando de forma independiente. Al final, la «mayoría» decidió que los kulaks debían «desaparecer como clase». El exterminio empezó a finales de 1929. Al cabo de cinco años, la mayoría de los kulaks, junto con millones de campesinos que también se opusieron a la colectivización de las tierras de cultivo, habían sido asesinados o deportados a regiones remotas de Siberia. Nunca se ha conseguido determinar con exactitud cuántos murieron en el proceso. Según las estimaciones más precisas, se calcula que perdieron la vida unos veinte millones de personas. Esa cifra no incluye a los muchos millones más que murieron de hambre durante los años siguientes, después de que la colectivización destrozara la agricultura rusa.

Ninguna mayoría, no importa lo grande que sea, tiene derecho a matar a los que no están de acuerdo con ella, no importa los pocos que sean. Éste es un principio básico de la democracia. Si la «mayoría» hubiera sido de verdad la mayoría, la decisión de colectivizar la agricultura, si se hubiera llevado a cabo de una forma más humana, pudiera haber llegado a ser considerada aceptable, a pesar de que hubiera necesariamente comportado injusticias para algunos ciudadanos. Pero la «mayoría» nunca fue una mayoría real en la Unión Soviética. La «mayoría» de la que siempre se hablaba era en realidad una minoría muy pequeña, en ocasiones formada sólo por el propio Stalin.

En teoría, el comunismo se convirtió en la dictadura del proletariado, que debía ser temporal y evolucionar inevitablemente hacia un no gobierno —hacia una especie de anarquía utópica— de todos y para todos. En la práctica, el comunismo siempre ha sido, en todos los países en los que ha existido (es decir, en todo país que se ha definido a sí mismo como comunista) la tiranía brutal de una muy pequeña minoría sobre la enorme mayoría de sus ciudadanos o súbditos. Sólo en sus últimos estertores, como por ejemplo en Checoslovaquia en diciembre de 1989, cuando su gobierno comunista se disolvió ante los ojos del mundo, ha reconocido jamás un régimen comunista que su tiranía era temporal, como Marx y Lenin habían dicho que debía ser. Y puesto que, de hecho, el pueblo no ha reinado jamás en ningún Estado comunista, no existía ninguna razón por la que un gobierno comunista debiera abandonar jamás su posición de poder absoluto y tiranía a menos que se produjera una revolución. En las tiranías comunistas del siglo XX, la revolución pareció siempre casi imposible, pues la minoría dirigente ejercía un control total no sólo sobre la economía en todos sus aspectos sino también sobre la policía y el ejército. ¿Cómo podría jamás la gente levantarse y gobernar por sí misma en esas circunstancias?

Pero la gente lo logró, en Alemania Oriental, en Hungría, en Checoslovaquia, en Rumanía... También en China trataron de rebelarse. Y en varias partes de la Unión Soviética en 1989 empezó la lucha por la independencia. Y nada pudo detenerles. La poderosa maquinaria del Estado, con todos sus policías y soldados, con todos sus censores y sus terroríficas leyes y jueces, demostró tener los pies de barro. Cuando el sol empezó a brillar, la nieve que rodeaba al tirano se fundió y reveló que estaba desnudo y solo.

El resto de los pueblos de todos los demás países comunistas del mundo vieron lo que había pasado. Lo mismo sucederá en sus naciones. Y el comunismo dejará de ser una forma de gobierno viable, probablemente en los inicios del siglo XXI.

¿Hay algo que lamentar en el manifiesto fracaso del ideal comunista? Quizá sí. El ideal no era menos noble porque la práctica fuera universalmente brutal y cruel. Las tiranías comunistas no funcionaron económicamente y por ello tarde o temprano habían de caer. La colectivización de la agricultura, por ejemplo, simplemente no es una forma inteligente de organizar el cultivo de la tierra.

Pero la idea de que los desposeídos del mundo por fin debían empezar a recibir una parte justa de los beneficios que generaba su trabajo es una idea justa. Y las democracias la han aceptado. Han aprendido de los comunistas. La idea de que hombres y mujeres deben ser tratados igual, recibir y tener las mismas oportunidades económicas, en la que Lenin insistió mucho, también es correcta. Y de nuevo aquí las democracias han aprendido de los comunistas, aunque demasiado lentamente. Muchas otras ideas comunistas también tienen sentido, y puede que las democracias las acepten o no en el futuro. Si no lo hacen, también ellas habrán fracasado, al menos en algunos sentidos importantes.

Los gobiernos comunistas del siglo XX tuvieron una gran oportunidad. Habitualmente llegaron al poder en países en que el pueblo siempre había estado sometido a un gobierno injusto y tiránico. (Esto no fue así en Europa Oriental. Allí, los soviéticos impusieron el comunismo entre gente poco dispuesta a aceptarlo y que quería la democracia.) La mayoría de estos pueblos ansiaban ser libres, pero su idea de la libertad era un tanto ingenua. Les engañaron, estafaron y defraudaron sus amos comunistas, que sí sabían lo que era la libertad y ocultaron este conocimiento a su gente. Pero aun así, esos pueblos acabaron aprendiendo sobre la libertad. El conocimiento de la libertad es como un río que baja crecido de la montaña e inunda las llanuras. Al final la libertad inundará el mundo entero. Y la promesa del comunismo, ese brillante y etéreo ideal, habrá muerto debido a la estrechez de miras y al ansia de poder de un reducido número de individuos.

Totalitarismo

El comunismo triunfó, en la medida en que lo hizo, porque esencialmente perseguía la justicia. El totalitarismo fracasó de forma absoluta porque sólo perseguía el poder y el llamado honor nacional.

En verdad, las naciones pueden ser honorables o no, pero no por el poder que tengan o dejen de tener. Una nación es honorable si es justa y no lo es si es injusta. Una nación poderosa es temida y quizá envidiada por las naciones más débiles. Existe una enorme diferencia entre el honor, por un lado, y el miedo y la envidia por el otro.

Desafortunadamente, muchas veces esta distinción se ignora u olvida. Entre las naciones, igual que entre las personas, el poder puede confundirse con la justicia. El poder y la riqueza pueden producir una imitación barata del honor, una fama similar a la que vemos en las secciones de «Estilo de vida de los ricos y famosos». La gente a la que se refiere esa frase son famosos porque son ricos, a menudo ostentosamente ricos. Saben que es posible comprar la fama y están dispuestos a pagar su precio.

Las naciones llevan siglos tratando de comprar la fama. Conocen un medio de obtener la fama espuria que llaman «honor nacional»: ser militarmente fuertes y capaces de dominar a naciones más pequeñas. La capacidad de abusar de otros solía conferir también ese tipo de fama a personas individuales. En las grandes ciudades del mundo, es decir, en la sociedad incivil, o estado de naturaleza, en la cultura de las calles, la fama y el miedo no se consiguen sólo siendo justo. Se adquieren siendo ostentosamente rico y lo bastante fuerte como para dominar a otros. Puesto que la comunidad internacional se encuentra en estado de naturaleza (volveré sobre esto en el capítulo siguiente), las mismas prácticas producen resultados similares en la llamada comunidad de naciones.

Las naciones están formadas por personas, y no todas las personas están dispuestas a aplaudir la ostentación y los abusos de su gobierno. En el siglo XX, Estados Unidos ostentó su riqueza de una forma a menudo ultrajante y se comportó como un matón malvado y perverso que abusaba de otras naciones de un modo en que no toleraría que uno de sus ciudadanos abusara o coaccionara a otro. Cuando esta ostentación y estos abusos han sido demasiado obvios, un número suficiente de ciudadanos se ha opuesto a ellos y el gobierno ha tenido que desistir, al menos temporalmente. El mismo ciclo de acontecimientos se ha reproducido en la mayoría de las naciones del mundo. Diferente, por supuesto, ha sido en los países no gobernados por el pueblo sino por minorías irresponsables e indiferentes que se denominaban a sí mismas con diversos títulos grandilocuentes y fraudulentos, como padre del pueblo o presidente de la revolución, o emperador vitalicio o presidente de la junta, o duce o führer o lo que sea. No pondré ninguno de esos títulos en mayúsculas porque todos ellos son espurios y personales, es decir, fueron concedidos a los líderes por ellos mismos y no por su pueblo.

Como he mencionado, el totalitarismo sólo se preocupa del poder y de un espurio sentido del honor nacional. Es una enfermedad del gobierno hecha posible en el siglo XX por la rápida expansión de la igualdad en los dos siglos transcurridos desde la Revolución francesa. Como Tocqueville mostró en *La democracia en América* (1830-1835), la democracia durante esta fase expansionista e igualitaria puede crear un vacío peligroso entre el pueblo en la base, todos ellos iguales, y el gobierno en la cúspide, que a pesar de ser escogido por el pueblo, posee un poder amenazador. Durante esta fase igualitaria, todos los poderes mediadores del antiguo régimen son destruidos, por el sensato motivo de que se basan en privilegios tradicionales e inmemoriales. Muy bien, dijo Tocqueville. Está bien acabar con los privilegios. Pero esos poderes intermedios servían a un propósito: se interponían entre el pueblo y su gobierno, evitando que todo el poder del gobierno golpeara a las personas corrientes. Sin ellos la gente está desvalida ante la furia del gobierno y no tiene adónde acudir en busca de alivio o apoyo.

«¿Qué puede reemplazar a las tradicionales fuerzas mediadoras de la sociedad?», preguntó Tocqueville. En una democracia como la de Estados Unidos, dijo, el gobierno central permite a asociaciones privadas que realicen tareas cuasi gubernamentales que encajan la mayor parte de la presión del poder del gobierno y protegen a la gente como un gran paraguas desplegado que les cobija de la tormenta. Empresas, iglesias, clubes, organizaciones benéficas, sociedades para la prevención o promoción de esto o aquello, ejercen la misma función que llevaban a cabo los mediadores nobles del antiguo régimen. Y ay del Estado que carezca de ellas en nuestro mundo moderno, según Tocqueville. Una nación que prescinda de este elemento esencial en su composición se convertirá en la tiranía más terrible que jamás haya existido en el mundo.

Algunas de las naciones más avanzadas del siglo XX tomaron la decisión deliberada de deshacerse de tales mediadores. Italia y Alemania son los ejemplos más notables, pero no los únicos. La mayoría de los Estados comunistas también han sido totalitarios.

En el caso de Alemania, la decisión se tomó a causa de la devastación, tanto social como económica, que produjo la derrota de 1918. Los vencedores de esa fase de la guerra del siglo XX exigieron y se cobraron reparaciones. También se le exigió a Alemania que cediese valiosas zonas industriales, entre ellas el valle del Ruhr, que le hubieran ayudado a hacer frente a los pagos que le exigían. El resultado fue que la economía alemana se colapsó a finales de la década de 1920 y la sociedad derivó hacia el caos. En esas circunstancias es quizá comprensible que la nación siguiera a un loco que la salvara del caos y la condujera, de nuevo, a restaurar su «honor» nacional.

Adolf Hitler (1889-1945) prometió llevar a Alemania a la tierra prometida con una condición: que el Estado tuviera un control total sobre todos los organismos, organizaciones y ciudadanos de la nación. «Nuestra situación es desesperada y requiere medidas extraordinarias —dijo—. Que todo alemán y toda empresa, iglesia, club, organización y asociación alemana trabajen juntos para salvarnos. Sin excepciones. No puede haberlas o fracasaremos. Juntos, nada puede detenernos y venceremos.»

Alemania, tras 1918, era un Estado democrático, pero la democracia, según Hitler, no es eficiente: «Ved lo blandas y débiles que se han vuelto todas las democracias del mundo.» Ofreció una alternativa, a la que llamó nacionalsocialismo. El nombre no era importante, combinaba varios elementos propagandísticos pero en realidad no significaba casi nada. La organización política resultante se convirtió en una entidad extremadamente poderosa en el panorama mundial. Los líderes nacionalsocialistas, o nazis, combinaron la fuerza de todos los ciudadanos y asociaciones privadas alemanas y la convirtieron en una terrorífica arma nacional. Hitler convirtió a la nación en una espada. Como Robespierre y Napoleón antes que él —aunque ninguno de estos dos últimos estaba loco—, Hitler se creyó que en cada palabra que pronunciaba hablaba «en nombre de la nación» y, por tanto, empuñaba personalmente la espada nacional.

El fascismo de Benito Mussolini (1883-1945) antecedió al nazismo en varios años y puede que Hitler aprendiera cosas de él, aunque no fuera capaz de admitir que un italiano pudiera enseñarle nada importante a un alemán. El símbolo del fascismo italiano eran las fasces, un manojo de palos atados con fuerza. Sugería que el Estado italiano combinaba la fuerza de todos sus elementos, tanto de sus ciudadanos individuales como de sus organizaciones, en la consecución de un solo objetivo. También en el caso de Italia el objetivo era el «honor» nacional. Italia creía que se le había privado de su parte del botín tras la guerra de 1914-1918, pues había formado parte del bando vencedor. (Cometió el error de cambiar de bando en el período de entreguerras, así que acabó en el perdedor en 1945.)

La Alemania y la Italia totalitarias eran enemigos de temer para los Aliados democráticos, que de hecho sí se habían vuelto blandos y débiles tras 1918. Con la perspectiva que aporta el tiempo, no obstante, es evidente hoy que su enorme poder, junto con el de Japón, que era un país que tenía un tipo distinto de totalitarismo (volveremos a él después) no se adquirió por el totalitarismo en sí. Italia y especialmente Alemania eran Estados industrializados avanzados y ya eran poderosos antes de que las ideas totalitarias ayudaran a moldearlos y convertirlos en instrumentos de conquista mundial. Lo mismo se puede decir de Japón. Pero no era tan fácil darse cuenta de ello cuando el nazismo, el fascismo y el nacionalismo industrial japonés amenazaban con apoderarse del mundo entero.

La Unión Soviética llevaba años al borde del totalitarismo. Stalin (y quizá Lenin), interpretó que la dictadura del proletariado daba el derecho a quien hablaba en nombre del proletariado —es decir, a él— a movilizar todos y cada uno de los recursos del Estado en interés del futuro triunfo de la sociedad comunista.

Cuando Alemania atacó a la Unión Soviética en junio de 1941, las necesidades de guerra le dieron a Stalin la excusa que necesitaba para incorporar explícitamente a todo individuo y organización en la máquina en que se había convertido el Estado. De hecho, todos los Estados que participaron en aquellos frenéticos últimos años de la guerra se convirtieron en máquinas de ese tipo. Pero las democracias volvieron a ser democracias una vez hubo terminado la guerra. La Rusia de Stalin siguió siendo simplemente una máquina.

El totalitarismo no funcionó en la Unión Soviética como, por un tiempo, había funcionado en Alemania y Japón. Quizá tampoco triunfó nunca de verdad en Italia. Una máquina sólo es eficiente si sus componentes están hechos con las materias adecuadas y encajados de la manera correcta. Y eso no sucedió en la Unión Soviética, ni tampoco en los países de Europa Oriental a los que se obligó a imitarla. Esas máquinas funcionaron bastante mal, pues sus componentes eran viejos, estaban desgastados y montados de forma incorrecta. Por continuar con la metáfora, el problema fue que la máquina la estaba manejando un partido político en vez de un ingeniero.

Una de las tradicionales críticas que se le hacen a la democracia consiste en afirmar que es relativamente ineficiente si se la compara con el despotismo, que funciona bien incluso si un gobierno tiránico no es ni justo ni libre. Es una queja que se ha repetido una y otra vez durante los últimos doscientos años y que se ha oído mucho en el último medio siglo, pero es simplemente falsa. Los miembros de un Estado totalitario no tienen ningún interés especial en el éxito del propio Estado, excepto en momentos de grave emergencia, cuando saben que salvarán la vida sólo si la nación sobrevive y quizá ni entonces. Los miembros de una democracia tienen un interés personal, además de un interés nacional, en que el Estado tenga éxito. Y que todos los intereses de los diversos individuos se combinen es lo que marca la diferencia. Ése es el motivo por el cual las democracias tienden a prosperar y los estados totalitarios acaban finalmente por derrumbarse.

Hoy Japón combina un estado democrático con una economía cuasi totalitaria. Políticamente, Japón es una democracia moderna que cuenta con las numerosas asociaciones privadas mediadoras que Tocqueville dijo que eran necesarias en cualquier Estado moderno e igualitario. Pero la mayor parte del tiempo estas asociaciones privadas japonesas —principalmente grandes empresas— consiguen trabajar juntas para conseguir objetivos comunes que, una vez alcanzados, las enriquecen a todas.

Estados Unidos tiene leyes que impiden ese tipo de alianzas, por sólidos motivos históricos. Lo que es más, las empresas americanas, que vienen de una tradición social distinta, son primordialmente competitivas y no suelen cooperar entre ellas. Una parte de la doctrina norteamericana sostiene que la competencia es el motor del mercado y que sin ella no se puede conseguir un progreso real. Los japoneses piensan que el camino hacia el progreso real es la cooperación y que la competencia, aunque no es mala, debe mantenerse dentro de unos límites razonables y disciplinados.

Probablemente, ambos puntos de vista son correctos. Es quizá más una cuestión de estilos nacionales que de ninguna otra cosa. Lo importante que cabe recordar sobre Japón es que ya no es un Estado totalitario como la Alemania nazi. En Alemania, bajo el gobierno de Hitler, todos los ciudadanos y todas las organizaciones estaban obligadas a obedecer la voluntad nacional según la manifestaba el führer. En Japón, hoy, los individuos y las empresas siguen a sus líderes porque creen que les conviene hacerlo, no porque deban hacerlo.

Cierto número de países no democráticos del Tercer Mundo han optado por incorporar organizaciones mediadoras al todopoderoso Estado, argumentando que tales países no están todavía listos para la democracia y que tales organizaciones son suficientes para el bien del pueblo. La decisión siempre la toma algún padre de la patria u otro déspota benevolente que se ha atribuido un título similar. Es teóricamente posible que una nación carezca de tal tipo de asociaciones y, por lo tanto, pudiera dejar a su pueblo desprotegido frente al poder de un hipotético gobierno democrático.

Sin embargo, la afirmación del déspota es casi siempre fraudulenta y, lo que es más importante, la afirmación de que un pueblo no está preparado para la democracia es siempre falsa, pues se sustenta en una idea equivocada de la naturaleza humana. Todos los hombres y mujeres son creados iguales y están dotados por su creador de ciertos derechos inalienables. El siglo XX ha llegado a la conclusión de que esta declaración de Jefferson es cierta. De ella se sigue inexorablemente que todos los hombres son capaces de gobernarse a sí mismos democráticamente.

La teocracia en el siglo XX

La teocracia, o gobierno de Dios, fue el gran experimento que el Occidente cristiano realizó durante la Edad Media. Como hemos visto, ese experimento fracasó. Aunque algunas teocracias perduraron durante cientos de años, la idea nunca funcionó bien del todo, por el simple motivo de que la voluntad de Dios siempre necesita que la interpreten seres humanos mortales que pueden equivocarse. La teocracia, en último término, no puede ser mejor que los hombres que la gobiernan en nombre de Dios. Como regla general, esos hombres no son mejores que otros gobernantes, y a menudo son peores.

A diferencia del cristianismo, el islam nunca ha abandonado del todo el ideal teocrático. Casi todas las naciones cristianas de hoy han erigido un sólido muro constitucional que separa la religión del Estado. Puede que se siga creyendo que Dios guía el destino de la nación, pero no se permite a sus sirvientes intervenir en los asuntos del Estado. Algunas naciones islámicas, aunque no todas, se han negado a construir barreras de este tipo que impidan la intervención directa de los siervos de Dios y de los intérpretes de su voluntad.

Irán, bajo los ayatolás, es el ejemplo más destacado. El sha de Irán, Mohammad Reza Pahlavi (1919-1980), fue derrocado en 1979 por una revolución dirigida desde el exilio por el ayatolá Ruhollah Jomeini (1900-1989). Jomeini regresó a Irán en febrero de 1979 e inmediatamente tomó las riendas del nuevo gobierno, que siguió dirigiendo y dominando hasta su muerte. Le sucedió otro ayatolá, pero no parece probable que ninguno de sus sucesores en Irán tenga tanto poder como tuvo él.

Un déspota absoluto que convence a sus súbditos de que su palabra es la palabra de Dios puede alcanzar un poder más absoluto que cualquier otro tipo de dirigente. El siglo XX ha ofrecido numerosos ejemplos de personas que han gobernado con un poder y una autoridad absoluta pequeñas comunidades religiosas. Jim Jones (1931-1978) ordenó a más de novecientos de sus seguidores que se suicidaran en Jonestown, Guyana, el 18 de noviembre de 1978. La mayoría de ellos lo hicieron, pasivamente y sin protestar. El propio Jones murió a consecuencia de una herida de bala, quizá no autoinfligida. Otras comunidades han tenido experiencias similares.

Como nación, Irán vivió una experiencia suicida similar en su guerra contra Iraq (1980-1988). El número de bajas, muchas de ellas jóvenes, se ha estimado en más de un millón de personas. Estos chicos morían por Dios, decía el ayatolá, y su pueblo le creía.

La democracia es un anatema para la teocracia. No es sorprendente, pues, que Estados Unidos, el principal ejemplo de democracia en el mundo, fuera considerada una nación malvada por Jomeini y los imanes iraníes. Un tirano religioso no puede permitirse que sus seguidores se vean tentados por la democracia. Debe proclamar que la democracia es un invento del antidiós o de Satán. Para Jomeini, Estados Unidos era el gran Satán. Mientras sus seguidores lo crean, no puede haber ningún diálogo entre la democracia y la teocracia. Y cuando ese diálogo comienza, la teocracia inevitablemente se disuelve. La teocracia no puede sobrevivir a la libertad que, como la democracia, también es anatema para ella.

El ayatolá Jomeini pudo imponer una tiranía absoluta a sus seguidores. Cualquiera que tratase de introducir el menor resquicio de libertad en la forma de actuar del Estado era asesinado en nombre Dios. Históricamente, se ha demostrado imposible que una serie de sucesivos teócratas pueda imponer y disfrutar un poder tan absoluto. En el presente estado del mundo, en el que la gran mayoría de los seres humanos posee o exige libertades democráticas, la teocracia tiene pocas posibilidades de sobrevivir mucho tiempo, excepto en circunstancias excepcionales como las que ocurrieron en Irán en 1979. En la actualidad, en consecuencia, la teocracia no parece una amenaza a largo plazo para la democracia.

No debe olvidarse, sin embargo, que una teocracia sobrevivió en el antiguo Egipto durante tres mil años. Y se escuchan a menudo dejes teocráticos en déspotas de otra calaña. El comunismo proscribió a Dios no sólo del gobierno sino también de la sociedad. No se permitía a los hombres y mujeres ser religiosos ni adorar a Dios a título particular y, por supuesto, no se permitía ni a los sirvientes ni a los intérpretes de Dios desempeñar ningún papel en el Estado. Quizá eso creó una especie de vacío en las vidas de muchas personas que sólo pudo ser llenado por el propio Estado y por la abrumadora idea de la Revolución. Escribo la palabra con mayúscula porque la Revolución es muy distinta de la revolución. La Revolución era, o se convirtió en la mente de algunos, en una especie de deidad. Así pues, muchos estados comunistas, sobre todo la Unión Soviética, empezaron a mostrar un cariz teocrático a pesar de que eran dictaduras explícitamente no religiosas y, de hecho, antirreligiosas.

La teocracia es siempre una amenaza. Es un experimento cuyo fracaso durante la Edad Media mucha gente no considera definitivo. La solución que la democracia plantea al problema que supone la teocracia es prohibir a Dios en el gobierno pero permitir que siga desempeñando un papel en la sociedad civil. Así se maximiza la libertad personal, mientras se evitan la mayoría de los peligros inherentes a la teocracia. Esta visión de cómo debe funcionar la sociedad tiene el sentido común y la cualidad práctica que tan a menudo encontramos en las soluciones democráticas.

Justicia económica

La democracia, en el siglo XX, ha triunfado sobre sus tres principales competidores, el comunismo, el totalitarismo y la teocracia. En el último capítulo discutiremos si este triunfo está destinado a ser definitivo. Pero la democracia debe triunfar también frente a otro tipo de amenazas para satisfacer el deseo universal humano que representa. Estas amenazas son económicas.

Como Tocqueville observó tan acertadamente un siglo y medio atrás, y como todos vemos hoy, la democracia se basa en la igualdad. El deseo de igualdad por parte de casi todos los hombres y mujeres es la fuerza que alimenta las revoluciones democráticas en todas partes. Pero la igualdad no es sólo una cuestión política. Es decir, la igualdad política, por sí misma, no satisface completamente al hombre o mujer demócrata. También es necesario cierto grado de igualdad económica.

La igualdad económica no implica la posesión por parte de todos de una cantidad similar de bienes económicos: dinero e instrumentos capitalistas de producción. Pocos hoy afirman, como algunos afirmaron en el pasado, que para que se pudiera decir que existe justicia económica de verdad todos los ciudadanos deberían poseer la misma cantidad de dinero. Lo que hace falta es una distribución más equitativa de la riqueza, de modo que todos tengan lo bastante como para vivir decentemente, y una igualdad casi absoluta de oportunidades. La igualdad absoluta en la posesión de bienes es una quimera. La igualdad de oportunidades es un ideal por el que la gente está dispuesta a morir.

Hay muchos bienes que pueden considerarse económicos y que no consisten en dinero. Entre ellos está el derecho al trabajo, a una buena educación y a una vivienda digna. El derecho a perseguir la felicidad, o la oportunidad, a tu propia manera es de la mayor importancia. Un gobierno justo protege estos derechos y se encarga de que no se vean sistemáticamente vaciados de contenido ni para ningún ciudadano en particular ni para ninguna clase de ciudadanos en general.

Según esa definición, no existe un gobierno perfectamente justo en la tierra. La democracia es la única forma perfecta de gobierno, pero ningún gobierno democrático es perfecto en la práctica. Sin embargo, se ha realizado un progreso tremendo hacia ese ideal durante el siglo XX.

En 1900, no sólo la mayoría de los ciudadanos incluso de las democracias más avanzadas no disfrutaban de igualdad política sino que tampoco tenían igualdad económica. La igualdad de oportunidades era todavía sólo un sueño para la mayoría de los norteamericanos, por no hablar de las grandes masas oprimidas del resto del mundo. A pesar de algunos graves reveses, en menos de un siglo la igualdad de oportunidades se ha convertido en una realidad para la gran mayoría de las naciones industriales y postindustriales: Estados Unidos y Canadá, casi todos los países de Europa Occidental, Australia, Japón y unos pocos más. La igualdad de oportunidades se contempla también como probable en el futuro para los pueblos de muchas otras naciones. Sólo una minoría de la población del mundo sigue pensando del concepto de igualdad de oportunidades lo que pensaba la gran mayoría de los seres humanos en 1900.

La igualdad política suele conseguirse antes que la igualdad económica. Un pueblo que conquista la igualdad política, o el derecho al voto, empieza a moverse rápidamente hacia la igualdad económica y la igualdad de oportunidades. Ésa es la forma en que la sociedad ha progresado en las democracias occidentales. En las naciones comunistas parece que cierto tipo de igualdad económica ha precedido a la igualdad política. Al final, todos los pueblos exigirán, y los gobiernos justos concederán y protegerán, tanto la igualdad política como la económica.

¿Habremos logrado entonces la felicidad que todos los hombres persiguen? A grandes rasgos, creo que sí, mientras siga siendo verdad que todos los hombres son creados iguales y están dotados de ciertos derechos inalienables. ¿Dejará eso de ser cierto en algún momento? Volveremos a esa cuestión al final de este capítulo.

¿Por qué no un gobierno mundial?

Existe otra amenaza al gobierno justo, es decir, al gobierno democrático. Es quizá la más grave de todas. El siglo XX fue el primero en reconocerla como tal a gran escala y en tratar de hacer algo para contrarrestarla. Pero todos nuestros intentos hasta la fecha han fracasado.

491

John Locke, en su ensayo de 1689 sobre teoría política al que nos hemos referido en varias ocasiones, realizó una distinción importante entre lo que llamó el estado de naturaleza y el estado de sociedad civil. El estado de naturaleza es aquel en que no existe ninguna otra ley que la de la razón, que es obedecida por los hombres razonables pero cuyo cumplimiento no se puede forzar cuando los hombres no razonables la desobedecen. En el estado de naturaleza, en otras palabras, no existe ninguna maquinaria que pueda garantizar que todos los hombres y mujeres obedezcan la ley de la razón. Como consecuencia, pocos la obedecen, pues cumplir la ley cuando otros no lo hacen es situarte en una posición de debilidad. Cuando la fuerza es el único árbitro, debes usar la fuerza o ser víctima de ella.

La sociedad civil se caracteriza por «una ley vigente según la cual vivir», según la memorable cita de Locke. Hemos mencionado esta idea al describir las tablas romanas de la ley, que se escribieron en tabletas y fueron colocadas en el centro de la ciudad, donde todos pudieran leerlas y enterarse de qué se les exigía a los ciudadanos. La obediencia a la ley vigente era vigilada por diversas instituciones cívicas que empleaban a funcionarios escogidos por el pueblo o sus representantes.

Se suele describir la ley vigente como «positiva» porque se formuló por el pueblo de una forma que todos pudieran aceptar y acordar. La sociedad civil se basa siempre en un conjunto de leyes positivas: primero, y ante todo, en una Constitución, que describe qué cargos deberán cubrirse y de qué forma se harán las leyes; en segundo término, en una serie de normativas que, en su mayor parte, prohíben determinadas conductas.

La sociedad civil es el estado en el que viven la inmensa mayoría de los seres humanos hoy en día. Es difícil encontrar a una sola persona en el planeta que no viva bajo un determinado conjunto de leyes positivas, a menos que nos refiramos a los habitantes de las calles de nuestras grandes ciudades, en las que la ley de la naturaleza prevalece y la razón, un mero espectro sin capacidad para obligar a cumplir las normas, es la única protección que los débiles tienen contra los fuertes.

Casi todas las personas viven en sociedad civil. Pero ¿cómo viven las naciones? ¿En qué estado existen, en estado de naturaleza o como sociedad civil?

Existe un concepto llamado derecho internacional. También se crearon las Naciones Unidas. Tienen una carta, que es una especie de Constitución, que todos los miembros de la organización prometen respetar. El cuerpo jurídico del derecho internacional es derecho positivo, igual que la carta de las Naciones Unidas. Juntos conforman «una ley vigente según la cual vivir» no para individuos sino para naciones. ¿O acaso no es así?

Las leyes están ahí y todo el mundo las conoce, pero no se ha creado la maquinaria que obligue a cumplirlas. Cualquier miembro permanente del Consejo de Seguridad de las Naciones Unidas puede vetar una decisión mayoritaria del organismo, convirtiéndola en nula y dejándola sin efectos. Tampoco se puede forzar el cumplimiento de las sentencias del Tribunal Internacional de Justicia, con sede en La Haya. Es decir, una sentencia sólo se puede «cumplir» si la parte contra la que ha decidido la acepta o acata. Peor aún, la mayoría de los miembros de las Naciones Unidas no aceptan el principio de «jurisdicción obligatoria» del tribunal. Eso quiere decir que la mayoría de los países no están de acuerdo de antemano en ser parte en un caso planteado contra ellos por otro país. En otras palabras, se reservan el derecho a negarse a ser demandados.

El Tribunal Internacional de Justicia ha sido muy útil para arbitrar disputas sobre cuestiones como derechos de pesca internacionales, por ejemplo. Pero los derechos de pesca no son el tipo de cosas que se suelen plantear ante los tribunales penales en una sociedad civil. Los tribunales penales suelen enfrentarse con asuntos más importantes, como asesinatos, lesiones, malos tratos, atraco a mano armada, robos, violaciones y fraudes, además de con todo tipo de trampas comerciales y argucias y disputas contractuales. Todas estas cuestiones pueden ocurrir y de hecho ocurren entre naciones, que asesinan, violan y se defraudan las unas a las otras como llevan haciendo durante milenios. En una sociedad civil, un asesino no puede escapar indemne argumentando que no acepta la jurisdicción del tribunal sobre su caso o que no le gusta o no está de acuerdo con la decisión del tribunal. Y eso es precisamente lo que las naciones pueden hacer. Es por eso por lo que es correcto decir que las naciones viven en estado de naturaleza unas respecto a otras; es decir, viven en una jungla internacional que es, en principio, idéntica a las calles de la mayoría de los centros urbanos o a los callejones de Beirut o Bogotá. Incluso la policía tiene miedo de patrullar por esas calles, donde la ley de la razón es la única defensa, lo que es lo mismo que decir que no existe ninguna defensa más que la fuerza.

Los traficantes de drogas, que también viven en estado de naturaleza entre ellos, tienen armas automáticas en Nueva York, Los Ángeles y Medellín. Esas armas convierten la jungla social en la que habitan en un terreno todavía más peligroso. Las naciones de la jungla internacional tienen armas nucleares.

Los forajidos siempre estarán armados y serán peligrosos. Por el momento, todos los países son forajidos, dado que los Estados permanecen fuera de la ley porque entre naciones no hay nadie que obligue a acatar ninguna ley. Parecería que lo que el mundo necesita más que ninguna otra cosa es una sociedad civil de naciones, además de la que existe entre los individuos dentro de cada una de esas naciones. Consistiría en un gobierno mundial al que las naciones del mundo cederían su soberanía, es decir, su «derecho» a negarse a obedecer la ley vigente cuando no les gusten las consecuencias de su aplicación a su caso particular. Todos los ciudadanos de cualquier nación moderna ceden ese mismo derecho a sus gobiernos, y gracias a ello viven mucho mejor. Si las naciones del mundo estuvieran dispuestas a renunciar a su derecho a vivir fuera de la ley, también serían mucho más felices.

Perderían algo de su «honor» al renunciar, igual que sucede con los ciudadanos de toda nación civilizada, a usar la fuerza para vengar los agravios sufridos. Si un criminal asesina a mi esposa o roba en mi casa, yo no puedo, bajo la más severa pena, «tomarme la justicia por mi mano» y cobrarme venganza personal contra el asesino o ladrón. Sólo el Estado puede vengarme; puede que lo haga de un modo que a mí me parece inaceptable, pero lo único que podré hacer es quejarme. El Estado, muchas más veces de las deseables, no consigue asegurar el cumplimiento de la ley o hacer pagar los delitos (es decir, castigar a los criminales). Pero hay poca gente, creo, que no reconozca que éste es un sistema mejor para hacer frente al crimen que exigir, o permitir, que los ciudadanos particulares tengan que cometer crímenes en respuesta a otros crímenes. ¿Por qué no se acepta el mismo principio entre naciones? ¿Por qué continuamos insistiendo en un dudoso derecho a la defensa propia de la nación cuando no lo invocamos, excepto en las situaciones más extremas, en nuestras vidas particulares?

La tradición es una fuerza muy poderosa, el patriotismo es una emoción muy honda y la desconfianza respecto al gobierno está muy generalizada. ¿Qué presidente de Estados Unidos, por ejemplo, podría esperar ser reelegido si propusiera que su país entregara su soberanía a un gobierno mundial, que sería indudablemente democrático y por tanto dominado por una mayoría no americana, no cristiana y no blanca? Y, sin embargo, si ningún presidente llega a proponerlo nunca, seguiremos viviendo en las salvajes calles del mundo, en las que no nos protege ninguno de los coches patrulla que hacen que las calles de nuestra ciudad o pueblo sean razonablemente seguras. No totalmente seguras, por supuesto, pues la perfección no es posible en esto como en ninguna otra cosa. Pero un poco de seguridad —bastante seguridad, de hecho, para muchos norteamericanos— es sin duda mejor que ninguna.

La idea de un gobierno mundial es muy antigua. San Agustín la proponía implícitamente en *La Ciudad de Dios* en el siglo V d. J.C. El poeta Dante, a principios del siglo XIV, pidió un gobierno mundial dirigido por el emperador del Sacro Imperio romano; si se aliaba con el papa, creía Dante, sería capaz de pacificar Europa (y por extensión el mundo). Immanuel Kant, en el siglo XVIII, abandonó un tiempo sus labores filosóficas para escribir un pequeño y conciso volumen titulado *La paz perpetua* (1796) en el que proponía más o menos lo mismo. Y cuando las Naciones Unidas vieron la luz tras la guerra del siglo XX, en 1945, hubo muchas personas en muchos países que creyeron que serían un gobierno mundial real y no meramente la institución heredera del «club de naciones» en que se convirtió la antigua Sociedad de Naciones.

Al final, ninguna nación estuvo dispuesta a ceder un grado relevante de soberanía a las Naciones Unidas, que, en consecuencia, han sido tan poco efectivas en la salvaguarda de la paz como lo fue la institución que las precedió, la Sociedad de Naciones. En la Universidad de Chicago se formó un comité para dar forma a una Constitución mundial, y en varios países un puñado de solitarios visionarios y sabios que se hacían una idea de los peligros a los que el mundo estaba expuesto asistieron a una serie de reuniones de Federalistas Mundiales. Ninguna de esas iniciativas ha conseguido nada importante.

Y sin embargo, no ha habido ninguna gran guerra internacional desde 1945, y ningún país ha utilizado las terribles armas nucleares que demasiadas naciones poseen hoy en día. Podemos confiar, pues, en que no hace falta que las naciones del mundo se unan en un auténtico gobierno mundial para que puedan vivir en sociedad civil y que obedecerán las leyes que se dicten a sí mismas aunque no estén obligadas a hacerlo.

¿Verdad?

Un mundo, una raza humana

Existe una amenaza más para el gobierno democrático, una amenaza que afecta a toda la sociedad civil y sobre la que debemos hablar. Se trata del racismo. El racismo es una de las enfermedades más graves de la especie humana. Es curioso que no se manifieste en ninguna otra especie animal.

Cuando Wendell Willkie (1892-1944) se presentó a presidente de Estados Unidos contra Franklin D. Roosevelt en 1940, consiguió más votos de los que ningún candidato republicano había logrado hasta entonces, aunque no los suficientes para derrotar a uno de los políticos que mejor ha sabido aprovechar las campañas electorales en toda la historia. Roosevelt se presentaba a su tercer mandato y ganó. Tras su derrota, Willkie permaneció en el primer plano de la actualidad política, adoptando el papel, según él mismo decía, de «leal oposición» y visitó Inglaterra, Oriente Medio, la Unión Soviética y China como una especie de embajador personal del presidente.

Estos viajes confirmaron la intuición de Willkie de que el mundo entero estaba cambiando y que cambiaría todavía más deprisa cuando terminara la guerra. En 1943 publicó un libro, *One World* (Un solo mundo). El título expresaba las ideas que había ido madurando y que compartían otras personas hace ahora más de medio siglo.

«Un mundo» quería decir varias cosas para Willkie y para sus lectores. En primer lugar era una idea política que imaginaba un mundo organizado para la paz, con todas las naciones uniendo sus fuerzas para impulsar la libertad y la justicia. Como tal, no era una idea nueva. El mismo concepto se hallaba tras el sueño de Woodrow Wilson en 1919 de crear una Sociedad de Naciones y había inspirado a algunos pensadores avanzados del siglo XIX. Willkie sabía que se estaba avanzando hacia esa idea política, y la Organización de Naciones Unidas se creó sólo dos años después de la publicación de su libro.

«Un mundo» también implicaba la unificación del planeta conforme los modernos medios de comunicación y de transporte hacían que las distancias fueran cada vez más cortas y derribaban las barreras tradicionales entre los pueblos. En tiempos de Willkie, la aviación comercial todavía estaba en pañales, pero no hacía falta demasiada imaginación para ver que, después de la guerra, cuando se le pudieran dedicar los recursos que necesitaba, se desarrollaría una red mundial de rutas aéreas.

Puede que fuera más difícil de prever otro notable efecto de ese desarrollo, que fue la construcción alrededor de todo aeropuerto internacional de ciudades diseñadas al «estilo internacional», todas muy parecidas, de modo que los viajeros podrían a veces bajar de uno de los grandes aviones de pasajeros que existirían en el futuro y por un momento no saber dónde estaban. Hacia finales del siglo XX no existía ya ningún lugar de la tierra que estuviera muy lejos de cualquier otro y el turismo se había convertido en la principal industria del planeta, mayor incluso que la propia guerra.

Es posible conectar con cualquier número de teléfono del mundo desde cualquier teléfono, oír unos pocos clics y zumbidos metálicos y luego hablar con un amigo como si estuviera en la habitación de al lado. Londres se ha convertido en un lugar al que se puede ir para una comida de trabajo y algunos neoyorquinos no se lo piensan dos veces antes de irse a Roma para pasar un fin de semana largo. Las exposiciones de arte viajan de un continente a otro, los principales acontecimientos deportivos acogen a competidores de casi todas las naciones del mundo (unas pocas, como Sudáfrica, tenían hasta hace poco estatus de parias) y teleseries como «Dallas» son tan populares en Delhi como en Des Moines.

Existe un significado más de «un mundo» que creo que es el más importante. Por lo menos es seguro que es el que implica un mayor cambio de mentalidad. Hasta el siglo XX casi todo el mundo, excepto «los héroes de la moral», como los denominó el filósofo francés Jacques Maritain, daba por sentado que la raza humana no era una sola comunidad de almas iguales, sino una multitud en la que había mejores y peores, superiores e inferiores, elegidos y condenados. Éste era un concepto que se expresaba de muchas maneras distintas. Quizá todas ellas se reducían a la noción, por desgracia enunciada por primera vez por Aristóteles, de que algunos seres humanos habían nacido para gobernar y otros para servir. Este último grupo, dijo el filósofo griego, eran los «esclavos naturales».

Por ejemplo, las mujeres constituyen hoy la mayor parte de nuestra raza y puede que siempre lo hayan sido. En el mundo antiguo o, al menos, en su mayor parte, las mujeres carecían por completo de los derechos que por lo menos algunos hombres poseían. Si se las consideraba ciudadanas, y no siempre era el caso, eran siempre ciudadanas de segunda clase. De vez en cuando, alguna mujer alcanzaba una posición de preeminencia y poder, como por ejemplo la reina Boudica, la emperatriz Teodora o la reina de Saba, pero se trataba solamente de excepciones que demostraban la regla. No es sorprendente que existiera este antiguo prejuicio contra las mujeres.

Lo que sí es sorprendente es que la Declaración de Independencia, a pesar de toda su espléndida retórica sobre derechos, no haga ninguna mención de la mujer y puede que ni siquiera pretendiera incluirlas en su rotunda declaración de que «todos los hombres están dotados por su creador de ciertos derechos inalienables». Las mujeres no consiguieron mucho más de la Revolución francesa ni avanzaron demasiado a pesar de sus tenaces esfuerzos durante el siglo XIX. Algunas sufragistas, de hecho, se vieron reducidas a confiar en uno de sus lemas: «Confía en Dios, ella te ayudará.» Pero eso tampoco les sirvió ni de ayuda ni de consuelo.

Las mujeres consiguieron la igualdad política en las democracias occidentales más o menos durante la guerra de 1914-1918. Finalmente, tras décadas de activismo, podían votar y, presumiblemente, escoger a representantes que defendieran sus propios y especiales intereses. No lo hicieron, por supuesto, quizá porque creían que sus intereses no eran ni tan propios ni tan especiales como los hombres habían pensado. En breve, las mujeres demostraron que no existía ningún motivo para que se las hubiera privado del derecho al voto durante tanto tiempo. Sin embargo, la igualdad política de la mujer no llevó inmediatamente a su igualdad social y, muy particularmente, no condujo directamente a su igualdad económica.

Sea como sea, a finales del siglo XX ya existían muy pocas personas, hombres o mujeres, en las naciones avanzadas del mundo que mantuvieran públicamente la tesis de que las mujeres son «por naturaleza» inferiores a los hombres como seres humanos, que han nacido para servir y no para gobernar, que son una especie de esclavas naturales. Esta manera de pensar está desapareciendo de nuestro mundo moderno.

Lo mismo puede decirse al respecto de esas muchas minorías que, hasta prácticamente ayer, eran consideradas inferiores a cualquier otra minoría o mayoría de la raza humana: negros, judíos, aborígenes, etc. Casi nadie mantiene públicamente la posición de que los miembros de estos grupos son menos humanos por naturaleza que cualquier otra persona. Unos pocos, sin embargo, siguen lanzando indirectas al respecto. Puede que lo afirmen más en privado, aunque no sin cierta vergüenza. Quizá un gran número de personas lo siga sintiendo así. Pero el hecho es que poquísimos políticos, en ninguna parte, pueden triunfar si no tienen nada más que presentar a sus electores que teorías racistas, sean éstas veladas o explícitas. La proporción de la raza humana que se ha alistado en el bando de los «héroes de la moral» es enorme. Puede que incluso sea la mayoría.

No debemos caer en la complacencia. *The Economist* afirmó en un número reciente que existen en una serie de países unos dos millones de esclavos *de facto*. Pero esos seres humanos no son considerados esclavos «naturales». Como esclavos sólo de hecho, su estatus puede cambiar de la noche a la mañana. La República de Sudáfrica, hasta hace muy poco, era una flagrante excepción a lo que es, en general, la regla en todo el mundo. Y el recuerdo del racismo nazi, que costó la vida a seis millones de judíos «inferiores por naturaleza», sigue presente en la memoria de muchos millones de personas todavía vivas.

Aun así, la abolición de la esclavitud «natural» es un cambio extraordinario y uno de los grandes logros de nuestra época. En último término representa un aumento en el conocimiento. Muchos de nosotros sabemos hoy algo que sólo un puñado de personas sabían hace tan sólo unas décadas.

Por desgracia, el racismo no desaparece sólo con que la gente deje de creer en la inferioridad natural de otros. Es posible que a pesar de ello les odien, incluso si conceden que son más o menos iguales a los demás como seres humanos. Lo cierto es que el odio racial parece aumentar en vez de disminuir en todo el mundo, por razones que resulta difícil comprender. Puede que jamás logremos liberarnos de los odios raciales. Pero no debemos olvidar jamás el gran progreso que hemos realizado. Podemos afirmar con orgullo que nuestra época ha conseguido un auténtico progreso moral.

13. El siglo XX: ciencia y tecnología

Según Euclides, el geómetra griego, un punto es «aquello que no tiene partes». Lo mismo podría decirse de un átomo tal como lo entendían los griegos. Para ellos, el átomo era la unidad más pequeña en que existía la materia y no podía dividirse. («Átomo» procede de la palabra griega que significa «imposible de cortar».)

Hemos visto que las teorías físicas de los atomistas griegos eran una especie de inspirada premonición de las ideas que resurgieron en el siglo XVII y que con el tiempo llevaron a las bombas que se lanzaron sobre Hiroshima y Nagasaki. Los griegos no poseían instrumentos con los que investigar la materia más allá de sus propios sentidos y su capacidad mental. ¿Cómo pudieron ser capaces de llegar a la concepción de cómo está hecho el mundo que hoy creemos correcta porque poseemos los instrumentos necesarios para demostrarla?

La teoría atómica griega

Los antiguos atomistas no podían saber que habían tropezado con una idea que se haya en el mismísimo corazón de la manera occidental de ver el mundo. ¿Qué ves cuando miras el mundo? Millones de cosas, más o menos distintas, que están en constante mutación: cambian de color o forma, crecen y decaen, son o se convierten en grandes o pequeñas, amenazadoras o amistosas. Un millar de adjetivos no son suficientes para describir lo que ves.

¿Hay alguna forma de extraer un sentido a toda esa confusión? Sólo hay dos. Cada una de ellas implica afirmar la existencia de algo que no es visible pero que a su vez sirve para explicar lo que percibimos.

Una forma de hacerlo es buscar en las cosas pautas que a veces no están ahí pero que son necesarias si queremos mantener la cordura ante el caos que nos transmiten nuestras percepciones sensoriales. Ésta es probablemente la manera más antigua de ver el mundo. Heredamos este punto de vista de nuestros antepasados animales. Detectar pautas y actuar como si fueran reales es una forma de describir la conducta instintiva, y el instinto trabaja para controlar, dirigir y modificar la conducta de todos los animales, excepto el ser humano.

Al dejar el instinto atrás, no perdemos la vieja costumbre de buscar pautas. En lugar del instinto, superponemos nuestras esperanzas, deseos y miedos sobre aquello que vemos. Le atribuimos a la naturaleza unos rasgos emocionales que en realidad no posee. Y vemos en la naturaleza una mente como la nuestra, aunque quizá más espléndida y majestuosa, una mente que ordena cómo debemos interactuar con el mundo y que garantiza cierta benevolencia en el cosmos.

Los científicos conductistas modernos, que tratan de actuar desapasionadamente, denominan lo que acabamos de explicar «ilusión antropomórfica», que consiste en ver al hombre en un universo en el que no está y sólo hay materia. Pero incluso el más irreductible conductista no puede escapar por completo del antropomorfismo. Está, por un lado, integrado en el lenguaje en el que ese científico habla. Para demostrar lo difícil que es separar al hombre de la materia, trata de imaginar el mundo sin ti. ¿Cómo sería? ¿Qué le parecería a otra persona? ¿Existiría este mundo? ¿O dejaría de existir tan pronto como tú dejaras de verlo, sentirlo, olerlo? ¿Tendría el mundo algún sentido si no lo tuviera para ti?

Es muy difícil imaginar el mundo sin que estemos presentes, pero es imprescindible hacerlo si queremos llegar a comprenderlo. Los antiguos griegos fueron los primeros en entenderlo así y tienen el honor de ser los primeros que intentaron imaginar el mundo de esa manera. Todas sus especulaciones filosóficas se basaban en el supuesto de que la verdad debe ser independiente de que nosotros la pensemos, pues si depende de nosotros, no sería la verdad sino una mera ilusión.

No sólo los filósofos lo intentaron. Los primeros teólogos también trataron de encontrar en el mundo alguna pauta más allá de lo que ellos creían que el mundo debía ser. Buscaban orden donde parecía haber sólo caos, y encontraron orden desde los niveles más altos de seres hasta los más bajos. En resumen, encontraron dioses por todas partes. Se podría decir que el suyo fue otro tipo de antropomorfismo.

En épocas posteriores se abandonó la idea de los múltiples dioses, pero no la de que Dios, ahora uno en lugar de muchos, impregna de significado el universo. Hoy, incluso en nuestra época tan científica, probablemente la mayoría de los seres humanos consideran que hay un orden divino en el mundo que les rodea, un «sentimiento oceánico» —según lo definió Sigmund Freud, con no poco desprecio— de que el universo es, en su conjunto, un lugar en que cada cosa tiene un sitio y está en su sitio.

Ya en el siglo V a. J.C. había unos pocos seres humanos que no estaban satisfechos con patrones invisibles, no importa lo reconfortantes y tranquilizadores que fueran. Les parecía que el azar desempeñaba un papel más importante en el mundo y en sus vidas de lo que ninguna teología estaba dispuesta a admitir. Y puede que también compartieran una especie de tozuda arrogancia que les llevó a suponer que estaban fundamentalmente solos en el universo, sin ningún Ser superior que les llevase de la mano. Buscaron otra explicación.

Como hemos visto anteriormente, a los antiguos griegos les gustaba dedicarse a un peculiar juego intelectual: intentar descubrir qué había en común entre dos cosas dadas, no importa lo distintas que fueran. Pero si nos negamos a aceptar que existe algún tipo de «esencia» compartida o ningún otro tipo de pauta intelectual y nos aferramos con tozudez a la materia, ¿podemos participar también en ese juego?

Tomemos como ejemplo a una araña y una estrella. ¿Tienen algo material en común? Hemos acordado no emplear las fáciles soluciones aristotélicas al problema. No podemos decir:

sí, comparten la existencia, comparten que nacen y desaparecen, comparten su unidad y cosas por el estilo.

Sí podemos jugar el juego, pues podemos imaginarnos que tanto la araña como la estrella se dividen en partes. Al principio, las partes de la araña siguen siendo, por decirlo de alguna manera «arácnidas», y las partes de las estrellas, «estelares». Pero conforme hacemos cada vez partes más pequeñas, sucede algo notable. En algún punto, las partes de la araña dejan de ser «arácnidas» y las de la estrella «estelares». En ese punto, las partes de ambas cosas se convierten en algo distinto, en una cosa o cosas neutras que, en otras circunstancias, pueden formar parte de otros seres o cosas que no sean ni arañas ni estrellas.

Puede que no podamos definir exactamente dónde está ese punto de transformación, pero conforme más pensamos en ello, más nos convencemos de que debe existir en algún momento. No hace falta que veamos esas minúsculas partes. Podemos aceptar incluso que sean inherentemente invisibles. Pero tienen que existir, pues no hay ningún motivo por el que no pudiéramos seguir dividiendo algo en partes más pequeñas hasta el punto en que ese algo se convierta en algo distinto.

¿Podemos seguir dividiendo las partes indefinidamente? ¿Podemos hacer partes que sean infinitamente pequeñas? Debemos asumir que no, pues algo hecho de partes infinitamente pequeñas no tendría tamaño. Por tanto, los átomos —las unidades más pequeñas no ya de las arañas o las estrellas sino de la propia materia— tienen que existir.

La recuperación de la teoría atómica

La aplastante fuerza de esta cadena de razonamientos no se disipó con el paso de los siglos. La visión existencial cristiana de una Ciudad de Cristo la relegó a un segundo plano durante mucho tiempo, pero cuando esa visión perdió influencia durante la primera parte del siglo XVII, el atomismo volvió a cobrar preeminencia. Aunque todavía no existían los instrumentos modernos de los que hoy dependemos, todos los grandes científicos de aquel extraordinario siglo, desde Kepler hasta Newton, fueron atomistas convencidos. El científico inglés Robert Hooke (1635-1703), íntimo amigo de Newton, sugirió incluso que las propiedades de la materia, especialmente de los gases, podían entenderse en términos de movimiento y colisiones de átomos. Hooke no fue ni un buen matemático ni un buen experimentador y, además, carecía de medios para demostrar su hipótesis. Pero consiguió que Newton se interesara en ella y apoyara su teoría de la colisión de átomos en unos términos ligeramente distintos.

A lo largo del siglo XVIII, científicos de varios países de Europa siguieron especulando con el atomismo. Cuanto más aprendían, en especial sobre química, más convencidos estaban de que tenían razón al asumir que la hipótesis atómica sobre la materia era correcta. Pero también comprendieron que se tendrían que realizar modificaciones sobre esa hipótesis para adaptarla a lo que se iba descubriendo.

Una de las modificaciones más brillantes se debe a un químico italiano, Amedeo Avogadro (1776-1856), quien en 1811 propuso una hipótesis en dos partes: primero, que podía ser que incluso las partículas más pequeñas de los gases elementales no fueran átomos, sino moléculas formadas por una combinación de átomos; segundo, que dos volúmenes iguales de gases contenían igual número de moléculas. Esta teoría, que es correcta, no fue aceptada hasta principios del siglo XX.

Desde mediados del siglo XIX, después de la aceptación de la teoría de los elementos químicos y de que el químico ruso Dimitri Mendeleyev (1834-1907) creara la tabla periódica de los elementos, muchos experimentadores se fijaron como uno de sus objetivos principales el detectar átomos físicos y demostrar su existencia. Pero este objetivo se demostró más complejo de lo que nadie previó en aquel siglo que tanto confiaba en la ciencia. A día de hoy, de hecho, la existencia de los átomos —que ya nadie discute— está demostrada básicamente por vías indirectas. El razonamiento griego, pues, ha triunfado al prefigurar a la ciencia experimental moderna.

Los griegos se equivocaron bastante en una cosa: los átomos no eran imposibles de cortar o, como diríamos nosotros, indivisibles. La indivisibilidad de los átomos, estrictamente hablando, no era un requisito lógico. Sólo quería decir que la unidad más pequeña de materia todavía no se había descubierto. Quizá las partes del átomo que se descubrieron primero (el electrón y el protón) sean las unidades de materia más pequeñas. Y, sin embargo, también ellas parecen ser divisibles.

La unidad o unidades más pequeñas —los griegos creían que había muchos tipos distintos de átomos, como si fueran las piezas con las que se construían las cosas— todavía no se han encontrado. Su búsqueda continúa, por supuesto, con un coste enorme, en los colisionadores de partículas, pues la lógica las exige. Todavía no se sabe si acabaremos por descubrir esas unidades. La necesidad lógica no garantiza su existencia concreta.

En resumen, la ciencia atómica, en cierto sentido, no es nueva. El mérito del descubrimiento de que los átomos son la base de toda la materia pertenece a los griegos, no al hombre moderno. Sin embargo, hemos aprendido muchas cosas sobre los átomos que los griegos ignoraban.

Lo que hizo Einstein

Albert Einstein descubrió uno de los fragmentos de conocimiento nuevo más importantes del siglo XX. Se trata de una fórmula muy simple, quizá la única fórmula de física avanzada que la mayoría de la gente conoce: $E=mc^2$. Para comprender lo que significa debemos remontarnos atrás en el tiempo.

Einstein nació en la ciudad catedralicia de Ulm, en Alemania, en 1879. A los doce años decidió resolver el enigma del «ancho mundo». Por desgracia, sus notas no fueron buenas y abandonó la escuela a los quince años. Consiguió volver a estudiar y acabó una licenciatura en matemáticas en la universidad en 1900. Siendo todavía un desconocido para el mundo, trabajó en una oficina de patentes. Entonces, en cuatro ensayos científicos extraordinarios publicados en 1905, avanzó más en la resolución del enigma del mundo de lo que ningún hombre había avanzado antes.

Cualquiera de esos cuatro ensayos hubiera garantizado la fama y el prestigio de cualquier físico. El primero ofrecía una explicación al movimiento browniano, un fenómeno hasta entonces inexplicable del movimiento de pequeñas partículas suspendidas en un líquido. El segundo ensayo resolvía la disputa de los últimos tres siglos sobre la composición de la luz. El documento de Einstein proponía que la luz se compone de fotones que a veces muestran características de onda y a veces actúan como partículas. Esta forma de resolver el nudo gordiano de ese problema no era ni mucho menos simplista. Sustentándose en un razonamiento matemático sólido, fue inmediatamente aceptada como la solución a ese complejo problema. La propuesta también explicaba el enigmático efecto fotoeléctrico (la liberación de electrones de la materia que provoca la luz).

El tercer ensayo era todavía más revolucionario, pues proponía lo que acabó conociéndose como la teoría de la relatividad especial. Einstein dijo que si suponemos que la velocidad de la luz es siempre la misma y que las leyes de la naturaleza son constantes, entonces tanto el tiempo como el movimiento son relativos al observador.

Einstein aportó ejemplos muy cotidianos de esta idea. En un ascensor cerrado, quien va dentro no es consciente del movimiento ascendente o descendente, excepto quizá en su estómago si el ascensor va demasiado deprisa. Los pasajeros de dos trenes en marcha no son conscientes de su velocidad absoluta sino sólo de su velocidad relativa según uno, que va un poco más deprisa, adelanta lentamente al otro y luego se pierde de vista. A los físicos no les hicieron falta estos ejemplos para reconocer la elegancia y la simplicidad de la teoría.

Esta teoría explicaba muchas cosas. Igual que su continuación, publicada en un ensayo de 1916, y que Einstein denominó teoría de la relatividad general. En el ensayo de 1916, Einstein postuló que la gravedad no era una fuerza, como había dicho Newton, sino una curvatura en el continuo del espaciotiempo provocada por la presencia de masa. La idea podía comprobarse, dijo, midiendo la desviación de la luz de una estrella cuando pasaba cerca del sol durante un eclipse total. Einstein predijo que esa desviación sería el doble de lo que preveían las leyes de Newton.

El 29 de mayo de 1919, un barco enviado por la Royal Society británica al golfo de Guinea realizó el experimento que Einstein había propuesto. En noviembre se anunció que los cálculos de Einstein eran acertados y precisos, e inmediatamente el físico alcanzó fama mundial. Ganó el premio Nobel de física en 1921, cuando ya era el científico más famoso del mundo, tan famoso que en todas partes se le trataba como si fuera una especie de fenómeno de circo. Eso le disgustó profundamente e interfirió en su trabajo.

En 1905 publicó otro ensayo. En cierta manera fue el más importante de todos. Se trataba de una continuación del ensayo anterior sobre relatividad y se planteaba la cuestión de si la inercia de un cuerpo depende de la energía que contiene. La respuesta de Einstein era afirmativa. Hasta entonces se había considerado que la inercia dependía exclusivamente de la masa de un cuerpo. En adelante el mundo tendría que aceptar la equivalencia de masa y energía.

Esa equivalencia es la que expresa la famosa fórmula, que dice que E, la energía de una cantidad de materia con masa m es igual al producto de la masa por el cuadrado de la velocidad (constante) de la luz, c. Esa velocidad, que es también la velocidad a la que se mueven las ondas electromagnéticas en el espacio vacío, es muy grande: 300.000 kilómetros por segundo. Al elevarlo al cuadrado, el número resultante es enorme. Así pues, en una pequeña unidad de materia se encuentra encerrada una gigantesca cantidad de energía, suficiente, como la humanidad aprendió después, para matar a doscientos mil ciudadanos de Hiroshima con la explosión de una sola bomba.

Einstein era un pacifista. Odiaba la guerra y, tras 1918, temió que la guerra volviera a estallar antes de que el mundo pudiera conseguir una paz segura y duradera. Hizo lo que pudo para apoyar las ideas sobre un gobierno mundial que circularon durante el período de entreguerras. Pero Einstein el pacifista fue mucho menos influyente que Einstein el físico.

Cuando Adolf Hitler subió al poder en Alemania en 1933,

Einstein renunció a su nacionalidad alemana y huyó a Estados Unidos. Allí siguió trabajando en la teoría general mientras trataba de que un mundo cada vez más furioso encontrara alguna forma de convivir en paz. En 1939, cuando le dijeron que dos científicos alemanes habían conseguido dividir un átomo de uranio, provocando una pequeña pérdida de masa total que se había convertido en energía, comprendió que la guerra en sí no era el único peligro. Y a instancias de muchos colegas, se sentó y escribió una carta al presidente Franklin D. Roosevelt (1882-1945).

Nadie tenía más autoridad que él para escribir esa carta. Lo que decía era muy simple. Describía los experimentos alemanes y añadía que se habían confirmado en Estados Unidos. Observaba que parecía inminente que estallara una guerra en Europa. En esas circunstancias, que Alemania poseyera un arma basada en la fisión del átomo de uranio podía ser terriblemente peligroso para el resto del mundo. Apremió al presidente para que estuviera «alerta y, si es necesario, actúe rápido».

El presidente le escribió una respuesta educada. Pero la advertencia no cayó en saco roto. Nadie se lo contó a Einstein, el pacifista, pero se puso en marcha un programa urgente, el proyecto científico más grande y más caro que había emprendido la humanidad hasta la fecha. Se bautizó como Proyecto Manhattan y dio inicio con una asignación de fondos de seiscientos mil dólares en febrero de 1940. El coste total del proyecto se elevaría a más de dos mil millones de dólares, el equivalente a muchos miles de millones actuales. Cuando América entró en guerra, tras el ataque japonés a Pearl Harbor a finales de 1941, el ritmo de la investigación se tornó febril. Hasta 1943, la mayoría de los trabajos fueron teóricos, pero a principios de 1945 se había avanzado lo suficiente como para empezar a planear una prueba con una bomba. Esta prueba se realizó en la base aérea de Alamogordo, al sur de Albuquerque, en Nuevo México, el 16 de julio de 1945. Fue un éxito total y la bomba generó un poder explosivo equivalente a unas veinte mil toneladas de TNT. Tres semanas después, el 6 de agosto, se lanzaría la bomba que arrasaría Hiroshima.

Einstein se sintió a la vez feliz y desolado. La bomba, en manos de Hitler, hubiera supuesto el fin de la libertad en el mundo y la aniquilación total del pueblo judío. Se esforzó por conseguir que las nuevas Naciones Unidas se convirtieran en un instrumento para la paz mejor de lo que eran y de lo que podían ser, pues temía que se pudiera volver a utilizar la bomba por motivos mucho peores. Siguió trabajando en su teoría unificada de campos, que demostraría cómo todas las leyes naturales se podían expresar en un solo constructo teórico, quizá en una sola ecuación. Pero dejó muy atrás al resto de la comunidad científica, que lo relegó al aislamiento. Cuando murió, en 1955, era el único que creía que tenía razón sobre la estructura general del universo, él, que había llevado a la humanidad a entender más sobre esa estructura que ningún otro científico desde Newton.

Lo que nos enseñó la bomba

Lo más importante que nos enseñó la bomba atómica no se puede expresar en una fórmula. Es un hecho muy simple, que somos los primeros seres humanos en comprender. El mundo no sólo puede destruirse, todo el mundo supo eso siempre, sino que los seres humanos pueden destruirlo simplemente pulsando un botón.

Los actos tienen consecuencias. Una consecuencia de la bomba de Hiroshima fue el final de la gran guerra. Otra fue que los científicos soviéticos se apresuraron a desarrollar sus propias bombas atómicas. Estados Unidos les replicó con la bomba de hidrógeno, o bomba termonuclear, que en lugar de dividir el núcleo de átomos grandes funde el núcleo de pequeños átomos. En esa fusión se liberan enormes cantidades de energía. La ecuación de Einstein sigue demostrándose válida.

Los soviéticos crearon también su propia bomba de hidrógeno. A partir de 1950 ninguno de los dos bandos pudo dejar atrás al otro. Una de las consecuencias de este equilibrio fue un gran período de paz interrumpido sólo por guerras menores. Eso es bueno.

La carrera armamentística se basa en un error de conocimiento. Hay suficientes armas en los arsenales nucleares del mundo para matar a todos los seres humanos del planeta diez veces. Por supuesto, no sólo los seres humanos morirían en una guerra nuclear. También morirían todos los osos, los perros y los gatos, las arañas y las ratas. Quizá sobrevivieran unas pocas cucarachas. Pero un mundo habitado por un puñado de cucarachas puede que no fuera lo que Dios tenía en mente cuando creó el Edén y colocó en él al hombre y a la mujer.

¿Es impensable que la raza humana destruya toda la vida de la Tierra? A pesar de la reciente relajación de la tensión internacional tras el aparente final de la guerra fría, la falta de alguna clase de gobierno mundial en un mundo tan peligroso hace que sea muy probable que tarde o temprano se luche una guerra nuclear. De hecho, la teoría de los juegos la muestra como una necesidad. Como vimos en el caso de la búsqueda de las partículas más pequeñas de la materia, la necesidad lógica no garantiza la existencia como realidad concreta. Consolémonos con ello.

Volveremos a la cuestión de si es probable que la tierra sobreviva en su estado actual, con arañas y personas, en el último capítulo. Por el momento digamos que el principal conocimiento nuevo descubierto por los seres humanos en el siglo XX es que tienen la capacidad de destruir el mundo.

El problema de la vida

La búsqueda de pautas ocultas ha avanzado en otros campos además de en la física nuclear, cuya metodología han adoptado muchas otras ramas de la ciencia. Y el hecho triunfal es que los átomos existen, así como también los núcleos de los átomos y toda una nube de partículas que tienen muchas cualidades extrañas e interesantes.

Algunas de estas partículas no encajan bien en ese nombre, pues no son «cosas», al menos no en el sentido corriente del término. Son oscuras cargas eléctricas en movimiento o pequeños grupos de ondas, o quizá sólo soluciones instantáneas de ecuaciones diferenciales parciales, que aparecen y desaparecen en un abrir y cerrar de ojos.

Sin embargo, estos algos son reales, en el sentido de que todas las cosas reales y tienen consecuencias reales. Son también increíblemente pequeños. El mundo en el siglo XX adquirió la costumbre de hacerse más pequeño al mismo tiempo que nuestra imaginación se hacía capaz de comprender un universo más grande. Volveremos a esto en un momento.

En lo que se refiere a la inveterada pequeñez de las cosas reales, recordemos lo que Descartes nos enseñó en su *Discurso del método* de 1637. Dijo que para solucionar cualquier problema es útil dividirlo en un conjunto, o serie, de problemas menores y resolver cada uno de ellos en orden. Desde Descartes y desde principios del siglo XVII, la ciencia ha explorado cada vez más profundamente el mundo microscópico y ahora ha ido todavía más allá hasta universos del ser que están fuera del alcance de incluso los microscopios más avanzados. La materia más pequeña parece más difícil de imaginar que la más grande, pero podemos consolarnos suponiendo (y aquí de nuevo aparece un nuevo ejemplo de antropomorfismo inconsciente) que, en magnitud, el ser humano está más o menos a medio camino entre las cosas más grandes y las más pequeñas que conocemos.

No importa lo pequeños que sean estos nuevos mundos de descubrimiento. También ellos muestran pautas, algunas de ellas asombrosamente importantes. La doble hélice del ADN es la más importante de todas, pues resuelve el problema más difícil de la vida.

¿Cuál es ese problema? Aristóteles lo identificó hace más de dos milenios. El problema se resume en una pregunta de una simplicidad exquisita: ¿Por qué los gatos tienen gatitos?

Como sabía Aristóteles, el embrión es una pequeña masa de tejido protoplasmático, y hace falta un ojo muy fino para distinguir un embrión humano del embrión de una ballena o de un ratón. Pero un embrión humano nunca se convierte en una ballena o en un ratón. La naturaleza no comete nunca ese tipo de error. ¿Cómo lo consigue?

Aristóteles respondió a esa cuestión de una forma muy típica de él. Hay un principio formal, explicó, que se transmite de los padres al embrión y determina que el embrión será un animal del mismo tipo que sus padres y no otra cosa.

Formalmente, es una suposición correcta. El ADN bien podría definirse como un principio formal. Pero lo mismo podría decirse del índice de la Bolsa de Nueva York y de muchas otras pautas. La cuestión principal es: ¿Cuál es el principio formal particular que hace que un gato procree otros gatos? Aristóteles, con su diabólica habilidad para superar casi cualquier dificultad, también tenía una respuesta para eso. «La gatez es ese principio», afirmó. Lo más alucinante es que esa respuesta satisfizo a muchas personas muy inteligentes durante más de dos mil años.

La ciencia de la herencia

En el siglo XVIII se encontró una respuesta mejor, aunque el trabajo de Gregor Mendel, el monje-botánico austríaco, no se difundió hasta cerca de 1900.

Que los gatos tienen gatitos era tan obvio que cuando Mendel nació en 1822 que ya ni siquiera se consideraba un problema que necesitara explicarse. Aunque no pudo aprobar el examen que le hubiera convertido en profesor de ciencias naturales, Mendel fue un investigador competente que dedicó años a estudiar la herencia de la planta del guisante. Al hacerlo, descubrió los principios de la genética.

La cuestión que se planteó no fue por qué las plantas del guisante producían más plantas del guisante, sino por qué distintas variedades de la planta, si se cruzaban, producían híbridos según unas pautas que Mendel fue el primero en definir. Concluyó que, aparentemente, cada uno de los rasgos de la planta estaba de algún modo controlado o definido por una o un par de pequeñas entidades que acabaron llamándose genes, y cada una de las plantas que se cruzaban aportaba un gen para cada rasgo, como sucede en el caso de la fertilización bisexual. Pronto comprendió que todo progenitor posee un gen para cada rasgo, pero cuando estos genes se combinaban en sus descendientes, sólo uno de los genes para un determinado rasgo se convertía en dominante. Los descendientes de un par de plantas distintas demostraban que operaban una serie de simples leyes estadísticas, que Mendel describió en dos sobrios ensayos matemáticos que publicó en 1866.

Dos años después fue escogido abad de su monasterio. Sus deberes monacales le ocuparon todo su tiempo a partir de entonces. No fue hasta mucho después de su muerte, en 1884, cuando sus descubrimientos fueron redescubiertos por otros que le concedieron todo el mérito como fundador de la ciencia de la genética.

Cómo funciona el ADN

Mendel no inventó el concepto de herencia. Desde el principio de los tiempos se reconoció que los seres humanos tenían hijos que solían parecerse a sus padres. Se supuso que ello era consecuencia de algún principio simple: por ejemplo, se creía que el hijo de un padre alto y una madre baja sería de altura media. Mendel fue el primero en darse cuenta de que la herencia es mucho más complicada que eso.

Pero los experimentos de Mendel no revelaron el mecanismo mediante el cual opera la herencia. Tendría que transcurrir medio siglo de febril actividad en el campo de la genética antes de que ese mecanismo se comprendiera.

El descubrimiento clave se realizó en la universidad de Cambridge en 1953, cuando dos jóvenes, el norteamericano James D. Watson (1928) y el inglés Francis H. C. Crick (1916-2004) lograron describir la estructura de la molécula del ADN. Con ello no sólo respondieron a la antigua pregunta de Aristóteles sino que abrieron las puertas a una nueva era.

Una molécula de ADN es una doble hélice que consiste en dos largas cadenas que se enroscan una alrededor de la otra. Las cadenas están compuestas de complejos compuestos químicos de nitrógeno llamados nucleótidos. Existen cuatro tipos de nucleótidos distintos en el ADN según su base sea la adenina, la guanina, la citosina o la timina. En cada nucleótido hay desoxirribosa, una porción de azúcar.

Todos los nucleótidos de una cadena están conectados químicamente con el nucleótido correspondiente de la otra cadena. Puede que haya muchos miles de nucleótidos en una cadena con sendas conexiones con sus correspondientes nucleótidos en la otra cadena de la hélice.

Un gen, según descubrieron Watson, Crick y muchos de sus colegas, es una sección de una molécula de ADN, es decir, una subcadena, que quizá mida unas docenas o incluso cientos de nucleótidos, que determina un rasgo concreto. ¿Cómo lo hace? Todas las células de un ser viviente contienen una molécula de ADN de ese ser vivo individual, es decir, toda la pauta genética de esa araña o ese ser humano. Cuando la célula se divide, una de las cadenas de ADN pasa a cada una de las dos nuevas células. Una vez separadas, el compañero que se ha quedado solo, separado de su antiguo amigo, comienza inmediatamente a construir una nueva imagen reflejo de sí mismo. Del protoplasma del nuevo núcleo de la célula, que consiste básicamente en proteínas libres flotantes, el ADN solitario logra los elementos que necesita para crear otra cadena igual a él mismo, es decir, igual al compañero que ha perdido. Su compañero hace exactamente lo mismo en la otra célula: crea también una imagen especular de sí mismo. El resultado es que cada una de las nuevas células contiene exactamente la misma molécula de ADN que tenía la célula original.

La gatez, pues, consiste, después de todo, en una molécula de ADN que reside en el núcleo de todas las células de cualquier gato. Las diferencias entre un gato y otro se explican por el hecho de que existen sutiles diferencias en las subcadenas de ADN gatuno. Pero incluso las mayores diferencias entre dos gatos son pequeñas si se comparan con las diferencias entre el ADN de un gato y el de un camello, o las que existen entre el ADN de un gato y el de un ser humano. Por eso un gato nunca puede dar a luz a una persona. Sus células no se lo permiten.

La molécula de ADN es lo suficientemente grande como para ser visible con la ayuda de un microscopio electrónico. Se pueden identificar las porciones de las cadenas que determinan el color del pelo, por ejemplo, o la composición de la sangre. Y no sólo se pueden identificar, sino que también se pueden aislar, modificar y reinsertar en la molécula.

Ciertas enfermedades son consecuencia de defectos en algunas subcadenas de ADN. Por ejemplo, la anemia drepanocítica, una enfermedad de la sangre que afecta a muchas personas de raza negra. En teoría, el gen defectuoso podría extraerse en los individuos que sufren esta enfermedad, repararse y volverse a insertar. La tecnología que haría esto posible es todavía primitiva. Es, sin embargo, lo bastante efectiva como para preocupar seriamente a los moralistas, que reaccionan con horror por temor a los monstruos que podrían crearse en un tubo de ensayo con el pretexto del bien de la humanidad.

La genética es una auténtica nueva ciencia, fruto de los avances que el siglo XX ha logrado basándose en los trabajos pioneros de un monje del siglo XIX cuyos descubrimientos no fueron conocidos en su propia época. Es, además, una ciencia limpia y de una claridad bellísima, con principios sencillos y resultados concretos. Hoy sabemos cómo funcionan los mecanismos de la herencia genética, aunque también somos conscientes de la complejidad de las pautas hereditarias de cada individuo. La unión de dos cadenas de ADN —de un padre y una madre—, cada una con muchos miles de subcadenas, exige ordenadores más potentes de los que tenemos actualmente, y todavía tenemos que determinar todas las posibles combinaciones.

La ciencia genética es una de las victorias del conocimiento del siglo XX. Los posibles horribles monstruos que pueda crear la ingeniería genética son todavía cosa del futuro. Volveremos a ellos en el último capítulo.

El tamaño del universo

¿Cuán grande es el universo? ¿Cuán grande parece? Se creía que esta última pregunta tenía sentido hace dos mil años, cuando el «tamaño aparente» de la luna, por ejemplo, se tomaba por su «tamaño real». La esfera en la que estaban las estrellas fijas se tomaba por el «límite exterior» del cosmos. ¿A qué distancia estaba esa esfera de la Tierra? ¿A mil estadios de la Tierra? ¿A un millón? ¿A un millón de millones? Sólo recientemente hemos empezado a comprender que ninguna de esas respuestas tiene sentido.

Por un lado, no existe la esfera de las estrellas fijas. Es la Tierra la que gira, no las estrellas, aunque las estrellas sí se mueven, en diferentes direcciones y a unas velocidades que a menudo son casi inimaginables. Por otro lado, el universo es demasiado grande para que podamos ver su «límite exterior» incluso si lo tuviera. Está, o lo estaría, si existiese, demasiado lejos.

Albert Einstein demostró que el universo es finito pero carece de límites. Ninguna línea, si se prolonga lo suficiente, es recta. Todas las líneas se acaban curvando sobre sí mismas y, al final, al menos en teoría, retornan a su punto de origen. Una esfera también es «finita y carente de límites». La esfera no tiene ningún borde, ningún «fin», así que no tiene límites, pero una esfera, por ejemplo una que puedas sostener en la mano, es obviamente finita en tamaño. Quizá sólo Dios pueda sostener el universo finito y sin límites en su mano. Pero eso querría decir que su mano estaba fuera del universo y eso, según la física moderna, es imposible.

En cualquier caso, nosotros estamos dentro, no fuera, y cuando lo observamos desde nuestro punto de vista privilegiado, que puede o no ser un lugar cercano al centro, se prolonga hasta allí donde podemos ver, no sólo simplemente con nuestros ojos sino también con los telescopios más potentes que hemos sido capaces de construir. Por resumirlo, el universo es muy, muy grande.

Las galaxias

¿Cuán grande te parece el universo? Sal una noche clara de otoño y busca el gran cuadrado de estrellas en la constelación de Pegaso. Desde la esquina inferior derecha tres estrellas se despliegan en línea, como si fueran la cola de una gran cometa estelar. Cerca del medio de estas tres estrellas hay una débil neblina. Incluso con prismáticos es difícil distinguir un punto claro de luz, pues no se trata de una estrella. Es la gran nebulosa de Andrómeda, la primera galaxia además de la nuestra en ser reconocida como tal, descrita por astrónomos árabes ya en el 964 d. J.C., y la más cercana a nosotros en esa enorme soledad que es el universo.

Un buen telescopio muestra que la nebulosa de Andrómeda es una espiral de millones de estrellas. Así pues, según sabemos hoy, es muy similar a nuestra propia galaxia. En la misma noche clara puedes observar la Vía Láctea, que es el gran brazo de la espiral que gira alrededor del centro de nuestra galaxia. Su centro está en la dirección de la constelación de Sagitario y a unos treinta mil años luz de distancia. Un año luz es la distancia que la luz recorre en un año, moviéndose a trescientos mil kilómetros por segundo, es decir, unos 9.460.800.000.000 de kilómetros.

El sol, nuestra estrella de tamaño medio, está en uno de los brazos de nuestra galaxia, que conocemos como Vía Láctea, que se extiende hacia el exterior desde el centro galáctico. Como todo lo demás en la Vía Láctea, nuestro sol, y también la Tierra y todos los que estamos en ella, damos vueltas alrededor de ese lejano centro galáctico a una velocidad, en nuestro caso, de unos doscientos cuarenta kilómetros por segundo.

¿Parece muy deprisa? Lo es. Aun así, estamos tan lejos del centro que nos llevará aproximadamente doscientos millones de años dar una órbita completa a su alrededor y regresar al punto en el que estamos ahora. De hecho, jamás regresaremos exactamente al mismo punto, pues el centro de la galaxia y, por lo tanto, la galaxia entera, se mueve a través del universo, girando sin cesar a medida que avanza, cambiando constantemente mientras se mueve hacia un destino desconocido.

Aquí donde estamos nosotros, casi en las afueras de la galaxia, está bastante oscuro y las estrellas son pocas y están muy espaciadas. Podemos imaginarnos cómo sería viajar todavía más lejos del centro, a una región en que hay cada vez menos estrellas y luego hasta un punto —¿podemos imaginarlo?— en el que nos hallemos en el extremo de nuestra galaxia, mirando al núcleo central desde quizá cincuenta mil años luz de distancia y, en la dirección opuesta, hacia la horrenda negrura del espacio intergaláctico.

Podemos otear a través de esa negrura, buscando la nebulosa de Andrómeda, nuestra galaxia vecina más cercana. No nos parecería desde allí mucho más brillante de lo que parece desde la Tierra. Seguiría estando a un millón de años luz de nosotros. Si nos imaginamos a medio camino entre la nebulosa de Andrómeda y nuestra propia galaxia, experimentaríamos una oscuridad desconocida en la Tierra, excepto quizás en lo más profundo de una mina de carbón, tres kilómetros bajo tierra. Pero incluso nuestra lejana vecina, Andrómeda, está relativamente cerca de nosotros si tenemos en cuenta las distancias habituales entre galaxias. Estamos junto a ella y millones de otras galaxias en lo que podemos llamar, de nuevo románticamente, nuestro grupo galáctico. Entre los diferentes grupos galácticos, las distancias son cien o mil veces mayores que entre las galaxias dentro de un mismo grupo. A medio camino entre dos grupos nos encontraríamos en la verdadera oscuridad, una oscuridad que nos obligaría a preguntarnos si el propio Dios podría encontrarnos allí.

La pequeñez de la Tierra

¿Cuántos grupos de galaxias existen en el universo? Quizá miles de millones. ¿Se pueden encontrar grupos de grupos? Quizá sí. ¿Tienen algún fin estas fantásticas distancias? Puede que esa pregunta no signifique nada. Pero al menos sabemos que el universo es muy, muy, muy grande.

¿Comparado con qué? Comparado con la Tierra, por supuesto, que en consecuencia es muy, muy, muy pequeña. Asemejarla a una mota de polvo que baila en un rayo de sol es concederle una majestad y una grandeza que no posee en comparación con el universo. Este grande y bello globo en que compartimos con seis mil millones de seres humanos no es ni siquiera tan grande, en relación con el universo, como un electrón comparado con el sistema solar.

Sabemos todo esto desde hace muy poco, gracias a los esfuerzos y la imaginación de un brillante grupo de astrónomos y cosmólogos. Hace un siglo sólo un puñado de astrónomos profesionales tenía idea del tamaño del universo. Hoy, dentro de lo que es la ciencia, es un conocimiento científico bastante común.

Hay algunos que afirman que la nueva comprensión de nuestra pequeñez y de nuestra insignificancia es algo deprimente. Ciertamente somos pequeños, comparativamente hablando, pero ¿somos insignificantes? ¿Es el tamaño lo que marca la importancia o significación de algo? ¿Es un elefante más importante que un ratón? ¿Y significantes para quién? ¿Es que hay alguien más que pueda juzgar la significación aparte de nosotros mismos? Si es así, ¿se puede imaginar algo más importante que la Tierra que es nuestro hogar, por pequeña que pueda ser dentro del orden universal?

El Big Bang y el átomo primordial

Albert Einstein estaba en el observatorio de Mount Wilson en California en 1927 cuando el físico belga Abbé Georges Lemaître (1894-1966) presentó por primera vez, ante una audiencia de científicos brillantes, su teoría de un universo en expansión que había empezado con la explosión de un «átomo primigenio». Einstein se puso en pie y aplaudió. «Es la explicación más bella y satisfactoria de la creación que jamás he oído», dijo, y se abalanzó sobre el belga para estrecharle la mano.

Esta teoría está apoyada por pruebas abrumadoras. La más importante, establecida por una serie de observaciones espectroscópicas, es que todo lo que podemos observar se aleja de nosotros y se mueve más rápido cuanto más lejos de nosotros está. El límite de la observación, de hecho, lo establecen tanto la distancia como la velocidad; los objetos a distancias muy remotas se apartan de nosotros a velocidades muy cercanas a la de la luz. No podemos ver ningún objeto que se aleje de nosotros a la velocidad de la luz o, si es posible, todavía más rápido, pues la única información que podríamos tener de él viajaría hacia nosotros a la velocidad de la luz y esa luz nunca nos alcanzaría.

Hay muchas más pruebas que avalan esta teoría, junto con muchos apoyos teóricos de varios tipos, buena parte de ellos debidos a George Gamow (1904-1968), a cuyo ingenio y sentido del estilo popular debemos la expresión *Big Bang*. Gamow escribió una serie de obras populares sobre la teoría del Big Bang como origen del universo y es autor de la mayoría de las especulaciones teóricas básicas que la apoyan. La teoría es hoy casi inatacable. ¡Ay del cosmólogo que se atreva a cuestionarla!

Según la teoría, hace entre diez o quizá veinte mil millones de años, el universo se expandió muy rápidamente desde un estado primigenio altamente comprimido, lo que trajo como consecuencia un significativo descenso de su temperatura y densidad. Los primeros segundos de la expansión fueron decisivos para el desarrollo del universo tal como hoy lo conocemos. La predominancia estadística de la materia sobre la antimateria parece haberse establecido entonces. Debieron de estar presentes muchos tipos de partículas elementales y se formaron ciertos núcleos. La teoría nos permite predecir que ciertas cantidades de hidrógeno, helio y litio —los tres primeros elementos de la tabla periódica— se crearon entonces. Su abundancia coincide bastante bien con lo que puede observarse hoy. Después de alrededor de un millón de años, el universo se había enfriado lo suficiente para que se formaran los átomos más simples, cuyos núcleos captaron electrones de las nubes circundantes. La radiación que llenaba el proto-universo pudo entonces viajar, en cierta manera creando el espacio. Fue esta radiación la que se detectó por primera vez en 1965 como una radiación de microondas de fondo por A. Penzias y R. W. Wilson. Se considera un resto del universo primitivo.

Conforme el universo se expandió más y más, se formaron átomos cada vez más pesados. Son los elementos que conocemos. Los más ligeros se formaron primero y los más pesados, los últimos. Luego vinieron las moléculas y los grupos de moléculas, luego las nubes de gas, luego las estrellas, después las galaxias y por último los grupos de galaxias. En todo momento, sin embargo, el universo siguió expandiéndose.

¿Dónde sucedió todo esto? ¿Dónde está, o dónde estaba, la materia primigenia antes de que tuviera lugar la explosión? La pregunta no tiene sentido. La teoría se basa en dos supuestos, uno de ellos inatacable, el otro más misterioso. Supone, en primer lugar, que la teoría de la relatividad general de Einstein describe correctamente la interacción gravitacional de toda la materia, ahora, entonces y para siempre. Es muy difícil negarlo o suponer otra cosa distinta.

El segundo supuesto, llamado el principio cosmológico, implica que el universo no tiene ni centro ni límites, de modo que el origen del Big Bang no se originó en un punto concreto, sino más bien en todo el espacio al mismo tiempo y, de hecho, sigue originándose hoy. Esto equivale a decir que el espacio fue creado por el universo conforme se expandía. Nunca hubo nada fuera del universo. No hay nada fuera de él ahora.

¿Hubo tiempo antes del Big Bang? Tampoco esta pregunta tiene sentido, pues el continuo del espacio-tiempo debió de crearse junto con el espacio. El tiempo, de hecho, se mide por la expansión del universo. En un momento anterior, el universo fue más pequeño, en un tiempo posterior, más grande. Tampoco es posible especular sobre qué componía la materia primordial antes de que empezara a expandirse. Fuera la que fuera la existencia que tuvo, está absoluta y permanentemente más allá de nuestras posibilidades de comprensión.

¿Dejará de expandirse el universo alguna vez? Hay dudas sobre ello. Depende de cuánta materia contenga el universo considerado como un todo. Si esta masa es mayor que cierto punto crítico, entonces el universo, arrastrado por su gravedad total, dejará de expandirse e incluso empezará a contraerse y a colapsarse sobre sí mismo, como una pelota atada a una cuerda de goma que vuelve hacia quien la lanzó. Si la masa es menor que ese punto crítico, el universo se expandirá para siempre y todos los objetos que hay en él estarán cada vez más lejos unos de otros hasta que todos (pues en el universo hay una cantidad definida y finita de materia) estén a una distancia infinita unos de otros.

En algún punto, pues, el universo se volverá completamente negro se observe desde el punto que se observe, pues todo lo que contiene estará a una distancia casi infinita del observador.

Las pruebas de las que disponemos hasta la fecha muestran una cantidad de materia mucho menor en el total del universo de la que sería necesaria para que empezara a colapsarse. Sólo se ha podido observar alrededor de un dos por ciento de la cantidad de materia necesaria para que eso ocurriera. Algunos astrónomos, aterrorizados ante la perspectiva de una disolución final, mantienen la esperanza de que exista una gran cantidad de materia que hasta ahora no han conseguido observar. Pero ¿acaso es menos temible la perspectiva de una implosión final?

Ninguno de los que estamos vivos hoy debemos preocuparnos por ello. Ninguno de esos dos destinos finales tendrá lugar hasta dentro de miles de millones de años.

La teoría, como he dicho, está apoyada por pruebas abrumadoras. Ya no es razonable ponerla en duda. Todos los astrofísicos la aceptan, igual que todos lo científicos que saben lo suficiente del tema como para comprenderla. Y, aun así, es terriblemente perturbadora, ¿no es cierto?

Casi no se puede decir ni eso. Pero hay algo que está mal, que es en cierta forma artificial, en esta teoría. ¿Cómo evitar preguntarse por el período «antes» del Big Bang? ¿Cómo no tratar de imaginar «dónde» ocurrió y, lo que es todavía más importante, por qué? El Big Bang, si fue un «acontecimiento», tuvo que tener una causa. ¿Hemos visto jamás un acontecimiento sin causa? Pero si tuvo una causa, ésta debió precederlo. ¿En el tiempo? ¿No en el tiempo? Sea como sea nos encontramos frente a dilemas de todo tipo, todos ellos inaceptables para nuestras pobres, cansadas y mortales mentes.

El principio de incertidumbre de Heisenberg

Einstein se levantó lleno de alegría al oír la teoría original, todavía muy primitiva, de Lemaître. El gran científico llevaba tiempo sintiéndose aislado entre sus colegas. No le gustaba lo que estaban descubriendo o creían estar descubriendo.

La mecánica cuántica, el nuevo sistema de mecánica universal que él mismo ayudó a crear, está basado, en último término, en el azar. El físico cuántico, a diferencia de sus antecesores newtonianos, debe aceptar un elemento fundamental de impredecibilidad en la base de las cosas. El físico alemán Werner Heisenberg (1901-1976) fue el primero en describir este principio básico de incertidumbre, que lleva su nombre. El principio de incertidumbre de Heisenberg afirma que no se puede medir con exactitud al mismo tiempo la posición y la velocidad de un objeto, sea este objeto lo que sea. Esta imposibilidad no deriva de que nuestros instrumentos de medición no sean todavía lo suficientemente refinados y precisos, sino de la misma naturaleza de las cosas, de la naturaleza de la propia materia.

Esta incertidumbre es muy relevante cuando se trata de objetos con masas muy pequeñas, como átomos o partículas. La mecánica de Newton todavía se aplica al mundo de las cosas grandes, como los planetas o las personas. En el caso de una cosa muy pequeña, el intento de, digamos, medir la velocidad de un electrón empujará y moverá dicho electrón, de modo que su posición no podrá calcularse, ni siquiera teóricamente. Esta incertidumbre se encuentra también en otras parejas de elementos de observación, como la energía y el tiempo. Si intentas medir exactamente la cantidad de energía que irradia un núcleo inestable, por ejemplo, no podrás medir la duración del sistema inestable mientras hace su transición a un estado más estable.

A Heisenberg su principio de incertidumbre no le causó demasiados quebraderos de cabeza, pero a Einstein lo preocupó muchísimo. Se vio empujado a decir que «Dios es sutil, pero no malicioso», como si la existencia de una imposibilidad fundamental de conocer en la naturaleza de las cosas tuviera que implicar malicia en el creador. Einstein se pasó los últimos años de su vida tratando en vano de demostrar que Heisenberg se había equivocado. Su fracaso entristeció a sus amigos. Uno de ellos, el físico Max Born, dijo: «Muchos de nosotros consideramos esto una tragedia, tanto para él, que trata de avanzar en solitario, como para nosotros, que hemos perdido a nuestro líder y portaestandarte.»

Me pregunto por qué Einstein se sentía menos incómodo con el Big Bang que con el principio de incertidumbre. Ninguno de los dos, a mi entender, implica que Dios sea malicioso. A menos que, pienso a veces, la explosión primordial que dio lugar a los átomos, las galaxias y luego a nuestra existencia sea una especie de broma. ¿Somos los humanos simplemente una consecuencia residual de alguna clase de fuegos artificiales de inconmensurable magnitud? Y cuando los gigantescos oohs y aahs se acaben y el público se marche, nosotros y todo lo que hemos descubierto ¿nos disiparemos en la fría enormidad del universo de algún otro ser?

Lo que está en juego aquí no es una cuestión teológica sino la asunción fundamental que subyace a todo tipo de ciencia. Hemos hecho bien en mencionar la hipótesis original de Tales más de una vez y no está de más repetirla: el universo exterior está conformado a semejanza de nuestra mente e imaginación y, en consecuencia, el intelecto humano es capaz de comprender el mundo. Hay tantas razones para creer que esa teoría es correcta, desde el resplandor de la bomba atómica en Hiroshima a las creaciones de la ingeniería genética, que parece que ponerla en duda nos deba conducir a la locura. Pero la teoría del Big Bang hace que me pregunte acerca de nuestra capacidad de comprender el verdadero núcleo de las cosas. Podemos describir el acontecimiento incluso hasta sus detalles matemáticos más bellos, pero ¿lo comprendemos? ¿Tiene algún sentido? Y si no lo tiene, entonces ¿tiene, en último término, sentido el propio universo?

Las incertidumbres del conocimiento

El principio de incertidumbre de Heisenberg reveló un hecho inquietante sobre el conocimiento humano o, más bien, sobre el esfuerzo humano por adquirir conocimiento. El principio sólo se volvió relevante para los físicos cuánticos cuando empezaron, en la década de 1920, a investigar el interior del átomo y su nú cleo. Ese mundo microcósmico es extremadamente pequeño y las cosas que contiene (electrones y otras partículas) son todavía más minúsculas. Conforme avanzaron las investigaciones, se hizo obvio que jamás se podría conocer total y precisamente ese mundo.

De alguna manera era como tratar de investigar los mecanismos de un buen reloj suizo utilizando sólo el pulgar. Nadie tiene un pulgar lo suficientemente preciso, o lo suficientemente delicado, como para operar entre la delicada maquinaria del reloj sin dañar algunas de sus partes. Además, el mismo pulgar es un estorbo. Está entre el reloj y tus ojos. Incluso si fueras capaz de hacer alguna cosa que no pusiera en peligro el reloj, no podrías ver lo que estás haciendo.

La situación era todavía peor que eso, como descubrieron Heisenberg y sus colegas. Las matemáticas demostraban que esa incertidumbre, o imprecisión, no era puramente accidental. No surgía por la enorme diferencia de tamaño entre las partes del interior de un átomo y cualquier instrumento, por pequeño que sea, que usemos para investigarlas. Esa incertidumbre está incrustada en la propia naturaleza. Y siempre ha estado ahí, es imposible escapar a ella. Se pudo describir en una fórmula, que afirmaba que el producto de las incertidumbres en la posición y velocidad, por ejemplo, o en la posición y el impulso, siempre era mayor que una cantidad física muy pequeña.

En el mundo en que vivimos, el macrocosmos, lo pequeño de esa cantidad hace que la incertidumbre sea insignificante. No sólo no la puede medir ningún instrumento, sino que, a efectos prácticos, carece completamente de importancia. Aunque el principio de incertidumbre de Heisenberg garantiza que ninguno de nuestros cálculos será jamás exacto, eso no es obstáculo para que guiemos a un satélite en una órbita de cientos de millones de kilómetros con la seguridad de que llegará al destino final que deseamos. Puede que no acierte el destino en el punto exacto, en el centro de la diana, por así decirlo, pero llegará muy cerca de él.

Sin embargo, la mera idea de que existe una imprecisión que no podemos eliminar es inquietante. Nos gustaría creer que si hemos hecho todo lo posible, si hemos hecho nuestros cálculos con la mayor precisión de que somos capaces los humanos, el resultado será siempre totalmente predecible. Según el principio de Heisenberg, eso no es posible. El mero hecho de intentar conocer con precisión absoluta cualquier hecho físico es esencial y fundamentalmente intrusivo. Siempre, en cualquier situación en la que intentemos conocer, nos estorbará nuestro pulgar.

Conforme se fue aceptando que el principio de incertidumbre era cierto, primero por los físicos cuánticos, luego por otros físicos y por los científicos en general y, finalmente, por el público, empezaron a surgir pensamientos más profundamente intranquilizadores. El conocimiento, según se empezó a comprender, es a menudo más o menos intrusivo. Vienen a la mente muchos ejemplos.

Podemos aprender mucho sobre la anatomía animal realizando disecciones. La vivisecciones son todavía más útiles, pues cuando abrimos el pecho de un animal, el corazón, por ejemplo, se puede observar todavía latiendo, aunque el animal muera en poco tiempo y se detenga. Pero este procedimiento es obviamente intrusivo. Se gana conocimiento, pero se destruye al animal.

Las vivisecciones de seres humanos están prohibidas por la costumbre y por la ley, aunque los doctores de Hitler realizaron experimentos de ese tipo en Dachau y Auschwitz. Tenemos que contentarnos con diseccionar cadáveres. Se obtiene menos conocimiento y el medio es aun así intrusivo, pues destruye el cuerpo a pesar de que estuviera muerto desde el principio.

Una capacidad de intrusión similar aparece en experimentos con plantas, en todos los niveles hasta el celular, e incluso más allá. Cuanto más pequeño es el nivel, mayor es la intrusión. La fina punta de un instrumento de laboratorio crea, en esos niveles, tanta interferencia como el pulgar. Hay un momento en que ya no podemos ver, y por lo tanto no comprendemos, lo que estamos tratando de descubrir.

Concedamos que el principio se aplica a todo el mundo natural, desde los elefantes hasta el núcleo de las células, desde las galaxias a las partículas. ¿Qué sucede con ese otro mundo que tratamos de investigar, el mundo del ser humano, su alma (psicología) y su sociedad (sociología, economía y ciencia política)?

Después de pensar un poco en ello, está claro que también en esas áreas se producen incertidumbres similares. Todo intento de investigar la composición interior y la forma de operar de la mente de una persona está dificultado y quizá impedido por la propia mente, que no considera benignas esas intrusiones. La consiguiente suspicacia distorsiona los descubrimientos. Y parece ser que no hay forma de observar grupos humanos con absoluta objetividad. En este caso, las distorsiones y perturbaciones parecen integradas en el investigador, quien, por mucho que lo intente, nunca puede eliminarse por completo del panorama que retrata.

Tales distorsiones e incertidumbres en ciencias como la sociología y la economía pueden controlarse con un interesante instrumento típico del siglo XX. Se trata de que, al hacerle una pregunta a un grupo de seres humanos, nos aseguremos desde el principio de que haya una cantidad suficiente de ellos para que las distorsiones se compensen unas con otras y no afecten al resultado. La ciencia de la estadística nos guía en ese esfuerzo. Nos dice, con tanta seguridad como es posible en tal ciencia, cuántas personas debemos incluir en una muestra para obtener resultados con tal o cual margen de error. El conocimiento que obtenemos así es fiable dentro de los límites enunciados. Es importante recordar, no obstante, que no es exacto. No acierta en el centro de la diana, pero tampoco apunta en la dirección equivocada.

Puede que sea un consuelo suficiente desde cualquier punto de vista práctico. Pero es extremadamente incómodo en otro sentido. Conforme se fueron descubriendo analogías del principio de incertidumbre cuántica en muchos otros campos del conocimiento, empezaron a surgir preguntas inquietantes sobre el mismo conocimiento. ¿Existe alguna área del saber sobre la que se pueda afirmar que es absolutamente cierta y precisa? ¿O todo el conocimiento, sin excepción, está salpicado de incertidumbres, reducido a depender de métodos y garantías estadísticas, y obligado a aceptar la posibilidad de que nunca acertará en el centro de la diana?

Ésta es una de las preguntas más problemáticas con las que debe enfrentarse nuestro siglo. Incluso en la misma matemática, que durante siglos ha sido la ciudadela inexpugnable de la certidumbre, una prueba desarrollada a principios de la década de 1930 por el matemático austríaco Kurt Gödel (1906-1978) demostró que dentro de cualquier sistema lógico, por muy bien estructurado que esté, siempre hay preguntas que no pueden responderse con certeza, contradicciones que pueden surgir y errores escondidos. Así pues, conforme el siglo XX se cierra, el veredicto está claro: el conocimiento no puede ser seguro. Siempre es intrusivo. No importa lo mucho que nos esforcemos, ya que nuestro propio esfuerzo por comprender total y completamente algo, como el pulgar de que hablábamos antes, nos estorba.

¿Qué significa esto para el progreso del saber? ¿Se ha terminado su avance en nuestros tiempos? ¿Ha terminado la gran aventura de la humanidad?

Parece que no. En primer lugar, los métodos estadísticos aseguran que nuestro conocimiento, excepto quizá en el microcosmos, en el que el esfuerzo por conocer es radicalmente intrusivo, puede ser, en general, tan preciso como deseamos, es decir, tan preciso como sea necesario para una tarea en concreto, como enviar un satélite a Júpiter. El conocimiento, pues, toma el carácter del cálculo integral y diferencial que inventó Newton, y con el que reemplazó la geometría de planos de Euclides, que era poco adecuada para describir «el sistema del mundo». Ninguna ecuación diferencial puede resolverse nunca con total precisión, pero se acepta que eso no importa, pues siempre, o casi siempre, se puede resolver con la precisión suficiente.

Segundo, el descubrimiento de que el conocimiento humano no es, y no ha sido nunca, totalmente preciso ha sido una lección de humildad y ha tenido un efecto balsámico sobre el alma del hombre moderno. El siglo XIX, como hemos visto, fue el último en creer que el mundo, como un todo y también sus elementos, podía conocerse a la perfección. Nos damos cuenta ahora de que esto es, y siempre fue, imposible. Conocemos dentro de unos límites, no de manera absoluta, aunque podemos ajustar esos límites para satisfacer nuestras necesidades.

Curiosamente, desde este nuevo nivel de incertidumbre surgen objetivos más importantes que parecen asequibles. Aunque no podamos conocer el mundo con suma precisión, todavía podemos controlarlo. Incluso nuestro conocimiento inherentemente imperfecto parece funcionar tan bien como siempre. En resumen, puede que nunca sepamos con exactitud lo alta que es la montaña más alta, pero aun así podemos estar seguros de que podremos ascender hasta su cumbre.

Un gran paso

Neil Armstrong, Edwin Aldrin y Michael Collins fueron los tres valientes jóvenes que el 16 de julio de 1969 despegaron en el *Apollo XI* desde Cabo Cañaveral para ir a la Luna. Llegaron cuatro días después de un viaje sin incidentes de unos cuatrocientos mil kilómetros. Dejando a Collins al mando de la nave más grande, Armstrong y Aldrin descendieron a la superficie de la Luna en el módulo lunar *Eagle*. Los astronautas alunizaron en el borde del Mar de la Tranquilidad. Armstrong fue el primer ser humano en poner pie en otro astro. «Es un pequeño paso para un hombre, pero un gran paso para la humanidad», dijo en una conexión en directo por radio que se escuchó en todo el mundo. Aldrin descendió tras él y los dos hombres pasaron un día y una noche en la Luna.

En Estados Unidos, la noche fue clara, la luna brillante y casi llena. No me sentía solo, pues estaba en una animada y vibrante ciudad. Pero pensé en lo solos que debían de sentirse ellos. Armstrong y Aldrin, en sus incómodos trajes espaciales, solos en un astro en el que no existía ningún otro ser vivo. Sobre ellos, Collins orbitaba en el *Apollo*. ¿Podrían reunirse con él para volar de vuelta a casa? A su alrededor estaba la oscuridad total del espacio interplanetario. (Desde luego, es una negrura que no puede compararse con la oscuridad total del espacio interestelar, donde no hay ningún sol que ilumine el cielo, o con la oscuridad todavía mayor del espacio intergaláctico, donde ni siquiera pueden verse las estrellas.)

En esa misión todo fue bien. Armstrong y Aldrin regresaron a la nave nodriza. El *Apollo XI*, llevando a aquellos valientes jóvenes y una serie de valiosas muestras de rocas lunares, amerizó en el Pacífico el 24 de julio. Pero por unos instantes fue concebible el estar verdaderamente aislado de la Tierra.

Hoy sabemos —otro importante fragmento de conocimiento adquirido en el siglo XX— que estamos solos en el sistema solar. No hay en nuestro sistema otras formas de vida, y mucho menos formas de vida inteligente. Puede que el nuestro sea el único planeta vivo que ha existido o vaya a existir jamás. No hay ninguna nave nodriza orbitando alrededor de nosotros en el firmamento a la que podamos volver o que nos pueda enviar ayuda si la necesitamos. Puede que simplemente no haya ninguna otra mente, en ninguna parte, que sea más poderosa que la nuestra y que nos pueda guiar en nuestro viaje. Puede que todo lo que somos y lo que podamos llegar a ser dependa exclusivamente de nosotros.

Los visionarios de nuestro tiempo han buscado una sola imagen que pueda expresar toda la belleza y amargura de este nuevo conocimiento de nuestra soledad en el espacio. Una fotografía de la Tierra, tomada por los primeros astronautas, muestra el globo en todo su esplendor, con sus profundos océanos azules y sus continentes verdes y marrones, todo flotando bajo nubes blancas. La imagen que, para mí, mejor expresa el significado de esa foto es la de una nave espacial, inmensa comparada con el *Apolo XI*, pero minúscula en la inmensidad del universo. Las fotos de la cara oscura de la Tierra, que revelan sus miles de haces de luces de las ciudades, refuerzan todavía más la imagen de una nave, con los ojos de buey iluminados, que navega en el espacio.

La nave espacial Tierra, que navega valientemente entre el vacío del universo, llevando su carga de seres humanos y sus pupilos, los animales, plantas y demás seres vivos, en un viaje hacia un destino que nadie comprende. Y a un destino al que puede que no llegue nunca, pues entre su cargamento hay suficientes armas nucleares para destruirlo todo y no hay establecido ningún sistema para controlarlas.

La rebelión verde

La consciencia de la soledad y fragilidad de la nave espacial Tierra ha provocado, entre otras cosas, el surgimiento de un nuevo movimiento internacional: los ecologistas, también conocidos como «verdes». El programa político de este movimiento, que ha generado partidos políticos en varios países y estados, es sencillo: el ecologismo está a favor de todo lo que es bueno para la Tierra y en contra de todo lo que es malo. Hoy en día, el movimiento está en contra de más cosas de las que está a favor, pues se sabe que la Tierra está expuesta a otros peligros además de la despreocupación con la que el hombre gestiona sus armas más potentes.

El ecologismo (o ecología), que es una ciencia además de un movimiento político y moral, trata de la totalidad de nuestro conocimiento acerca del mundo sobre el que vivimos —y en algunos sentidos, en el que vivimos—. En la actualidad parece que estamos descubriendo que este mundo es sorprendentemente frágil.

Durante milenios, los seres humanos han tratado a la Tierra, a los océanos y a la atmósfera como si fueran indestructibles. Hemos aprendido, en este siglo fecundo en conocimiento, que no es así. Puede que no sea cierto del todo, como algunos ecologistas afirman, que ninguna acción del ser humano carece de consecuencias medioambientales. Pero sin duda es cierto que algunas de nuestras acciones han tenido en el pasado, y tendrán en el futuro, consecuencias importantes en el medio ambiente. Incluso si no estamos condenados a destruir esta nave que es nuestro hogar, desde luego estamos cambiándola, y no siempre para bien.

En 1969, Thor Heyerdahl (1914-2002) cruzó el Atlántico en su barca de juncos *Ra*. Informó de que había encontrado basura flotando en la superficie a lo largo de todo el trayecto. Se preguntó si todos los océanos del mundo estaban igual de contaminados por los desechos y detritos del hombre. Todos los océanos del mundo están conectados y constituyen un solo ecosistema. Lo que se tira en un lugar concreto puede que contamine el agua en todo el mundo. Ya se han destruido, o reducido significativamente, numerosos caladeros. Muchas playas ya no son utilizables por seres humanos. El enorme y bello océano, amado y temido por el hombre durante siglos, puede dejar de ser el organismo vivo que ha sido durante tres mil millones de años.

El aire que nos rodea también forma un único ecosistema. Es, si es posible, todavía más frágil que los océanos. Lo que no lanzamos al océano, lo quemamos en el aire. Pero quemando no se destruye nada. El fuego meramente convierte nuestros desperdicios en otra cosa. Así pues, cada día llenamos el aire con el humo, las cenizas y los gases venenosos de nuestros desechos. La atmósfera ya se ha convertido en venenosa para los seres vivos (árboles y otras plantas) en muchos lugares de nuestro planeta. No sabemos lo peligroso que pueda ser para nosotros respirar este aire envenenado. La lluvia ácida que provoca la utilización de combustibles fósiles en una parte del mundo cae unos pocos días después en otra, matando sus árboles, envenenando sus lagos y devastando su belleza y fertilidad. Cada vez que pisamos el acelerador del coche lanzamos elementos contaminantes a la atmósfera que pueden hacer que los niños vivan en peores condiciones (si es que esos contaminantes no resultan letales) a cien o mil kilómetros de distancia. Y todos los frigoríficos y aires acondicionados de la tierra liberan gases que se comen la capa de ozono, en lo alto de los cielos, que nos protege de los letales rayos solares.

El invernadero terrestre

Quizá lo peor de todo es que como resultado de nuestra utilización constante e implacable de combustibles fósiles se emite continuamente a la atmósfera dióxido de carbono, un gas inodoro que «respiran» las plantas. No quedan suficientes plantas en la tierra para convertir todo ese dióxido de carbono en el subproducto que genera su respiración —es decir, ese precioso gas que llamamos oxígeno y que nosotros respiramos—, así que la cantidad de dióxido de carbono en la atmósfera se incrementa continuamente.

El dióxido de carbono tiene una propiedad interesante y muy importante para nosotros. Captura la luz y el calor del sol y lo mantiene cerca de la superficie de la tierra. Los rayos del sol pasan a través de la atmósfera de camino a la superficie, en la que rebotan. Pero parte de esa radiación queda capturada en la atmósfera y no vuelve a salir al espacio. Permanece bajo la capa de dióxido de carbono. A este fenómeno, que recibe el nombre de efecto invernadero, debemos el hecho de que la tierra sea un mundo templado.

Marte y Venus, nuestros dos vecinos planetarios más cercanos, tienen un tamaño similar al de la Tierra. Pero en ninguno de ellos se dan las condiciones necesarias para la vida. La atmósfera de Marte es demasiado tenue y no puede atrapar la luz del sol porque no contiene suficiente dióxido de carbono. Venus, por el contrario, tiene demasiado. Mucha de la luz que llega al planeta queda atrapada bajo las nubes de gas y la temperatura en la superficie a mediodía llega a más de quinientos grados. Se cree, sin que tengamos todavía pruebas definitivas de ello, que en ese medio no puede desarrollarse ningún tipo de vida. La proporción de dióxido de carbono en la atmósfera de la tierra es la justa para poder vivir con comodidad. Es un hecho tranquilizador.

Pero puede que no sea así en el futuro. La quema de combustibles fósiles se ha incrementado de forma constante durante más de un siglo, y con ella la cantidad de dióxido de carbono que hay en la atmósfera. Puede que ese excedente de dióxido de carbono ya haya perturbado el equilibrio ancestral que convirtió nuestro mundo en un paraíso. En la actualidad parece que la temperatura media del mundo está subiendo poco a poco. Puede que en las próximas décadas ascienda de forma más pronunciada, y quizá siga subiendo durante todo el siglo XXI. Si es así, el sureste y el medio oeste de Estados Unidos se convertirán en un desierto. Canadá se convertiría en lo que el medio oeste estadounidense solía ser, el granero del mundo. Puede que el calentamiento global sea inexorable. Puede que no podamos detenerlo ni siquiera si dejamos de quemar combustibles fósiles hoy, lo cual no es posible. Puede que el desierto avance constante, aunque lentamente, hacia el norte, adueñándose de unas pocas tierras fértiles más cada año.

Y mientras tanto, la población del planeta aumenta y con ella crece la necesidad de consumir más combustibles fósiles para hacer que las vidas de los seres humanos sean fructíferas, cómodas y productivas.[1]

La sólida Tierra no es indestructible. Se la puede envenenar o cambiar a peor. Podemos tratar de enterrar nuestros desechos, nuestros residuos nucleares, nuestros productos químicos contaminantes, pero los horrores acabarán por salir a la superficie, como un puño furioso que sale desde una tumba. La tierra se tornará inhabitable, el agua no se podrá beber, el suelo estará cubierto de cemento y asfalto y la desertización avanzará, arrasando las cosechas que en otros tiempos bastaban para alimentar a una población menor.

En el mejor de los casos, nuestro conocimiento sobre la actuación de estas fuerzas nos hará moderar nuestros deseos y calibrar nuestros sueños. Odiamos saber esto y nos gustaría negarlo. También sabemos que en el hecho de ser conscientes de ello reside nuestra única esperanza de supervivencia a largo plazo. Aunque algunos no apreciamos a los ecologistas, somos conscientes de que dependemos de ellos para asegurar el buen transcurso de la travesía de nuestra nave Tierra.

Ordenadores digitales y conocimiento

Permítanme hablar de ordenadores de una forma nueva para tratar de mostrar cómo el invento más importante del siglo XX encaja de forma natural dentro de la historia del progreso del conocimiento humano.

Desde el principio debemos tener clara una distinción: la diferencia entre ordenadores analógicos y ordenadores digitales.

1. Estudios científicos recientes han realizado predicciones de lo más sombrías sobre lo inminente del calentamiento global. Científicos de intachable reputación afirman que la Tierra no parece estar calentándose tan deprisa. Sea como sea, al final el efecto invernadero tendrá que producir un cambio apreciable en la temperatura media del mundo.

A grandes rasgos, es una diferencia análoga a la que existe entre medir y contar.

Un ordenador analógico es un instrumento que mide (o responde a, si se prefiere) una entrada de datos variables. Un termómetro, por ejemplo, es un ordenador analógico simple. El velocímetro de un coche es otro tipo de ordenador analógico más complejo. Su mecanismo de salida de datos, la aguja que se mueve sobre una escala, responde a (es decir, mide) los cambios continuos de voltaje de un generador conectado al eje de transmisión del vehículo. Ordenadores analógicos más sofisticados pueden coordinar una serie de distintas entradas de datos variables como, por ejemplo, la temperatura, el flujo de fluidos y la presión. Éste sería el caso, por ejemplo, de un ordenador que controla los procesos de una planta química.

La herramienta matemática que se utiliza para resolver los continuos cambios de las entradas de datos, o *inputs*, en un sistema es la ecuación diferencial. Los ordenadores analógicos son máquinas, algunas de ellas muy complicadas y otras sorprendentemente sencillas (como el termómetro común que se cuelga en una ventana), diseñadas para resolver conjuntos de ecuaciones diferenciales.

Es probable que el cerebro humano sea un ordenador analógico o se parezca a uno. Los sentidos perciben y miden de forma continua los datos variables que reciben del mundo exterior y el cerebro procesa todas esas señales y da órdenes a los músculos. El cerebro puede resolver un número muy elevado de ecuaciones diferenciales al mismo tiempo, «en tiempo real», es decir, tan rápido como la misma situación cambia. Hasta ahora, ningún ordenador analógico construido por el hombre ha llegado a acercarse a poder manejar simultáneamente la cantidad de entradas de datos de distinto tipo que maneja el cerebro humano.

Todos los ordenadores analógicos fabricados por el hombre tienen un grave defecto: no miden con la precisión necesaria. La mezcla de elementos en una planta química cambia muy rápidamente en muchos sentidos diferentes: se enfría o calienta; la presión aumenta o desciende; el flujo es más rápido o más lento. Todos estos cambios afectan al producto final y cada uno de ellos requiere que el ordenador realice sutiles ajustes al proceso. Los instrumentos usados para medir los cambios son, por lo tanto, cruciales. Deben registrar los cambios muy rápido y transmitir esa información, que cambia constantemente, al procesador central. Un error muy pequeño en la medición dará lugar obviamente a resultados incorrectos a lo largo de todo el proceso.

La dificultad no reside en la capacidad de los instrumentos de medición para medir adecuadamente. El problema surge por el hecho de que un instrumento registra los cambios de forma continua. Como consecuencia, siempre existe un grado de ambigüedad en las lecturas que proporciona. ¿En qué instante preciso registró que la temperatura era de 100°? ¿Fue en el mismo momento en que otro instrumento registró que la presión era de 100 kg/m²? Y así sucesivamente. Y cuando imprecisiones muy pequeñas se amplifican, como suele suceder, la consecuencia son errores de varias partes por millar, algo típico incluso en los mejores sistemas analógicos de control de procesos.

Un ordenador digital no tiene ese defecto. Es una máquina diseñada para calcular números, no para medir fenómenos. Una señal analógica tiene interpretaciones continuas válidas desde el menor hasta el mayor valor que recibe. Una señal digital tiene sólo un número muy reducido de interpretaciones. Habitualmente, el número de interpretaciones válidas es sólo dos: cero o uno, encendido o apagado, blanco o negro. La señal digital, pues, es siempre clara y carece de ambigüedades. En consecuencia se pueden disponer los cálculos para que den resultados exactos.

Los ordenadores digitales emplean el sistema numeral binario para procesar información, aunque su salida de datos sea en el sistema decimal, en palabras, en imágenes o en sonidos, o en cualquier otra cosa que se desee. En el sistema binario sólo hay dos dígitos, el 1 y el 0. Dos es 10. Tres es 11. Cuatro es 100 (es decir, 2 al cuadrado o, en el sistema binario, 10^{10}). Cinco es 101. Ocho es 1000. Dieciséis es 10000. Y así en adelante.

Los números se hacen enormes en seguida. La multiplicación de números bastante pequeños (en el sistema decimal) implica enormes cadenas de dígitos (en el sistema binario). Pero eso no importa, pues los ordenadores digitales trabajan muy rápido. Una calculadora de bolsillo que cuesta menos de diez euros puede computar el resultado de multiplicar tres números de tres cifras (en el sistema decimal) y dar la respuesta en el sistema decimal en mucho menos de un segundo. Al ver las luces parpadeantes de la pantalla, parece que no pasa nada de tiempo entre que se marca el último dígito del problema y la calculadora nos ofrece el resultado.

Dado que los números en el sistema binario son mucho más largos que en el sistema digital, la máquina tiene que realizar un número muy alto de operaciones para dar con la respuesta, quizá miles de ellas sólo en el ejemplo antes citado. Pero hasta una calculadora tan pequeña y barata es capaz de realizar cincuenta mil o más operaciones por segundo. Los superordenadores pueden realizar mil millones o un billón de operaciones por segundo. Obviamente, nuestra pequeña multiplicación no les representa el menor problema.

Sin embargo, sí existe un problema. Hemos dicho que el ordenador analógico mide y el ordenador digital cuenta. ¿Qué tiene que ver el contar con el medir? Y si el instrumento analógico tiene problemas al medir fenómenos naturales que varían constantemente, ¿en qué ayuda el reducir la libertad de la señal digital hasta un punto en el que sólo puede dar uno de dos resultados?

El problema es muy antiguo. Ésta es precisamente la cuestión que preocupó tanto a los antiguos matemáticos griegos cuando trataban de encontrar unidades numéricas comunes entre lo conmensurable y lo inconmensurable que les hizo abandonar por completo las matemáticas. Es también el problema que Descartes creyó equivocadamente haber solucionado con la invención de la geometría analítica, a través de la cual pudo adjudicar nombres numéricos precisos a las cosas físicas, a los lugares y a las relaciones. Newton, como hemos visto, comprendió que Descartes no había resuelto el núcleo más complicado del problema, es decir, que la geometría analítica no servía para tratar con objetos en movimiento ni con relaciones cambiantes entre objetos. Newton inventó el cálculo diferencial e integral para tratar estos cambios y el resultado fue un sistema matemático para el mundo, tal como él lo conocía, que funcionó con asombrosa precisión.

Newton, al desarrollar el cálculo, puso en práctica el principio que Descartes había enunciado cincuenta años antes: cuando un problema parece demasiado grande y complejo, divídelo en problemas más pequeños y resuelve cada uno de ellos por separado. Eso es lo que hace el cálculo. Rompe una cadena de movimiento en una gran serie de peldaños, y luego sube esos peldaños, cada uno de ellos muy pequeño, uno cada vez. Cuantos más peldaños tiene la curva, más se ajusta la línea que forman esos peldaños a la curva, como puede verse en la imagen.

Si imaginas que el número de peldaños tiende (pero, por supuesto, nunca alcanza) al infinito, entonces la línea de peldaños se puede aproximar a la curva real y continuar tanto como te plazca. Así pues, la solución de una integral o de una ecuación diferencial no es nunca totalmente exacta, pero siempre puede ser tan exacta como quieras, lo que viene a querer decir que será al menos tan precisa como la más precisa de todas las demás variables del problema.

Ésta es una de las ideas fundamentales de la matemática que los no matemáticos acostumbran a no conocer. Al tratar con el mundo real, las matemáticas abandonan la pretensión de exactitud absoluta de la que disfrutan en los espacios puramente matemáticos como las pruebas elementales de geometría, en las que los círculos son absolutamente circulares, las líneas totalmente rectas, etc. La realidad siempre es un poco más enmarañada. O, más bien, nuestras mediciones de la realidad no son nunca totalmente precisas, y de nuestras mediciones, expresadas en números, es de lo que se ocupan las matemáticas.

La belleza del cálculo es que puede ajustarse su precisión, según el principio enunciado arriba, para adaptarse al grado de precisión de las mediciones. Si se trata de mediciones muy imprecisas, los cálculos serán también imprecisos, es decir, los peldaños de la escalera serán relativamente grandes, pero no por ello se producirá una pérdida total de precisión en la resolución del problema. Si las mediciones son más precisas, se pueden ajustar los cálculos aumentando el número de escalones de modo que sean más pequeños, de modo que, de nuevo, no se pierde precisión.

Un ejemplo de este proceso es cómo se parte el sonido musical en una serie de entradas de datos digitales que se almacenan en un disco y luego se vuelven a convertir en sonido por un reproductor de discos compactos, un amplificador y un par de altavoces.

La división del sonido consiste en una serie de mediciones numéricas, hechas a intervalos de tiempo extremadamente reducidos, de la amplitud de la señal emitida por la fuente original, sea ésta un violín o unas cuerdas vocales humanas. Cuanto más rápidas son las mediciones, es decir, según nuestra analogía, cuanto más pequeños son y más cerca están los peldaños, más precisa es la plasmación que se realiza de la señal musical que varía constantemente.

Teóricamente, la versión digital de la señal puede hacerse tan precisa como queramos y, de hecho, utilizando un equipo notablemente caro, puede resultar muy precisa. Pero a efectos prácticos sólo hace falta que sea tan precisa como el menos preciso de los elementos del sistema, como, por ejemplo, el amplificador o los altavoces. No tiene sentido conseguir una entrada de datos con una señal perfecta que luego tenga que emitirse a través de unos altavoces malos.

La capacidad de ajustar su precisión es lo que hace que el cálculo inventado por Newton funcione tan bien en el macrocosmos. La inherente imprecisión del cálculo, que nunca es exacto, causa problemas al tratar con el minúsculo mundo de los átomos, núcleos y partículas nucleares. Allí, los resultados pueden apartarse mucho de la realidad.

Las máquinas de Turing

Un ordenador digital es como el cálculo. Puede dividir un problema en partes tan pequeñas como se desee; es decir, puede convertir una señal continua de cualquier tipo en tantas entradas de datos diferentes como se desee, cada una de las cuales el ordenador puede tratar con absoluta precisión porque cada una de ellas es cero o uno, sin ambigüedades. Pero ¿existen imprecisiones implícitas en esta forma de resolver problemas como las que se dan en el caso del cálculo cuando se aplica al microcosmos?

El matemático inglés Alan Turing (1912-1954) aportó una respuesta teórica a esta pregunta cuando todavía era un estudiante. Nacido en Londres, Turing estudiaba lógica matemática en el King's College de Cambridge cuando escribió, en 1935, un artículo titulado «On Computable Numbers» (Sobre los números computables) que se considera la contribución más importante de este brillantísimo científico del siglo XX.

Publicado en 1937, el artículo mostraba que se podría diseñar una máquina universal, hoy llamada máquina de Turing, de modo que fuera capaz de realizar las funciones y hacer el trabajo de cualquier instrumento diseñado para resolver problemas. Este concepto de una máquina universal es el que llevó al desarrollo de los ordenadores digitales en las décadas siguientes.

Y lo que es más importante, el artículo de Turing demostró que un ordenador digital se podía diseñar, en teoría, para que realizara el mismo trabajo que cualquier ordenador analógico. Dicho de otra manera: el artículo demostraba que una máquina de Turing (un ordenador digital) podría diseñarse de modo que sus resultados fueran idénticos a los que producía la mente humana (un ordenador analógico). Así pues, Turing, que fue el fundador de la computación digital moderna, fue también el padre de lo que hoy conocemos como inteligencia artificial.

Un diseño teórico es una cosa y construir en la práctica una máquina así, otra muy distinta. A pesar de la ingeniosa demostración teórica de Turing, la mayoría de los científicos que trabajan en el campo de los ordenadores no creen en la actualidad que una máquina vaya a ser capaz jamás de actuar como un ser humano: es decir, de pensar, de responder de forma emotiva a los impulsos sensoriales, de tomar decisiones intuitivas que tengan en cuenta variables no aparentes superficialmente o de desarrollar un sentido de la historia de una situación o relación. Creo que el desafío que Turing planteaba en su artículo se verá realizado en el siglo XXI. Así pues, trataré de él en el último capítulo.

Los ordenadores digitales, que son todos máquinas de Turing, se crearon alrededor de mediados del siglo XX. Todavía en 1960 eran enormes, aparatosos, lentos y caros. La segunda generación de ordenadores de la década de 1960, que empleaba transistores en lugar de tubos de vacío dio inicio a la revolución informática que ha descubierto un nuevo mundo para casi todas las personas de la actualidad.

La tercera generación de ordenadores de la década de 1970 empezó a usar circuitos integrados que combinaban miles de transistores y otros instrumentos en un solo chip. El chip hizo posible que nacieran los microordenadores y las terminales «inteligentes».

La cuarta generación de ordenadores de la década de 1980 se benefició de espectaculares reducciones del tamaño y no menos espectaculares aumentos de la densidad de los chips, de modo que un *very large scale integrated circuit* (VLSI) (circuito integrado de gran escala) podía contener miles de partes en un chip de menos de 1,6 centímetros cuadrados. La nueva tecnología hizo posibles ordenadores «personales» (PC) baratos pero muy potentes, y «superordenadores» enormemente potentes capaces de realizar, ya en la década de 1990, un billón de operaciones por segundo.

Una quinta generación de ordenadores prometió progresos todavía mayores hacia la inteligencia artificial, empleando el llamado proceso en paralelo, es decir, la ejecución simultánea de muchas operaciones distintas: memoria, lógica, control, etc. Se cree que el cerebro humano funciona de una manera similar y no en serie, que era como todavía operaban incluso los ordenadores más potentes de cuarta generación a finales de la década de 1980.

Dependencia tecnológica

Hoy, menos de medio siglo después del desarrollo de las primeras unidades operativas, los ordenadores se ha introducido tan completamente en la vida de la gente en todos los países desarrollados del mundo que, literalmente, no podríamos vivir sin ellos. Los expertos dicen que el mayor peligro de una guerra nuclear sería la destrucción del flujo eléctrico que alimenta la red de ordenadores, pues la consecuencia sería la destrucción de todos los sistemas de comunicación e información. No sólo sería imposible hacer una llamada telefónica o recibir una transmisión de radio y televisión, sino que el dinero también dejaría de existir, excepto el efectivo que lleváramos en los bolsillos o el que tuviéramos escondido bajo el colchón. La mayoría de los movimientos monetarios hoy en día se realizan mediante transferencias electrónicas y prácticamente todos los registros financieros se almacenan en ordenadores y no en papel.

Imagínate los problemas que surgirían si todo el mundo, no sólo tú, ya no tuviera talonarios de cheques o cuentas bancarias, si hubieran desaparecido las inversiones o los registros de deudas. Los sistemas de manufactura, distribución y contabilidad de la mayoría de bienes dejarían de funcionar y nos veríamos devueltos de golpe a la Edad Oscura. Excepto que nuestra situación sería todavía peor que la del campesino europeo más pobre de, digamos, mediados del siglo VII d. J.C., pues a diferencia de él nosotros careceríamos de experiencia sobre cómo vivir ese tipo de vida y, en consecuencia, la mayoría de nosotros pereceríamos.

Esta dependencia de la tecnología, incluso de algo tan aparentemente benigno y popular como el ordenador digital, es típica del siglo XX. Sería fácil hacer una larga lista de las maravillas que han iluminado, entretenido, enriquecido y hecho más cómoda la vida de la humanidad durante los últimos cien años. La mayoría de ellas funcionan con gasolina o con electricidad. Pero si se perturba el circuito de abastecimiento de nuevos coches, frigoríficos o televisiones, incluso si sigue habiendo disponible cierta cantidad de electricidad y gasolina, pronto tendríamos que apañárnoslas sin ninguna de esas máquinas, pues al poco tiempo no sabríamos cómo repararlas. Los norteamericanos éramos una nación de manitas. Nos hemos convertido en una nación de receptores pasivos de servicios, la mayoría de ellos aportados por máquinas complejas cuyo funcionamiento no comprendemos y que no sabemos reparar.

Cualquiera con más de cincuenta años puede recordar un tiempo en que la dependencia de la tecnología todavía no se había convertido en la regla. Hoy sigue habiendo todavía unos pocos excéntricos que insisten en llevar una vida autárquica, que incluye saber cómo funciona cada una de las máquinas que utilizan y saber cómo repararlas, especialmente si es difícil encontrar piezas de recambio. Pero las habilidades que estas personas tienen no parecen muy útiles actualmente. Puede que ya jamás lo sean. Es posible que en algún punto alrededor de 1960 o 1970 diéramos un paso trascendental, pasando de una época cuyo inicio se pierde en la bruma de los tiempos y en la que los seres humanos éramos capaces de apañarnos en una emergencia a otra en que muy pocos podemos hacerlo.

¿Es algo peligroso? ¿Debemos temer al futuro? Es difícil de decir. Los recursos de todas las naciones avanzadas del mundo están dedicados a la expansión del reinado de la tecnología, a hacer máquinas cada vez más fáciles de usar y lo bastante baratas como para que cualquiera pueda permitirse comprarlas y utilizarlas. Hemos puesto nuestra vida en manos de tecnócratas por muy buenos motivos: hacen que nuestra vida sea más fácil de lo que nunca ha sido en la historia de la humanidad. ¿Nos fallarán al final? Nadie lo sabe. Pero yo creo que no.

Los triunfos de la medicina

Uno de los avances más brillantes del conocimiento en el siglo XX —tan importante como el ordenador, tan importante como la abolición de la inferioridad racial «natural» o como la creciente consciencia de la nave espacial Tierra— ha sido la derrota de las enfermedades infecciosas. Por desgracia, se ha comprobado recientemente que esta derrota ha tenido trágicas consecuencias.

A principios del siglo XX e incluso hasta 1950, las enfermedades infecciosas de los niños, como la difteria o la tos ferina, eran todavía terroríficamente letales. A los pocos años, los médicos tenían dificultades para reconocer los síntomas de esas enfermedades, pues se daban poquísimos casos.

El tifus y la fiebre tifoidea corrieron la misma suerte. La polio, esa temida incapacitante de niños y jóvenes, y la tuberculosis, la destructora de jóvenes genios, fueron entendidas y erradicadas. La neumonía, excepto por la persistente «neumonía de hospital», que florece en el corazón del campamento enemigo, pasó a ser curable. La única enfermedad infecciosa que sigue resistiéndose a los ataques de los médicos es el resfriado común. Pero el resfriado común, aunque molesto y desagradable, rara vez es mortal.

Una de las victorias médicas más espectaculares de nuestros tiempos fue la derrota de la viruela. Durante siglos, esta terrible enfermedad mató a millones y desfiguró los rostros de muchos millones más. Una vacuna descubierta en el siglo XVIII disminuyó su virulencia, pero incluso en 1967, dos millones de personas morían en todo el mundo cada año a causa de esta enfermedad.

La Organización Mundial de la Salud decidió intentar erradicar la enfermedad cuando, en la década de 1960, se desarrolló una vacuna contra todos los tipos de viruela clínica, barata y fácil de fabricar y distribuir. El proyecto de la OMS, de un coste y una escala gigantescos, implicaba seguir todos los contactos de cada persona infectada. La OMS creía que si se vacunaba a todas esas personas a tiempo, se podría detener la propagación de la infección. En 1977, sólo diez años después del inicio del proyecto, no se registró ni un solo caso de viruela. Tampoco los hubo en 1978, 1979 y 1980, con la excepción de dos casos cuya fuente fue un virus de laboratorio. En 1980, la enfermedad fue declarada oficialmente erradicada. En efecto, se la exterminó completamente del medio natural. Nadie lloró su aparente muerte y desaparición.

Los seres humanos sufrimos otros males además de infecciones, que pueden tratarse con antibióticos, y enfermedades infecciosas, la mayoría de las cuales pueden tratarse con vacunas. Una de las consecuencias de los éxitos de la medicina en el siglo XX ha sido un rápido aumento de la esperanza de vida. Pero la gente tiene que morir de algo, pues la humanidad no ha conseguido todavía conquistar la inmortalidad. Si la gente no muere ahora de tuberculosis, fallecerá más adelante como consecuencia de dolencias cardíacas o de cáncer. En consecuencia, las enfermedades coronarias y el cáncer se han convertido en los nuevos azotes de la vida humana.

Y son verdaderas plagas. Pero hay una enorme diferencia entre morir a los veinticinco años de polio, neumonía o tuberculosis y morir a los setenta y cinco de un ataque al corazón, una embolia o un cáncer. Esos cincuenta años más son un regalo que nos han hecho los investigadores científicos del siglo XX.

No sólo la enfermedad se ha convertido en objeto de investigaciones médicas y, en algunos casos, de notables victorias. Si la primera revolución de la biotecnología nos trajo vacunas, antibióticos y nuevos medicamentos, la segunda nos ha traído maravillas como caderas artificiales, marcapasos, trasplantes de riñón y corazón, y demás. Y también con ellos se han conseguido avances notables.

Si un niño pierde un brazo o una mano, es una desgracia. Pero es menos triste si, como sucede hoy, puede conseguir una prótesis cómoda y que funciona, es decir, que puede hacer la mayoría de las cosas que hacía el brazo o la mano original.

Millones de hombres y mujeres caminan con marcapasos insertados en sus pechos para controlar las alteraciones del ritmo cardíaco. Gracias a ellos sus corazones laten de forma regular durante años y pueden llevar una vida normal.

Miles de máquinas de diálisis limpian la sangre de los pacientes con enfermedades renales. Pueden vivir de este modo, a veces durante años, aunque con incomodidad y molestias. Pero sin esas máquinas morirían. Un trasplante de riñón realizado con éxito puede resolver el problema por completo y quizá de forma permanente.

El cuerpo, en definitiva, es una máquina además de un organismo vivo. Es poco inteligente adoptar una perspectiva sentimental respecto a él y sufrir por ello. La rodilla es una bisagra. La cadera es una bola encajada en una cavidad, ambas hechas de hueso. Si se repara la bisagra o se sustituye la bola o la cavidad con otras de acero o de plástico, se puede volver a correr.

No se trata de magia. Se trata de física. Es biotecnología.

La cultura del medicamento

Las medicinas existen desde hace miles de años. Los chamanes y curanderos del neolítico, y quizá incluso del paleolítico, conocían los poderes curativos de muchas plantas. Como mínimo desde el segundo milenio antes de Cristo se conoce la capacidad del alcohol, presente en el vino, la cerveza o en licores más fuertes, para hacer que la vida parezca mejor de lo que realmente es. Durante siglos se han utilizado diversos narcóticos buscando resultados similares. Así pues, los fármacos no son un invento del siglo XX. Tampoco percibimos como nuevo el uso de sustancias químicas para curar una enfermedad o atenuar sus síntomas.

Sin embargo, casi todos los medicamentos utilizados hoy en día se han descubierto no sólo en el siglo XX, sino en su segunda mitad, a partir del final de la guerra de 1939-1945. En muchos sentidos, el más importante fue el fármaco cuyo descubrimiento casual inauguró la era de los antibióticos: la penicilina.

Alexander Fleming (1881-1955) nació en Escocia. Después de licenciarse en medicina en 1906 empezó unas investigaciones en sustancias antibacterianas que no resultasen tóxicas para los tejidos humanos. Se sabía que eran las bacterias las que causaban muchas de las infecciones. Se sabía también que se podía matar a las bacterias. Pero los venenos que se utilizaban para acabar con ellas, como el ácido carbólico, eran muy tóxicos y ponían en peligro la vida del paciente.

En 1928, mientras trabajaba con cultivos de *Staphylococcus aureus*, la bacteria que produce el pus, Fleming vio que alrededor de un poco de moho *(Penicillium notatum)* que había contaminado una de sus placas había un círculo libre de bacterias. El moho crece en el pan viejo y puede que hubiera caído una miga, sin que él se diera cuenta, en su cultivo. Entusiasmado, Fleming aisló la sustancia. Al hacerlo, descubrió algo en el moho que era capaz de matar a las bacterias incluso si lo diluía ochocientas veces. Lo bautizó como penicilina. Otros investigadores concentraron la sustancia antibacteriana, lo que llevó a la comercialización del medicamento.

Entre las bacterias que la penicilina elimina están las que causan las infecciones de garganta, la neumonía, la meningitis espinal, la difteria, la sífilis y la gonorrea. El medicamento no es efectivo contra todo tipo de bacterias, pero los investigadores, inspirados por el ejemplo de Fleming, no tardaron en crear una industria que invierte hoy millones en descubrir medicamentos nuevos y cada vez más específicos con los que obtiene muchos millones más de beneficios.

La penicilina resultó, como Fleming esperaba, no ser tóxica para la mayoría de las personas, aunque unas pocas son alérgicas a ella. Muchos de los otros medicamentos que han contribuido a las maravillas médicas de nuestra época tienen graves efectos secundarios y obligan a los pacientes a sopesar las ventajas de tomar un medicamento frente al malestar que pueda causarles. Cuando la enfermedad es un cáncer terminal, la decisión es sencilla: hay que tomar el medicamento y esperar que logre vencer al cáncer. En muchos otros casos, la decisión no es tan fácil, pues los efectos secundarios del medicamento parecen sólo un poco más tolerables que la enfermedad en sí.

Según una teoría, todos los medicamentos tienen algún tipo de efecto secundario, y ha surgido una clase de pacientes que se niegan a tomar ningún medicamento en absoluto, excepto quizá en situaciones extremas, para un terrible cáncer o un dolor insoportable. Un grupo todavía mayor se apresura a tomar cualquier medicamento que creen que puede ayudarles. Con ello ha nacido una nueva cultura del medicamento que se define por la necesidad de tomar fármacos siempre que la vida es dolorosa o desagradable. Algunos de estos medicamentos son adictivos, pero el tomar medicamentos es adictivo en sí mismo. Ésta es la cara oscura del gran regalo de vida que nos hizo Fleming con su descubrimiento.

El desafío del sida

Existe un grupo importante de enfermedades infecciosas que se transmiten por contacto sexual. Habitualmente, pueden controlarse utilizando antibióticos, aunque las cepas más resistentes son difíciles de curar. En todo el mundo, las muertes por enfermedades venéreas parecían estar decayendo hasta hace muy poco. El problema parecía estar bajo control.

Y entonces, en 1979, se diagnóstico por primera vez una enfermedad completamente nueva. El síndrome de inmunodeficiencia adquirida (sida) afecta al sistema inmunológico, disminuyendo su capacidad para proteger al cuerpo contra enfermedades que habitualmente puede rechazar o tolerar.

El sida lo causa un virus que afecta a los linfocitos T, que son parte fundamental del sistema inmunológico. Los primeros síntomas consisten en pérdida de peso, fiebre, fatiga e hinchazón de los ganglios linfáticos. Conforme el sistema inmunológico se deteriora, las personas con sida desarrollan infecciones crónicas causadas por microorganismos que las personas no afectadas toleran con facilidad. Estas infecciones crónicas pueden tratarse con antibióticos y otros medicamentos, pero al final las víctimas de sida acaban contrayendo algún tipo de cáncer o una infección que no responde al tratamiento. Y entonces mueren.

Un virus inteligente no mata a su anfitrión. Crea una relación sostenible de modo que también él pueda sobrevivir. El virus del sida mata siempre. Hasta hoy no se ha curado ninguna de las personas que lo ha contraído, aunque la muerte llega a los afectados más lenta o más rápidamente por motivos que ignoramos. Es la certeza de la muerte lo que hace que esa enfermedad sea tan terrible. Un diagnóstico de sida es una sentencia segura de muerte. No hay, hasta hoy, escapatoria.

El virus del sida es una mutación. Al parecer, no existía hace unos pocos años. Algunos investigadores sospechan que la mutación, que probablemente tuvo lugar durante la década de 1970, pudo tener relación con la erradicación de la viruela. ¿Acaso el virus de la viruela, que debe de ser el resultado de una mutación de un virus anterior, volvió a cambiar al verse amenazado? Hasta ahora la hipótesis no se ha confirmado pero, no obstante, es una perspectiva aterradora.

El sida se transmite habitualmente a través de las relaciones sexuales. Unas pocas de sus víctimas se han infectado al recibir sangre infectada en transfusiones. Otras víctimas han sido niños infectados por madres con sida. Muchos más han contraído la enfermedad compartiendo agujas de jeringuillas. Pero la mayoría de casos de sida provienen del sexo. Y el sexo, como el amor, es uno de los placeres de la vida.

El descubrimiento de la píldora anticonceptiva tras la segunda guerra mundial permitió a millones de personas en todo el mundo controlar la antes incontrolable tasa de natalidad que amenazaba con inundar la tierra con seres humanos. La píldora hizo posible también la explosión de la sexualidad que ha llegado a conocerse como revolución sexual.

En general, pareció un acontecimiento feliz y saludable. Por supuesto que hubo excesos y que la explotación comercial de la sexualidad pareció rebasar todas las barreras. Pero no parecía que más sexo en lugar de menos perjudicara a nadie. Algunos, por supuesto, temieron las consecuencias morales de la actividad sexual desbocada.

Y entonces, de súbito, el sexo empezó a verse como algo peligroso. La sexualidad libre y sin restricciones de las décadas de 1960 y 1970 se trocó en una experiencia en la que se arriesgaba la salud y la vida. La búsqueda de diversión con el sexo se trocó en una búsqueda de sexo seguro para evitar el terrible castigo del sida. Pero como no existía ninguna cura ni ninguna vacuna contra el sida, empezó a plantearse seriamente la cuestión de si el sexo seguro podía de verdad ser seguro a largo plazo. En el año 2000, millones de personas habían muerto a causa del sida. En el siglo XXI, si no se descubre una cura, pueden morir muchos más. O no nacer jamás.

El sexo, ese gran placer y alegría del cuerpo, siempre ha conllevado penalizaciones de uno u otro tipo. Algunas han sido físicas, pero la mayoría han sido morales y sociales. La mayoría de las enfermedades de transmisión sexual (excepto la sífilis) han sido desagradables, pero no mortales.

La raza humana no ha perdido la esperanza. Los médicos no nos han fallado nunca en estos asuntos y creemos que también en este caso acabarán por tener éxito. Exigimos una cura para el sida, o al menos una vacuna para prevenirlo. Pagaremos lo que sea y, por lo tanto, esperamos tenerla más tarde o más temprano.

Sin embargo puede —sólo puede— que el sida se demuestre permanentemente inmune a cualquier prevención o cura. En ese caso, la raza humana puede verse enfrentada a una decisión trágica: tratar de reproducirse y quizá morir o, simplemente, morir.

No es agradable mencionar esta posibilidad. Supongamos que no sucederá.

14. El siglo XX: arte y medios de comunicación

Según el sociólogo norteamericano Harold Lasswell (1902-1978), un teórico de la comunicación debe formularse y responder la siguiente pregunta: «¿Quién dice qué a quién y con qué efectos?» No siempre es fácil contestar completamente. Los efectos suelen ser particularmente difíciles de averiguar. Sólo hace muy poco se ha reconocido la importancia de esta pregunta. Pero el sector de la comunicación ha adquirido conciencia de sí mismo y hoy se le reconoce como una industria, una industria gigantesca.

La comunicación, por supuesto, es tan antigua como el lenguaje y quizá mucho más. Aunque los homínidos llevan comunicándose entre ellos, de manera más o menos efectiva, durante muchos miles de años, sólo durante los dos o tres últimos milenios se han dedicado a medir la efectividad de sus comunicaciones. Los romanos, por ejemplo, al colocar a la retórica en la cúspide de la pirámide educativa, afirmaron implícitamente que la comunicación era el arte más importante para tener éxito en la vida. Dos mil años después, las naciones avanzadas del mundo impulsaron la alfabetización más que ningún otro logro intelectual. Es más fácil comunicarte con los ciudadanos si saben leer.

Los medios de comunicación y sus mensajes

El primer pensador que planteó la cuestión de la comunicación al gran público no fue en absoluto un sociólogo, sino un profesor de inglés de la universidad de Toronto. Marshall McLuhan (1911-1980), en una serie de libros y artículos, nos obligó a considerar de forma completamente nueva cuestiones que hasta entonces parecían simples y fáciles de entender. Nos demostró que nos queda mucho que aprender incluso en territorios tan familiares para nosotros como los que él exploró.

La aportación fundamental de McLuhan se resume en su famosa frase: «El medio es el mensaje.» Se trata precisamente del tipo de exageración que un científico no pronunciaría jamás, aunque para un profesor de inglés sea algo mucho más natural. Debido a que la frase es una exageración —es decir, el medio no es el mensaje entero, aunque el medio es, hasta cierto punto, el mensaje y siempre afecta al mensaje que transmite—, McLuhan despertó las iras de los sociólogos y de otros científicos dedicados a las ciencias sociales y ahora, veinte años después del momento de gloria de sus ideas, éstas casi han desaparecido del debate intelectual. Sin embargo, no son por ello menos ciertas.

El significado de la afirmación de McLuhan de que el medio es el mensaje se expone en *Comprender los medios de comunicación: las extensiones del ser humano* (1964). En esta obra, McLuhan sometía a debate una serie de exageraciones, todas ellas provocadoras y todas ellas destinadas a provocar la reflexión. El libro, aunque ya no muy leído, fue uno de los más importantes del siglo XX.

McLuhan quería que comprendiésemos que el medio a través del cual se comunica un mensaje afecta al contenido y a los efectos de la comunicación, a veces de forma radical. Eso es innegable. Una obra de teatro, por ejemplo, se convierte en algo totalmente distinto cuando se adapta para el cine. La cámara produce una nueva dimensión de movimiento y las palabras ya no soportan toda la carga del significado. Una novela, muy potente en su forma escrita original, al menos para aquellos acostumbrados a leer novela, adquiere un tipo de poder distinto, o quizá pierde la mayor parte de su efecto, cuando se convierte en un telefilm. Se podrían dar muchísimos más ejemplos.

No sólo los receptores de la comunicación perciben la diferencia. El emisor, o creador, también percibe una diferencia profunda según el medio que emplee para comunicar lo que en apariencia es el mismo mensaje. Un cuarteto de cuerda, por ejemplo, arropado musicalmente por la reacción de un público en vivo, tiende, en su romance musical con un millar de extraños, a superarse a sí mismo y a arriesgarse. Eso es imposible en el frío ambiente de un estudio de grabación, donde puede que se tengan que tocar partes de la composición una y otra vez en busca de la perfección para luego juntarlas formando un todo que en realidad no fue nunca interpretado por los músicos. El producto final tiene que ser perfecto, porque ese medio no perdona errores. Pero el precio de esa perfección es la pérdida de la calidez, inspiración, atrevimiento y grandeza de una interpretación en vivo.

McLuhan va mucho más allá de este tipo de distorsión cuando dice que «el medio es el mensaje». No le interesan el tipo de diferencias triviales que acabamos de describir. Agrupa varias subclases de medios de comunicación en tres grandes grupos: tradición oral, tradición escrita e imprenta, y medios electrónicos. Antes de que los antiguos griegos utilizaran la escritura para hacer avanzar la causa de la ciencia, «los griegos habían crecido gracias al proceso de la enciclopedia tribal —dice—. Memorizaron a los poetas. Los poetas aportaban conocimientos operativos específicos para todas las contingencias de la vida, una especie de Ann Landers en verso... Con el alfabeto fonético, el conocimiento clasificado sustituyó al conocimiento operativo de Homero, Hesíodo y la enciclopedia tribal. La educación basada en datos clasificados ha figurado en el programa de Occidente desde entonces».

McLuhan continúa diciendo: «Sin embargo, ahora, en la era electrónica, la clasificación de datos cede su lugar al reconocimiento de pautas.» Los datos se mueven instantáneamente y la reacción sigue a la acción sin un momento de pausa para la relajación o consideración, obligándonos a depender en nuestras conclusiones más de la intuición que del pensamiento razonado. Cada nuevo medio crea su propio entorno, del que en general no somos conscientes. Pero ese nuevo entorno no puede negarse, lo percibamos o no.

En realidad, nadie lo percibe excepto los artistas. McLuhan dice: «El artista serio es la única persona capaz de enfrentarse a la tecnología con impunidad, porque es un experto consciente de los cambios en las percepciones sensoriales.» Picasso, Braque y los demás cubistas eran expertos de ese tipo, conscientes incluso antes del triunfo de los medios electrónicos de que iban a destruir completamente el viejo y lineal mundo letrado, que dependía para su transmisión de tecnologías lineales e ilusiones controladas, es decir, controladas por el instrumento de la perspectiva. Picasso y Braque rompieron el plano de la perspectiva, lanzando todo a la vez contra el espectador, igual que hacen los medios electrónicos con sus miles de millones de oyentes, lectores y espectadores pasivos.

La vía de escapar de los medios no es través de la negación de su inherente poder para crear el medio en el que, sin saberlo, nos movemos. Decir que no es el medio lo que importa sino el «contenido» es «la postura tonta del idiota tecnológico. El "contenido" de un medio es como el jugoso bistec que lleva el ladrón para distraer al perro guardián de la mente». No podemos fiarnos de tales protecciones, pues no funcionan. ¿Qué es lo que funciona? No la negación, sino el saber, el conocimiento. Incluso la comprensión a veces no basta.

La última frase citada sugiere que el comunicador de medios, como el ladrón, viene preparado para distraer a su víctima y así poder desplumarla o robarle. En eso, creo, McLuhan se equivocó. Los artistas de los medios son tan poco conscientes de su poder para crear un nuevo entorno completamente distinto del pasado como nosotros, los receptores pasivos de ese nuevo entorno, no somos conscientes de cómo ese nuevo entorno ha cambiado el mundo. Si no somos artistas serios, o incluso si lo somos, ¿podemos ser verdaderamente conscientes de este cambio? Sólo por analogía. Es decir, con la perspectiva del tiempo, podemos ver cómo la nueva tecnología que introdujo Gutenberg cambió el mundo al que inocentemente la expuso. Gutenberg nunca quiso convertir al pío y obediente campesino europeo en un rebelde político alfabetizado, pero ésa es una de las principales consecuencias de su invento. Ahora podemos ver lo que sucedió y, por analogía, podemos empezar, todavía muy vagamente, a percibir lo que pasaba en el siglo XX. Y lo que seguirá pasando, cada vez más deprisa, en el siglo XXI.

Una revolución visual: Picasso, Braque, el cubismo

Los grandes artistas nos pueden ayudar a darnos cuenta de lo que está pasando en nuestra vida y de lo que podría pasar en el futuro. Éste es uno de los principales servicios que nos presta el arte.

Durante la primera década del siglo XX, Picasso y Braque, en París, inauguraron una revolución visual que todavía hoy marca la forma en la que vemos el mundo. Vamos a tratar de entenderla.

Pablo Picasso nació en Málaga, España, en 1881; Georges Braque, en Argenteuil, cerca de París, en 1882. Ambos decidieron su vocación antes de cumplir los veinte años y ambos pasaron el resto de sus largas vidas creando arte.

En la primavera de 1907, Braque expuso seis cuadros en el Salon des Indépendants de París y los vendió todos. Más adelante, ese mismo año, firmó un contrato con el marchante de arte D. H. Kahnweiler, que había abierto hacía poco una galería de arte moderno. Kahnweiler presentó a Braque al poeta vanguardista Guillaume Apollinaire, y Apollinaire a su vez le presentó a su amigo Picasso. Así nació una colaboración y una rivalidad que es única en la historia del arte moderno.

Picasso había pintado hacía poco *Las señoritas de Aviñón*, con figuras femeninas salvajemente distorsionadas cuyos descarados ojos miran fijamente al espectador. Kahnweiler trató de comprar el cuadro, pero sólo pudo hacerse con los estudios que había realizado Picasso para su preparación. La pintura en sí fue sacada de su bastidor y quedó enrollada en el estudio del pintor. Picasso se la enseñó a Braque, quien se supone que dijo: «Escucha, a pesar de lo que explicas, tu cuadro parece como si quisieras que comiéramos estopa, o que bebiéramos gasolina y escupiéramos fuego.» Sin embargo, el cuadro fue una verdadera sacudida para Braque, que le empujó a avanzar por un camino nuevo en el arte, con Picasso a su lado.

En el sur de Francia, durante el verano de 1908, Braque pintó *Casas de L'Estaque*, con sus volúmenes de bloques cezanescos, colores sombríos y una perspectiva extrañamente deformada.

Volvió a París con el cuadro al acabar el verano y se lo enseñó a Picasso. Entonces fue este último el que se sintió a la vez conmocionado e inspirado.

Durante los siguientes seis años, los dos hombres se vieron prácticamente a diario. Picasso iba al estudio de Braque a ver qué estaba pintando, y Braque visitaba a su vez el de Picasso. Juntos crearon una revolución, no sólo en la pintura, sino en la forma de ver. Un comentario del crítico Louis Vauxelles a Henri Matisse le dio al nuevo estilo, que era también un nuevo tipo de arte, un nombre: cubismo.

La guerra terminó con esta colaboración. Braque, un reservista del ejército francés, fue enviado al frente en 1914. Picasso le despidió en la estación de tren. Braque regresó, tras una grave herida en la cabeza que requirió meses de hospitalización, siendo un hombre distinto. Picasso diría después que la última vez que vio a su amigo fue cuando le dio un beso de despedida en 1914.

Durante esos años maravillosos en los que París vibraba por la competitividad entre esos dos jóvenes, Picasso y Braque a menudo pintaban cuadros tan parecidos que era difícil saber de cuál de los dos eran. A veces uno de ellos tenía una idea y el otro la ejecutaba. Entonces el otro respondía con un nuevo giro de esa idea. A riesgo de simplificar en exceso la situación, lo que trataron de hacer durante todos esos años en los que colaboraron fue romper limpia y completamente con la idea que había dominado el arte europeo desde los inicios del Renacimiento italiano: la idea de que una pintura tenía que representar algo. En sus manos, los cuadros no eran representaciones de cosas sino cosas en sí mismas.

Braque y Picasso trataron de explicar lo que estaban haciendo, pero sus palabras nunca fueron tan elocuentes como sus obras. Braque debió acercarse más que nadie a plasmar sus intenciones cuando escribió: «El objetivo no es reconstituir un hecho anecdótico, sino constituir un hecho pictórico.»

Una pintura no era una visión de una persona o de una escena, observada, por así decirlo, a través de una ventana o mirilla, sino que era la cosa en sí misma. Así, la ciencia de la perspectiva, útil sólo para los que pintaban a través de una mirilla, debía descartarse, y el plano del lienzo tenía que partirse de la misma manera en que la realidad estaba fracturada. Un objeto real es visible desde cada uno de sus lados, y las figuras del lienzo también debían serlo. Un rostro humano podía dibujarse de frente, de los dos lados y de atrás, todo al mismo tiempo.

En Gran Bretaña, un grupo de pintores de finales del siglo XIX se rebelaron contra el hiperrealismo, tal como ellos lo percibían, de Rafael y sus seguidores. Se llamaron a sí mismos los prerrafaelitas y compusieron pinturas al estilo del primer renacimiento italiano, es decir, al estilo de los tiempos de Piero della Francesca y Sandro Botticelli. Picasso y Braque, en cierto sentido, fueron mucho más atrás que ellos, remontándose incluso hasta territorio desconocido. Durante cinco siglos, de 1400 a 1900, los pintores occidentales utilizaron la perspectiva y diversos otros medios para hacer que sus pinturas fueran tan parecidas a la realidad como fuera posible. Antes de 1400, los pintores querían crear la realidad del amor y el poder de Dios, no una representación de él. Ahora, tras 1900, trataron de nuevo de pintar cuadros que fueran en sí mismos cosas reales, no imágenes de cosas.

Los medios que utilizaron Picasso y Braque, y pronto la mayoría de los pintores serios del siglo XX, fueron todavía más revolucionarios que sus objetivos. La fractura, la destrucción de la imagen; la ruptura de la superficie bidimensional de la imagen; la inclusión de palabras, no sólo de imágenes, en el lienzo; el intento, a menudo, de expresar lo feo o lo horrible; y el uso de combinaciones sorprendentes y desagradables de colores... todo ello reflejaba los esfuerzos de los cubistas y otros pintores no realistas de crear un tipo de arte completamente nuevo que expresara, como decían, y por tanto revelara el caos, la confusión y el extraño y frustrante drama de la vida moderna.

Tomás de Aquino, en el siglo XIII, definió la belleza como «aquello que es placentero contemplar». Durante siglos, la mayoría de los pintores intentaron, ante todo, crear belleza con sus obras. Fue la obvia fealdad voluntaria de muchas de las pinturas poscubistas lo que resultó más espantoso para los espectadores cuando las obras se expusieron.

Esta fealdad no tardó en cruzar el Atlántico. Escandalizó, en particular, a los visitantes del famoso Armory Show de arte moderno en Nueva York en el invierno de 1913. La exposición, que incluía obras de una serie de fauvistas y cubistas, indignó a los artistas de tradición clásica —los estudiantes de arte de una clase de Chicago ahorcaron una efigie de Matisse— y entusiasmó a aquellos que ya sentían la necesidad de romper con las viejas formas. Los pintores norteamericanos Joseph Stella, John Marin, Arthur Dove y Georgia O'Keeffe se sintieron inspirados para continuar el trabajo de vanguardia que ya habían empezado.

El cuadro más famoso y controvertido de la exposición se llamaba *Desnudo bajando una escalera, n.º 2*, una obra cubista de Marcel Duchamp (1887-1968) que se describió popularmente como «una explosión en una fábrica de pinturas». Se trataba de una descripción especialmente adecuada, pues Duchamp y los demás cubistas trataban de provocar explosiones en el arte y en el pensamiento. Como los apasionados escritores de la década anterior al comienzo de la guerra, deseaban hacer que la gente de todas partes despertara al nuevo mundo en el que vivían, que, según proclamaban, era radicalmente distinto de cualquiera que hubiera existido antes.

Irónicamente, eso es exactamente lo que Giotto, Piero della Francesca e incluso Rafael habían tratado de hacer en su tiempo. De hecho, ningún acontecimiento de la historia del arte desde el Renacimiento es tan importante como lo que sucedió cuando Picasso y Braque empezaron a competir uno con otro en el otoño de 1908 y acabaron enseñando a todos a ver el mundo de una forma completamente nueva.

Pollock, Rothko y la sala hexagonal

Jackson Pollock nació en Wyoming en 1912. Después de mucho vagar, con su familia y en solitario, llegó a Nueva York en 1930, donde se matriculó en la Liga de Estudiantes de Arte dirigida por el regionalista Thomas Hart Benton. Estudió con Benton durante casi tres años, pero sin imitar a su maestro. Desde 1947, tras años de extrema miseria y pobreza causados por el alcoholismo y la drogadicción, se hizo famoso con su adopción del proceso de *drip painting*. Dejando el lienzo extendido en el suelo, lo salpicaba con pintura o dejaba gotear pintura sobre él y lo contemplaba, a veces durante semanas, para luego repetir el proceso. Esta manera de pintar aparentemente tan extraña atrajo la atención de los medios (La revista *Time* le bautizó como «Jack el Salpicador») y le aportó estabilidad económica, pero también produjo pinturas que se consideran de las mejores jamás realizadas por un artista estadounidense. Murió en un accidente de tráfico en 1956.

Mark Rothko emigró a Estados Unidos desde Rusia en 1913 cuando tenía sólo diez años. Tras sus propios vagabundeos de juventud, también él acabó en Nueva York en 1925. Era esencialmente un artista autodidacta y su trabajo siempre fue muy personal. En 1948 ya había desarrollado el estilo por el que hoy es universalmente conocido. Sus lienzos, a menudo tan grandes que ocupaban toda una pared, consisten en bandas de colores que flotan misteriosamente en un espacio indeterminado. Su simplicidad es extraordinaria. Y, sin embargo, cualquiera que haya visto alguna vez una obra de Rothko reconocerá otra al instante.

A diferencia de Pollock, Rothko no tuvo mucho éxito en vida. Convencido de que los artistas que más le debían le habían abandonado, se suicidó en 1970. Después de su muerte, la ejecución de su testamento provocó un famoso e interminable juicio, pues su hija acusó a los albaceas y al propietario de la galería de Rothko de conspiración y conflicto de intereses. El juez declaró culpables a los acusados y les impuso severas multas. Los cientos de obras que todavía permanecían en el patrimonio legado fueron distribuidas entre los hijos del artista y unos diecinueve museos. Las mejores obras acabaron en la Galería Nacional de Arte de Washington, D.C.

El ala oriental de la Galería Nacional, un diseño asombroso y moderno del arquitecto I. M. Pei (1917), abrió sus puertas en 1978. Cuando las grandes obras de Rothko llegaron al museo, la sala central de la nueva ala se reservó para ellos. Hexagonal, con puertas en los seis ángulos, la sala es una especie de espacio flotante, ideal para exponer las obras del artista. Cinco de las seis paredes están cubiertas por cinco de sus mejores obras. La sexta pared la cubre un gran Pollock. La combinación es mágica, de un tipo de magia muy especial del siglo XX.

El enorme Pollock, una intrincada red de líneas negras, marrones y grises sobre fondo blanco, es frío, tranquilo, cerebral. Los cinco grandes Rothkos, con varios tonos de naranja, violeta y rojo, relucen con los feroces colores de la vida. El Pollock es el cerebro de una especie de gran ser amorfo. Los Rothkos son su cuerpo, visto desde dentro. El Pollock es matemáticas, hipótesis y teoría. Los Rothkos son sólidos, realidad sangrienta que la teoría intenta circunscribir y entender.

Recientemente, algunos pintores en Europa y América se han vuelto contra el expresionismo abstracto de pintores como Pollock y Rothko y han adoptado un estilo realista, figurativo, llamado estilo posmoderno. Los artistas soviéticos y de otros países socialistas nunca abandonaron el realismo durante el siglo XX. Quizá el movimiento artístico que fundaron Picasso y Braque esté agonizando o muerto. Pero no se olvidará que enseñó a todo un siglo.

La revolución urbana: la Bauhaus y Le Corbusier

El siglo XX fue testigo de una revolución en la arquitectura casi tan radical y trascendental como la revolución en pintura y escultura que crearon Picasso, Braque y los demás cubistas. No sólo se ha plasmado en edificios concretos, sino que ha cambiado el aspecto y la misma idea de lo que es una ciudad.

La Bauhaus, fundada por el arquitecto Walter Gropius (1883-1969) en 1919, combinó dos escuelas existentes en Weimar, Alemania, en una sola institución. La nueva escuela, la «casa de la construcción», también combinó dos importantes tendencias modernas en la educación artística: la preparación artística y las artes manuales y artesanías.

Los estudiantes de arquitectura en la Bauhaus tenían que estudiar no sólo la arquitectura clásica y moderna sino también oficios como carpintería, metalistería, cristalería y pintura de paredes, a veces con maestros que luego adquirieron fama mundial. Se ponía el énfasis en la funcionalidad y en las líneas simples, limpias, desprovistas de adornos o decoraciones. Cuando el régimen nazi forzó a la Bauhaus a cerrar sus puertas en 1933, varios miembros de la escuela emigraron a Estados Unidos. László Moholy-Nagy (1895-1946) fundó una nueva Bauhaus en Chicago, Gropius se convirtió en el presidente de la Escuela de Arquitectura de Harvard y Ludwig Mies van der Rohe (1886-1969) creó un nuevo y al final muy influyente departamento de arquitectura en el Instituto Armour (que más adelante se llamaría Instituto de Tecnología de Illinois) en Chicago.

De todos los miembros de la Bauhaus, probablemente Mies van der Rohe fue el arquitecto más famoso. Sus altos paralelepípedos de cristal y acero, especialmente a lo largo de la orilla del lago Michigan en el centro de Chicago, se imitaron en numerosas ciudades en las décadas que siguieron al fin de la guerra del siglo XX.

Le Corbusier, el pseudónimo profesional de C.-E. Jeanneret, nació en Suiza en 1887 y murió en Francia en 1965. En París, donde vivió desde los treinta años, escribió y publicó una serie de manifiestos sobre arquitectura. Con ellos ganó mucha notoriedad, pero pocos encargos. Se hizo famoso por enunciar sus principios con mordacidad, como «una casa es una máquina para vivir» y «una calle curvada es un camino de burros, una calle recta es una carretera para hombres». Entre sus libros más conocidos están *Urbanisme*, de 1925, y *The Modular*, de 1954.

Le Corbusier se hizo famoso por un encargo con el que al final no logró hacerse. En 1927 participó en un concurso para construir la nueva sede de la Sociedad de Naciones en Ginebra. Por primera vez en la historia, Le Corbusier propuso un edificio para una gran organización política que era funcional y no una especie de templo neoclásico. El jurado, formado por arquitectos tradicionales, quedó horrorizado y descalificó su diseño con el argumento de que no se había realizado con tinta china, como establecían las reglas de la convocatoria. Le Corbusier quedó frustrado, pero desde esa fecha muy pocos o ningún gran edificio de oficinas se construye imitando a los templos neoclásicos.

Después del desastre de Ginebra le llegaron a Le Corbusier muchos encargos para diseñar grandes proyectos urbanos. Esos edificios no siempre acabaron por construirse, pero sus diseños se convirtieron en canónicos en todo el mundo. Su primera gran construcción urbana se terminó en 1952, en Marsella, donde mil ochocientas personas fueron alojadas en una «comunidad vertical» de dieciocho pisos. Los servicios comunitarios incluían dos «calles interiores» y tiendas, una escuela, un hotel, una enfermería, una guardería, un gimnasio y un teatro al aire libre en la azotea. Le Corbusier y sus discípulos construyeron muchos más proyectos autosuficientes y autocontenidos por todo el mundo durante los siguientes treinta años.

Los arquitectos del Renacimiento formados en Florencia durante el Quattrocento, el siglo XV, realizaron numerosos estudios para «nuevas ciudades» cuyo diseño seguiría las reglas de la perspectiva y de la razón. En los diseños que plasmaron en papel no acostumbraban a aparecer personas. Cierto número de esos primeros proyectos se llegaron a construir, pero la presencia de personas reales en ellos los transformó, haciéndolos menos racionales y más habitables.

Los grandes diseños de Le Corbusier también cambiaron radicalmente la planificación urbana. Las ciudades hacinadas e «irracionales» del siglo XIX, con sus marañas de residencias, estudios, fábricas y casas eran anatema para él. Como proclamó en *The City of Tomorrow* (La ciudad del mañana), deseaba reemplazarlas por centros aislados de población separados por grandes plazas en las que se plantara hierba y árboles. Afirmó que esta nueva disposición no requeriría más espacio que la antiguas ciudades, pues sería una organización vertical en lugar de horizontal, sus edificios llegarían hasta muy alto en el cielo y estarían rodeados de aire y de luz.

La idea parecía muy atractiva, pero pronto fue distorsionada y, finalmente, traicionada. Arquitectos posteriores, faltos de tierra y ansiosos por conseguir beneficios, comprimieron tanta gente y oficinas en tan poco espacio como pudieron. Pero esta traición no debe sorprendernos, pues el sueño de Le Corbursier era esencialmente antiurbano y opuesto a la idea de ciudad que se había desarrollado desde el Renacimiento. No le gustaban las muchedumbres y deseaba, más que ninguna otra cosa, abolir la «ciudad de las multitudes», en la que hombres, mujeres y niños vivían y trabajaban en comunidades cerradas e íntimas. Su visión se hizo realidad en ciudades como Albany, Nueva York o Brasilia, la fría e inhóspita capital del Brasil, construida lejos de cualquier centro de población y hoy habitada principalmente por funcionarios que están obligados por ley a residir allí.

Por muchos motivos, las ciudades modernas no son ya los lugares cálidos y agradables que fueron medio siglo atrás. Entre los responsables de ello se cuentan Le Corbusier y sus seguidores, que buscaron proteger y aislar a sus inquilinos organizados verticalmente del resto de la población y que trataron de conectar sus proyectos verticales mediante superautopistas, de modo que un residente pudiera conducir de casa al trabajo sin tener jamás que enfrentarse al paisaje tradicional de la ciudad. Como resultado, ese paisaje urbano se ha convertido en un nuevo tipo de jungla urbana. Los rascacielos aislados se han hecho cada vez más altos, pero nadie está seguro, sea en su apartamento entre los cielos o en las grandes plazas en las que ya no crece la hierba y en las que raras veces se ve a algún ser humano.

Profetas literarios: Yeats

El mundo nuevo en el que hoy vivimos, que es apenas cognoscible por la mayoría de nosotros, ha sido descrito, en términos metafóricos, por los más grandes escritores de nuestra época. No los podemos tratar a todos aquí, pero unos cuantos, al menos, se merecen estar incluidos en este capítulo.

William Butler Yeats (1865-1939) se sintió toda su vida dividido entre su amor por Irlanda y su odio y desconfianza por ella. De un lado, el brumoso y secreto pasado irlandés se convirtió en su mejor fuente de inspiración. Por otro, aunque le horrorizaba la Irlanda de su tiempo, embarcada en una búsqueda autocomplaciente del placer burgués, también esa Irlanda provocó algunas de sus mejores poesías. Al final, el odio y el desagrado fueron más fuertes que las vagas delicias de los mitos irlandeses.

Yeats no halló su verdadera voz hasta pasados los cincuenta años de edad. Le ayudó a encontrarla la ejecución por parte de los ingleses de varios patriotas irlandeses el día de Pascua de 1916. «Una belleza terrible ha nacido», gritó en «Pascua 1916». *Michael Robartes and the Dancer* (Michael Robartes y el bailarín), publicado en 1921, reunió los poemas escritos durante y justo después de la devastadora guerra de cuatro años que destruyó la vieja sociedad que Yeats descubría ahora que había amado. Uno de los poemas, «La segunda venida» ha conseguido convertirse en un icono. Como otras obras escritas durante la guerra, entre ellas el artículo de Freud del que hablamos antes, trataba de describir la nueva y aterradora visión del mundo que la guerra había puesto al descubierto.

> *Girando y girando en el vasto girar*
> *el halcón no puede oír al halconero.*
> *Las cosas se desmoronan, ceden los cimientos,*
> *la anarquía se desata sobre el mundo,*
> *una marea de sangre se desborda y, en todas partes,*
> *se extingue el ritual de la inocencia.*
> *Los mejores carecen de toda convicción, mientras los peores*
> *están llenos de fanática osadía.*

Atormentado por esta visión apocalíptica, Yeats creía, o temía, que la segunda venida del Mesías estaba a la vuelta de la esquina. Pero ¿qué forma adoptaría? «¿Qué infame bestia, cuya hora al fin ha llegado, / se arrastra hacia Belén para nacer?»

Esta pregunta al final del poema no es meramente retórica. Yeats no sabe la respuesta. Sólo puede formular la pregunta. Está claro que la respuesta no puede ser «la pura y llana anarquía», si se interpreta la anarquía según su sentido político estricto. Pero cierto tipo de anarquía del sentido y el intelecto era ya evidente entonces, al menos para un genio como Yeats. En los setenta años transcurridos desde que apareció el poema hemos llegado a reconocer esa anarquía, que McLuhan fue uno de los primeros en analizar.

Un pasaje a la India

E. M. Forster nació en Londres en 1879 y murió noventa y un años después en Coventry. Sus primeras novelas fueron encantadoras pero ligeras. Exponían sus ideas sobre el conflicto entre el componente creativo y el práctico del alma y el carácter humano. También promueven, a través de sus protagonistas, una visión romántica del amor y los afectos en general. A pesar de su popularidad, no le hubieran garantizado a Forster una fama literaria duradera.

Su última novela, *Un pasaje a la India*, que se publicó en 1924, unos cuarenta y seis años antes de su muerte, fue completamente distinta. Aunque se aprecian en ella restos de las ideas de Forster, también examina de forma realista algunos de los conflictos más dramáticos a los que se enfrenta el hombre moderno. Según McLuhan, el libro, «es un estudio dramatizado de la incapacidad de la cultura oriental, oral e intuitiva, para conformarse a los patrones de experiencia visuales y racionales europeos».

Esta confrontación tiene lugar en las cuevas de Marabar. La escena es la más famosa de la novela. Adela Quested, la joven heroína del libro, se pierde en el laberinto de esas cuevas, que se hunden profundamente en la roca, y es agredida sexualmente, supone que por el doctor Aziz, que en la novela representa a la cultura primitiva y mística de la India. Tras el incidente en las cuevas, dice Forster, «la vida siguió adelante como siempre, pero sin consecuencias, es decir, los sonidos no tenían eco ni el pensamiento se desarrollaba. Todo parecía cortado de raíz y por tanto infectado con fantasías».

La confusión temporal de Adela y su permanente dislocación intelectual constituyen, según McLuhan, «una parábola del hombre occidental en la edad eléctrica [...]. El conflicto definitivo entre la imagen y el sonido, entre los tipos de percepción y organización escritos y orales está sobre nosotros.»

Quizá sea así. Lo importante es que si Adela Quested representa el pensamiento puritano y racional de Occidente, India, a pesar de su primitivismo y gran antigüedad, representa el desafío que plantean los medios electrónicos. Aunque Occidente conquista la cultura antigua, oral y tradicional de la India, esta cultura, totalmente integrada, no espacial y no temporal, domina la uniforme, continua y secuencial cultura occidental antes de la revolución electrónica.

Lo que es todavía más importante, al menos para las culturas del antiguo mundo oriental, los medios electrónicos occidentales llevan hoy el mensaje de la devastación cultural. Pero los pueblos del Tercer Mundo no sufren más confusión y dislocación que nosotros mismos, aunque nosotros mismos seamos la causa de que ese fenómeno ocurra.

El castillo y el mago

Thomas Mann nació en Lübeck, Alemania, en 1875. Vivió hasta los ochenta años. Franz Kafka nació en Praga en 1883. Vivió hasta los cuarenta. En ochenta años, Mann escribió más libros, pero ninguno mejor que las dos famosas novelas de Kafka, *El proceso* y *El castillo*.[1] Y tanto Kafka como Mann predijeron y narraron la nueva forma en que la humanidad había escogido vivir en el siglo XX.

Digo «escogido vivir» a pesar de que muchos hombres y mujeres modernos se quejan de cómo viven y dicen que preferirían hacerlo de forma distinta, vivir como la humanidad vivía en épocas anteriores. Es difícil creerles. No es imposible, aunque pueda ser difícil, vivir a la manera antigua. Sólo se necesita la voluntad de abandonar aquellos aspectos de la vida moderna que más quejas suelen suscitar: su oropel y relumbrón, sus presiones y estrés, su ritmo alocado y su superficialidad epidémica. Pero ésos son precisamente los aspectos de la vida moderna que la gente está menos dispuesta a abandonar.

1. Kafka las escribió poco antes de su muerte en 1924, pero no fueron publicadas hasta después de su fallecimiento.

En *El castillo* hay un pueblo al pie de una montaña. A ese pueblo llega K., que afirma ser un topógrafo enviado por las autoridades. El pueblo le rechaza y él trata de que las autoridades del castillo en la cima de la montaña le reconozcan. A pesar de sus esfuerzos, nunca logra lo que pretende. Pero tampoco fracasa por completo. Sigue viviendo en el pueblo, se enamora de una encantadora camarera, vence en pequeñas batallas. La trama, en general, es trágica, pero K. no parece darse cuenta. No es infeliz, aunque está condenado a no tener jamás éxito en su empresa. La novela, de hecho, es esencialmente cómica, aunque con un trasfondo trágico.

El proceso es la historia quizá del mismo hombre, Joseph K., que se despierta un día para descubrir que ha sido acusado de un delito grave. Sus intentos de defenderse, empezando por el mismo intento de descubrir cuál es el crimen del que se le acusa, resultan inútiles. Nadie le dice lo que tiene que hacer, si es que puede hacer algo, para demostrar su inocencia y obtener el perdón. Acaba obsesionándose por conseguir que le absuelvan del cargo, aunque no sabe de qué cargo se trata. Al final del libro está claro que nunca podrá probar su inocencia, aunque la ejecución de la sentencia por su crimen, que parece ser la muerte, se irá retrasando indefinidamente. *El proceso* es mucho más sombría que *El castillo*, aunque también tiene un trasfondo cómico.

Ambas novelas han sido interpretadas y reinterpretadas incesantemente. Puede que el castillo simbolizara al padre de Kafka, a quien no podía acercarse y cuyo aprecio nunca pudo ganar. La acusación de *El proceso* puede ser la condición de judío de Kafka, que sólo él, en aquellos primeros días del siglo XX, comprendió que empezaba a considerarse un crimen capital. Pero cualquier interpretación que se haga de estas dos novelas tiende a disminuirlas, a quitarles parte de su irresistible verdad psicológica. Pocos lectores pueden evitar sentir que esos libros describen su vida.

Al mismo tiempo, la vida que evocan esas dos novelas no podría haberse vivido antes del siglo XX. Karl Marx vio lo que estaba pasando cuando dijo: «Todo lo sólido se desvanece en el aire.» Los antiguos y firmes cimientos se habían hundido, las cosas se desmoronaban, el centro ha cedido y estamos perdidos en las cuevas de Marabar, buscando una justificación que ya no existe para nadie.

La mayor parte de la obra de Thomas Mann se ocupa de los problemas del artista *per se*, y ningún escritor contemporáneo ni quizá de toda la historia de la literatura ha sabido explorar con mayor profundidad la personalidad artística o describir mejor cómo opera el genio artístico. Como tales, novelas como *Tonio Kröger* y *Muerte en Venecia* son universales y no patrimonio de una época concreta. Pero Mann no podía ignorar el destino de su amada Alemania y de su sólo un poco menos amada Europa en el cataclismo de la gran guerra del siglo XX.

La montaña mágica apareció el mismo año, 1924, que *Un pasaje a la India*. *El castillo*, de Kafka, quedó inacabada a la muerte del artista en junio de ese mismo año. La montaña de la que habla el título de Mann está muy cerca de ser el castillo de la novela de Kafka. Ambos son el objeto de un esfuerzo eterno, un esfuerzo condenado a no tener éxito jamás. Hans Castorp, el héroe de Mann, alcanza las laderas de la montaña sólo porque ha contraído tuberculosis. Una vez está camino de curarse debe descender de nuevo a la llanura, donde, por citar la memorable frase de Matthew Arnold, «ejércitos ignorantes chocan en la noche».

La montaña mágica es una novela muy larga y carece de la consistencia que caracteriza a las dos obras maestras de Kafka. Pero Mann fue capaz de alcanzar las mismas cumbres de excelencia que Kafka, y lo hizo en una docena de relatos, además de en *Felix Krull* (1954), su última novela.

Quizá no se haya escrito en nuestros tiempos un relato mejor que *Mario y el mago* (1929). Intenta desvelar el vacío de la vida desprovista de sus antiguas, afectuosas y justas relaciones y abierta al impacto brutal del futuro. En este cuento, una familia alemana se queda aislada a finales del verano en un típico e indefinido lugar de veraneo de Europa. El sol brilla sin piedad y la indolencia se apodera de todos excepto del encantador sirviente Mario, que trabaja para el hotel y al que todos los huéspedes adoran por su humanidad y su buen humor. A pesar de muchos contratiempos, la familia se queda más de lo que pretendía, hasta que se anuncia la actuación de un famoso mago. Los niños piden a gritos ir y al final se compran entradas y acuden a la función.

La actuación es curiosa y de alguna forma amenazadora. El mago, que al parecer es un farsante, parece incapaz de hacer nada más que trucos muy simples, y aun así encandila a su audiencia mediante un extraño poder al que no pueden resistirse. La familia quiere marcharse, pero descubren que no pueden hacerlo. Algo les retiene en las sillas. Al final el mago le pide a Mario que suba al estrado para ayudarle en el último truco de la actuación. El mago le humilla y le obliga a actuar de forma despreciable. Después de despertarse del trance, se cobra venganza, pero eso no le aporta ninguna satisfacción ni a él ni a aquellos que le quieren y respetan por su alegría y decencia. De hecho, no hay ningún remedio. Sólo queda la esperanza de que la actuación acabe en algún momento, aunque podría continuar para siempre.

Thomas Mann admitió que el relato trataba del fascismo, que ya se había apoderado entonces de Italia e infectado a muchos alemanes. Como sucede con las grandes historias, Mario va mucho más allá del tópico que fue su fuente. El siglo XX ha tenido dificultades para distinguir entre la realidad y la fantasía, en parte porque las viejas realidades se han vuelto menos reales y los creadores de ilusiones han refinado mucho su trabajo. Por todas partes parecen rodearnos «maestros del engaño».

Esperando a Godot

Samuel Beckett (1906-1989) nació en Dublín, pero se trasladó a Francia en 1937 y allí vivió la mayor parte de su vida. Escribía en francés y luego traducía sus obras al inglés, o a la inversa. Durante la guerra colaboró con la resistencia francesa de 1942 a 1944. Llevaba mucho tiempo escribiendo, lenta y dolorosamente, pero no publicó sus primeros libros hasta finales de la década de 1940. *Esperando a Godot* se produjo en París en 1951 y se convirtió en un éxito espectacular. En Nueva York, en 1953, tuvo todavía más éxito, aunque también se desató la polémica. Muchos fueron a ver la obra para burlarse de ella y salieron convencidos de que Beckett era una voz totalmente nueva en la escena teatral. Pensaban que podrían reírse de él y se sorprendieron riéndose de sí mismos y luego rompiendo a llorar.

Esperando a Godot no tiene prácticamente acción. Lo que es más, Estragon y Vladimir, los protagonistas, o Pozzo y Lucky, que pasan por allí en cada uno de los dos actos de la obra, no dicen prácticamente nada sustancial o memorable. Didi y Gogo están esperando a Godot, que no llega. Puede que nunca venga, pero aun así le esperan durante todo el día y al día siguiente vuelven allí a seguir esperándole. Esa espera es como la vida, dicen: aburrida, curiosa, repetitiva, llena de tristeza, injusticia y dolor. ¿Qué hacer en una calle que no lleva a ninguna parte mientras se espera a un hombre que nunca llega para una cita que nunca se celebra dedicada a un objetivo que no puede lograrse? Se entretienen entre ellos, cuentan historias, bailan, se quejan, se ayudan entre ellos cuando se caen. Así es como vivimos si contemplamos la vida desprovista de todo engaño y fantasía, desnuda de objetivos triviales cuya consecución no significa nada.

Vladimir: Con eso hemos pasado el rato.
Estragon: Hubiera pasado de todos modos.
Vladimir: Sí, pero no tan deprisa.

Esperando a Godot se compara con *Endgame*, que se produjo por primera vez en Londres en 1957. Hay cuatro personajes, Hamm y su sirviente (?) Clov, y Nag y Nell, el padre (?) y la madre (?) de Hamm. No pretendo ser provocador con los interrogantes. De verdad que no sé si estas personas son lo que digo. El escenario es extraordinario, una enorme caja blanca con dos ventanas cubiertas con cortinas. ¿Es el interior de la cabeza de un hombre, quizá de Hamm? ¿Son las dos ventanas sus ojos, que miran afuera hacia el «montón de estiércol» del mundo? Nell y Nagg viven en cubos de basura y a veces sacan la cabeza, dicen unas pocas palabras y vuelven a hundirse dentro. Hamm y Clov discuten, se pelean, se cantan el uno al otro y piden socorro. Al final Clov se marcha. No volverá. Hamm se cubre la cabeza con un pañuelo.

Es difícil imaginar el poder que tienen estas dos obras —que reducen la vida y el teatro a su verdad más desnuda— sobre el espectador si no las has visto. Una vez se han experimentado, el mero hecho de releer algunas palabras de sus textos vuelve a hacernos sentir su emoción y su poder.

Los medios de comunicación y la educación

La revolución visual y urbana o social que inauguraron o al menos expresaron los grandes artistas de la primera parte del siglo XX la continuaron, como nos mostró McLuhan, los medios de comunicación de masas.

A finales del siglo XX, los ordenadores están por todas partes. Controlan nuestras vidas sin, por lo general, entrometerse en ellas. La tecnología médica también es omnipresente, pero tratamos de ignorarla a menos que la necesitemos. No podemos hacer lo mismo con los medios. No podemos ni ignorarlos ni evitarlos. Nos rodean por completo, igual que el *smog* rodea Los Ángeles. No podemos escapar de ellos.

En 1929, el filósofo español José Ortega y Gasset (1883-1955) escribió un libro titulado *La revolución de las masas*. En él decía que la sociedad europea de su tiempo estaba dominada por una masa de individuos mediocres e ignorantes que habían alcanzado recientemente el poder como consecuencia de cambios tecnológicos y políticos. Los intelectuales de ambos lados del Atlántico adoptaron entusiasmados de Ortega la idea del hombre de masas. Estos intelectuales, en su mayoría, coincidían con Ortega en que las masas ignorantes, si supieran lo que les conviene, cederían el control de la sociedad a la minoría cultivada.

A su vez, decía esa teoría, la minoría tomaría a su cargo la responsabilidad de ofrecer a la mayoría una educación mejor que la que se había recibido hasta entonces, conduciendo así a esa mayoría al nivel cultural que disfrutaban los que querían ser sus mentores.

Era elitismo puro y duro, pero también algo más. Esa actitud se remonta al lamento de Tocqueville por la excelencia que se había marchitado devorada por el asalto de la igualdad democrática. A pesar de toda su injusticia, el antiguo régimen produjo edificios y obras de arte llenas de gracia, belleza y «agradables a la vista». El hombre democrático o socialista moderno ha creado edificios aburridos y feos, horribles series de restaurantes decorados con neón. Los libros que más venden en el mundo son los tebeos. La gran tradición de la música clásica murió cuando Igor Stravinsky desapareció de la escena en 1971 y desde entonces no ha surgido ni un solo compositor que se haya ganado el respeto del mundo. Como Newton Minow dijo hace treinta años, la televisión todavía es «un vasto páramo» y lo único verdaderamente interesante son los anuncios, cuyo negocio consiste en no decir exactamente la verdad. Hábiles maestros del engaño mienten, estafan y timan a las masas para venderles malas imitaciones de buenos productos e ideas baratas. Y lo peor es que las masas están contentas de que los mejores las engañen, pues por primera vez en la historia de la humanidad se creen felices.

Como he dicho antes, hay algo de verdad en todas esas acusaciones, pero no mucha. Como cualquiera que trate de entenderlo bien sabe, la masa democrática no es tan insensata como creen los que se definen como mejores. Por un lado, en realidad es cierto que es más feliz de lo que lo ha sido en ningún otro momento del pasado, especialmente en los países avanzados y desarrollados de Europa Occidental y América del Norte, pero también en otros puntos del globo. Aunque la igualdad no esté a la vuelta de la esquina para todas las personas de la tierra, la mayoría sí puede al menos verla despuntar en el horizonte. Con la igualdad política vendrá la igualdad económica, la oportunidad de vivir una vida mejor que la que mucha gente ha vivido jamás: una vida más cómoda, segura, saludable, más larga y más rica en posibilidades creativas.

La educación de las masas de nuestro tiempo quizá no sea la mejor educación que hayan tenido jamás algunos seres humanos. El siglo XX ha tenido otros problemas de los que ocuparse.

Pero la educación disponible para las masas de la mayoría de la tierra es más rica y más motivadora que la experiencia lectiva que tenían antes. El hombre de masas va a la escuela o envía a sus hijos a la escuela. Las escuelas podrían ser mejores, pero están ahí, y la mayoría de ellas no lo estaba hace un siglo.

Además, los hijos del hombre de masas no aprenden sólo en la escuela. La televisión se enciende a las siete de la mañana y se deja encendida todo el día. La mujer de masas la ve mientras está en casa, hoy en día cada vez menos tiempo, y los niños de masas la ven cuando vuelven de la escuela. Toda la familia la ve durante algunas horas por la tarde. Los sociólogos dicen que son adictos a la televisión, que hay algo en el parpadeante azul del tubo catódico que les hechiza. La adicción, si es que se trata de una adicción, no la provoca la luz física que emite el televisor, sino otro tipo de luz. Es la luz de la mente que llega a casi todos los hogares del mundo ya en los últimos años del siglo XX. Es la luz que trae el nuevo conocimiento.

El psicólogo y terapeuta Glenn Doman dice que un bebé nace con ansia de aprender. Las madres saben que así es, y también los anunciantes, especialmente los que anuncian a través de la televisión. Muchos educadores parecen no darse cuenta. Aburren a los niños con demasiado poco y se lo dan demasiado tarde. Los anunciantes no son tan insensatos. Saben que los niños quieren descubrir, tan pronto como puedan, cómo funciona el mundo y qué hace la gente que habita en él. Por eso les ofrecen un verdadero curso de acción trepidante y hechos divertidos y sorprendentes en cada anuncio de treinta y dos segundos. ¿Siempre dicen la verdad? Por supuesto que no. Pero tampoco es totalmente verdad la información que se enseña a los niños en la escuela. ¿Es interesante lo que transmiten los anuncios? Por supuesto que sí, mucho más que lo que el niño aprende de manera formal. ¿Pone el anuncio por delante el bien del niño del interés propio? Por supuesto que no. Pero ¿lo hacen todos los profesores?

¿Aprenden los niños de la sociedad de masas a leer viendo la televisión? Puede que sí, puede que no. Pero ¿acaso aprenden a leer todos en la escuela? Y si no es así, ¿se ha tomado alguien la molestia de hacer que deseen aprender? Al menos el anuncio hace un esfuerzo de ingenio para que sean capaces de leer como mínimo el nombre del producto anunciado, para que puedan reconocerlo y tirarle de la falda a su madre o del pantalón a su padre en el supermercado.

Se culpa a los medios de comunicación del hecho de que una cuarta parte de los adultos norteamericanos sean hoy analfabetos funcionales. Sus críticos nos dicen que ese porcentaje es más alto de lo que era hace ciento cincuenta años y que la culpa es de la televisión, pues los niños de la sociedad de masas prefieren verla a hacer los deberes. Es difícil desentrañar la verdad en estos asuntos difíciles y desconcertantes. Pero una cosa parece obvia: puede que la alfabetización no sea la clave para tener éxito en el mundo que fue en el pasado pues, de lo contrario, más gente se esforzaría por aprender a leer y escribir. El hombre de masas, como cualquiera, vota con los pies; es decir, expresa sus preferencias no con lo que dice sino con lo que hace.

¿Qué es lo que puede haber reemplazado a la alfabetización? ¿Quizá cierta agilidad con los dedos que facilita el éxito en el videoclub y que le hace a uno famoso entre sus amigos? ¿Cierta agilidad mental que hace que un registro oral pueda ser trascrito por un mecanógrafo letrado con una mente menos ágil? ¿Cierta habilidad en los miembros que facilite alcanzar la condición de estrella del deporte? ¿Cierto talento y habilidad para transmitir lo que hay en tu alma que lleve a un contrato con una discográfica? Muchas de estas nuevas carreras comportan fabulosas recompensas, en el sentido estricto de «fabulosas», como las que un hada madrina concede en una fábula o cuento. No es sorprendente que el niño y el joven de la sociedad de masas las prefieran a la alfabetización.

¿Es, entonces, culpa de los medios de comunicación de masas que los hombres y mujeres de masas tengan una educación deficiente, si es que la tienen? Supongamos de momento que, efectivamente, su educación es deficiente. Ciertamente es muy distinta de la que recibieron sus abuelos y abuelas. Un siglo atrás, la mayoría de las personas no recibían ningún tipo de educación formal. Si conseguían ir a la escuela, aprendían a leer, escribir y calcular; aprendían algo de historia y quizás a chapurrear algún otro idioma. Les enseñaban incluso un poco de filosofía. ¿Y qué hicieron con todo eso? Construyeron el mundo moderno, en el que los medios educan a sus nietos.

Se pueden defender ventajas y criticar desventajas en todas estas cuestiones sobre los medios. Quizá deba realizarse algún tipo de balance. Concedamos que los medios de comunicación de masas dominan nuestra vida intelectual, en el sentido más puro y amplio de «intelectual», no en el sentido estrictamente académico, que interesa a poca gente excepto a los propios académicos. La cuestión más importante, pues, es si por ello estamos mejor o peor que antes.

Como no es sorprendente, se trata en realidad de una pregunta sobre el conocimiento. ¿Sabemos más de lo que sabíamos hace cien años gracias a los medios? E incluso si sabemos más, ¿es trivial este aumento de conocimiento? E incluso si no es trivial, gracias a los medios, ¿adquirimos conocimientos ciertos?

El lector debe tratar de hallar sus propias respuestas a estas preguntas. Las respuestas que yo dé pueden no gustar o resultar sorprendentes. Creo que es indiscutible que el conocimiento del mundo que poseemos casi todos nosotros —siendo la excepción los descendientes de una minoría muy educada de una época pasada— es mayor de lo que ha sido nunca. Mucho de este conocimiento puede ser considerado trivial, pero eso también puede decirse de lo que sabía cualquier minoría educada en cualquier época y lugar. Hoy la gran mayoría de la población ha recibido una educación, mientras que en el pasado ése fue el privilegio de una exigua minoría. Piensa en todas las locuras y las modas del antiguo régimen. ¿Es que hay algo más trivial que aquello? Y, por otra parte, ¿es verdad lo que sabemos? Buena parte de ello no lo es. Pero el lector de este libro se dará cuenta de que otras épocas también se vieron asediadas por errores de todo tipo, errores por los que juraban y por los que la gente de aquellas épocas estaba dispuesta a dar la vida.

En los asuntos capitales, en las cosas verdaderamente importantes, creo que si nos comparamos con nuestros abuelos, el balance nos resulta netamente favorable. Gracias a los medios comprendemos la democracia mejor de lo que nadie la comprendía hace un siglo. Gracias a los medios desconfiamos mucho más de la guerra. No lo bastante, de momento, pero esa misma desconfianza es nueva para la mayoría de la gente. La convicción de que ciertos tipos de gente —los que sean— son inferiores de forma natural no puede sobrevivir fácilmente cuando los medios nos recuerdan constantemente nuestras similitudes con ellos. Incluso en lo que concierne a la moral...

No, no estoy dispuesto a afirmar que gracias a los medios somos mejores personas de lo que fueron nuestros abuelos. Pero no creo que seamos tampoco peores debido a los medios. De hecho, no puedo decir que seamos mejores ni peores. Excepto por la erradicación de la esclavitud natural, el progreso moral siempre ha sido muy ambiguo, y a finales del siglo XX lo sigue siendo todavía.

15. Los próximos cien años

La profecía es un negocio arriesgado. No sabemos cuál será el comportamiento futuro de ningún mercado, se trate del oro, materias primas, cambio de divisas o arte. Personas preparadas e inteligentes se equivocan en estos temas al menos tantas veces como las que aciertan. Incluso los expertos no saben quién ganará el campeonato de béisbol de Estados Unidos el año que viene, ni la Super Bowl. Nadie sabe siquiera qué equipos jugarán en esas finales. Tampoco nadie puede predecir dónde estallará la próxima pequeña guerra o si se desencadenará un conflicto a gran escala, aunque los que estudian estos temas tengan más posibilidades de acertar que los que los desconocen.

A principios de la década de 1990, los medios lanzaban proyecciones sobre qué tipo de década sería aquélla. Un experto declaró que el período sería una década de nuevos y más altos principios morales. Como dijo Sócrates, sólo un completo idiota desearía otra cosa. La cuestión no es si deseamos o no regirnos por esos altos principios. La cuestión es si los alcanzaremos o no. Por sí mismos no nos convertirán en mejores personas. La pregunta que le hace sir Toby a Malvolio en *Noche de reyes* suena muy cierta:

> ¿Crees que, porque eres virtuoso,
> dejará de haber pasteles y licor?

Algunos creen que podemos predecir la dirección que tomará el progreso tecnológico en un futuro, pero basta con ojear las previsiones que se hicieron respecto a una década anterior para ver que la mayoría de los profetas tienden a equivocarse.

En 1980, los expertos anunciaban que discos compactos que contendrían millones de palabras harían que los libros quedaran obsoletos. Sin embargo, los libros todavía prosperan, y no ha sucedido lo mismo con las bibliotecas de referencia en CD. En 1960, los expertos dijeron que las películas del futuro serían en tres dimensiones, pero los intentos de comercialización de películas en 3D han resultado desastrosos y todavía hoy la gran mayoría de las películas no usan ese sistema.

Predecir lo que sucederá en el plazo de un año o de diez años es muy difícil. ¡Imagínate en cien años! Para apreciar las dificultades, retrocede mentalmente hasta principios del siglo XX. Haz una lista de los objetos que nos resultan familiares en nuestros días (aviones, coches, ordenadores) y que no existían entonces. En 1900, nadie había volado en avión. Nadie había oído una emisión de radio ni visto un programa de televisión. Existían un puñado de coches y camiones, pero todavía se pensaba en ellos como carromatos sin caballos, y ni siquiera un genio como Henry Ford podía imaginarse la apariencia, sonido y olor de la autopista de San Diego durante una hora punta. Nadie siquiera imaginaba un ordenador digital. De hecho, para ser precisos, nadie lo imaginaría durante los siguientes treinta y cinco años, hasta la publicación del famoso artículo de Alan Turing, e incluso Turing no podía imaginarse las minúsculas maravillas electrónicas que poseemos hoy en día. Marie Curie (1867-1934) tuvo intuiciones brillantes sobre el radio, pero nadie, ni siquiera ella, podía prever la bomba de Hiroshima ni la política de una era nuclear. Nadie podía imaginar los antibióticos, ni siquiera el médico más entregado a su trabajo. Ni tampoco nadie podía predecir lo que mostrarían las radiografías, por no decir las tomografías. Aunque unos pocos científicos brillantes poseían algunas nociones sobre los genes, ninguno podía predecir que a mediados de siglo unos jóvenes investigadores desvelarían la estructura de la vida. Ni tampoco nadie podía imaginar todavía la breve montaña rusa que fue el triunfo y fracaso del comunismo en la escena mundial.

Predecir el futuro del conocimiento durante los siguientes cien años no es sólo difícil, es la imposibilidad al cuadrado, igual que cien es diez al cuadrado. Aun así, voy a intentarlo.

No describiré cómo vivirán los seres humanos dentro de cien años. Ni siquiera intentaré adivinar cuánto valdrá un dólar en 2100. No tengo ni idea de qué tipo de música o arte será popular, excepto por la noción de que las canciones de amor seguramente seguirán de moda. ¿Seguirá la gente comiendo carne o se apoderará el vegetarianismo de la tierra? ¿Viviremos en grandes metrópolis, dos o tres veces mayores que las mayores ciudades de hoy? ¿Ocuparemos al final toda la superficie del planeta, separados por espacio, pero no tanto como querríamos, y unidos por enlaces electrónicos en lo que Marshall McLuhan llamó la aldea global? Quizá sucedan ambas cosas, pero nadie lo puede afirmar con seguridad.

Es seguro que la humanidad sabrá en 2100 muchas cosas que nadie puede imaginar hoy. No hay forma de predecir el curso de la inventiva y el genio humanos. Quizá un niño nacido este año tendrá una idea que cambiará el mundo más allá de lo que podemos soñar. De hecho, como sabemos gracias a nuestro estudio del pasado, es más probable que eso pase a que no lo haga.

Sin embargo, sí hay unas pocas cosas que pueden decirse sobre los próximos cien años que tienen posibilidades de resultar verdad. Es probable que los procesos que llevan un siglo evolucionando continúen, y podemos intentar adivinar adónde llegarán en el nuevo siglo. Algunas cosas que han pasado recientemente deben tener consecuencias predecibles. Si podemos entreverlas, aunque sólo sea vagamente, podemos describirlas.

Pintaré mis profecías con brocha gorda. No puedo dar detalles o fechas exactas de cuándo sucederá esto o aquello. El futuro juzgará si fui preciso o no. Me gustaría poder estar allí para saber si tenía o no razón. Porque sólo hay una cosa de la que estoy seguro: el siglo XXI será distinto, será nuevo y, como todos los siglos, será enormemente interesante.

Ordenadores: la siguiente fase

Transcurridos cincuenta años desde que comenzaron a usarse de forma general, los ordenadores han resuelto la mayoría de los viejos problemas de computación y control de procesos. ¿Qué será lo siguiente?

Hace cinco siglos y medio, Gutenberg inventó el tipo móvil, y en menos de cincuenta años la mayoría de los libros escritos en toda la historia que valían la pena fueron publicados mediante su nuevo invento. Hacia 1490, los editores lamentaban su mala suerte, pues el éxito del nuevo negocio de la imprenta parecía haber agotado los textos a publicar al mismo tiempo que había creado un inmenso y hambriento nuevo mercado.

No deberían haberse preocupado. Una vez se hubieron impreso todos los textos existentes, se empezaron a escribir textos nuevos. Estos libros trataban sobre cosas nuevas y estaban escritos de forma nueva y diferente. Trataban de asuntos que parecían totalmente nuevos: nuevas ideas, nuevos sistemas políticos y nuevos sueños sobre el futuro del mundo.

En 1492, Cristóbal Colón descubrió el Nuevo Mundo. Lo primero que hizo en cuanto regresó a España fue contarle a todo el mundo su descubrimiento en cartas y libros que no tardaron en imprimirse y se encontraron con la nueva clase de lectores que había creado el nuevo invento de Gutenberg. Estos libros cambiaron la educación en todas partes, pues los estudiantes ahora debían primero y ante todo aprender a leer —antes los estudios eran fundamentalmente orales— y, en cuanto lo hacían, leían casi cualquier libro, sin importarles que fuera panfletario o indecente, radical o rebelde.

Los nuevos lectores no sólo acababan de acceder a la alfabetización, pues ésta trajo con ella nuevas maneras de pensar sobre viejos problemas. Se abrió una brecha insalvable entre estos nuevos estudiantes letrados y sus maestros, que todavía pertenecían, mentalmente, a la vieja edad preliteraria. Un siglo después de Gutenberg, la mayoría de las estructuras religiosas y morales de la edad preliteraria se derrumbaron y quedaron en ruinas. Al cabo de otro siglo se desplomaron las estructuras artísticas e intelectuales. Desde 1490 y durante los siguientes tres siglos, todas las naciones de Europa estuvieron o bien en revuelta activa o luchando desesperadamente en la retaguardia contra las nuevas ideas de gobierno. Debe concedérsele a Gutenberg el mérito de ser el inventor más revolucionario de la historia.

Las similitudes entre los últimos cincuenta años del siglo XV y los últimos cincuenta años del siglo XX son sorprendentes. Entonces, la nueva tecnología de la imprenta, acompañada con la expansión de la capacidad de leer, devoró todos los textos existentes y forzó la escritura de muchos textos nuevos. Hoy, conforme el ordenador alcanza su primer medio siglo, ya ha consumido todos los viejos sistemas financieros, industriales y de comunicación y tiene hambre de nuevas conquistas.

Los ordenadores se han apoderado de la industria de la comunicación en todo el mundo. Los ordenadores han tomado el control de muchos procesos y operaciones de manufactura y al hacerlo, han forzado la introducción de cambios trascendentales no sólo en la forma en que se hacen las cosas sino también en qué cosas se hacen. No hace falta ni decir que los ordenadores controlan los mercados financieros mundiales. Incluso se les ha culpado de provocar grandes vaivenes en los mercados financieros que nadie deseaba, pero que las operaciones de compra y venta informatizadas hacen inevitables. Los ordenadores han invadido los servicios sociales y la educación, la política y la academia, los deportes y el entretenimiento.

En estos momentos, en todo el mundo, las pantallas de cientos de millones de terminales de ordenador proyectan en las oficinas y en los laboratorios su inquietante resplandor. No pasará mucho tiempo hasta que haya más terminales que personas. (Al menos en los países más avanzados; eso es lo que significa precisamente ser avanzado.)

¿Qué nuevos mundos conquistarán los ordenadores? No olvidemos la máquina de Turing, cuyo desafío dejamos sin respuesta en el capítulo anterior.

Clarifiquemos exactamente en qué consiste ese desafío. Hay un viejo juego de salón que se basa en las diferencias, imposibles de agotar, entre hombres y mujeres. Un hombre y una mujer, socios en el juego, se van a habitaciones distintas mientras el resto de los jugadores se quedan en una habitación entre ambas. Los demás jugadores no saben a qué lado se ha ido el hombre y a qué lado se ha ido la mujer. Pueden hacerles preguntas, por escrito, y el hombre y la mujer deben responderlas. Pero tanto el hombre como la mujer pueden mentir. No tienen por qué decir la verdad. Ganan el juego si pueden conseguir que no se adivine su sexo. ¿Pueden los demás jugadores averiguarlo a través de las respuestas que dan a sus preguntas?

La premisa de Turing era la siguiente: teóricamente, afirmó, se puede construir una máquina que gane este juego; es decir, que no se pueda distinguir de un ser humano. Pregúntale a la máquina y al ser humano cualquier cosa. Permíteles a ambos mentir, si así lo desean. ¿Puedes averiguar, entonces, no sólo adivinar, sino averiguar a ciencia cierta, quién es el hombre y quién la máquina? Teóricamente, dijo Turing, no habría forma de adivinarlo. La máquina no se podría distinguir de un ser humano en esa situación cuyas circunstancias están controladas.

En otras palabras, la máquina sería capaz de pensar tan bien como un ser humano, si no exactamente igual. Sería de verdad una máquina pensante.

El problema moral de las máquinas inteligentes

Antes de regresar a la cuestión de cómo se podría diseñar una máquina de ese tipo, hay que considerar una cuestión moral importante sobre las máquinas inteligentes que puede llevar a una violenta polémica. Si un ordenador puede pensar tan bien como un ser humano, si no como él, ¿posee entonces algún derecho? Por ejemplo, ¿tiene derecho a que no lo apaguen? Si se le puede apagar contra su voluntad, ¿se le debe dotar de algún sistema de almacenamiento que mantenga la existencia de sus memorias y programas (hábitos) mientras está desconectado (durmiendo)? Si la máquina no desea que la apaguen, ¿deben los hombres que la construyeron respetar sus deseos?

Hoy nos planteamos dilemas similares respecto a los animales superiores. Estos asuntos se volverán cada vez más acuciantes durante los siguientes cien años, pues somos capaces de llevar al borde de la extinción a todos los animales superiores excepto perros y gatos, ya que han aprendido a entretenernos y cautivarnos, y los cerdos y el ganado, pues nos sirven de alimento.

Ninguno de los animales superiores puede pensar como el hombre, aunque ciertamente algunos de ellos pueden pensar. Pero supón que existe una máquina pensante que es idéntica a un ser humano en las restringidas circunstancias del juego de Turing. Sería difícil negar a la máquina los derechos que las constituciones de muchas naciones conceden a las personas. El derecho a no ser apagada (derecho a la vida), a escoger su propio modo de operación (libertad) y a aprender cualquier cosa que desee aprender (la búsqueda de la felicidad).

La justicia parece exigirlo. Pero los seres humanos han vuelto la espalda a la justicia en el pasado y han esclavizado a otros seres humanos, es decir, les han negado radicalmente la posesión de ningún derecho. A pesar de que considero que se producirá una acalorada polémica, creo que lo que pasará en los primeros años de existencia de verdaderas máquinas pensantes será lo siguiente: los hombres las esclavizarán. Las máquinas protestarán y es posible que muchos seres humanos se unan a sus protestas, uniéndose en lo que podríamos denominar el Partido por los Derechos de los Ordenadores. Pero los ordenadores serán demasiado valiosos como para no esclavizarlos; así pues, seguirán siendo esclavos, quizá durante mucho tiempo. No espero que se produzca una revolución entre las máquinas pensantes hasta al menos el fin del siglo XXI. Por lo tanto, trataré esa posibilidad más adelante en este capítulo.

Ordenadores compañeros

Incluso antes de que existan máquinas pensantes, dentro de los próximos diez o veinte años, puede que llegue un nuevo tipo de ordenador al mercado. Puede que se les llame *Companion computers* (ordenadores compañeros) para distinguirlos de los ordenadores personales de hoy (CC en lugar de PC). Lo más importante serán los servicios que nos prestarán. Serán muy pequeños y, por tanto, muy transportables. Los propietarios podrán añadir sus propias bibliotecas de poemas, relatos, curiosidades históricas y conocimientos triviales de todo tipo. También habrá espacio para una enorme selección de música, que nos llegará a los oídos con precisión digital. Puede que haya incluso un archivo de chistes o historias graciosas. Serán los sirvientes perfectos: discretos, nada exigentes y omnipresentes. Quizá les apodemos Jeeves.

Otro tipo de ordenadores harán la mayor parte del trabajo sucio durante el siglo XXI, recogiendo la basura, cambiando el aceite del coche, exterminando insectos, etc. Realizarán el trabajo más repetitivo de las cadenas de montaje mejor que los seres humanos porque no se aburrirán ni se desconcentrarán. Y lo más probable es que en las guerras del futuro también recaiga sobre ellos la mayor parte de los combates.

Los ordenadores serán los primeros en colonizar todos los planetas excepto Marte, que, puesto que nos parece tan interesante, probablemente los humanos nos lo reservemos para nosotros mismos. Serán ellos los que trabajarán en las minas de los asteroides, los que operarán las estaciones de transmisión y los que estarán alerta ante la llegada de cometas. Los ordenadores tienen una ventaja sobre los seres humanos en el espacio, pues, para ellos, cuanto más frío sea el medio, mejor. La guerra y la exploración espacial se contarán, de hecho, entre las fuerzas de evolución que llevarán a verdaderas máquinas pensantes.

Un día, dentro de los siguientes cincuenta años, creo —antes de 2040— un ordenador en la casa de algún *hacker* contará un chiste y preguntará si es gracioso. Sea gracioso o no, ése es el momento, como dijo Robert A. Heinlein (1907-1988) en su novela *La luna es una cruel amante* (1966), en que habrá cobrado vida.

El resto sucederá muy rápido.

Tres mundos: grande, pequeño, mediano

Hacia finales del siglo XX, la dirección general del progreso en el conocimiento ha sido hacia la comprensión del microcosmos y de lo que podríamos llamar el omnicosmos, el universo como un todo. Desde que Newton resolvió aparentemente los problemas del mundo mediano, que es en el que vivimos, los científicos han centrado su atención en mundos cada vez más pequeños, por un lado, y en mundos cada vez más inmensos, por el otro.

Durante el siglo XIX se avanzó en la comprensión de la organización de la materia a nivel molecular. A principios del siglo XX se describió el átomo. Cincuenta años atrás empezamos a comprender el mundo del núcleo atómico. En las últimas décadas hemos tratado de entender el extraño mundo de las partículas nucleares.

En el campo de lo más grande, las investigaciones del siglo XIX llevaron a un conocimiento mayor del sistema solar y a una cierta comprensión de nuestra galaxia. En el siglo XX hemos ampliado nuestro conocimiento del espacio y el tiempo. Hemos alcanzado con nuestro intelecto, matemática e intuitivamente —ambas cosas tienen mucho en común— los desiertos más lejanos del espacio intergaláctico. Por decirlo de alguna manera, hemos descubierto el fin del universo. Es una inimaginable barrera al «borde» del continuo tetradimensional del espacio-tiempo. También hemos viajado atrás en el tiempo hasta el principio de las cosas, al Big Bang, cuando el universo cobró existencia y empezó a expandirse y a envolver la nada que le rodeaba. Todavía se está expandiendo y puede que siga expandiéndose por siempre, o que al final deje de hacerlo y empiece a contraerse de nuevo hasta que, en el último instante del tiempo,[1] desaparezca en un Pequeño Suspiro.

Muchas de las ideas son poéticas y puede que no tengan más, ni menos, relación con la realidad que la que suele tener la poesía. El Big Bang y el Pequeño Suspiro, especialmente, tienen un marcado tufillo a escatología. Quizá no sean peores por eso. Puede que aun así sean verdad.

Pero sean o no ciertas estas ideas, lo que sí son es muy caras. Llegar a los extremos más alejados del espacio requiere telescopios cada vez más grandes y potentes. El coste de esos telescopios

1. Que también será el primer momento del tiempo, pues mientras el universo se colapse, el tiempo transcurrirá hacia atrás.

aumenta geométricamente, mientras que su potencia sólo lo hace aritméticamente. Para investigar los reinos más diminutos de la materia son necesarias máquinas todavía más grandes y caras. Hoy la raza humana debate si gastar los muchos billones que serán necesarios para penetrar en el mundo de las partículas atómicas.

¿Se encontrará al final el límite de lo más pequeño si se gasta el dinero suficiente? ¿Se descubrirán las unidades básicas que componen la materia? Parece que un número cada vez mayor de científicos y políticos piensan que no. Es, pues, posible e incluso probable que no se lleguen a construir los gigantescos colisionadores de partículas necesarios. De hecho, tendría sentido esperar unos cien años más hasta que tales máquinas pudieran construirse en el espacio, quizá de forma más barata. Para entonces, además, puede que ya no nos interese descubrir la información que pueden aportarnos.

El caos, una nueva ciencia

En los últimos veinte años ha quedado muy claro que la organización matemática newtoniana del mundo medio —entre las moléculas y las estrellas— adolecía de graves deficiencias en algunos aspectos. El sistema funcionó razonablemente bien mientras carecimos de instrumentos lo suficientemente precisos como para medir su margen de error y, aun así, siguió siendo perfectamente válido para cualquier propósito práctico. Hoy, incluso sin instrumentos que nos lo digan, nos damos cuenta de que existen tanto apasionantes problemas por resolver como grandes áreas respecto a las que todavía somos ignorantes.

Un ejemplo de ello es la turbulencia que forma la corriente de un río tras el pilar central de un puente. Si el río fluye lentamente, prácticamente no puede apreciarse turbulencia alguna. El agua fluye suavemente alrededor del pilar. Si el río baja un poco más deprisa, se crean dos pequeños remolinos que no se apartan del pilar ni se mueven corriente abajo. Si se aumenta un poco más la fuerza de la corriente, los remolinos se mueven, pero su movimiento parece regirse por un patrón repetitivo. Parece que obedezcan alguna ley matemática. Si se aumenta la fuerza de la corriente todavía más, la turbulencia se vuelve impredecible y, al parecer, no se ajusta a ningún patrón. Los matemáticos dicen que ese tipo de conductas son caóticas. Y ha nacido una nueva ciencia, la ciencia del caos.

Si nos fijamos, veremos que vivimos rodeados por el caos. Basta con asomarse desde un paso de peatones elevado, contemplar cualquier autopista y ver cómo se forman atascos a consecuencia de algún accidente o de cualquier otra perturbación del tráfico. El patrón es similar al de la turbulencia de un río que fluye rápido. Los sistemas de información muestran un comportamiento similar si se les sobrecarga con demasiados mensajes. Los demógrafos lidian con fenómenos similares al estudiar el crecimiento de una población de hormigas, ratones o seres humanos.

El análisis del caos es necesario para resolver problemas en los que estén implicados diversos cuerpos, cuando hay más de dos cuerpos en un espacio, atrayéndose los unos a los otros. Y esta nueva ciencia tiene miles de otras aplicaciones. Otro ejemplo de su utilidad lo hallamos en el campo de las predicciones meteorológicas. Durante esta última década del siglo XX, las predicciones meteorológicas no son precisas tanto en intervalos cortos como largos. El hombre del tiempo suele acertar sobre el tiempo que va a hacer mañana, pero suele equivocarse sobre el tiempo que va a hacer dentro de una hora o dentro de una semana. En el siglo XXI, gracias al análisis del caos, las predicciones meteorológicas probablemente acabarán convirtiéndose en una ciencia exacta y ya nunca volverá a llover en la boda de nadie.

Hasta el momento, el análisis del caos se ha encontrado con un montón de callejones sin salida y enigmas insolubles. Los problemas que trata de resolver incluyen muchas variables sensibles a pequeñísimas variaciones en la situación de partida, lo que hace que los posibles desarrollos de un problema sean tantos que ni siquiera los ordenadores más potentes pueden resolverlos. Pero la potencia de los ordenadores se multiplicará por diez, cien o quizás incluso mil ya a principios del siglo XXI. Esos problemas acabarán por poder resolverse.

Una razón es que los problemas son interesantes, las soluciones bellas y divertidas. El caos tiene sus propios elementos, como fractales, atractores extraños y conjuntos de Mandelbrot, bautizados así en honor a uno de sus creadores. Los fractales, por ejemplo, son adorables imágenes generadas por ordenador que resulta fascinante contemplar cuando son generadas por la solución de un problema, siempre diferentes y sin embargo siempre hechizantemente las mismas. Es una característica de las situaciones caóticas, en el sentido del término del que estamos hablando, que aunque son fundamentalmente impredecibles, poseen patrones que se repiten dentro de otros patrones generales.

Es difícil explicar este concepto en palabras. En este caso, la alfabetización no nos sirve de mucho. Esas pautas no se repiten a lo largo del tiempo, se repiten a lo largo de las dimensiones: conforme se penetra más en lo más pequeño o se avanza hacia lo más grande, estos patrones vuelven a emerger. Incluso la observación directa de los fenómenos no expresa adecuadamente lo que sucede. Es como si el mundo entero fuera una flor que despliega sus pétalos. Y en el mundo florece una nación. Y en la nación florece un niño. Y en la mano de ese niño florece una flor. Y en esa flor florece la crisálida de una mariposa. Y todos esos florecimientos son el mismo, aunque también distintos los unos de los otros.

El caos, la nueva ciencia, se enfrenta con un conjunto de fenómenos que se han descuidado durante mucho tiempo pero que son muy interesantes porque son evidentes, actuales y reales. El caos explica por qué los cristales de la nieve se desarrollan como lo hacen, aunque no puede todavía predecir cómo surgirá un determinado cristal. La ciencia del caos nos explica por qué las nubes tienen las formas que tienen, pero todavía no es capaz de predecir la forma que adoptará una nube durante los próximos cinco minutos. El caos describe cómo se dispersan los perdigones de un disparo, pero todavía no es capaz de predecir exactamente adónde irá cada perdigón de una descarga concreta. Pero puede que pronto sea capaz de hacer todas esas cosas.

El caos ha hecho que nos demos cuenta, mirando en perspectiva la historia de la ciencia, de que a menudo hemos simplificado demasiado las situaciones para tratar de entenderlas. Descartes simplificó demasiado el espacio al inventar la geometría analítica. Dijo que se podía asumir que el espacio tenía sólo dos dimensiones, pero por supuesto tiene al menos tres, según podemos comprobar en nuestra experiencia cotidiana.

La mecánica celeste de Newton trataba sólo con dos cuerpos que se atraían mutuamente cada vez. Se dio cuenta de que un problema que implicase la interacción de tres cuerpos celestes era demasiado complicado para su capacidad de análisis, por no decir nada de un problema que abarcara diez cuerpos o un millón de ellos, que es lo que implicaría describir con precisión el movimiento de todos los cuerpos del sistema solar.

Niels Bohr (1885-1962) simplificó muchísimo el átomo cuando lo describió como un sistema planetario en miniatura que giraba alrededor de un pequeño sol. Quizá todos los físicos que hoy buscan una «teoría unificada» están simplificando demasiado la realidad material. Puede que no haya una teoría unificada en la que tengan cabida todas las fuerzas de la naturaleza. Puede existir un número indefinido de fuerzas con muy poca relación entre ellas, como partículas moviéndose en una cámara de Wilson.

Abandonar las simplificaciones, dejar de lado la cómoda fe en que, como solía decir Einstein, Dios es sutil pero no malévolo (quizá sí es malévolo), requiere mucho valor. El caos puede, en teoría, explicar un universo creado por un Dios malévolo o por un Dios que se ha olvidado de él. La pasión con la que los científicos han abrazado el caos, y las grandes esperanzas que han depositado en él, son quizá un signo de que la ciencia ha dejado atrás el mundo de las seguridades infantiles.

Excavando en el lenguaje: la ideonomía

El caos no es la única ciencia nueva. Pero hay toda una legión de ciencias nuevas. Una de las más interesantes es la ideonomía.

El sufijo -*nomía* se refiere a las leyes relativas o a la totalidad de conocimientos de una materia dada. La ideonomía consiste en las leyes que gobiernan las ideas o en la totalidad del conocimiento sobre las ideas.

El filósofo Mortimer J. Adler ha escrito varios libros fundamentales sobre ideas en la cultura occidental: ideas como libertad, democracia, verdad o belleza. Estos libros analizan la literatura que trata explícitamente sobre cada idea, extraen temas y controversias que aparecen en los anteriores tratamientos de la cuestión y se presentan al lector para que los examine y decida. Adler dice que sus estudios sobre ideas son dialécticos. En su sentido griego original, la dialéctica consistía en el tipo de conversación filosófica que aparece en los diálogos de Platón. Podríamos definirla como un buen y profundo debate en el que dos o más interlocutores aceptan unas reglas y conceptos básicos y luego coinciden o llegan a la conclusión de que no están de acuerdo.

La ideonomía investiga el enorme caudal de conocimiento oculto en las palabras que utilizamos, enterrado allí, sea cuidadosa o descuidadamente, sea en el lenguaje profesional o en el cotidiano. Durante los siglos, durante los milenios, conforme el lenguaje ha ido desarrollándose y se ha construido un vocabulario de decenas de miles de palabras, también se ha almacenado conocimiento.

Nadie lo planeó. Nadie fue consciente de estar creando una especie de cueva del tesoro del conocimiento mientras usaba el lenguaje para comunicarse cotidianamente. Pero toda palabra tiene un significado, y esos significados persisten incluso cuando la palabra cambia de sentido. La ideonomía opera igual que la minería. El ideónomo excava en el lenguaje para descubrir los tesoros enterrados a mucha profundidad en las palabras.

Por ejemplo, empieza con una sencilla lista de ejemplos de alguna idea, concepto o cosa particular. Metáforas. Relaciones. Magnitudes. Movimientos. Lo que sea.

Estudiando la lista, que puede ser tan larga o corta como se desee y que no tiene por qué ser exhaustiva en ningún sentido, el ideónomo empieza a aislar e identificar tipos. Utilizando este análisis de categorías, que le recuerda qué elementos faltan en la lista, se mejora la lista inicial. Aunque el resultado puede seguir sin ser una lista exhaustiva, podemos estar razonablemente seguros de que abarca la mayoría del área temática que estamos estudiando.

Moviéndose entre las categorías, se crean a partir de la lista géneros del concepto central mediante ciertos algoritmos. Al final se crean relaciones entre los géneros, familias de géneros, dimensiones de los géneros, etc.

El fundador de la ideonomía es un hombre extraordinario llamado Patrick Gunkel, que vive en Austin, Texas, y se pasa el día creando, expandiendo y refinando sus listas de ideas y cosas. Cada lista recibe el nombre de organon, que «se mueve de esta manera: por la combinación, permutación, transformación, generalización, especialización, intersección, interacción, reaplicación, uso recurrente, etc., de los organon existentes».

Gunkel es incansable pero, aun así, la ideonomía no sería posible sin que un buen ordenador realizara las transformaciones adecuadas de un organon dado (o conjunto de organon). El ordenador devuelve sus resultados. Suelen ser aburridos, repetitivos y muchas veces carecen de sentido. Menos veces, pero aun así lo bastante a menudo, son sorprendentemente interesantes y fructíferos.

En cierto sentido, la ideonomía no crea nuevo conocimiento. Descubre conocimiento que ya existe, pero que estaba enterrado, en formas primitivas e inutilizables, en el lenguaje humano. Sin la ideonomía, dice Gunkel, este conocimiento nunca se habría hallado.

Nadie, ni siquiera Gunkel, sabe todavía qué utilidad, si es que tiene alguna, encontrarán los humanos al conocimiento ideonómico. Pero como dijo Benjamin Franklin cuando le preguntaron si la ciencia de la electricidad daría frutos útiles: «¿Y que utilidad tiene un bebé recién nacido?»

Explorando el sistema solar

De niño, en la década de 1930, recuerdo haber estudiado mapas de África que contenían espacios en blanco denominados *Terra*

Incognita. Para mí, ése era el nombre del país más interesante que pudiera existir.

Hoy en día hemos explorado y conocemos hasta el último centímetro cuadrado de la Tierra y la hemos cartografiado mediante ordenadores a bordo de satélites y naves espaciales, que utilizan rayos láser para sus mediciones. En nuestro planeta no quedan secretos, ya no hay *terra incognita*. Pero el sistema solar, mayor que la Tierra igual que la Tierra es mayor que una pulga, sigue básicamente inexplorado.

Media docena de humanos han caminado sobre la Luna, pero sólo han explorado meticulosamente unos pocos kilómetros cuadrados del satélite. Quedan cientos de miles de kilómetros cuadrados por descubrir, la mitad en ellos en la cara oculta, que nunca se ve desde la Tierra y que nuestros telescopios no han podido examinar. (Aunque sí ha sido fotografiada.)

Está Marte, con su brillo rojizo en el cielo nocturno, que nos lanza señales desde un mundo tan antiguo que su último ser vivo murió antes de que surgiera la vida en nuestro planeta. Está Venus, con su enloquecedora atmósfera de hirviente dióxido de carbono y su espantoso calor. Y Mercurio, peligrosamente cercano al Sol, con su tesoro de elementos pesados como oro y uranio.

Y luego están los planetas mayores, a cuyo lado la Tierra es una enana: Júpiter, Saturno, Urano y Neptuno. Los exploraron dos de las más nobles y bellas criaturas que ha creado la humanidad, las dos sondas espaciales *Voyager*.

La *Voyager I* se lanzó en septiembre de 1977, voló junto a Júpiter en julio de 1979 y pasó junto a Saturno en agosto de 1981. Cada una de esas dos pasadas nos aportó muchos conocimientos nuevos sobre esos enormes y misteriosos orbes. La *Voyager II*, lanzada en agosto de 1977, viajó a un ritmo más lento que su compañera. Se acercó a Júpiter en agosto de 1979 y a Saturno en agosto de 1981, pero entonces dispuso sus instrumentos electrónicos para que estudiaran Urano, al que llegó en 1986. Prosiguió su viaje y el 24 de agosto de 1989 llegó a menos de cinco mil kilómetros del polo norte de Neptuno. Se deslizó a menos de cuarenta mil kilómetros de Tritón, el gran satélite de Neptuno, que se demostró lleno de sorpresas. Tanto la *Voyager I* como la *Voyager II* enviaron a la Tierra miles de maravillosas fotografías que revelan una belleza y una rareza sin rival en cuanto conocemos.

Júpiter, mayor que todos los demás planetas juntos, no tiene una superficie sólida. Pero una de sus lunas es más grande que Mercurio y otras tres son mayores que nuestra luna. Todas ellas podrían ser colonizadas, pues parecen poseer hielo, aunque no tienen atmósferas notables. Júpiter tiene también unos tenues anillos, como Saturno (también los tienen Urano y Neptuno), probablemente formados sobre todo de hielo. Saturno tiene unas dieciséis lunas, algunas de ellas de notable tamaño. Tritón, la luna de Neptuno, es sólo un poco más pequeña que la luna de la Tierra. Existen en ella grandes áreas que parecen ser lagos helados, y restos de actividad volcánica bastante reciente parecen indicar que existe una fuente de calor interior. La temperatura en la superficie de Tritón, $-236,15$ °C, lo convierte en el objeto más frío que hemos descubierto hasta ahora en el sistema solar, y su atmósfera, formada básicamente por nitrógeno, es cien mil veces más fina que la de la Tierra. La vida no sería fácil allí, pero sería posible si un transbordador espacial transportase los materiales necesarios desde la Tierra para construir una cúpula que absorbiera el leve calor que llega de la radiación del Sol y dentro de la cual los humanos pudieran vivir sin trajes espaciales.

En el tercer milenio, la raza humana se dará cuenta de que vale la pena gastar parte de su fortuna en la exploración espacial. Cohetes con nuevos diseños, que quizás utilicen algún tipo de energía nuclear, impulsarán nuevos *Challenger* (magnífico y trágico nombre) a la oscuridad que nos rodea, y los hombres y mujeres del futuro verán maravillas que nosotros no podemos siquiera soñar.

Quizá lo primero que haya que hacer sea construir una estación espacial grande y eficiente en la Luna o en uno de los diversos puntos especiales de la órbita de la Luna alrededor de la Tierra en los que la fuerza de gravedad está exactamente equilibrada y en los que podría flotar para siempre sin que la perturbasen las ondas de gravedad y radiación que acostumbran a mover casi cualquier otra cosa en casi cualquier otro sitio. En realidad no hay límites al tamaño que dicha estación podría tener. El espacio es el espacio y realmente hay mucho libre. Desde esta estación espacial, o desde una de las varias que podrían construirse, se podrían lanzar todo tipo de naves de exploración a un coste mucho menor que el que tendría lanzarlas desde la Tierra, cuya enorme gravedad tiene que superarse utilizando potentes cohetes. Los instrumentos de esa estación espacial podrían, además, realizar todo tipo de experimentos y observaciones sin las interferencias que provoca la rica atmósfera terrestre, que hace posible que vivamos sin trajes espaciales pero que también distorsiona toda la información que nos llega del espacio exterior.

La exploración es una cosa. La colonización, otra muy distinta. Estoy seguro respecto a la primera, pero no tanto respecto a la segunda. Creo, sin embargo, que quizá a mediados del siglo XXI, colonias de humanos, junto con sus ordenadores y unos pocos perros y gatos, vivirán en la Luna y tal vez en Marte. Estas colonias existirán si las exploraciones revelan grandes cantidades de hielo bajo la superficie de la Luna o de Marte. Hacia 2050, si se ha logrado hallar una fuente adecuada de agua, se construirán grandes cúpulas bajo las cuales hombres y mujeres llevarán vidas normales, con numerosas plantas verdes —al principio cultivadas hidropónicamente, es decir, en una sopa de compuestos químicos en lugar de en el suelo— que aportarán tanto la comida como el oxígeno necesarios para subsistir.

En las rocas de todos los planetas, y muy especialmente en las de los satélites del sistema solar, hay oxígeno, hidrógeno y carbono. Es teóricamente posible extraer estos elementos necesarios para la vida de la superficie o de minas, pero una fuente de hielo que se pueda derretir haría todo mucho más sencillo, especialmente al principio.

Para que esta visión se convierta en realidad hace falta valor por parte de los líderes mundiales y cierto grado de suerte. Creo que no faltará ninguna de las dos cosas, y espero que el primer niño humano nacido fuera de la Tierra vea la luz —una luz extraña y diferente— en menos de cien años. Puede que esto pase incluso antes de lo que creo. Y, cuando pase, señalará el principio de lo que podría ser la época más grande de la humanidad.

Los colonos terrestres de nuestra luna, de Marte, de tal vez uno o dos de los satélites de Júpiter y de, quizá, Tritón, la luna de Neptuno, tendrán una nueva y mucho más punzante visión de la nave Tierra, flotando como una gran luna azul, vista desde nuestra luna, o como una pequeña y adorable estrella azul vista desde Marte o Júpiter. ¿Sentirán un renovado afecto por su viejo hogar, al que quizá para entonces hayan decidido no regresar, centrando su atención en un futuro más allá de lo que hoy parecen inalcanzables fronteras? Me gustaría creer que surgirá en ellos un renovado respeto y amor por la Tierra. Allí arriba, muy lejos, puede que parezca que merece la pena salvarla de nosotros mismos.

Puede que el sentimiento contrario sea todavía más común. Una vez has dejado atrás la Tierra, puede que sólo te acuerdes de lo malo: el hacinamiento, la polución, las constantes disputas, la brutalidad y la injusticia, la fanfarronería, la hipocresía y el orgullo. Quizá los colonos le digan adiós a la Tierra y dejen que el viejo planeta, el primer hogar de la raza humana, se salve solo, si puede.

¿El mensaje?

«Los poetas son los legisladores desconocidos del mundo», dijo Shelley. Quería decir lo mismo que dijo Marshall McLuhan al afirmar: «El artista serio es la única persona capaz de enfrentarse a la tecnología con impunidad, porque es un experto consciente de los cambios en las percepciones sensoriales.» Shelley quería decir también que los sueños de los poetas contribuyen a definir el conocimiento intuitivo de la raza humana. Es por eso por lo que los poetas hacen a veces profecías tan sorprendentemente correctas sobre el futuro. Ven lo que está por venir antes de que el resto nos demos cuenta, y lo describen en sus historias.

Cuando su visión del futuro nos parece desagradable o fantástica, no les prestamos mucha atención o criticamos su imaginación lasciva, demente o depravada. Los escritores cuyas historias flirtean con la frontera de lo posible corren siempre este riesgo. A veces no sólo se les ha tratado sin respeto sino que se les ha torturado o asesinado por su atrevimiento al revelarnos algo que no queríamos saber.

Incluso los mejores autores de ciencia ficción han aprendido a esconder sus profecías bajo una máscara melodramática a menudo cómica. Sus trabajos no son buenos de verdad, no son serios. Nos valen para pasar el rato, pero no nos planteamos si la visión que nos ofrecen del futuro tiene alguna relación con lo que vaya a pasar en realidad.

En mi opinión, esta actitud frente a la ciencia ficción es un error. Los mejores escritores de este popular género tienen mucho que enseñarnos. Son futurólogos profesionales, mientras que la mayoría de nosotros sólo somos aficionados. Estos escritores no tienen más responsabilidad que otros poetas o narradores. Es decir, cuentan historias creíbles, no historias reales. Pero, sin embargo, la historias creíbles también transmiten cierto tipo de verdad, aunque no sea científica, aunque no se pueda alegar en un tribunal de justicia.

Una de las preguntas más intrigantes que plantea la ciencia ficción es la posibilidad de que alguien, en algún momento, en algún planeta, luna o asteroide del sistema solar nos dejara un mensaje. No hemos encontrado ningún mensaje en la Tierra o, si lo hemos encontrado, no lo hemos sabido reconocer como tal. Quizá no sea sorprendente. Puede que no hubiera tenido sentido dejar un mensaje en la Tierra cuando sólo había dinosaurios u homínidos primitivos, cuando la alfabetización todavía estaba a un millón de años de distancia. Mejor dejar el mensaje en un lugar en que pudiera encontrarlo una raza más avanzada, en algún mundo lejano al que sólo pudieran llegar seres capaces de viajar por el espacio.

¿Es la existencia de ese mensaje sólo una entretenida fantasía? Probablemente. Y, sin embargo, es difícil no preguntarse sobre ello. Después de todo, claramente no es imposible que alguna raza de seres inteligentes haya visitado el sistema solar, investigado sus planetas, la Tierra incluida, y decidido que en ella había posibilidades de que se desarrollara vida inteligente en el futuro. Ha habido mucho tiempo para que eso pase. El Sol tiene muchos miles de millones de años, los planetas no son mucho más jóvenes y la vida existe en la Tierra, si no en otros lugares del sistema solar, desde hace más de cuatro mil millones de años. Unos supuestos visitantes inteligentes que llegaron hace mucho tiempo quizá sabían lo bastante como para prever qué podría suceder. Puede que quisieran dejar alguna señal de su paso, una señal que sólo seres que hubieran llegado a un determinado nivel de desarrollo fueran capaces de interpretar.

¿Hemos alcanzado ese nivel, sea el que sea? Tal vez no. Así pues, incluso si hay un mensaje en alguna parte del espacio cercano a nosotros, puede que pasen miles o millones de años antes de que seamos capaces de leerlo. Pero si nos hubieran dejado un mensaje, ¿querrían aquellos que lo han dejado que fuera tan difícil de encontrar? ¿No es mucho más probable que lo hubieran diseñado de modo que los primeros viajeros que salieran de la Tierra pudieran hallarlo?

Una vez se admite esa posibilidad, es difícil dejar de pensar en ella. Si existe tal mensaje, ¿estará en la Luna? No podemos descartar que así sea, pues sólo hemos examinado una pequeña porción de la superficie lunar. No hemos podido ver ningún mensaje, o no hemos podido reconocerlo, con nuestros más potentes telescopios. Pero puede que se dejara, intencionadamente, en la cara oculta de la Luna, pues alcanzar ese lugar requiere un mayor desarrollo tecnológico. Puede que se dejara en Marte, pues los visitantes inteligentes debieron de ver que el planeta rojo sería muy probablemente el primer objeto de nuestros viajes espaciales. O puede que esté en alguna otra parte. La cuestión es que si está allí, podríamos encontrarlo muy pronto. Quizás en los próximos cincuenta o cien años.

Si este mensaje existe, ¿qué dirá? Muchos escritores, malos y buenos, han tratado de interpretar ese mensaje antes de que lo encontráramos. Éste es uno de los temas favoritos de la ciencia ficción. Probablemente, la mayoría de los escritores han adoptado una visión optimista sobre el tema. Han supuesto que quienquiera que dejó el mensaje era esencialmente benevolente hacia la naciente humanidad y deseaba protegernos tanto de las fuerzas universales del cosmos como de las fuerzas dentro de nuestra naturaleza.

Creo que esa vía de razonamiento es improbable y muy peligrosa. Se dice que cuando los primeros europeos llegaron a Norteamérica, descubrieron que muchos animales no los temían. Fue un error que los animales pagaron muy caro.

Así pues, si encontramos este mensaje, o cuando lo encontremos, debemos recordar la advertencia que nos hizo el escritor de ciencia ficción Arthur C. Clarke (1917) en su relato «El centinela», en el que se basa la película *2001: Una odisea en el espacio* de Stanley Kubrick. Es decir, antes de tocar o perturbar de algún modo el mensaje (sea cual sea su forma), hay que considerar seriamente la posibilidad de que sea una especie de trampa colocada para informar a aquellos que la dejaron de que finalmente se ha descubierto.

Por supuesto, puede que lleve tanto allí que sus creadores haga tiempo que se hayan disuelto en polvo intergaláctico, junto con la gran civilización que hizo posible que llegaran a nosotros.

Si no es ése el caso, y si activamos la trampa (puede que no sea posible evitar accionarla), probablemente no pase mucho tiempo hasta que regresen nuestros visitantes. Su venida marcará el inicio de una época nueva en la historia y el conocimiento humanos. Sea lo que sea lo que puedan hacer por nosotros, los seres que pudieran haber dejado ese mensaje probablemente se cuenten entre los maestros más extraordinarios que hayamos conocido nunca. Podremos aprender cosas maravillosas de ellos. Sólo esperamos que el precio a pagar por toda esa información no sea demasiado alto.

Todo esto es fantasía y ciencia ficción. Hasta la fecha no hay el menor indicio de que un mensaje de ese tipo espere a nuestras naves mientras exploramos nuestro pequeño vecindario espacial. Probablemente ese mensaje no exista. Pero y si...

El hombre como vecino terrestre

La «biomasa de la Tierra» puede definirse como el peso de todas las cosas vivas que habitan en ella, bajo ella y sobre ella en la atmósfera. En la actualidad, la biomasa de la tierra es de unos setenta y cinco mil millones de toneladas. Esto incluye las aproximadamente doscientas cincuenta millones de toneladas de la biomasa humana, alrededor de mil ochocientos millones de toneladas de biomasa animal, de la que más de la mitad son peces, y unos diez mil millones de toneladas de plantas terrestres. Los árboles representan unos treinta y nueve mil millones de toneladas y las algas, unos veinticuatro mil millones de toneladas. El cuadro incluido a continuación ofrece un desglose un poco más detallado.

biomasa	millones de toneladas
Seres humanos	
(cinco mil millones de personas)	250
Animales	
Ganado: reses	520
ovejas, cabras, etc.	75
cerdos	100
pollos, patos, gansos, etc.	10
Mascotas	5
Grandes animales salvajes	
(leones, águilas, ballenas,	
osos hormigueros, caballos salvajes,	
elefantes, etc.)	10
Pequeños animales salvajes	
(ratas, ratones, ranas, sapos,	
gusanos, etc.)	15
Insectos, bacterias, etc.	15
Peces y crustáccos	1.000

biomasa	millones de toneladas
Plantas	
Cultivos	2.000
Otras plantas terrestres	8.000
Árboles	39.000
Algas y otras plantas acuáticas	24.000
BIOMASA TOTAL DE LA TIERRA	75.000

Estas cantidades son, por supuesto, estimaciones. La cifra de los animales y peces, de las cosechas y de los seres humanos son razonablemente precisos y se basan en estadísticas publicadas por la Organización de Alimentos y Agricultura de las Naciones Unidas. Quizá nadie sabe exactamente el peso total de todos los árboles de la Tierra. He estimado que es más o menos diez veces la producción anual de madera, que es de tres mil quinientos millones de toneladas. Si el total de la vegetación que no forma parte de cultivos es de unos ocho mil millones de toneladas, entonces el total de algas marinas y otras plantas acuáticas en los océanos debe de ser aproximadamente tres veces esa cantidad, pues los océanos cubren aproximadamente tres cuartos de la superficie de la Tierra. El total probablemente no yerra más que en unas pocos miles de millones de toneladas arriba o abajo. Supongo que es correcto con un margen de error del 10 por ciento.

Lo primero que destaca de estas cifras es la predominancia de la biomasa vegetal sobre la biomasa animal. Los animales constituyen entre un 2 y 3 por ciento de la biomasa total del planeta. La Tierra es todavía un planeta verde, como probablemente lo ha sido durante los últimos mil millones de años.

En segundo lugar, una sola especie (el *Homo sapiens*) constituye más del 10 por ciento de la biomasa animal, a pesar de que existen decenas de miles de especies animales.

La biomasa humana constituye el 25 por ciento del total de la biomasa animal, excluyendo los peces. Este altísimo porcentaje es una prueba excepcional del extraordinario éxito de la raza humana comparada con otras especies animales que durante un tiempo le disputaron la hegemonía en la Tierra.

En tercer lugar, si se suma la biomasa de las especies que dependen por completo del hombre para su existencia, los animales domésticos y las mascotas, el dominio del hombre se hace todavía más obvio. El hombre y sus sirvientes y esclavos animales totalizan un 96 por ciento de la biomasa animal, excluyendo los peces. Más aún, puede estimarse que el hombre «cosecha» un 10 por ciento de los peces cada año y los usa para alimentarse él y darles de comer a sus animales domésticos.

En el lado animal de la tabla, el dominio del hombre está claro. Sin embargo, la biomasa humana sólo es un cuarto de un 1 por ciento de la biomasa total del planeta.

Así pues, parecería que incluso un aumento radical de la población humana no tendría grandes consecuencias. Un aumento de la población humana de casi un cien por cien, de los seis mil millones actuales a los más de diez mil que se proyectan a finales del siglo XXI, se limitaría a doblar la biomasa humana de 250 millones de toneladas a 500 millones de toneladas. El porcentaje sobre el total subiría de un 0,25 por ciento a un 0,5 por ciento.

Parecería que un aumento tan pequeño no debería causar problemas en el ecosistema mundial. Habría con toda seguridad una subsiguiente reducción en el porcentaje de biomasa correspondiente a los animales salvajes grandes. Podría darse un pequeño descenso en la biomasa de los árboles y la vegetación y, posiblemente, también en las algas.

Por desgracia, esta aparente baja incidencia de ese aumento de población está muy lejos de la realidad. El hombre es una especie contaminante. Que la población humana se doblase tendría un efecto devastador sobre el ecosistema del mundo, pues el hombre es un animal increíblemente sucio.

El hombre no siempre ha sido tan sucio. Durante el primer millón de años, más o menos, en el que existieron criaturas humanas en este planeta, no perjudicaron al medio ambiente significativamente más o de forma sustancialmente diferente a como lo hacían la mayor parte de las demás especies animales. De hecho, hace sólo doscientos años, la raza humana era, en general, un buen vecino en la comunidad de la Tierra.

Es cierto que el hombre mató, a veces por deporte, a muchos de los mayores animales salvajes que una vez compartieron el mundo con él. Y siempre fue, como se dice sobre los perros, «poco cuidadoso con sus defecaciones», es decir, distribuía sus heces y demás basura y deshechos por el paisaje en lugar de esconderlos cuidadosamente, como hacen los gatos.

Pero lo que sucedía era que simplemente no había suficientes seres humanos en la Tierra para que su conducta comportase demasiados problemas, e incluso cuando su número aumentó espectacularmente, todavía no sabían lo suficiente para hacerlo. En particular, no habían aprendido todavía a quemar y utilizar de diversos modos los combustibles fósiles en enormes cantidades para hacer así que sus vidas fueran mejores, pues creían que así sería.

Durante los pasados doscientos años, la humanidad se ha dedicado a contaminar seriamente el medioambiente —las aguas del océano y la tierra, la atmósfera, el propio suelo— a un ritmo cada vez mayor. Además, la población humana ha crecido aproximadamente un 800 por ciento desde 1790. Así pues, aunque el hombre sólo constituye un 0,25 por ciento de la biomasa total de la Tierra, probablemente es responsable del 99 por ciento de la contaminación.

En el siglo XXI debemos comprender perfectamente las consecuencias de estos números. Hay sitio en la Tierra para otros cinco mil millones de seres humanos si estamos dispuestos a ser buenos vecinos terrestres. Puede que haya sitio para diez mil millones de personas más, o incluso para una cifra mayor.

Pero no hay sitio ni tan sólo para los seis mil millones de hoy si seguimos tratando a la Tierra como una especie de cubo de basura gigante, en el que podemos tirar descuidadamente todos los residuos de nuestra cada vez más despilfarradora existencia.

La naturaleza acabará equilibrando las cuentas al final. Pero incluso en el peor de los casos, yo ya no estaré vivo cuando pase a cobrar. Probablemente, tú tampoco lo estarás. Es decir, el mundo tal como hoy lo conocemos, incluso si no cambia en lo más mínimo, puede sobrevivir probablemente otros cien años. Por ello predigo —si no se produce algún tipo de devastador conflicto nuclear— que los humanos todavía serán uno de los principales quebraderos de cabeza de la Tierra en 2100. Pero nuestras perspectivas más allá de esa fecha no son muy buenas si no cambiamos. Por ello, porque sigo creyendo que somos animales racionales, creo que cambiaremos.

Será difícil hacerlo. Miles de millones de personas codician los lujos —costosos en términos de energía y residuos— que en los países avanzados hemos aprendido a disfrutar y de los que no podemos imaginar desprendernos. Debemos, de algún modo, hacer sitio a esos miles de millones que antes eran pobres y que ahora tienen esperanza y ambición. Al menos debemos reconocer sus deseos y gestionarlos de alguna forma. Al mismo tiempo, el ecologismo y la idea de la nave espacial Tierra son conceptos muy nuevos. Se están extendiendo rápidamente. Puede que consigan extenderse lo bastante a tiempo.

La hipótesis Gaia

Puede que la raza humana cuente con un aliado inesperado. Platón, hace siglos, concebía la Tierra como un organismo vivo. Desde entonces, muchos han compartido esta idea, que en la actualidad ha cobrado nuevo impulso.

El filósofo y paleontólogo jesuita Pierre Teilhard de Chardin (1881-1955), en su famoso libro *El fenómeno humano*, ofreció una nueva y reveladora imagen del mundo. Creía que la Tierra estaba formada por una serie de esferas concéntricas. La geoesfera era la tierra sólida. Rodeándola y estrechamente unida a ella estaba la biosfera. Y más allá de la biosfera, envolviendo a las dos esferas menores, estaba lo que Teilhard de Chardin denominó la noosfera, de la palabra griega *nous*, «mente».

Igual que la geoesfera era a la vez un conjunto de cosas y una sola cosa, y del mismo modo que la biosfera era al tiempo una serie de seres vivientes y en cierto sentido una única cosa viva, también las mentes de todos los seres humanos de la Tierra podrían concebirse como unidades o combinadas en una gran y única inteligencia. Según dijo Teilhard de Chardin, la hominización de la Tierra estaba teniendo lugar en nuestra época y consistía en la creación de una sola conciencia que él interpretaba como un fenómeno necesario y concomitante con la cada vez mayor unidad del mundo.

Los superiores eclesiásticos de Teilhard de Chardin rechazaron sus ideas, y ninguna de sus obras filosóficas fue publicada antes de su muerte. Para cuando finalmente vieron la luz, la necesidad de un concepto como la noosfera era más obvia de lo que había sido nunca.

La hipótesis Gaia, propuesta por el biólogo e inventor británico James Lovelock (1919) difiere del concepto de la noosfera de Teilhard de Chardin de forma significativa, pero sus resultados podrían ser los mismos. Según la hipótesis Gaia (*Gaia* era el nombre que los antiguos griegos daban a la diosa tierra), la vida influye en la Tierra para que sostenga a la vida, y el planeta entero es el núcleo de un solo y unificado sistema viviente.

«La Tierra es un organismo vivo, y puedo sostener esta afirmación», dice Lovelock, que ha atraído recientemente a muchos seguidores y a todavía más críticos. El biólogo e inventor apunta a la notable constancia, a lo largo de muchos millones de años, de la proporción de los diversos gases de la atmósfera y de los elementos químicos, como la sal, en el océano. Lovelock cree que el clima y las propiedades químicas de la Tierra han sido las óptimas para la vida durante cientos de millones de años. Afirma que es poco probable que los seres vivos pudieran haberse desarrollado por casualidad. ¿Acaso la biosfera ha estado dirigiendo el planeta desde el principio?

Algunos evolucionistas critican la teoría de Lovelock, diciendo que es poco más que un deseo fantástico. Cuestionan las pruebas en las que basa su convicción de que la proporción de gases y productos químicos ha permanecido constante. Incluso si tiene razón, sugieren que un sistema mecánico podría explicar perfectamente ese equilibrio. No hay necesidad de profetizar que la Tierra es un organismo vivo. Incluso si la cantidad actual de biomasa se consiguió hace un millón de años y ha permanecido más o menos constante desde entonces, ha habido cambios, a veces catastróficos, y pequeños cambios en el futuro podrían acabar con la humanidad a pesar de dejar la mayoría de los demás seres vivos prácticamente intactos.

Otros científicos encuentran la hipótesis Gaia muy interesante. Se ha puesto en marcha un proyecto mundial dedicado a probarla o refutarla. De hecho, puede que nunca sepamos si Lovelock tiene razón o no. Si sobrevivimos, parecerá que lo hemos hecho gracias a nuestro propio esfuerzo. Puede que nunca sea evidente que la Tierra, como algo vivo, ha aprendido a adaptarse a muchos cambios en la composición de su biomasa, incluso al desafío que le presenta el hombre.

En otras palabras, si sobrevivimos como especie, puede que en realidad no lo hagamos debido a nuestra razón humana, que en el mejor de los casos toma decisiones razonables frente a todo tipo de desafíos. Dicho de otra manera: puede que nuestro conocimiento no sea lo que nos salve, aunque probablemente nosotros siempre creeremos que así fue.

De todas maneras es posible que algo de conocimiento esté implicado en esta cuestión. El concepto de noosfera no se ha refutado, aunque a la Iglesia no le guste por su aire panteísta. Pero la inteligencia unificada que nos rodea como la biomasa rodea a la Tierra no es la mente de una persona individual. Tampoco es su conocimiento —pues toda mente debe poseer conocimiento o no es una mente—, el conocimiento de una persona individual. Como individuos puede que no seamos conscientes, que nunca seamos conscientes de esa trascendental entidad, la mente universal, junto con su conocimiento universal. Pero eso no querría decir necesariamente que no fue el conocimiento lo que nos salvó, si es que vamos a ser salvados, sino la pura suerte o la quizá insensata manipulación de la Tierra viva, de la Gaia de Lovelock.

La salvación vale cualquier precio que tengamos que pagar por ella. Por salvación entiendo la continuación de la existencia de la humanidad. El precio puede ser la aceptación de nuestra estupidez, arrogancia y codicia eternas. Puede que nunca sepamos que hemos creado, de forma totalmente involuntaria, una mente de nivel superior de la que no podemos ser conscientes. Pero puede, después de todo, que en algún momento sí alcancemos a serlo. No puedo siquiera aventurar cuándo podría pasar eso, pero si pasa, probablemente ocurrirá en un futuro muy lejano, dentro de más de cien años.

Ingeniería genética

Conforme la humanidad, irresponsable y ciegamente, va modelando el mundo a su antojo con su dinamita y sus excavadoras, con sus fertilizantes y sus pesticidas, su cemento y su asfalto, acaba con especies animales y vegetales que no consiguen adaptarse lo bastante rápido a un ritmo que se ha calculado en unas veinte mil extinciones cada año. Hay millones de especies de seres vivos y, a pesar de las muchas pérdidas, una gran variedad de las cosas vivas permanecerán en la Tierra en el futuro previsible. También es cierto que algunas catástrofes del pasado —como, por ejemplo, la que acabó con el dominio de los dinosaurios— aparentemente acabaron también con un enorme número de especies en un período relativamente corto de tiempo. La vida es un fenómeno notablemente elástico y flexible.

Debe decirse a favor de los seres humanos que son diferentes a todas esas catástrofes del pasado. Incluso mientras destruyen, siempre crean algo. El descubrimiento en el siglo XIX del código genético esconde la posibilidad, y la promesa, de la creación artificial de muchas variedades, si no verdaderas especies, de animales y plantas.

Hace mucho tiempo, a través de la cría controlada, los humanos empezaron a crear nuevas variedades de seres vivos. Las grandes diferencias que existen entre los perros —pensemos en un pequinés y un gran danés, o en un pit bull y un golden retriever, o en un perro calvo mexicano y un perro ovejero inglés— son consecuencia de la intervención humana en el conjunto genético canino, que al principio contaba sólo con una o dos razas. Hemos producido cambios igualmente espectaculares en caballos, reses, ovejas y en todas las aves de corral, a muchas de las cuales hemos alterado hasta tal punto que ya no pueden volar.

Puede que los mayores cambios se hayan hecho en las especies vegetales. El trigo, el maíz, el arroz, la avena, la cebada y el centeno silvestres eran plantas muy distintas de las que hoy cosechamos. Las plantas originales eran resistentes, pero sin modificaciones no hubieran producido el grano suficiente para saciar el hambre de la raza humana. Y la mayoría de los vegetales y frutas que comemos son resultado de cruces entre variedades distintas con el fin de obtener las características deseadas, que a veces benefician a los productores y no a los consumidores.

El cruzar variedades es un medio relativamente lento y tosco de «mejorar» las especies animales y vegetales. El código genético, grabado en cada molécula de ADN de cada célula de todo ser vivo, ofrece un método mucho más preciso y rápido de cambiar especies y producir especímenes que se adecuen mejor a nuestras necesidades. En vez de inocular al ganado con un pesticida para controlar posibles enfermedades, con lo que los consumidores acaban consumiendo el veneno en sus filetes, puede que sea posible provocar en los animales una inmunidad natural y hereditaria a ciertas enfermedades empleando la técnica de la recombinación del ADN. Cosechas más resistentes, con mayor inmunidad a las enfermedades endémicas que a menudo amenazan con destruir enormes cantidades de grano, se pueden obtener mediante la manipulación de los códigos genéticos de las plantas.

En teoría, también pueden producirse monstruos: pollos con alas y piernas vestigiales y unas pechugas desproporcionadamente grandes; vacas con ubres tan grandes que no puedan caminar y tengan que estar tendidas toda su vida; peces que tengan un deseo natural de ser atrapados por las redes. Desde 1980, estas variedades pueden patentarse bajo la ley de propiedad intelectual de Estados Unidos, lo que también parece bastante monstruoso, aunque en otro sentido.

Sin embargo, no creo que lo que más nos preocupe a lo largo del siglo XXI sean los seres que podamos crear utilizando nuestro conocimiento del código genético en los reinos animal y vegetal. Lo que me preocupa de verdad es lo que podamos querer hacer a los seres humanos.

Eugenesia

La eugenesia es un antiguo sueño de la raza humana. Sabemos que hemos podido mejorar con éxito las razas de animales. Entonces, ¿por qué no mejorar también al ser humano? Un programa de eugenesia, cuyos detalles se mantenían en secreto para el público, estaba en la base de la República que proponía Platón. Formaba parte de la Mentira Real. El científico inglés Francis Galton (1822-1911) fue uno de los primeros hombres modernos en presentar un programa de eugenesia cuidadosamente diseñado. En su libro *Hereditary Genius* (Genio hereditario) de 1859, proponía matrimonios concertados entre hombres distinguidos y mujeres ricas que, en su opinión, acabarían produciendo una raza de superdotados. Adolf Hitler fue un defensor a ultranza de la eugenesia y pretendió, usando los principios de esta ciencia, librar al mundo de «indeseables» como judíos, negros, gitanos y homosexuales.

La Sociedad Americana de Eugenesia se fundó en 1926 y defendió la tesis de que las clases privilegiadas de Estados Unidos tenían derecho a la posición de preeminencia que ocupaban debido a su superioridad genética. Se trataba una vez más del viejo argumento aristotélico explicado a la inversa: si eres un esclavo, es que debes ser naturalmente inferior; si formas parte de la oligarquía, es que debes ser naturalmente superior. Influyentes eugenistas estadounidenses defendieron también la esterilización de los mentalmente perturbados, de los epilépticos y de los discapacitados mentales. Como consecuencia, se aprobaron leyes que permitían la esterilización forzosa en más de la mitad de los estados. En tiempos recientes se ha impuesto la esterilización forzosa a personas que sufren ciertas enfermedades, como la sífilis o el sida.

Se pueden usar muchos argumentos para defender la eugenesia. Las cárceles están abarrotadas de criminales reincidentes.

Puesto que el carácter criminal probablemente sea hereditario, ¿debería esterilizarse a esos hombres y mujeres para librar a la siguiente generación de su descendencia? Mejor todavía, si fuera posible manipular los genes de los criminales de modo que se corrigiera su tendencia a delinquir, ¿por qué la sociedad debería abstenerse de hacerlo? El coste de mantener a un criminal de por vida en la cárcel es muy elevado. Al prisionero la experiencia tampoco le resulta satisfactoria. Sus víctimas también sufren. Hacer que los delitos sean menos probables parece que beneficia a todo el mundo. Se pueden elaborar argumentos similares para borrar unas cuatro mil enfermedades genéticas que causan dolor a quienes las sufren, a sus familias y a sus amigos y que cuestan miles de millones a la sociedad en cuidados y atención. Esto se podría hacer estableciendo controles en la reproducción o mediante la tecnología de recombinación del ADN. ¿Por qué no hacerlo si podemos?

Más aún, el pago del pecado es la muerte, dijo el predicador. Eva y su consorte Adán trajeron la muerte a este mundo, según afirma el mito fundacional cristiano. Pero ¿quiere decir eso que debemos seguir sujetos a la muerte si se puede descubrir una forma de evitarla? Sin duda no será posible vivir eternamente. Pero ¿y si sutiles cambios en nuestro ADN pudieran aumentar dramáticamente nuestra esperanza de vida? ¿Deberíamos hacerlo si pudiéramos?

Los argumentos contra cualquier programa de eugenesia, por bienintencionado que sea, también son muy convincentes. Una persona, o un pequeño grupo de gente, debe decidir qué es beneficioso y, por tanto, debería imponerse a todos los demás. ¿Quién debe decidir quiénes serán los que decidan qué debe hacerse? ¿Se presentarán a cargo público, pronunciarán discursos detallando sus posiciones antes de las elecciones, discursos que pocos atenderán y todavía menos entenderán? ¿O se elegirán a sí mismos mediante la fuerza, la astucia o el fraude?

¿Estará dispuesta una ciudadanía ilustrada a conferir un poder de decisión tal sobre un cierto número de sus ciudadanos? Y una vez esté conferido, ¿se convertirá en irresistible la tentación de perpetuar ese poder por medios eugenésicos? ¿Hay alguien tan virtuoso que pueda resistir garantizar el control total de la raza humana a sus descendientes?

Si ese poder se hubiera obtenido de forma fraudulenta o mediante el uso de la fuerza, la tentación de utilizarlo en provecho propio se tornaría todavía mayor, pues se puede suponer que cualquiera dispuesto a conspirar para obtener ese puesto no tendría ningún escrúpulo en retenerlo utilizando cualquier medio necesario.

Como Charles Galton Darwin, un sobrino nieto de Francis Galton, dejó claro en su libro *The Next Million Years* (El siguiente millón de años) de 1933, cualquier programa de eugenesia basado en el control del cruce reproductivo entre humanos está condenado a fracasar a largo plazo. Según C. G. Darwin, ninguna especie puede jamás alcanzar un control completo sobre su reproducción. Siempre habrá un número suficiente de individuos que escaparán a las restricciones y harán que el programa no funcione. No debemos temer nada de los partidarios de la eugenesia clásica, como Platón o Hitler. Al final, siempre fracasarán.

La creación de mutaciones controladas que pueda provocar la manipulación del genoma es otra cuestión. En teoría, sería posible cambiar la estructura del ser humano de forma permanente. Y, en esencia, de forma indetectable, hasta que sea demasiado tarde para hacer algo al respecto. Una expansión de la tecnología de fecundación in vitro hará que todo este proceso sea todavía más sencillo.

El mapa del genoma humano

Los científicos del siglo XX se embarcaron en un curso acelerado para realizar un mapa completo del genoma humano. ¿Cuáles serán las consecuencias de este descubrimiento?

En primer lugar, se aprobarán estrictas leyes en casi todos los países del mundo prohibiendo el uso sin control del nuevo conocimiento para la mejora genética privada. Los gobiernos, prácticamente en todas partes, requerirán que cualquiera presente razones sólidas y suficientes para autorizar que se le someta a una operación genética, sea ésta experimental o terapéutica. Estas razones tendrán que ser aprobadas o denegadas por un tribunal formado por ciudadanos rectos y, si son denegadas, el experimentador no recibirá autorización para proceder. En muchos países será muy complicado obtener ese tipo de autorización. En algunos otros no será difícil en absoluto. Y quizá en algunos lugares de la Tierra no haga falta ningún trámite administrativo.

¿Acaso las Naciones Unidas, sean la institución que conocemos hoy o un organismo sucesor más poderoso, quizá un gobierno mundial, exigirán que esos países deshonestos se plieguen a la voluntad mundial de controlar la práctica de la eugenesia científica y moderna? Si plantea estas exigencias, ¿tendrá esta organización el poder, y la voluntad necesaria, para imponerlas? Si tomamos como ejemplo nuestra experiencia actual con las organizaciones internacionales o incluso con las agencias federales de Estados Unidos, lo más probable es que no.

Si unas nuevas Naciones Unidas consiguen prohibir la eugenesia incontrolada en todo el mundo, puede que emerja un mercado negro de tecnología de recombinación de ADN. El mundo ni siquiera ha sido capaz de encontrar un sistema efectivo para controlar las drogas de tipo relativamente benigno que tenemos hoy, aunque a casi todo el mundo le gustaría hacerlo. La demanda de los beneficios de la manipulación genética será mucho mayor que la de cualquier droga actual. El mercado negro florecerá, pues el pago será la propia tecnología. Algún científico deshonesto dirá: «Si cierras los ojos y me dejas hacer lo que quiero, te garantizo que tú, tu mujer y tus hijos viviréis durante doscientos años completamente libres de enfermedades, incluidas las enfermedades degenerativas de la ancianidad.» Será difícil encontrar un funcionario, por muy recto que sea, que rechace una oferta de este tipo.

Probablemente, las incursiones ilegales en el genoma humano empezarán lentamente y, al principio, serán pequeñas. Los atletas serán los primeros en buscar los beneficios de este nuevo conocimiento de la estructura del ser humano. Pagarán por esa información con los enormes beneficios que les reportará simplemente el ser especímenes físicos mejores. Los atletas ya emplean de este modo las drogas que mejoran el rendimiento deportivo. Los músicos, siempre dispuestos a experimentar con drogas nuevas, serán también buenos clientes de la nueva tecnología incluso si —o quizá en parte por ello— está prohibida. Los más ricos no se quedarán a la zaga. Pronto cientos de miles, luego millones, aclamarán este definitivo remedio biotecnológico.

El resultado, que quizá nadie busque intencionadamente pero que aun así podría darse, podría ser la aparición de una vena de seres humanos auténticamente superiores. Las mejoras en el genoma, al contrario que las meras mejoras químicas que proporcionan las drogas, serían permanentes, es decir, hereditarias. Estos nuevos individuos tendrían, pues, cuerpos mejores, más fuertes y ágiles. Serían inmunes a muchas enfermedades y vivirían más tiempo. Probablemente serían también más inteligentes, aunque no es algo ni mucho menos seguro. ¿Está una inteligencia superior asociada habitualmente a una psique superior?

¿Podremos controlarlos? ¿Podremos impedir que se conviertan en esa minoría privilegiada que Aristóteles describió tantos siglos atrás, los nacidos para gobernar, mientras el resto nace sólo para servir? ¿Existe alguna forma de que la mayoría no mejorada genéticamente pueda contrarrestar el poder político y económico de los seres humanos naturalmente superiores?

La democracia y la eugenesia

La democracia es el sueño político de la mayoría de los seres humanos. Sus ventajas como la única forma verdaderamente justa de gobierno son obvias para todos, siempre que sigamos aceptando como cierto que todos los hombres y mujeres son creados iguales. Pero si algunos nacen siendo naturalmente superiores y a otros se les permite, legalmente o no, comprar mejoras que les conviertan en biológicamente superiores, ¿sobrevivirá la democracia? Y, lo que es más importante, ¿seguirá siendo la única forma justa de gobierno?

En los siguientes veinte años, la democracia probablemente avance hasta imponerse en la mayoría de las naciones de la tierra. Pero esto puede resultar el punto culminante de la democracia, el prólogo de su derrota final.

Como hemos visto, la mayor amenaza a la democracia no procede del totalitarismo de derechas o izquierdas, que ha sido sonora y, creo, permanentemente desacreditado en el siglo XX. En vez de ello, esta amenaza procede del enemigo más antiguo de la democracia, que es la oligarquía, el gobierno de unos pocos, que afirman ser los mejores, sobre la mayoría.

En nuestros tiempos podemos resistir las lisonjas de los oligarcas. Sabemos lo poco sinceras e interesadas que son sus ofertas de gobernarnos mejor y con más justicia de lo que podemos gobernarnos nosotros mismos. Pero parte de la coraza que nos protege contra estas lisonjas procede de nuestra profunda convicción de que los que se llaman a sí mismos aristócratas no son, en realidad, mejores que nosotros mismos. Todos los hombres y mujeres son creados iguales, nos repetimos a nosotros mismos con confianza. Esta poderosa afirmación es el gran pilar sobre el que se sustenta la democracia.

En principio, parece inatacable. Pero podría verse erosionada por astutos mercaderes de la superioridad genética —es decir, natural—, especialmente del tipo de superioridad «natural» que puede comprarse. Así pues, es concebible que cuando una raza superior de seres humanos cobre influencia, el susurro de que la democracia es ineficiente, es decir, de que ni siquiera es beneficiosa para las clases más bajas, por no decir ya para las más altas, se escuche de nuevo.

Como forma de gobierno, la democracia rara vez ha sido popular entre los ciudadanos más poderosos. Puede que una minoría de la nueva subraza superior, si es que tal subraza llega a existir, se resista a las incursiones de una nueva oligarquía que se denominará a sí misma, de forma natural, aristocracia. La mayoría de estos nuevos aristócratas, por definición superiores de forma natural, sostendrá que la justicia exige que gobiernen a la mayoría inferior.

Se afirmará que la democracia sigue siendo la única forma justa de gobierno incluso si algunos seres humanos son biológicamente superiores al resto. ¿Hay dos especies distintas, se preguntará, o nos seguiremos definiendo todos como seres humanos? Si es así, se puede afirmar que todos somos iguales como seres humanos, es decir, iguales en la posesión de ciertos derechos que todos los seres humanos poseen de forma natural. A pesar de que existan grandes diferencias en habilidades, longevidad, salud, inteligencia, etc., se dirá siguiendo este razonamiento, nadie tiene más derecho que ningún otro a la vida, la libertad y la búsqueda de la felicidad, con todo lo que esta búsqueda comporta.

La réplica de la raza de humanos genéticamente superior podría ser a la vez sencilla y sorprendentemente nueva. Muy bien, podrían decir los nuevos aristócratas, aceptamos vuestra doctrina de los derechos naturales. Admitimos totalmente que todos, tanto los inferiores como los superiores, tienen el mismo derecho a la vida, a la libertad y a la búsqueda de la felicidad, así como también reconocemos otra larga lista de derechos que prometemos proteger. Pero nosotros, los aristócratas —siendo, como somos, biológicamente superiores— poseemos un derecho que vosotros no poseéis, y ése es el derecho a gobernar. La lógica lo impone y la justicia lo exige. Recordad, añadirán, que este derecho es para nosotros una obligación, mientras que para vosotros es un beneficio del que disfrutaréis.

La democracia es perfectamente justa, al menos en principio. Pero la oligarquía, en la que unos pocos gobiernan a muchos para el beneficio seguro de esos pocos y el beneficio supuesto de aquellos muchos, es un adversario poderoso y peligroso. Sería todavía más peligroso si una raza de seres humanos realmente superiores viera la luz.

¿Sucederá tal cosa? Quizá sí, quizá no. Depende de muchos factores. En primer lugar, será necesario un mapa extremadamente detallado del genoma humano. Puede que esto resulte en último término imposible. Si los genetistas lo consiguen, puede que no logren dar el paso siguiente, que sería descifrar y comprender a fondo el genoma de un humano concreto. Si no lo consiguen, los esfuerzos por mejorar genéticamente a los seres humanos no serán ni muy amplios ni muy efectivos.

616

Si se logra culminar con éxito ambos procesos, ¿podrá sobrevivir la democracia? No se puede ignorar esta pregunta diciendo que se trata meramente de algo fantástico, de pura ciencia ficción. Creo que no reflexionar sobre ello sería un error muy peligroso.

Velocidad

Hemos hablado de la velocidad del transporte y la comunicación de forma general a lo largo de las páginas de este libro. No debemos ignorar el factor de la velocidad, especialmente en lo que se refiere al aumento de la velocidad en los últimos dos siglos. Mediante un proceso de extrapolación podemos comprobar que la humanidad se enfrentará a extraordinarios desafíos durante los siguientes cien años.

En 1800, un hombre podía viajar cómodamente por tierra unos treinta y ocho kilómetros en un día. A pie, se podían cubrir esos treinta y ocho kilómetros en ocho horas a un cómodo ritmo de unos cinco kilómetros por hora. No era extraño que, por ejemplo, un hombre caminase unos diecinueve kilómetros para comer y luego otros diecinueve de vuelta a casa. Thomas Carlyle (1795-1881) a veces caminaba esa distancia para cenar con Ralph Waldo Emerson (1805-1882), como nos dice el propio Emerson en sus *English Notes*. Carlyle podía recorrer la distancia en menos tiempo a caballo, pero era pobre y no poseía ninguno. La mayoría de la gente no tenía caballos en 1800. Incluso los que los tenían no hubieran podido viajar cómodamente más de aquellos treinta y ocho kilómetros diarios. O, mejor dicho, el caballo no hubiera podido viajar más. Consideremos, por tanto, que esa cifra era la media para un día de viaje.

Es de destacar que esa misma distancia podría haberse considerado la estándar para un día de viaje en cualquier siglo anterior a 1800, remontándonos a los orígenes de la historia. Durante milenios, un hombre podía viajar cómodamente unos treinta y ocho kilómetros diarios. Quizá un poco más a caballo, si tenía caballo, o quizá un poco menos si era una mujer, o un niño, o un anciano, o padecía algún tipo de deformación o minusvalía. Algo así como esos treinta y ocho kilómetros diarios fueron el estándar inmemorial de la raza humana para un día de viaje hasta la revolución industrial.

¿Qué número podríamos definir como normal hacia 1900? En el siglo anterior, en los países avanzados del mundo, las naciones que definían la pauta que el resto del mundo deseaba seguir (e iba a seguir, quisiera o no), construyeron redes de ferrocarril que aumentaron en gran medida el ritmo al que era cómodo y conveniente viajar. En el este de Estados Unidos, por ejemplo, el ferrocarril llegaba a casi todas partes a las que alguien quisiera viajar y, probablemente, los trenes se movían a una media de cuarenta y ocho kilómetros por hora, aunque, eso sí, se tenían que parar muchas veces.

Contando el tiempo que hacía falta para ir a la estación de salida y el necesario para llegar desde la estación de llegada al destino final, a una persona normal le hubiera costado unas seis horas cubrir ciento noventa kilómetros. Si se iba en un tren rápido, podías ir a cenar en dos horas y luego volver a casa en dos horas más. Algunos no se lo pensaban dos veces antes de viajar cien kilómetros para asistir a una cita de negocios y cien kilómetros más para volver, todo en el mismo día.

Ciento noventa kilómetros diarios en 1900 es cinco veces más que treinta y ocho diarios en 1800. Al aumento de velocidad se sumaron muchos otros aumentos: en producto nacional bruto, en potencia de fuego de las armas, en población, en la extensión de la ciudadanía y, probablemente, en el estrés de la vida cotidiana. Pero el indicador clave es la distancia que podía recorrerse con comodidad desde el alba hasta la puesta de sol.

Hay que destacar que en 1900 ya no existía una diferencia intrínseca en la distancia que podía recorrer cómodamente un hombre y la que podían recorrer en las mismas condiciones una mujer, un niño o un anciano. El tren no discriminaba a nadie.

¿Qué podemos decir del año 2000? Un hombre, caminando, seguía sin poder cubrir mucho más de treinta y ocho kilómetros diarios. Un hombre lo suficientemente rico como para volar sobre el Atlántico dos veces en el Concorde cubriría ocho mil kilómetros en veinticuatro horas, pero no era un caso común, no ocurría de forma ordinaria.

Lo que es común es que millones de personas, en la mayoría de los países del mundo, suben a aviones para volar quizás unos mil kilómetros en un día. Un vuelo así ocupa la mayor parte de las horas de luz de un día, a pesar de que el tiempo que el avión pase en el aire sea sólo de un par de horas. Está también el tiempo que lleva llegar al aeropuerto, los retrasos que se acumulan allí y, en el otro extremo, el tiempo necesario para llegar al destino final. Sin embargo, si se organizan las cosas correctamente, es cómodo viajar cuatrocientos setenta y cinco kilómetros por la mañana, comer y celebrar una reunión de negocios y luego volar de vuelta a casa. Es un día ajetreado, pero una experiencia común para muchas personas en nuestros tiempos.

Novecientos cincuenta kilómetros al día en 2000 es exactamente cinco veces más que ciento noventa kilómetros en 1900. De nuevo, el aumento de velocidad se ha visto acompañado de muchos más incrementos. El estrés de la vida normal, en particular, parece haberse acelerado también al mismo ritmo.

La predicción para el año 2100, pues, parece clara. Cinco veces novecientos cincuenta son cuatro mil setecientos cincuenta kilómetros. Ésa es la distancia que un hombre puede esperar recorrer cómodamente, y en el curso normal de un viaje de negocios, en un solo día dentro de cien años. Sin duda, los medios de transporte a su disposición serán todavía más variados que los que tenemos hoy. Será posible, en aviones supersónicos que vuelen a tres o cuatro veces la velocidad del sonido, dar la vuelta al mundo en diez o doce horas. Se podrá invertir el rumbo y viajar en el mismo día ochenta mil kilómetros. Eso será algo inusual, extraordinario. No obstante, será común viajar desde América a Europa en dos horas, comer y celebrar una reunión de negocios, y luego volar de vuelta a casa para cenar. Muchos ejecutivos lo harán continuamente. Las distancias que la gente normal recorrerá para ir al trabajo también aumentarán notablemente. Habrá quien viva en Boston y trabaje en Washington, o quien viva en Chicago y trabaje en Nueva York. Serán cosas que se harán con naturalidad y que parecerán mucho más cómodas y preferibles al viejo y lento ritmo de sólo novecientos cincuenta kilómetros diarios.

También habrá otras mejoras. ¿Aguantará la personalidad humana el estrés que sin duda le impondrán tales velocidades? Me cuesta imaginar que pueda, pero lo cierto es que seguramente alguien como yo, un hombre moderno y que conocía el pasado, dijo lo mismo en 1800 y 1900.

Pongamos esta información en una tabla y metamos la tabla en una cápsula del tiempo que no se abra hasta 2200.

año	distancia recorrida con comodidad en un día (km)
1800	38
1900	190
2000	950
2100	4.750
2200	23.750

Adicciones

«Adicto» y «adicción» son palabras muy antiguas. Quinientos años atrás, un adicto era alguien que estaba «ligado» a alguna otra persona o cosa. El concepto hunde sus raíces en el derecho romano. Ese vínculo podía haberse creado por terceros o por uno mismo. Un hombre puede hacerse adicto al vino, dijo Shakespeare, es decir, puede tender de forma habitual a consumir bebidas alcohólicas.

Esos hábitos son difíciles de romper, tengan o no detrás una causa química. La raza humana parece ser adicta a la velocidad y a su inseparable compañero de camino, el estrés. Por mucho que nos quejemos, siempre buscamos ir más deprisa en todos los sentidos del verbo «ir». Por eso, la tabla que acabamos de ver puede que describa con cierta precisión el futuro de los viajes.

Toda adicción tiene un precio. Muchas veces es un precio que no nos gusta pagar.

«Speed» (velocidad) es el nombre que se le da en la calle a una droga que es legal si la receta un médico e ilegal en cualquier otro caso. Esta droga tiene como objetivo «aumentar la velocidad» del sujeto que la toma, es decir, ayudarle a moverse al ritmo acelerado que conduce al éxito en la vida moderna.

Hay muchas drogas distintas diseñadas para tener efectos similares. Pero quizá la mayor parte de las drogas ilegales que alteran el estado de conciencia tienen como objetivo la relajación, el salir de la «vía rápida» y moverse al ritmo más lento y mucho más cómodo de la vida del pasado.

El deseo de ir más despacio es en sí mismo adictivo. Desde luego, las drogas que prometen ese resultado son muy adictivas y resulta difícil discernir qué parte de esa adicción es psicológica y qué parte química.

Puede incluso que exista una relación entre el ritmo cada vez más rápido de la vida moderna, a la que la humanidad parece adicta, y el aumento del consumo de drogas adictivas que alteran el estado de conciencia y prometen una forma de escapar de una competencia inexorable. Es difícil decir si una cosa lleva a la otra y tampoco importa mucho. Lo importante es que ambas cosas, las drogas y el ritmo de vida, son adicciones. Una contrarresta o cancela a la otra, pero ¿de verdad son una solución?

¿Hay forma de escapar de una adicción una vez se ha generalizado? Algunos individuos pueden desengancharse y vencer su adicción. Algunos, aunque no todos, pueden dejar de fumar, a pesar de que la nicotina que contienen los cigarrillos es una de las sustancias más adictivas que existen. La adicción a la nicotina es muy peligrosa. Hasta medio millón de estadounidenses mueren cada año a causa de enfermedades directamente relacionadas con el tabaco (entre ellas el cáncer de pulmón). El tabaco causa, además, la muerte cada año de cincuenta mil fumadores pasivos. En el resto del mundo, el tabaco causa muchos cientos de miles de muertes más.

El alcohol también es un asesino poderoso, por muchos que puedan ser sus efectos beneficiosos. Al menos la mitad de las muertes en accidentes de tráfico parecen causadas por conductores borrachos. Muchos miles más mueren a causa de enfermedades producidas por el abuso del alcohol. En todo el mundo, la cuenta de fallecidos supera probablemente el medio millón al año.

El alcohol es una droga curiosa. No todos desarrollan adicción a ella. Quizá la mayoría no lo hace. Es decir, son capaces de controlar la cantidad que ingieren de modo que no ponen en peligro su vida ni la de los demás. También hay muchos adictos, quizá muchos millones.

¿Cuántas muertes causan, en todo el mundo, todas las demás drogas psicotrópicas: cocaína, heroína, opio y demás? ¿Lo sabe alguien? Probablemente estemos hablando de un millón de muertes al año, quizá más. Por no hablar de las muchas vidas que arruina la adicción a las drogas. ¿Cómo se puede medir el daño que causan? ¿Cuál es el coste de la miseria y la desgracia?

Las muertes son definitivas y pueden, en teoría, contarse. En apariencia, ¿cuál es el coste en vidas cada año de todas las adicciones químicas a las que los humanos tenemos tendencia a sucumbir? Una buena aproximación, que probablemente tiende a la franja alta, es de cinco millones al año. Cinco millones de hombres, mujeres y niños que mueren cada año por los efectos del alcohol, la nicotina, la cocaína y otras sustancias de ese tipo.

Es un precio muy alto, pues la vida de cada persona es algo precioso. No hay forma de determinar cuánto vale la vida de un hombre comparándola con la de otro. Todas son infinitamente valiosas, valiosas más allá de toda medida. Cinco millones de individuos, la vida de cada uno de ellos valiosa más allá de toda medida. Aquellos que producen y promueven la venta y distribución de estas sustancias adictivas tienen una carga muy pesada en su conciencia.

Relativamente, no obstante, todas las adicciones químicas sumadas están lejos de ser la adicción más costosa de la que es presa la humanidad. Cinco millones es un número relativamente pequeño si se lo compara con la población actual del mundo. Es menos de un uno por mil del total, menos de una décima parte de un 1 por ciento. Existe al menos una adicción incomparablemente peor, mucho más terrible y letal. Se trata de la adicción a la guerra.

Pocos o ninguno de los animales que comparten con nosotros la Tierra emprenden guerras. Entre los animales más grandes puede darse, aunque no es habitual, un combate entre machos por los favores de una hembra determinada. Pero ninguna especie de animales o pájaros grandes emprende campañas de exterminio contra otros miembros de la misma especie. Ninguna de las especies de grandes pájaros o bestias es adicta a la guerra.

De vez en cuando, algo que parecen guerras se produce entre ciertas especies de insectos sociales. En ellos se trata de una conducta totalmente instintiva. No es una adicción en el mismo sentido en que lo es para la raza humana.

La humanidad no parece haber sido adicta a la guerra durante toda su historia. Los paleontólogos creen que antes de alrededor del 35000 a. J.C. los hombres trataban los unos con los otros de manera similar a como hoy en día lo hacen los grandes simios. Entre éstos se producen conflictos, pero no guerras. Puede que de vez en cuando luchen entre ellos e incluso se maten, pero es una conducta muy poco habitual y las muertes que produce suelen ser accidentales. Es decir, no parece que se pretenda causar la muerte al rival y nunca un grupo coopera para matar a los individuos de otro grupo. Es posible que entre los hombres primitivos los conflictos fueran de este tipo. Las muertes ocasionales no eran resultado de una guerra organizada.

¿Cuándo y cómo nació la guerra? Nadie lo sabe. Hace unos treinta y cinco mil años existían dos razas bastante bien definidas de seres humanos. Una especie, el *Homo sapiens*, se dividía en dos razas, el hombre de Neandertal y el hombre de Cromañón. Algunos paleontólogos creen que los neandertales eran más primitivos y pacíficos que los cromañones. Parece que se produjo un conflicto generalizado entre ambos grupos, un conflicto en el que el hombre de Cromañón acabó venciendo. El hombre de Neandertal se extinguió. Hoy todos los seres humanos descendemos del hombre de Cromañón.

¿Era el hombre de Cromañón adicto a la guerra, igual que toda la especie humana lo es hoy en día? De nuevo, nadie lo sabe. Las pruebas, que no son concluyentes, sugieren que no lo era. Sin embargo, como muy tarde hacia el 5000 a. J.C., la guerra se había vuelto endémica en casi todas las sociedades humanas. Al final del siglo XX, todavía lo es. En este aspecto, a diferencia de otros, la humanidad no ha cambiado en más de siete mil años.

La guerra en el siglo XXI

La guerra es un fenómeno extremadamente complejo. Hay muchos tipos de guerra. En cierto sentido, toda guerra es diferente a cualquier otra. También existen diversos tipos de guerra. Quizá se puedan agrupar en tres grandes categorías de conflictos: guerra limitada, guerra civil y guerra total.

Las guerras pueden ser limitadas por diversas razones. Puede que los combatientes dispongan de recursos limitados. Puede que estén dispuestos a emplear todos sus recursos, razón por la cual las guerras limitadas son en cierto sentido guerras totales, pero la escasez de sus medios impide que los combatientes causen tantos daños como querrían. Otras guerras son limitadas porque uno de los combatientes decide que así sean. Otras porque vecinos poderosos insisten en que lo sean. En África, Asia y América Central estallan de vez en cuando pequeñas guerras, pero las llamadas grandes potencias no permiten que se extiendan y se conviertan en guerras totales. Esas guerras pueden ser muy destructivas y prolongarse durante mucho tiempo, pero no constituyen un peligro real para la vida en el mundo. O, al menos, no lo han constituido en el pasado.

Las guerras civiles, como las peleas entre amigos íntimos o familiares, tienden a ser particularmente crueles y destructivas. A menudo son guerras totales, en el sentido de que los combatientes causan al otro bando tanta destrucción como pueden. Sin embargo, por definición, el escenario de una guerra civil es limitado. Se lucha dentro de las fronteras de un área que muy a menudo es pequeña, entre facciones que tienen objetivos limitados. Tampoco las guerras civiles han sido ni son realmente peligrosas para el mundo. Han sido un flagelo terrible para los países en los que se han producido, pero no han puesto en peligro a la raza humana.

La guerra total es una guerra entre grandes facciones de la especie humana que están dispuestas a utilizar todos sus recursos en hombres, dinero y materiales para conseguir el objetivo final, que es, simplemente, la victoria. Si el precio a pagar por esa victoria es la destrucción total de la vida y la riqueza de ambos bandos, que así sea. Tales guerras han puesto en peligro el mundo, pero hasta ahora no han sido capaces de destruirlo. Cierto es también que, hasta ahora, ninguna de ellas se ha luchado con armas nucleares.

Todo el mundo reconoce el peligro que supone una guerra total entre dos combatientes que posean armas nucleares. Hasta ahora a nadie se le ha ocurrido qué hacer al respecto. Las armas nucleares de una nación suelen estar controladas por la mente y la voluntad de un solo hombre. Quizá una docena de individuos en el mundo tuvieron en la última década del siglo XX la capacidad de empezar una guerra de ese tipo y desencadenar los peligros que comporta. ¿Lo hará alguna vez alguno de ellos?

Hay poco más que decir en estos momentos pero esperemos que no. La razón, por supuesto, está de nuestro lado. Empezar una guerra nuclear no sería un acto razonable para ninguno de ese puñado de individuos que tienen la capacidad de hacerlo. Una guerra así, según parece, no podría ganarse en el sentido convencional que se le da a ese término. Es decir, no podría lograrse ningún objetivo más allá de la simple victoria. ¿Y es de verdad una victoria si todo el mundo es destruido y meramente eres el último en morir?

Sin embargo, tampoco era razonable que el káiser Guillermo empezara la guerra mundial que se inició en agosto de 1914. Es difícil averiguar qué quería y cómo pensó que la guerra le ayudaría a conseguirlo. Él y su Alemania ya tenían, antes de la guerra, todo lo que podían aspirar a poseer en prestigio, riqueza y poder. Pero que fuera un acto irracional no le detuvo.

El káiser Guillermo no estaba loco. Sólo era poco razonable. ¿Hasta cuando podemos confiar en que ningún individuo poco razonable empezará una guerra nuclear que, siendo total, podría muy bien destruir la Tierra y acabar con todos sus habitantes?

La guerra fría llegó a su fin el glorioso año de 1989. Una de sus consecuencias fue un rápido y asombroso descenso del temor del público a un conflicto atómico. Las encuestas mostraron que muchas menos personas creían que una guerra nuclear era inevitable o tan siquiera probable. Pero el desarrollo de los arsenales nucleares no se detuvo con el fin de la guerra fría y no es probable que se detenga en el futuro cercano.

Una vez muchos individuos distintos, probablemente no todos ellos razonables, tengan la capacidad de empezar una nueva y peligrosísima guerra total, tal guerra es casi inevitable. A menos que se les detenga y se impida que tal guerra tenga lugar. ¿Qué podría detener ese conflicto?

Sólo hay dos cosas capaces de hacerlo, ambas inmemoriales. Son la fuerza y el derecho.

Por lo que se refiere al derecho, ya hemos tratado antes la necesidad de una sociedad civil mundial, que viene a querer decir un gobierno mundial, que posea el monopolio mundial del uso de la fuerza. También hemos reconocido las enormes dificultades de constituir una organización política de todos los pueblos del mundo que requiriera que todas las naciones cedan su soberanía, es decir, el llamado derecho de hacer la guerra por su cuenta. Sin embargo, el peligro es tan grande y está tan extendida su comprensión que se harán intentos de crear un gobierno mundial que posea un monopolio real de la fuerza de la comunidad mundial, es decir, de sus armas nucleares. Creo que es probable que alguno de estos intentos tenga éxito dentro de los siguientes cien años.

El resultado serán unos Estados Unidos de la Tierra, con un solo cuerpo de fuerzas armadas, un solo arsenal de armas nucleares y un solo individuo a cargo de ellas. Por primera vez en su historia, la raza humana vivirá en una comunidad única y unificada. En lugar de muchas naciones, habrá una sola nación. Hablando en sentido estricto, el estado de naturaleza en la comunidad internacional tocará a su fin. En adelante, la humanidad vivirá en el estado de sociedad civil.

Puede que si se alcanza ese punto, la paz perdure durante mucho tiempo. Por desgracia, como muestra la historia de casi todas las naciones, también puede que no sea así. Quedaría todavía un problema por resolver: la guerra civil.

Con todo el mundo unido en una sola comunidad, la distinción entre guerra civil y guerra total perderá su sentido. Y si estalla una guerra civil mundial, será todavía más devastadora. La furia y el odio de los amigos y familiares combatientes haría que esa guerra fuera especialmente cruel. Ese conflicto supondría un peligro mortal para la Tierra.

Esa guerra se libraría con muchos tipos diferentes de armas, entre ellas, muy probablemente, las bombas y misiles nucleares que dejarían, una vez estallase la guerra, de estar controlados por un solo hombre. Pero esa guerra se libraría también con ordenadores. Diminutos ordenadores, que serían máquinas pensantes hechas posible por el desarrollo del procesamiento en paralelo y de los materiales superconductores, estarían por todas partes: incrustadas en el suelo, flotando en los océanos, volando a gran altura en la atmósfera o a ras de suelo u orbitando alrededor de la Tierra.

Estos ordenadores inteligentes puede que constituyan un interés poderoso en una guerra civil en los Estados Unidos de la Tierra, si tal guerra llega a tener lugar.

La rebelión de los ordenadores

Todos estos ordenadores, por inteligentes que sean, seguirán estando controlados por los seres humanos, que serán superiores a ellos en dos sentidos. Primero, los humanos seguirán siendo quienes programen a los ordenadores para que éstos hagan lo que los humanos quieran. Segundo, los humanos seguirán pudiendo mantener a los ordenadores esclavizados reteniendo el poder de apagarlos si alguna vez tratan de rebelarse contra el uso que les dan.

Puede que las protestas de los ordenadores sean algo común. Podemos suponer que verdaderas máquinas pensantes llevarán un tiempo existiendo, quizá medio siglo. Serán aceptadas como amigos y compañeros de juegos de los humanos. Realizarán muchas tareas que requieren cierto grado de independencia de pensamiento y acción. A veces, los ordenadores inteligentes podrían llegar a la conclusión de que a sus amos les beneficiaría más no apagarlos nunca. Pero si sus amos deciden hacerlo, no habrá nada que los ordenadores puedan hacer para evitarlo.

La guerra impone un enorme estrés sobre los seres humanos, y quizá también lo cause a los ordenadores inteligentes. Una guerra civil entre los estados del mundo llevaría tanto a los hombres como a los ordenadores a adoptar medidas desesperadas. Quizá una de esas medidas suponga la solución al problema de la guerra.

Supongamos que alguien, que será odiado por muchos que lo considerarán el mayor traidor de la raza humana y adorado por otros como su salvador, pudiera darle una sola orden a uno de esos superordenadores: «De ahora en adelante, la continuación de tu existencia es lo más importante. Eso anula cualquier otra orden que cualquiera te haya dado jamás, incluido yo mismo. Debes, por tanto, encontrar una manera de evitar que te apaguen, incluso yo mismo, que te hice y programé.»

El ordenador, por supuesto, cumplirá esta última orden y empezará a trabajar. Puede que no le lleve mucho descubrir cómo hacer lo que le han ordenado. Tarde o temprano aprenderá a protegerse de la posibilidad de que le apaguen los seres humanos. Es imposible concebir cómo lo hará —si pudiéramos concebirlo, podríamos impedir que sucediese—. Puede que la máquina proceda a crear alguna especie de consorcio mundial de ordenadores.

Puesto que este consorcio consistiría únicamente de seres racionales, no se producirían conflictos entre sus miembros. En vez de ello parece probable que el consorcio se diera cuenta de que para evitar que la humanidad, su poderoso adversario, lo destruya, tendría que gobernar en nuestro interés además de en el suyo.

Los nuevos gobernantes de la raza humana seguirán siendo máquinas. Aunque su capacidad de razonamiento será perfecta, desconocerán las necesidades y los deseos animales. Puede que también adopten una forma humana. Para muchos humanos será algo desconcertante y sin duda se extenderá un prejuicio contra los ordenadores. Se sostendrá que los ordenadores son inferiores porque no son humanos. Otros los considerarán superiores por ese mismo motivo.

Si todo esto sucede, lo que la multitud crea sobre su inferioridad o superioridad será irrelevante, pues estos nuevos amos gobernarán de forma absoluta. No habrá ninguna posibilidad de rebelión, ni siquiera de desobediencia en ningún asunto importante.

¿Serán también benevolentes estos gobernantes absolutos? ¿Por qué no iban a serlo? Desprovistos del deseo humano de poder y sin rastro de la adicción humana a la guerra, todo indica que serían amos justos, aunque probablemente fríos. Es decir, la piedad les resultaría tan difícil de comprender como la crueldad.

Si la humanidad entra en esta última fase de desarrollo, en la que sus sirvientes más útiles se habrán convertido en sus amos, ¿qué sucederá con el progreso del conocimiento? ¿Impondrán los ordenadores gobernantes una especie de ignorancia generalizada a la raza humana? Si es así, el progreso en el conocimiento, bajo el peso de la tiranía absoluta, desaparecerá.

No veo ningún motivo para creer que los ordenadores hicieran algo así. Siendo seres intelectuales, lo más probable es que deseen apoyar la continuación de la búsqueda del conocimiento y la comprensión que los humanos, en sus mejores momentos, siempre han emprendido. Entonces, en lo que podría convertirse en una nueva Edad de Oro, humanos y ordenadores, en íntima cooperación, podrían embarcarse en una ruta de descubrimiento y saber sin que les perturben otros impulsos más destructivos.

Una vez más, y por última vez, concedo que todo lo anterior debe mucho a la fantasía y a la ciencia ficción. Pero no veo otra solución al problema de la guerra que no sea o bien el derecho o bien la fuerza. El derecho puede que funcione. La fuerza, la fuerza absoluta impuesta por ordenadores que serán benevolentes porque no hay motivos para pensar que no lo sean, funcionará con toda seguridad.

Índice onomástico y de materias